UTB 2425

Eine Arbeitsgemeinschaft der Verlage

Beltz Verlag Weinheim · Basel · Berlin
Böhlau Verlag Köln · Weimar · Wien
Wilhelm Fink Verlag München
A. Francke Verlag Tübingen und Basel
Paul Haupt Verlag Bern · Stuttgart · Wien
Verlag Leske + Budrich Opladen
Lucius & Lucius Verlagsgesellschaft Stuttgart
Mohr Siebeck Tübingen
C. F. Müller Verlag Heidelberg
Ernst Reinhardt Verlag München und Basel
Ferdinand Schöningh Verlag Paderborn · München · Wien · Zürich
Eugen Ulmer Verlag Stuttgart
UVK Verlagsgesellschaft Konstanz
Vandenhoeck & Ruprecht Göttingen
WUV Facultas · Wien

Kurt Lüscher
Ludwig Liegle

Generationenbeziehungen in Familie und Gesellschaft

UVK Verlagsgesellschaft mbH

Bibliografische Information der Deutschen Bibliothek
Die Deutsche Bibliothek verzeichnet diese Publikation in der Deutschen
Nationalbibliografie; detaillierte bibliografische Daten sind im Internet
über <http://dnb.ddb.de> abrufbar.

ISBN 3-8252-2425-2

© UVK Verlagsgesellschaft mbH, Konstanz 2003

Einbandgestaltung: Atelier Reichert, Stuttgart
Satz und Layout: Claudia Wild, Stuttgart
Druck: fgb · Freiburger Graphische Betriebe, Freiburg

UVK Verlagsgesellschaft mbH
Schützenstr. 24 · 78462 Konstanz
Tel. 07531-9053-21 · Fax 07531-9053-98
www.uvk.de

Inhalt

Einleitung 9

1. **Generationenerfahrungen: Wie und wo werden heute Generationenbeziehungen erlebt?** 13

1.1 Generationenbeziehungen als Ort eines auf Angewiesenheit antwortenden Handelns: Der Fall »Sabine« 16
1.2 Generationenkette und Generationenverbund: Beispiele aus der DDR 19
1.3 Universitätsalltag und Familienalltag: Mehrgenerationalität im öffentlichen und privaten Raum 23
1.4 Zugehörigkeit, Differenz und Konflikt: Die »68er Generation« 27

2. **Generationenkonzepte: Welche Vorstellungen von Generationen gibt es?** 33

2.1 Zur Begriffsgeschichte 35
2.1.1 Die Ursprünge des Begriffes »Generation« im Altertum 36
2.1.2 Zum neuzeitlichen Verständnis 39

2.2 Generationendiskurse 43
2.2.1 Generationenmetaphern 44
2.2.2 Generationenrhetorik 47
2.2.3 Generationenstereotypen 48

2.3 Schlüsselbegriffe 51
2.3.1 Basiskonzepte 52
2.3.2 Weitere Konzepte 56
2.3.3 Definitionsraster 59

Inhalt

3.	Generationenstrukturen: Welches sind die gesellschaftlichen Bedingungen für Generationenbeziehungen?.	65
3.1	Generation und Geschlecht: Die Dynamik der demographischen Bedingungen.	68
3.1.1	Die Verlängerung der Lebenserwartung und die Gestaltung des Alterns	69
3.1.2	Geburtenrückgang und Lebensphase Kindheit	75
3.1.3	Die Erfahrung und Thematisierung gehäufter Verpflichtungen: Die mittlere Lebensphase (Scharniergeneration)	79
3.1.4	Bevölkerung nach Lebensformen	86
3.1.5	Der Altersaufbau und die gemeinsame Lebensspanne der Generationen als Schlüssel zur Analyse von Generationenbeziehungen	90
3.2	Historisch-kulturelle und politische Bedingungen.	96
3.2.1	Kulturelle Bedingungen	96
3.2.2	Politische Bedingungen	105
4.	Generationendynamik: Wie werden Generationenbeziehungen gelebt?.	125
4.1	Kontakt, Distanz und Nähe	128
4.1.1	Häufigkeit der Kontakte	129
4.1.2	Auszug aus dem Elternhaus.	137
4.2	Der Transfer von Leistungen zwischen den Generationen	140
4.2.1	Allgemeine Austauschbeziehungen	140
4.2.2	Pflegen	148
4.2.3	Die besondere Situation ausländischer Familien	150
4.3	Vererben und Erben	154
4.3.1	Grundlegende Aspekte: Biologische, ökonomische und sozi-kulturelle Erbvorgänge	154
4.3.2	Sozialwissenschaftliche Forschungsthemen	158
4.3.3	Weitere theoretische und praktische Aspekte.	164

Inhalt

5.	Generationenlernen: Welche Bedeutung haben Generationenbeziehungen für die Konstitution von Kultur und Person?	171
5.1	»Was Du ererbt von deinen Vätern hast, …«	172
5.2	»Umkehrung« des Generationenverhältnisses: Lernen Ältere von Jüngeren?	175
5.3	Lernen in Mehrgenerationenbeziehungen (Großeltern – Eltern – Kinder)	178
5.4	Lernen unter der Bedingung der Gleichheit der Generationenrolle: Gleichaltrige und Geschwister	182
5.5	Zur Spezifik des Generationenlernens: Verlässlichkeit, Dauerhaftigkeit und Reziprozität	187
6.	Generationenpolitik: Wie lassen sich die Lebensbedingungen für Generationen gesellschaftlich regeln?	201
6.1	Leitideen einer Generationenpolitik	202
6.1.1	Gerechtigkeit	203
6.1.2	Verantwortung	207
6.2	Handlungsfelder einer Generationenpolitik	210
6.2.1	Alterspolitik	211
6.2.2	Familienpolitik	216
6.2.3	Bildungspolitik	222
6.2.4	Kinderpolitik	227
6.3	Zwischenresümee	230
7.	Generationentheorie: Wie entstehen Generationen und welche Regelhaftigkeiten liegen Generationenbeziehungen zugrunde?	237
7.1	Generationengenese: Karl Mannheims Essay als Ausgangspunkt	242
7.2	Generationenkonflikte und Generationensolidarität	250
7.2.1	Generationenkonflikte	251
7.2.2	Generationensolidarität	263

7.3	Beziehungslogik: Annäherungen an die Spezifität der Generationenbeziehungen	270
7.3.1	Verpflichtung und Unterstützung vs. Verschuldung	272
7.3.2	Reziprozität vs. Rationalität	275
7.3.3	Beziehungstypologien	279
7.4	Generationenambivalenz	285
7.4.1	Theoretische Grundlagen	287
7.4.2	Generationenambivalenz als Forschungskonstrukt	289
7.4.3	Generationenambivalenz als Deutungsmuster	296
7.4.4	Der Umgang mit Generationenambivalenz als eine »Meta-Aufgabe«	305

Resümee	313

Sachregister	317
Bibliographie	323
Informationsquellen zur Demographie	369

Einleitung

Die »Generationenfrage« ist heute in aller Munde. Sie berührt - ausgesprochen oder unausgesprochen - jeden persönlich, beunruhigt die Öffentlichkeit und beschäftigt die Politik. Die Zahl der populären und wissenschaftlichen Texte ist groß und nimmt ständig zu. Besonders beliebt sind Sammelbände. Wir möchten einen Schritt weitergehen und wagen mit dem vorliegenden Buch den Versuch, diese Vielfalt zu bündeln und zu ordnen, Vorschläge zur interdisziplinären begrifflichen Klärung zu formulieren und die übergreifenden theoretischen Orientierungen sowie die Forschung zu sichten.

*

Jedes Buch hat seine eigene Geschichte. In diesem Fall stand am Anfang die Einladung, ein leicht verständliches Sachbuch zu schreiben. Daraus ergab sich die Notwendigkeit begrifflicher Klärungen. Zu diesem Zweck fanden wir es ertragreich, zwischen mehreren Diskursen zu unterscheiden. So ließen sich verschiedene Generationenbegriffe alter und neuer Provenienz ausmachen, insbesondere ein genealogischer, ein historischer und ein pädagogischer, die aufgeschlüsselt und mit anderen Sichtweisen verknüpft werden können. Diese Vielfalt spiegelt sich in der Forschung wieder, wobei beträchtliche Unterschiede zwischen den Ansätzen, je nach Disziplin, theoretischen Perspektiven und methodischen Präferenzen bestehen. Eine systematische Übersicht schien uns wünschenswert. Auf diesem Wege näherten wir uns zugleich der Gattung des Lehrbuchs an.

Allerdings wurden wir rasch gewahr, dass die Kodifizierung des Feldes der Generationenforschung noch nicht weit gediehen ist. Die Fragestellungen und Einsichten, die sich in den Sozial-, Erziehungs- und Kulturwissenschaften mit dem Begriff der Generation verbinden, sind noch wenig aufeinander bezogen. Dominante Orientierungen wie »Generationenkonflikt« und »Generationensolidarität« stehen weitgehend unverbunden nebeneinander. Wir sahen uns darum genötigt, auf Überlegungen einzugehen, die wir in unseren eigenen Arbeiten entwickelt haben. Das gilt insbesondere für das Bündel von Gedanken, die wir unter dem Stichwort »Generationenambivalenz« zusammenfassen. Mit diesem Begriff mischen wir uns unmittelbar in die laufenden sozialwissenschaftlichen Diskussionen ein. In einem stärkeren Maß als dies für ein Lehrbuch üblich ist, mussten wir auch den Brückenschlag zwischen den Disziplinen erproben. Bei diesem Unternehmen hat uns die jahrzehntelange Mitarbeit im Wissenschaftlichen Beirat für Familienfragen beim Bundesfamilienministerium sehr geholfen.

*

Einleitung

Wir möchten also in diesem Buch die Grundzüge einer sozialwissenschaftlich fundierten, jedoch interdisziplinär ausgerichteten Generationentheorie entwickeln, die geeignet ist, die Diskussionen zum aktuellen »Problem der Generationen« voran zu bringen. Was die empirischen Sachverhalte betrifft, konzentrieren wir uns auf die Situation in Deutschland, ergänzt durch Hinweise auf die benachbarten Länder. Wir verzichten weitgehend auf Daten aus den USA, denn wir sind der Meinung, dass diese sachgemäß nur im Rahmen eines fundierten Vergleiches der gesellschaftlichen und namentlich der wohlfahrtsstaatlichen Strukturen gewürdigt werden können. Wir behalten jedoch das amerikanische Schrifttum im Auge, wenn es gilt, Konzepte und theoretische Ansätze zu erörtern. An verschiedenen Stellen fügen wir kurze methodische Erläuterungen ein, weil auch diese, in Verbindung mit einer kritischen Würdigung der Forschung, für eine eigenständige und weiterführende Beschäftigung mit der Thematik nützlich sein können. Ein Anliegen ist die Sensibilität für die Rhetorik, die der wissenschaftlichen Begrifflichkeit zugrunde liegt. Insbesondere aber gehört zur Beschäftigung mit der »Generationenfrage« heute ihre Einbettung in die Politik.

*

Ein Buch hat nicht nur seine eigene Geschichte, sondern eine Leserschaft vor der eigentlichen Leserschaft. Wir konnten einzelne Kapitel und Abschnitte sowie die darin enthaltenen Ideen Kollegen und Freunden vorlegen und haben von ihnen wertvolle Anregungen und Hilfe bekommen. Im Einzelnen möchten wir erwähnen: Heribert Engstler (Deutsches Zentrum für Altersfragen Berlin), Andreas Flitner (Emeritus, Universität Tübingen), Matthias Grundmann (Universität Münster), Hans Hoch (Universität Konstanz), Andreas Hoff (Deutsches Zentrum für Altersfragen Berlin), Heinz Lampert (Emeritus, Universität Augsburg), Andreas Lange (Universität Konstanz), Frank Lettke (Universität Konstanz) und Heinrich Tuggener (Emeritus, Universität Zürich). Für wichtige Informationen danken wir: Jürgen Dorbritz (Bundesinstitut für Bevölkerungsfragen, Wiesbaden), Richard Gisser (Wien), Charlotte Höhn (Bundesinstitut für Bevölkerungsfragen, Wiesbaden), Christian Lüscher (Genève), Reinar Lüdeke (Passau) und Walter Zingg (Bundesamt für Statistik, Neuchâtel)

Unser besonderer Dank gilt Denise Rüttinger, die mit außerordentlichem Engagement und großer Sachkunde als studentische Hilfskraft an der Erstellung des Textes mitgearbeitet hat. Im Weiteren haben uns bei diesen Arbeiten auch Amelie Burkhardt, Ruth Nieffer und Sabine Schwahlen-Kretz unterstützt.

Die Aufgaben des Lektors bei der UVK Verlagsgesellschaft übte Roman Moser mit Kompetenz und Beharrlichkeit aus.

Mit den Arbeiten an diesem Buch haben wir begonnen, als wir noch mit dem vom Land Baden-Württemberg nachhaltig geförderten Forschungsschwerpunkt »Gesellschaft und Familie« - als dessen Leiter bzw. Vorsitzender von dessen Wissenschaftlichen Beirat - verbunden waren. Wir danken der Universität Konstanz, insbesondere Herrn

Rektor Prof. Dr. G. von Graevenitz und dem Fachbereich Geschichte und Soziologie dafür, dass wir diese Infrastruktur auch in den letzten Phasen der Arbeit nutzen durften. Profitiert haben wir dabei ferner von den allseits bekannten Qualitäten der Konstanzer Universitätsbibliothek.

Unser ganz persönlicher Dank gilt unseren Frauen: Therese und Linde!

*

Dem Aufbau des Buches liegt die Idee zugrunde, einen Bogen von persönlichen Erfahrungen mit der »Generationenfrage« bis zu deren Stellenwert in der allgemeinen sozialwissenschaftlichen Theoriebildung zu spannen.

Im 1. Kapitel zeigen wir anhand von vier Beispielen, wo und in welcher Weise Generationenzugehörigkeit und Generationenbeziehungen erlebt werden.

Das 2. Kapitel ist der Frage nach den Generationenkonzepten gewidmet. In diesem Zusammenhang skizzieren wir Phasen der Begriffsgeschichte, kennzeichnen öffentliche Redeformen über Generationen und schlagen ein Begriffsraster vor, von dem wir annehmen, dass es für die Theorie und Empirie von Generationenbeziehungen fruchtbar sein kann.

Im 3. Kapitel werden die gesellschaftlichen Rahmenbedingungen der Generationenbeziehungen behandelt. Hier liegt es nahe, zunächst ausführlich auf die demographischen Sachverhalte und Entwicklungstendenzen einzugehen. Im Anschluss daran weiten wir den Horizont aus und erörtern politische und kulturelle Gegebenheiten, die für die Entstehung von Generationen und die Erfahrung von Generationenbeziehungen bedeutsam sind.

Das 4. Kapitel ist der Dynamik der gelebten Generationenbeziehungen gewidmet. Die einschlägigen Forschungsbefunde betreffen vor allem die Kontakte, die Transfers unter Familienangehörigen, Pflegeleistungen sowie die Prozesse von Vererben und Erben. Immer wieder kommt dabei die Mannigfaltigkeit der gelebten Beziehungen, aber auch ihre Widersprüchlichkeit zur Sprache.

Im 5. Kapitel fragen wir nach der Bedeutung von Generationenbeziehungen und ihrer Eigendynamik für die Individuen und für die Gesellschaft. Wir begründen dabei unsere Auffassung, dass die Gestaltung von Generationenbeziehungen einen grundlegenden Beitrag zur Vermittlung und Aneignung von Kultur sowie zur Konstitution der Person leisten kann. Zur Beschreibung dieser Aufgaben führen wir das Konzept des »Generationenlernens« ein.

Im 6. Kapitel erörtern wir bereits etablierte Modelle sowie zukünftige Möglichkeiten einer gesellschaftlichen Regulierung der Lebensbedingungen der Generationen. In diesem Zusammenhang entwickeln wir ein Konzept der »Generationenpolitik«, in welchem bislang getrennte Politikbereiche (Alters-, Familien-, Bildungs- und Kinderpolitik) zusammengefasst werden. Wir stützen uns dabei auf die Leitideen der Gerechtigkeit und Verantwortung.

Einleitung

Im 7. Kapitel tragen wir Bausteine zu einer Generationentheorie zusammen. Wir beziehen uns dabei auf vorliegende Ansätze zur Genese von Generationen sowie zu Generationenkonflikten und -solidarität. Schließlich stellen wir die Idee zur Diskussion, der Umgang mit Ambivalenzen stelle eine Meta-Aufgabe der Gestaltung des Verhältnisses und der Beziehungen zwischen »Alt und Jung« dar.

Um die Erschließung des Buches zu erleichtern, haben wir ein Sachregister erstellt und in den laufenden Text Querverweise eingefügt. An Stelle eines Personenregisters enthält das Literaturverzeichnis Hinweise auf die Seiten im Text, wo die Beiträge der einzelnen Autorinnen und Autoren zitiert werden. Am Ende jedes Kapitels finden sich Anmerkungen; sie enthalten Hinweise auf weiterführende Literatur; ferner nutzen wir sie, um theoretische und methodische Herangehensweisen zu erläutern und wünschenswerte Forschungsvorhaben zu benennen. Außerdem machen wir da und dort Bemerkungen zur Vorgehensweise und zu Fragestellungen für wissenschaftliches Arbeiten. Wir möchten mit dieser Anlage unseres Buches versuchen, in einen imaginären Dialog mit unserer Leserschaft zu treten.

Bern/Konstanz und Tübingen 15.9.2003

Kurt Lüscher/Ludwig Liegle

1. Generationenerfahrungen: Wie und wo werden heute Generationenbeziehungen erlebt?

Von Generationen und Generationenbeziehungen ist in unterschiedlicher Weise die Rede. Das deutet bereits der Titel dieses Buches an. Wenn man sich in einer Buchhandlung umsieht, in welchen Titeln oder Untertiteln der Begriff der Generation vorkommt, bemerkt man eine bunte Vielfalt. Sie wird noch größer, wenn man ihn als Stichwort in den elektronischen Katalog einer Universitätsbibliothek eingibt, und nochmals facettenreicher wird das Bild, wenn man eine Suchmaschine im Internet benutzt. Wir haben zum Einstieg einige wenige typische Titel ausgewählt:

Generation XTC: Techno und Ekstase (Böpple/Knüfer 1998).
Die **Sandwich-Generation**: Ihre zeitlichen und finanziellen Leistungen und Belastungen (Borchers 1997).
Die **68er**: Biographie einer **Generation** (Busche 2003).
This is the **beat generation**: New York – San Francisco – Paris (Campbell 1999).
Generation X: Tales for an accelerated culture (Coupland 1998).
Eine **stumme Generation** berichtet: Frauen der 30er und 40er Jahre (Dischner 1982).
The **lost generation**: Children in the holocaust (Eisenberg 1982).
Die **Internet-Generation**: Wie wir von unseren Computern gefressen werden (Feibel 2001).
1968 als Symbol der ersten **globalen Generation** (Fietze 1997).
Medien-Generation. Beiträge zum 16. Kongress der Deutschen Gesellschaft für Erziehungswissenschaft (Gogolin/Lenzen 1999).
Generation Golf: Eine Inspektion (Illies 2000).
Generation Golf zwei (Illies 2003).
Die erste **Cybergeneration** (Kellner 1997).
Die **geschwisterlose Generation**: Mythos oder Realität? (Klein 1995).
Generation Ally. Warum es heute so kompliziert ist, eine Frau zu sein (Kullmann 2002).
Die **skeptische Generation**. Eine Soziologie der deutschen Jugend (Schelsky 1957).
Selfish generations? How welfare grows old (Thomson 1996).

Man erkennt unschwer, dass in mehreren dieser Publikationen die Generationenfolge innerhalb von Familie thematisiert wird, wobei die Lage der mittleren Generation bildlich verallgemeinernd mit einer »Sandwich-Position« verglichen wird. Auf demogra-

1. Generationenerfahrungen

phische Bedingungen verweist die Frage nach der geschwisterlosen Generation. Mit »Selfish Generations« wird auf Interessen von Generationen im Wohlfahrtsstaat hingewiesen. Bereits in diesen Titeln werden kritische oder polemische Fragen angedeutet.

Noch ausgeprägter ist dies bei der Charakterisierung von gesellschaftlichen Generationen als »skeptisch« oder als »stumm«. Geradezu kryptisch liest sich die Bezeichnung »Generation X«. Dieser Titel eines relativ bekannten Buches charakterisiert die jungen Erwachsenen in den frühen 80er Jahren, in analoger Weise werden mit der 68er und 89er Generation Zuschreibungen unter Bezugnahme auf historische Ereignisse vorgenommen, die als prägend angesehen werden. Das gilt in besonderem Maße hinsichtlich des Schicksals jener Kinder und Jugendlichen, die den Holocaust erleben mussten.

Historische Konnotationen ergeben sich auch, wenn auf technische Innovationen Bezug genommen wird, wobei nicht zufällig die Kommunikationsmedien im Vordergrund stehen. Diese nämlich beeinflussen gleichzeitig den Lebensstil, die Interaktionen mit Gleichaltrigen und verweisen – implizit – auf Unterschiede zu jenen Älteren, denen der Umgang mit neuen Medien nicht in gleicher Weise vertraut ist. Der schlichte Titel »Medien-Generation« meint in Bezug auf den angesprochenen Kongress ebenfalls eine Generation junger Menschen. Doch von Mediengenerationen ist auch in der Technik und auf dem Markt die Rede, wo eine Computer-Generation in kurzen, auf wenige Jahre beschränkten Abständen von der nächsten abgelöst wird.

Schließlich findet sich mit dem Titel »Beat-Generation« ein Hinweis auf die Kennzeichnung einer Gruppe von Schriftstellern. Auch dies ist keineswegs zufällig, denn Schriftstellern wird auch historisch oft die Rolle zugeschrieben, das Lebensgefühl einer ganzen Generation artikuliert zu haben. Analoges gilt, jedenfalls für frühere Zeiten, im Bereich der bildenden Kunst.

Besonders beachtenswert sind schließlich die Darstellungen der »Generation Golf« und der »Generation Ally«. Das sind Titel von Büchern, die in jüngster Zeit zu Bestsellern geworden sind. Es handelt sich um Versuche, das aktuelle Lebensgefühl der ungefähr 30-Jährigen zu umschreiben. Die Orientierung am persönlichen Wohlbefinden scheint das Wichtigste zu sein. Dies kommt in einer ausgeprägten Konsumneigung zum Ausdruck, wofür die Bindung an wichtige Marken kennzeichnend ist, gefördert durch die in allen Medien präsente Werbung. »Generation Golf zwei« revidiert die Analysen im Lichte der jüngsten wirtschaftlichen und politischen Entwicklungen und dokumentiert auf diese Weise ein kurzfristiges, ganz auf Zeitdiagnose ausgerichtetes Verständnis von Generation. In »Generation Ally« geht es dabei ausschließlich um die Lebensführung von Frauen, während bis dato »Generationen« überwiegend ein Männerthema gewesen ist. Umso erstaunlicher ist es, dass sich die Autorin von feministischen Ideen weitgehend distanziert.

Gibt es in dieser Vielfalt so etwas wie Anknüpfungspunkte für Gemeinsamkeiten? Man kann zunächst Umschreibungen finden, die sich auf genealogische Folgen und demographische Sachverhalte beziehen und andere, in denen das Bemühen um zeitdi-

1. Generationenerfahrungen

agnostische sowie historische Einordnung erkennbar ist. Insbesondere findet man Versuche, unter Bezug auf historische Ereignisse und Erfahrungen einer größeren Gruppe von Menschen Persönlichkeitseigenschaften zuzuschreiben und dadurch ihr Verhalten zu deuten. Man kann auch sagen, dass Vorstellungen eines kollektiven Bewusstseins oder kollektive Identitäten angesprochen werden. Dies geschieht besonders markant in Verbindung mit Deutungen der Gegenwart, unter Umständen auch mit Bezugnahme auf die Lebensumstände. Zum Bild gehört, dass es Titel gibt, die sich nicht ohne Zwang einer dieser Kategorien zuordnen lassen und bisweilen neue, manchmal recht ausgefallene Wortschöpfungen in Verbindung mit Generation angeboten werden (was sich mit erneuten Recherchen erkunden lässt).

Zwischen Zeitdiagnose, Identitätszuschreibung und der Offenheit für neue Anwendungen besteht ein Zusammenhang. Wenn von Generationen die Rede ist, geht es meistens um eine überdauernde Aufgabe, nämlich darum, den Wandel von Identität mit sich ändernden sozialen Bedingungen zu verknüpfen. Dabei besteht ein wichtiges Anliegen darin, die Befähigung zum individuellen und kollektiven Handeln sowie deren fördernde Umstände und Einschränkungen zu bestimmen. Dabei wird stillschweigend oder ausdrücklich dem Alter ein wichtiger Stellenwert eingeräumt. Dieses wiederum wird sowohl durch das Lebensalter als auch durch historische Gegebenheiten und Epochen bestimmt.

Die unübersehbare und ausgeprägte Vieldeutigkeit dessen, was mit »Generation« gemeint ist, stellt zugleich ein Ärgernis und eine Herausforderung dar. Deutlich bringt dies Berger in der abschließenden Diskussion der Beiträge zu einem der ersten Sammelbände mit dem Titel »Generationenbeziehungen« (Garms-Homolová et al. 1984) zum Ausdruck. Insbesondere äußert er starke Zweifel an der empirischen Nützlichkeit des Konzepts; hingegen ist er von seiner theoretischen Bedeutung überzeugt (Berger 1984: 219). Er weist zugleich darauf hin, wie mit diesem Spannungsfeld umgegangen werden kann. Es ist unerlässlich, den Umgang mit dem Konzept der Generationenbeziehungen wissenssoziologisch zu reflektieren. Damit ist gemeint: Es ist zu bedenken, zu welchen Sachverhalten der Begriff in Beziehung gesetzt wird, zu welchen Zwecken dies geschieht und in welcher Weise er entwickelt und entfaltet wird. Wir verstehen den Begriff der Generation und die davon ableitbaren Begriffe insbesondere hinsichtlich der in Kap. 7 ausführlich dargestellten Konzepte als ein allgemeines Deutungsmuster von großer theoretischer Reichweite. Vor diesem Hintergrund lassen sich im Hinblick auf empirische Beobachtungen spezifische Definitionen formulieren, so dass sich der Begriff der Generation auch als »Forschungskonstrukt« verwenden lässt.

Seit Berger seine Skepsis zum Ausdruck gebracht hat, ist eine imponierende Menge von Forschungsergebnissen veröffentlicht worden, die die Nützlichkeit der Orientierung am Begriff der Generation belegen. Gemeinsamer Bezugspunkt sowohl der theoretischen als auch der empirischen Arbeit sind die alltäglichen Erfahrungen. Wir nähern uns daher in diesem Kapitel der Bedeutung und Bedeutungsvielfalt des Begriffes

1. Generationenerfahrungen

der Generation und den daraus ableitbaren Differenzierungen mit vier Beispielen. Sie zeigen, welche Bedeutung lebensaltersbezogene Rollen sowie Beziehungen zwischen Altersgleichen und zwischen Jung und Alt für den Einzelnen, die Familie und die Gesellschaft haben. Im daran anschließenden Kapitel reflektieren wir diese Bedeutungsvielfalt im Hinblick auf die verschiedenen Dimensionen des Generationenbegriffs. Die facettenreichen Phänomene der Alltagserfahrung werden unter bestimmten Aspekten geordnet, um Generationenerfahrungen zum Gegenstand von Theorie und empirischer Forschung machen zu können. Auf diesem Wege erhält die sozial-, erziehungs- und kulturwissenschaftliche Generationenanalyse eine erste systematische Begründung, die in den folgenden Kapiteln weiter entwickelt und vertieft wird.

1.1 Generationenbeziehungen als Ort eines auf Angewiesenheit antwortenden Handelns: Der Fall »Sabine«

Im Bericht der Gutachterin in einem zivilrechtlichen Kinderschutzverfahren heißt es:

> »Sabine ist ein achtjähriges Mädchen. Bis zum Alter von sechs Jahren wuchs sie, die gemeinsame Tochter von Frau L. und deren Lebensgefährten Herrn A., in einem Randbezirk der Großstadt W. bei ihren Eltern auf. Die materiellen Verhältnisse sind ausgesprochen begrenzt. Die Eltern gehen keiner beruflichen Tätigkeit nach und sind auf die kleine Witwenrente bzw. Sozialhilfe angewiesen. Bevor Sabines Eltern sich kennen lernten, lebte Frau L. mit ihrem Ehemann zusammen. Als dieser unerwartet starb, war der Sohn U. gerade ein Jahr alt, der zweite Sohn wurde fünf Monate später geboren. Nach dem schmerzlichen Verlust war Frau L. nicht fähig, ihr weiteres Leben allein zu organisieren, und zog mit Herrn A. zusammen.
> Seit dieser Zeit sind Alkoholprobleme in der Familie bekannt. Als Kind alkoholabhängiger Eltern ist Sabine von frühester Kindheit an schwersten Belastungen ausgesetzt. In der durch Sucht geprägten Familienatmosphäre kam es im Beisein des Mädchens immer wieder zu gewalttätigen Ausschreitungen zwischen den Eltern. Als Sabines Mutter in akut alkoholisiertem Zustand stationärer Krankenhausbehandlung bedurfte, wurde Sabine durch die Polizei in einem Kinderheim untergebracht, wo sie bis zur Klärung der familialen Konfliktsituation vorübergehend bleiben sollte. Das Jugendamt bringt ein Verfahren vor dem Vormundschaftsgericht in Gang. Zum Zeitpunkt des Einsetzens der Verfahrenspflegschaft lebt Sabine bereits länger als eineinhalb Jahre im Kinderheim. Eine kontinuierliche und emotional befriedigende Beziehung zu einem Menschen,

1.1 Generationenbeziehungen als Ort eines auf Angewiesenheit antwortenden Handelns

der sich für sie persönlich verantwortlich fühlt, hat sie, bedingt durch den ständigen Wechsel der Betreuungspersonen, in dieser Zeit nicht aufbauen können. Zudem hat Sabine ihren Heimaufenthalt von Beginn an nur als vorübergehend angesehen bis zu dem Zeitpunkt, da die familialen Konflikte geklärt wären und ihre Mutter erfolgreich die Entziehungskur und Therapie abschließen und abstinent leben würde. Als die Mutter nach Abbruch der Therapie nach W. zurückkehrt, erfolgt nicht die von Sabine herbeigesehnte Beendigung ihres Heimaufenthaltes. Sie muss weiterhin im Kinderheim bleiben, während ihre nach wie vor alkoholabhängigen Eltern wieder zusammenleben.
Fünf Wochen nach meiner Bestellung als Verfahrenspflegerin konnte ich dem Vormundschaftsgericht meinen Bericht vorlegen. Er [...] kommt zu der Empfehlung, Sabine so bald wie möglich in eine Pflegefamilie zu integrieren. Nach einem Zeitraum von acht Monaten – ihre ›vorläufige‹ Unterbringung kraft richterlichen Beschlusses dauert somit insgesamt zweieinhalb Jahre – findet das Jugendamt geeignete Pflegeeltern für Sabine. Erfreut über die sich ihr eröffnende Zukunftsperspektive geht Sabine auf das von den Pflegeeltern entgegengebrachte Interesse ein und erschließt sich mit aller Energie ihren Lebensraum in der ›neuen‹ (Pflege-) Familie. Innerhalb kürzester Zeit sieht sie die Pflegefamilie als ihre Familie an, und zwischen ihr und ihrer Pflegemutter entwickelt sich eine emotional nahe und liebevolle Bindung« (Niestroj 1996: 505).

Diese Darstellung ist in der Perspektive der Gutachterin verfasst. Anlässlich eines ihrer Besuche ergriff Sabine von sich aus die Initiative zu einem Rollenspiel. Darin kommt ihre Perspektive zum Ausdruck.

»Die kleine Sabine tritt ›mutig‹ – Sabine stellt sich so dar, wirkt hierbei jedoch total überfordert – zwischen die kämpfenden Eltern. Mit unendlicher Kraftanstrengung und in völliger Verzweiflung versucht sie, beide Eltern auseinander zu zerren, was ihr aber nicht gelingt. Aus der Tiefe brüllt Sabine wie eine Erwachsene die Mutter an, sie solle den Streit lassen. Es geschehe ihr ganz recht, dass sie so geschlagen werde, wenn sie mit dem Messer auf den Vater losgehe. Dann brüllt Sabine beide Eltern an, dass sie es doch nicht tun dürften. Anschließend ist sie von diesen Strapazen ganz erschöpft. Nachdem sie von der Mutter geschlagen wurde, geht sie ans Telefon und ruft die Polizei an, welche sogleich kommt, um die Mutter zu verhaften und mit Handschellen abzuführen. Sabine ist erleichtert, beginnt dann aber zu zweifeln, ob die Mutter nach Hause zurückkommen soll oder nicht. Nachdem die Mutter freigelassen wird und nach Hause zurückkommt, bleibt sie gleichzeitig auch eingesperrt, und Sabine kommt in ein Kinderheim« (aaO: 520).

1. Generationenerfahrungen

Das Beispiel belegt: Kinder sind auf Verbundenheit mit Erwachsenen angewiesen. Sabine bringt in ihrem Rollenspiel, trotz der aggressiven Anteile in der spielerischen Aufarbeitung ihres Familiendramas, sogar zum Ausdruck, dass sie sich auch diesen Eltern verbunden fühlt, obwohl diese sie im Stich gelassen haben. Sabine war es aber in ihrer Familie nicht möglich, eine kontinuierliche und emotional befriedigende Beziehung zu einem Menschen, der sich für sie »verantwortlich fühlt«, aufzubauen. Im Rahmen der Generationenbeziehungen in ihrer Herkunftsfamilie fehlte ihr die Erfahrung eines Handelns, das auf ihr Angewiesensein reagierte.

Darüber hinaus verweist das Beispiel auf die Tatsache, dass in unserer sozialen Ordnung Pflege, Betreuung und Erziehung von Kindern als Pflichten der Eltern sowie, vom Kind her betrachtet, als Rechte der Kinder gelten. In jenen Fällen, in welchen Eltern ihren Pflichten nicht nachkommen (können), werden die Rechte der Kinder dadurch gewährleistet, dass staatliche Instanzen (Jugendamt, Vormundschaftsgericht) einen Ersatz für die elterliche Sorge schaffen, im Falle von Sabine zunächst ein Kinderheim und dann eine Pflegefamilie. Damit werden die natürlichen (biologischen) Generationenbeziehungen durch soziale ersetzt, um für das Kind angemessene Möglichkeiten der Entwicklung zu gewährleisten. Auf diese Weise wird die Verantwortung für die nachwachsende Generation nicht allein in der Familien-, sondern auch der Gesellschaftsgenerationen wahrgenommen. Das Beispiel macht somit deutlich: Das Grundbedürfnis nach verlässlicher Bindung wird zwar in der Regel im Rahmen *biologischer* Elternschaft befriedigt, es kann aber auch im Rahmen *sozialer* Elternschaft befriedigt werden (»innerhalb kürzester Zeit sieht sie [Sabine] die Pflegefamilie als ihre Familie an, und zwischen ihr und ihrer Pflegemutter entwickelt sich eine emotional nahe und liebevolle Beziehung«).

Zusammenfassend: Ohne die Erfahrung verlässlicher Generationenbeziehungen sind die Selbst-Konstitution der Person sowie deren Handlungsbefähigung gefährdet. Die grundlegenden Aufgaben, die in dieser Hinsicht erfüllt werden müssen, machen ein auf Angewiesenheit reagierendes Handeln von Älteren gegenüber Jüngeren erforderlich. Dies ist gleichermaßen für die Entwicklung des Individuums wie des gesellschaftlichen Lebens unverzichtbar. Aus diesem Grund werden in jedem Gemeinwesen Vorkehrungen dafür getroffen, dass eine verantwortungsvolle Sorge der älteren Generation für die nachfolgende Generation gewährleistet ist. Die Zuschreibung von Verantwortung und die Kontrolle ihrer Wahrnehmung können als Ausdrucksformen einer »generationalen Ordnung« begriffen werden.

1.2 Generationenkette und Generationenverbund: Beispiele aus der DDR

»Ich wurde 1946 geboren und meine Mutter war Hausfrau, mein Vater hatte ein Transportunternehmen, war selbständiger Unternehmer und ich wuchs im Haus meiner Großeltern auf, wir wohnten also alle in dem Haus meiner Großeltern« (Ecarius 2002: 138).

»Die Großeltern waren immer der ruhige Pol in der Familie, ohne die Großeltern, das konnten wir uns gar nicht vorstellen, die waren eben immer da« (aaO: 203).

»Meine Mutter ging zu der Zeit noch aufs Feld und eigentlich die Erziehung wurde mehr durch meine Großeltern übernommen« (aaO: 207).

Die Interviewaussagen dokumentieren die – positiv bewertete – Erfahrung von Mehrgenerationenbeziehungen bei Kindern in Familien in der DDR. Kinder – so stellt es sich im Rückblick auf die eigene Kindheit dar – erleben sich als Glieder einer Generationenkette und begreifen ihre Familie als einen Verbund von drei Generationen. Die besondere Bedeutung, die in diesem Zusammenhang den Großeltern in Hinsicht auf das subjektive Familienbild und die Erziehungserfahrung zugeschrieben wird, spiegelt sich, wie die folgenden Beispiele zeigen, auch in den komplementären Aussagen von Großeltern:

»Meine Tochter hat […] gearbeitet […], so dass ich sie (die Enkelin) täglich gebracht und abgeholt habe, gewindelt habe, gefüttert habe, also ich habe meiner Tochter da alles ab-genommen, alle haben immer gesagt, wer hat nun eigentlich das Kind, du oder…« (aaO: 215).

»Ich war die, also die Omi fürs Spazierengehen, ich war die Omi fürs Spielen, ich war die Omi fürs Basteln, ich war die Omi fürs Kranksein« (aaO: 215).

Im Unterschied zu den häufigen und überwiegend positiven Aussagen aus den Perspektiven der Enkel und der Großeltern lassen sich in dem Interviewmaterial von Ecarius (2002) nur vereinzelte Aussagen der Elterngeneration über den familialen Generationenverbund finden, und diese betonen die als schwierig empfundenen Aspekte der Haushaltsgemeinschaft mit den eigenen Eltern:

»Ja, das führte also dazu, dass ich in meinen vier Wänden nicht nur meine Schwiegermutter hatte, meine Mutter natürlich auch, bis teilweise abends um sechs um sieben, weil sich ja nun alles mit einem Mal um das Kind gedreht hat […], also meine Mutter konnte unsere Tochter jeden Nachmittag so zwei Stun-

1. Generationenerfahrungen

den genießen und ich habe eigentlich nur immer die Pflicht erfüllen dürfen, abends noch das Essen machen und sie quasi ins Bett bringen« (aaO: 198f.).

Es mag zunächst überraschend wirken, dass sich die Erfahrung eines Generationenverbunds in den Aussagen der Angehörigen aller Generationen niederschlägt, und dass dieser Erfahrung im Rückblick auf die eigene Kindheit von alten Menschen ebenso wie von der mittleren Generation und der Kindergeneration (die sich zum Zeitpunkt der Befragung bereits im Erwachsenenalter befand) eine große Bedeutung für die Lebensgeschichte zugeschrieben wird.

Insbesondere mit Blick auf die jüngste Generation (Jahrgänge 1967-1975), die in einer Gesellschaft aufgewachsen ist, die durch einen ungewöhnlich hohen Grad der Vergesellschaftung des Erziehungsprozesses gekennzeichnet war, scheint die Kontinuität der Erfahrung eines Generationenverbunds nicht ohne weiteres erwartbar. Hierbei ist jedoch zum einen zu bedenken, dass es sich bei dem Generationenverbund nicht allein um die Haushaltsgemeinschaft von drei Generationen, sondern darüber hinaus um gelebte Mehrgenerationenbeziehungen handelt. Zum anderen haben in der Gesellschaft der DDR einige spezifische Faktoren – wie die ganztägige außerhäusliche Erwerbstätigkeit fast aller Mütter und der Mangel an Wohnungen – dazu beigetragen, dass die Rolle der Großeltern als Betreuer und Erzieher der Kinder, aber auch als Mitglieder eines Mehrgenerationenhaushalts noch stärker ausgeprägt war als in Westdeutschland und anderen vergleichbaren Gesellschaften.

Die folgenden Interviewaussagen beziehen sich auf die Frage, ob die geschichtliche Kontinuität der Erfahrung eines familialen Generationenverbunds einhergeht mit einer Kontinuität in der Art und Weise der Gestaltung der Beziehungen zwischen Generationen, insbesondere zwischen Eltern und Kindern:

»Ich habe meine Kinder praktisch eigentlich so erzogen, ob bewusst oder unterbewusst, wie ich das praktisch also von meinen Eltern erlebt habe, ich glaube, das sehe ich bei meiner Frau noch viel deutlicher, also die hat das genauso gemacht. Ich meine, man muss nicht einen Lehrgang Pädagogik besucht haben, um Kinder zu erziehen, man macht das dann aus dem Gefühl heraus, aus dem Bauch heraus, und das geht auch« (Ecarius 2002: 196).
»Ich habe von meinem Vater auch alle nötigen Maßregeln und so weiter mitbekommen, die ich meinen Kindern auch mit auf den Weg gegeben habe, und ich denke, dass sind alles ordentliche Menschen geworden und sie sind fleißig, und ich denke, dass das auch eine Sache der Erziehung ist« (aaO: 184).

Diese Aussagen beschreiben eine generationenübergreifende Kontinuität im erzieherischen Umgang zwischen Eltern und Kindern, die Weitergabe bzw. Übernahme eines bestimmten – familientypischen – Erziehungsstils. Man könnte auch sagen: Hier ist

1.2 Generationenkette und Generationenverbund: Beispiele aus der DDR

von einer sozialen Vererbung von erzieherischen Einstellungen und Handlungsformen die Rede. In den Interviews von Ecarius (2002) kommen allerdings auch Väter und Mütter zu Wort, die sich nicht als »Erben« des Erziehungsstils ihrer Eltern verstehen wollen:

> »Ja, die [meine Erziehung] unterscheidet sich eigentlich in einem wesentlichen Punkt dadurch, dass ich versucht habe, ein Vertrauensverhältnis aufzubauen [...], dass die Kinder wirklich bereit sind, offen über alles mit mir zu reden [...] und das haben meine Eltern eigentlich versäumt« (aaO: 193).
> »Ich habe mich von Anfang an darum bemüht, dass die Kinder selbstbewusst werden, selbständig werden, [...] und das haben meine Eltern eigentlich versäumt« (aaO: 192).

Die Frage, ob der elterliche Erziehungsstil übernommen oder abgelehnt wird, kann von verschiedenen Faktoren abhängen. Die erste der beiden zuletzt zitierten Aussagen legt die Vermutung nahe, dass Erziehungsstile in einem Zusammenhang mit der Balance von Nähe und Distanz im Eltern-Kind-Verhältnis stehen und dass die Übernahme oder Ablehnung des elterlichen Erziehungsstils nicht zuletzt von der wahrgenommenen Qualität der emotionalen Beziehungen zu den Eltern bestimmt wird. Die Entscheidung für einen anderen Erziehungsstil kann aber auch damit zu tun haben – darauf verweist möglicherweise die zweite Aussage –, dass sich Zielvorstellungen der Erziehung, wie beispielsweise die Betonung von Selbständigkeit, in der Generationenfolge gewandelt haben. Für diese Betrachtungsweise lassen sich in den Interviews von Ecarius (2002) Belege finden; dies gilt insbesondere bei einer Gegenüberstellung von Aussagen der Großelterngeneration mit solchen der Kindergeneration. In der Großelterngeneration (Geburtsjahrgänge 1908-1929) sind Aussagen der folgenden Art verbreitet:

> »Wir wussten, es war ja sowieso nichts zu machen, wir waren eben die Kinder und das waren die Eltern, und das, was die Eltern sagten, das war richtig.«
> »Regeln zu übertreten, das haben wir uns alle nicht getraut« (aaO: 109).

Für die Kindergeneration (Geburtsjahrgänge 1967-1975) sind demgegenüber Aussagen wie die folgenden typisch:

> »Ja, ich wurde sehr liebevoll erzogen und bin ziemlich frei aufgewachsen, also ich konnte immer meine Meinung kundtun. Ich wurde aber auch zu Pflichtbewusstsein erzogen, mir wurden dann auch Grenzen gesetzt« (aaO: 141).

1. Generationenerfahrungen

>»Ich habe nie sinnlose Verbote erhalten, in denen die Eltern ihre Macht demonstrierten, aber durchaus sinnvolle, die begründet sind und die habe ich auch respektiert. Aber das sind eigentlich keine Verbote« (aaO: 142f.).
>
>»Feste Regeln gab es nicht, also es wurde vereinbart« (aaO: 143).

Die Gegenüberstellung der Aussagen der Großeltern- und der Kindergeneration dokumentiert einen zeitgeschichtlichen Wandel im Eltern-Kind-Verhältnis sowie in den Zielen und Stilen der Erziehung. Dieser ist auch in deutsch-deutschen und international vergleichenden Studien belegt und mit dem Schlagwort »Vom Befehlshaushalt zum Verhandlungshaushalt« umschrieben worden (vgl. DuBois-Reymond et al. 1994).

Die These eines zeitgeschichtlichen Wandels in der Art und Weise der Gestaltung von Generationenbeziehungen scheint der Beobachtung zu widersprechen, dass Formen der Beziehung und Erziehung in der Generationenfolge »vererbt« werden. Bei näherer Betrachtung ergibt sich: Die beiden Faktoren schließen sich nicht aus, sie stehen vielmehr in einem spannungsreichen Verhältnis der Wechselwirkung. Die soziale Vererbung in der Generationenfolge wird überlagert und modifiziert durch zeitgeschichtliche Wandlungen; diese wiederum erfahren eine je unterschiedliche, von spezifischen Familientraditionen bestimmte Rezeption und Realisierung. So finden sich in den Interviews Aussagen von Angehörigen der Großelterngeneration, die bereits auf Elemente eines Verhandlungshaushalts hinweisen; in den Familien der Kinder und Enkel dieser Großeltern treten die für einen Verhandlungshaushalt typischen Merkmale unter dem Einfluss des zeitgeschichtlichen Wandels verstärkt auf. Es gibt aber auch Familien, in welchen die Tradition des Befehlshaushaushalts in der Kinder- und Enkelgenerationen starke Spuren hinterlassen hat.

Zusammenfassend lassen sich aus dem Interviewmaterial die folgenden Einsichten gewinnen:

- Die Erfahrung eines Generationenverbunds und die im Großen und Ganzen positive Bewertung dieser Erfahrung für die eigene Lebensgeschichte weisen eine starke Kontinuität in der Abfolge der Generationen auf.
- Die Art und Weise der Gestaltung von Generationenbeziehungen wird von gesellschaftlichen Rahmenbedingungen bestimmt (z.B. demographische Prozesse, Ausmaß der mütterlichen Erwerbstätigkeit, Wohnsituation, »Zeitgeist«), sie folgt aber auch einer »Eigenlogik« von Familientraditionen.
- Innerhalb einer Generation gibt es unterschiedliche Formen der Gestaltung von Beziehungen, die unter anderem durch eine je spezifische Verknüpfung der beiden Faktoren »soziale Erbschaft« und »Zeitgeist« hervorgebracht werden (»Gleichzeitigkeit des Ungleichzeitigen«).

Abschließend wollen wir eine Begründung für unseren Rekurs auf die Studie von Ecarius (2002) geben: Es liegt im deutschsprachigen Raum keine vergleichbare Untersuchung vor, in welcher Generationenerfahrungen im Medium der Selbstaussagen von Angehörigen dreier aufeinander folgenden Generationen dokumentiert werden.

Auf der Grundlage von Interviews mit je 27 Dreigenerationenfamilien der Jahrgänge 1908-1929, 1939-1953 und 1967-1975 haben Ecarius/Krüger (1997) und Ecarius (2002) Kontinuität und Wandel in der Machtverteilung und in den gegenseitigen Unterstützungsleistungen zwischen den Mitgliedern von jeweils drei Familiengenerationen sowie Kontinuität und Wandel in den Erziehungskonzepten und Erziehungspraktiken untersucht. Der Untersuchungszeitraum reicht vom Kaiserreich und der Weimarer Republik über die Zeit des Nationalsozialismus und die Anfänge der damaligen DDR bis zu den letzten Jahrzehnten der DDR und die Zeit nach der Vereinigung der beiden deutschen Staaten (hier: das erste Jahrzehnt der neuen Bundesländer).

1.3 Universitätsalltag und Familienalltag: Mehrgenerationalität im öffentlichen und privaten Raum

Die Hauptklientel der Universität bilden junge Erwachsene in einem Lebensabschnitt, der als verlängertes Jugend- bzw. Bildungsmoratorium beschrieben werden kann. Gegenüber diesen Studierenden repräsentieren die Hochschullehrer/innen die Eltern- oder auch Großelterngeneration. Hinter der vermeintlichen Einheitlichkeit der Hauptklientel verbirgt sich indes eine Vielfalt von Lebenslagen und Lebensformen: Zwischen 5% und 10% der Studierenden sind Eltern; ein wesentlich höherer Prozentsatz ist in der vorlesungsfreien Zeit, teilweise auch während des Semesters erwerbstätig. Bei Studierenden in Aufbaustudiengängen kommt zu Elternschaft und Erwerbstätigkeit zusätzlich eine mehr oder weniger ausgedehnte Berufserfahrung hinzu. Ein erheblicher Teil der Studierenden weist demnach mit Elternschaft, Erwerbstätigkeit und Berufserfahrung Merkmale der Generationenlagerung auf, die nicht mit dem (verlängerten) Jugendalter, sondern mit dem Erwachsenenalter assoziiert sind. Diese Studierenden erleben in der Universität eine mehrfache Generationenzugehörigkeit.

Ein Beispiel bot die Vorlesung »Generationenbeziehungen« im Sommersemester 2002 an der Universität Tübingen. Im Anschluss an eine Vorlesungsstunde über Mehrgenerationenbeziehungen entstand eine Diskussion. Ein Student meldete sich: Er sei aus dem Elternhaus ausgezogen, sein Alltag werde nur durch den Umgang mit Seinesgleichen bestimmt, er empfinde sich im Wesentlichen nur einer Generation zugehörig und bewege sich faktisch nicht in Mehrgenerationenbeziehungen. Eine Studentin

1. Generationenerfahrungen

schilderte daraufhin ihre ganz andersartige Situation und Erfahrung: Sie sei Mutter von zwei Kindern; durch ihre Familiensituation und die Verbindung von Elternschaft und Studium sei die Beziehung zu ihren eigenen Eltern wieder stärker geworden, auch deshalb, weil die Eltern wichtige Betreuungspersonen für die beiden kleinen Kinder seien; zu Hause erlebe sie sich zugleich als Person in einer verantwortungsvollen Erwachsenenposition (Elternschaft) und als Kind ihrer Eltern, in der Universität wiederum empfinde sie das Noch-nicht-ganz-erwachsen-Sein einer Studentin, allerdings mit einem gewissen Abstand der Lebenserfahrung und verantwortungsvollen Lebensführung den jüngeren Studierenden gegenüber, wie beispielsweise ihrem Vorredner. Eine weitere Studentin meldete sich zu Wort: Sie sei Lehrerin an einer Grundschule; sie absolviere an der Universität ein Aufbaustudium in Teilzeit (im Fach Erziehungswissenschaft ist im Wintersemester 2001/2002 ein Teilzeitstudium eingerichtet worden); in der Schule habe sie es mit Kindern zu tun, die vom Alter her ihre eigenen sein könnten, in der Universität werde sie selber wieder zur »Schülerin«, komme in eine neue Verbindung mit (größtenteils etwas jüngeren) Mitgliedern ihrer Generation und habe es im übrigen mit Hochschullehrern zu tun, die vom Alter her ihre Eltern sein könnten; sie empfinde sich zugleich als erwachsen und jugendlich, eine Erfahrung, die ihr »gut tue«, aber auch Rollenkonflikte mit sich bringe.

Das Beispiel zeigt: Nicht nur in Familien, sondern auch in öffentlichen Handlungsfeldern kann eine mehrfache Generationenzugehörigkeit bzw. eine Überlappung von Generationenrollen erfahren werden; dabei vermischen sich genealogische und soziale bzw. seelische Faktoren. Die Überschneidungsbereiche werden noch komplexer, wenn besondere Veranstaltungsformen jenseits des regulären Lehrbetriebs in die Betrachtung einbezogen werden.

Das Beispiel der *Tutorien*: Wenn Studierende nach der Zwischenprüfung als Tutorinnen/Tutoren eingesetzt werden, nehmen diese stellvertretend Lehraufgaben wahr (ähnlich, wie ältere Geschwister elterliche Aufgaben übernehmen). Sie erfahren auf diesem Wege gleichsam eine zweifache Generationenzugehörigkeit.

Die Beispiele der *Seniorenuniversität und des Studium Generale*: Wenn Universitäten ein eigenständiges Lehrprogramm für alte Menschen einrichten, wird damit eine Gelegenheit besonderer Art für die Erfahrung von Generationenbeziehungen sowie von zweifacher Generationenzugehörigkeit geschaffen. Die alten Menschen werden von Lehrenden unterrichtet, die altersmäßig ihre Kinder sein könnten. Sie befinden sich für bestimmte Zeiten im Status von Studierenden, überspringen also gleichsam eine Generation und nähern sich dem (potentiellen) Studierendenstatus ihrer Enkel an. Im Rahmen der Veranstaltungen des Studium Generale, das an vielen Universitäten eingerichtet ist und in Tübingen auf eine jahrzehntelange Erfolgsgeschichte zurückblicken kann, sind in der Hörerschaft alle Altersgruppen (außer Kinder) vertreten. Insbesondere die Diskussionsrunden im Anschluss an die Vorlesungen bieten Gelegenheiten zum Gespräch zwischen drei Generationen, zum Austausch von Lebenserfahrungen

1.3 Universitätsalltag und Familienalltag

und zur wechselseitigen Perspektivenübernahme. Die Angehörigen der mittleren und älteren Generation erleben in diesem Rahmen den Status von Studierenden, der für die jüngere Generation typisch ist.

Das Beispiel der *Kinder-Uni*: Im Sommersemester 2002 ist an der Universität Tübingen auf Anregung der Redaktion der Lokalzeitung (Schwäbisches Tagblatt) das Experiment einer »Kinder-Uni« gestartet worden (vgl. Janßen/Steuernagel 2003). Professoren hielten eigens für Kinder im Grundschulalter acht Vorlesungen zu »Warum«-Fragen ab, wie etwa »Warum speien Vulkane?«, »Warum gibt es Arme und Reiche?«, »Warum müssen wir sterben?« oder »Warum stammen wir Menschen vom Affen ab?«. Die Vorlesungen wurden zu einem großen Erfolg und werden voraussichtlich – nicht zuletzt aufgrund des eindeutigen Votums der Kinder – in den folgenden Semestern fortgesetzt. Zwischen 500 und 800 Kinder haben die Vorlesungen im größten Hörsaal der Universität besucht. Für die Professoren lag die Herausforderung dieses Experiments darin, ihr Fachgebiet einer Hörerschaft nahe zu bringen, die dem Alter ihrer Enkel entspricht und am Beginn der Schulzeit steht. Für die Kinder bot das Experiment die ungewöhnliche Chance, sich in einer für junge Erwachsene geschaffenen Institution zu bewegen und selber wie junge Erwachsene angesprochen zu werden. Diese die altersbezogene Generationenzugehörigkeit überschreitende Erfahrung wurde symbolisch verstärkt durch die Vergabe von Teilnahmescheinen sowie durch die Aufforderung zur »Evaluuierung« der Professoren.

Im Vergleich zur Situation in öffentlichen Handlungsfeldern wie der Universität scheint die altersbedingte Zugehörigkeit zu einer Generation im intimen Beziehungssystem der Familie noch eindeutiger festgelegt zu sein: die Familienmitglieder sind entweder Kinder oder Eltern oder Großeltern. Eine genauere Betrachtung zeigt indes: Es kommt in Familien häufig zu einer Überlappung von Generationenrollen.

Ältere Geschwister können elterliche Aufgaben (Betreuung und Erziehung) gegenüber jüngeren Geschwistern wahrnehmen. Der darin angelegte Rollenkonflikt wird von einer Erstgeborenen in einer schwarzen US-amerikanischen Familie mit insgesamt zehn Kindern wie folgt geschildert:

> »Als Älteste musste ich bei der Betreuung meiner Geschwister helfen. Etwa von meinem zwölften Lebensjahr an war ich dafür verantwortlich, dass sie gekämmt waren, ihre Betten gemacht und ihre häuslichen Pflichten erledigt hatten. Manchmal musste ich durchgreifen. Meine Aufgabe war deshalb sehr schwierig, weil ich, die ich ja selbst nicht viel älter war als die meisten von ihnen, zwischen der Rolle einer Mutterfigur und der der großen Schwester, die ihnen doch schließlich nichts zu befehlen hatte, hin- und hergerissen war« (zit. in Liegle 2000: 115f.)

1. Generationenerfahrungen

Im Falle von chronischer Krankheit, Behinderung oder Alkohol- bzw. Drogenabhängigkeit eines Elternteils können Kinder bzw. Jugendliche in Aufgaben der Betreuung, Hilfe und Fürsorge hineinwachsen. Sie haben zwar ihren Kinderstatus nicht aufgegeben, tragen aber dennoch zu einer partiellen Umkehr des lebensalterbestimmten Generationenverhältnisses bei.

Eine ähnliche Überlappung von Generationenrollen ergibt sich in der allgemein verbreiteten Situation, dass die (in der Regel weiblichen) Mitglieder der mittleren Generation Aufgaben der Betreuung, Pflege und Hilfe gegenüber ihren alten Eltern bzw. Schwiegereltern wahrnehmen. In diesen Fällen kehrt sich das Verantwortungs- und Autoritätsverhältnis zwischen Eltern und (erwachsenen) Kindern partiell um.

In der Perspektive der alten Menschen nimmt die innere Zugehörigkeit zu mehr als einer Generation noch stärker ausgeprägte Formen an: Sie erfahren nicht nur die partielle Umkehr der sorgenden Beziehung zwischen Eltern und (erwachsen gewordenen) Kindern. Vielmehr »überspringen« sie gleichsam das Generationenverhältnis zwischen Eltern und Kindern, indem sie in eine Form der Abhängigkeit von ihren Kindern geraten, die dem Status ihrer jetzigen Enkel entspricht. Diese Rückkehr zur lebensgeschichtlichen Kindheit wird durch die zunehmende Rückwendung alter Menschen auf die Erinnerung früher Erfahrungen aber auch dadurch verstärkt, dass die alten Menschen einen Abbau ihrer Kräfte und Fähigkeiten erleben, der in einem spiegelbildlichen Verhältnis zum Aufbau von Kräften und Fähigkeiten beim heranwachsenden Kind steht. Auf diese Weise können sich alte Menschen (Großeltern) gleichzeitig mehreren Generationen zugehörig fühlen. Bisweilen kann man in solchen Situationen beobachten, wie alte Menschen ihre Erfahrung von Abhängigkeit dadurch zu kompensieren versuchen, dass sie ihre erwachsenen Kinder wie früher ansprechen und behandeln.

Die Beispiele aus dem privaten Raum von Familien und aus dem öffentlichen Raum der Universität verweisen auf ein Phänomen, das in der Generationenforschung unter Stichworten wie »Entstrukturierung von Lebensläufen« und »Relativierung von Lebensaltern« erörtert wird. Mit der Auswahl und Interpretation unserer Beispiele wird diese strukturelle Dimension der altersbezogenen Ordnung von Generationenbeziehungen als soziale Voraussetzung für die Verbreitung von mehrfachen, sich überlappenden Generationenzugehörigkeiten anerkannt. Der Fokus liegt indes nicht in dieser strukturellen Dimension, sondern in der Dimension der subjektiven Erfahrung bzw. des Erlebens von unterschiedlichen Generationenzugehörigkeiten. Diese soziale und psychische Dimension beschreiben wir mit dem Begriff der »Mehrgenerationalität«. Damit wird der Komplexität der mit dem Konzept der Generation angesprochenen Sachverhalte Rechnung getragen; es wird bedacht, »dass der einzelne mehrfache Erfahrungen der Generationenzugehörigkeit macht, sowohl in sozialräumlicher als auch in sozialzeitlicher Hinsicht« (Lüscher 1993: 23).

1.4 Zugehörigkeit, Differenz und Konflikt: Die »68er Generation«

Ein Fernsehjournalist, Jahrgang 1938, stellt sich in einem biographischen Interview den Fragen des Generationenforschers Heinz Bude:

> »I: Würden Sie sich eigentlich zur Achtundsechziger-Generation rechnen? In Ihrem Brief haben Sie ein Erstaunen und eine Bestätigung gegeben. Das hörte sich so an, als ob Sie sich gefragt hätten, gehöre ich eigentlich dazu, und dann haben Sie gesagt, ja, ich gehöre dazu.
> E: Ja, nein, umgekehrt. Als ich Ihren Brief bekam, dachte ich, ja Achtundsechziger, ist der Mann bei mir richtig sozusagen,
> I: ja, ja,
> E: und dann musste ich eben eine Antwort geben, und dann, also ein paar Tage später, fiel mir ein, ja, ich bin eigentlich in dem Sinne gar kein Achtundsechziger, weil 68 war ich fest angestellter Redakteur gewesen und war nicht auf den Straßen und habe das auch sehr kritisch betrachtet. Und dann habe ich mich sozusagen für mich subjektiv entschieden, das ist mein Gefühl, ich sei ein Achtundsechziger, dass das zunächst mal einen Rang hat, und ob das jetzt den Einordnungskriterien genügt, das war mir dann egal, nicht, mein Gefühl über mich war mich wichtig dabei« (Bude 1995: 38).

Es scheint hier demnach eine nachträgliche Konstituierung eines generationenbezogenen Wir-Gefühls stattgefunden zu haben. Dieses ist zu einem bestimmten, von der unmittelbaren lebensgeschichtlichen Generationenerfahrung unterschiedenen Zeitpunkt zu einem gefühlsmäßigen Teil des Ichs geworden ist. Der Interviewer resümiert seine diesbezüglichen gesammelten Interview-Erfahrungen dahingehend, es sei wohl so, »dass das Ich die imaginäre Gruppe der Gleichaltrigen braucht, um sich seiner besonderen Lage im historischen Gesamtprozess zu versichern« (aaO: 39).

Eine zweite Stellungnahme – die Antwort einer Publizistin auf das Anschreiben des Forschers (H. Bude) zeigt: Die Tatsache, dass jemand zu den Geburtsjahrgängen 1938-1948 gehört, ist keine hinreichende Voraussetzung für das subjektive Bewusstsein der Zugehörigkeit zur 68er Generation:

> »An sich finde ich Ihr Anliegen nicht ungewöhnlich. Nur betrachte ich mich nicht als den richtigen Adressaten. Ich bin kein ›68er‹ und habe das auf verschiedenen Podien schon begründet, auf denen man selbständige Köpfe in diese Schablone pressen wollte […] ich habe mich auch vor 68 als denkenden Menschen empfunden […], vor allem aber, ich schätze Ideologien ohne gutes Handwerkszeug nicht […].

1. Generationenerfahrungen

> Ich bin auch keineswegs erst durch »68« politisiert worden, jedenfalls nicht mehr als die (wichtigen) Impulse auf die Gesamtgesellschaft und ihre Medien bewirkten. Leider bin ich aus persönlichen Gründen im übrigen jedem Massenauflauf gegenüber distanziert und entwickle hier also auch keine Gemeinsamkeiten.
> Vielleicht können Sie mit dieser ›Selbstinterpretation‹ wenigstens indirekt etwas anfangen. Auf ein persönliches Interview möchte ich aus diesen und aus Zeitgründen verzichten« (Bude 2000a: 24).

In ihrer Selbstinterpretation verneint diese Frau die Frage nach ihrer Zugehörigkeit zur 68er Generation. Sie betont ihre Selbständigkeit sowie Einflüsse außerhalb der Studentenbewegung, die sie geprägt haben. Man könnte auch sagen: Sie erkennt und akzeptiert den Generationenzusammenhang, in welchem sie aufgewachsen ist – »die (wichtigen) Impulse auf die Gesamtgesellschaft und ihre Medien« –, aber sie bekennt sich nicht zu einer Generationenidentität im Sinne der »68er«; dementsprechend setzt sie diese in Anführungszeichen und bezeichnet die gleichsam selbstverständliche Annahme, eine politisch engagierte Person ihres Geburtsjahrgangs gehöre zu den »68ern«, als »Schablone«.

Dieses Beispiel verweist auf die Mehrdeutigkeit des Begriffs der Generation, die wir in den folgenden Kapiteln ausführlicher erörtern werden: Generation beschreibt eine genealogische, aber auch eine soziale und psychische Realität: »Die Formel von der Achtundsechziger-Generation stellt eine soziale Konstruktion mit vagem Ereignisbezug und geringer Beteiligungsverpflichtung dar, die dem einzelnen eine Orientierung im Fluss der Geschichte ermöglicht, und zugleich eine soziale Zumutung, die die Wahrheit des Ichs auszulöschen droht« (aaO: 25).

Wenn man von der Generation der »68er« spricht, ist damit in erster Linie eine »politische Generation« gemeint (siehe Kap. 3.2.2), die sich das Ziel gesetzt hatte, im sogenannten »Marsch durch die Institutionen« das politische Establishment zu erschüttern (vgl. Kilian/Komfort-Hein 1999: 192). Dabei gerät leicht in Vergessenheit, dass sich die Bezeichnung »68er Generation« erst zu Beginn der 80er Jahre eingebürgert hat (vgl. Bude 1995: 40). Die Tatsache der nachträglichen Konstruktion einer Generationenidentität durch Fremdzuschreibung muss allerdings nicht bedeuten, dass es bei den »68ern« kein »Wir-Gefühl« gegeben hätte oder dass sich bei denjenigen, die durch ihr Lebensalter den »68ern« zuzurechnen sind, keine Formen der Selbstzuschreibung einer Zugehörigkeit zu den »68ern« entwickelt hätten. Aus autobiographischen Zeugnissen und biographischen Interviews – auch aus den beiden zitierten Beispielen – lässt sich erschließen, dass die lebens- und zeitgeschichtliche Erfahrung mit »68« viele – auch individuell unterschiedliche – Facetten aufweist.

Zunächst ist daran zu erinnern, dass es sich bei den »68ern« um Jugendliche bzw. junge Erwachsene aus dem akademischen Milieu handelte und dass es, wie Rudi

1.4 Zugehörigkeit, Differenz und Konflikt: Die »68er Generation«

Dutschke für Westberlin sagte, nur kleine Gruppen von 15-20 voll engagierten Leuten und 150-200 Aktive gab, so dass man um 1968 insgesamt von einer mobilisierbaren Masse von 10.000 Leuten ausgehen kann (vgl. Bude 1995: 41f.). Diese Kerngruppe der ursprünglichen »68er« hat sich nicht in erster Linie als »Generation«, sondern als politische Protestbewegung verstanden. Diese hat sich öffentlichkeits- und medienwirksam inszeniert, und zwar in (für die Geschichte der Bundesrepublik erstmalig) so ausgeprägter Form, dass der Kunsthistoriker Walter Grasskamp (1995: 15 und 33) zur Diskussion gestellt hat, ob »1968« die Kulturrevolution auch als Markt entdeckt hat, ob »mit der Universalisierung eines Generationenprotests nicht in Wahrheit eine Universalisierung der Kulturindustrie stattgefunden hat«. Damit ist auch ein Bezug zu einem aktuellen kulturellen Generationenbegriff hergestellt.

Wenn im Rückblick von »Generationenprotest« gesprochen wird, verweist dies auf die Tatsache, dass im Denken und Handeln der Akteure der 68er-Bewegung – unbeschadet der fehlenden Selbstdefinition als Generation – Phänomene der Generationenzugehörigkeit, der Generationendifferenz und des Generationenkonflikts zum Ausdruck gekommen sind. Der Generationenkonflikt bezieht sich insbesondere auf die folgenden Aspekte: das Aufbegehren gegen autoritäre Umgangsformen im Verhältnis der Generationen (Eltern – Kinder, Professoren – Studierende); die Revolte gegen die Verdrängung und das Vergessen des Nationalsozialismus; die Zerstörung des Mythos vom Neubeginn einer demokratischen Gesellschaft im Zeichen eines selbstzufriedenen, materiellen Wohlstandes; die Konstruktion einer imaginären Gemeinschaft des antifaschistischen Widerstandes und der antiautoritären Erziehung, die radikal mit der Vergangenheit und der nationalen Tradition brechen und dem vermeintlich neuen Wir-Gefühl der Elterngeneration entgegenwirken sollten (vgl. Kilian/Komfort-Hein 1999: 201f.). Insbesondere die generationenspezifische Auseinandersetzung über das Verhältnis zur nationalsozialistischen Vergangenheit – eine Auseinandersetzung, die in erster Linie politischen Charakter hatte und auf Gesellschaftsgenerationen bezogen war –, hat ihren Niederschlag auch in einzelnen dokumentierten Vater-Sohn-Konflikten gefunden und wurde damit auch für die Erfahrung mit Generationen auf der Ebene der Familiengenerationen relevant (vgl. Vesper 1983). Zum Teil war auch die Abwesenheit der Väter von Belang (Radebold 2000).

Das folgende Beispiel beschreibt den Vater-Sohn-Konflikt eines wissenschaftlichen Angestellten, Jahrgang 1940. Sein aus der Kriegsgefangenschaft zurückgekehrter kranker und »kaputter« Vater schränkt seine Freiheit extrem ein (z.B. Verbot der Teilnahme an Veranstaltungen des »Proletariersports« Fußball) und schlägt die Mutter. Es entsteht eine »Neutralität und nachher eine Feindschaft« gegenüber dem Vater.

»E: Und als ich dann stärker war, größer, mit fünfzehn, sechzehn war ich eigentlich ausgewachsen, so wie jetzt, da habe ich mich dann dazwischen gestellt.
I: Mhm.

1. Generationenerfahrungen

> E: Und das sind so Sachen, wo ich anfing, glaube ich, Autorität sozusagen abzubauen. Ich musste auch erst mal eine Barriere abbauen, aber als mir das gelang, meine Mutter gegen meinen Vater zu verteidigen, da war ich auch stark genug, möglicherweise in der Schule so etwas zu tun. Ich könnte mir das so vorstellen. […]
> E: Ich würde sagen, so diese späte Frühreife, die ich auch irgendwo in der Schule hatte, ich war eigentlich irgendwie viel bewusster und gezielter als meine Klassenkameraden, das kommt wahrscheinlich alles durch diese Geschichten. Auch so eine Selbständigkeit gegenüber Autoritäten, ich habe nie gekuscht. Bis heute nicht. Ich würde das auch nie machen wollen.
> I: Ja.
> E: Und das war in der Studentenbewegung ganz, ganz wichtig« (Bude 1995: 128f.).

Der Konflikt mit dem Vater, das erfolgreiche Aufbegehren gegen sein gewaltförmiges Verhalten lassen den jungen Mann zur Selbstbehauptung, zur »Selbständigkeit gegenüber Autoritäten« gelangen, und diese Erfahrung mit dem Vater führt ihn geradewegs zur Studentenbewegung. Er wird zu einem aktiven Mitglied des Sozialistischen Deutschen Studentenbundes (SDS).

Die Selbstzuschreibung einer Zugehörigkeit zur »68er Generation« kann nicht allein am »Kern« der 68er-Bewegung erörtert werden. Es lässt sich vielmehr zeigen, dass die Anzahl der Mitglieder der Geburtsjahrgänge 1938-1948, die zu den »68ern« gezählt werden oder sich selbst dazu rechnen, immer größer geworden ist, je mehr der zeitliche Abstand zum Ausgangspunkt der Protestbewegung wuchs. Insbesondere im Zusammenhang mit dem Aufkommen der Bezeichnung »68er Generation« zu Beginn der 80er Jahre erfuhr diese eine erhebliche »retrospektive« Vermehrung: »Je mehr die Jahrgangsgemeinschaft zum definierenden Merkmal erhoben wurde, umso mehr Angehörige meldeten sich. Am Ende gehörten gar die Modernisierer in der CDU zur Achtundsechziger-Generation« (Bude 1995: 41). Diese These ist unter zwei Aspekten aufschlussreich: Sie verweist zum einen auf Prozesse der Selbstdefinition im Lebenslauf bzw. der Konstruktion individueller Zugehörigkeit zu einer Generation, zum anderen auf Prozesse der Wirkung bzw. kollektiven Vereinnahmung von Generationenprotest. Der zuerst genannte Aspekt wird durch das erste Beispiel zu Beginn dieses Kapitels beleuchtet.

Wenn man berücksichtigt, dass eine große Zahl der Mitglieder der Geburtsjahrgänge 1938-1948 in ähnlicher Weise, wie in diesem Beispiel beschrieben, zu einer nachträglichen Identifikation mit »68« gelangt sind, so erscheint der zweite Aspekt – die Wirkung bzw. Vereinnahmung dieses Generationenprotestes – in einem neuen Licht: Es handelte sich um zahlenmäßig außerordentlich starke Geburtsjahrgänge und die Berufseintrittsphase dieser jungen Erwachsenen fiel in eine Zeit der Expansion von Bil-

1.4 Zugehörigkeit, Differenz und Konflikt: Die »68er Generation«

dungsinstitutionen und wirtschaftlichen Unternehmen. In keiner Phase, so resümiert der Bevölkerungssoziologe Mackensen, war die Arbeitswelt so deutlich von Jüngeren geprägt wie in den frühen siebziger Jahren (siehe aaO: 43).

Insofern gilt, dass ein »Marsch durch die Institutionen« in größerem Stil erst in den 70er Jahren von einer allmählich »alternden Generation« initiiert wurde. Man könnte mit Berufung auf den Buchtitel von Grasskamp (1995) aber auch argumentieren, dass aus dem Marsch durch die Institutionen ein »Marsch durch die Illusionen« wurde, denn an die Stelle einer imaginären Gemeinschaft des Antifaschismus trat die bescheidenere Vision einer reformierten Gesellschaft und eines reformierten Kapitalismus. Der gesellschaftlichen Integration einer sich zunehmend mit »68« identifizierenden Generation entspricht auf der Seite der etablierten politischen Eliten die Tendenz zur Umdefinierung und Vereinnahmung der Impulse der Protestbewegung zur Etikettierung der eigenen Reformvorhaben. Andererseits gab es im politischen Establishment und in der öffentlichen Meinung auch die Tendenz, bedrohliche Erscheinungen wie den RAF-Terrorismus auf den Einfluss der Ideologie der 68er-Bewegung zurückzuführen (z.B. in einer Rede des damaligen Bundespräsidenten Scheel zur 500-Jahr-Feier der Universität Tübingen im Jahre 1977).

Diese dreifache Transformation der ursprünglichen Protestbewegung hat deren nachhaltige Wirkung auf die politische Kultur der bundesrepublikanischen Gesellschaft nicht verhindert, sondern möglicherweise sogar befördert. Diese Wirkungsgeschichte lässt sich nicht zuletzt an den Veränderungen in der generationalen Ordnung nachweisen: Seit dem Eintritt der »68er Generation« ins Berufsleben und in den Status der Elternschaft hat sich die soziale Praxis der Gestaltung der Beziehungen sowohl zwischen den Gesellschaftsgenerationen als auch zwischen den Familiengenerationen grundlegend gewandelt (siehe auch Kap. 1.2 und 3.2.1).

Am Beispiel der »68er Generation« lässt sich somit zeigen: Mit den Begriffen der Generationenzugehörigkeit, Generationendifferenz und Generationenbeziehungen (insbesondere in der Gestalt von Generationenkonflikten) können Dimensionen der sozialen Erfahrung beschrieben werden, denen bei der Verortung von Personen in der geschichtlichen Zeit, bei der Gestaltung ihrer Lebensläufe und bei der Ausbildung ihrer Identität eine grundlegende Bedeutung zukommt. Dabei wirken Selbst- und Fremdzuschreibung zusammen. Das Beispiel verweist außerdem auf wechselseitige Zusammenhänge zwischen »Generationengestalten« und Gesellschaft: Einerseits hat sich das Profil der »68er Generation« in einer bewussten Auseinandersetzung mit zeitgeschichtlichen Verhältnissen und Ereignissen herausgebildet; andererseits hat diese Generation auf längere Sicht zu einem Wandel der Verhältnisse (beispielsweise im Sinne des Abbaus von Ungleichheiten zwischen den Generationen und Geschlechtern) wirkungsvoll beigetragen, sie kann als eine »aktive« politische Generation beschrieben werden (siehe Kap. 3.2.2).

1. Generationenerfahrungen

Schließlich lässt sich am Beispiel der »68er« zeigen – darauf weist Bude (2000a: 32) hin –, dass das moderne Phänomen der Generation nicht auf den Bezugsrahmen einer Nationalkultur beschränkt werden kann. Fietze (1997) spricht von »1968 als Symbol der ersten globalen Generation«. Edmunds/Turner (2002) vertreten die Auffassung, die Voraussetzung für einen universalen Bezugspunkt von Generationenerfahrungen sei durch die traumatisierenden Ereignisse des 11. September 2001 geschaffen worden, nicht zuletzt wegen der fast zeitgleichen und danach häufig wiederholten Darstellung im Fernsehen. Gesellschaftliche Generationenerfahrungen scheinen heutzutage ohne die Rolle der Medien nicht denkbar.

2. Generationenkonzepte
Welche Vorstellungen von Generationen gibt es?

Die Beispiele in Kap. 1 weisen auf die Mehrdeutigkeit und Mehrdimensionalität des Begriffs der Generation und auf das aktuelle Interesse an der Generationenfrage hin.[1] Dies hat in Wissenschaftskreisen schon zu Zweifeln geführt, ob damit überhaupt gearbeitet werden kann und soll.[2] Demgegenüber machen wir geltend: Erstens gehört der Begriff zur Umgangssprache. Man kann daher annehmen, dass er auf verbreitete Erfahrungen und Vorstellungen verweist und zu deren Umschreibung nützlich ist. Das wird durch seine lange Geschichte bekräftigt. Er ist somit – zweitens – ein Teil des kulturellen Erbes. Drittens ist Vieldeutigkeit gerade für die Sozialwissenschaften eine Herausforderung. Vieldeutigkeit ist eine soziale Tatsache, verweist sie doch auf den Gebrauch eines Begriffs in verschiedenen Feldern. Es ist somit angemessen und fruchtbar, nach den Gemeinsamkeiten und Unterschieden zu fragen, die sich dabei sowohl in den alltäglichen Lebensbereichen als auch in den darauf bezogenen Wissenschaften zeigen. Viertens ist das Wechselspiel von Theorie und Empirie ein wichtiges Kennzeichen für die Fruchtbarkeit wissenschaftlicher Arbeit.

Die Frage stellt sich, wie mit dieser Mehrdeutigkeit methodisch umgegangen wird. Eine erste allgemeine Antwort lautet, wissenschaftliche Arbeit müsse wissenssoziologisch reflektiert werden, es seien also – kurz gesagt – durchgängig die sozialen Bedingungen des Entstehens und des Umganges mit wissenschaftlichem Wissen im Auge zu behalten und zu bedenken. Im Besonderen ist es nützlich, die Bedeutung von Begriffen nicht als gegeben, sondern als eingebettet in die sozialen Prozesse der Konstitution von Bedeutungen zu betrachten. Zur wissenssoziologischen Reflexion gehört, die Sprache als soziales Phänomen zu betrachten.

Wir können hier allerdings nicht ausführlich auf die Theorie der Bedeutungsanalyse, die Semiotik, eingehen und beschränken uns darauf, in vereinfachter Form die von Peirce formulierte Grundidee heranzuziehen.[3] Sie besagt: Bedeutungen ergeben sich aus der systematischen Verknüpfung von drei Komponenten: dem Wort oder Begriff, den damit gemeinten Sachverhalten und der Interpretation, mittels der diese zueinander in Beziehung gesetzt werden. Hinzuzufügen ist, dass diese Operation stets in »Kontexten« geschieht. Allgemeiner gesprochen: »Bedeutungen« entstehen, wenn Sachverhalte und Begriffe in einer bestimmten Sichtweise miteinander verknüpft werden, insbesondere, wenn dies in einer systematischen Art und Weise in einer wissenschaftlichen Disziplin, in einer Theorie oder einem Ansatz innerhalb einer Disziplin geschieht. Das wiederum geschieht im Rahmen einer »Situation« oder – anders gesagt –

33

2. Generationenkonzepte

aus Anlass einer bestimmten Aufgabe, mit Blick auf ein Ziel. Bedeutungszuschreibungen sind Mittel, um bestimmte Zwecke zu erreichen, beispielsweise die Verständigung im Rahmen wissenschaftlicher Arbeit, die Gewinnung neuer Erkenntnisse und deren Verbreitung und Anwendung. Bedeutungen, die auf diese Weise formuliert werden, tragen zur »sozialen Konstruktion von Wirklichkeit« bei, sind aber eingebettet in Konventionen, wozu synchron der allgemeine Sprachgebrauch und diachron die Geschichte bisheriger Bedeutungen gehören.

Unterschiedliche Bedeutungen eines Begriffs – wie jener der Generation – lassen sich somit, indem auf die Operation der Bedeutungszuschreibung und die verfolgten Zwecke eingegangen wird, miteinander vergleichen, und sie können Anlass zu Diskussionen sein. Wichtig ist im Weiteren, wie ein Begriff mit anderen Begriffen systematisch verknüpft wird. Das geschieht in der wissenschaftlichen Arbeit im Rahmen von Disziplinen, innerhalb dieser durch Theorien und innerhalb dieser wiederum durch Ansätze.

In der wissenschaftlichen Arbeit entspricht die Zuschreibung von Bedeutungen dem Prozess des Definierens. Dieser ebenso wie dessen Ergebnis, nämlich eine Definition, kann auf unterschiedliche Weise verstanden werden.[4] An dieser Stelle soll damit gemeint sein, dass angegeben wird, wie man einen Begriff im Rahmen bestimmter wissenschaftlicher Arbeiten zu verwenden gedenkt, auf welche Sachverhalte er sich bezieht und wie er in die Systematik einer Theorie eingeordnet ist. Einen derart umschriebenen Begriff kann man auch als Konzept bezeichnen. Damit wird – vor dem Hintergrund der Überlegungen zur Bedeutungsanalyse – ein weiterer Gedanke ins Spiel gebracht, denn mit »Konzept« verbindet sich die Vorstellung eines »Entwurfes«, mit »Konzeptualisieren« jene des »Entwerfens«. Auch Definieren lässt sich als sozialer Prozess verstehen. Die dabei umschriebenen Bedeutungen stehen nie endgültig fest, sondern werden – indem mit einem Begriff gearbeitet wird – bekräftigt, verändert oder – im Extremfall – sogar verworfen. Definitionen beinhalten im Kern zwei Annahmen, die miteinander verbunden sind. Die erste geht davon aus, das mit der Definition Gemeinte lasse sich tatsächlich beobachten bzw. systematisch nachweisen; die zweite postuliert, es sei für die Weiterentwicklung der wissenschaftlichen Arbeit förderlich und fruchtbar, das Konzept in der vorgeschlagenen Weise theoretisch und empirisch anzuwenden. Definitionen – gemäß diesem Verständnis – haben somit im Kern den Charakter von erkenntnisfördernden, also heuristischen Hypothesen.

Was folgt aus diesen Überlegungen für das Kapitel über die begrifflichen Grundlegungen eines Lehrbuchs über Generationenbeziehungen? Offensichtlich bedarf die Begriffsgeschichte einer gewissen Aufmerksamkeit. Sie verweist auf unterschiedliche Dimensionen der Bedeutung. Diese können sowohl systematisch-theoretisch als auch für die aktuelle Arbeit mit dem Begriff von Belang sein. Die Begriffsgeschichte setzt in der

Regel mit der Etymologie ein, also mit der Analyse der Herkunft des Wortes und seiner Bestandteile. Steht bei den Ausführungen zur Begriffsgeschichte das Interesse an einer allgemeinen Übersicht im Vordergrund, ist sie geeignet, wichtige Dimensionen zu erhellen, die für die theoretische und die empirische Arbeit von Belang sind.

Im Hinblick auf den Begriff der Generation wird dabei u.a. deutlich, dass ein Bezugspunkt die menschliche Erfahrung von Geburt und Tod ist. Zugleich dient der Begriff der Generation dazu, sich der Idee der »Zeit« anzunähern. Diese abstrakte Komponente des Begriffs ist seit jeher Anlass zu einer Veranschaulichung mittels bildlicher Vergleiche. Die Analyse von Metaphern vermag darum ebenfalls den Raum der Bedeutungen zu erhellen. Sie heranzuziehen empfiehlt sich auch, weil dazu aufschlussreiche Texte vorliegen. Im Weiteren geht es, wenn von Generationen die Rede ist, um Grundfragen der Organisation menschlichen Zusammenlebens im Horizont der Zukunft. Die »Generationenfrage« (zu diesem Begriff siehe Kap. 7) provoziert Zeitdiagnosen. Dies ist, jedenfalls im vorherrschenden heutigen Verständnis, mit Ungewissheiten verbunden. Wird darüber öffentlich diskutiert, geht es um den Austausch von Einschätzungen der Gegenwart und der absehbaren Zukunft sowie um Überzeugungen, wie das Verhältnis der Generationen zueinander gestaltet werden soll. Diese Art des politischen, normativ geprägten öffentlichen Redens kann man als »Generationenrhetorik« bezeichnen.

Eine Aufarbeitung der konzeptuellen Grundlagen ist in einen Rahmen eingebunden, der sich aus den Fragestellungen und den Zielsetzungen der Darstellung ergibt. In diesem Sinne konzentrieren wir die Darstellung der Begriffsgeschichte auf einige zentrale Aspekte, die daraus folgen, dass unser besonderes Interesse der wechselseitigen Bedingtheit von öffentlichen, d.h. gesellschaftlichen, sozio-kulturellen und verwandtschaftlich-familialen Generationenerfahrungen und der Analyse von Generationen*beziehungen* gilt. Besondere Aufmerksamkeit schenken wir dabei – wie oben kurz begründet – den in diesem Zusammenhang bestehenden Spannungsfeldern und Zwiespältigkeiten als Nährboden von »Generationenambivalenzen« [5]

2.1 Zur Begriffsgeschichte

Die Etymologie und die Begriffgeschichte können einen Beitrag zur Klärung der Vorstellungen leisten, die mit dem Konzept der »Generation« verbunden sind. Die im Folgenden ausgewählten Beispiele zur Begriffsgeschichte belegen, dass diese Vorstellungen die Ordnung eines dynamischen Geschehens betreffen, das sich sowohl auf die interpersonale Ebene der Verwandtschaft bzw. der Familie als auch auf die Ebene der »Gesellschaft«, aber auch auf die wechselseitigen Beziehungen zwischen diesen Ebenen bezieht. Der Rekurs auf soziale Zeit bzw. Zeitlichkeit, die Definition von Beziehungen

2. Generationenkonzepte

sowie die Verbindung von Makro- und Mikro-Ebene erweisen sich demnach als wichtige Dimensionen des Generationsbegriffs.

2.1.1 Die Ursprünge des Begriffes »Generation« im Altertum

Die wichtigsten etymologischen und frühen begriffsgeschichtlichen Bezüge ergeben sich aus dem griechischen Begriff »genesis« und dem römischen »generatio«.[6] Dem griechischen Wort »genos« liegt das Verb »genesthai« zugrunde; es meint »to come into existence« (Nash 1978), »ins Dasein gelangen«, und umschreibt das Überschreiten der – sich stets verschiebenden – Schwelle zum Leben. Durch die Geburt eines Kindes wird eine neue Generation gebildet, die sich von jener der Eltern unterscheidet. Dies geschieht immer wieder von neuem, doch der Sachverhalt als solcher bleibt derselbe.

In der römischen Antike meint der aus dem Griechischen übersetzte Begriff »generatio« Entstehung, Erzeugung, Zeugung. Dabei bringt das Erzeugende »etwas hervor, das ihm der Form nach ähnlich ist...« (Riedel 1974: 273), wobei im Falle des Menschen das Erzeugte vom Erzeugenden individuell, nicht gattungsmäßig, verschieden ist. Bereits in der sprachlichen Kennzeichnung findet sich somit ein Bezug zur Individualität, die im generativen Geschehen angelegt ist. Dementsprechend wird »schon in mythisch-dichterischer Sprechweise [Generation] als elementare Selbsterfahrung des Menschen und seiner Geschichte benannt« (aaO: 274).

Die Gliederung nach »Menschenaltern« macht aus dem »natürlichen« Prozess der Geburt eine anthropologisch-soziale Gegebenheit. Dabei wird ungeachtet aller Veränderungen die Dauerhaftigkeit hervorgehoben. Die Vorstellungen von »Zeit« hat Generationenphänomene zu einem Ausdruck von Kultur und zu einer sozialen Tatsache werden lassen, die ihrerseits in die Ordnung des menschlichen Lebens eingeht. Insofern erweist sich das Verständnis von Generationen als ein Teil der Institutionalisierung menschlichen Zusammenlebens. Das mit der Abfolge der Generationen umschriebene dynamische Geschehen ist Bezugspunkt von Regeln, von Brauch und Sitte, von Recht und den sich daraus ergebenden Organisationen, vorab der Verwandtschaft und der Familie, aber auch bereits in der griechischen und römischen Antike in den Bildungseinrichtungen für Kinder und Jugendliche.

Die Ursprünge des Generationenbegriffs in der Antike verweisen auf ein grundlegendes Spannungsfeld, das sich auch als Zwiespalt verstehen lässt: Leben entsteht aus Leben, aber Eltern und Kinder unterscheiden sich. Gezeugt und geboren wird ein »eigenes« Kind, das zugleich bei aller Nähe und Vertrautheit von Anbeginn ein »anderer« Mensch ist. Es bestehen somit Gemeinsamkeiten und Unterschiede, die sich nicht vollständig auflösen lassen. In heutigen Begriffen geht es um den Umgang mit Differenz vor dem Hintergrund von Gleichheit. Dabei wird von einem wechselseitigen Gesche-

2.1 Zur Begriffsgeschichte

hen ausgegangen, bei welchem das eine das andere bedingt. Dieses Paradox ist im griechischen Begriff der Generation enthalten (hierzu Nash 1978).

Dass im Begriff der Generation etymologisch und ideengeschichtlich zwei Bedeutungsfelder erkennbar sind, betont auch Bilstein (1999: 437f.). Demnach wird zum einen auf »Zugehörigkeit zu sozialen und kollektiven Gruppierungen« verwiesen, zum andern auf »eine bestimmte Art von Verhältnis: [umschreibbar als] ein zeugendes, schöpferisches.« Diese schöpferische Komponente lässt sich »auf den indogermanischen Verbalstamm *gen zurückführen, der deutlich transitiv und produktivistisch gemeint war«. Ihm jedoch steht ein komplementärer Begriff gegenüber, jener der »corruptio« (griechisch »phtora«). Der Begriff steht also in einem Spannungsfeld zwischen der Verwandlung des »Nichts-Seins in Sein, [wobei] eine klare Trennung zwischen den beteiligten Instanzen von vornherein mitgedacht [ist]: Zeugende und Erzeugte, Gebärende und Geborene, Schöpfer und Geschöpfe« (aaO: 438). Dem steht – gewissermaßen mitgedacht – die Möglichkeit des Verderbens und der Zusammenbruch der Strukturen gegenüber.

Letztendlich beruht der – im heutigen Verständnis das Gelingen ausdrückende – Begriff der Generation (so Bilstein 1996: 169) auf zwei grundlegenden Ideen: Einerseits »auf einer Bildlichkeit des Erschaffens und auf Vorstellungen von Zeugungs- und Schöpfungsprozessen, die primäre und archaische Verwandtschaftszuordnungen und Gruppenzugehörigkeiten benennbar machen. Bis in die Gegenwart schwingt daher im Begriff der ›Generation‹ untergründig eine Metaphorik des Hervorbringens und Herstellens mit. Auf der anderen Seite fußt er auf Bildern der Kontinuität und Zyklizität, von kreisförmig wiederkehrenden Prozessen, die naturhaft-eigenlogisch und letztlich unbeeinflußbar ablaufen [...] damit werden zugleich demiurgische Phantasien vom Machen und Zeugen und elementare Bilder von der Mitgliedschaft in ewigen Kreisläufen ins argumentative Spiel gebracht« (aaO: 169). Die doppelte Zentrierung auf Schöpfertum und Mitgliedschaft verleiht, so die These Bilsteins, dem Generationenbegriff seine argumentative Kraft. Zugleich steht er – wiederum in heutigen Begriffen ausgedrückt – im Horizont der Möglichkeit des Misslingens, des Zerfalls. Auch wenn es nicht darum geht, im Blick auf die sozialwissenschaftliche Arbeit die Bedeutung des Begriffes der Generation wesensmäßig zu begründen, verdienen diese ursprünglichen Bedeutungsdimensionen durchaus Beachtung, indem sie geeignet sind, theoretische Annahmen zu stützen und zu leiten.

In der griechischen Dichtung wird mit Hilfe des Generationenbegriffs die unausweichliche Verbundenheit zwischen Menschen beschrieben und am Beispiel großer Gestalten die Schicksalhaftigkeit dargelegt, die den Generationenbeziehungen eigen ist. Man kann darin die spezifische soziale Qualität von »Generation« bzw. Generationenzugehörigkeit erfassen: Das Schicksal lässt sich sowohl als vorgegeben als auch offen erfahren und verstehen.

2. Generationenkonzepte

Die Betonung von Verbundenheit zwischen Generationen beinhaltet Vorstellungen einer sozialen Ordnung. Denn aus der Zugehörigkeit zu einem bestimmten Lebensalter wird soziale Autorität abgeleitet. Sie stützt sich insbesondere auf das Wissen, das den Älteren zugeschrieben wird. Das bekannteste Beispiel ist der hochbetagte Nestor; von ihm wird gesagt, dass er zwei Generationen sterblicher Menschen vergehen sah und eine dritte durchlebt hat. Dieses Schema von drei Menschenaltern wird zur Grundlage einer am Begriff der Generation festgemachten Periodisierung auch der geschichtlichen Zeit. Diese lehnt sich somit an die »genealogische Familie« an, ist jedoch zugleich ein allgemeines Zeitmaß. Die Dauer einer Generation wird mit 33 Jahren bemessen.

Aus heutiger sozialwissenschaftlicher Sicht ist an diesen Vorstellungen bemerkenswert, dass offensichtlich bereits in der Vormoderne das gesellschaftliche und das genealogische Verständnis von Generation miteinander verknüpft und der Versuch unternommen worden ist, Generation als Zeitspanne objektiv (d.h. in Jahren) zu messen. Zugleich geht es – wie das Beispiel von Nestor zeigt – immer auch um die Ordnung von Autoritätsverhältnissen. Ihre praktische und ihre legitimatorische Infragestellung – wie sie heutzutage offensichtlich zu beobachten ist – führen zu einer Problematisierung der Generationenfrage.

Im griechischen Verständnis handelt es sich um die zeitliche Ordnung unter sterblichen Menschen. Mit jeder Generation entfernen sich diese zusehends von ihren Vorfahren unter den Göttern (Nash 1978: 14). Es findet gewissermaßen ein Prozess der »Entartung« oder »Verderbnis« statt. Gemessen am späteren Glauben an den Fortschritt, der in der Generationenfolge stattfinden soll, handelt es sich dem antiken Verständnis nach um eine zwar ebenfalls fortschreitende Bewegung, die jedoch eine Abkehr von den Ursprüngen bedeutet. Diese Ursprünge werden in den Genealogien der Götter zeitlich ebenfalls strukturiert. Die an genealogischen Generationen orientierte Unterscheidung von Phasen findet sich wieder in der Einteilung des individuellen Lebens, womit allerdings das Leben der Männer bzw. des Mannes gemeint ist, der für den Menschen schlechthin steht[7]. Zur Gliederung des Lebenslaufs hat es verschiedene Vorschläge gegeben. Pythagoras beispielsweise hat das Leben in vier Perioden eingeteilt, von denen jede 20 Jahre umfasst (aaO: 5ff.). Die Dreiteilung in Kindheit, Jugend und Alter scheint indessen dominiert zu haben, wobei es bemerkenswerterweise für das mittlere Alter keine eigene Bezeichnung gegeben hat.

Aus heutiger sozialwissenschaftlicher Sicht ist hervorzuheben, dass in der Antike den Lebensaltern spezifische Qualitäten zugeschrieben worden sind, die zugleich als Maßstäbe für angemessenes Handeln und für die Lebensführung gegolten haben. Damit war auch ein Anspruch auf Anerkennung verbunden.[8] Auch in diesem Sinne hatte bereits in der Antike die Generationenzugehörigkeit eine wichtige Bedeutung für die Konstitution einer personalen Identität; diese wurde allerdings anders als heute verstanden, nämlich weniger individualistisch. Darin liegt ein markanter Unterschied zwischen Vormoderne und Moderne.

2.1.2 Zum neuzeitlichen Verständnis

Die durch Enttraditionalisierung und zunehmende wissenschaftlich-technische Naturbeherrschung gekennzeichnete Neuzeit hat neue Vorstellungen von Generationen hervorgebracht. Einen wichtigen, bis in die Gegenwart nachwirkenden Einschnitt im Generationendiskurs bildet die Epoche der Aufklärung im 18. Jahrhundert. Die Aufklärungsphilosophie in Frankreich (z.b. Voltaire) und in Deutschland (z.b. Kant) hat die Generationenfolge und die Gestaltung der Generationenbeziehungen erstmals unter das Postulat der »Verbesserung« des Menschen und der Menschheit gestellt. In der Pädagogik, die den ersten umfassenden Ausbau eines staatlichen Schulsystems für prinzipiell alle Mitglieder der nachwachsenden Generation theoretisch vorbereitet und begleitet hat, ist dieses Fortschrittsdenken in der Begründung eines Menschenrechts auf allgemeine Bildung und in einer allgemeinen Bildungspflicht konkretisiert worden.

Schon bei Comenius (1657/1992) findet sich die Auffassung, man solle nicht glauben, »daß wirklich Mensch sein kann, wer sich nicht als Mensch zu verhalten gelernt hat, d.h. zu dem, was den Menschen ausmacht, herangebildet worden ist« (aaO: 41). Die Frage, bei wem die Verantwortung für diese Bildungsaufgabe liegen soll, hat Comenius bereits mit Blick auf die in der heraufziehenden Neuzeit stattfindenden Prozesse des sozialen Wandels beantwortet:

> »Weil jedoch bei der Zunahme der Menschen und der menschlichen Geschäfte die Eltern selten geworden, welche so gescheit und fähig sind und von ihrer Tätigkeit genügend Zeit erübrigen können, sich dem Unterricht ihrer Kinder zu widmen, war man schon vor Zeiten so wohlberaten, es so einzurichten, daß auserwählten Persönlichkeiten, die durch Verständigkeit und sittlichen Ernst hervorragen, die Kinder vieler Eltern gleichzeitig zur wissenschaftlichen Bildung anvertraut werden. Solche Bildner der Jugend nennt man Lehrer, Magister, Schulmeister oder Professoren, und die Stätten, die für solche gemeinsamen Übungen bestimmt sind: Schulen, Lehranstalten, Auditorien, Kollegien, Gymnasien, Universitäten u.ä.« (aaO: 49).

Im Zeitalter der Aufklärung ist diese Auffassung weiterentwickelt worden: Kant betrachtet die (im Generationenverhältnis angesiedelte) Erziehung als Voraussetzung sowohl der individuellen Menschwerdung als auch des Fortschritts der Menschheit. Schleiermacher (1826/1957) hat seine Theorie der Erziehung mit dem Gedanken begründet, dass ein großer Teil der Tätigkeit der älteren Generation auf die jüngere gerichtet sei, sowie mit der Auffassung, dass diese Tätigkeit der Ausbildung individueller Eigentümlichkeit, aber auch der Bewahrung und Verbesserung des Gemeinwesens zu dienen habe.

2. Generationenkonzepte

Die dank der Verbreitung formaler Bildung beförderten Prozesse der »Individualisierung« haben außerdem das Aufkommen eines qualitativen Zeitverständnisses begünstigt, das die eher quantitative Betrachtungsweise abgelöst hat. Das neue Zeitverständnis hat sich zunächst in dem Bemühen ausgedrückt, die Rolle herausragender Individuen für den Gang der Geschichte und den menschlichen Fortschritt herauszuarbeiten. Dabei ist die für die Antike kennzeichnende Fixierung auf den Mann erhalten geblieben. Insoweit sich die Geschichtsschreibung des Konzepts der Generation bediente, hat sich ihre Aufmerksamkeit zusehends auch auf die Beziehungen innerhalb einer Generation gerichtet, insbesondere auf Gruppierungen herausragender Individuen und auf die Bedingungen, unter denen sich Gemeinsamkeiten zwischen ihnen herausbilden konnten. Dies galt vor allem für die Bereiche der Kunst, der Musik und der Literatur, weil hier eine besonders intensive Interpretation der Werke stattfand und die Umschreibung von Gemeinsamkeiten in Begriffen wie Stil, Schule oder Richtung in diesen Bereichen üblich war (siehe Kap. 3.2.1). Die Gruppenbildungen von Künstlern und die damit häufig verbundenen Selbstdeutungen haben diese Entwicklung zusätzlich befördert. Damit ist eine wichtige Voraussetzung für ein reflexives Verständnis von Generationenzugehörigkeit geschaffen worden, das den heutigen Auffassungen von Identität nahe kommt.

In den Anfängen der Soziologie bei Comte (1798-1857) wird die Generationenfolge als ein Medium zur Strukturierung der geschichtlichen Zeit begriffen. Allerdings blieb Comte der Vorstellung einer konstanten Zeitstruktur im Sinne eines »Korrelat(s) des menschlichen Organismus, seiner begrenzten Lebensdauer und der Gegebenheiten von Altersstufen« (Riedel 1974: 275) verhaftet. Die im 19. Jahrhundert entstandene Theorie der Geschichte mit ihrer Reflexion des gesellschaftlichen Generationenbegriffs und seinen Entsprechungen in den Beziehungen zwischen Jung und Alt hat eine weitere Ausdifferenzierung des Begriffs der Generation ermöglicht.

Den einflussreichsten Beitrag zum Verständnis des »Problems der Generationen« im 20. Jahrhundert hat – unter Bezug auf und in kritischer Auseinandersetzung mit Dilthey – in einem so betitelten Essay Karl Mannheim (1893-1947) geleistet. Er entwickelt dort eine Theorie der Genese von Generationen und trägt damit maßgeblich zur sozialwissenschaftlichen Begriffsbildung bei. Für Mannheim sind Generationen wesentliche Elemente der Dynamik der Sozialstruktur. Voraussetzung für diese Betrachtungsweise ist das Postulat, biologisch begründete Phänomene wie die Generationenfolge und die Begrenztheit des Lebens zwischen Geburt und Tod als soziale Erscheinungen zu begreifen. Die Verknüpfung von Natur und Gesellschaft in den Generationenphänomenen zeigt sich für Mannheim schon in quantitativer Hinsicht; er spricht hier von »historischer Rhythmik«. Der Schwerpunkt der Analyse betrifft jedoch eine qualitative Bestimmung von Generationen. Die Frage danach, was eine Generation ausmacht, wird durch die Unterscheidung von drei Begriffsdimensionen beantwortet: »Generationenlagerung« bezeichnet – in Analogie zur sozialen Klassenlage – die Stellung inner-

2.1 Zur Begriffsgeschichte

halb der Altersstruktur in einem bestimmten historisch-gesellschaftlichen Raum; »Generationenzusammenhang« benennt die soziale Tatsache der gemeinsamen Teilnahme an bestimmten historisch-gesellschaftlichen Gegebenheiten und deren Einfluss; »Generationeneinheit« formuliert die Möglichkeit eines einheitlichen Erlebens und Verhaltens von Altersgruppen. Mit diesen Begriffsanalysen hat Mannheim einen wichtigen Grundstein zur neuzeitlichen Generationenforschung gelegt. Allerdings hat er sich nicht mit der wechselseitigen Bedingtheit der Gestaltung von Generationenbeziehungen in der Gesellschaft und in Familien beschäftigt. (Die vertiefte Analyse des Aufsatzes von Mannheim erfolgt in Kap. 7.1).

Die Generationenfrage wird spätestens seit der Mitte des 20. Jahrhunderts im Zusammenhang mit dem Anstieg der allgemeinen Lebenserwartung unter dem Gesichtspunkt der Situation älterer Menschen, der Beziehungen der Altersgruppen zueinander und der Leistungen des Sozial- bzw. Wohlfahrtsstaates diskutiert (diese beiden Begriffe verwenden wir im Folgenden synonym). Damit verbunden ist ein spezifisches – und sich seither schnell wandelndes – Verständnis des Alterns (hierzu Kap. 3.1). Im Kern geht es dabei – was die Begrifflichkeit betrifft – um die Einbeziehung demographischer Daten und um die Frage, ob Menschen, die im gleichen Jahr oder innerhalb einer Jahrgangsklasse von einigen Jahren geboren wurden, als »Generation« bezeichnet werden sollen oder nicht. Mittlerweile überwiegt die Auffassung, in diesem Fall von »Kohorten« zu sprechen, weil das gleiche Geburtsjahr nicht von vornherein Gemeinsamkeiten des Bewusstseins bedingt, wie sie das geisteswissenschaftliche und das von Mannheim beeinflusste sozialwissenschaftliche Verständnis voraussetzt.

Der so genannte Kohortenansatz wird teils als Alternative, teils als Ergänzung zur Generationenperspektive verstanden (Pfeil 1967). Die von Ryder (1965) vertretene Intention, mittels Kohorten die Analyse von Makrobiographien in Gang zu bringen, hatte zur Folge, dass sich die Aufmerksamkeit auf quantitativ bestimmbare Merkmale wie Jahrgangsstärke, soziale Zusammensetzung, geographische Herkunft, Schulbildung, Erziehungssituation und Berufschancen richtete. Zugleich wurde der Übergang zu einer Soziologie des Lebenslaufes und dessen Institutionalisierung vorbereitet. Allerdings kann gestützt auf die Orientierung am Verständnis der Generationenfolge in den Familien und auf die Ruhestandsregelungen in der Wirtschaft sowie die Regelung der Altersrenten mit guten Gründen davon ausgegangen werden, dass es Gemeinsamkeiten in der Lebensführung und im Selbstverständnis gibt, die es rechtfertigen, diesen Zugang unter dem Gesichtspunkt der Generationentheorie zu bearbeiten. Für die jüngste Zeit und die Gegenwart kann man – wie wir das in Kap. 7 vorschlagen – von einer »pragmatischen Wende« im Verständnis des Begriffs der Generation und der damit gemeinten Sachverhalte sprechen.

Im Rückblick auf die neuzeitliche Begriffsgeschichte hält Sackmann (1992: 210) überdies fest, »daß ›Generation‹ zuerst im religiösen Bereich das neue Deutungsmuster ›Erneuerung‹ etabliert. Es wird Ende des 18. Jahrhunderts und im 19. Jahrhundert auf

2. Generationenkonzepte

politisch gesellschaftliche Prozesse übertragen. Das neue Deutungsmuster ›Generation‹ verdrängt in Deutschland seit dem 18. Jahrhundert das ältere Deutungsmuster ›Geschlecht‹, worin sich Prozesse der Enttraditionalisierung widerspiegeln. Der Mythos des Blutes verliert dadurch an Bedeutung, der enttraditionalisierte Mythos der Jugend, der im Deutschen mit dem Vordringen des neuen Deutungsmusters ›Generation‹ einher geht, gewinnt dagegen an Bedeutung. Seit den 1960er Jahren ist eine Versachlichung des Deutungsmusters ›Generation‹ festzustellen, das vermehrt auf technische Geräte angewendet wird.«

Die Geschichte des Generationenbegriffs lässt sich zusammenfassend somit in drei Phasen einteilen: Die *erste* Phase umfasst das Altertum und das Mittelalter; sie ist geprägt vom Bemühen, die Gegenwart aus der Vergangenheit bzw. Tradition heraus zu begreifen. Zwischen der Zeitstruktur des individuellen Lebensverlaufs und jener der gesellschaftlichen Entwicklung werden Analogien angenommen, die durch Familie und Verwandtschaft vermittelt werden. Bereits in dieser Phase wird die Relevanz der Vermittlung von Wissen in der Generationenfolge bedacht und die Grundlage für ein pädagogisches Verständnis von Generationenbeziehungen gelegt.

Die *zweite* Phase beginnt mit der Neuzeit. Sie ist dadurch gekennzeichnet, dass der Begriff der Generation überwiegend dazu verwendet wird, den Aufbruch in eine neue und offene Zukunft zu signalisieren. Generationen gelten als Pulsgeber des Fortschrittes. Daher richtet sich die Aufmerksamkeit auf kreative Generationen und ihre herausragenden Repräsentanten, insbesondere in den Künsten und Wissenschaften. An die Seite dieser Akzentuierung des Begriffs tritt die am Generationenmodell Lehrer-Schüler orientierte Vermittlung von Wissen aller Art. Die familiale Generationenfolge findet demgegenüber weniger Beachtung, wird als gegeben vorausgesetzt und im Ideal der bürgerlichen Familie kultiviert. Ebenso, wie in der ersten Phase, handeln die meisten Darstellungen nur von Männern.

Als Übergang zu einer *dritten* Phase des Generationenverständnisses kann die Gegenwart gelten. Für sie ist kennzeichnend, dass die Zukunft als ebenso ungewiss und suspekt betrachtet wird, wie die Orientierungen an der Vergangenheit bzw. Tradition, auch wenn letztere nach wie vor wirksam sind. Diese innere Widersprüchlichkeit kommt auch in den Analysen über »das Postmoderne« in gegenwärtigen Gesellschaften zum Ausdruck.[9] Der Verlust von Gewissheit hat aber auch zu einer Ausweitung der Horizonte im Generationenverständnis beigetragen: Die Generationenfolge in der Familie und jene in der Gesellschaft werden zueinander ins Verhältnis gesetzt. Am offensichtlichsten ist dies im Bereich der Sozialpolitik (siehe Kap. 6). Daraus ergeben sich Fragen der Verteilungsgerechtigkeit zwischen den Generationen unter den Bedingungen des Wohlfahrtsstaates (und seines Umbaus).[10] Besondere Aufmerksamkeit findet im Postmodernismus die Differenz zwischen den Geschlechtern. Daraus ergeben sich wichtige Anstöße auch für gesellschaftspolitische Analysen. Die Rolle der Frauen wird gewürdigt und das Verhältnis der Geschlechter thematisiert. Diese aktuellen Diskurse werden maßgeblich durch die Allgegenwart der Medien und den Umgang mit ihnen beeinflusst.

Im Hinblick auf das aktuelle Interesse an der Generationenfrage, aber auch auf frühere Epochen dürfte zutreffen, was Herrmann (1993: 102) folgendermaßen formuliert:

> »Immer wenn die Beschleunigung geschichtlicher Prozesse und des soziokulturellen Wandels wahrgenommen wird; immer wenn in diesen Beschleunigungs- und Veränderungsprozessen die Probleme von Kontinuität und Diskontinuität thematisiert werden; immer wenn ›Generationsverträge‹ fraglich oder brüchig zu werden scheinen – dann werden in der öffentlichen Diskussion ›Generationenverhältnisse‹ problematisiert und Fragen nach den gesellschaftlichen Konsequenzen des Verhältnisses oder auch der Distanzierung von Generationen aufgeworfen.«

Schon in der Antike sind Generationenbeziehungen als konfliktgeladen und zwiespältig verstanden worden, allerdings in Verbindung mit der Vorstellung ihrer unvermeidlichen Schicksalhaftigkeit. Im neuzeitlichen Verständnis stehen Generationenkonflikte im Zusammenhang mit der Auseinandersetzung über die Erneuerung und den Fortschritt der Gesellschaft und werden als Herausforderung für die individuelle und institutionelle Gestaltung des Zusammenlebens betrachtet. Dementsprechend stellt sich die Aufgabe einer mehr oder weniger expliziten »Generationenpolitik« (siehe Kap. 6). Zugleich steigt das Bewusstsein dafür, dass Generationenkonflikte Auseinandersetzungen über Einfluss, Macht und Herrschaft beinhalten können, selbst wenn dies nicht sofort erkennbar ist.

2.2 Generationendiskurse

Der Begriff der Generation bezieht sich auf existenzielle Erfahrungen, die zum Menschsein schlechthin gehören. Diese Erfahrungen werden in den allgemeinen Rahmen der Sinngebung individuellen und gesellschaftlichen Lebens eingeordnet und bieten zugleich Anlass, Vorstellungen von der zeitlichen Ordnung dieses Rahmens im Verhältnis zu Vergänglichkeit und Ewigkeit zu entwickeln. Es geht somit um konkrete Sachverhalte, z.B. die Erfahrung von Altersunterschieden, wie auch um abstrakte Ideen, etwa die Vorstellung von Zeit. Um diesen Spannungsbogen zu überbrücken, bieten sich – wie im folgenden Abschnitt zu zeigen sein wird – metaphorische Redensarten an. Weil Grundfragen der Lebensführung und ihrer gesellschaftlichen Organisation sowie deren Sinngebung und Begründung angesprochen werden, sind in Generationendiskursen Auffassungen darüber von Belang, was als moralisch, ethisch und po-

2. Generationenkonzepte

litisch richtig gilt und in Zukunft anzustreben ist. Es geht also um Überzeugungen, deren Gewissheit mehr oder weniger feststeht. Diese werden in Formen der »Generationenrhetorik« artikuliert.[11] Im Alltag, wo in den Betrieben – man denke etwa auch an Pflegeheime für alte Menschen – Alte und Junge auf mannigfache Weise miteinander zu tun haben, wenn sie in öffentlichen Verkehrsmitteln einander gegenüber sitzen, wenn ihr gegenseitiges Verhältnis in politischen Debatten angesprochen wird, können Vorverständnisse, Voreingenommenheiten und Vorurteile von Bedeutung sein. Diese lassen sich, wenn sie verfestigt sind und in der Öffentlichkeit immer wieder beobachtet werden, als »Generationenstereotypen« bezeichnen.

2.2.1 Generationenmetaphern

Um den Bogen zwischen Konkretem und Abstraktem, zwischen Alltäglichem und Allgemeinem formelhaft zu spannen, bietet sich eine bildhafte Redensart in Gestalt von Metaphern an. Bilder bringen kraft des Vergleichs das Generelle ins Spiel, ohne es ausdrücklich zu benennen. Umgekehrt gilt: Die Analyse der Metaphern, die in Vergangenheit und Gegenwart zur Beschreibung dessen, was mit Generation, mit Generationenbeziehungen und ihrer Gestaltung gemeint ist, gibt Anstöße für die wissenschaftliche Analyse. Schließlich sind Metaphern auch geeignet, um mit Mehrdeutigkeit, Offenheit und Ungewissheit umzugehen. Diese Funktionen der metaphorischen Redensweise sind in den letzten Jahrzehnten, nicht zuletzt unter dem Einfluss der Diskurse über das Postmoderne, vermehrt thematisiert worden.

In Bezug auf die Metaphorik des Generationenverhältnisses liegt eine Untersuchung von Bilstein (1996) vor (siehe auch Bilstein 1999, zur theoretischen Begründung mit Literaturübersicht: Bilstein 2003). Diese Sichtweise dokumentiert insbesondere auch eine Spielform der pädagogische Annäherungen an das Verständnis der Generationenfrage, in der die Fruchtbarkeit der Beschäftigung mit Metaphern immer wieder zur Sprache kommt (hierzu umfassend: Herzog 2002). Dabei sind die Übergänge zur Begriffsgeschichte, zur Rhetorik und zur Darstellung von Generationen und Generationenbeziehungen in der bildenden Kunst fließend.

Bilstein (1996) legt zunächst in einem historisch-theoretischen Rückblick dar, dass das aristotelische Verständnis der Metapher als Ersatz und Substitution bald schon durch eine andere Eigenschaft von Metaphern ergänzt wurde. Im Laufe der Zeit wird immer deutlicher herausgearbeitet, dass Metaphern einen interpretativen Kontext herstellen zwischen unterschiedlichen Lebens- und Daseinsbereichen, die vor dieser Relationierung nichts miteinander zu tun hatten. Dabei liegt diesem Verständnis ein anderes Weltbild zugrunde als der traditionellen Substitutionsauffassung, wonach ein Begriff die Wirklichkeit abbildet: »Wenn die Welt tatsächlich durch Metaphern, durch die Produkte menschlicher Denkoperationen also, erschlossen und konstituiert wird, dann ist diese Welt offenbar gar nicht mehr so fest und sicher vorgegeben wie ehedem,

2.2 Generationendiskurse

dann gibt es offenbar keine vor-installierten kosmischen Symmetrien mehr. Welt wird in Funktionen und Verhältnissen gedacht, nicht mehr in Substanzen« (aaO: 159). Eine solche Sicht auf Metaphern erschließt nun einen Königsweg für diejenigen, die vorbegriffliche Reflexions- und Erfahrungsebenen rekonstruieren wollen. Anders ausgedrückt: Durch Metaphern wird der Weg vom Mythos zum Logos auch rückwärts begehbar. Sie stellen eine »rückwärtige Verbindung« zu derjenigen Lebenswelt her, aus der sich alle Theorie speist:

> »Metaphern – das sind somit zugleich Verbündete der Sinne und Vortrupps der Begrifflichkeit, und in dieser doppelten Gestalt sind sie auch für das pädagogisch-anthropologische Nachdenken über Generationen wichtig und analytisch von Interesse. Die Anstrengungen des Begriffes werden sich durch ein solches Interesse zwar nicht ersetzen, wohl aber um Wesentliches ergänzen lassen. Ein Blick auf die Metaphorik, mit der über das Verhältnis zwischen alt und jung verhandelt wird, könnte einiges über die jeweils implizierten vorbegrifflichen Anthropologeme verraten, könnte auch noch einmal die Fragen in Erinnerung rufen, die der Rede von den Generationen zugrunde liegen.« (aaO: 165).

Im zusammenfassenden Teil skizziert Bilstein (aaO: 184ff.) folgende Systematik von Generationenmetaphern:

– Generative Metaphern: In diese Kategorie lassen sich die Bilder und Vergleiche einordnen, die das Verhältnis zwischen Alten und Jungen als ein herstellend-schöpferisches auffassen. Da »macht« einer den anderen – sei es, dass er als Bildhauer eine Statue formt, dass er als Gärtner eine Pflanze regelrecht hervorbringt – immer wird der Umgang des Älteren mit dem Jüngeren als schöpferisch-produktiv, wenn nicht sogar als kreativ begriffen; das Reden über Generationen behandelt in dieser Metaphorik das Erleben des Machens und die Frage der Autorenschaft. Dazu gehören auch prometheisch-demiurgische Bilder der Erschaffung des »Neuen Menschen«. Diese Bilder wurden schon immer heftig kritisiert, etwa in dem auf Selbstkonstitution angelegten Begriff der Bildung und in der Polemik gegen verselbständigte Führungsmetaphorik.
– Zyklizität und Prozess: Alt und Jung werden als einem gemeinsamen, zyklisch verlaufenden Prozess unterworfen gesehen, in dem die Generationen tendenziell miteinander verschmelzen. Anders als bei der anthropologischen Grundkategorie Geschlecht ist die Änderung der Position im Generationenzusammenhang unvermeidbar – wer heute zur jüngeren Generation gehört, muss morgen die Position der älteren übernehmen. Kreis, Kranz und Kette, Jahreszeiten; alle diese Bilder betonen das gleiche Schicksal, dem alt und jung unterliegen. Am radikalsten ist das Bild der »Gärung«: die Vorstellung eines alle und alles einschlie-

2. Generationenkonzepte

ßenden, Zusammengehörigkeiten und Abgrenzungen umfassenden Prozesses. In diesem Zusammenhang ist auch an die Redensart zu erinnern, dass Alte wieder wie Kinder werden und – abwertend – als kindische Alte bezeichnet werden.

– Generationenverhältnis als Vertrag: Grundlage dieser Bildlichkeit ist die Vorstellung eines Kontrakts, in dem autonom entscheidende Partner aufeinandertreffen und sich freiwillig dazu verpflichten, ihre unterschiedlichen Positionen und Interessen gegeneinander darzustellen, abzuwägen und dann festzuschreiben: »Wenn nun vom Generationenvertrag die Rede ist, dann kann allerdings kaum die autonome freiwillige Entscheidung gemeint sein, zu der es jeweils individuell Alternativen gibt, dann liegt der Akzent vielmehr auf gegenseitiger Verlässlichkeit und auf der Bindungswirkung. Unterschrieben hat nämlich in den meisten Fällen niemand etwas, und es ist auch nichts von individuell entscheidungsfähigen Partnern verhandelt und beschlossen worden. Besonders die englische Rede vom ›generational exchange‹ folgt dieser Metaphorik und legt den Akzent darauf, dass zwischen den Generationen Wissen, Leistungen und Güter ausgetauscht werden« (aaO: 187).

– Meliorationsmetaphorik: In Bildern wie der kultivierenden Leistung des Gärtners, der »Zähmungsarbeit des Tierpflegers«, des »Hochbau-Erfolges des Gärtners« wird der Gedanke veranschaulicht, dass die Welt durch Erziehung besser wird – und zwar von Generation zu Generation. Das Reden über Generationen behandelt in dieser Metapherngruppe das Erleben der eigenen Sterblichkeit und die Frage nach den Möglichkeiten, Mangel und Defizit im »später« zu beheben. Diese Sichtweise findet sich auch in der in Politikerkreisen beliebten rhetorischen Formel: Kinder sind unsere Zukunft!

– Fremdheit und Bruch: Hier geht es um die schon von Rousseau beschworene Kluft zwischen Alt und Jung, die zur Fremdheit und Distanz zwischen den Generationen führt. Niedergeschlagen hat sich dies in kulturkritischen Vorwürfen gegen die etablierte Erwachsenenkultur und in Bildern von Sprüngen, Brüchen, von Anklage und Gerichtsprozess, oder gar von Kampf: »Solcherart Kampf-Rhetorik hat naturgemäß von beiden Seiten ihre Logik, bestätigt sich insofern selbst: Der martialisch defensiven Metaphorik der Alten entspricht die martialisch offensive Bildlichkeit einer sich als Avantgarde verstehenden Jugend – es entsteht eine inzwischen ihrerseits konventionalisierte Revolten-Ornamentik.... Wird das Verhältnis von Alt und Jung mit solcher Bruch- und Konflikt-Rhetorik beschrieben, dann geht es um das Erleben von Fremdheit und um die Frage nach der Legitimität des Anders-Seins« (aaO: 189).

2.2.2 Generationenrhetorik

Wenn eine Aufgabe in der Öffentlichkeit erörtert wird, deren Gestaltung für das menschliche Zusammenleben von herausragender Tragweite ist, wenn dabei kontroverse Meinungen und Überzeugungen aufeinander stoßen, wenn darüber gestritten wird, was als gut und richtig gelten darf und soll und wenn dementsprechend versucht wird, andere davon argumentativ zu überzeugen, dann ist »Rhetorik« im Spiel. Das ist eine zugegebenermaßen allgemeine und gegenwartsbezogene Verwendung dieses traditionsreichen Begriffs. Sie ist indessen vertretbar angesichts der Bemühungen um eine »neue Rhetorik«, die seit einiger Zeit zu beobachten sind. In der Spezifikation »Familienrhetorik« hat sich diese Sichtweise als anregend für die Diskussion im Zusammenhang mit der »Definition« des Bereichs der sogenannten »privaten Lebensformen« erwiesen, die stark geprägt ist durch normative und insbesondere moralische Vorstellungen. Es bietet sich daher an, sinngemäß von »Generationenrhetorik« zu sprechen. Sie überschneidet sich zum Teil mit der Generationenmetaphorik.

Eine publizistische Gattung, in der sich eine ausgeprägte Rhetorik der Generationen*beziehungen* findet, sind Sachbücher. Ein aktuelles Thema sind die Bedrohungen der Generationenbeziehungen in Form eines »Krieges zwischen den Generationen« (siehe auch Kap. 6.2). Bräuninger et al. (1998) haben eine Inhalts- und Argumentationsanalyse von drei exemplarischen Werken durchgeführt, die der Gattung der sogenannten Sachbücher zugerechnet werden. Bereits die Titel lassen den Tenor der Ausführungen erkennen: Gronemeyer (1991) »Die Entfernung vom Wolfsrudel. Über den drohenden Krieg der Jungen gegen die Alten«, Mohl (1993), »Die Altersexplosion. Droht uns ein Krieg der Generationen« und Schüller (1995) »Die Alterslüge. Für einen neuen Generationenvertrag«.[12] Zusammenfassend ergibt sich folgendes Ergebnis:

- Anhand der Untersuchung der drei Bücher, der eine umfangreichere Sichtung des Schrifttums vorausging und die u.a. wegen ihrer großen Verbreitung ausgewählt wurden, lassen sich drei prototypische Muster der sozialen Repräsentation von Generationenbeziehungen ausmachen: ein zukunftsgerichtetes Krisenszenario (Mohl), eine rückwärtsgewandte, kulturpessimistische Verfallsdiagnose (Gronemeyer) und eine sozialpolitisch ausgerichtete Gesellschaftskritik (Schüller). Parallelen hierzu finden wir auch in den Nachbardiskursen zu Kindheit und Familie.
- Ein grundsätzliches Problem bei populärem (aber teilweise auch bei wissenschaftlichem) Argumentieren über Generationenbeziehungen ist die Vermengung verschiedener Ebenen, die in der Komplexität des Begriffs begründet ist: die Rede von Familiengeneration, gesellschaftlicher Generation oder verschiedenen Altersgruppen; die Vermengung von pädagogischen, soziologischen, psychologischen und politischen Aspekten.

- Besonders auffällig ist, dass die drei Texte nicht in erster Linie der Vermittlung von Sachwissen über Generationenbeziehungen dienen, wie es die Definition der Textgattung nahe legt. Vielmehr zeichnen sie sich durch ihren expliziten Plädoyercharakter aus, im Sinne einer Parteinahme für eine Position im Generationengefüge. Es spricht einiges dafür, dass Sachbücher mit sozialwissenschaftlichem Bezug eher zur Meinungs- als zur Inhaltsvermittlung neigen als naturwissenschaftliche Popularisierungen. Dies hat wiederum Einfluss auf den Meinungsbildungsprozess, da Plädoyers beim Publikum eher Widerhall finden.
- Die rhetorischen Mittel zur Bestärkung der Plädoyers liegen vor allem in der Dramatisierung (z.B. kriegerische Metaphern; knappe, sich auf einen »Höhepunkt« zu bewegende Sätze) und der Polarisierung (z.B. früher-heute Folie; alt versus jung). Zur Beglaubigung der Diagnosen dienen höchst selektiv eingesetzte Verweise auf »Experten« und auf ein buntes Sammelsurium an Literatur oder andere Medienerzeugnisse (bei Mohl spielt besonders das Fernsehen eine Rolle). Bestimmte Figuren oder rhetorische Mittel (beispielsweise Mohls Metapher der »Zeitbombe« oder das Diktum von Gronemeyer vom »Krieg der Generationen«) »verselbständigen« sich, indem in intertextuellen Verweisen immer wieder auf sie zurückgegriffen wird. Damit wird eine bestimmte Repräsentation der Generationenbeziehungen verfestigt, man könnte fast sagen »petrifiziert«.
- Der Diskurs über Generationenbeziehungen kann als ein typisches Beispiel für einen »Stellvertreterdiskurs« angesehen werden: Aufgrund der existentiellen und dramatischen Bezüge zur Demografie eignet sich der Diskurs, um von anderen Problemen (z.B. der Entwicklung auf dem Arbeitsmarkt) abzulenken bzw. deren Komplexität auf diesen »Ur-Konflikt« zwischen den Generationen zu reduzieren.

Die Beschäftigung mit »Generationenrhetorik« verweist überdies die Zusammenhänge zwischen dem gesellschaftlichen und persönlichen bzw. dem familialen Erleben der Generationenzugehörigkeiten und der Generationendifferenz. Dabei stößt man auf unverkennbare Ambivalenzen. Sie werden im öffentlichen Diskurs, wie das Beispiel der Fachbücher zeigt, oft überhöht. In den persönlichen Begegnungen zeigt sich ein subtiler Umgang. Auch gibt es Versuche, die Spannungen rhetorisch zu verdrängen. Das zeigt sich in der Hervorhebung des Wertes der Generationensolidarität (siehe Kap. 7.2.2). Wir halten daher Sensibilität für Generationenrhetorik für einen wichtigen Aspekt in der Beschäftigung mit der Frage der Generationenbeziehungen.

2.2.3 Generationenstereotypen

Im Bereich der gesellschaftlichen, stark durch die Medien und ihre Eigengesetzlichkeiten geprägte Kommunikation ist in diesem Zusammenhang die Bezeichnung »Ageism« aufgekommen. Der Begriff, dessen rasche Karriere Kramer (1998) informativ dar-

2.2 Generationendiskurse

stellt, stammt von dem Psychiater Robert N. Butler. Er versteht darunter das Folgende: »Age-ism describes the subjective experience implied in the popular notion of the generation gap. Prejudice of the middle-aged against the old in this instance, and against the young in others is a serious national problem. Age-ism reflects a deep seated uneasiness on the part of the young and middle-aged – a personal revulsion to and a distaste for growing old, disease, disability; and the fear of ›powerlessness‹, ›uselessness‹ and ›death‹« (Butler 1969: 243).

Bereits 1979 fand der Begriff mit folgender Umschreibung Eingang in den »The American Heritage Dictionary on the English Language«: »Discrimination based on age; especially discrimination against middle-aged and elderly people«. (zit. nach Kramer 1998: 258). Ausgangspunkt ist somit die Generationenkluft (»generation gap«) im Sinne des Generationenkonflikts. Dabei wird die Ablehnung bzw. Abwertung der alten Menschen durch jüngere und solche in mittleren Altersgruppen sogar in den Dunstkreis des Rassismus gerückt, so von Time (zit. nach Kramer 1998). Doch diese Zuordnung ist nur insoweit zutreffend, als eine tiefgreifende, emotionale Ablehnung oder Feindschaft gegen eine Kategorie von Menschen zum Ausdruck kommt. Es besteht zugleich ein entscheidender Unterschied in dem Umstand, dass die Menschen, die eine »Rasse« diskriminieren, dieser selbst nie angehören werden. Sie können schlimmstenfalls ihrerseits zur Zielscheibe rassistischer Angriffe werden, doch dies ist wenig wahrscheinlich, wenn sie zur dominierenden Mehrheit gehören. Nur in dieser »Oberflächlichkeit« besteht eine Parallele zwischen Rassismus und Generationenkonflikt. Die Zuordnung der diskriminierten Altersgruppen ist also unterschiedlich. Man könnte somit auch die so genannte »Kinderfeindlichkeit« als »agism« verstehen, doch ein solcher Wortgebrauch ist unüblich.

Die meisten jüngeren Menschen werden einmal älter. Die Stellung der einzelnen Kontrahenten ist vorübergehend und transitorisch. Daher lässt sich hinter diskriminierendem Reden über die Älteren auch noch anderes vermuten, nämlich eine Art Angst vor der eigenen Zukunft. Das spricht auch Butler in seiner Definition an, wenn er gemäß der genannten Quelle schreibt: »A revulsion to and a distaste for growing old«. Zutreffender ist wohl, darin und in der Rhetorik, in der Alt und Jung einander diametral gegenübergestellt werden, eine Facette der Generationenambivalenz zu vermuten.

Die negative Stereotypisierung des Alters, die wir im vorliegenden Zusammenhang als eine implizite Form der Beschwörung eines Generationenkonfliktes verstehen möchten, wird in Deutschland in einer quasi institutionalisierten Form im Rahmen der durch die »Gesellschaft für deutsche Sprache« regelmäßig vorgenommenen Veröffentlichung von »Unwörtern« kritisiert. Darunter finden sich seit Jahren Ausdrücke, die auf die Alten gemünzt sind. Kramer (1998: 261f.) verweist beispielsweise auf das Lexem »Runzelrabatt« als Bezeichnung für günstige Tarife der Deutschen Bundesbahn für ältere Menschen, das bereits 1983 verwendet worden ist. In den Jahren 1991/92 wurden »Grufti«, »Komposti«, »Friedhofsgemüse« als jugendsprachliche Benennung

2. Generationenkonzepte

älterer und alter Menschen festgestellt, und diese wurden verstanden als Hinweise für einen Generationenkonflikt, der sich schon zu Beginn der 90er Jahre vertiefte. Ungefähr zur selben Zeit wurden in öffentlichen Verlautbarungen Begriffe wie »Überalterung« und »Vergreisung« als schlagwortartige Kennzeichnungen des demographischen Wandels registriert.

In den Medien ist ein offensichtlicher Bedarf an Neologismen dieser Art zu beobachten. Das vielleicht bekannteste Beispiel, ursprünglich im Rahmen einer Fernsehshow verwendet und dann von anderen Medien übernommen, ist dasjenige des »Kukident-Kollegiums« für Mitglieder des Parlaments, denen unterstellt wird, dass sie eine besondere Pflege für ihren Zahnersatz nutzen. Weitere Unwörter sind »Altenplage« und »biologischer Abbau« sowie die Kennzeichnung »Rentnerschwemme«. Zur gleichen Kategorie gehören Wortbildungen wie »Rentnerberg, -lawine, -boom, -last, -welle, -bombe«. Dabei werden die negativen Konnotationen und die Bedrohung suggeriert, dass es sich hier offenbar um ein unaufhaltsames Naturphänomen handelt.

Die Frage liegt nahe, ob Stereotypen auch im direkten Gespräch zwischen Alt und Jung von Belang sind. Dieses Thema wird im gerontologischen Schrifttum behandelt (Filipp/Mayer 1999). Um ein Beispiel zu nennen: In Untersuchungen über alltägliche Kommunikation zwischen Alt und Jung sind Kruse/Thimm (1997: 116ff.) auf Altersbilder und Altersstereotypen gestoßen, die sie wie folgt zusammenfassen:

– Altersstereotypen sind überwiegend negativ, obwohl sich gelegentlich auch positive Formen entdecken lassen. Das generelle Altersbild ist indessen »nach wie vor durch Vorstellungen von Krankheit, Abhängigkeit und Einsamkeit, also durch das Defizit-Modell des älteren Menschen bestimmt. Bestandteil solcher Altersbilder ist auch die Erwartung eingeschränkter sozialer und kommunikativer Interessen: Alte Menschen gelten bei vielen als selbstbezogen und an den Problemen jüngerer desinteressiert, also nur eingeschränkt aufnahmefähig und vergesslich und in ihren kognitiven Fähigkeiten beeinträchtigt« (aaO: 117).
– Viele Untersuchungen zeigen, dass bei Jugendlichen generell ein negatives Bild vom Alter vorherrscht, jedoch die Einstellung gegenüber älteren Menschen, zu denen regelmäßiger Kontakt besteht, positiv ist. Dieser Sachverhalt ist besonders interessant, weil hier auf eine Diskrepanz zwischen dem öffentlichen Raum und persönlichen Beziehungen hingewiesen wird. Für letztere ist die eigene Subjektivität von Belang. Sie kann für das praktische Handeln bedeutsamer sein als die allgemeinen, in der Öffentlichkeit zirkulierenden Stereotypen. Dieses scheinbare Dilemma zwischen öffentlicher Stereotypisierung und persönlicher Wahrnehmung lässt sich im Zusammenhang mit dem im Kap. 7 darzustellenden Ambivalenzmodell im wesentlichen erfassen und auch auflösen. Dementsprechend werden in den Analysen spezifische Strategien entwickelt, wie mit den Dilemmata und den Diskrepanzen umgegangen wird (aaO: 123-133).

Unter Bezugnahme auf amerikanische Autoren (Ryan et al. 1986; Coupland/Coupland 1988) sowie auf eigene Forschungen unterscheiden Kruse/Thimm (1997: 123ff.) allgemeine sprachliche Strategien in Gesprächen zwischen Jung und Alt. Sie können wie folgendermaßen charakterisiert werden.

- Überanpassung aufgrund sensorischer und körperlicher Defizite: Infolge des Aussehens bzw. des Auftretens älterer Personen kommt es zu einer Überanpassung. Jüngere Menschen schließen auf Defizite, die zwar zumeist ansatzweise, nicht aber im unterstellten Ausmaß vorhanden sind.
- Abhängigkeitsbezogene Überanpassung: Diese Strategie bezieht sich auf überfürsorgliche, direktive und disziplinierende Sprache. Sie ist vor allem im Kontext von Pflegesituationen von Bedeutung und ist ein Mittel zur Ausübung von Kontrolle, indem die Selbständigkeit älterer Personen ignoriert wird (Beispiel: »Babysprache«).
- Überanpassung in Folge wahrgenommener Gruppenzugehörigkeit: Hier genügt die einfache Wahrnehmung von Personen als zur Kategorie »alt« gehörig; Handicaps oder Abhängigkeiten müssen nicht vorhanden sein. Die Sprache passt sich nicht den AdressatInnen als Individuen an. Es kommt zu einer Art sprachlicher Depersonalisierung.
- Altersbezogene Divergenz: Durch die Verwendung von Sprache, die sich von der Gesprächspartnerin deutlich unterscheidet, soll die positive Eigenart der eigenen sozialen Gruppe betont werden.

Mit den Autorinnen kann die Frage aufgeworfen werden, inwiefern die Beziehungen zwischen Generationen eine Art »interkulturelle« Kommunikation erfordern. Offenbar müssen junge und alte Menschen kulturelle Schranken überbrücken. Diese These impliziert einen tiefen Graben zwischen den Generationen. Allerdings zeigen die Ergebnisse auch, dass offenbar im Alltag Strategien bestehen, damit umzugehen.

2.3 Schlüsselbegriffe

Angesichts der Mehrdeutigkeit des Begriffs der Generation, seiner Verwendung in verschiedenen Diskursen und Disziplinen sowie seiner langen Begriffsgeschichte wäre es überraschend, wenn sich eine einzige Definition durchgesetzt hätte. Das widerspräche auch der Auffassung, Definitionen den Charakter von heuristischen Hypothesen zuzuschreiben. Um das Feld der Bedeutungen zu ordnen, erläutern wir im Folgenden eine Reihe von Konzepten und leiten aus diesen vier zusammenhängende Begriffe ab, die ein Raster für die Gedankenführung der weiteren Kapitel bilden.

2. Generationenkonzepte

2.3.1 Basiskonzepte

Unserer Ansicht nach sollten bei der Aufschlüsselung des »Problems der Generationen« die folgenden – durch Beobachtung und durch anthropologische Annahmen gestützte – Sachverhalte berücksichtigt werden: Menschen gleicher sozial-zeitlicher Position können Gemeinsamkeiten des Fühlens, Denkens, Wollens und Handelns zugeschrieben werden, die mit der gemeinsamen Teilhabe in einer »Sozietät« in einem nachvollziehbaren Zusammenhang stehen, wobei mit Sozietät eine Familie, eine soziale Organisation oder eine Gesellschaft (auch umschreibbar als »soziale Systeme«) gemeint sein kann. Dieser Zusammenhang kann sowohl durch die handelnden Menschen selbst als auch durch andere festgestellt werden.

Mit gleicher sozial-zeitlicher Position ist gemeint, dass die Menschen gleich lang oder seit dem gleichen Zeitpunkt einer sozialen Einheit (z.B. Familie) angehören. Unter Umständen können die Gemeinsamkeiten auch Zumutungen oder normative Vorschriften beinhalten. Auf diese Weise werden den Beteiligten generationenspezifische Identitäten zugeschrieben (z.B. Mutter bzw. Vater, Kind) unter Umständen in Verbindung mit weiteren, nicht altersspezifischen Attributen, insbesondere dem Geschlecht. Bei der Zuschreibung von Generationenzugehörigkeiten können Wahrnehmung, Aushandlung oder Macht und Herrschaft sowie rechtlichen Regelungen von Belang sein.

Generationenidentiät und Generationendifferenz

Wir schlagen daher vor, Generationen auf der Grundlage von bewusstseins- und handlungsrelevanten Identitäten zu bestimmen – ein Konzept, auf das noch zurückzukommen ist. Zunächst soll im Rahmen dieser systematischen Grundlegung festgehalten werden, dass dies notwendigerweise die Vorstellung von »Differenz« erfordert. Dies lässt sich logisch-theoretisch begründen: Indem Identitäten als spezifische soziale Qualitäten einer Person oder (im Falle kollektiver Identitäten) von Gruppen oder Kategorien von Personen verstanden werden, wird vorausgesetzt, dass Unterschiede zu anderen Personen oder Gruppierungen innerhalb derselben sozialen Einheit bestehen.

Das scheint selbstverständlich, verdient aber hervorgehoben zu werden: Ist in einem bestimmten Kontext, also in einer Gesellschaft, in einem Betrieb oder einer Familie von einer Generation die Rede, dann setzt das die Existenz von mindestens einer anderen Generation voraus, beinhaltet also Erfahrungen von Differenz, hier von »Generationendifferenz«. Diese wirken – so besagt die Annahme im Weiteren – auf das »Selbst-Verständnis« der Beteiligten zurück, und zwar eben im Hinblick auf Erfahrungen der sozial-zeitlichen Positionierung. Im Fall der genealogischen Generationen, also der Erfahrungen von Generationenzugehörigkeit in Familie und Verwandtschaft, ist dies offensichtlich. Hier besteht – wie das erste Beispiel im ersten Kapitel veranschaulicht – eine »anthropologische« Selbstverständlichkeit für Generationenerfahrungen.

2.3 Schlüsselbegriffe

Darum lässt sich – was die Begriffsgeschichte belegt – dieser Begriff von Generation als der empirisch ursprünglichste betrachten. Demgegenüber setzt der neuzeitliche Begriff von Generation die – kulturelle – Reflexion von Differenz (und ihrer Bedeutung für den sozialen Wandel) voraus, ist also primär theoretisch-formal geprägt. Bemerkenswerterweise wird allerdings auch hier auf »natürliche« Prozesse der Prägung (im Jugendalter) rekurriert, und selbstverständlich werden auch hier Konsequenzen für individuelles und kollektives Handeln postuliert.

Wir können also folgern: Mittels des Begriffs der Generation werden – altersbezogene – individuelle und kollektive Differenzen der Erfahrung und des Handelns thematisiert, die sowohl als natürlich gegeben als auch als theoretisch reflektiert angesehen werden. Beide Sichtweisen lassen sich in einem – pragmatisch-konstruktiven – Verständnis sozialer Sachverhalte verknüpfen.

Von einer anderen Seite her betrachtet lässt sich sagen, das Konzept der Generation diene dazu, die Organisation menschlicher Sozialität zeitlich zu strukturieren, indem Fühlen, Denken und Tun von Menschen in einen systematischen Zusammenhang mit der Dauer ihrer Zugehörigkeit zu Sozialitäten bzw. zur Gesellschaft gebracht werden. Dem Konzept der Generation liegt somit die generelle Annahme zugrunde, dass systematisch beschreibbare, interpretierbare und erklärbare Zusammenhänge zwischen Ereignissen im Lebenslauf der Individuen und der Geschichte ihres Zusammenlebens bestehen, die ihren Ausdruck in der sozialen Organisation finden.

In den vorausgehenden Passagen fehlen zwei Begriffe, die in enzyklopädischen Umschreibungen des Begriffs der Generation häufig und sozusagen ganz selbstverständlich verwendet werden. Dort werden meistens Generationen als Gruppen oder »Einheiten« von Menschen mit einem gemeinsamen historisch bedingten Bewusstsein gekennzeichnet. Wir setzen hingegen – scheinbar umständlicher – bei der Generationenzugehörigkeit an. Das geschieht in der Absicht hervorzuheben, dass es analytisch fruchtbar ist, Generationen nicht als primäre soziale Sachverhalte, sondern als gedankliche Konstruktionen aufzufassen.

Für dieses Vorgehen spricht unsere Absicht, eine auf die empirische Forschung ausgerichtete Zugangsweise zur Generationenfrage zu begründen. Dieses Ziel lässt sich unserer Meinung nach am besten erreichen, wenn wir uns an Überlegungen über praktisches Handeln orientieren, gemäss denen in erster Linie natürliche Personen die Akteure sind.

Wenn aber in makrosoziologisch orientierten Texten mit der Vorstellung kollektiver Akteure gearbeitet wird, ist dieser Status systematisch-analytisch zu bestimmen. Das heißt, dass die Prozesse und die Organisation der gemeinsamen Meinungs- und Willensbildung sowie der Akkumulation zu bedenken und von Fall zu Fall in die Analysen einzubeziehen sind. Oft kann man dazu auch Dokumente von allgemeiner Geltung (z.B. Verfassungen, Gesetze), repräsentative Äußerungen (allgemein anerkannte politische Deklarationen, Ergebnisse von Abstimmungen oder zuverlässige demoskopische

2. Generationenkonzepte

Daten) nutzen. Die genannten »Gemeinsamkeiten« sind historisch »kontextualisiert«, d.h. sie sind abhängig und geprägt von den Auffassungen über die Geschichte der Lebenswelten der Menschen, die ihrerseits sozialökologisch eingebettet und verflochten sind.

In der Logik dieser Orientierung zur Begründung von Basisbegriffen der Generationentheorie ist im Weiteren zu bedenken, dass die gleichzeitige Erfahrung von Generationenzugehörigkeit und – komplementär – von Generationendifferenz innerhalb von sozialen Einheiten erfolgt, also innerhalb »sozialer Systeme«, deren Größe von der Familie bis zur »globalisierten« Welt reicht. Generationen konstituieren sich als – wie man sagen könnte – dynamische Elemente der jeweiligen Sozialstruktur. Sie können auch über die Bereiche der einzelnen Systeme wirksam sein und deren gegenseitiges Verhältnis beeinflussen, was im Fall der innerfamilialen Hilfsbereitschaft und der wohlfahrtsstaatlichen Unterstützungssysteme heutzutage besonders offensichtlich ist.

Generationenbeziehungen und Generationenordnung

Es ist deshalb notwendig, in die Generationenanalyse den Begriff der »Generationenbeziehungen« einzuführen. Damit soll erfasst werden, wie sich Generationen über einen kürzeren oder längeren Zeitraum wechselseitig beeinflussen. In der Forschung (und eingedenk der oben ausgesprochenen Warnung vor Reifikationen) richtet sich die Aufmerksamkeit darauf, wie Personen, kraft ihrer Zugehörigkeit zu Generationen, ihre Beziehungen gestalten. Zu bedenken ist ferner, dass Generationen durch einzelne Persönlichkeiten repräsentiert werden können. Aufmerksamkeit verdienen indessen nicht nur die zwischen Generationen bestehenden, also die »inter-« sondern auch die »intra-generationellen« Beziehungen, also diejenigen, die eine Generation konstituieren. Bereits Mannheim weist auf die Beziehungen hin, »in denen Menschen zunächst sich treffen, in ihren Gruppierungen, wo sie sich gegenseitig entzünden und wo ihre realen Kämpfe Entelechien schaffen und von hier aus auch Religion, Kunst usw. in Mitleidenschaft ziehen und weitgehend modellieren« (Mannheim 1928/1964: 520). Allerdings ist die Forschung hier mit der besonderen Schwierigkeit konfrontiert zu erfassen, worin bei der Gestaltung dieser Beziehung die spezifischen Beiträge zur Konstitution von Generationen liegen.

Generationenbeziehungen beinhalten Prozesse der gegenseitigen Beeinflussung, des Austausches und der Unterstützung. Unter diesen Vorzeichen werden sie meistens als Ausdruck von »Generationensolidarität« interpretiert. Dem steht die Beschäftigung mit den zwischen Generationen bestehenden Antagonismen gegenüber, die meistens unter der allgemeinen Bezeichnung »Generationenkonflikt« zusammengefasst werden. Die Frage stellt sich, in welchem Verhältnis »Konflikt« und »Solidarität« zueinander stehen. Schließen sie sich gegenseitig aus, oder ist beides den Generationenbeziehungen inhärent? Die Suche nach Antworten auf diese theoretisch und empirisch bedeut-

2.3 Schlüsselbegriffe

same Frage stellt eine wichtige Herausforderung für die Analyse der Generationenbeziehungen dar. Wir schlagen vor, zu ihrer Klärung das Konzept der »Ambivalenz« und die damit verbundenen theoretischen Potenziale zu nutzen. Die dazugehörige Argumentation wird in Kapitel 7 entfaltet.

Dort wird auch ausführlich dargestellt, dass komplementär zum Begriff der Generationenbeziehungen ein Konzept erforderlich ist, das dem Umstand Rechnung trägt, dass Beziehungen nicht beliebig gestaltet werden, sondern diese Gestaltung Regelhaftigkeiten unterliegt. Dieser Schluss lässt sich zunächst aus dem Umstand ableiten, dass Beziehungen auf sich wiederholenden Interaktionen beruhen, mithin eine gewisse Dauer aufweisen und an soziale Kontexte gebunden sind (soziale Systeme), die durch die Gestaltung von Beziehungen bekräftigt, verändert und unter Umständen sogar in Frage gestellt werden. Das gilt für die Generationenbeziehungen angesichts ihrer existenziellen Tragweite in besonders hohem Maße.

Komplementär zum Begriff der Generationenbeziehungen ist somit ein ebenso grundlegender Begriff von »Generationenordnung« notwendig. Darunter ist das »System« der Regeln zu verstehen, die innerhalb von Sozietäten für die Gestaltung von Generationenbeziehungen bestehen. Man kann dafür auch die Idee der »Beziehungslogik« aufgreifen und als »Generationenlogik« spezifizieren (siehe Kap. 7.3). Dabei empfiehlt es sich, im Hinblick auf die Forschung die Möglichkeiten der Veränderung und einer sich wandelnden Gewichtung im Auge zu behalten. Auf diese Weise ergibt sich ein Bezug zur rechtlichen und politischen Regelung von Generationenbeziehungen, der als Generationenpolitik umschrieben werden kann (siehe Kap. 6).

Das Konzept der Generationenordnung drückt somit aus, dass die Gestaltung von Generationenbeziehungen nicht allein auf dem spontanen Verhalten und Handeln der jeweiligen Akteure beruht, obwohl auch dies geschieht. Meistens werden Verhalten und Handeln in Generationenbeziehungen mitbestimmt durch gesellschaftliche Erwartungen, kulturelle Vorstellungen und rechtliche Regulierungen. Es ist davon auszugehen, dass sich in jeder Gesellschaft und in jeder Geschichtsepoche eine je spezifische Generationenordnung (oder auch ein Prozess ihres Wandels) feststellen lässt und diese ihren Niederschlag in einem entsprechenden handlungsleitenden Wissen der Akteure findet, ohne freilich das Verhalten und Handeln in den Beziehungen zwischen Generationen vollständig festzulegen.

Man kann demzufolge zwischen »evolutionärer« und »normativer« generationaler Ordnung unterscheiden: Erstere bezeichnet die Summe der in historischen Entwicklungen und Umbrüchen entstandenen und sich – teilweise eigendynamisch – wandelnden Orientierungsmuster für die Gestaltung von Generationenbeziehungen in Familien oder in einer Kultur bzw. Gesellschaft als Ganzes. Letztere beschreibt die absichtsvolle und zielgerichtete Festlegung solcher Orientierungsmuster insbesondere durch die Definition von Rechten und Pflichten. Zwischen evolutionärer und normativer Generationenordnung lassen sich Übereinstimmungen, aber auch Differenzen

2. Generationenkonzepte

feststellen; zum Beispiel können Gesetzgebung und Rechtssprechung Orientierungsmuster aufgreifen und festschreiben, die bereits in Teilen der Bevölkerung praktiziert werden, sie können aber auch die Entstehung oder Verbreitung »neuer« wünschenswerter Orientierungsmuster antizipieren.

2.3.2 Weitere Konzepte

Die genannten Basiskonzepte lassen sich nicht ohne Verwendung allgemeiner Konzepte formulieren. Diese wiederum sind ihrerseits Gegenstand ausführlicher, in der Regel traditionsreicher Erörterungen und Kontroversen, wie die entsprechenden enzyklopädischen Abhandlungen zeigen. Es ist weder möglich noch angemessen, an dieser Stelle näher auf diese Erörterungen und Kontroversen einzugehen. Wir beschränken uns darauf, erläuternd kurz und knapp jene Bedeutungen darzulegen, die für das vorgeschlagene Verständnis der Basisdefinitionen von Belang sind.

Identität

Der Begriff der Identität interessiert in dem hier umschriebenen Zusammenhang in erster Linie als Kennzeichnung der einem Menschen eigenen Befähigung zum Handeln, also in dem Sinne, den Luckmann (1980: 124) in folgendem Satz prägnant umschrieben hat: »Persönliche Identität meint die zentrale, langfristige Steuerung, die ein Organismus über sein Verhalten ausübt.« Die Fähigkeit und das Bewusstsein dafür entwickelt sich über die Orientierungen, die sich ein Mensch in der Kommunikation und in den Beziehungen zu anderen aneignet, und über die inneren Repräsentationen, die aufgrund der biologischen Ausstattung des Menschen möglich sind. Persönliche Identität ist somit keine Gegebenheit. Gemeint ist die Selbsttätigkeit des Individuums, auf deren Grundlage es sich in ein Verhältnis zur Welt der Dinge und Personen setzt und diese äußere Welt zu einer inneren Welt der Vorstellungen (Repräsentationen) transformiert. Die Herausbildung von Identität kann als Aufgabe verstanden werden, die sich grundsätzlich über das ganze Leben erstreckt. Dabei stellen sich »Entwicklungsaufgaben« (dazu: Havighurst 1982), Herausforderungen zur Aneignung von Wissen und Fähigkeiten, die für ein bestimmtes Lebensalter typisch sind und bei denen die intra- und intergenerationellen Beziehungen von besonderem Belang sein können. In diesem Zusammenhang schlagen wir den Begriff des »Generationenlernens« vor (siehe Kap. 5).

Zu unterstreichen ist, dass neben dem Lebensalter dem Geschlecht für die Konstitution von Identität besondere Bedeutung zukommt. Im Rahmen der Generationenforschung ist es daher angemessen, immer wieder das Konzept des »Geschlechts« heranzuziehen, um zwischen weiblicher und männlicher Generationenidentität unterscheiden und das Generationenverhältnis auch unter Aspekten des Geschlechterverhältnisses erfassen zu können. Für das Konzept des Geschlechts ist es ebenso wie für das Konzept der Generation kennzeichnend, dass es biologische und soziale Tatsachen miteinander verbindet; im Falle des Geschlechts wird das im Englischen durch das Begriffspaar »sex« vs. »gender« verdeutlicht (Oakley 1972)[13].

Die Idee der Identität kann nicht nur auf Individuen – als Mitglieder einer Generation –, sondern auch auf eine Generation insgesamt ausgeweitet werden. Dann wird auf das Konzept der kollektiven Identität rekurriert. Mit diesem Konzept lässt sich ausdrücken, dass Menschen in gleichen Lebenslagen über Gemeinsamkeiten des Fühlens, Wissens und Wollens verfügen und Überzeugungen teilen, die sich alle in einem erheblichen Maße zu Eigen machen. Auf diese Weise sind diese gemeinsam geteilten Überzeugungen für die Organisation des Zusammenlebens und des Handelns von Belang. Kollektive Identitäten stützen sich auf gemeinsame Gedächtnisleistungen und deren Repräsentation. Es besteht somit ein innerer Zusammenhang mit der Vorstellung der kollektiven Handlungsbefähigung. Diese wird oft in einer reifizierenden Weise umschrieben, die soziale Systeme als Personen auffasst, was je nach Umständen angemessen, aber auch problematisch sein kann.[14]

Perspektive

Um die gedankliche Organisation von Fühlen, Wissen, Denken, Wollen und Glauben, die für individuelles und kollektives Handeln von Belang ist, zu charakterisieren, greifen wir das Konzept der »Perspektive« auf. Wir stützen uns dabei auf die handlungstheoretischen Überlegungen von George Herbert Mead (insbesondere Mead 1938; siehe auch Lüscher 1990a, 1990b). Mit »Perspektiven« meinen wir umschreibbare (und in diesem Sinne »objektivierbare«) Orientierungen, in denen zwischen einem Akteur und der jeweiligen Lebenswelt und Umwelt ein Zusammenhang hergestellt wird, der für die Entwicklung der Identität des Akteurs relevant ist (siehe auch Kap. 7.1 zum Begriff der Perspektive bei Mannheim).

Warum ist von »Perspektiven« und nicht – wie man vielleicht erwarten würde – von Werten die Rede? Hierfür sind mehrere Gründe zu nennen, die durch die allgemeineren Bedeutungen gestützt werden, die sich mit dem Begriff der Perspektive verbinden. Gemeint ist eine Betrachtungsweise oder -möglichkeit von einem bestimmten Standpunkt aus. Als einen solchen kann man in der hier vorgeschlagenen Übernahme des Begriffes die personale Identität betrachten. Wenn von einer Perspektive die Rede ist, kann auch eine zeitliche Konnotation mitklingen. Auch dies ist für eine soziologische Verwendung nützlich, denn auf diese Weise wird die Bezugnahme auf Prozesse der individuellen und gesellschaftlichen Entwicklung erleichtert. Der Begriff des Wertes verweist hingegen auf eine – überzeitliche – Beständigkeit und Hochschätzung, oft in Form einer Verdinglichung. Auch werden Werte eher übernommen oder verworfen als interpretiert. In diesem Sinne suggeriert die Rede von Werten ein kausal-mechanisches

2. Generationenkonzepte

Bild des sozialen Zusammenlebens und seiner Entwicklung. Mit Werten verbinden sich Vorstellungen strenger Hierarchien und disziplinierter Autorität. Perspektiven hingegen verweisen auf Pluralität, Interpretation und Aushandlung.

Insbesondere legt das Konzept der Perspektive in Verbindung mit Plessners Idee der »exzentrischen Positionalität« und mit einem interaktionistischen Modell des Selbst nahe, dass sich personale Identität in Prozessen des inneren Aushandelns zwischen Perspektiven konstituiert und artikuliert. Dabei kann es zur Erfahrung von Widersprüchen bzw. Gegensätzen kommen, die als prinzipiell unaufhebbar gelten (interpretiert werden) und die sich somit als »Ambivalenzen« kennzeichnen lassen.[15]

Soziale Zeit

Ein weiteres, grundlegendes Konzept der Generationenanalyse ist die Zeit – auch dies ein Begriff mit einer reichen Bedeutungsvielfalt. Will man dennoch versuchen, so etwas wie den gemeinsamen Bezugspunkt eines soziologisch tragfähigen Verständnisses zu formulieren, bietet sich der Rekurs auf Elias (1985: 12) an. Demnach ist das Konzept der Zeit »ein Symbol für eine Beziehung, die eine Menschengruppe als eine Gruppe von Lebewesen mit der biologisch gegebenen Fähigkeit zur Erinnerung und zur Synthese, zwischen zwei oder mehreren Geschehensabläufen herstellt, von denen sie einen als Bezugsrahmen oder Maßstab für den oder die anderen standardisiert.« Allgemeiner gesprochen: Wenn von Zeit die Rede ist, wird eine Dimension übergreifender Dauer mit einer solchen der Sequenzierung von Ereignissen verknüpft, deren Abfolge die Zeiteinheiten bestimmt (so anschaulich Piaget 1955).

Diese beiden Dimensionen werden in realen Zeitvorstellungen unterschiedlich umschrieben: Bei der Uhrzeit bildet traditionellerweise die Existenz des Universums den allgemeinen Bezug und der wiederkehrende Gang der Gestirne bestimmt die Sequenzen. Dieser allumfassende Bezug ist der Grund für die allgemeine Geltung dieser Zeitvorstellungen. Am anderen Ende des Spektrums stehen Konstruktionen, die sich an subjektiven Vorstellungen des Selbst und dem persönlichen Erleben und Erinnern orientieren. Dazwischen gibt es zahlreiche Zeitvorstellungen, die sich auf mehr oder weniger weitreichende soziale Kontexte beziehen wie Kulturen, Subkulturen, Organisationen und Gruppen, deren vorgestellte Dauerhaftigkeit und deren spezifische Ereignisstruktur den jeweiligen Eigensinn von Zeit bestimmen (siehe Kap 3.2).

Der Begriff der Generation lässt sich als Ausdruck des Bemühens deuten, zwischen unterschiedlichen Zeitvorstellungen eine Verknüpfung herzustellen, so zwischen den genannten »objektiven« und den »subjektiven« Zeitvorstellungen. Das geschieht, indem bewusstseins- und handlungsrelevante Auffassungen in ihrer sozialen, d.h. für gemeinsames Handeln bedeutsamen Tragweite analysiert werden. Überdies wird in der Generationenforschung versucht, die Komplexität von Zeitorientierungen zu erfassen,

2.3 Schlüsselbegriffe

wie sie in Pinders Diktum der »›Ungleichzeitigkeit‹ des Gleichzeitigen« angesprochen werden (Pinder 1928). Sie zeigt sich auch im Phänomen der Mehrgenerationalität.

Indem das Konzept der Generation (bzw. der Generationenzugehörigkeit) dazu dient, interpretierend Ereignisse des Lebenslaufes von Menschen mit der Geschichte der Sozialität, in der sie leben, zu verknüpfen, ist das Verständnis des Problems der Generationen auch ein Ausdruck der Erfahrung sozialer Zeit. Dementsprechend ist – wie die Begriffsgeschichte zeigt – das Verständnis von Generationen eng verflochten mit den in unterschiedlichen Gesellschaften und in unterschiedlichen Epochen bestehenden Auffassungen von Zeit und Zeitlichkeit bzw. Geschichte (siehe Kap.1.3). In der Neuzeit wird Generationen überwiegend ein »Auftrag« zugeschrieben, d.h. ein ihnen spezifisch zurechenbaren Beitrag zum sozialen Wandel. Dieser Grundgedanke dürfte dem von Mannheim im Anschluss an Pinder verwendeten Begriff der Entelechie zu Grunde liegen (siehe Kap. 7.1).

2.3.3 Definitionsraster

Die kurze Darstellung der Begriffsgeschichte und der Blick auf aktuelle Wortbildungen zeigen, dass sich mit dem Begriff der Generation unterschiedliche Vorstellungen verbinden. Tragend für die sozialwissenschaftliche Bedeutung sind unseres Erachtens die folgenden »Dimensionen«: Erstens geht es immer um Alterszuschreibungen. Diese beschränken sich jedoch nicht notwendigerweise auf das in Jahren festgelegte Lebensalter, auf den Geburtsjahrgang oder auf die historische Epoche. Auch andere Alterszuschreibungen können relevant sein. Zweitens beinhaltet unserer Ansicht nach die Zuschreibung einer Generationenzugehörigkeit Annahmen zur persönlichen oder kollektiven Identität. Drittens sind wir der Meinung, die Kennzeichnung einer Generation beinhalte die Abgrenzung von einer oder mehreren anderen Generationen. Es gibt somit Generationendifferenzen. Diese jedoch verweisen gleichzeitig auf Generationenbeziehungen. Ihre Gestaltung innerhalb sozialer Einheiten erfordert Generationenordnungen bzw. Generationenkonfigurationen. Hier schließt sich der Kreis zu den Überlegungen im ersten Abschnitt der Einleitung.

In diesem Sinne fassen wir die vorausgehenden Überlegungen zu einem »Definitionsgerüst« oder »Definitionenraster« zusammen. Die Idee ist, einen ersten Satz vergleichsweise einfacher Umschreibungen vorzulegen. Indessen ist ihre Fundierung in den vorausgehenden Überlegungen dieses Kapitels und insbesondere im Abschnitt 2.2 zu beachten.

Basisdefinition 1: Das Konzept der *Generation* dient dazu, kollektive oder individuelle Akteure hinsichtlich ihrer sozial-zeitlichen Positionierung in einer Gesellschaft, einem Staat, einer sozialen Organisation oder einer Familie zu charakterisieren und ihnen eine spezifische Identität (»Generationenidentität«) zuzuschreiben. Diese zeigt sich da-

2. Generationenkonzepte

rin, dass sich Akteure in ihrem Denken, Fühlen, Wollen und Tun an sozialen Perspektiven orientieren, für die der Geburtsjahrgang, das Alter oder die bisherige Dauer der Mitgliedschaft in der jeweiligen Sozietät oder die Interpretation historischer Ereignisse von Belang sind.

Basisdefinition 2: Das Konzept der *Generationendifferenz* beinhaltet, dass der sozialen Tatsache und dem Bewusstsein der Zugehörigkeit zu einer bestimmten Generation die soziale Tatsache und das Bewusstsein entsprechen, sich von Angehörigen anderer Generationen in Bezug auf prägende Erfahrungen sowie Umbrüche der Lebens- und der Gesellschaftsgeschichte und dementsprechend in Fühlen, Denken, Wissen und Handeln zu unterscheiden.

Basisdefinition 3: Das Konzept der *Generationenbeziehungen* bezeichnet wechselseitige, rückbezügliche Prozesse der Orientierung, der Beeinflussung, des Austauschs und des Lernens zwischen den Angehörigen von zwei und mehr Generationen (intergenerationelle Beziehungen) sowie innerhalb ein und derselben Generation (intragenerationelle Beziehungen). Form und Dynamik von Generationenbeziehungen ergeben sich aus der Erfahrung subjektiver Gemeinsamkeiten und Verschiedenheiten sowie aus der Erfüllung von institutionell vorgegebenen Aufgaben, eingeschlossen die Gestaltung der Beziehungen als solchen.

Basisdefinition 4: Das Konzept der *Generationenordnung* bezeichnet die Gesamtheit der in einer Gesellschaft und ihren Teilbereichen für Generationenbeziehungen in Brauch, Sitte und Recht bestehenden Regelungen, die im Einzelnen als Figuren einer sozialen Logik der Beziehungsgestaltung umschrieben werden können.

Die nachfolgenden Kapitel bauen auf diesem Begriffsraster auf und enthalten Erläuterungen und Differenzierungen. Ferner erweist es sich als notwendig, eine Reihe weiterer Begriffe einzuführen sowie Ergänzungen vorzunehmen.

Anmerkungen

1   Die zunehmende wissenschaftliche Beschäftigung mit der »Generationenfrage« (siehe zu diesem Begriff Kap. 7) und die Vielfalt der Themen wird durch eine Reihe von Sammelbänden belegt, die seit den 1990er Jahren allein in deutscher Sprache erschienen sind. Dazu gehören: Becker (1997); Ecarius 1998; Fragnière et al (2002); Kohli/Szydlik (2000); Krappmann/Lepenies (1997); Lange/Lauterbach (2000); Liebau (1997); Liebau/Wulf (1997); Lüscher/Schultheis (1993); Winterhager-Schmid (2000b).

2   Weigel (2002a), auf deren wichtige, erste Ergebnisse eines Forschungsprojekts zur Begriffsgeschichte von Generation referierenden Aufsatz wir im Zuge der Abschlussarbeiten gestoßen sind, ist sogar der

Anmerkungen

Auffassung, eine förmliche Definition von Generation sei nicht möglich. Wie wir verweist sie auf die Mehrdeutigkeit des Begriffs und Notwendigkeit der Analyse unterschiedlicher Diskurse, wobei für sie das Verhältnis zwischen Biologie und Kulturwissenschaften (insbesondere den Literaturwissenschaften) im Vordergrund steht. Demgegenüber sind wir der Ansicht, es sei in sozialwissenschaftlicher Perspektive wünschbar und fruchtbar, eine kompakte Umschreibung zu versuchen. Dies geschieht, wie wir im Folgenden darlegen, in Form eines »Definitionsrasters«. Weigel (aaO) konzentriert sich in ihren Analysen des Generationenbegriffs auf die Entwicklung des Generationskonzepts und seiner wissenschaftlichen Konzeptualisierung seit Ende des 18. Jahrhunderts.

3 Siehe hierzu die prägnante Umschreibung in der übersichtlichen Darstellung von Peirce's Denkweise in Rohr (1993).

4 Für eine Übersicht zur Theorie der Definition siehe Dubislav (1981). Traditionell ist die Unterscheidung zwischen der nominalen (die Festlegung eines Begriffs im Verhältnis zu anderen Begriffen) und der realen Definition (die Festlegung eines Begriffes im Verhältnis zu Realitäten, die als gegeben angenommen werden). Differenzierter ist folgende Umschreibung: a) Syntaktische Definitionen: Festlegung eines Zeichengebrauchs im Rahmen eines Kalküls oder Algorithmus. b) Lexikalische Definitionen: Aussagen über den faktischen Sprachgebrauch in einer bestimmten, empirisch feststellbaren Sprechergemeinschaft. c) Ostensive Definitionen: Alltagsweltlich-exemplarische Bestimmung eines Zeichens durch »Zeigen«. d) Operationale Definitionen: Zuordnung eines Zeichens zu einem Sachverhalt durch Angabe einer Handlungsweise, mit der dieser Sachverhalt festgestellt werden kann.

5 Für ausführliche lexikalische und enzyklopädische Darstellungen zum Begriff »Generation« sowie für Vorschläge zur Definition siehe nebst den allgemeinen Nachschlagewerken insbesondere Attias-Donfut 1988, (in großer Breite und unter besonderer Berücksichtigung der französischen Traditionen); Kilian 2000 (unter Betonung der feministischen Perspektive); Daniel 2001 (unter dem Gesichtspunkt einer Generationengeschichte in kulturwissenschaftlicher Orientierung); Eyerman/Turner 1998 (in kultursoziologische Sichtweise besonderer Bezugnahme auf Bourdieu); Herrmann 1993 sowie Müller 1999 und Sünkel 1997 (zum pädagogisch-erziehungswissenschaftlichen Verständnis); Klaus/Buhr 1970 (aus marxistischer Sicht); Marías 1968 (aus der Tradition der spanischen Kulturphilosophie); Rintala 1968 (mit Schwergewicht auf politischen Generationen); Schütze 2001; Wingen/Korff 1986 (unter Einbezug staatstheoretischer Orientierungen); Riedel 1974 (mit starker Betonung der Begriffsgeschichte); Sackmann 1992 (u.a. unter Einbezug theologischer Literatur, siehe Anm. 5); Schuler1987 (im Rahmen der historische Familienforschung) sowie Weigel 2002b (insbesondere im Hinblick auf die Schnittstellen von Bio- und Kulturwissenschaften).

6 Diesen sprachhistorisch vorgeordnet ist das gemeinsemitische dôr, dessen Etymologie mit dem Begriff des »Kreises« zusammenhängt, was allerdings umstritten scheint (hierzu: Gerleman 1971). Sackmann (1992) geht auch auf das unterschiedliche Verständnis von Generationen im Alten und im Neuen Testament ein. Im Alten Testament werde die traditionelle Zeitgenossenschaft betont, also die Herkunft aus dem gleichen Geschlecht. Im Neuen Testament dominiere demgegenüber die eschatologisch ausgerichtete gegenwärtige Zeitgenossenschaft, die auf Umkehr ausgerichtet ist. Die zentrale Stelle 2. Mose 20,12 (Gebot: Ehre deinen Vater und deine Mutter) richtet sich nach übereinstimmender Auslegung an die erwachsenen Menschen und regelt deren Umgang mit den alternden Eltern. Man kann daraus schließen, dass sich diese Solidaritätsverpflichtung nicht von selbst verstand.

7 Die Ausrichtung der Generationenfolge auf die Männer ist in der griechischen und römischen Antike stark ausgeprägt gewesen und wirkt in der westlichen Welt bis heute nach. Aus soziologischer Sicht liegt hier allerdings eine bemerkenswerte Widersprüchlichkeit vor. Die Gewissheit hinsichtlich der biologischen Geschlechterfolge von Müttern zu den Kindern ist größer als hinsichtlich jener von Vätern zu den Kindern. Umgekehrt bemühen sich – jedenfalls in der Neuzeit bis in die Gegenwart – in erster Linie die Frauen um die faktische Pflege der Verwandtschafts- und Generationenbeziehungen.

2. Generationenkonzepte

8   Ob und in welchem Ausmaß tatsächlich dem Alter gegenüber Respekt gezollt wurde – in der Antike ebenso wie im Mittelalter – ist eine andere, umstrittene Frage (siehe hierzu u.a. Laslett 1995; Göckenjan 2000).

9   Die Bezeichnung »Postmoderne« ist umstritten. In der Tat scheint es schwer nachvollziehbar und geradezu anmaßend, das Gegenwärtige (was »modern« zunächst einmal meint), als bereits vergangen zu betrachten. Mehr Klarheit lässt sich (auch hier) gewinnen, wenn man die verschiedenen Diskurse betrachtet, in denen das Attribut »postmodern« seit ungefähr den 60er Jahren des 20. Jahrhunderts benutzt wird (hierzu Lüscher 1996).
Am Anfang stand die Literaturkritik, der sich die Architekturkritik und – später – die Kunstkritik anschloss. Mit »postmodern« wurden ästhetische Ausdrucksformen bezeichnet, die gegen die grundlegenden Auffassungen des als »modern« geltenden Schaffens verstießen. Diese besagten, dass sich die Prinzipien der Gestaltung aus einem Werk selbst erschließen lassen sollten. Zum Teil waren sie angesichts der formalen Klarheit offensichtlich (z.B. in Bildern von Piet Mondrian, den Gebäuden von Alvar Aalto oder den alltäglichen Gegenständen der Werkbund-Gestalter – um nur drei Beispiele zu nennen). Doch die Auffassung galt auch für komplexere Darstellungen, z.B. die Multiperspektivik des Kubismus. Postmoderne Werke zeichnen sich demgegenüber durch unvermittelte Gegenüberstellungen (»juxtapositions«) und scheinbar beliebige Zitierungen älterer Werke aus den unterschiedlichsten Epochen aus, ferner durch eine Vorliebe für schwebende Mehrdeutigkeiten und die Vorstellungen einer »oszillierenden Gleichzeitigkeit« (siehe Kap. 3.2.1). Dies sind sozio-kulturelle Voraussetzungen für die Erfahrung von Ambivalenzen.
In der Philosophie des »Postmodernismus« wird – in einer gewissen Analogie zum ästhetischen Verständnis – die kaum überschaubare Pluralität des Denkens und der Lebensäußerungen thematisiert. Dies verbindet sich mit der Annahme, dass es grundlegende, nicht überwindbare Differenzen gibt, so zwischen den Kulturen und den Geschlechtern (was im Feminismus thematisiert wird). Es besteht eine tiefe Skepsis gegenüber den »großen Erzählungen«. Damit sind u.a. allgemeine Ideen hinsichtlich der Natur des Menschen, der Entwicklung der Menschheit und der politischen Ordnung gemeint, beispielsweise die Vorstellung der »Emanzipation« und die Auffassung, der Mensch könne sich selbst als Subjekt erfahren. In der Wissenschaftstheorie geht dies zusammen mit dem Postulat, unterschiedliche, auch nicht konventionelle Methoden der Erkenntnis anzuerkennen.
Vor dem Hintergrund dieser Diskurse hat das Konzept der Postmoderne vergleichsweise spät in die Sozialwissenschaften Einzug gehalten. Es beinhaltet eine Kritik an den weitverbreiteten Modernisierungstheorien, für welche die Vorstellung einer sich immer weiter fortsetzenden Differenzierung und einer stufenweisen Entwicklung kennzeichnend ist. Demgegenüber wird auf die Paradoxien und Widersprüche der Modernisierung verwiesen (anschaulich z.B. van der Loo/van Reijen 1992). Daneben gibt es eine oberflächliche, im Alltag weit verbreitete Verwendungsart, gemäß der »postmodern« als Epochenbezeichnung der Gegenwart und als Lebensform unberechenbarer Beliebigkeit (miss-)verstanden wird.
Unter diesen Umständen bietet sich an, von »dem« Postmodernen in der Gegenwart zu sprechen, womit der mehr oder weniger ausgeprägte Anteil postmoderner Denk- und Lebensweisen in der heutigen Zeit gemeint sein kann. Das macht überdies eine Bezugnahme auf die Formen der Modernisierungskritik möglich, die sich zu Beginn des 20. Jahrhunderts artikulierte und u.a. in den Werken soziologischer Klassiker wie Durkheim, Weber und Simmel zu finden ist. Solche Elemente gibt es auch in Karl Mannheims Essay über »Das Problem der Generationen«, insbesondere im Zusammenhang mit der Idee der »Ungleichzeitigkeit des Gleichzeitigen« (siehe Kap. 7.1). Ein innerer Zusammenhang besteht aktuell zur akzentuierten Erfahrung von »Mehrgenerationalität« sowie zur Thematisierung von »Generationenambivalenz« (siehe Kap. 7.5)

10   Die Begriffe Sozialstaat und Wohlfahrtsstaat werden in den verschiedenen Ländern teils synonym, teils mit unterschiedlicher Bedeutung verwendet. Wenn letzteres der Fall ist, gilt Wohlfahrtsstaat in der Regel als der umfassendere Begriff und Sozialstaaten gelten als eine Teilmenge von Wohlfahrts-

Anmerkungen

staaten. Als *Sozialstaat* bezeichnet man dann einen Wohlfahrtsstaat, in dem es in der Verfassung niedergelegte Ansprüche auf wohlfahrtsstaatliche Leistungen gibt (zum Beispiel Art. 20 und 28 GG in Deutschland), die dementsprechend einklagbar sind. »Das Sozialstaatsprinzip ermächtigt und verpflichtet den Staat, im Rahmen der verfassungsmäßigen Ordnung und des wirtschaftlich Möglichen für möglichst alle Gesellschaftsmitglieder über die formalrechtliche Grundrechtsgewährleistung hinaus in einem politisch zu bestimmenden Mindestumfang die materiellen Voraussetzungen für die Wahrnehmung der Grundrechte auf persönliche (materiale) Freiheit, freie Entfaltung der Persönlichkeit, Freiheit der Berufs- und Arbeitsplatzwahl, Gleichberechtigung und Chancengleichheit zu schaffen.

11 Mit diesem Verständnis von Rhetorik schließen wir uns den Überlegungen an, die Blumenberg (1981) in seinem Aufsatz »Anthropologische Annäherung an die Aktualität der Rhetorik« formuliert. Zum Begriff der Generationenrhetorik siehe auch Bräuninger et al. 1998 sowie Lange 1999.

12 Die ausführliche Darstellung der Methode, die differenzierte Charakterisierung der Inhalte und Argumentationsweise und die detaillierten Ergebnisse liegen als Arbeitspapier Nr. 26 des Forschungsschwerpunktes »Gesellschaft und Familie«, Universität Konstanz, vor (siehe Bräuninger et al. 1997) und können eingesehen werden unter: http://www.uni-konstanz.de/FuF/SozWiss/fg-soz/ag-fam/famsoz-i.html.

13 Oakley scheint den Begriff ›gender‹ in die Soziologie eingeführt zu haben. Sie unterscheidet ›sex‹ als biologischen Begriff zur Einteilung in männliche und weibliche Lebewesen und ›gender‹ als gesellschaftlichen Parallelbegriff zur Beschreibung der sozial ungleichen Einteilung in Feminität und Maskulinität.

14 Der Begriff der Identität – und die damit zusammenhängenden Begriffe der Persönlichkeit und des Selbst – spielen seit langem in allen sozialwissenschaftlichen Disziplinen eine wichtige Rolle. Sie haben in jüngster Zeit, nicht zuletzt im Kontext der Diskussionen über das Postmoderne, weiteren Auftrieb erhalten. Sie werden nicht nur vieldeutig umschrieben, sondern auch kontrovers diskutiert. Eine gute Übersicht und eine hilfreiche Klärung hinsichtlich des besonders umstrittenen Begriffes der »kollektiven Identität« bietet Straub (1998). Die Fallstricke des Konzeptes der kollektiven Identität werden ausführlich bei Niethammer (2000) abgehandelt.

15 Eine sich als ertragreich abzeichnende kulturwissenschaftliche, mithin auch interdisziplinäre Vertiefung der Ideen zur Identität stellen die Überlegungen zur Theorie des »Gedächtnisses« dar. Dies wird von Assmann (2002) dargestellt und in einem Diskussionsforum zu diesem Aufsatz in der Zeitschrift »Erwägen, Wissen, Ethik« erörtert (siehe auch Giesen/Assmann 2002).

3. Generationenstrukturen: Welches sind die gesellschaftlichen Bedingungen für Generationenbeziehungen?

Die wichtigsten Bedingungen des Entstehens von Generationen und Generationenbeziehungen schafft die Bevölkerungsdynamik. Sie ergibt sich aus der Entwicklung der Geburten und der Sterbefälle sowie der Wanderungsbewegungen. Diese bestimmen den Altersaufbau der Bevölkerung und somit auch das zahlenmäßige Verhältnis der Altersgruppen. Dabei werden die langfristigen Entwicklungen durch die Bewegungen in einzelnen Bevölkerungsgruppen auf vielfältige Weise überlagert.

Die Ereignisse, sozialen Strömungen und Handlungsweisen, die zum Kristallisationspunkt von Generationen werden, hängen des Weiteren von politischen und kulturellen Bedingungen ab. Dabei ist, wie das Beispiel der 68er Generation zeigt, nicht nur das historische Geschehen an sich von Belang, sondern auch dessen Interpretationen. Dasselbe gilt sinngemäß für die Gestaltung der Familienrollen. Die demographischen Gegebenheiten sind hierfür mittelbar relevant. Umgekehrt werden diese jedoch von den politischen und kulturellen Entwicklungen beeinflusst. Um nur zwei Beispiele zu nennen: Kriege beeinflussen den Bevölkerungsaufbau. Das Fernsehen hat maßgeblich zur allgemeinen Verbreitung des Wissens über Empfängnisverhütung beigetragen.

Eine besondere Rolle spielt das Recht. Es dient dazu, die Bedeutung der Generationenbeziehungen für die staatliche Ordnung und das Zusammenleben von Bevölkerungsgruppen und Individuen verbindlich zu umschreiben. Es beinhaltet Regeln der Gestaltung, auf die insbesondere auch im Fall von Konflikten zurückgegriffen wird. Doch das Recht wird fortgeschrieben und wandelt sich, wobei auch die demographischen Veränderungen ebenso wie die Auffassungen über die Lebensalter und über Familie und Verwandtschaft von Belang sein können. Überdies wird die Entwicklung des Rechtes von dessen Eigendynamik beeinflusst.

Viele gesellschaftliche Teilbereiche weisen über lange Zeit die gleiche Altersgliederung auf, beispielsweise die Verwaltung und die Parlamente. Andere wiederum – etwa Wirtschaftszweige, in denen technologische Innovationen besonders intensiv durchschlagen – zeigen ausgeprägte, sogar abrupte Änderungen im Altersaufbau. Von Belang ist dabei auch der Wandel der Geschlechterrollen. Insgesamt lässt sich indessen sagen, dass in der Gegenwart die Unterschiede – um nicht zu sagen: die Verwerfungen – ausgeprägter sind als früher.

3. Generationenstrukturen

Im Zeithorizont der vergangenen dreihundert Jahre und mit Blick auf die absehbare Zukunft lässt sich die Entwicklung in folgenden Sätzen zusammenfassen:

– Die zivilisatorischen Veränderungen der Lebensverhältnisse führten allmählich zu einem Rückgang der Sterblichkeit, vor allem der Kindersterblichkeit (Dinkel 2002) sowie zu einer Zunahme der Lebenserwartung. Weil viele Menschen die Erfahrung machen konnten, dass Säuglinge und Kleinkinder weniger häufig starben, sank die Zahl der Geburten.[1] In den letzten Jahrzehnten erhöhte sich auch die Lebenserwartung älterer Menschen deutlich. Immer mehr Menschen erreichen ein hohes Alter. Die gestiegene Lebenserwartung und die gesunkene Fertilität trugen nachhaltig zu einem veränderten Altersaufbau der Bevölkerung bei. Auf diese Weise weitete sich die gemeinsame *Lebensspanne* zwischen Alt und Jung aus.

– Die einzelnen Lebensphasen, vorab Kindheit und Jugend sowie Alter haben an sozialer Gestalt gewonnen, das heißt, sie sind institutionalisiert worden, indem für die einzelnen *Altersgruppen* spezifische gesellschaftliche Regelungen getroffen und Organisationen gebildet wurden. Dabei spielte der Staat, jedenfalls in Europa, eine wichtige Rolle. Die Einführung einer allgemeinen Schulpflicht, eng verbunden mit dem Verbot der Kinderarbeit, wertete die Kindheit auf. Die allmähliche Einführung von Ruhestandsregelungen, zusammen mit der kollektiven Alterssicherung bilden den Kern einer Institutionalisierung des Alters. Kennzeichnend dafür ist auch das Aufkommen einer spezifisch so benannten Alters- und Kinderpolitik. Unter diesen Umständen finden neuerdings auch die mittleren Lebensphasen besondere Aufmerksamkeit.

– Angesichts der Akzentuierung der Altersgruppen und Altersrollen sowie der längeren gemeinsamen Lebensspanne gewinnen in der Öffentlichkeit die *Beziehungen* zwischen den Generationen in der Gesellschaft, in Organisationen und in den Familien an Bedeutung. Das betrifft vor allem die Zusammenhänge zwischen den kollektiven (staatlichen), den betrieblichen und den familialen Formen der Alterssicherung. Die Institutionalisierung sowie die soziale Praxis dieses wechselseitigen Verhältnisses begründen spezifische Generationenfigurationen sowohl in öffentlichen als auch in privaten Lebensbereichen. Daraus ergeben sich oft hohe Anforderungen an die Beziehungsgestaltung.

– Die Akzentuierung der Altersgruppen, mithin der Generationenbeziehungen, geht untrennbar einher mit einem ebenso grundlegenden, nicht primär demographischen, sondern sozialen und kulturellen Wandel: jenem der Geschlechterrollen und dem damit zusammenhängenden Verständnis der *Geschlechterdifferenz*. Hierbei ist das Postulat grundlegend, dass die Verschiedenheit der Geschlechter keine Legitimation für soziale und politische Ungleichheit sein kann bzw. darf.

3. Generationenstrukturen

Hinzuzufügen ist allerdings, dass es nach wie vor Gesellschaften und Kulturen gibt, in denen die Unterschiede zwischen den Geschlechtern ausdrücklich oder stillschweigend zur Begründung von Ungleichheiten zwischen Mädchen und Jungen, zwischen Frauen und Männern herangezogen werden. Oft beruft man sich in diesem Zusammenhang auf kulturelle und religiöse Traditionen, doch ist offensichtlich, dass es häufig um die Tradierung von Macht und Herrschaft und die damit verbundenen (patriarchalen) Privilegien geht. Dennoch wird im Rahmen der allgemeinen Erklärung der Menschenrechte ebenso wie in vielen Verfassungen der Grundsatz der Gleichheit der Geschlechter aufgestellt und als verbindlich erklärt. Des Weiteren ändern sich im Laufe der Zeiten, auch unter dem Einfluss wissenschaftlicher Arbeiten, die Einsichten darüber, worin im einzelnen Unterschiede zwischen den Geschlechter bestehen und wie groß die Verteilung als typisch angenommener Merkmale in den Bevölkerungen streut. Dabei scheint sich in den westlichen Kulturen und Staaten eine Verlagerung von der Fixierung auf den Wandel der Rolle der Frau hin zu einem Wandel des Geschlechterverhältnisses abzuzeichnen. Dies ist hinsichtlich der Verflechtungen zwischen Generation und Geschlecht zu bedenken.

– Es besteht nicht nur eine primäre Mannigfaltigkeit (»primäre Diversität«) der privaten Lebensformen, die sich in der Verteilung von Haushalttypen und Arten der Lebensführung niederschlagen. Es bestehen auch (als »sekundäre Diversität«) systematische Unterschiede in der Verteilung nach Region, Stadt und Land sowie Bevölkerungsgruppen, hinsichtlich von Religion, Brauch und Sitte sowie als Folge von Zu- und Abwanderung. Hinzu kommt, dass sich die Menschen angesichts der allgemeinen Verbreitung der Massenmedien, insbesondere des zum Leitmedium gewordenen Fernsehens, sowie der Verdichtung der medienvermittelten persönlichen Kommunikation dank Telefon, E-Mail und Internet über die unterschiedlichen Lebensweisen umfassender und schneller informieren können. Dadurch werden die Tatsache und der Eindruck der Mannigfaltigkeit verstärkt, zugleich aber auch das Wissen um Gegensätze und Unvereinbarkeiten. Insgesamt kann man also von einer »*mehrfachen Mannigfaltigkeit*« bzw. »*multiplen Diversität*« sprechen.

– Die Suche nach individuellen und kollektiven Sinngebungen sowie nach Möglichkeiten für eine Entfaltung der Persönlichkeit während eines langen Lebens erhöht insgesamt die Mannigfaltigkeit privater Lebensformen. Indem viele Menschen aller Altersgruppen um die Vielfalt der Möglichkeiten wissen, versuchen sie diese zu nutzen und entscheiden sich für Lebensentwürfe, die sie als ihre eigenen verstehen. Dies schlägt sich in der Mannigfaltigkeit der Lebensläufe nieder. Die daraus entstehenden Anforderungen, zusammen mit Unwägbarkeiten und den Zufälligkeiten der wirtschaftlichen und kulturellen Entwicklung (»Aleatorik«[2]) bilden indessen auch den Nährboden für *gesellschaftliche Wider-*

3. Generationenstrukturen

sprüche und *persönliche Ambivalenzen*. Ihre Pole sind: Autonomie und Dependenz, Nähe und Ferne, Beharren und Verändern, Geborgenheit und Bindungsunsicherheit. Als eine wichtige Konsequenz ergibt sich, dass soziale Institutionen, insbesondere Ehe und Familie, primär unter pragmatischen Gesichtspunkten betrachtet werden, d.h. im Hinblick auf die damit für den Einzelnen verbundenen Aufgaben und Leistungen sowie deren lebenspraktischen Nutzen. Man kann annehmen, dass sich dies in der Gestaltung der Generationenbeziehungen niederschlägt. Die Lebensformen sind also sowohl vielfältig als auch widersprüchlich. Institutionen werden nicht als Werte an sich verstanden, sondern als soziale Vorgaben, mit denen man im Hinblick auf ihren Nutzen in einem alltäglichen Sinne des Wortes pragmatisch umgeht.

3.1 Generation und Geschlecht: Die Dynamik der demographischen Bedingungen

Die Darstellung der Bevölkerungsdynamik ist grundlegend für eine Analyse der Generationenbeziehungen, die eine Interdependenz zwischen den mikro- und den makrosozialen Gegebenheiten postuliert. Auf diese Weise lässt sich der Wandel in der Größe der Altersgruppen umschreiben, die ihrerseits die zahlenmäßige Basis für das Entstehen von Gesellschaftsgenerationen sind. Dies gilt auch – jedenfalls teilweise – für die Verteilung der Altersgruppen in der Wirtschaft und in großen Organisationen. Die Stärke der Geburtsjahrgänge hängt wiederum vom generativen Verhalten ab, das seinerseits von der Auffassung vom Kind, von der Ehe und der Familie abhängt. Auf diese Weise werden mannigfache Beziehungspotenziale zwischen den Generationen geschaffen. Diese Zusammenhänge sollen im Folgenden anhand von Daten aus Deutschland sowie Hinweisen auf die Verhältnisse in der Schweiz und Österreich dargestellt werden. Dabei geht es nicht um eine umfassende demographische Dokumentation. Diesem Zweck dienen die laufend nachgeführten Quellenwerke und Dokumentationen (die mittlerweile größtenteils auch über Internet eingesehen werden können, siehe Anhang). Ebenso wenig ist es möglich, internationale Vergleiche vorzunehmen. Unser Ziel besteht darin, mit ausgewählten Beispielen, jedoch unter Verwendung von Quellendaten, einige für die Generationenanalyse typischen Gegebenheiten darzustellen und auf diese Weise weitere, vertiefende und auf spezifische Verhältnisse in einzelnen Ländern und Regionen eingehende Darstellungen anzuregen. Wir orientieren uns dabei an den Thesen im ersten Abschnitt dieses Kapitels.

3.1 Generation und Geschlecht: Die Dynamik der demographischen Bedingungen

3.1.1 Die Verlängerung der Lebenserwartung und die Gestaltung des Alterns

Die Lebenserwartung hat sich im Laufe der letzten hundert Jahre annähernd verdoppelt und sie nimmt gemäß den Prognosen weiter zu.[3]

Tab. 3-1: Durchschnittliche Lebenserwartung bei der Geburt und fernere Lebenserwartung im Alter von 60 und 80 Jahren für ausgewählte Jahre (Grundlage: Perioden-Sterblichkeit, d.h. altersspezifische Sterberaten in den genannten Kalenderjahren)

Sterbetafel	Lebenserwartung im Alter von		
Jahr	0	60	80
	Frauen		
1871/81	38,5	12,7	4,22
1901/11	48,3	14,2	6,30
1997/99	80,6	23,3	8,4
2020	82,6	25,1	*
2040	84,5	26,7	*
	Männer		
1871/81	35,6	12,1	4,1
1901/11	44,8	13,1	4,3
1997/99	74,4	19,1	6,9
2020	76,2	20,2	*
2040	78,1	21,6	*

Legende: Bis 1901/11 Reichsgebiet, jeweiliger Gebietsstand; ab 1986/88 Deutschland.
Annahmen für 2020 und 2040: 9. Koordinierte Bevölkerungsvorausberechnung, Mittlere Variante.
*: Nicht errechnet.
Quelle: Bundesinstitut für Bevölkerung (BiB); Roloff/Schwarz 2002: 30.

3. Generationenstrukturen

In Deutschland hatte ein neugeborenes Mädchen, das in den Jahren 1901/1911 geboren wurde, eine durchschnittliche Lebenserwartung von 48,3 Jahren, ein Junge eine solche von 44,8 Jahren. Am Ende des Jahrhunderts (1997/99) liegt sie bei 80,6 Jahren bzw. 74,4 Jahren, 2020 wird sie den zurückhaltenden Annahmen des Statistischen Bundesamts zufolge 82,6 Jahre bzw. 76,2 Jahre betragen.

Beobachtung verdient überdies die sogenannte »fernere Lebenserwartung«, d.h. jene von Menschen, die schon ein bestimmtes Alter erreicht haben. So haben (1997/1999) 60-jährige Frauen die Chance, noch 23,3 Jahre zu leben, Männer 19,1 Jahre.[4] Zwischen Regionen, insbesondere etwa zwischen Ost- und Westdeutschland, gibt es Unterschiede, ebenso zwischen einzelnen Bundesländern sowie zwischen Stadt und Land (hierzu: Bertram et al. 1993; Roloff 2000). Das gilt auch für den Vergleich zwischen den Berufsgruppen, was u.a. für die Praxis des Sozialrechtes, insbesondere für die Alters-, Kranken- und Pflegeversicherung sowie die privaten Rentenversicherungen relevant sein kann.

Hinzuzufügen ist, dass aus rechnerischen Gründen die genannten Werte niedriger sind als das mit großer Wahrscheinlichkeit erlebbare Alter. Die zurückhaltendste Variante einschlägiger Schätzungen gemäß Kohortensterbetafel besagt, dass von den im Jahre 2000 Neugeborenen die Hälfte der Frauen 87,9 Jahre und die Hälfte der Männer 80,8 Jahre alt werden.

Tab. 3-2: Lebenserwartung und Medianalter Neugeborener gemäß Kohortensterbetafel im Jahre 2000

	Männlich	Weiblich
Lebenserwartung	78,3	85,6
Medianalter	80,8	87,9

Medianalter: Geschätztes Alter, das 50% der Geborenen erreichen werden.
Quelle: Enquête-Kommission 2002: 21. – Niedrigere Variante gemäß Berechnungsweise Bomsdorf.[5]

In der *Schweiz* ist im Jahr 2001 bei der Geburt eine mittlere Lebenserwartung für Frauen von 82,8 Jahren und für Männer eine solche von 77,2 Jahren errechnet worden. Die Zahlen für die fernere Lebenserwartung im Alter von 60 Jahren betragen 25,2 und 21,1 Jahre (Bundesamt für Statistik 2002a: 112).

Ausführliche Darlegungen zum Thema der Lebenserwartung finden sich im *Österreichischen Seniorenbericht* (BMSSG 2000: 38ff.). Dort kommen einige Aspekte zur Sprache, die sinngemäß auch für andere westliche Länder gelten. Insbesondere wird dargelegt, dass die quantitative Betrachtung demographischer Indikatoren durch eine qualitative ergänzt werden sollte. Zwar ist die Feststellung, dass um 1870 eine durch-

3.1 Generation und Geschlecht: Die Dynamik der demographischen Bedingungen

schnittliche Lebensdauer von 33 Jahren für Männer und eine solche von 36 Jahren für Frauen errechnet werden kann und die entsprechenden Werte im Jahre 1998 für Männer 74,6 und für Frauen 80,9 Jahre betragen, durchaus beachtlich. Doch eine vertiefte Analyse verweist auf weitere wichtige Entwicklungen, die gerade auch für das Verständnis der Generationendynamik von Belang sind.

So betraf noch in der zweiten Hälfte des 19. Jahrhunderts (1870) die überwiegende Zahl der Sterbefälle die jüngsten Altergruppen, also das Säuglings- und Kleinkindalter, während der Tod eines alten Menschen ein seltenes Ereignis war. In weniger als einem Zehntel der Sterbefälle war die verstorbene Person 75-jährig oder älter. Die Veränderungen im Sterbealter sind eine Folge der Verschiebungen im Spektrum der Todesursachen. Infektionskrankheiten haben an Bedeutung verloren. Das Wissen um Krankheitserreger hat Verbesserungen der öffentlichen und privaten Hygiene angeregt. Schutzimpfungen sind möglich und werden allmählich allgemein praktiziert. Von großer Tragweite sind ferner die verbesserten Möglichkeiten der medikamentösen Therapie, insbesondere durch Antibiotika. Herz-Kreislauf-Erkrankungen sowie Krebs sind zu den häufigsten Todesursachen geworden. Doch auch hier haben sich die Behandlungsmöglichkeiten verbessert. Dies hat, insbesondere seit der zweiten Hälfte des 20. Jahrhundert einen weiteren Anstieg der ferneren Lebenserwartung im Alter von 60, 70 und mehr Jahren zur Folge. Man kann vom Übergang von der »unsicheren« zur »sicheren« Lebenszeit und von »gewonnenen Jahren« sprechen (siehe Imhof 1981).

Dies drückt sich auch in der Chance aus, nicht vor dem Erreichen eines bestimmten Lebensalters zu sterben. Gerade im höheren Alter ist diesbezüglich die Entwicklung in jüngster Zeit beachtlich. So gilt beispielsweise für Österreich, dass 1970 nur 28% der 60-jährigen Männer damit rechnen konnten, das 80. Lebensjahr zu erreichen, rund dreißig Jahre später hingegen 48%. Für die Frauen lauten die entsprechenden Werte 47% und 68% (aaO: 49). Die historische Bedeutsamkeit kommt in der Feststellung zum Ausdruck, dass die Wahrscheinlichkeit für mehr als die Hälfte der Bevölkerung, das 75. Lebensjahr zu erreichen, erstmals für die 1988 Neugeborenen männlichen Geschlechtes bestand; für jene des weiblichen Geschlechts ist dies seit dem Geburtsjahrgang 1953 der Fall. Hierbei handelt es sich um annähernd konstante Unterschiede zwischen den Geschlechtern.

Die für die Akzentuierung der Lebensalter wichtige subjektive Erwartung, alt zu werden, wird auch dadurch genährt, dass sich die sogenannte Überlebenskurve zusehends der Form eines Rechteckes annähert. Die Wahrscheinlichkeit des Überlebens ist bis etwa zum 50sten bis 60sten Lebensjahr hoch, sinkt dann aber mit zunehmender Beschleunigung.

3. Generationenstrukturen

Abb. 3-1: Überlebenskurve der Männer und Frauen in Deutschland bis zur Vollendung des 90. Lebensjahres

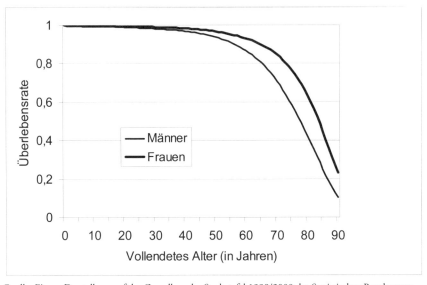

Quelle: Eigene Darstellung auf der Grundlage der Sterbetafel 1998/2000 des Statistischen Bundesamts

Die Zunahme der Lebenserwartung wertet die Lebensphase des Alters auf und legt Unterteilungen nahe. In der gerontologischen Literatur und zusehends auch in der Öffentlichkeit wird zwischen einem dritten und einem vierten Lebensalter bzw. zwischen »jungen« und »alten Alten« unterschieden (siehe u.a. Laslett 1995; Mayer/Baltes 1996; Bakkes/Clemens 1998; Kruse 2001: insbesondere 46-53; von Kondratowitz 2002). »Hochaltrigkeit« gilt als besondere Lebensphase. Kennzeichnend dafür ist die Thematik des Vierten Altenberichts (BMFSFJ 2002b).

Angesichts dieser Entwicklungen wandelt sich das Verständnis und das Erleben des Alters: nicht unbedingt von der Last zur Lust, aber doch hin zur Chance und Herausforderung. Das gilt auch für die damit befassten Wissenschaften. Lange Zeit dominierte die Vorstellung, Altern erschöpfe sich in der Erfahrung von Defiziten wie verminderter Leistungsfähigkeit, Gebrechlichkeit, Rückzug oder Abhängigkeit. Dem wurde mit spektakulären Beispielen aus Kultur und Sport die Leistungsfähigkeit alter Menschen entgegengehalten. Jetzt gewinnt die Auffassung an Boden, Altern biete spezifische Möglichkeiten der Sinngebung und der Persönlichkeitsentfaltung. Dem sogenannten Defizitmodell stehen Modelle von »Alterskompetenz« und »Altersproduktivität« gegenüber (Baltes/Montada 1996; Rosenmayr 2002). Darunter fällt die verantwortungsvolle Gestaltung der Beziehungen zu den nachfolgenden Generationen.

3.1 Generation und Geschlecht: Die Dynamik der demographischen Bedingungen

In diesem Zusammenhang ist von »Generativität« und »filialer Reifung« die Rede. Damit wird auf der Ebene des persönlichen Handelns aufgenommen, was auf der gesellschaftlichen Ebene oft als Nachhaltigkeit umschrieben wird.

In der medizinischen Literatur über das Altern stehen sich akzentuiert eine Medikalisierungsthese (Verbrugge 1984; Rogers et al. 1990) und eine Kompressionsthese (Fries 1980, 1984; Crimmins et al. 1997) gegenüber. Erstere besagt, »dass sowohl die Gesamtmorbidität im Verhältnis zur Gesamtbevölkerung als auch die altersspezifische Morbidität aufgrund des medizinischen Fortschrittes ansteigen« (Enquête-Kommission 1998: 220). Gemäß der Kompressionsthese wird postuliert, »der größte Teil des Lebenszyklus werde auf Grund von positiven Veränderungen – wie z. B des veränderten Gesundheitsverhaltens und des medizinischen Fortschrittes – zunehmend frei von chronischen Erkrankungen verbracht. Die Phase, in der verstärkt mit gesundheitlichen Beeinträchtigungen zu rechnen ist, verschiebt sich bei steigender Lebenserwartung ebenfalls in ein höheres Lebensalter« (ebd). Als Drittes wird ein »bi-modales« Konzept vertreten. Es sagt voraus, »dass sich der Gesundheitszustand der nachkommenden Generationen zwar langfristig und objektiv verbessert. [...] Neben der Verringerung des Ausmaßes an Beeinträchtigungen während der gewonnenen Lebensjahre wird jedoch auch der Anteil an behinderten und in jüngerem Lebensalter beeinträchtigten Menschen, die der Hilfe und der Pflege bedürfen, ansteigen« (Enquête-Kommission 1998: 220). Dieses dritte Modell dürfte der Wirklichkeit am nächsten kommen, denn die verbesserten medizinischen Behandlungen erweitern auch das Spektrum der Behandlungsfähigkeit und die Ansprüche an deren Qualität. Neuere deutsche Untersuchungen zur Entwicklung der behinderungsfreien »aktiven« Lebenserwartung weisen auf eine Verbesserung des Gesundheitszustands im Alter hin (Dinkel 1999; Klein/Unger 2002). Es zeigt sich, dass die längere Lebenserwartung durchaus auch eine Verlängerung der behinderungsfreien Jahre beinhaltet und nicht nur eine Ausweitung der Morbidität am Ende des Lebens mit sich bringt.

3. Generationenstrukturen

Tab. 3-3: Behinderungsfreie Lebensjahre in verschiedenen Ländern, Schätzwerte für 1997/1999 (in Prozent)

Land	Behinderungsfreie Lebensjahre		Lebensjahre mit Behinderungen	
	Männer	Frauen	Männer	Frauen
Deutschland	67,4	73,5	6,3	6,6
Frankreich	69,3	76,9	5,6	6,7
Schweiz	69,5	75,5	6,1	7,5
USA	67,5	72,6	6,3	7,0

Quelle: World Health Organization 2000: Tabelle 5.

Eine zentrale Aufgabe ergibt sich aus der Pflegebedürftigkeit alter Menschen. Die Prävalenz nimmt mit steigendem Alter beschleunigt zu.

Tab. 3-4: Pflegebedürftigkeit im Alter nach SGB XI am Jahresende 1999 (in Prozent)

Geschlecht	Alter						
	60–64	65–69	70–74	75–79	80–84	85–89	90 und älter
Weiblich	1,5	2,7	5,2	11,0	23,2	41,5	65,3
Männlich	1,8	3,1	5,0	9,3	17,1	29,1	42,0

Quelle: BMFSFJ 2002b: 251.

Den Daten des Vierten Altenberichtes 2002 zufolge sind rund 3% der Frauen und Männer im Alter von 65-69 Jahren pflegebedürftig nach SGB XI. Bei den 80-84-Jährigen betragen die Anteile 17% bei den Männern und 23% bei den Frauen. Die entsprechenden Zahlen für die über 90-Jährigen sind 42% bei den Männern und 65% bei den Frauen. Die Unterschiede zwischen den Geschlechtern spiegeln wieder, dass für die Männer im Alter die Sterblichkeit, für die Frauen die Krankheitsanfälligkeit größer ist. Der Bedarf an Pflege wird angesichts der demographischen Entwicklungen in Zu-

3.1 Generation und Geschlecht: Die Dynamik der demographischen Bedingungen

kunft zunehmen, wie differenzierte Schätzungen zeigen (hierzu Pohlmann 2001; BMFSFJ 2001; BMFSFJ 2002b).

Überwiegend werden die Pflegeleistungen in den Familien erbracht, wobei die Hauptlast den Frauen zufällt (Schneekloth/Müller 2000). Dabei ergeben sich hohe, mit vielen Ambivalenzen einher gehende Anforderungen an die Beziehungsgestaltung zwischen Pflegenden und Gepflegten, aber auch bezüglich der Partner-, Geschwister- und Schwieger-Beziehungen, unter anderem hinsichtlich der Respektierung persönlicher Autonomie (siehe hierzu unter Bezug auf die Idee des »Wohl des alten Menschen«: Zenz 2000). Die Einschätzung des geleisteten Einsatzes kann mittelbar bei erbrechtlichen Regelungen bzw. Streitigkeiten von Belang sein (siehe Kap. 4.3).

Andere gerontologische Studien bestätigen den Wandel im Verständnis des Alters in verschiedenen Facetten. Unter dem Gesichtspunkt der Gestaltung der Generationenbeziehungen ist beispielsweise die Unterscheidung von fünf Altersstilen nach Thomae von Interesse, für die in einer – allerdings nicht repräsentativen – deutschen Untersuchung bei 1930 bis 1932 Geborenen folgende Häufigkeiten ermittelt wurden (hier gerundet): Gesundes bzw. kompetentes Altern (31%), kompensatorisches Altern (25%), hinnehmendes Altern (20%), gesundes, glückliches Altern (13%) sowie physisch und sozial belastendes Altern (12%) (Minnemann et al. 1997, zitiert in Pohlmann 2001: 70) In der Schweiz hat eine Erhebung über die Freiwilligenarbeit bei Rentnerinnen gezeigt, dass 40% der rund 65- bis 74-jährigen Frauen informellen unbezahlten Tätigkeiten wie Nachbarschaftshilfe, Betreuung von Kindern usw. nachgehen; bei den über 75-Jährigen sind es noch 11%. Ein reiches Feld für Informationen (und für Anregungen hinsichtlich von Programmen sind die zahlreichen regionalen und kommunalen Praxisberichte über die Zusammenarbeit zwischen den Generationen, die häufig durch kleinere Studien begleitet werden. Träger sind Wohlfahrtsorganisationen, Kirchen und kirchennahe Organisationen sowie Selbsthilfegruppen (hierzu als zwei Beispiele unter vielen: Pro Juventute/Pro Senectute 2000; Freese et al. 2001).

3.1.2 Geburtenrückgang und die Lebensphase Kindheit

Die erhöhte Lebenserwartung ist für das Verständnis des Kindes und der Kindheit von Belang. Die Gewissheit, dass nahezu jedes einzelne Kind die Chance hat, die ersten Lebensmonate und -jahre und später die Jugendzeit zu überleben, ist ein wesentlicher Faktor des Rückgangs der Geburtenziffer, der im Gefolge der Verminderung der Sterblichkeit Ende des 19. Jahrhunderts einsetzte. Meistens wird in diesem Zusammenhang darauf hingewiesen, dass früher mehrere Kinder zur Alterssicherung der Eltern notwendig waren, doch ist demgegenüber die kürzere durchschnittliche Lebensdauer zu bedenken. Indem zusehends mehr Kinder überlebten, stiegen die Aufwendungen der Familien. Zugleich wurde es möglich, sich dem einzelnen Kind als Person zuzuwenden und die kulturelle Sinnhaftigkeit von Elternschaft zu erleben und zu bedenken.

3. Generationenstrukturen

Abb. 3-2: Geburtenentwicklung: Durchschnittliche Kinderzahl je Frau in Deutschland, 1871/80 bis 2000

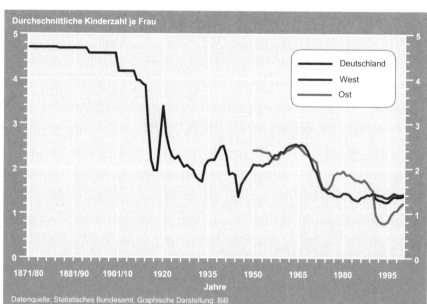

Wichtige Aspekte der Entwicklung sind:

– Der Geburtenrückgang kann – mit Linde (1984) – als ein säkulares Geschehen bezeichnet werden, das in den letzten Jahrzehnten des 19. Jahrhunderts eingesetzt hat. Sieht man von den Schwankungen ab, so lassen sich zwei Phasen des Geburtenrückganges unterscheiden: eine erste seit Ende des 19. Jahrhunderts bis in die 1930er Jahre. Nach einer Stagnation bis etwa 1950 und einem kurzen Aufschwung in den frühen 1960er Jahren kam es, jedenfalls in Westdeutschland, zu einem neuen markanten Rückgang bis in die 1980er Jahre.
– Die Redeweise vom »Pillenknick«, der auf das Ende der 1960er Jahre datiert wird, greift somit sowohl zeitlich als auch hinsichtlich der Lebensumstände zu kurz. Familienplanung wurde schon früher erfolgreich betrieben, wie die umfassende historische Darstellung von Noonan (1969) zeigt. Hinsichtlich der Tragweite der Einführung oraler Kontrazeptiva lässt sich mit guten Gründen die These vertreten, dass nicht die Entwicklung und Akzeptanz der Pille den Ausschlag gegeben hat, sondern dass umgekehrt das öffentliche Klima diese Entwicklung überhaupt in Gang gebracht hat. Wir haben es hier mit einem der typischen Beispiele von wechselseitiger Interdependenz zwischen kulturellen und

3.1 Generation und Geschlecht: Die Dynamik der demographischen Bedingungen

ökonomischen Entwicklungen und technologischen Innovationen zu tun (siehe auch Asbell 1996; Djerassi 1992).
- Die Geburtenziffer schwankt – wie bereits die Darstellungen des Altersaufbaus gezeigt haben – in Abhängigkeit von politischen, wirtschaftlichen und gesellschaftlichen Ereignissen. Sie fiel drastisch in den Jahren der beiden Weltkriege und während der Wirtschaftskrise der späten 20er Jahre sowie – im Osten – im Umfeld und nach der Wiedervereinigung. Sie stieg nach der Einführung familienpolitischer Maßnahmen in der DDR zeitweise. Darin zeigt sich, dass das gesellschaftliche Geschehen das individuelle Verhalten auch in den Bereichen der intimen Lebensführung und der persönlichen Lebensplanung beeinflusst und über dies auch das Generationengefüge.
- Das Ausmaß des Einflusses politischer Maßnahmen ist allerdings umstritten. Jedenfalls werden selbst in Krisenzeiten zahlreiche Kinder geboren. Das zeigt, dass dem generativen Verhalten vielfältige, u.U. miteinander konkurrierende und sogar widersprüchliche Erwägungen zugrunde liegen.

Im Kontext unserer Argumentation spricht somit vieles für die bereits angesprochene These eines engen Zusammenhanges zwischen dem Geburtenrückgang und der Herausbildung der Kindheit als eigenständiger Lebensphase. Dies geht einher mit der Popularisierung der Vorstellung des Kindes als Subjekt bzw. als Person. Wenn mit dem Überleben aller Kinder gerechnet werden kann und das Wissen um ihre Bedürfnisse nach Pflege und Erziehung sowie die Wechselwirkung zwischen beidem zugenommen hat und allgemein verbreitet ist, dann drängt sich die Frage in den Vordergrund, welchen Lebenssinn Kinder für einen selbst zu stiften vermögen. Dem steht allerdings ein wachsendes Bewusstsein von Aufwand und Kosten gegenüber.[6]

Die verstärkte Beachtung der Kinder und der Kindheit wurde auch von den einschlägigen Wissenschaften gefördert, so von der Pädiatrie. Besonders wichtig war die Einsicht der Psychoanalyse und der Entwicklungspsychologie, dass die Pflege des Kleinkindes diesem wichtige Lernerfahrungen vermittelt und dies in den Prozessen, die heute Sozialisation genannt werden, prägend für die Entwicklung und Entfaltung der individuellen Persönlichkeit ist (dazu ausführlich Lüscher 2000a).

Die Aufwertung des Kindes als Person, sein Recht auf freie Entfaltung der Persönlichkeit von Beginn an und die damit einhergehende Akzentuierung von Kindheit als Lebensphase zeigt sich besonders deutlich darin, dass sich mittlerweile ein eigenständiger Politikbereich herausgebildet hat, anfänglich verstanden und umschrieben als Sozialpolitik für das Kind, mittlerweile bezeichnet als eine Politik für und mit Kindern (Lüscher 2000b). Dabei sollte die Doppeldeutigkeit dieser Kennzeichnung nicht übersehen werden. Politik mit Kindern kann sowohl bedeuten, dass sie ihrer Handlungsbefähigung entsprechend aktiv beteiligt werden als auch, dass man Kinder politisch instrumentalisieren kann. Spuren verbaler und faktischer Zwiespältigkeiten finden sich

3. Generationenstrukturen

somit auch hier. Die Herausbildung der Kinderpolitik geht einher mit jener der Altenpolitik und stellt eine weitere Facette der gesellschaftlichen Akzentuierung und der Institutionalisierung der Lebensphasen dar.[7] Zieht man weiter in Betracht, dass beide Bereiche in enger Wechselbeziehung zur Familienpolitik stehen, was die Familienberichte sowie die Gutachten des wissenschaftlichen Beirates belegen, bietet sich an, das Desideratum einer übergreifenden Generationenpolitik zu formulieren (siehe Kap. 6).

Ein wichtiges, zur Zeit intensiv diskutiertes Thema des Wandels im generativen Verhalten betrifft die *Kinderlosigkeit*, denn sie ist unter Gesichtspunkten der Generationendynamik in mehrfacher Hinsicht von Belang. Zunächst bedeutet sie schlicht und einfach, dass innerhalb einer Familie die Generationenkette abbricht. Kinderlosigkeit trägt überdies dazu bei, dass sich die Altersproportionen zwischen den Generationen verändern, allerdings in einem geringeren Maß als durch die Verminderung der Kinderzahl in den Familien. Indessen bleiben längst nicht alle Frauen und Männer auch gewollt kinderlos. Das ist zu bedenken, wenn in den familien- oder besser generationenpolitischen Debatten Menschen mit und ohne eigene Kinder gegeneinander ausgespielt werden.

Innerhalb der Darstellung der demographischen Rahmenbedingungen ist eine aussagekräftige statistische Kennziffer für Kinderlosigkeit der Anteil der Frauen eines bestimmten Jahrgangs, die kinderlos bleiben. Er lässt sich für Deutschland allerdings nur schätzen oder über Stichproben ermitteln, da in der amtlichen Haushalts- und Familienstatistik die Zahl der geborenen Kinder einer Frau bislang nicht erhoben wird. Auch die Geborenenstatistik enthält hierzu keine genauen Angaben. Zu berücksichtigen ist auch, dass die jüngeren Jahrgänge die Menopause noch nicht erreicht haben. Mit der solchermaßen gebotenen Zurückhaltung kann man in Westdeutschland eine Zunahme von 10% beim Frauenjahrgang 1940, auf rund 19% bei den 1955 geborenen Frauen und bis zu rund 31% beim Frauenjahrgang 1965 feststellen. Im Osten hingegen verlief die Entwicklung anders. Von den Frauen des Jahrgangs 1950 waren 9% kinderlos, von jenen des Geburtsjahrgangs 1955 nur 6%. Von den 1965 geborenen ostdeutschen Frauen sollen es gemäß diesen Schätzungen jedoch rund 26% sein. Dieser frappierende Anstieg korrespondiert mit dem starken Geburtenrückgang in den neuen Ländern nach der Wiedervereinigung und kann mit den vielfältigen Umbrüchen der ostdeutschen Wirtschaft und Gesellschaft in Verbindung gebracht werden.[8]

Kinderlosigkeit kann unterschiedliche Gründe haben. Teils ist sie das Ergebnis der besonders intensiv wahrgenommenen Elternverantwortung, teils der Möglichkeit alternativer Lebensentwürfe, teils des Rückganges der Eheschließungen, teils ungewollte Folge des Hinausschiebens des Kinderwunsches. Überdies gibt es zusätzlich zu den Erkenntnissen über individuelle medizinische Indikationen und die Altersabhängigkeit von Empfängnis- und Zeugungsfähigkeit auch epidemiologische Daten, die auf einen generellen Rückgang der Zeugungsfähigkeit hinweisen. Gründe werden in der Veränderung der ökologischen Lebensbedingungen vermutet. Damit rückt ein gesellschafts-

3.1 Generation und Geschlecht: Die Dynamik der demographischen Bedingungen

politischer Zusammenhang ins Blickfeld, der unter dem Stichwort »Nachhaltigkeit« erörtert wird.[9] (hierzu Dorbritz/Schwarz 1996; Dorbritz 2000b; Schneewind 1995). Diese Vielfalt ist bei der sozial- und familienpolitischen Würdigung von Kinderlosigkeit zu beachten. Auffällig ist der im EU-Vergleich hohe Anteil kinderlos Bleibender in Westdeutschland und die Bildungsabhängigkeit. Akademikerinnen bleiben in Deutschland nahezu doppelt so häufig kinderlos wie Frauen mit Hauptschulabschluss (Engstler/Menning 2003)

Tab. 3-5: Anteil kinderloser Frauen ausgewählter Geburtsjahrgänge (in Prozent)

Gebiet	1901/ 1905	1916/ 1925	1940	1950	1960	1965
West	26	18	10	15	23	31
Ost	26	20	9	8	11	26

Quelle: Dorbritz/Schwarz 1996: 238; Dorbritz 2000a: 21; Engstler/Menning 2003: 74.

3.1.3 Die Erfahrung und Thematisierung gehäufter Verpflichtungen: Die mittlere Lebensphase (Scharniergeneration)

Gewandelt hat sich auch die »mittlere Lebensphase« zwischen dem vierten und siebten Lebensjahrzehnt. Hier stehen der hohen Gewissheit, ein Leben bei relativ guter Gesundheit zu führen, für viele Menschen gehäufte Verpflichtungen in fragmentierten, konkurrierenden Lebensbereichen gegenüber. Für diese mittlere Lebensphase gibt es (noch) keine Bezeichnung, doch die sich dabei stellenden Aufgaben (und Belastungen) werden in zunehmendem Maße thematisiert, ausgehend von der Analyse des Lebensverlaufs (z.B. Perrig-Chiello/Höpflinger 2001 mit umfangreichen Angaben zur internationalen Literatur und als Bericht über eine Studie in der Schweiz). Wenn die Beziehungen zwischen den Generationen angesprochen und – was häufig geschieht – problematisiert werden, wird oft die Metapher der »Sandwich-Generation« verwendet. Allerdings ist umstritten, was genau damit gemeint sein soll. Wenn sie spezifisch für die kleine Gruppe von Personen verwendet wird, die gleichzeitig Unterhaltsverpflichtungen und Pflegeaufgaben gegenüber Kindern und Eltern zu erfüllen haben, mag sie angemessen sein, wobei allerdings die zahlenmäßige Größe dieser Gruppe schwer zu ermitteln ist (hierzu: Borchers 1997; kritisch: Höpflinger 2002; Hörl/Kytir 1998 und Künemund 2002)[10]. Fragwürdig ist insbesondere, dass mit der Metapher die Vorstellung von Belastungen betont wird, während die Beziehungspotenziale und die damit

3. Generationenstrukturen

einhergehenden Chancen kaum evoziert werden. Darum halten wir die in der französischen Soziologie übliche Bezeichnung »Scharnier-Generation« für angemessener (»génération-pivot« – Attias-Donfut 1995: 41ff.).

Die mittlere Lebensphase enthält für die meisten Menschen auch ein beträchtliches Potenzial von außerfamilialen Generationenbeziehungen, sowohl am Arbeitsplatz als auch in der Freizeit. Am Beispiel der mittleren Generationen kann man auch erkennen, dass Generationenbeziehungen im Kontext des Arbeitsmarktes und der einzelnen Unternehmungen und Betriebe von Belang sind. Erstrebenswert scheint – so Höpflinger (2002) – ein »Generationenmix« (siehe Kap. 4.1).

Die mittlere Phase ist für viele Menschen die Zeit des Eingehens einer festen Partnerschaft, der Heirat und der Gründung einer eigenen Familie[11], des Aufwachsens der Kinder und später deren Auszug aus dem Elternhaus. Dieser erfolgt schrittweise, und das Alter des Auszuges der Kinder hat sich in den letzten Jahren etwas nach oben verschoben. So wird beispielsweise in Verbindung mit einer Ausbildung oder einer Arbeitsstelle allein oder mit andern eine Wohnung bezogen, die vor allem während der Woche genutzt wird. Über das Wochenende ist der Sohn und die Tochter im Elternhaus, und dieses wird auch für einzelne Dienstleistungen in Anspruch genommen (siehe auch Kap. 4.1.2).

Eheschließungen und Ehescheidungen

Für das Verständnis der sozialen Dynamik dieser mittleren Phase ist es nützlich, sich auch die Daten über Eheschließungen, nichteheliche Lebensgemeinschaften und Scheidungen zu vergegenwärtigen. Nach wie vor heiratet zwar die Mehrzahl der Männer und Frauen, doch der Anteil der dauerhaft Ledigen steigt.

Tab. 3-6: Anteil der dauerhaft Ledigen unter den 1930-1960 Geborenen (in Prozent)

Geburten-jahrgang	Früheres Bundesgebiet		Neue Länder und Berlin Ost	
	Männer	Frauen	Männer	Frauen
1930	5,3	5,2	3,1	11,5
1935	6,5	5,2	7,3	10,1
1940	13,0	5,8	4,3	5,5
1945	15,0	7,1	7,7	7,0

3.1 Generation und Geschlecht: Die Dynamik der demographischen Bedingungen

Geburten-jahrgang	Früheres Bundesgebiet		Neue Länder und Berlin Ost	
	Männer	Frauen	Männer	Frauen
1950	19,1	11,6	6,7	3,4
1955	22,5	15,2	12,3	6,9
1960	29,0	19,7	18,5	9,7

Quelle: BiB.

Bei den Eheschließungen im Jahre 1999 waren noch bei 63% beider Partner ledig (1991: 68%) und bei 13% beide geschieden (1991: 11%), in den meisten übrigen Fällen war eine der beteiligten Personen bisher ledig.

Tab. 3-7: Eheschließungen nach dem bisherigen Familienstand der Ehepartner 1999 (in Prozent)

Bisheriger Familien-stand des Mannes	Bisheriger Familienstand der Frau			
	Ledig	Verwitwet	Geschieden	Summe
Ledig	63,2	0,4	10,9	74,4
Verwitwet	0,5	0,4	1,4	2,3
Geschieden	9,5	0,6	13,2	23,3
Summe	73,1	1,4	25,5	100,0

Quelle: Statistisches Bundesamt; BiB, Roloff/Schwarz 2002: 10, Tab. 5. Gekürzt.

Ein Sechstel (16%) aller Eheschließungen 1999 waren solche von und mit Ausländern (1991: 11%). Darunter waren Heiraten zwischen einem deutschen Mann und einer ausländischen Frau am häufigsten (43%); bei einem Drittel der Eheschließungen war die Frau Deutsche und der Mann Ausländer. Das sind demographische Hinweise darauf, dass die Zahl der Ehen und Familien hoch ist und weiter ansteigt, in denen hinsichtlich der Generationen- und Verwandtschaftsbeziehungen komplexe Verhältnisse vorliegen können.

3. Generationenstrukturen

Tab. 3-8: Eheschließungen von und mit Ausländern 1991 und 1999 (in Prozent)

	1991	1999
Insgesamt	11	16
Davon Beide Ehepartner Ausländer Frau Deutsche/Mann Ausländer Frau Ausländerin/Mann Deutscher	15 47 39	16 33 43

Quelle: Roloff/Schwarz 2002: 12, Tab. 6. Gekürzt.

Zusehends häufiger werden Formen des nichtehelichen Zusammenlebens genutzt, auch in Verbindung mit Elternschaft, ferner auch in späteren Lebensphasen.

Tab. 3-9: Nichteheliche Lebensgemeinschaften insgesamt und mit Kindern 1991 und 2001 (in Tausend)

Jahr*	Insgesamt	Davon mit Kindern
	Früheres Bundesgebiet	
1991	1066	198
2001	1655	394
Prozentuale Zunahme 1991/2001	+ 55 %	+ 99 %
	Neue Länder und Berlin Ost	
1991	327	180
2001	530	264
Prozentuale Zunahme 91/01	+ 62 %	+ 47 %

Quelle: Statistisches Bundesamt 2002: 168. Eigene Darstellung.
*) 1991: Schätzung aus Ergebnissen des Mikrozensus; 2001 (Breiholz et al. 2002).

Bemerkenswert sind die Unterschiede zwischen nicht ehelichen Lebensgemeinschaften ohne und mit Kindern. Die Zahl jener *mit* Kindern nimmt prozentual stärker zu als die jener *ohne* Kinder (was allerdings damit zusammenhängt, dass die Ausgangszahl gering ist.) Dazu dürfte mittelbar der Anstieg der Scheidungen beitragen. Es zeigt sich

3.1 Generation und Geschlecht: Die Dynamik der demographischen Bedingungen

bereits eine enorme Vielfalt hinsichtlich der Struktur dieser einen Lebensform – von Unterschieden der tatsächlichen Lebensführung bezüglich Dauer, Wohnort usw. ganz zu schweigen. Das ist wiederum ein Hinweis auf die Probleme, die sich bei der rechtlichen Würdigung stellen können, letztlich auch unter erbrechtlichen Gesichtspunkten (siehe Kap. 4.3).

Besonders markant ist seit einigen Jahrzehnten die Zunahme der Ehescheidungen. Das Phänomen gewinnt an Eindrücklichkeit, wenn man den in diesem Zeitraum zu beobachtenden Rückgang der Heiratshäufigkeit bedenkt.

Tab. 3-10: Ehescheidungen: Allgemeine Indikatoren 1970 und 2000

	1970		2000	
	West	Ost	West	Ost
Scheidungen je 10.000 bestehende Ehen	50,9	65,0	104,0	88,6
Zusammengefasste Scheidungsziffer (je 100 Ehen)	15,9	20,7	38,5	32,3
Geschiedene Ehen mit minderjährigen Kindern (%)	63,7	69,2	47,1	58,3
Durchschnittliche Ehedauer bei der Scheidung (Jahre)	9,2	9,0	12,6	14,4

Quelle: Engstler/Menning (2003: 81)

3. Generationenstrukturen

Betrachtet man die Entwicklung näher ergibt sich folgendes Bild:

Abb. 3-3: Zusammengefasste Ehescheidungsziffern 1965-2001
Von 1000 im Jahre ... geschlossenen Ehen wurden bzw. werden voraussichtlich geschieden

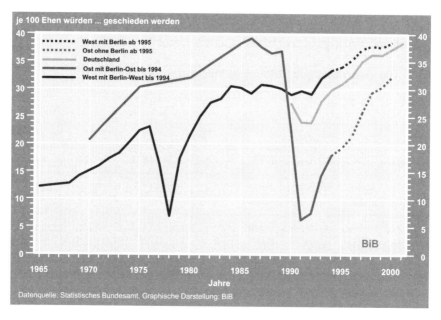

Bemerkenswert dabei ist – auch etwa hinsichtlich der Auswirkungen rechtlicher Regelungen – der Umstand, dass die Reformen des Scheidungsrechtes in beiden Teilen Deutschlands sich in der Statistik nur in einem vorübergehenden Einfluss niedergeschlagen haben.

Nach Heiratsjahrgängen zusammen gestellte Zahlen der mit der elterlichen Scheidung konfrontierten Minderjährigen führt zu dem Ergebnis, dass in Westdeutschland rund 16 bis 18 Prozent der Kinder von Ehepaaren vor Vollendung des 18. Lebensjahr die Scheidung ihrer Eltern erleben (Engstler/Menning 2003: 83).

Erwerbstätigkeit und Familientätigkeit

Ein Feld, in dem die lebenspraktische Mannigfaltigkeit und dementsprechend die Spannungsfelder besonders ausgeprägt und die getroffenen Arrangements oft prekär sind, stellt die Vereinbarkeit von Familientätigkeit und Erwerbstätigkeit dar. Nach den Ergebnissen des Mikrozensus waren im April 2001 von den verheirateten Männern im

3.1 Generation und Geschlecht: Die Dynamik der demographischen Bedingungen

Alter von 15 bis 65 Jahren, die minderjährige Kinder haben, 91% erwerbstätig. Die Erwerbstätigenquote der verheirateten Mütter betrug 64%, die der unverheirateten Mütter war etwas höher (Breiholz et al. 2002). Die Erwerbsbeteiligung der Frauen hängt wesentlich von der Zahl und dem Alter ihrer Kinder ab. Je weniger Kinder im Haushalt und je älter das jüngste zu versorgende Kind, desto häufiger sind die Mütter erwerbstätig und desto mehr Stunden in der Woche gehen sie einer Erwerbsarbeit nach. Bei nur (noch) einem im Haushalt lebenden Kind unter 18 Jahren sind 70% der Mütter erwerbstätig, bei drei und mehr Kindern sind es 45% – also auch dann fast die Hälfte.

In diesen Zahlen sind auch Mütter enthalten, die ihre Erwerbstätigkeit zum Befragungszeitpunkt vorübergehend nicht ausüben. Dies betrifft größtenteils Mütter mit Kindern unter 3 Jahren, da die meisten erwerbstätigen Frauen nach der Geburt eines Kindes Elternzeit (früher: Erziehungsurlaub) in Anspruch nehmen. Von den erwerbstätigen Frauen mit Kindern unter 3 Jahren waren im April 2001 in den alten Bundesländern 38%, in den neuen Bundesländern 23% vorübergehend beurlaubt.

Tab. 3-12: Erwerbstätigenquoten von Müttern im Alter von 15 bis 65 Jahren nach Zahl der minderjährigen Kinder, 2001

	Deutschland		West		Ost	
	Insg.	Vollzeit	Insg.	Vollzeit	Insg.	Vollzeit
Alle Mütter	64	20	63	15	72	45
1 Kind	70	26	68	20	75	49
2 Kinder	63	16	62	11	71	42
3 Kinder	45	10	45	9	43	21

Quelle: Breiholz et al. 2002, Sonderauszählung.
Erläuterungen: Insgesamt: Anteil aller erwerbstätigen Mütter; Vollzeit: Anteil der 36 Stunden und mehr Erwerbstätigen.

Eine wöchentliche Arbeitstätigkeit nebst Haushalt und Kinderbetreuung von mehr als 36 Stunden üben von den nicht vorübergehend Beurlaubten im Westen 26% der Mütter mit minderjährigen Kindern aus, im Osten sind es 65%. Von den aktiv erwerbstätigen Frauen mit Kindern unter 3 Jahren arbeiten im Westen 30%, im Osten 56% vollzeitig. Hinter diesen wenigen Zahlen verbirgt sich eine immense Fülle von zeitweiligen oder dauerhaften Arrangements unter Einbeziehung von Großeltern, weiteren Verwandten und Bekannten, Selbsthilfegruppen sowie der Nutzung von Einrichtungen der Tagesbetreuung. Besondere Anstrengungen erfordern unvorhergesehene Situationen wie Krankheit oder wechselnde Präsenzzeiten bei der Arbeit. Eine wesentliche, jedoch oft verkannte Anforderung, insbesondere an die Mütter, ist das Zeitmanagement (dazu: Hochschild 1989; Holz 2000).

Unter dem Gesichtspunkt potenzieller Generationenbeziehungen ist diese mittlere Lebensphase somit in verschiedener Hinsicht wichtig. So bringt das Eingehen fester Beziehungen mit den Schwiegereltern und der weiteren Verwandtschaft potenziell neue familiale Generationenbeziehungen mit sich. Der Kreis der älteren Menschen, mit denen man Kontakte schließen und gute und schlechte Erfahrungen machen kann, weitet sich aus.

Wegen der Verlängerung der Lebenserwartung können heutzutage Partnerschaftsbeziehungen und Ehen lange dauern. Zusammen mit höheren Erwartungen an die Beziehungsgestaltung trägt dies dazu bei, dass viele Partnerschaften und Ehen im Vergleich zu den vorausgehenden Jahrzehnten fragiler sind. Beispielsweise erleben mehr Ehepaare den Übergang in den Ruhestand und die damit verbundenen Anforderungen einer Neujustierung der Paarbeziehung. Die längere Lebenserwartung erhöht durchaus das Risiko, dass Ehen nicht durch den Tod, sondern durch Scheidung gelöst werden. Es steigt die Zahl der Ehen, die erst nach langer Ehedauer geschieden werden (Fooken/Lind 1996). Eine wachsende Fragilität der Paarbeziehungen lässt sich auch im Rückblick auf noch weiter zurückliegende Zeiten konstatieren. Allerdings ist zu bedenken, dass das Verständnis von Ehe und Familie und ihre Gestaltung als Lebensform sich im Laufe der Zeit wesentlich geändert haben, so dass quantifizierende Vergleiche nur mit Einschränkungen gezogen werden können – ein Gesichtspunkt, der in vielen populären Diskursen missachtet wird. Das führt dann zu der rhetorisch beliebten, jedoch fragwürdigen Gegenüberstellung von Gegenwart und Vergangenheit im Sinne der weit verbreiteten Redeweise »heute im Vergleich zu früher«, was meistens mit der Behauptung einhergeht, die gegenwärtigen Verhältnisse seien im Vergleich mit einer – nicht näher bestimmten – Vergangenheit schlechter.

3.1.4 Bevölkerung nach Lebensformen

Weitere Aspekte der aktuellen und der voraussehbaren Vielfalt zeigt die Verteilung der Bevölkerung nach Familienstand sowie nach Lebensformen. Bei den letzteren werden Ehepaare und nicht eheliche Lebensgemeinschaften zusammengezogen. Das hat zur Folge, dass die Zahl der Alleinerziehenden niedrig ist. Überdies werden gleichgeschlechtliche Lebensgemeinschaften als Paare gezählt.

3.1 Generation und Geschlecht: Die Dynamik der demographischen Bedingungen

Tab. 3-13: Bevölkerung in Familientypen 2001 (in Prozent)

Familientypen	Früheres Bundesgebiet	Neue Länder und Berlin-Ost
Insgesamt (in Tausend)	*66 588*	*14 955*
Bevölkerung in Familien	77,2	76,6
Ehepaare	69,1	63,7
ohne Kinder	23,6	24,6
mit Kindern	45,5	39,2
Ehepartner/innen	24,1	21,8
Ledige Kinder	21,4	17,3
Allein Erziehende	8,1	12,9
Elternteile mit und ohne Partner/in	3,4	5,4
Ledige Kinder	4,7	7,5
Sonstige Bevölkerung	22,8	23,4
Allein Lebende	16,6	16,4
Sonstige Personen	6,2	6,9

Quelle: Breiholz et al. 2002: 14, Tab. 1.

Die beiden Tabellen 3-13 und 3-14 dokumentieren also die familien- und generationenrelevante Familienstruktur unter zwei verschiedenen Perspektiven. Auf diese Weise ergänzen sie sich gegenseitig. Tabelle 3-13 zeigt, dass fast drei Viertel der Bevölkerung in einer Partnerschaft leben oder Kinder von Paaren sind. Die Mannigfaltigkeit wird maßgeblich von der Zunahme nichtehelicher Lebensgemeinschaften in allen Lebensaltern und namentlich auch bei Geschiedenen bestimmt.

3. Generationenstrukturen

Tab. 3-14: Bevölkerung in Lebensformtypen 2001 (in Prozent))

Familientypen	Früheres Bundesgebiet	Neue Länder und Berlin-Ost
Insgesamt (in Tausend)	*66 588*	*14 955*
Paare mit Kindern	47,5	45,2
Ehe- und Lebenspartner/innen	25,3	25,4
Ledige Kinder	22,2	19,7
Paare ohne Kinder	27,4	28,2
Allein Lebende	16,6	16,4
Allein Erziehende	6,6	8,5
Elternteile ohne Partner/in	2,7	3,6
Ledige Kinder	3,8	4,9
Sonstige Personen	1,8	1,7

Quelle: Breiholz et al. 2002: 15, Tab. 2.
Erläuterung: Die Darstellung nach Lebensformtypen orientiert sich an den faktischen Formen des Zusammenlebens.

Heute wachsen fast alle Kinder in Deutschland in Familien auf, größtenteils bei Mutter und Vater, mehrheitlich mit einem Geschwister. Nach hochgerechneten Zahlen des DJI-Familiensurveys (Bien/Marbach 2003) sind in Deutschland rund 658.000 Familien bzw. 7% aller Familienhaushalte mit Kindern unter 18 Jahren Stieffamilien. Etwa 850.000 Minderjährige leben mit einem leiblichen und einem Stiefelternteil zusammen. Etwa 4% aller Kinder in Ehen (West 3%, Ost 9%) sind Stiefkinder. In nichtehelichen Lebensgemeinschaften sind die Anteile deutlich höher (West 47%, Ost 35%) (Engstler/Menning 2003: 42).

Im Weiteren ist jede sechste Eltern-Kind-Gemeinschaft (12,1%) eine von Alleinerziehenden. Fünf Jahre früher galt dies nur für jede siebte. Die Anteile sind im Osten markant höher als im Westen und dieser Unterschied hat in den letzten Jahren zugenommen. Unter den Alleinerziehenden in Deutschland sind 87% Mütter (Breiholz et al. 2002: 24). Der Anteil der Kinder, die in dieser Familienform aufwachsen, ist im ersten Lebensjahr geringer, nimmt dann aber stetig zu. Keine genauen Angaben liegen darüber vor, für wie viele Kinder diese Form des Aufwachsens vorübergehend ist, weil

3.1 Generation und Geschlecht: Die Dynamik der demographischen Bedingungen

die Mutter oder der Vater nach einiger Zeit eine neue Partnerschaft eingehen. In ausländischen Familien ist die durchschnittliche Kinderzahl höher als in den deutschen, wobei Unterschiede nach Nationalitäten bestehen. Das ist eine Facette familialer Mannigfaltigkeit, die übersehen wird, wenn lediglich zwischen Familien deutscher und ausländischer Nationalität unterschieden wird. Zusätzlich zu berücksichtigen sind die binationalen Familien.

Tab. 3-15: Durchschnittliche Zahl der Kinder in Haushalten von Ehefrauen im Alter von 35-39 Jahren nach ausgewählter Staatsangehörigkeit 1991 und 1999

Staatsangehörigkeit	Durchschnittliche Kinderzahl	
	1991	1999
Deutschland	1,7	1,7
Griechenland	2,9	2,2
Türkei	2,7	2,6
Italien	2,6	2,6
Jugoslawien	1,7	2,2

Quelle: Roloff/Schwarz 2002: 27.

In Zukunft sind weitere Verschiebungen in der Verteilung auf die Lebensformen, die rechtlich relevant werden können, zu erwarten, so als Folge des Verzichts auf Heirat und Elternschaft sowie der hohen Scheidungsrate. Die höchste prozentuale Zunahme zwischen 2000 und 2040 wird bei den ledigen und geschiedenen Männern im Alter von 65-79 Jahren erwartet, große Rückgänge bei denjenigen, die in einer Partnerschaft ohne Kinder leben.

Bemerkenswert sind insbesondere die Unterschiede zwischen den Geschlechtern. Die Zahl der alten und vor allem der sehr alten Männer nimmt stärker zu als jene der alten Frauen. Das gilt im Einzelnen namentlich für jene, die allein als Ledige oder Geschiedene in einem Einpersonenhaushalt leben. Das muss nicht durchweg gleichbedeutend mit sozialer Isolierung sein, doch ergeben sich höhere Anforderungen an die Beziehungsgestaltung. Dem starken Rückgang der mit der Ehefrau zusammenlebenden älteren Männer steht ein gewisser Anstieg derjenigen entgegen, die in einer nichtehelichen Lebensgemeinschaft einen Haushalt führen. Die Zahl der Witwen in Einpersonenhaushalten wird erheblich zurückgehen und insgesamt wird es unter den älteren und vor allem den sehr alten Frauen weniger Alleinlebende geben. Einerseits werden

3. Generationenstrukturen

somit die Anteile der älteren Menschen mit einer Partnerin oder einem Partner im gleichen Haushalt steigen. Andererseits vermindern sich die Generationenbeziehungen, auch bezüglich von Nichten und Neffen. Die Akzentuierung der Lebensphasen durch die gesellschaftliche Alterung führt dazu, dass »das Spektrum der Lebensformen im Alter vielfältiger [wird], die Verteilung der Alten der Zukunft auf dieses Spektrum breiter« (BMFSFJ 2001: 221).

Tab. 3-16: Lebensformen von Männern und Frauen im Alter von 65-79 Jahren 2000 und 2040 (in Prozent)

Alter und Haushalttyp	Männer		Frauen	
	2000	2040	2000	2040
Gemeinschaftsunterkunft	1	7	1	3
allein lebend	17	35	44	41
ledig oder geschieden	7	31	10	27
Verwitwet	10	4	34	14
mit (Ehe)Partner, ohne Kinder	71	48	46	44
in nicht ehelicher Partnerschaft	2	5	2	5
Sonstige	12	12	9	13
Insgesamt (in Tausend)	4631	6585	6413	7558

Quelle: BMFSFJ 2001: 219f. Gekürzt.

3.1.5 Der Altersaufbau und die gemeinsame Lebensspanne der Generationen als Schlüssel für die Analyse von Generationenbeziehungen

Unter dem Gesichtspunkt der sich wandelnden Generationenstrukturen und der wechselseitigen Bedingtheit von familialen und gesellschaftlichen Generationen ist somit der Altersaufbau in seiner historischen Dynamik besonders wichtig. Zu Beginn des 20. Jahrhunderts ergibt sich annähernd das Bild einer »Alters*pyramide*. Dem entspricht eine vergleichsweise geringe Wahrscheinlichkeit für Drei-Generationen-Beziehungen innerhalb von Familien. Seit dem Ende des 20. Jahrhunderts sind die jüngeren und die älteren Altersgruppen bis zu den zirka 70-Jährigen ungefähr gleich stark. Zwar gibt es

3.1 Generation und Geschlecht: Die Dynamik der demographischen Bedingungen

nach wie vor weniger sehr alte Menschen als Kinder. Doch bereits die 55-65-Jährigen sind zahlreicher als die Kinder im Vorschulalter. Was im einzelnen noch genauer zu zeigen sein wird, ist, dass sich – potenziell – zusehends mehr Großeltern immer weniger Kinder teilen müssen. Ferner zeigt die Darstellung markante Einbuchtungen: bei den über 80-85-Jährigen, den rund 65-Jährigen und den 50-60-Jährigen. In der Schätzung für das Jahr 2040 sind die 68-80-Jährigen die stärkste Altersgruppe. Der Anteil der Jugendlichen und Kinder geht weiter zurück.

Abb. 3-4: Altersaufbau nach Geschlecht und Familienstand, 2001

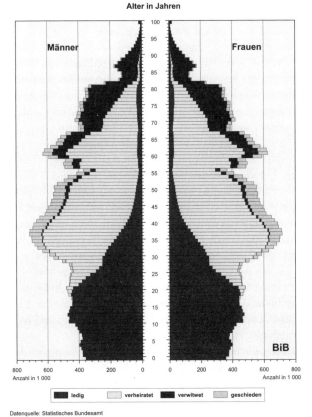

Quelle: Statistisches Bundesamt.

3. Generationenstrukturen

Die in der übergreifenden Gestalt erkennbaren Einbrüche, welche die übergreifenden Trends unterbrechen, dokumentieren die Einflüsse politischer und wirtschaftlicher Ereignisse. In der Darstellung für das Jahr 2000 sind es die Folgen der Geburtenausfälle im 1. Weltkrieg, während der Wirtschaftskrise 1932 und des 2. Weltkrieges. Ebenso finden sich Hinweise auf den Rückgang der Geburten seit den 1970er Jahren und in jüngster Zeit.

Auf den ersten Blick ist auch sichtbar, dass die Frauen zahlreicher sind, insbesondere in den höheren Altersgruppen. Das ist zum Teil eine Folge des 2. Weltkrieges, zum größeren Teil aber die Konsequenz der längeren Lebenszeit von Frauen. Diese ist sozusagen die demographische Voraussetzung dafür, dass die generationenübergreifenden Verwandtschaftsbeziehungen in erster Linie von den Frauen gepflegt werden. In der englischsprachigen Literatur ist dafür die Bezeichnung »kin-keeper« geläufig. Darauf wird noch zurückzukommen sein, ebenso wie auf den Sachverhalt, dass hier eine Voraussetzung für Macht und Einfluss von Frauen besteht – im Gegensatz zu traditionellerweise geringeren politischen Möglichkeiten, jedenfalls in der Vergangenheit.

Hinsichtlich des Familienstandes sind insbesondere Prognosen bemerkenswert. Sie lassen erkennen, dass der Anteil der ledigen Menschen in den mittleren und höheren Altersgruppen steigt. Dabei vermindern sich die Unterschiede zwischen den Geschlechtern. Hingegen werden nach wie vor mehr ältere Frauen als Männer verwitwet sein. Unverheiratetes Zusammenleben dürfte die Lebensform einer Minderheit bleiben, doch ihr Anteil wird in den mittleren und höheren Altersgruppen annähernd gleich groß geschätzt. Die Geschiedenen sind in den mittleren Altersgruppen relativ am zahlreichsten. Für die Generationenbeziehungen ergeben sich somit insgesamt in mehrfacher Hinsicht gegenläufige Entwicklungen. Sie lassen – um eine einfache Formel zu verwenden – eine Einbuße an Selbstverständlichkeit erkennen. Dem steigenden Beziehungspotenzial als Folge der verlängerten Lebensdauer steht ein zurückgehender Anteil von Kindern, Jugendlichen und jungen Erwachsenen gegenüber. Er wird vermindert, weil der Anteil der Ledigen, von denen die meisten kinderlos sind, zunimmt. Die steigenden Zahlen der Geschiedenen und – in geringerem Maße – der Konsensualpaare führen zu komplizierteren Verwandtschaftsbeziehungen. Diese Entwicklungen bilden demographische Rahmenbedingungen für alle im Folgenden zu diskutierenden Aspekte der Dynamik der Generationenbeziehungen innerhalb und außerhalb von Familie und Verwandtschaft.

Trefflich veranschaulichen die Darstellungen des Altersaufbaus der Bevölkerung den facettenreichen Wandel der demographischen Bedingungen für familiale und gesellschaftliche Generationenbeziehungen. Hier ist auf einen Blick erkennbar, was sich auch in Zahlen ausdrücken lässt: Die gemeinsame Lebensspanne zwischen zwei, mehr noch drei und zum Teil sogar vier Generationen, zwischen Kindern, Eltern, Großeltern und möglicherweise Urgroßeltern, weitet sich in der derzeitigen Phase der demographischen Entwicklung aus.

3.1 Generation und Geschlecht: Die Dynamik der demographischen Bedingungen

Dem Befund des deutschen Alters-Surveys zufolge lebten 1996 annähernd die Hälfte der 55-69-Jährigen in einer Alterskonstellation, die drei Generationen umfasst, ein Viertel in einer solchen von vier und mehr Generationen (Kohli/Künemund 2000: 182). Dementsprechend weitet sich die gemeinsame Lebensspanne zwischen den Generationen aus. Das gilt insbesondere auch für Großeltern und Enkelkinder, selbst wenn die Kinder heute später geboren werden. Analysen dazu wurden vor einiger Zeit mit Daten der regelmäßig durchgeführten Wiederholungsbefragung des Sozio-Ökonomischen Panels durchgeführt und zeigten u.a., dass von den Kindern, die in den Jahren 1941-46 geboren wurden, bei der Geburt rund 13% keine Großeltern hatten; bei den 1981-86 Geborenen waren es nur noch rund 6%. Von den 1941-46 Geborenen hatten im Alter von 10 Jahren 13% noch alle vier Großeltern; von den vierzig Jahre später Geborenen waren es hingegen 36% (Lauterbach 2000).

Die Situation kann sich geändert haben, vor allem wenn der Aufschub der Familiengründung größer war als der Anstieg der Lebenserwartung. Dennoch kann man sagen: Noch nie in der Geschichte kamen auf so viele Großeltern so wenig Enkelkinder – und noch nie hat ein so großer Anteil von Kindern die Großeltern erlebt. In der heutigen Großelternschaft zeigen sich exemplarisch die Chancen, Belastungen und Spannungsfelder gegenwärtiger Familienbeziehungen. Großeltern können bei der Betreuung und im aktiven Umgang mit den Enkelkindern diesen spezifische Erfahrungen und Einsichten vermitteln, wägen dies aber gegen den Wunsch nach unabhängiger Lebensführung und einem eigenen Lebensstil ab. Eine Idealisierung der neuen Großelternschaft ist ebenso wenig angebracht wie die Idealisierung der Familie überhaupt. Die hohe Zahl der Scheidungen und neuer Partnerschaften in der Generation der Eltern und der Großeltern können zusätzliche Komplikationen schaffen (siehe auch Kap. 5.3).

Der Altersaufbau der Bevölkerung wandelt sich ständig. Das zeigt ein Vergleich der Gegenwart mit 1910 und mit den Prognosen für 2050.

3. Generationenstrukturen

Abb. 3-5: Altersaufbau im Rückblick und Ausblick (1910, 1998 und 2050)

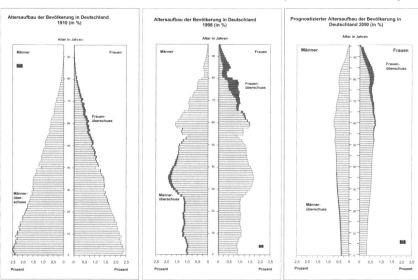

Quelle: BiB.

Die Mannigfaltigkeit der Bevölkerungsgruppen wird erhöht durch eine ausgeprägte Dynamik der Zu- und Abwanderung. Diese Dynamik ist in allen Lebensbereichen von großer Tragweite. Der 6. Familienbericht »Familien ausländischer Herkunft in Deutschland« stellt sie richtigerweise ins Zentrum, so dass sich ein facettenreiches Bild ergibt. Nicht zuletzt prägt diese Dynamik auch die Generationenbeziehungen, die im Bericht (BMFSF 2000: 95ff.) unter Bezug auf eine speziell zu diesem Thema erstellte Expertise ausführlich dargestellt werden.

Von Tragweite für die Generationenbeziehungen sind dabei auch die unterschiedlichen Lebensformen der ausländischen Bevölkerung. Das kann man bereits beim Vergleich der unterschiedlichen Stärke der Hauptaltersgruppen erkennen. Allerdings ist hier die künftige Entwicklung schwer vorauszusagen.

3.1 Generation und Geschlecht: Die Dynamik der demographischen Bedingungen

Tab. 3-17: Altersaufbau für ausgewählte ausländische Bevölkerungsgruppen in Deutschland (in Prozent), 1999

Nationalität	Geschlecht	Altersgruppe			
		0-17	18-39	40-59	60 und älter
Deutschland	*Männlich*	20	31	28	21
	Weiblich	18	28	26	28
Türkei	Männlich	30	45	17	8
	Weiblich	32	42	20	6
Griechenland	Männlich	16	43	27	15
	Weiblich	18	42	28	12
Jugoslawien	Männlich	24	42	24	9
	Weiblich	28	37	27	8
Asien	Männlich	23	51	23	4
	Weiblich	24	51	21	4

Quelle: Statistisches Bundesamt 2000.

Insbesondere auch in der Schweiz, wo der Anteil der ausländischen Bevölkerung über ein Fünftel der Gesamtbevölkerung beträgt, zeigt ebenfalls ein Bild großer Mannigfaltigkeit mit starken Unterschieden hinsichtlich des Altersaufbau nach Nationalitäten und auch nach Landesregionen (hierzu: Bundesamt für Statistik 2002b; Bundesamt für Statistik 2000).

3.2 Historisch-kulturelle und politische Bedingungen

Demographische Entwicklungen – so argumentieren wir im vorausgehenden Kapitel – bringen Veränderungen in der Altersstruktur einer Gesellschaft hervor, und die jeweilige Altersstruktur schafft Gelegenheitsstrukturen für die Erfahrung und Gestaltung von Generationenbeziehungen. Außerdem wirkt sie sich auf den »Rhythmus« der Abfolge und Dauer einer Generation aus.

Demographische Prozesse sind jedoch nicht nur als Einflussfaktor, sondern auch als ein ihrerseits bedingtes, von übergeordneten Faktoren beeinflusstes Phänomen zu betrachten: Sie laufen nicht naturwüchsig ab, sie erweisen sich vielmehr als abhängig von historischen, kulturellen, sozialen, wirtschaftlichen und politischen Rahmenbedingungen. So unterscheidet sich die gegenwärtige Altersstruktur in Deutschland erheblich von der Altersstruktur in Deutschland vor 100 oder auch vor 50 Jahren; Unterschiede in der Altersstruktur sind auch im Hinblick auf die beiden ehemaligen deutschen Staaten oder beim Vergleich von Industriegesellschaften, insbesondere aber bei einem Vergleich zwischen Industriegesellschaften, »Schwellenländern« und »Entwicklungsländern« festzustellen. Mit diesen Überlegungen lässt sich begründen, weshalb wir im Folgenden historisch-kulturelle und politische Bedingungen von Generationenbeziehungen erörtern. Dabei behalten wir stets die Zusammenhänge mit dem genealogischen Generationenbegriff im Auge.

Kulturelle Bedingungen überschneiden sich häufig mit politischen Bedingungen. Dies gilt beispielsweise im Hinblick auf die Entstehung und Expansion urbaner Räume oder die Akzeptanz und die soziale Organisation von Kommunikationsmedien und Technologien. Von besonderer Tagweite sind die Prozesse der Internationalisierung bzw. Globalisierung. Durch sie scheint eine neue historische Dimension zu entstehen. Im Folgenden konzentrieren wir uns hinsichtlich des Zusammenhanges von Kultur und Generation auf einige Themen von allgemeiner Tragweite.[12]

3.2.1 Kulturelle Bedingungen

Zusammenhänge zwischen »Kultur«[13] und denjenigen Phänomenen, die mit dem Konzept der Generation beschrieben werden, lassen sich in drei Perspektiven erfassen:

– In einer ersten Perspektive steht die Annahme im Vordergrund, dass »Kultur« einen wesentlichen Einflussfaktor hinsichtlich der Vorstellungen über Generationen, der kollektiven Identitäten von Generationen sowie der Gestaltungsformen von Generationenbeziehungen darstellt. Diese Zusammenhänge werden im Folgenden zunächst am Beispiel von Stufen der Kulturentwicklung, sodann

am Beispiel verschiedener kultureller Generationengestalten im 20. Jahrhundert und schließlich im Hinblick auf das Spannungsverhältnis zwischen universalen kulturellen Entwicklungstrends und der Vielfalt von Kulturen (interkultureller Vergleich) beschrieben.
- In einer zweiten Perspektive erscheinen – in umgekehrter Blickrichtung – Generationen als Akteure, die zur Entwicklung von Kultur beitragen. Die soziale Praxis von Generationenbeziehungen steht im Zeichen der Tradierung von Kultur in der Abfolge der Generationen und führt zur »Enkulturation« der neu geborenen Individuen. Diese können sich nicht nur die tradierte Kultur aneignen; als (junge) Erwachsene können sie auch Kultur hervorbringen. Es zeigt sich hier eine Parallele zwischen demographischen Prozessen und Kulturentwicklung: So, wie Menschen durch ihr »generatives« Verhalten zum Altersaufbau der Bevölkerung beitragen, können sie kraft ihrer kulturellen Generativität einen Beitrag zur Kultur und deren Entwicklung leisten. In dieser Perspektive werden im Folgenden »Kulturgenerationen« und Stilepochen skizziert.
- In einer dritten Perspektive wird die Vermittlung und Aneignung von Kultur im Rahmen der sozialen Praxis von Generationenbeziehungen, insbesondere der in Generationenbeziehungen angelegten Lernprozesse, ausdrücklich zum Thema gemacht. Zur Beschreibung dieser Lernprozesse führen wir das Konzept des »Generationenlernens« ein (siehe Kap. 5).

Vorstellungen über Generationen und Generationenbeziehungen in verschiedenen Kulturepochen

Die wechselseitigen Zusammenhänge zwischen »Kultur« und »Generation« lassen sich besonders deutlich an kulturspezifischen Vorstellungen über die Lebenszeit, den Lebenszyklus und die geschichtliche Zeit aufzeigen. Diese kulturellen Zeitvorstellungen haben sich im Rahmen der Kulturgeschichte grundlegend verändert. Zeitvorstellungen bilden, wie wir im Folgenden zeigen werden, wichtige Rahmenbedingungen für die Institutionalisierung und soziale Praxis einer »Generationenordnung« (siehe Kap. 2.3).

(a) Statische (vormoderne) Kulturen: Zyklisches Zeitverständnis und Vorrang des (genealogischen) Alters

Für vormoderne Kulturen, die M. Mead (1971) »postfigurativ« genannt hat, ist es kennzeichnend, dass die Gegenwart der Erwachsenen und die Zukunft der Kinder als mehr oder weniger übereinstimmend betrachtet werden. Die Vorstellung einer ständigen Wiederkehr dieser Konfiguration in der Abfolge der Generationen macht das zyklische Zeitverständnis in diesen Kulturen aus. Den jeweils Älteren wird aufgrund ihres Lebensalters eine fraglose Autorität zugeschrieben. Erziehung und Lernen vollziehen sich in

3. Generationenstrukturen

diesen Kulturen im Modus der Nachahmung des Vorbilds der Älteren sowie auf der Grundlage übender Teilnahme an den Lebensvollzügen der Erwachsenen. Die Generationenordnung in vormodernen Kulturen ist durch ein hierarchisches Verhältnis der Altersklassen gekennzeichnet. Der Übergang von der Kindheit zum Erwachsenenstatus wie auch die weiteren Übergänge von einer Altersklasse in die folgende werden durch bestimmte Rituale (z.B. Beschneidung) markiert; es ist in diesem Zusammenhang daran zu erinnern, dass Überreste solcher Eintritts- und Übergangsrituale in modernen Gesellschaften erhalten geblieben sind (z.B. Taufe, Schuleintritt, Schulabschluss, Trauung).

Die hierarchische Struktur der Generationenordnung in vormodernen Kulturen schließt das Auftreten von Generationenkonflikten nicht aus. Es lässt sich vielmehr zeigen, dass die Überlebensfähigkeit vormoderner Kulturen nicht zuletzt davon abhängig gewesen ist, dass in der Gestaltung der Generationenbeziehungen den Protesten der Jüngeren gegen erstarrte Traditionen und den Klagen der Älteren über den Traditionsverlust der Jüngeren Raum gelassen und eine Balance von Bewahrung und Erneuerung gesucht worden ist (siehe Liedtke 1996 sowie Kap. 7.2).

(b) Dynamische (moderne) Kulturen: Lineares Zeitverständnis und der zunehmende Vorrang des Jugendalters

Für moderne Kulturen, die M. Mead (1971) »präfigurativ« genannt hat, ist es kennzeichnend, dass aufgrund des raschen sozialen und wissenschaftlich-technischen Wandels die Zukunft nicht mehr voraussehbar bzw. voraussagbar ist. Die Zukunft der Kinder ist jedenfalls nicht mehr identisch mit der Gegenwart der Erwachsenen. Diese Offenheit der Zeitperspektive geht aber einher mit einer allgemeinen Orientierung des Denkens und Handelns an der möglichen Zukunft. Die Zukunft erscheint bei aller Ungewißheit als ein Projekt, das im Kontinuum eines linearen und immer mehr beschleunigten Fortschritts angesiedelt ist und nur von den nachwachsenden Generationen realisiert werden kann. Die Umstellung von einem zyklischen auf ein lineares Zeitverständnis geht dementsprechend einher mit einer Relativierung der altersklassenbezogenen Autorität der Erwachsenen und mit einer Aufwertung der Position der jungen Generation. Außerdem müssen im Zeichen der Zukunftsorientierung die funktionale Erziehung und das Lernen mittels Erfahrung durch intentionale Erziehung und ein Lernen »auf Vorrat« ergänzt werden. Denn die »bessere«, wenn auch offene Zukunft kann nur anvisiert werden, wenn im Kindes- und Jugendalter Gelegenheiten zu einer umfassenden Bildung geschaffen werden, welche die Aneignung der Fähigkeit zum selbständigen Erwerb von immer neuem Wissen einschließt. Diese Bildungsprozesse können aber nicht mehr vermittels Erfahrungslernen stattfinden, sie bedürfen vielmehr der systematischen (professionell wahrgenommenen) Vermittlung und Anregung.

In dieser Perspektive werden die Jahre des Aufwachsens bis hin zur »Mündigkeit« als Zeit des Lernens konzipiert. Kindheit entwickelt sich zur Lernkindheit, und es entsteht ein organisatorisch verselbständigtes und professionalisiertes Erziehungssystem. Die »Entdeckung der Kindheit« (Ariès 1975) und die geschichtliche Entwicklung der »Rolle des Kindes« (siehe Lüscher 2000a) stehen demnach in einem engen Zusammenhang mit der »Pädagogisierung« des Kindes- und Jugendalters.

Mit der Orientierung moderner Kulturen an einem auf die Zukunft bezogenen linearen Zeitverständnis und an intentionaler Erziehung sind außerdem wichtige Wandlungen im Verhältnis der Generationen verbunden: Das vermeintlich »natürliche« und konstante Verhältnis zwischen Alt und Jung wird in Richtung einer Aufwertung der Jugend als der »ewigen Glückschance der Menschheit« (Buber 1918/1963: 700) aufgelöst und durch ein die ganze Gesellschaft bestimmendes Ideal der Jugendlichkeit ersetzt (siehe König 1965). Angesichts dieser Aufwertung des Kindes- und Jugendalters verlieren die Generationenbeziehungen ihr traditionelles altersklassenbezogenes Autoritätsgefälle, da die generelle Notwendigkeit, sich immer wieder neues Wissen anzueignen, auch die Erwachsenen zu Lernenden werden lässt. Die Etablierung eines professionalisierten Erziehungssystems hat außerdem die Entwicklung von Generationenbeziehungen auf der Ebene sozialer Systeme jenseits des verwandtschaftlichen Beziehungsgefüges eingeleitet.

(c) Hybride (postmoderne) Kulturen: Die Relativierung von linearen Zeitvorstellungen und genealogischen Generationendifferenzen

Für postmodern geprägte Kulturen ist es kennzeichnend, dass der Glaube an die Planbarkeit und Verfügbarkeit der Zukunft sowie das Ideal zweckrationalen Handelns erschüttert werden. Überkommene Orientierungs- und Ordnungsmuster nicht nur der geschichtlichen Zeit, sondern der Lebenszeit und der Lebensläufe, der religiösen und ästhetischen Wahrnehmung sowie des sozialen und politischen Handelns verlieren ihre bindende Kraft und werden statt dessen nach Belieben herangezogen. Die Zufälligkeit kultureller Gegebenheiten wird ebenso betont wie ihre Veränderbarkeit.

Für das postmoderne Verständnis und Erleben von Zeit gilt als kennzeichnend, dass der Mensch Vergangenheit und Zukunft in der Gegenwart immer wieder neu differenziert: Zeit als »in der Gegenwart praktizierte Unterscheidung von Vergangenheit und Zukunft« (Luhmann 1997: 903). Für die Beschreibung dieses Zeitverständnisses ist unter anderen das Konzept der »modalen« Zeit vorgeschlagen worden (siehe Herzog 2002: 147ff.). In eine ähnliche Richtung weist das Konzept der »Punktzeit« (siehe Gendolla 1989); es besagt, dass Zeiterfahrung nur noch in Gestalt zerstreuter Einzelwahrnehmungen möglich ist, und dass diese »flimmernde Gleichzeitigkeit« unsere historischen Dimensionen verkürzt. Falls die Konzepte der modalen bzw. der Punktzeit Merkmale der Zeiterfahrung in heutigen Gesellschaften angemessen beschreiben, ist davon auszugehen, dass diese Formen der Zeiterfahrung folgenreich sind für das Bewusstsein von individueller sowie von Generationenidentität: die Vorstellung von

3. Generationenstrukturen

Kontinuität wird abgelöst durch die gleichzeitige und widersprüchliche Vielfalt von Möglichkeiten.

Die bereits in »modernen« Kulturen einsetzende Relativierung der Altersrollen nimmt im Zusammenhang mit den erwähnten Faktoren weiter zu. Die Selbst- und Fremdzuschreibung einer »Generationeneinheit«, die von objektiven Lebenslagen, vorherrschenden sozialen Praktiken und subjektiven, in umgrenzten Gruppen aufeinander bezogenen Haltungen ausgeht, verliert an Bedeutung (siehe z.B. Liebau 1997: 24). Tendenziell wird für jedes Individuum »Mehrgenerationalität« (siehe dazu Kap. 1.3) kennzeichnend, indem es gleichzeitig mehrere der überkommenen Altersrollen ausfüllt: Beispielsweise tritt die genealogisch junge Generation aufgrund ihrer Technik- oder Medienkompetenz gegenüber der mittleren und alten Generation gelegentlich als pädagogisch »vermittelnde« Generation auf, während sie in anderen Hinsichten – beispielsweise in der Sicherung des Lebensunterhalts oder in der Schülerrolle – von den Erwachsenen abhängig bleibt. Umgekehrt können Erwachsene angesichts der erforderlichen Aneignung von Medien- und Technikkompetenzen sowie im Zusammenhang mit Maßnahmen der Weiterbildung oder Umschulung in die Rolle von Lernenden geraten, die früher nur für die junge Generation kennzeichnend war (siehe Kap. 5.2).

Kulturelle Generationengestalten: »Technikgenerationen« und »Mediengenerationen«

Die Identifizierung von »kulturellen« Generationengestalten überschneidet sich teilweise mit der Identifizierung von Generationengestalten im Hinblick auf zeitgeschichtliche Ereignisse und politische Rahmenbedingungen (siehe Kap. 3.2.2); dies gilt zum Beispiel für die Prägung von Jugendgenerationen durch die Erfahrung von Krieg bzw. eine Nachkriegszeit, von Demokratie bzw. Diktatur, von Wirtschaftskrisen bzw. Wirtschaftswunder oder durch die Erfahrung eines politischen Systemwechsels (z.B. nach dem Zusammenbruch des Dritten Reiches oder nach dem Ende der DDR bzw. der Vereinigung der beiden deutschen Staaten).

Daneben gibt es jedoch spezifisch kulturelle Erfahrungsfelder und Erfahrungsweisen, die für Jugendgenerationen (bzw. für bestimmte Gruppierungen innerhalb von Jugendgenerationen) prägend geworden sind. Dazu zählen ästhetische Ausdrucksformen, die sich als eine Abfolge oder auch ein Nebeneinander von Stilen und Modetrends beschreiben lassen, beispielsweise im Bereich der Unterhaltungsmusik (z.B. Jazz, Beatles, Rock, Rap), beim Tanz (z.B. Step, Boogie, Dirty Dance), bei der Kleidung (z.B. Minirock) oder in der Haartracht (z.B. Bubikopf, Skinheads). Dazu zählen außerdem Aspekte und Formen der Lebensführung, wie etwa die Gestaltung des Verhältnisses zwischen privatem und öffentlichem Raum (z.B. »narzisstische«, »skeptische«, »Hippie«-Generation), die Gestaltung von Sexualität (z.B. die »Pillen«-Generation) oder der Umgang mit den Verlockungen der Konsumgesellschaft.

3.2 Historisch-kulturelle und politische Bedingungen

Der zuletzt genannte Aspekt – die Konsumhaltung – lässt sich anhand der Beschreibung der »Generation Golf« durch Florian Illies (2000) gut illustrieren: Der Autor rekapituliert die Geschehnisse seiner eigenen Kindheit und bezieht diese Erlebnisse auf seine Generation. Er betont allerdings, dass nicht alle seine Altersgenossen dieser zugehören; er unterstellt ihnen, in der Generation ihrer Eltern stecken geblieben zu sein. Diese definiert er durch Markenartikel, Sportlichkeit, die Musik der 90er, »Wetten dass...« und Daily Soaps. Der Konsum gerät zum Markenzeichen dieser Generation; der Golf wird darin zum »kleinsten gemeinsamen Nenner« (aaO: 56). Illies betont die Selbstbezogenheit und Darstellungslust einer Generation, die nichts weiter zu tun habe, außer zu konsumieren und deshalb ziellos und ohne Vision sei. Trotz der scheinbaren Darstellung der Generation Golf an rein äußerlichen Dingen analysiert Illies mit großer Schärfe und Genauigkeit auch die inneren Schichten dieser Generation. Er zeigt gerade durch seine Analyse des Materiellen die Schwierigkeiten der Selbstdefinition auf, welchen die Generation Golf gegenübersteht.

In allen diesen Fällen bilden kulturelle Phänomene den Kristallisationspunkt für die Erfahrung von Generationenzugehörigkeit und Generationendifferenz. Die jeweils hervortretenden Stile, Moden und Lebensweisen können bei Älteren Irritationen hervorrufen und die alltägliche Gestaltung von Generationenbeziehungen belasten (z.B. die Lautstärke der Musik). Sie können aber mit ihrer »Jugendlichkeit« auch tendenziell die ganze Gesellschaft erfassen; denn auch Ältere haben sich zum Beispiel die Beatles angehört, Boogie getanzt, einen Minirock getragen, und auch in der älteren Generation ist der Gebrauch der Pille zu einer Selbstverständlichkeit geworden.

Die Kulturentwicklung in modernen Gesellschaften wird entscheidend durch Wissenschaft und Technik sowie Informations- und Unterhaltungsmedien geprägt; diese haben die Berufs- und Lebenswelt der Menschen entscheidend geprägt und insbesondere im Verlaufe des 20. Jahrhunderts tiefgreifend verändert. In diesem Zusammenhang kommt es zu einer immer rascheren Abfolge von »Technik- und Mediengenerationen«.

Es liegt daher nahe, nicht nur von »kulturellen« Generationengestalten im allgemeinen, sondern von *Technikgenerationen* im besonderen zu sprechen und die durch den technischen Fortschritt beeinflusste Gestaltung von Generationenbeziehungen zu beschreiben (siehe Weymann 2000). Der technische Fortschritt hat zu einer neuen Alltagswelt der jeweils jüngeren Generation geführt, die früheren Generationen unbekannt war. So haben zum Beispiel im Zeitraum zwischen 1969 und 1988 viele technische Haushaltsgeräte eine rasche Verbreitung gefunden, die sich zwar auch in den Haushalten der älteren Generationen ausgewirkt hat, die aber doch überwiegend von der Nachkriegsgeneration getragen worden ist. Hinsichtlich des Erwerbs, der Beherrschung und Nutzung der jeweils neuen technischen Geräte ist festzustellen, dass nicht nur genealogische Generationen »altern«, sondern auch »Technikgenerationen«. Außerdem lässt sich beobachten, dass die Verbreitung der technischen Errungenschaften

3. Generationenstrukturen

vom Einkommens- und Konsumniveau von Familienhaushalten, aber auch von ganzen Gesellschaften abhängen; so hat zum Beispiel in Westdeutschland das Auto einen hervorragenden Platz eingenommen, während es in Ostdeutschland Seltenheitswert hatte.

Der technische Fortschritt im Alltag steht im Zusammenhang mit der Herausbildung einer Abfolge von Technikgenerationen. Bei qualitativen Sprüngen der Technikentwicklung haben jüngere Kohorten die Chance, in die Beherrschung der neuen Techniken durch unmittelbare Erfahrung hineinzuwachsen; die älteren Kohorten verfügen demgegenüber zwar bereits über technisches Hintergrundwissen, von dem aus sie den technischen Fortschritt wahrnehmen und beurteilen können, sie sind jedoch genötigt, ihre Kompetenzen weiter zu entwickeln. Damit erweist sich der technische Fortschritt mit seinen Anforderungen an lebenslanges Lernen und – insbesondere im Berufsleben – ständige Weiterbildung als ein wichtiger Faktor für die Abschwächung von Generationendifferenzen und die Verbreitung von Formen des wechselseitigen und gemeinsamen Lernens von Jüngeren und Älteren (siehe Kap. 5.2).

Parallel zu »Technikgenerationen« haben sich im 20. Jahrhundert *Mediengenerationen* herausgebildet: Die Ergänzung der Medien des Buches, der Zeitung und der Zeitschrift durch Radio, Plattenspieler und CD, Fernsehen, Video und Heimcomputer hat – entsprechend dem Fortschritt im Bereich der Technik – eine »Gleichzeitigkeit der Ungleichzeitigen« im Hinblick auf Medienkompetenz und Medieneinschätzung hervorgebracht. Die Verbreitung der neuen Informations- und Unterhaltungsmedien hat dazu beigetragen, dass sich Kindsein und Erwachsensein zunehmend vermischen und sich die Rollenübergänge sowie die pädagogischen Generationenrollen wandeln (siehe z.B. Meyrowitz 1985*)*. Das Fernsehen und das Internet zum Beispiel eröffnen Kindern einen von den Eltern unabhängigen Zugang zur Welt, der sie die eigene Familienwirklichkeit aus der Distanz beobachten und beurteilen lässt. Andererseits kann, wie Meyrowitz (aaO) dargelegt hat, das ungefilterte Eindringen von Bildern und Informationen aus der ganzen Welt in den alltäglichen Medienkonsum zu einem Verlust des – wie er es nennt – »Ortssinns« beitragen.[14] Der Fernsehkonsum der Kinder wird zu einem Testfall für den Umgang zwischen Eltern und Kindern im Hinblick auf die Aushandlung von Regeln bzw. das Zugeständnis von Selbständigkeit.

»Kulturgenerationen« und Stilepochen

Bei der vorausgehenden Beschreibung von »Generationengestalten« haben wir Kultur bzw. kulturgeschichtliche Entwicklungen in erster Linie als Rahmenbedingung für Zugehörigkeits- und Differenzerfahrungen der jungen Generation interpretiert. Es hat sich dabei aber auch gezeigt, dass Jugendgenerationen als stilbildende Akteure (z.B. Jugendkulturen im Bereich der Unterhaltungsmusik) aufgefasst werden können. Die damit angesprochene kulturelle Generativität gerät ausdrücklich in den Blick, wenn wir

3.2 Historisch-kulturelle und politische Bedingungen

im Folgenden von »Kulturgenerationen« sprechen. Mit diesem Begriff – und entsprechend mit dem Begriff der »politischen Generationen« (siehe Kap. 3.2.2) – soll die Tatsache umschrieben werden, dass die Generationenfolge bzw. der Generationenwechsel der jeweils jungen Generation die Chance bietet, zur Entwicklung und Veränderung der Kultur bzw. kultureller (Sub-)Systeme beizutragen.

Mit dem Begriff der Kulturgeneration nehmen wir Bezug auf die Interpretation der (Kultur-)Geschichte als Abfolge (»Genealogie«) von kollektiven Identitäten, die in den Einstellungen und Verhaltensweisen der jeweils jungen Generation zum Ausdruck kommen. Diese »genealogische« Beschreibung der Geschichte (siehe z.b. Weigel 2002a) wird häufig als ein für Deutschland besonders typischer Ansatz der Historiographie charakterisiert. Er wird mit der Tatsache in Zusammenhang gebracht, dass die deutsche Kulturgeschichte (z.b. »Sturm und Drang«) und politische Geschichte (Weltkriege, Shoah) in besonders starkem Maße durch dramatische Einschnitte und Brüche gekennzeichnet ist (siehe z.B. Roseman 1995: 1).

In der Perspektive einer Genealogie von Kulturepochen wird argumentiert, dass die jeweils neuen Formen der ästhetischen Wahrnehmung und Darstellung der Welt von jungen Künstlergenerationen hervorgebracht worden sind, die sich darin häufig auch kritisch mit ihren Vorgängern auseinandergesetzt haben. Einen beachtenswerten Versuch dieser Art hat bereits Hans von Müller (1928) in seiner Studie »Zehn Generationen deutscher Dichter und Denker« vorgelegt. Der Autor fasst die Geburtsjahrgänge zwischen den Jahren 1561 und 1892 in 45 Altersgruppen zusammen. Vier bis fünf solcher Gruppen werden wiederum vereinigt zu einer »Generation«. Jeder Generation ist eine kurze Charakteristik vorangestellt, die die wichtigsten Dichter nennt. Nach Möglichkeit ist darin der Philosoph gleichen Alters genannt, der die Tendenz der Generation oder einer einzelnen Gruppe mehr oder weniger zutreffend formuliert hat, und der größte Komponist der Generation oder der Gruppe (aaO: 36-42).

Im Bereich der Bildenden Kunst lässt sich – vereinfachend – folgendes Ablaufschema von Stilen seit dem Ende des 19. Jahrhunderts und bis in die Gegenwart ausmachen: Impressionismus – Symbolismus – Jugendstil – Die Fauves und der Expressionismus – Kubismus – Futurismus – Abstrakte oder ungegenständliche Kunst – Dada und der Surrealismus – Konstruktivismus, De Stijl und Internationaler Stil – Abstrakter Expressionismus – »Post Painterly Abstraction« und Pop Art – Von der Minimal Art zum Photorealismus – Moderne und Postmoderne – Neoexpressionismus (siehe Honour/Fleming 1983). Ein entsprechendes Ablaufschema für Stilrichtungen der Musik enthält die folgenden Stationen: Neoklassizismus – Dodekaphonie und Modalkomposition – Musique concrète, Zufall, Collage – Klangkomposition, Sprache – Serielle Musik, Aleatorik – Elektronik, Raum, Zeit – Postserielle Musik und Minimal Music (siehe Michels 1985).

Die genannten Kunststile bzw. Kunstgenerationen haben mit einer je bestimmten ästhetischen Darstellung der Welt ihrerseits die zeitgenössische ästhetische Wahrnehmung geprägt, und es liegt nahe zu vermuten, dass sie bei den Angehörigen ihrer Generation, die in einer ähnlichen »inneren Zeit« gelebt haben wie die jeweiligen Künstlergenerationen selbst, die stärksten und nachhaltigsten Wirkungen hervorgebracht haben.

Wenn man die Kunstgeschichte (und auch die Kulturgeschichte im Ganzen) in der Generationenperspektive betrachtet, stellt sie sich als eine Abfolge von Stilen und Ausdrucksformen, aber auch als ein Generationenkonflikt im Sinne eines Wettbewerbs um Akzeptanz und Einfluss dar (siehe dazu z.B. Edmunds/Turner 2002). In dieser Perspektive stehen die Wandlungen in Kunst und Kultur im Zeichen einer Auseinandersetzung um die Frage: Soll die ältere Generation und das von ihr hervorgebrachte »Alte« oder soll die junge Generation und das von ihr repräsentierte »Neue« Geltung haben? Dabei geht es nicht allein um ästhetische Werte und Bewertungen, sondern auch Privilegien auf dem Kunstmarkt.

Kulturspezifische und universale Entwicklungstrends

Die vorausgegangenen Abschnitte belegen, dass die Vorstellungen über Generationen und die Gestaltung von Generationenbeziehungen einem Prozess der kulturellen Evolution unterliegen, der tendenziell universale Entwicklungstrends hervorgebracht hat. Zu diesen zählen beispielsweise die Etablierung von Lebenslaufmustern, die Allgegenwart von Massenmedien und Technik sowie die internationale Verbreitung von Formen der Freizeitunterhaltung, des Konsums oder auch jugendkultureller Phänomene. Die wirtschaftliche, politische und kulturelle Globalisierung hat diese Tendenzen weiter verstärkt. Solche weltweiten Entwicklungen stehen jedoch in einem Spannungsverhältnis zur Vielfalt der Kulturen und Subkulturen, die beispielsweise in den Bereichen der Sprache und der Religion, aber auch in den unterschiedlichen Strukturen und Inhalten der schulischen Bildung oder in unterschiedlichen sozialstaatlichen Ordnungen zum Ausdruck kommt. Die widersprüchlichen Zusammenhänge zwischen kulturspezifischen und universalen Entwicklungstrends stellen ein herausragendes Thema des Kulturvergleichs dar, der in den Sozial- und Verhaltenswissenschaften einschließlich der Erziehungswissenschaft und der Geschichtswissenschaft zu den wichtigsten empirischen Methoden der Erkenntnisgewinnung gehört.[15]

Die Prozesse der Globalisierung sind durch eine Reihe unauflösbarer Spannungen gekennzeichnet, die den Nährboden von Ambivalenzerfahrungen bilden.

– die Spannung zwischen Globalem und Lokalem: Die Menschen sollen sich als »Weltbürger« mit einer gemeinsamen Verantwortung für die Erde begreifen, ohne dass sie dadurch jedoch dazu gebracht werden sollen, ihre Verbundenheit mit ihrem lokalen und nationalen Kontext aufzugeben. Tatsächlich hat die Entwicklung gleichzeitig zum Erstarken lokaler und ethnischer Vielfalt beigetragen (»Glokalisierung«);

3.2 Historisch-kulturelle und politische Bedingungen

- die Spannung zwischen Universalem und Singulärem: Die Globalisierung enthält große Chancen, aber auch unübersichtliche Risiken. Es bedarf eines sorgfältigen Ausgleichs zwischen der Unhintergehbarkeit des einzelnen und seiner Eingebundenheit in bestimmte kulturelle Traditionen und der Tendenz, durch die Globalisierung von Politik, Wirtschaft und Kultur neue Lebensformen und Lebenszusammenhänge zu schaffen;
- die Spannung zwischen Tradition und Modernität: Kulturelle Traditionen müssen mit globalen kulturellen Entwicklungen in Verbindung gebracht werden. Probleme liegen hier nicht nur in der Weitergabe von Normen, sondern auch in den kulturellen Vermittlungsformen in Gestalt der neuen Technologien und der neuen Medien (siehe Wulf/Merkel 2002: 15, ferner Van der Loo/Van Rejen 1992).

Die genannten universalen Entwicklungen, das Spannungsverhältnis zwischen diesen und der Vielfalt von kulturellen Traditionen auf der nationalen, regionalen und lokalen Ebene sowie die (insbesondere durch Wanderungsbewegungen ausgelösten) Formen der Kulturbegegnung bilden einen gemeinsamen Horizont kultureller Erfahrungen für die Angehörigen aller Generationen. Sie gewinnen jedoch für jede Generationen eine unterschiedliche Bedeutung: Die älteren Generationen sind in der Lebenszeit ihrer grundlegenden Identitätsbildung in starkem Maße noch von nationalen, regionalen und lokalen Traditionen geprägt worden und können die Phänomene einer globalisierten Kultur unter anderem auch als Infragestellung ihrer »Wurzeln« erleben. Demgegenüber stellt für die jungen Generationen die »Weltperspektive« bereits eine selbstverständliche, die Kultur der Eltern und Großeltern ergänzende oder auch konterkarierende Grundlage für ihre Identitätsbildung dar. Dazu liegen im deutschsprachigen Raum erst wenige wissenschaftliche Untersuchungen vor.[16]

3.2.2 Politische Bedingungen

Es ist immer wieder versucht worden, die politische Geschichte einer Gesellschaft in ihrer Bedeutung für die Herausbildung und Abfolge von »Generationengestalten« zu beschreiben oder – in umgekehrter Blickrichtung – die Generationenperspektive als Zugang zur politischen Geschichte zu nutzen. Nach Bude (2000b) stellen Generationen »ereignisnahe und erfahrungsoffene Vergemeinschaftungen von ungefähr Gleichaltrigen« (aaO: 569) dar; eine historische Generation konstituiert sich im Medium der »Evidenz einer Gemeinsamkeit der geschichtlichen Lage« (aaO: 568); sie reagiert in spezifischer Weise auf Ereignisse der politischen Geschichte, und sie greift in die politische Geschichte auf spezifische Weise ein, allerdings unter der Bedingung, dass es dafür eine bestimmte politisch-gesellschaftliche Gelegenheitsstruktur gibt. Dabei stehen Reaktion und Aktion im Zusammenhang mit einer Differenzerfahrung gegenüber vorhergehenden und nachfolgenden Generationen; das Bewusstsein der Generationenzu-

3. Generationenstrukturen

gehörigkeit wird daher von einer inneren Widersprüchlichkeit bestimmt, die darin besteht, dass sich »die Kommunikation zwischen den Generationen immer um eine Grenze des Verstehens (dreht), die mit der Zeitlichkeit des Erlebens zu tun hat« (aaO: 569). Dies ist ein weiterer Nährboden von Ambivalenzerfahrungen.

Das Beispiel der »68er Generation« (siehe Kap. 1.4) zeigt: Politische bzw. zeitgeschichtliche Ereignisse (z.B. der Vietnamkrieg, der Schah-Besuch in Berlin, der Tod des Studenten Benno Ohnesorg etc.) können zu Anlässen der Herausbildung einer Generationenidentität sowie zur Artikulation von Generationenkonflikten (hier: die studentische Protestbewegung gegen das akademische und politische Establishment) werden. Die »68er Generation« stellt außerdem ein Beispiel für eine »politische Generation« dar, das heißt: sie ist aufgrund von Selbst- und Fremdzuschreibung in der Öffentlichkeit als ein aktiver politischer Faktor und zeit- und alterstypischer kollektiver Akteur wahrgenommen worden. Schließlich kann am Beispiel der »68er Generation« illustriert werden: Die Möglichkeiten und Formen der Inszenierung und Artikulation von Generationenidentitäten und Generationenkonflikten (hier: die studentische Protestbewegung) hängen von der Verfasstheit politischer Systeme (hier: vom demokratischen Rechtsstaat, der Protestbewegungen nicht kriminalisiert, solange sie in ihren Aktionen nicht gegen geltendes Recht verstoßen) ab. Generationenunterschiede und -konflikte werden immer dann besonders stark betont, wenn der Generationenwechsel mit einem politischen Systemwechsel (hier: vom nationalsozialistischen Staat zur zweiten deutschen Demokratie) zusammenfällt.

Es handelt sich hierbei um wechselseitige Abhängigkeiten: »Generationengestalten« und Generationenbeziehungen werden von politischen Rahmenbedingungen bestimmt; umgekehrt können jedoch die Vorstellungen und Verhaltensweisen »politischer Generationen« auch verändernd auf politische Systeme einwirken.

Zeitgeschichtliche Ereignisse und ihre Bedeutung für Generationenidentitäten und Generationenbeziehungen

Der Gedanke, dass die gemeinsame Erfahrung zeitgeschichtlicher Ereignisse Generationenidentität begründet, ist in klassischer Weise von Wilhelm Dilthey formuliert worden:

> »Diejenigen, welche in den Jahren der Empfänglichkeit dieselben leitenden Einwirkungen erfahren, machen zusammen eine Generation aus. So gefasst, bildet eine Generation einen engen Kreis von Individuen, welche durch Abhängigkeit von den selben großen Tatsachen und Veränderungen, wie sie im Zeitalter ihrer Empfänglichkeit auftraten, trotz der Verschiedenheit anderer hinzutretender Faktoren, zu einem homogenen Ganzen verbunden sind« (Dilthey 1875/1957: 37).

3.2 Historisch-kulturelle und politische Bedingungen

Karl Mannheim hat diesen Gedanken aufgegriffen und weitergeführt: »Generation« wird an einem gemeinsamen Bewusstsein (und nicht einfach an der Zugehörigkeit zu einer Alterskohorte) festgemacht; dessen Entstehung wird auf die gemeinsame Erfahrung zeitgeschichtlicher Ereignisse zurückgeführt; und diese werden auf die Jugendzeit und das junge Erwachsenenalter bezogen.

Reulecke (2000) weist darauf hin, dass es für die Beschreibung von historisch-politischen Generationen offensichtlich deutliche, vom »Zeitgeist« bestimmte Konjunkturen gegeben hat. Aus (geschichts-)wissenschaftlicher Sicht sind seiner Ansicht nach weniger die »Generationengestalten« selbst als vielmehr die Versuche der Identifizierung solcher Generationengestalten historisch interessante Tatsachen. Gemäß unserem Ansatz handelt es sich hierbei um eine Form der »Generationenrhetorik« (siehe Kap. 2.2.2) in historisierender Absicht, mit anderen Worten um ein Beispiel für die wissenssoziologische Fundierung der Generationentheorie. In dieser Perspektive hat Reulecke ein Ablaufschema von Generationengestalten skizziert, das in der Mitte des 19. Jahrhunderts einsetzt und bis in die Gegenwart reicht:

- Die Generation der »Wilhelminer«, geboren etwa in den Jahren zwischen 1854 und 1863. »Sie wuchsen im nationalen Aufschwung der Reichsgründung und unter dem Eindruck des deutschen Strebens nach Weltgeltung auf. Ihnen werden der Hang zur Autoritätsfixierung und Traditionsverhaftung, die Bereitschaft zu Anpassung und Ausgrenzung, Harmonieorientierung, aber auch [...] Aggressivität nachgesagt.«
- Die »Gründergeneration«, die in den 1870er Jahren geboren wurde. »Das wachsende Bewusstsein der inneren Brüchigkeit der wilhelminischen Gesellschaft in den 1890er Jahren ließ viele ihrer Vertreter aufgeschlossen sein für reformerische Ideen und eine pragmatischere Prüfung der Lage. Diese Generation gilt durchgängig als nicht mehr so autoritätsfixiert wie die Wilhelminer.«
- Die »Frontgeneration« oder die »Generation von 1914«, geboren in den Jahren zwischen 1885 bis 1890. »Sie war stark geprägt zunächst von der Enttäuschung über die Hohlheit und unehrlichen Werte des Spätwilhelminismus, zugleich beunruhigt von den Erscheinungen des modernen Kapitalismus und der Massenzivilisation. Zum Teil romantische Kulturkritik und Ansätze von Aussteigertum, zum Teil auch Begeisterungsfähigkeit für das Konzept eines »neuen Menschen«, für Ideen der Eugenik usw. beherrschten viele der zu dieser Generation gehörenden, besonders aus dem Bildungsbürgertum stammende Personen um 1910; die bürgerliche Jugendbewegung des ›Wandervogel‹ war einer ihrer exemplarischen Ausdrucksformen, aber auch der Expressionismus und Ähnliches.«
- Als »verlorene Generation« kehrten die überlebenden, noch jungen Männer aus dem Krieg zurück, »desillusioniert, viele dann voller Hass gegen die Weimarer

3. Generationenstrukturen

  Republik und gegen ›die Alten‹, die [...] jetzt für den deutschen Niedergang verantwortlich gemacht wurden.
- Die Altersgruppe der 1903-1913 Geborenen, die sich selbst um 1930 als »überflüssige Generation« bezeichnete. »Als Kinder im Krieg aufgewachsen, oft vaterlos, erlebten sie die Jahre ihres Aufwachsens im Zeichen von Nachkriegskrise und Inflation und dann von Weltwirtschaftskrise und Massenarbeitslosigkeit [...] Viele von ihnen erlebten die Lebensformen der ›bündischen Jugend‹ und konnten dann den verlockenden Aussichten einer nationalsozialistischen Revolution nicht widerstehen [...] Sie waren dann übrigens durchweg später die Eltern der ›68er‹.«
- Die »Hitlerjugend-Generation«, geboren in der Zeit zwischen 1918 und Ende der 20er Jahre. Ihre zentralen Erfahrungen waren neben der Sozialisation durch die Hitlerjugend durch Krieg, Bombennächte, Flucht, Vertreibung usw. bestimmt. »Ihr wurde bald nach dem Krieg von den Alliierten eine Generalabsolution erteilt; sie und ihr jüngerer Ausläufer, die so genannte »Flackhelfergeneration«, waren in Ost und West das wichtigste Aufbaupotenzial, an das sich die Zukunftsappelle um 1945-1950 richteten. Nach der Überwindung der unmittelbaren Nachkriegsjahre waren sie die chancenreiche Erfolgsgeneration beim Wiederaufbau, geprägt einerseits von Bereitschaft zur Loyalität gegenüber den beiden neuen Staaten, andererseits aber auch von diffusen Schuldgefühlen und von Ängsten gegenüber den Kriegsgefahren in der Zeit des Kalten Krieges.«
- Die »skeptische Generation« (Schelsky 1957), geboren in den Jahren 1930-1935. Sie hatte noch Kindheitserinnerungen an den Krieg, an Flucht und Bombennächte, ließ sich aber dann ohne große Emotionen auf den Aufschwung der Wirtschaftswunderjahre ein.
- Für die Altersgruppen, die nach 1935 geboren wurden, gilt, dass ihnen in einer zeitlich gerafften Abfolge (alle 5-10 Jahre) Generationengestalten zugeschrieben worden sind. »So folgte auf die ›skeptische‹ eine ›unbefangene‹ (geboren 1939 bis zirka 1949), dann die berühmte ›kritische‹ der so genannten ›68er‹, weiter schließlich eine ›illusionslose‹ um 1976 (Slogan: ›no future‹) und seit neuestem eine ›Generation der Wende‹, die probehalber auch ›Spaßgeneration‹ genannt wird« (aaO: 33-36).

Sucht man die zeitgeschichtlichen Ereignisse, die den Anlass oder Hintergrund für die Ausbildung bestimmter Generationengestalten abgeben, übergreifend zu systematisieren, so zeigt sich: In der Regel handelt es sich um kritische Einschnitte in der Geschichte einer Gesellschaft: Politischer Systemwechsel, Kriege sowie Wirtschaftskrisen und Wohlstandsschübe. Edmunds/Turner (2002) sprechen in diesem Zusammenhang von »traumatischen Ereignissen«, und sie weisen darauf hin, dass solche Ereignisse nicht nur auf der nationalen Ebene angesiedelt sind und wirksam werden. Vielmehr errei-

3.2 Historisch-kulturelle und politische Bedingungen

chen sie – vermutlich schon im Fall der 68er Generation, bestimmt aber in der Folge der Terroranschläge auf das World Trade Center am 11. September 2001 – auch eine globale Dimension (siehe in diesem Zusammenhang auch Kap.2.3 und Kap.7.2.1).

Die Zurückführung von Generationengestalten auf die jeweils gemeinsamen Erfahrungen zeitgeschichtlicher Ereignisse sowie auf die Beziehungen (auch in Form von Konflikten) zwischen Eltern- und Kindergenerationen mit ihren je unterschiedlichen Jugenderfahrungen kann eine wichtige heuristische Funktion erfüllen: Sie verweist darauf, dass »Generation« nicht (nur) als biologisches und quantitatives, sondern in erster Linie als ein soziales, bewusstseinsmäßiges und qualitatives Phänomen zu betrachten ist. Diese Betrachtungsweise beinhaltet allerdings die Gefahr einer vorschnellen Verallgemeinerung, indem sie unterstellt, es gäbe bei altersgleichen Personen eine einheitliche Erfahrung der politischen Zeitgeschichte. Sie übersieht, dass Zeitgeschichte auch von altersgleichen Personen unterschiedlich wahrgenommen, interpretiert und verarbeitet werden kann. Das hat Mannheim (1928) mit der Unterscheidung zwischen »Generationenzusammenhang« und »Generationeneinheiten« am Beispiel der deutschen Jugend um 1800 aufgezeigt, wo eine romantisch-konservative Jugend einer liberal-rationalistischen Jugend gegenüberstand. Wenn Dilthey (1875/1957) »Generation« durch gemeinsame Erfahrung definiert, hat er ebenfalls einen »engen Kreis von Individuen« vor Augen, nicht jedoch die Gesamtheit einer Geburtskohorte. Dementsprechend ist in sozialgeschichtlichen Untersuchungen nicht nur die Abfolge, sondern das zeitliche Nebeneinander von jugendlichen Generationengestalten beschrieben worden. Fend (1988: 183) zum Beispiel identifiziert für die Jugendzeit in den 70er Jahren sowohl eine »politische« als auch eine »narzisstische« Generation; Reulecke (2000: 33) betont, dass die Typologien von Generationengestalten oft »entweder pauschal kategorisierend oder allzu idealtypisch ausgefallen« sind. Die Vorstellung von der Gleichzeitigkeit ungleicher Orientierungsmuster erhält zusätzliche Bedeutung, wenn Generationen unter postmodernen Bedingungen beschrieben werden, für die eine weitgehende Relativierung von linearen Lebenslaufmodellen und klaren Generationendifferenzen kennzeichnend sind (siehe z.B. Liebau 1997). So kann auch die Kennzeichnung des 11. September 2001 als ein traumatisches Ereignis, welches die Erfahrung einer ganzen Generation in der gesamten globalisierten Welt prägen könnte, nur so verstanden werden: In der Tat ist hier zum ersten Mal einer jungen Generation die globale Interdependenz des Terrors, aber auch wirtschaftlicher und militärischer Macht durch die weltweite Medienberichterstattung in dramatischer Weise augenfällig geworden; die Konsequenzen dieser Erfahrung für Bewusstseinlagen und Lebensführungspraktiken der Mitglieder der »Generation des 11. September« muss man sich indes als außerordentlich vielfältig vorstellen. Dazu gehört auch die Beobachtung, dass ungeachtet der globalen Dimensionen nach wie vor nationale Unterschiede bestehen, wie die patriotischen Reaktionen in den USA zeigen.

3. Generationenstrukturen

Ein dramatisches historisches Ereignis besonderer Art stellt die *Shoah* dar. Es ist bemerkenswert, dass der Bedeutung der *Shoah* für die junge Generation im nationalsozialistischen Deutschland, aber auch für die Nachkriegsjugend in der etablierten historischen Generationenforschung nur wenig Aufmerksamkeit geschenkt wird. Es ist weitgehend einem eigenen, psychoanalytisch orientierten Forschungszweig der Geschichtsschreibung zu verdanken, dass wir die Erfahrung, Kinder entweder der Generation von Tätern oder der Generation von Opfern der *Shoah* zu sein, als ein prägendes Generationenschicksal begreifen können (siehe z.B. Bergmann et al. 1995; Schneider et al. 2000). Die Besonderheit dieser Generationenerfahrung liegt darin, dass sie kein Ereignis der gegenwärtigen Zeitgeschichte, sondern ein Ereignis der Vergangenheit betrifft und somit »das temporale Erleben einer nicht endenden *Folge*zeit« beinhaltet (Schneider et al. 2000: 30).

»Politische Generationen«

Das Bewusstsein einer Übereinstimmung mit Seinesgleichen in der Erfahrung und Interpretation zeitgeschichtlicher Ereignisse kann auch zum Ausgangspunkt für ein gemeinsames generationenspezifisches Handeln werden. In diesem Fall spricht man von »aktiven Generationen« (Edmunds/Turner 2002: 16ff.) oder »politischen Generationen«. Hier wird demnach die Blickrichtung verändert oder sogar umgekehrt: Eine »politische« Generation wird nicht nur durch das gemeinsame Erleben von Politik und Zeitgeschichte im Jugend- und jungen Erwachsenenalter geprägt, und sie reagiert auch nicht nur auf diese; vielmehr tritt sie mit einem Willen zur Veränderung der politischen Rahmenbedingungen auf und versucht, verändernd und stilbildend zu wirken.

Die Mehrdeutigkeit des Konzepts der »politischen Generation« entspricht jener des allgemeinen Konzepts Generation: Es beschreibt eine altershomogene Gruppe von Menschen, die gleichermaßen als ein Produkt (biologischer und sozialer bzw. sozialisatorischer Prozesse) und als produktives Agens (im Sinne von biologischer und soziokultureller Generativität) betrachtet werden kann.

Im 20. Jahrhundert kann als erstes Beispiel einer »politischen« Generation die linke – sozialistische bzw. marxistische – Jugendbewegung und Reformpädagogik gelten: Im Rahmen der Jugendkulturbewegung um Gustav Wyneken und Siegfried Bernfeld (siehe Bernfeld 1991; Herrmann 1985) sowie der »Kinderfreunde«-Bewegung um Kurt Löwenstein und Otto F. Kanitz (siehe Löwenstein 1924; Kanitz 1925; von Werder 1974) wurden Kinder und Jugendliche als Garanten eines »neuen Menschen« und als Träger der »werdenden Gesellschaft« betrachtet und zu Kämpfern für eine bessere Zukunft ausgebildet. Die jungen Erwachsenen, die diese Erziehungsbewegung initiierten und organisierten, verstanden sich als Avantgarde einer sozialistischen Gesellschaft. Angesichts der zunehmenden politischen Polarisierung in der Weimarer Republik und des Vordringens konservativer und nationalsozialistischer Kräfte blieb dieser »politi-

3.2 Historisch-kulturelle und politische Bedingungen

schen« Generation eine nachhaltige Wirkung auf das politische System bzw. Establishment versagt. Andererseits lässt sich belegen, dass die erwähnte linke Jugendbewegung und Reformpädagogik nicht nur national, sondern international organisiert war; in anderen politischen und ökonomischen Kontexten – zum Beispiel im Zusammenhang mit dem zionistischen Aufbau von Gemeinschaftssiedlungen im vorstaatlichen jüdischen Palästina – haben die Mitglieder dieser Jugendbewegung und Reformpädagogik den Status einer Pioniergeneration gewonnen (siehe Liegle 1987b).

Hier stößt man auf eine weitere Facette der Idee der Generation: Es können sich damit Projektionen im Sinne von Hoffnungen, Wunschvorstellungen und unter Umständen auch Befürchtungen verbinden. Das geschieht nicht nur bei gesellschaftlichen Generationen, sondern findet sich auch und oft sehr ausgeprägt in den familialen Generationen. Eltern wünschen, dass das, was ihnen versagt geblieben ist, von den Kindern erreicht werden kann. Eltern hegen hohe, oft zu hohe Erwartungen für ihre Nachkommen. Im Mehrgenerationenverbund kommt es, wie der Familientherapeut Stierlin (1984) darlegt, zu »Delegationen«.

Viele Forscher behandeln die »68er Generation« (siehe Kap. 1.4) als einziges oder zumindest wichtigstes Beispiel für die Zeit nach dem Zweiten Weltkrieg. Wenn man das Konzept der »aktiven« bzw. »politischen« Generation als Deutungsmuster für die Beschreibung der politischen Gesellschaftsgeschichte heranzieht, liegt es durchaus nahe, neben bzw. nach der »68er Generation« eine Reihe von sozialen Bewegungen – Frauenbewegung, Grüne und ökologische Bewegung, Friedensbewegung und Antiglobalisierungsbewegung – in der Generationenperspektive zu beschreiben.

Die Frage, ob die »68er Generation« oder eine andere Generation – wie beispielsweise die von Edmunds/Turner (2002) ins Zentrum der Aufmerksamkeit gerückte »Generation des 11. September« – tatsächlich als »aktive« bzw. »politische« Generation Wirkung erlangt, kann vermutlich erst aus der historischen Distanz empirisch beantwortet werden. Für die »68er-Generation kann man in diesem Zusammenhang immerhin geltend machen: Einige der Reformprojekte der 70er Jahre in den Bereichen der Bildungspolitik (Chancengleichheitspolitik, Versuche mit Gesamtschulen), der Frauenpolitik (Scheidungs- und Abtreibungsrecht) und der Kinder- und Jugendpolitik (Ausbau und Reform der Vorschulerziehung, Jugendschutz) entsprachen zumindest partiell den programmatischen Vorstellungen der »politischen« Generation. Kohli (1996: 9f.) hat darauf hingewiesen, dass in einigen Ländern Osteuropas, in welchen die 68er-Bewegung zunächst unterdrückt worden war, in den politischen Umbruchzeiten der 80er Jahre dadurch eine verspätete Geltung erlangte und dass Mitglieder der (inzwischen gealterten) 68er-Generation politische Ämter übernahmen.

Die vermutete innovative Wirkung der »68er-Generation« ist von deren Mitgliedern bzw. Akteuren allerdings durchaus ambivalent aufgenommen worden (siehe Fend 1988: 214). Denn der Chance, dass viele Forderungen politische Resonanz fanden und auch teilweise umgesetzt wurden, stand die Gefahr gegenüber, dass dadurch der politischen Generation ihre Legitimation als prinzipielle Widerstandsbewegung entzogen wurde. Der unterschiedliche Umgang mit diesen Ambivalenzen zeigt sich in den Konsequenzen, die daraus folgten: vom »Marsch durch die Institutionen« bis zum Agieren im terroristischen Untergrund oder zum Rückzug in private Nischen. Eine entsprechende Vielfalt und innere Widersprüchlichkeit ist für jede »politische Generation« anzunehmen; sie betrifft nicht allein unterschiedliche politische Handlungsmuster, sondern auch geschlechtsspezifische (feministische Bewegungen), ethnische und religiöse Differenzen.

Wenn man die politische Geschichte in der Generationenperspektive betrachtet, stellt sie sich als ein durch Tradition und Innovation widersprüchlich bestimmter Prozess, aber auch als Kampf zwischen Generationen um Einfluss und Macht dar (siehe dazu z.B. Kohli 1996). In vormodernen Gesellschaften und in Monarchien war die Herrschaft alter Männer (»Gerontokratie«) gang und gäbe. Es lassen sich jedoch auch in »modernen« Gesellschaften, insbesondere in den Parteidiktaturen der ehemals kommunistischen Gesellschaften (z.B. VR China und Sowjetunion) lange Phasen einer Gerontokratie ausmachen. In demokratischen Gesellschaften gehören die Bestrebungen, bei der Verteilung politischer Ämter und Funktionen einen »Generationenwechsel« herbeizuführen, zum politischen Alltag. Es geht dabei um die Fragen: Hat die ältere Generation das Sagen oder die jüngere? Soll die »alte« Politik weiter gelten oder soll eine »neue« Politik in Angriff genommen werden? Im politischen Raum werden Generationenkonflikte zur Auseinandersetzung über die »richtige« Politik, aber auch zum Kampf um Macht und Privilegien (siehe auch Kap. 7.2).

Der Einfluss politischer Systeme

Generationenbeziehungen stellen ein zentrales Element der Sozialstruktur in jedem Gemeinwesen, in jeder Gesellschaft, in jedem politischen System dar. Zur Beschreibung dieser Beziehungskonstellation ist in der Soziologie im Allgemeinen das Konzept der »Struktur« herangezogen worden (siehe insbesondere den einflussreichen Strukturfunktionalismus von Parsons). Die Kritik an dessen statischem Charakter hat Elias (1970) veranlasst, von »Figurationen« zu sprechen. Diese gelten ihm als wirklich existierende (nicht nur modellhaft vom Forscher unterstellte) Beziehungen wechselseitiger Abhängigkeit von Menschen, die bestimmten Regelhaftigkeiten, aber auch einem allmählichen Wandel unterliegen. Motor dieses Wandels sind andere Beziehungen, die aufgrund ihrer Vielzahl und Ausdifferenziertheit eine kontrollierte Steuerung durch die an ihnen beteiligten Individuen unmöglich machen und somit gleichsam einer Eigendynamik folgen. In diesem Sinne lassen sich gesellschaftliche Generationenbeziehungen als Figurationen beschreiben: Beziehungen in Einrichtungen der Wirtschaft (Betriebe) und der Kultur (z.B. Bildungsinstitutionen) oder auch Beziehungen im politischen System. Ebenso können familiale Generationenbeziehungen als Figurationen

3.2 Historisch-kulturelle und politische Bedingungen

beschrieben werden, die Eltern und Kinder (und Großeltern) miteinander eingehen und die von den beteiligten Personen, von bestimmten Ressourcen und Lebensverhältnissen, aber auch von gesellschaftlichen Erwartungen beeinflusst werden. Da sich die Individuen – Erwachsene, aber auch Kinder – in einer Vielzahl von Figurationen bewegen, ist davon auszugehen, dass die damit vorgezeichneten vielfältigen Erfahrungen in einem Verhältnis des wechselseitigen Zusammenwirkens stehen.

Wenn sich das Interesse nicht allein auf die Beziehungskonstellation als solche, sondern auf die Art und Weise der Gestaltung der Beziehungen richtet, lässt sich nach einem Vorschlag von Mollenhauer et al. (1975: 168ff.) das Konzept der Figuration ergänzen durch das von Karl Marx entwickelte Konzept der »Verkehrsform«. In seinem Ursprung auf die durch die kapitalistische Produktionsweise bestimmten Umgangsformen zwischen der herrschenden und beherrschten »Klasse« gemünzt, nimmt dieses Konzept in seiner erweiterten Fassung die systematischen Zusammenhänge zwischen den Interaktions- und Kommunikationsformen in den verschiedenen – öffentlichen und privaten – Handlungsfeldern in einer Gesellschaft in den Blick.

Die verschiedenen Figurationen, in welchen Menschen sich bewegen, weisen regelhafte Formen der Beziehungsgestaltung im Medium von Interaktion und Kommunikation auf, die mit dem Konzept der »Verkehrsformen« beschrieben werden können. So liegt es nahe, die gut belegten Zusammenhänge zwischen den Erfahrungen von Vätern hinsichtlich von Selbstbestimmungsmöglichkeiten und Eigenverantwortung im Beruf und Erziehungsvorstellungen, welche die Selbstständigkeit und Eigenverantwortung der Kinder betonen (siehe Kohn 1981), als eine Bestätigung der Fruchtbarkeit des Konzepts der »Verkehrsform« zu bewerten. Auch der von uns immer wieder betonte wechselseitige Zusammenhang zwischen Familiengenerationen und Gesellschaftsgenerationen und deren Gestaltung kann mit dem Konzept der »Verkehrsform« beschrieben werden, das sich weitgehend mit demjenigen der Beziehungslogik (Kap. 7.3) deckt.

Im Sinne dieser Betrachtungsweise sprechen wir von einer »Generationenordnung« (siehe Kap. 2.3.2) und bringen diese mit übergreifenden Merkmalen der Kommunikationsformen in einer Gesellschaft in Verbindung. Sie werden ihrerseits in einem beträchtlichen Ausmaß bestimmt durch Merkmale des politischen Systems, des Rechts sowie der politischen »Kultur« (siehe Almond/Verba 1965). In totalitären politischen Systemen hinterlässt die zentralistische Kontrolle aller Lebensvollzüge und sozialen Beziehungen auch im Alltag der Gestaltung familialer Generationenbeziehungen ihre Spuren. In demokratischen politischen Kulturen findet das Prinzip der Partizipation auch in der Gestaltung von Generationenbeziehungen spezifische Ausdrucksformen, die sich zum Beispiel in der Berücksichtigung der Rechte unmündiger Kinder bzw. der jungen Generation zeigen. In wohlfahrtsstaatlichen Systemen gewinnen die Beziehungen und Kommunikationsformen zwischen Generationen dadurch eine neue Dimension, dass die unmittelbar erfahrbaren intergenerationalen Netzwerke ergänzt und überlagert werden durch die aggregierten Beziehungen zwischen Gesellschaftsgenerationen (siehe z.B. den »Generationenvertrag« in der Rentenversicherung).

(a) Der totalitäre Staat: Vorrang politischer Loyalität vor der Verbundenheit von Familienmitgliedern

Für totalitäre politische Systeme ist kennzeichnend, dass die staatlichen Instanzen und die herrschende politische Partei von allen Bürgern absolute Loyalität einfordern. Der jeweilige »Führer«, wie etwa Stalin oder Hitler, versteht sich als Repräsentant einer Art säkularisierten Messianismus, dem alle eine Gefolgschaft schulden, die gegenüber sämtlichen anderen Bindungen Vorrang hat. Eine Trennung zwischen privater und öffentlicher Sphäre ist unerwünscht. Vielmehr wird ein Klima der Angst erzeugt, das gegenseitige Kontrolle und Denunziation im Hinblick auf abweichende Einstellungen und Verhaltensweisen selbst innerhalb der eigenen Familie legitim erscheinen lässt.

Wie auch immer sich Individuen, Gruppen oder intime Beziehungssysteme in der Gestaltung ihrer Beziehungen gegenüber dem Loyalitätsanspruch eines totalitären Staates verhielten, sie mussten ihre alltägliche Lebensführung im Zusammenhang mit diesem Anspruch bedenken und realisieren (siehe dazu im Hinblick auf die Anfänge des NS-Staates Haffner 2000). Unter diesen Bedingungen konnten Familien in ihrem Zusammenhalt gestärkt werden, wenn sich alle Mitglieder dem »neuen« System verbunden fühlten, aber auch dann, wenn sich die Familienmitglieder in ihrem Bedürfnis nach Schutz der Privatsphäre gegenüber einem totalen Staat einig waren oder wenn alle durch abweichende Einstellungen (z.B. religiöse Bindung) oder durch die gemeinsame Erfahrung von Ausgrenzung und Verfolgung zusammengeschweißt wurden (z.B. jüdische Familien im NS-Staat). Demgegenüber wurde der Zusammenhalt von Familien gefährdet oder auch zerstört, wenn einzelne Familienmitglieder (z.B. ein Elternteil) der »neuen« Ideologie verpflichtet waren, andere jedoch nicht. In diesen Fällen konnte eine Mauer des Schweigens entstehen, die zuweilen insofern als Schutzmauer diente, als z.B. ein Vater durch Verschweigen seiner Illoyalität gegenüber dem NS-Staat vermeiden wollte, dass sein in der »Hitler-Jugend« engagierter Sohn die Familie durch Preisgabe dieser Information gefährdete oder in der eigenen Suche nach seinem Weg verwirrt würde (siehe dazu den Roman »Nachgetragene Liebe« von Peter Härtling 1980). Es konnte in diesen Fällen aber auch geschehen, dass die gegensätzlichen Einstellungen von Familienmitgliedern zur »neuen« Ideologie beispielsweise zum Verrat des illoyalen Vaters durch den loyalen Sohn und zur Auslieferung des Vaters an die Schergen des Systems führten. Da gerade an solchen extremen Beispielen das destruktive Potenzial totalitärer politischer Systeme besonders deutlich zum Ausdruck kommt, wird im Folgenden ein Fall aus der Stalin-Ära beschrieben, der durch seine politische Instrumentalisierung Berühmtheit erlangt hat.

3.2 Historisch-kulturelle und politische Bedingungen

Pawlik Morozow war der Sohn eines Großbauern und wuchs als Musterschüler in die Rolle des Anführers der kommunistischen Kinderorganisation »Junge Pioniere« in seinem Heimatdorf hinein. 1932, als 13-Jähriger, denunzierte er seinen Vater, weil dieser sich dem Programm der Zwangskollektivierung der Landwirtschaft widersetzte und einen Teil der Ernte heimlich zur privaten Verwertung einbehielt. In einem daraufhin angesetzten Gerichtsverfahren klagte er seinen Vater an, außerdem organisierte er öffentliche Versammlungen, in welchen die »Kulaken« aufgefordert wurden, die Kollektivierung durchzuführen und ihr Getreide an die staatlichen Sammelstellen abzuliefern. Empörte Kulaken brachten den Jungen um. Pawel Morozow wurde zum Symbol höchster Treue gegenüber der Partei und zum leuchtenden Beispiel für die heranwachsende Generation; eine Kolchose, zahlreiche Pionierhäuser und Bibliotheken wurden nach ihm benannt (siehe Große Sowjetische Enzyklopädie 1954: 310; Kernig 1969: 617).

Der Fall Morozow ist insbesondere deshalb als ein Ausdruck der Dehumanisierung im totalitären politischen System der Sowjetunion in der Ära Stalin zu sehen, weil der Denunziant des Vaters zum Helden und zum Vorbild einer ganzen Generation stilisiert wurde. Später, in der Chruschtschow-Ära in den 60er Jahren, wurde das positive Bild des jugendlichen Denunzianten einer scharfen Kritik unterzogen. Dieser Wandel verweist auf das allgemeine Phänomen, dass die öffentliche Beschreibung und Bewertung von Generationenbeziehungen (Generationenrhetorik) in starkem Maße von Kontextbedingungen (hier: von Merkmalen des politischen Systems) beeinflusst wird.

Die Untergrabung familialer Bindungen betraf nicht nur das Verhältnis zwischen Eltern und Kindern, sondern auch Ehepartner- und Geschwisterbeziehungen. So hat zum Beispiel Alexej Tolstoi, der als einer der Begründer des »sozialistischen Realismus« in der Literatur gilt, in seiner Romantrilogie »Der Leidensweg« (Tolstoi 1947/1974) die Trennung von Ehepartnern auf dem Weg eines Partners zur Bejahung der bolschewistischen Revolution sowie den Verrat eines nicht-konformen jungen Mannes durch seinen parteitreuen Bruder geschildert; diese Zerstörung persönlicher Bindungen hat der Autor nicht etwa aus kritischer Distanz betrachtet, sondern als notwendige Begleiterscheinung des Kampfes für eine bessere Gesellschaft ausgegeben.

Die potenziell zerstörerische Wirkung totalitärer politischer Systeme auf den Zusammenhalt zwischen Generationen betrifft nicht nur den Zeitraum des Bestehens dieser Systeme. Beispielsweise gibt es viele lebensgeschichtliche Zeugnisse, in welchen Söhne eine nachträgliche Auseinandersetzung mit ihren der NS-Ideologie verpflichteten Vätern und deren Bedeutung für ihre Identitätsbildung und ihr politisches Engagement beschreiben (Bude 1995). Das extremste Beispiel dieser Art bildet Bernward Vespers autobiografischer Roman »Die Reise« (siehe Thiersch 1987): Vesper, Jahrgang 1938, hat die Anklage gegen die faschistische Erziehung durch seinen Vater, gegen die Zerstörung seiner Persönlichkeit und seines Lebens in einer Zeit niedergeschrieben, als er sich der Studentenrevolte angeschlossen hatte und in die Drogenszene geraten war; seine verzweifelten Erinnerungen sind unvollendet geblieben, da er sich als 33-Jähriger in einer psychiatrischen Anstalt das Leben nahm.

Über die besondere Tragik dieses Einzelschicksals hinaus verweisen Beispiele dieser Art auf eine weitere Dimension des Zusammenhangs zwischen Merkmalen politischer Systeme und Merkmalen von Generationenbeziehungen: Totalitäre politische Systeme begünstigen autoritär geprägte Generationenbeziehungen und Erziehungsformen. Man muss diesen Zusammenhang nicht so stark verallgemeinern, wie dies in den Studien der »Frankfurter Schule« um Erich Fromm, Max Horkheimer und anderen geschehen ist (siehe Institut für Sozialforschung 1936), um anzuerkennen, dass eine auf unbefragter Autorität aufgebaute politische Kultur auch für die Alltagskultur der Gestaltung von Generationenbeziehungen folgenreich sein kann.

So hat Chamberlain (2000) in ihrer Studie über die populärsten Erziehungsratgeber das autoritäre Syndrom körperlicher Abhärtung und einer Erziehung zur Hörigkeit gegenüber dem »Führer« herausgearbeitet und zahlreiche Belege dafür gesammelt, dass diese Erziehungspraxis weit verbreitet war und dass der Druck des politischen Systems (wie z.B. die Zwangsmitgliedschaft in der »Hitler-Jugend«) in vielen Fällen zur Denunziation von Familienmitgliedern geführt hat; fanatisierte Kinder haben ihre Eltern verraten, aber auch Väter und Mütter haben desertierte Söhne der nationalsozialistischen Justiz ausgeliefert. Die Autorin vertritt die These, dass das politische System des NS-Staates bei vielen Menschen eine grundlegende Bindungsunfähigkeit erzeugt habe[17].

(b) Der demokratische Rechtsstaat: Generationen und Partizipation

Für demokratische politische Systeme ist kennzeichnend, dass Persönlichkeitsrechte als Abwehrrechte gegenüber staatlichen Übergriffen konzipiert werden, dass die Privatsphäre geschützt und ein Pluralismus von Weltanschauungen und Werten anerkannt wird, dass Regierungen gewählt werden und abwählbar sind und dass für die Ausübung von Herrschaft das Prinzip der Partizipation aller Bevölkerungsgruppen zur Geltung gebracht wird.

Die Bedeutung demokratischer politischer Systeme für Generationenbeziehungen ist in erster Linie darin zu sehen, dass deren Gestaltung als Selbstgestaltungsaufgabe der Familienmitglieder anerkannt wird, allerdings unter der Maßgabe gesetzlich festgelegter Rechte und Pflichten im Verhältnis zwischen den Partnern und zwischen den Generationen.

Das Prinzip der politischen Partizipation findet seinen Niederschlag in einer Normierung der Generationenbeziehungen, die Kindern die allgemeinen Menschen- und Persönlichkeitsrechte, aber auch spezifische Rechte der Lebensphase der Kindheit zuspricht (siehe Wissenschaftlicher Beirat 1998: 67-97). Man kann darüber hinaus argumentieren, dass die Maßnahmen zur Beteiligung von Kindern an den sie betreffenden (kommunal-)politischen Entscheidungsprozessen sowie an den sie betreffenden Rechtsverfahren (z.B. Sorgerechtsentscheidungen), aber auch die gesetzlichen Maßnahmen zum Kinderschutz und zur gewaltfreien Erziehung in der Familie den Stempel demokratischer Systeme tragen.

Die Generationenperspektive kann, wie diese Beispiele belegen, eine wichtige heuristische Funktion beim Vergleich politischer Systeme erfüllen.

(c) Der Wohlfahrtsstaat: Soziale Sicherheit für Gesellschaftsgenerationen

Die wohlfahrtsstaatliche Regulierung von Generationenbeziehungen verdient aus zwei Gründen eine gesonderte Darstellung. Zum einen ist der Wohlfahrtsstaat nicht mit einem bestimmten, z.B. demokratischen politischen System gleichzusetzen. Die geschichtlichen Wurzeln des deutschen Wohlfahrtsstaates liegen bekanntlich im Kaiserreich und in der von Bismarck eingebrachten Sozialgesetzgebung. Wollte man die Besonderheiten des Wohlfahrtsstaates in demokratischen Systemen kennzeichnen, so wäre unter anderem auf die legitimen Möglichkeiten der öffentlichen Artikulation und Vertretung der Interessen der jeweils betroffenen Gruppen (z.B. der Generationen) zu verweisen. Zum anderen betrifft die wohlfahrtsstaatliche Regulierung nicht allein familiale, sondern auch gesellschaftliche Generationenbeziehungen.

Auf der Ebene der Familienhaushalte trägt der Wohlfahrtsstaat in vielfältigen Formen zur Stabilisierung der Generationenbeziehungen bei, z.B. durch die Leistungen im Zusammenhang mit Arbeitslosigkeit.

Auf der Ebene der Gesellschaft trägt der Wohlfahrtsstaat zur Etablierung kollektiver Generationenbeziehungen sowie – dies gilt insbesondere für das geltende Rentenversicherungssystem – kollektiver »Generationenverträge« bei (siehe Kap. 6.2.1). Das Neuartige besteht darin, dass hier gesellschaftliche Generationenbeziehungen primär über Geldströme realisiert werden und daher durch Anonymität gekennzeichnet sind. Die damit eingeleitete Komplizierung, Partialisierung und Formalisierung von ehedem personenbezogenen Abhängigkeiten begründet, wie der Soziologe Simmel in seiner »Philosophie des Geldes« argumentiert, auch eine neue Form der Freiheit: »Während in vorgeldlichen Zeiten der Einzelne unmittelbar auf seine Gruppe angewiesen war und der Austausch der Dienste jeden eng mit der Gesamtheit verband, trägt nun jeder seinen Anspruch auf die Leistungen von anderen in verdichteter, potenzieller (Geld-)Form mit sich herum« (Simmel 1900/1987: 371).

Da wohlfahrtsstaatliche Leistungen einem stetigen Wandel unterliegen, indem sie erweitert, gekürzt oder in ihren Kriterien verändert werden, und da der jeweilige Leistungsstand für diejenigen, die diese Leistungen erbringen oder empfangen, in unterschiedlichen Lebensphasen relevant werden, kann man von »wohlfahrtsstaatlichen Generationen« (siehe Leisering 2000) und dementsprechend von wohlfahrtsstaatlichen Generationenbeziehungen und -konflikten sprechen. Es ist hierbei zu unterscheiden, ob eine Generation den Status von »Klienten« (z.B. Empfänger von sozialstaatlichen Transfers) oder von »Financiers« (z.B. Beitrags- und Steuerzahler) einnimmt (siehe aaO). Für den ersten Fall ist zum Beispiel auf die »Trümmerfrauen« in der Nachkriegszeit hinzuweisen. Das spektakulärste Beispiel für die generationenbezogenen Konflikte zwischen »Klienten« und »Financiers« stellt derzeit die öffentliche Diskussion über die »Gewinner«- und »Verlierer«-Generation im Rentenversicherungssystem dar (siehe Thomson 1989).

Die Entstehung wohlfahrtsstaatlich erzeugter gesellschaftlicher Generationen, Generationenbeziehungen und Generationenkonflikte hat dazu geführt, dass eine staatliche (und auch nichtstaatliche) »Generationenpolitik« gefordert wird. Dafür spricht insbesondere das Argument, dass das wohlfahrtsstaatliche Leistungssystem dem Prinzip der Gerechtigkeit zwischen den Generationen verpflichtet sein sollte (siehe hierzu Kap. 6.1.1).

»Globale Generationen«

Das moderne Phänomen der Generation lässt sich im nationalen Rahmen nicht angemessen erfassen. Der Einfluss globaler Interdependenzen auf die Ausbildung eines Generationenbewusstseins zeigt sich in den politischen Bedingungen ebenso wie in den kulturellen Bedingungen (siehe Kap. 3.2.1). Dies trifft ansatzweise bereits für die 68er Generation zu; bei der Generation des 11. September 2001 (siehe Edmunds/Turner 2002) ist es vollends offensichtlich geworden. Man kann daher von »globalen Generationen«, von »Projekten einer nachstaatlichen Wir-Identität« sprechen (siehe Bude 2000a).

Wenn man die Rede von globalen Generationen in Zusammenhang bringt mit dem Vordringen eines »modalen« bzw. »punktuellen« Zeiterlebens (siehe Kap. 3.2.1), ist allerdings zu bedenken, dass die übereinstimmende Erfahrung von Ereignissen und Einschnitten der politischen Geschichte nicht unbedingt zu einer dauerhaften lebensgeschichtlichen Prägung beiträgt. Möglicherweise stellt sich, wie Bude (2000a) erwägt, ein »spontanes ›Wir-Gefühl‹ ohne nachhaltiges ›Wir-Handeln‹ ein«, und es bleibt bei dem augenblicklichen Gefühl ohne weitere Verpflichtung: »Schwingung, Stimmung und Verschmelzung stellen das einzelne Ich mit seiner kontingenten Biographie in den Horizont des gesteigerten ›Wirs‹ seiner Generation« (aaO: 33)[18].

Anmerkungen

1. Diese Entwicklungen werden in der Regel als erster »demographischer Übergang« bezeichnet (hierzu: Höpflinger 1997: 32-46; siehe auch Linde 1984). Wenn darunter – wie das bisweilen geschieht – eine allgemeine historische und weltweite Gesetzmäßigkeit verstanden wird, lassen sich berechtigte Einwände erheben, wie die Erörterung von Höpflinger zeigt. Sowohl die demographischen Verläufe in den einzelnen Erdteilen als auch die Entwicklungen in den Regionen einzelner Länder oder Ländergruppen zeigen eine große Mannigfaltigkeit. Doch in der auf Westeuropa (wovon sich Nordamerika u.a. durch die großen Einwanderungsbewegungen unterscheidet) konzentrierten, auf das Entstehen des heutigen Verständnisses der Generationendynamik ausgerichteten Sichtweise und als Beschreibung – nicht als Phasen-Modell – ist die Darstellung durchaus angemessen. Angesichts der Entwicklungen, namentlich des fortgesetzten Rückganges der Geburtenziffern und des weiteren Anstieges der Lebenserwartung in der zweiten Hälfte des 20. Jahrhunderts ist auch die These eines zweiten demographischen Überganges in die Diskussion eingebracht worden. (Siehe hierzu Lesthaeghe (1992); van de Kaa 1997; Lesthaeghe/Neels 2002 unter besonderer Berücksichtigung u.a. der Entwicklungen in der Schweiz.)
2. Unter »Aleatorik« verstehen wir in diesem Zusammenhang durch die sozialen Strukturen und ihre Widersprüchlichkeit geschaffene Undurchsichtigkeiten, die den Einzelnen als »Zufälligkeiten« treffen. Sie finden sich beispielsweise in bürokratischen Entscheidungen im Bereich des Steuerrechtes oder der Fürsorge. Diese Erfahrungen verstärken die Tendenz, gesellschaftliche Institutionen unter Gesichtspunkten des persönlichen Nutzens zu sehen und zu relativieren. Um eben diese widersprüchlichen und teilweise unvorhersehbaren Entwicklungen zu charakterisieren, scheint es uns angemessener, von »Mannigfaltigkeit« zu sprechen und nicht von Pluralisierung, denn dieser zweite Ausdruck weckt Vorstellungen einer weitgehend gesetzmäßigen Differenzierung.
3. Die verschiedenen Verfahren der Berechnung werden ausführlich im Schlussbericht der Enquête-Kommission des Deutschen Bundestages (2002) in den Kapiteln 2.2 und 2.3 dargestellt, sowie ausführlicher noch bei Höhn (2000) und Dinkel et al. 1996.
4. In allen Gesellschaften (ausser dort, wo eine Tötung von Mädchen nach der Geburt praktiziert) wird, ferner in allen Zeiten, über die Daten zur Verfügung stehen, ist die Lebenserwartung von Frauen höher als jene der Männer. Die Analyse dieses Phänomens ist immer wieder Anlass zur Überprüfung der Hypothese, dass diese Geschlechterdifferenz biologisch bedingt ist. Zu diesem Zweck werden männliche und weibliche Populationen untersucht, in den die Lebensverhältnisse und die Lebensführung als weitgehend gleich gelten kann. Das ist für die Mitglieder eng verwandter religiöser Gemeinschaften der Fall. Eine neuere differenzierte Untersuchung dieser Art stammt von Dinkel/Luy (1999).
5. Erläuterung: Bei der Lebenserwartung nach Kohortensterbetafel sind die im Lebensverlauf eines bestimmten Geburtsjahrgangs jährlich sinkenden altersspezifischen Sterbewahrscheinlichkeiten berücksichtigt (wohingegen bei der Berechnung aus Periodentafeln die durchschnittliche Lebenserwartung eines Neugeborenen aus den aktuellen Sterbewahrscheinlichkeiten aller zu diesem Zeitpunkt lebenden Geburtsjahrgänge ermittelt wird).
6. Ein Versuch, diese Sachverhalte zu erfassen, stellt der neue Forschungsansatz »Value of children« dar (siehe z.B. Nauck/Kohlmann 1999). Kritisch kann dagegen eingewendet werden, dass dabei den Spannungsfeldern der Beziehungsgestaltung wenig Beachtung geschenkt wird.
7. Diese Auffassung von der Kindheit als einer eigenständigen Lebensphase und die Notwendigkeit der Gestaltung der Lebensverhältnisse als eine wesentliche gesellschaftspolitische Aufgabe und ihr Ausdruck im Aufkommen einer eigenen Kinder- und Kindheitsforschung sowie in der Konzipierung von Kinderpolitik wird vortrefflich belegt durch entsprechende Dokumente der Sozialberichterstattung, die ihrerseits wiederum auf die große Bedeutung der UN-Kinderkonvention hinweisen. Hierzu für Deutschland: Wissenschaftlicher Beirat 1998; BMFSFJ 1998a; Leu 2002; für Österreich: Kränzl-

3. Generationenstrukturen

Nagl et al. 1998. Alle diese Dokumente enthalten ausführliche Literaturangaben. Eine informative Darstellung der in diesem Zusammenhang beobachtbaren »Kindheitsrhetorik« bietet Lange 1996a.

8   Zum Geburtenrückgang in Ostdeutschland siehe Dorbritz 1997 und Niephaus 2003. Zum allgemeinen sozialen Wandel in Ostdeutschland siehe Häder/Häder (1998) und Bertram et al. 1995.

9   Für eine differenzierte Analyse von Kinderlosigkeit in Deutschland siehe Onnen-Isemann 2003. Zur Komplexität der »Kinderfrage«, d.h. der gewollten Kinderlosigkeit, der ungewollten Kinderlosigkeit und der Inanspruchnahme der Reproduktionsmedizin stellen sich u.a. auch grundgesetzliche Fragen. Richter (1995) behandelt sie unter dem bezeichnenden Titel »Von der Freiheit Kinder zu haben«. Damit sind u.a. Fragen der Generationenpolitik (siehe Kap. 6) angesprochen, und die Thematik ist eine Facette einer wünschenswerten, aber erst noch zu entwickelnden rechtlichen Generationentheorie.

10 In einer sorgfältigen konzeptuellen und empirischen Analyse (unter Einschluss der internationalen Literatur) kommt Künemund (2002: 344) zum Schluss: »…Sandwich-Situationen – definiert allein als Generationskonstellationen – [sind] zwar die Regel, eine Gleichzeitigkeit von Pflege und Betreuung älterer und jüngerer Angehöriger aber recht selten und gleichzeitige Kombination mit Erwerbstätigkeit Ausnahmefälle sind. Zudem haben Sandwich-Situationen keinen systematischen negativen Effekt auf die Lebenszufriedenheit.«

11 Dabei ist kennzeichnend, dass die im »bürgerlichen Familienmodell« ideal postulierte und größtenteils auch praktizierte Abfolge – zuerst Heirat und Gründung eines Haushaltes, dann Elternschaft – seit einiger Zeit häufig nicht mehr eingehalten wird.

12 Es bietet sich an, in Diskussionsgruppen, im Austausch reflektierter Eigenerfahrungen und in entsprechenden Arbeiten spezifischen Ausprägungen dieser Zusammenhänge nachzugehen und so das Instrumentarium der Generationenanalyse zu vertiefen, beispielsweise hinsichtlich der Frage geschlechtsspezifischer Merkmale und der Einflüsse von regionalen und ethnischen Lebenszusammenhängen auf die Bildung von »Mikro-Generationen«.

Mit dem Begriff der »Mikro-Generation« wird darauf hingewiesen, dass es sich in vielen Fällen um Generationenbeziehungen von »beschränkter Reichweite« handelt; damit ist nicht nur die soziale und räumliche Eingrenzung gemeint, sondern auch die Tragweite für das Selbstverständnis der Person. Die Felder des Designs und der Mode, in denen Unterscheidungen sowohl im Großen wie im Kleinen vorgenommen werden, bieten zahlreiche Illustrationen. Es liegt nahe, eine bekannte Systematik der Unterscheidung sozialer Sphären zu übernehmen und von Mikro-, Meso- und Makrogenerationen zu sprechen.

13 Mit dem Begriff der »Kultur« wird das Insgesamt *sozialer* Bedingungen des Verhaltens beschrieben. Kultur ist an Sprache und andere Symbolsysteme gebunden und findet ihren Ausdruck in Werkzeugen und Werken aller Art sowie in sozialen Organisationen und Institutionen. Kultur wird von einer Generation and die andere weitergegeben und dabei verändert, erneuert oder verworfen.

Die Wurzeln von Kultur liegen in der prinzipiellen Fähigkeit des Menschen, sein Verhältnis zur Mit- und Umwelt zu bedenken und zu gestalten und dabei Sinngebungen für das gemeinschaftliche und individuelle Tun zu entwickeln. Sie beruht auf den spezifisch menschlichen Formen der Kommunikation, namentlich der Sprache, die es ermöglicht, über Kommunikation zu kommunizieren und Vorstellungen von kollektiven und individuellen Identitäten zu entwickeln. Diese dienen als Bezugspunkt der spezifisch menschlichen Befähigung zu zielgerichtetem Handeln und zum Umgang mit Alternativen, Widersprüchen und Ambivalenzen.

Aus dieser knappen Umschreibung (zu der es viele Varianten gibt, wie der Blick in einschlägige Nachschlagwerke zeigt) geht unschwer hervor, dass enge Zusammenhänge zwischen Generationenanalysen und Kulturanalysen bestehen. Letztere erfahren seit einiger Zeit in den Sozial- und Geisteswissenschaften unter der Bezeichnung »Kulturwissenschaften« einen transdisziplinären Aufschwung. Dabei

Anmerkungen

wird dem Konzept der Generation wachsende Aufmerksamkeit zuteil. Ein treffliches Beispiel ist die Publikation von Edmunds/Turner (2002), auf die wir bereits hingewiesen haben (Kap. 2).
Was mit Kultur gemeint ist, umfasst ein breites Spektrum. Am einen Ende findet sich die Alltagskultur, früher gelegentlich auch »Trivialkultur« genannt; damit sind die als bedeutungsvoll und sinnstiftend angesehenen Äußerungen der täglichen Lebensführung und die damit gemeinten Objekte wie Einrichtungsgegenstände, Werkzeuge und Erinnerungsstücke gemeint. Am anderen Ende gibt es die sogenannte »Hochkultur«, worunter typischerweise Werke und Aktionen im Bereich etablierter und experimenteller Kunst, Musik und Literatur gerechnet werden. Doch diese Unterscheidung ist heutzutage fragwürdig geworden. Dazu hat beigetragen, dass beispielsweise in der Kunst des zwanzigsten Jahrhunderts alltägliche Gegenstände zu Kunstobjekten erklärt wurden. Marcel Duchamps »Readymades« sind ein bekanntes Beispiel. Besonders nachhaltig ist die Unterscheidung zwischen Hoch- und Trivialkultur durch die sogenannten Massenmedien unterlaufen worden, wozu bereits einige Zeit vor dem Fernsehen, das man vor allem mit diesem Begriff verbindet, die weite Verbreitung des Radios, von Literatur zu günstigen Preisen als Taschenbücher sowie etwa Bestrebungen zur Demokratisierung der »Wohnkultur« (Werkbund) beigetragen haben.
Im »Postmodernismus« ist die Durchdringung des Elitären mit dem Trivialen und damit gleichzeitig die Hinterfragung dieser Unterscheidung vollends zum Programm geworden. Der Generationenforschung öffnet sich hier ein weites Feld. Dabei sind zwei Sachverhalte bedeutsam: Erstens ist ungeachtet aller Durchmischungen und Verwerfungen immer wieder das Bemühen feststellbar, Neues zu schaffen, das sich vom Alten unterscheidet. Zweitens verbinden sich mit den Manifestationen des Neuen für die Individuen - über ihre Affinität zu sozialen Gruppierungen - Identitätszuschreibungen.

14 Es ergibt sich hier eine Parallele zum Verlust einer – sei es zyklischen, sei es linearen – Ordnung der Zeit in der Dimension des Raums: Der unmittelbar erfahrbare Raum wird überlagert von einem Vorstellungsraum sowie von einem abstrakten Raum (siehe dazu auch Treml 2000: 32-41). Diese Veränderungen bzw. Erweiterungen kultureller Raumverständnisse wird nicht allein durch die modernen visuellen Medien hervorgebracht, vielmehr sind sie vorbereitet worden und werden begleitet von der weltweiten Warentauschwirtschaft, den internationalen Verkehrsverbindungen, dem Massentourismus, den internationalen Organisationen, den Printmedien usw. Die Frage, ob und inwieweit derartige Prozesse der Entgrenzung und Globalisierung von Raumverständnissen eine Überforderung der menschlichen Wahrnehmung bzw. einen Verlust des Ortssinnes entsprechend der These von Meyrowitz mit sich bringen, bedarf einer weiteren Prüfung.

15 Der internationale Vergleich (Kulturvergleich) vertritt in diesen Wissenschaftsdisziplinen die Funktion des Experiments und wird aus diesem Grunde häufig als »Quasi-Experiment« bezeichnet. In diesem Sinne dient der internationale Vergleich (Kulturvergleich) der empirischen Prüfung oder der Generierung von Hypothesen über die Kontextabhängigkeit (gesellschaftliche bzw. kulturelle Variabilität) von sozialen bzw. kulturellen Phänomenen, Artefakten, Beziehungen und Prozessen.
Die Anfänge der Anwendung des internationalen Vergleichs in der Forschung liegen im 19. Jahrhundert und stehen im Zusammenhang mit der zunehmenden Internationalisierung von Kapitalmärkten und Handelsbeziehungen sowie mit der Zunahme von Auslandsreisen. Als erste Beispiele für vergleichende Untersuchungen gelten Marc-Antoine Jullien de Paris' »Esquisse et Vues préliminaire d'un Ouvrage sur l'Education comparée« (1817) und das dreibändige Werk des Volkswirtschaftlers und Staatsrechtlers Lorenz von Stein über die »Geschichte der sozialen Bewegung in Frankreich« (1850). Wichtige Wegbereiter der akademischen Psychologie (Wilhelm Wundt mit seiner Völkerpsychologie), der Soziologie (Émile Durkheim mit seinen Studien zur Arbeitsteilung) und der Pädagogik (Wilhelm Dilthey mit seinem Entwurf über Bildungssysteme) haben die Methode des internationalen Vergleichs zur Anwendung gebracht.
Es lassen sich verschiedene Funktionen des internationalen Vergleichs unterscheiden: In seiner *ideographischen* Funktion sucht der Vergleich nach den besonderen Merkmalen und den einzigartigen

3. Generationenstrukturen

Konfigurationen von fremden Gesellschaften (Kulturen); die *melioristische* Funktion betrifft die Suche nach besseren Modellen für die eigene Praxis; die *evolutionistische* Funktion verweist auf die Suche nach universalen Gemeinsamkeiten und Entwicklungstrends; in seiner *experimentellen* Funktion zielt der Vergleich auf die Analyse systematischer Zusammenhänge und Gesetzmäßigkeiten.

Als die für den internationalen Vergleich konstitutiven Operationen gelten: Deskription, Interpretation, Juxtaposition und Komparation. Die angemessene Anwendung dieser Operationen hat die Verbindung von hermeneutischen und empirischen Verfahren zur Voraussetzung.

Matthes (1992) hat darauf hingewiesen, dass die Anwendung des Vergleichs als Methode die Gefahr mit sich bringt, den Untersuchungsgegenstand mit Kategorien und Maßstäben wahrzunehmen und einzuordnen, die aus der Geschichte des eigenen Landes abgleitet wird. Um die Gefahr der »Nostrifizierung« zu vermeiden, sollte der Vergleich nach Auffassung von Matthes nicht vermeintliche »Eigenschaften« des Untersuchungsgegenstandes ins Auge fassen, sondern die Erweiterung des menschlichen »Diskursuniversums« anstreben.

Eine zweite Gefahr, die in der Anwendung des Vergleichs als Methode liegen kann, besteht nach Tenbruck (1992) in der Konstruktion der Eigenart fremder Kulturen aus ihren Binnenverhältnissen. Tenbruck argumentiert, dass Kulturen bzw. Gesellschaften in aller Regel aus Prozessen des Kulturkontakts und der Kulturbegegnung hervorgegangen sind, dass es also vor jedem wissenschaftlichen Vergleich eine Praxis des Kulturvergleichs gegeben hat. Für die Wissenschaft ergibt sich aus dieser Auffassung: Zum Gegenstand des Vergleichs sollten nicht Kulturen (Gesellschaften) als vermeintliche Entitäten, sondern Prozesse der Kulturbegegnung gemacht werden; der Vergleich als Methode sollte selber als ein Prozess der Kulturbegegnung betrachtet und gestaltet werden.

Die wechselseitige Durchdringung von Kulturen und Gesellschaften und die allmähliche Durchsetzung bestimmter kultureller Muster in diesem Prozess gelten als wichtige Voraussetzungen für die Entstehung und Verbreitung universaler Entwicklungstrends. Solche Entwicklungstrends werden beispielsweise mit dem Konzept der »Modernisierung« beschrieben; es verweist unter anderem auf die zunehmende Verbreitung von Formen der Gewaltenteilung im politischen System und die Verbreitung zivilgesellschaftlicher Strukturen oder auf die tendenzielle Ablösung von Kriterien der Geburt und Herkunft durch das Leistungsprinzip. Mit Hilfe des systemtheoretischen Konzepts der »funktionalen Differenzierung« wird der Trend zur sozialräumlichen und zeitlichen Verselbständigung von gesellschaftlichen Handlungsfeldern beschrieben; dies betrifft beispielsweise die Auslagerung der (Erwerbs-)Arbeit aus dem Familienhaushalt und die Etablierung von eigenständigen Einrichtungen des Lehrens und Lernens (Schulen). In seinen Studien zum »Prozess der Zivilisation« hat Norbert Elias unter anderem den historischen Trend zur Ablösung der Außensteuerung durch Formen der Innensteuerung menschlichen Verhaltens beschrieben.

Die zunehmende internationale Verflechtung von Gesellschaften und die Schaffung transnationaler politischer Strukturen (z.B. UNO) lassen die Frage nach der Verbindlichkeit universaler Normen virulent werden. Dies gilt insbesondere für die Durchsetzbarkeit von Grundrechten im Sinne der allgemeinen Menschenrechte oder der Rechte von Kindern; es gilt aber auch für Versuche, aus den verbindenden Elementen aller Religionen den verpflichtenden Charakter eines »Weltethos« abzuleiten (siehe Küng 1990).

16   Einige Studien beschreiben Prozesse der Kulturbegegnung und der interkulturellen Erziehung im Rahmen von schulischen Bildungsinstitutionen in verschiedenen Ländern einschließlich Ländern in der so genannten Dritten Welt (siehe z.B. Wulf/Merkel 2002). Zwei Sammelwerke dokumentieren die langfristige Abfolge von Studien zur differentiellen Prägung von Kindheit und Jugend in traditionalen Kulturen; insbesondere die neueren, auf das 20. Jahrhundert bezogenen Studien belegen die zunehmende »weltgesellschaftliche« Überformung traditionaler Kulturen (siehe Krebs 2001, Müller/Treml 2002). In einigen Beiträgen zur »kulturvergleichenden Sozialisationsforschung« werden kulturspezifische und kulturübergreifende Determinanten der Lebensphase Kindheit und Jugend sowie der

Anmerkungen

Generationenbeziehungen in den Prozessen sozialen Wandels in heutigen Industriegesellschaften analysiert (siehe Liegle 1987a, 1987c und 1989, Trommsdorff 1989 und 1995, von Alt/Kemkes-Grottenthaler 2002, Kohli/Trommsdorff 2002, Krüger/Grunert 2002).

17 Siehe hierzu auch die Befunde von Wierling (2001) über die Situation in der DDR, worauf wir in Kap. 7.2 hinweisen.

18 Gegenüber den in 3.2 gemachten Ausführungen lässt sich einwenden, dass diese sich ausschließlich auf Deutschland beziehen. Dazu ist zu bedenken, dass – worauf in Historiker-Kreisen oft hingewiesen wird – die bewegte deutsche Geschichte ein Interesse am Generationenphänomen geradezu provoziert. In Übereinstimmung damit steht, dass zum Beispiel weder in Österreich noch in der Schweiz das Konzept der Generation große Beachtung findet. Eine gewisse Ausnahme bilden in der Schweiz die jüngsten Diskussionen über die Politik während des 2. Weltkrieges. Hier artikuliert sich im Rahmen der kritischen Debatten eine so genannte »Aktivdienst-Generation«, die dafür plädiert, den besonderen Umständen jener Zeit gebührend Rechnung zu tragen. Studien, die für internationale Vergleiche, z.B. zwischen europäischen Ländern, die historische Tragfähigkeit des Konzepts erkunden, stehen unseres Wissens noch aus.

4. Generationendynamik: Wie werden Generationenbeziehungen gelebt?

Die vorangehenden Kapitel haben zwei grundlegende Annahmen bestätigt. Erstens: Wenn von einer Generation die Rede ist, dann setzt dies die Existenz von mindestens einer, häufig jedoch von mehreren anderen Generationen voraus. Und wenn von Handelnden die Rede ist, lassen sich die Beteiligten mindestens zwei Generationen zuordnen. Die unterschiedlichen Generationen bzw. Generationenzugehörigkeiten akzentuieren und entwickeln sich dynamisch über ihre wechselseitigen Beziehungen. Zweitens: Man kann grundsätzlich mindestens drei Kategorien von Generationen umschreiben: genealogisch-familiale, historisch-gesellschaftliche und pädagogische. In der Praxis, namentlich in den Handlungsweisen, die Gegenstand der Forschung sind, durchdringen sich diese Kategorien in vielfacher Weise. Darum ist es oft schwierig, sie empirisch auseinander zu halten.

Wenn man vom demographischen Begriff der Kohorte ausgeht und Fragen der sozialstaatlichen Organisation im Zentrum stehen, werden unter Generationenverhältnissen »die für die Beteiligten nicht unmittelbar erfahrbaren, im wesentlichen durch Institutionen des Sozialstaates vermittelten Zusammenhänge zwischen den Lebenslagen und kollektiven Schicksalen unterschiedlicher Altersklassen oder Kohorten« verstanden (Kaufmann 1993: 97 unter Bezug auf Leisering 1992). Wenn sich demgegenüber die Aufmerksamkeit auf die »genealogischen«, d.h. familialen Generationen richtet, rücken persönliche Beziehungen in den Vordergrund. Dies ist allerdings die Domäne anderer Forschungsansätze, namentlich der Sozialisationsforschung und der Familiensoziologie.

In dem hier von uns zur Diskussion gestellten Ansatz geht es nun allerdings darum, die Analyse der mikro- und makrosozialen Dimension von Generationen miteinander zu verknüpfen und die Wechselwirkungen zwischen familialen und gesellschaftlichen Generationen zu bedenken. Unter diesem Gesichtspunkt hat der Vorschlag, die Bezeichnung Generationen*verhältnisse* für makrosoziale und den Begriff Generationen*beziehungen* für mikrosoziale Sachverhalte zu verwenden, so plausibel er sein mag, den Nachteil, dass er die Gegenüberstellung von zwei Sphären des Sozialen betont, die gerade in ihrer wechselseitigen Verflechtung interessant sind. Wird – was oft geschieht – von der mikro- und der makrosozialen *Ebene* gesprochen, entsteht der Eindruck von Unter- bzw. Überordnung, also von Hierarchie. Darum wird in jüngster Zeit die Tragfähigkeit der Unterscheidung angezweifelt, beispielsweise von Bührer (1995: 47). Sie macht geltend, dass »diese heuristische Trennung [...] die Indifferenzen und Wechselwirkungen zwischen den beiden Ebenen in den Hintergrund rückt und zuwenig be-

4. Generationendynamik

rücksichtigt, dass sich bestimmte Aspekte der Generationenbeziehungen nur durch die Berücksichtigung der Mehrebenenproblematik erschließen« (aa0). Die von uns bevorzugte Terminologie lässt sich zusätzlich dadurch rechtfertigen, dass bei der Analyse von »sozialen Beziehungen« zwei Dimensionen unterschieden werden (siehe auch Kap. 7).

Für die Gestaltung von Beziehungen können, erstens, individuelle Gegebenheiten wie die äußere Erscheinung oder Intelligenz und Einstellungen wie Sympathie oder Antipathie bedeutend sein. Sie sind mitunter ein Grund, weshalb man sich – teils unmittelbar, teils im Laufe der Zeit – einander ähnlich oder verschieden erlebt, sich aufeinander zu bewegt oder auseinander strebt. Zweitens sind Beziehungen, weil sie Interaktionen von einer gewissen Dauer beinhalten, in kleinerem oder größerem Ausmaß in die Gesellschaft eingebunden. Sie werden somit mehr oder weniger institutionalisiert, d.h. sie erhalten eine sozial anerkannte Gestalt.

Das geschieht vornehmlich in sozialen Rollen. Diese können primär den Altersbezug ausdrücken, wie dies etwa auf »Seniorin« oder »Senior« zutrifft, sowie – jedenfalls im allgemeinen Verständnis – auf Familienrollen wie Großmutter und Großvater. Die im Parlamentsbetrieb übliche Kennzeichnung »Ratsälteste(r)« ruft in Erinnerung, dass verschiedene Altersangaben von Belang sein können: das Lebensalter ebenso wie die Zugehörigkeit zum Gremium. Der Altersbezug kann aber auch implizit sein, beispielsweise in der Bezeichnung »Ehrenmitglied«. Bei solchen Kennzeichnungen kann das Gewicht auf traditionellen Gegebenheiten liegen oder aber die Veränderung und Erneuerung der Rahmenbedingungen steht im Vordergrund. Letztlich ist die Institutionalisierung unverzichtbar. Über die beiden Dimensionen sozialer Beziehungen wird eine Verknüpfung von Subjekt und Institution vorgenommen.

Bausteine aller Beziehungen sind Kontakte. Diese wiederum hängen davon ab, wie nahe man beieinander wohnt und wie oft man Gelegenheit hat, sich zu treffen. Allerdings gibt es auch andere Möglichkeiten, Kontakt aufzunehmen und zu halten: im Alltag insbesondere das Telefon und – jedenfalls für einen zunehmend größer werdenden Teil der Bevölkerung – in jüngerer Zeit das Internet. Eine Reihe von Untersuchungen beschränkt sich darauf, die Nähe des Zusammenlebens zwischen Familiengenerationen und die Häufigkeit der Kontakte zu erkunden.

Sozusagen eine nächste Stufe betrifft die Ermittlung von Transfers. Dazu gehören auf der einen Seite Geld, Güter und Dienstleistungen, auf der anderen Seite Wissen und Überzeugungen. Hier interessiert beispielsweise, inwieweit die Verallgemeinerung zutrifft, dass die Eltern ihre erwachsenen Kindern vorwiegend mit Geld und Gütern unterstützen, während diese umgekehrt Dienstleistungen primär in Form von Handreichungen, lebenspraktischen Unterstützungen oder Pflege erbringen. Für diese beiden Kategorien haben sich die Sammelbezeichnungen »monetäre und instrumentelle Transfers« eingebürgert. Nimmt man die Trägerschaft in Blick, kann man fragen: Ergänzen dabei die privaten, also die familialen, und die gesellschaftlichen, namentlich die wohlfahrtsstaatlichen Transfers einander oder schließen sie sich aus? Fördern die

4. Generationendynamik

Systeme der sozialen Sicherheit den Familienzusammenhang oder schwächen sie ihn? Oder besteht – als dritte Möglichkeit – ein gleichzeitiges Nebeneinander von familialen und staatlichen Transfers, ohne dass ein direkter, linearer Zusammenhang nachgewiesen werden kann (siehe Hoff 2001).

Die Beziehungen zwischen zwei Generationen verweisen auf Generationenketten, denn die Eltern sind ihrerseits Kinder von Eltern. Generationenbeziehungen innerhalb einer Kernfamilie sind Teil einer Genealogie. Dadurch erhöht sich die Komplexität der privaten und öffentlichen Beziehungsgestaltung. Das zeigt anschaulich die nähere Beschäftigung mit der »Scharnier-Generation«. Noch komplexer – sowohl hinsichtlich der Generationenfolge als auch des Verhältnisses zwischen Geld und Gütern einerseits und Dienstleistungen andererseits – sind Vererben und Erben. Hier geht es um Transfers im Spiel der Abwägung von Bedürfnissen, Verdiensten, sogar Abrechnungen sowie metaphysischen Vorstellungen von der Familie und des Gegenwärtigseins nach dem Tod. Zugleich sind ökonomische Erbvorgänge seit jeher von erheblicher volkswirtschaftlicher und politischer Tragweite. Schematisch läßt sich dies folgendermaßen darstellen:

Abb. 4-1

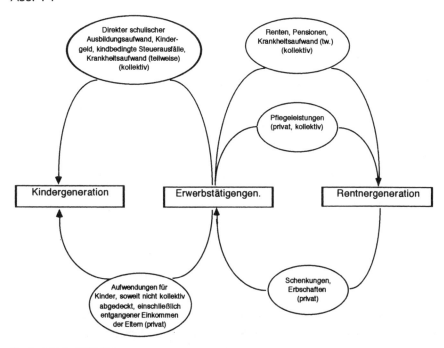

Quelle: Lüdeke 1995: 151.

4. Generationendynamik

Im Feld der Generationenforschung ist bis jetzt der Transfer von Kenntnissen, Wissen und Werthaltungen, der als Bildung und Erziehung oder – sozialwissenschaftlich gesprochen – als »Sozialisation« bezeichnet wird, wenig beachtet und bearbeitet worden. Das galt lange Zeit als Domäne der Entwicklungspsychologie, der Erziehungswissenschaft, der Bildungssoziologie und allenfalls der Familiensoziologie. Seit einigen Jahren – im Zuge neuerer Entwicklungen – werden in den pädagogischen Wissenschaften die Generationen neu thematisiert. Noch sehr zögerlich wird das Sozialisationsgeschehen in der Generationenforschung berücksichtigt. Doch gerade hier sind Beiträge zur Diskussion über die Besonderheit sowie den »Eigensinn« von Generationenbeziehungen zu erwarten. Entsprechend dem in diesem Buch unternommenen Versuch, dem historisch-soziologischen, dem genealogisch-familialen und dem pädagogischen Verständnis von Generationenbeziehungen Rechnung zu tragen, behandeln wir diese Thematik unter der Leitidee des »Generationenlernens« (siehe Kap. 5).

Quer durch die Themenbereiche hindurch zieht sich als empirischer Befund die enge Verknüpfung zwischen Generation und Geschlecht. Es geht dabei um die traditionelle Prägung der Rolle der Frauen als »Hüterinnen der Verwandtschaft« (»kin-keeper«), aber auch um die theoretisch bedeutsame Tatsache, dass sowohl Generationenbeziehungen als auch Geschlechterbeziehungen den Umgang mit grundlegenden anthropologischen Differenzen erfordern.

4.1 Kontakt, Distanz und Nähe

Persönliche Kontakte korrelieren mit der räumlichen Nähe[1]. Allerdings kann Distanz auch mit Telefongesprächen und mit E-Mail sowie Briefwechsel überwunden werden. Da der Begriff der Nähe nicht nur den räumlichen Abstand meint, vermengt er sich bisweilen mit der Enge der Beziehungen. Als ihr Indikator wird oft die Häufigkeit der Kontakte angesehen. Das ist zwar plausibel, doch differenzierte Abklärungen zeigen, dass die Häufigkeit nicht zwingend mit dem Gefühl enger Verbundenheit und einer positiven Bewertung der Beziehung einhergehen muss. Eine gewisse Vermengung der Bedeutungen ist nicht von der Hand zu weisen und kennzeichnet die auf Generalisierung ausgerichteten Untersuchungen. Diese Stoßrichtung ist kennzeichnend für repräsentative Meinungsumfragen.

In der Tat überwiegt alles in allem die Tendenz, die Daten, weil sie in großer Zahl Nähe und Kontakte zwischen den Generationen dokumentieren, positiv zu werten. Das kann zur Abwehr von zwei verbreiteten, durch die Medien oft verstärkten zeitdiagnostischen Argumenten dienen, die beide den gesellschaftlichen Zusammenhalt problematisieren. Das eine sagt in Verlängerung der Thesen über die Individualisierung eine Vereinzelung voraus. Das andere beschwört die Gefahr eines Krieges der Genera-

4.1 Kontakt, Distanz und Nähe

tionen. Unter methodischen Gesichtspunkten ist ferner in Rechnung zu stellen, dass es oft nicht möglich ist, die Befunde ausreichend zu »kontextualisieren«, also beispielsweise den Stellenwert von Kontakten mit Familienangehörigen in der Gesamtheit der Kontakte in Arbeit und Freizeit zu bestimmen oder zu klären, wie diejenigen, die wenige familiale Kontakte haben, diese gegebenenfalls anderweitig zu kompensieren vermögen. Hinsichtlich des Stellenwertes der Verwandtschaftsbeziehungen ist ferner zu bedenken, dass den Befunden der Altersaufbau der Bevölkerung in den 1990er Jahren zugrunde liegt. Dieser ändert sich zwar nur allmählich, aber doch stetig.

Von besonderem Interesse wären auch die Generationenbeziehungen in den Betrieben. Hier ginge es darum abzuklären, wie die Älteren und die Jüngeren miteinander arbeiten, und welche Rolle die Seniorität, d.h. die Dauer der Zugehörigkeit zur Firma, spielt, und wie sich die Altersunterschiede in den informellen Beziehungen auswirken. Zu berücksichtigen sind im Weiteren die Strategien zur Verjüngung des Personals, die Entlassung in den vorzeitigen Ruhestand und – neuestens – die Bemühungen, ältere Arbeitnehmerinnen und Arbeitnehmen länger zu beschäftigen, beispielsweise in Teilzeit. Diese Thematik wird neuerdings unter dem Stichwort »Generationenmix in Unternehmen« abgehandelt (Höpflinger 2002).[2]

4.1.1 Häufigkeit der Kontakte

Untersuchungen, die sich auf die Frage konzentrieren, wie oft alte und junge Menschen im gesellschaftlichen Alltag miteinander Kontakt haben, sind selten. Aufschlussreich ist eine in der französischsprachigen Schweiz durchgeführte Erhebung von Roux et al. (1996). Sie zeigt eine auch in anderen Zusammenhängen feststellbare Asymmetrie zwischen den Generationen. Während von den Älteren (Altersgruppe der 65-74-Jährigen) 66% angeben, mit Jüngeren (20-24-Jährigen) regelmäßig zu diskutieren und annähernd 30% sagen, mit Jüngeren zu essen, spazieren zu gehen und ihnen Rat zu geben, sagen umgekehrt nur 48%, dass sie mit Älteren diskutieren; nur 19% nennen Essen und sogar nur 10% Spazierengehen.

Es werden auch Anzeichen einer vermehrten Problematisierung zur Diskussion gestellt, oft mit journalistischem Impetus. Ein Beispiel ist die Spezialausgabe des »Spiegels« »Jung gegen Alt« (2/1999). Darin wird auf eine im Auftrag der Zeitschrift vorgenommene Untersuchung des EMNID-Instituts hingewiesen. Die Schlüsselfrage lautet: »Glauben Sie, daß sich dieses Verhältnis in den vergangenen Jahren [gemeint ist das Verhältnis von Jung und Alt] verbessert hat, verschlechtert hat oder gleich geblieben ist?« Der Meinung von 40% der Befragten nach ist das Zusammenleben zwischen den Generationen schlechter geworden. Nur 15% sind der Meinung, es habe sich verbessert, 41% glauben, es habe sich nicht verändert. Die Urteile in Ost und West, von Frauen und Männern sowie Befragten aller Einkommens- und Bildungsschichten stimmen weitgehend überein. Eher pessimistisch sind die Jungen: Unter den 18-24-

4. Generationendynamik

Jährigen ist jeder Zweite (52%) davon überzeugt, zwischen Alt und Jung hätten sich die Verhältnisse zum Schlechten gewendet, nur etwa jeder Zehnte (11%) glaubt das Gegenteil. Mit steigendem Alter der Befragten hellt sich das Bild nur geringfügig auf: Unter den 45-59-Jährigen sind 39% vom Abwärtstrend in den Generationenbeziehungen überzeugt – lediglich 19% glauben, Besserung zeichne sich ab (Spiegel spezial 1999: 18; siehe auch Kap. 2.2).

In den Bilanzen der meisten Untersuchungen überwiegen allerdings Einschätzungen eines relativ hohen Einvernehmens. Ein Beispiel dafür sind die Kommentare einer im Auftrag des Bundesministeriums für Familie, Senioren, Frauen und Jugend durchgeführten repräsentativen Umfrage zum gegenseitigen Bild der Generationen vom September 1996 (BMFSFJ 1998b). Die Ergebnisse sollten zur Vorbereitung einer Tagung zum Thema »Dialog der Generationen« genutzt werden. An dieser Zielsetzung orientierte sich auch die Anlage der Erhebung. In der Zusammenfassung der Ergebnisse wird auf einen hohen Konsens hinsichtlich der Leistungen der Älteren und der Möglichkeiten des Miteinanders zwischen den Generationen hingewiesen. Urteile über Zuschreibungen positiver und negativer Eigenschaften sind eher zurückhaltend. Den Älteren wird am ehesten Lebenserfahrung, Hilfsbereitschaft und Gelassenheit zugeschrieben; dies wird mit Engstirnigkeit, Besserwissen und Eigensinnigkeit kontrastiert. An den Jüngeren werden positiv Lebensfreude, Aktivität und Spontaneität und negativ Respektlosigkeit und Verantwortungslosigkeit hervorgehoben. Doch dies sind jeweils keineswegs Urteile der Mehrheit der Befragten. Eine positiv formulierte Frage, ob sich die Generationen verstehen und näher kommen, wird annähernd von der Hälfte bejaht und von der anderen Hälfte eher verneint oder gar abgelehnt. Das ist eines jener Indizien für Zwiespältigkeit, auf die man beim näheren Hinsehen immer wieder stößt. Sie werden jedoch, da aus ihnen scheinbar Unentschiedenheit spricht, oft nicht näher thematisiert. Der Anteil von Befragten, die einen Konflikt mit einer älteren Person haben, ist deutlich höher als derjenige von Befragten, die einen Konflikt mit einer jüngeren Person nennen. Für dieses Ungleichgewicht in der Beurteilung der Beziehungen hat sich in der sozialwissenschaftlichen Literatur die Bezeichnung »generational stake« eingebürgert, ein Begriff, der am ehesten mit »(ungleichem) Generationeneinsatz« übersetzt werden kann (hierzu z.B. Bengtson/Kuypers 1971; Giarrusso et al. 1995).

Die Tragweite von familialen Generationenbeziehungen kommt in dieser Erhebung zur Geltung, wenn es darum geht, Ansprechpartner bei Problemen zu nennen. Die Eltern sind, nebst (Ehe-) Partnern, bei den jüngeren Altersgruppen wichtig – in einer mit den Freundesbeziehungen vergleichbaren Größenordnung. Die relative Bedeutung von Generationenbeziehungen innerhalb der Familien wird auch durch den Umstand unterstrichen, dass beispielsweise von den 60-69-Jährigen rund 30% angeben, außerhalb der Familie eher wenig oder keinen Kontakt zu jüngeren Menschen zu haben. Etwa ein Fünftel der 20-25-Jährigen sagt, außerhalb der Familie keinen Kontakt zu älteren Menschen zu haben.

4.1 Kontakt, Distanz und Nähe

Untersuchungen, in denen familiale und außerfamiliale Beziehungen einander gegenüber gestellt werden, beruhen in der Regel auf dem Ansatz der sogenannten Netzwerkanalyse. Das Ziel besteht darin, das Gewebe der Beziehungen, also das Netz (oder in der mittlerweile üblichen, sich am Englischen orientierenden Begrifflichkeit: das Netzwerk) zu ermitteln, in denen eine Person lebt. Dazu würde eigentlich auch gehören, die einzelnen Verbindungen zwischen allen Personen zu ermitteln (siehe beispielsweise Wasserman/Faust 1994). In der Regel beschränkt man sich indessen auf die sternförmigen Kontakte einer Person.[3] Die Wortkonstruktion transportiert eine positive Bedeutung, denn offensichtlich handelt es sich nicht schlicht um Netze, sondern um gewirkte Netze, um solche, die das Ergebnis von »Beziehungs-Arbeit« symbolisieren. So liegt es nahe, die Netzwerke vorrangig als Quelle der Stützung und Unterstützung zu sehen. Diese Sicht ist auch bei den Befragten nicht auszuschließen, was dazu führen kann, dass beschönigende Auskünfte gegeben werden und sich dadurch das Bild verzerrt.

Darauf hat beispielsweise bereits Gräbe (1991: 349ff.) hingewiesen. Die Autorin stützt sich u.a. auf Erfahrungen bei einer Untersuchung über die Lebenssituation junger Familien, in der es darum ging, »Erleichterungen und Erschwernisse« zu umschreiben (Lüscher/Stein 1985). Dort wurde deutlich, dass Beziehungen auch belastend sein können. Gräbe stellt Wellman zitierend fest, dass die »Konzeption des sozialen Netzwerks als ein integriertes System sozialer Unterstützung ... diese Ambivalenz außer Acht (lässt)«. Um dies zu vermeiden, müsste man wissen, wie die Kontakte beurteilt werden: durchweg positiv, gemischt oder durchweg negativ.

Angesichts der weitverbreiteten Filterung überrascht es nicht, wenn durchweg der hohe Stellenwert der Familie betont wird. Ein Beleg dafür ist der folgende Kommentar zu Befunden des ersten (1988 durchgeführten) Familien-Surveys, die sinngemäß auch im zweiten Familien-Survey bestätigt wurden und anscheinend auch für den dritten Familien-Survey zutreffen:

»Die ›aussterbenden‹ Lebensformen Kernfamilie und Dreigenerationenhaushalt zeigen über alle Bereiche hinweg, daß der Anteil der Nichtverwandten im sozialen Netz eine eher untergeordnete Rolle spielt ... Auch bei den mit gewissen Befürchtungen gesehenen, sich angeblich ›ausbreitenden‹ Lebensformen von Alleinerziehenden, nichtehelichen Lebensgemeinschaften, Alleinlebenden zeigt sich, daß Verwandte immer noch die weitgehend dominanten Kontaktpartner sind. Einzig Alleinlebende, die für persönlich wichtige Gespräche zur Hälfte Nicht-Verwandte wählen bzw. ihre Freizeit mit 78% außerhalb des Verwandtenkreises verbringen, zeigen nennenswerte Anteile von Nicht-Verwandten, die von der Größenordnung her bedeutsam sein könnten. Aber auch die Alleinlebenden nehmen ihre regelmäßigen Mahlzeiten zu 70% mit Verwandten ein, ihre starken emotionalen Gefühle sind auf Verwandte bezogen, der Finanztransfer

4. Generationendynamik

findet im wesentlichen innerhalb der Verwandtschaft statt, der Familienbegriff ist auch hier ähnlich wie bei den anderen Lebensformen nahezu ausschließlich auf Verwandte bezogen. Auch die Anzahl der genannten verwandten Personen weist keine solch dramatischen Unterschiede auf, als daß eine Besorgnis zum jetzigen Zeitpunkt notwendig wäre« (Bien 1994: 12).

In der gleichen Erhebung hat Bertram eine seiner Ansicht nach hohe Kommunikationsdichte festgestellt:

»Bei den (erwachsenen) Kindern beträgt der Anteil täglicher Kommunikation mit ihren Eltern in allen Regionen mindestens 40 bis zu 70 Prozent. – Und bei den Eltern variiert die tägliche Kommunikation mit ihren Kindern zwischen 20 und 50 Prozent, je nach Region. Die Geschwister tauchen als tägliche Interaktionspartner sehr viel seltener auf. – Im Weiteren wird festgestellt, dass bei den Eltern das Kommunikationsmuster in ungefähr dem Muster der Wohnentfernungen in den ländlichen Regionen und den reichen Vororten entspricht. Hingegen gibt es Unterschiede zu den neuen Bundesländern, was mit der unterschiedlichen Wohnstruktur und der Tatsache des frühen Heiratens erklärt wird.« (Bertram 1995a: 181)

Aus der Berliner Altersstudie liegen Daten vor, welche den relativen Anteil von Menschen unterschiedlichen Alters an den Netzwerken Hochaltriger dokumentieren:

»Von den 516 Befragten der Berliner Altersstudie im Alter zwischen 70 und 103 Jahren haben insgesamt 6.833 Netzwerkpartner genannt, also Menschen, zu denen sie aus ihrer Sicht soziale Beziehungen, seien sie familialer oder nicht familialer Art, unterhalten. Bei 11% dieser genannten Personen handelt es sich um gleichaltrige oder um bis 20 Jahre jüngere Freunde, 20 bis 40 Jahre jüngere Freunde treten nur zu 4% auf, und bei 1% der genannten Personen handelt es sich um Freunde, die mehr als 40 Jahre jünger sind. Ein ähnliches Bild zeigt sich bei den Bekannten und Nachbarn, die wir zu einer Gruppe zusammengefasst haben. Bei 11% der Netzwerkpartner handelt es sich um Bekannte oder Nachbarn, die gleichaltrig oder bis 20 Jahre jünger sind, 7% sind 20-40 Jahre jünger, und 3% sind mehr als 40 Jahre jünger. Betrachten wir dagegen die Altersverteilung der Verwandten, so zeigt sich, daß die generationenübergreifenden Beziehungen sich in erster Linie aus der Verwandtschaft rekrutieren. Von den genannten Beziehungspartnern sind 19% gleichaltrig oder bis 20 Jahre jüngere Familienmitglieder, 20% aller Netzwerkpartner sind 20-40 Jahre jüngere Familienmitglieder und 16% sind 40 und mehr Jahre jünger« (Schütze 1997: 109).

4.1 Kontakt, Distanz und Nähe

Gemäß der ersten Welle des deutschen Alters-Surveys (Kohli/Künemund 2000) lässt sich die Kontakthäufigkeit für die unterschiedlichen Altersgruppen wie folgt beziffern:

Tab. 4-1: Kontakthäufigkeit zu Eltern bzw. erwachsenen Kindern außerhalb des Haushalts (kumulierte Anteile, in Prozent)

	40-54 Jahre	55-69 Jahre	70-85 Jahre	Gesamt
Kontakt mit Eltern:				
Täglich	23	29	/	24
Mehrmals pro Woche	52	54	/	52
Einmal pro Woche	75	77	/	75
1 bis 3 mal im Monat	89	90	/	89
Mehrmals im Jahr	95	95	/	95
Seltener	98	99	/	98
Nie	100	100	/	100
Kontakt mit Kindern				
Täglich	36	38	42	38
Mehrmals pro Woche	67	68	69	68
Einmal pro Woche	85	84	86	85
1 bis 3 mal im Monat	94	94	93	94
Mehrmals im Jahr	97	98	98	98
Seltener	99	99	99	99
Nie	100	100	100	100

Quelle: Kohli et al. 2000: 190 (Zahlen gerundet und gewichtet, Schrägstrich: ungewichtete Fallzahlen ≤ 10).

4. Generationendynamik

Der deutsche Alters-Survey bietet im Weiteren auch eine bemerkenswerte Differenzierung hinsichtlich der Kontakthäufigkeit der einzelnen Kinder innerhalb einer Familie. So haben nur 9% der 60-85-jährigen Frauen und Männer mit ein bis drei erwachsenen Kindern seltener als ein bis vier Mal im Monat mit einem dieser Kinder Kontakt. Es zeigt sich indessen auch, dass die Kontakte mit einem zweiten oder einem dritten Kind weniger häufig sind. Dieser Befund weist auf eine Ähnlichkeit mit den Berichten über die Pflegeleistungen hin, wonach beim Aushandeln der Pflegeleistungen häufig ein Kind die Hauptlast übernimmt. Das Geschlecht, die Geburtenfolge, die Nähe des Wohnortes, unter Umstände auch der Einzug in das Elternhaus in Verbindung mit vorgezogenen Erbregeln, sind dabei von Belang (siehe Kap. 4.2.2 und 7.3.1).

Tab. 4-2: Kontakthäufigkeit der 60- bis 85-jährigen Frauen und Männer mit ein bis drei erwachsenen Kindern außerhalb des Haushalts mit jedem dieser Kinder, 1996

Zahl der erwachsenen Kinder außerhalb des Haushalts (Kinder nach Wohnentfernung geordnet)	Kontakthäufigkeit			
	Täglich	mehr-mals/ Woche	1 bis 4 mal/ Monat	seltener
	Prozent			
Mütter und Väter mit einem Kind außerhalb des Haushalts	35	39	27	9
Mütter und Väter mit zwei Kindern außerhalb des Haushalts: - nächstwohnendes Kind - zweites Kind	 39 17	 25 31	 29 39	 7 13
Mütter und Väter mit drei Kindern außerhalb des Haushalts: - nächstwohnendes Kind - zweites Kind - drittes Kind	 34 17 9	 33 29 24	 27 42 49	 6 12 18

Quelle: BMFSFJ 2001: 223 (leicht überarbeitet, Zahlen gerundet).

Die Kontakthäufigkeit wird – wie bereits erwähnt – als ein wichtiger Indikator für die Enge der Beziehungen betrachtet, wobei das Wort in einem weiten Sinne gemeint ist. Szydlik (1995; siehe auch Szydlik 2000) stellt u.a. fest, dass zwischen Eltern und Kindern starke, insbesondere emotionale Bindungen bestehen. Am engsten ist das Verhält-

4.1 Kontakt, Distanz und Nähe

nis zwischen Müttern und Töchtern, am flüchtigsten zwischen Vätern und Söhnen. Im Weiteren scheint gemäß diesen Untersuchungen, die allerdings auf einer vergleichsweise kleinen Stichprobe beruhen, ein Zusammenhang dahingehend zu bestehen, dass ein niedriger Lebensstandard einer geht mit weniger intensiven Beziehungen. Ein schlechter Gesundheitszustand hat eher flüchtigere Beziehungen zur Folge. Eltern, die mit einem Ehepartner zusammenleben, haben engere Beziehungen zu ihren Kindern als die anderen. Bei den Kindern ist es allerdings gerade umgekehrt. Unter den eingangs erwähnten Bindungen an historischen Entwicklungen der Generationenverhältnisse ist bemerkenswert, dass diese Analysen Hinweise ergeben, wonach die so genannte 68er Generation weniger enge Beziehungen sowohl zu den Eltern als auch zu den eigenen Kindern hat. Ähnliches gilt für die zwischen 1910 und 1919 geborenen Kohorten, die im Jahre 1933 zwischen 14 und 23 Jahre alt waren.

Der Preis dafür, dass sich die Arbeiten an einem vergleichsweise weit gefassten Konzept der Enge bzw. der Nähe orientieren, besteht darin, dass sie die Dynamik, mithin auch die potenziellen Spannungsfelder und Widersprüchlichkeiten der Generationenbeziehungen unterschätzen. Bedenkenswert ist beispielsweise ein Befund wie derjenige von Bawin-Legros et al. (1995). Sie stellen in ihrer Studie hinsichtlich der Wohnnähe und der Häufigkeit der Kontakte fest: Erwachsene Kinder aus Arbeitermilieus wohnen näher bei ihren Eltern als dies in den Mittelschichten der Fall ist. Sie berichten jedoch trotz größerer Wohnnähe über weniger häufige Kontakte. Den Schlüssel zur Interpretation dieses – wie die Autoren schreiben – befremdlichen Befundes geben qualitative Befragungen. Dadurch war zu erfahren, dass ernsthafte Meinungsverschiedenheiten in der Regel einen vollständigen Abbruch der Beziehungen zur Folge haben. Familien der unteren Schichten zeigen also hinsichtlich der Generationenbeziehungen ein Verhalten, das ausgesprochen bi-modal ist: Nähe kann zu intensiveren Kontakten führen, birgt in sich aber auch die Gefahr ernsthafter Meinungsverschiedenheiten, die ihrerseits den Abbruch der Beziehungen zur Folge haben. Es kann vermutet werden, dass solche Muster auch bei der Untersuchung anderer Typologien sozialer Differenzierung zu Tage treten würden.

Zur Charakterisierung dieser Sachverhalte wird häufig die Formel »Intimität auf Abstand« (oder eine Variation davon) verwendet. Sie scheint von Rosenmayr/Köckeis (1961) – also in der Frühzeit der neueren Altersforschung – in einer Untersuchung über »Sozialbeziehungen im höheren Lebensalter« in die Diskussion eingeführt worden zu sein. Dabei ging es um eine Beschreibung über das Leben und Wohnen alter Menschen in Heimstätten (aaO: Anm. 13). Man trifft hier wiederum auf eine gewisse Vermengung von räumlicher und sozialer Nähe bzw. Ferne. Die Formel weist indessen auf ein Spannungsfeld hin, das mit der Idee der »Generationenambivalenz« vereinbar scheint (siehe Kap. 7.4). Jedenfalls hat ein gewisser Deutungsspielraum zur Popularität der Formel in der Alters- und Generationenliteratur beigetragen.

Alles in allem ist man gut beraten, wenn man die vorliegenden Befunde im Zusammenhang mit der Dynamik des gesellschaftlichen Alterns sowie dem Wandel familialer

4. Generationendynamik

Lebensformen sieht und folglich ihren transistorischen Charakter bedenkt. Knapp zusammengefasst lauten die wichtigsten Befunde wie folgt:

- Bien/Marbach (1991: 34) referieren Daten des ersten Familien-Surveys, die zeigen: »64% aller Linienverwandten der Befragten (leben) in einem Umkreis, der in weniger als einer Stunde erreichbar ist, und sind in einen regen Austausch mit den Befragten eingebunden«.
- In einer Analyse von Daten des ersten Familien-Surveys 1991 nach Regionen kommt Bertram (1995b: 179) zum Schluss,
- »dass die Kinder insgesamt im Durchschnitt zu 70% in relativ großer räumlicher Nähe zu den befragten Eltern wohnen; in keiner Region der Bundesrepublik, auch nicht in den neuen Bundesländern, geben mehr als 30% an, dass die eigenen Kinder außerhalb des eigenen Ortes wohnen. Umgekehrt werden aber bei den Befragten in Bezug auf die eigenen Eltern viel höhere Werte angegeben, dass diese nicht im gleichen Ort wohnen. Sicherlich ist das damit zu erklären, dass bei der Mobilität der Kinder nicht alle Kinder den Ort verlassen, in dem die Eltern leben, so dass immer ein größerer Prozentsatz von Kindern in der Nähe der Eltern lebt, als umgekehrt Eltern in der Nähe der Kinder« (aaO: 179f.). – Allerdings gibt es große regionale Unterschiede.
- Von den im »Alters-Survey« erfassten 55-69 Jahre alten Menschen haben 53% mindestens einen Elternteil und 75% mindestens ein Kind, die am gleichen Ort wohnen (Kohli et al. 2000: 186).
- Mit Daten des Sozio-Ökonomischen Panels hat Lauterbach (1998) u.a. errechnet dass in 47% der Familien das nächstwohnende erwachsene Kind im gleichen Ort wohnt wie die Eltern, 33% der nächstwohnenden erwachsenen Kinder wohnen an einem Ort im Umkreis von höchstens einer Stunde Fahrzeit. Insgesamt haben somit 80% der Eltern ein erwachsenes Kind, das nicht weiter als eine Fahrstunde von ihnen entfernt wohnt.
- Lange/Lauterbach (1998) zeigen anhand von Daten des Sozio-Ökonomischen Panels u.a., dass von den 10-14-jährigen Kindern, die Großeltern haben, lediglich zwischen 17% (Großmutter väterlicherseits) und 22% (Großvater väterlicherseits) weiter als eine Fahrstunde von diesen entfernt wohnen.

Doch die räumliche Distanz wird von Faktoren beeinflusst, die für die Beteiligten soziale Gegebenheiten sind. Dazu gehören die Möglichkeiten zur Aus- und Weiterbildung, das Angebot an Arbeitsplätzen, Betriebsschließungen, klimatische Bedingungen u.a.m. Angesichts der Anforderungen der globalisierten Wirtschaft, die zumindest für einen Teil der Erwerbstätigen höhere Mobilität fordert, ferner angesichts der vermehrten Erwerbstätigkeit der Frauen und Mütter, ist zu erwarten, dass in Zukunft viele Großeltern, Eltern und Kinder weiter auseinander wohnen. Gemildert werden diese

Anforderungen allerdings durch die verbesserten Verkehrsmöglichkeiten, die dichteren elektronischen Kommunikationsnetze und die Akzeptanz neuer Lebensformen, in denen Arbeitsort und Wohnort weiter auseinander liegen und das Pendeln in größeren zeitlichen Intervallen praktiziert wird.

4.1.2 Auszug aus dem Elternhaus

Zur Vielfalt der räumlichen Struktur familialer Generationenbeziehungen tragen zwei weitere, einander teilweise überlappende Phänomene bei, das gemeinsame Wohnen und der Auszug aus dem Elternhaus. Gemäß Mikrozensus 1996 erreichten in den jeweiligen Altersgruppen die Anteile der Kinder, die bei ihren Eltern bzw. bei Mutter oder Vater wohnen, die folgenden Werte:

Tab. 4-3: Anteil lediger Kinder, die im Alter von 18 und mehr Jahren bei den Eltern[1] leben nach Geschlecht und Alter, Deutschland 1996

Alter	Männer	Frauen	Insgesamt
	in Prozent der Bevölkerung über 18 Jahren		
18-24 Jahre	73,4	54,3	64,1
25-29 Jahre	27,4	11,4	19,5
30-34 Jahre	10,6	3,4	7,1
35-44 Jahre	4,4	1,4	2,9
45-54 Jahre	1,4	0,6	1,0
55-64 Jahre	0,5	0,2	0,4
65 und mehr Jahre	-	0,1	-
Zusammen	12,6	6,6	9,5

[1] Inklusiv Ein-Eltern-Familien
Quelle: Engstler 1998: 24 (gemäß Mikrozensus).
Aus erhebungstechnischen Gründen werden nur die ledigen Kinder erfasst, die angegebenen Werte sind also etwas zu niedrig.

4. Generationendynamik

Diese Daten bzw. Anteile umfassen indessen unterschiedliche Gruppen von erwachsenen Kindern. Im Alterssurvey (Kohli et al. 2000) werden drei Kategorien unterschieden:

> »Erstens handelt es sich um Kinder, die noch nicht aus dem Elternhaus ausgezogen sind. Diese Gruppe hat möglicherweise aufgrund der Verlängerung der Ausbildungszeit und der Verknappung erschwinglichen Wohnraums für junge Auszubildende und Studenten an Bedeutung gewonnen … Zweitens handelt es sich um erwachsene Kinder, die (zeitweilig) wieder zu den Eltern zurückkehren. Hier handelt es sich beispielsweise um Kinder, die sich gerade von ihrem Partner getrennt haben oder um Alleinerziehende. Auch diese »Boomerang Kids« [wie sie in der amerikanisierten populären Presse genannt werden – d.V.] dürften im Zuge des Anstiegs der Scheidungsraten zugenommen haben. … Schließlich sind drittens die erwachsenen Kinder zu nennen, die mit ihren alten Eltern zusammenziehen oder diese bei sich aufnehmen, beispielsweise weil diese pflegebedürftig sind oder sie die Eltern bei der Kinderbetreuung entlasten können. Es ist nicht auszuschließen, daß gerade in Deutschland diese Form der Koresidenz nach der Wiedervereinigung zugenommen hat: Immerhin gehören die Rentner tendenziell zu den Einheitsgewinnern … und könnten somit in manchen Familien die einzigen Personen mit einem gesicherten Einkommen sein« (aaO: 180).

Im Weiteren gibt es Kinder mit schweren körperlichen und psychischen Behinderungen, für die zeitlebens eine Betreuung erforderlich ist, die oft von den Eltern erbracht wird. Hier handelt es sich um ein oft übersehenes familiales Leistungspotential. Dazu heißt es im Fünften Familienbericht zunächst hinsichtlich des Umgangs mit Kindern:

> »Trotz feststellbarer Diskrepanzen zwischen einem erhöhten Bedarf z.B. an finanziellen Hilfen oder emotionalen und instrumentellen Hilfen, trotz einer eindeutig höheren physisch-psychischen Beanspruchung der Eltern, gibt es bis jetzt keine eindeutige Beleglage dafür, daß die Familien mit behinderten Kindern gestörter, dysfunktionaler oder gefährdeter sind als andere Familien. Das bedeutet nichts anderes, als daß die ›Familie‹ nach wie vor und auch unter hohem Druck ihre Aufgaben der Stabilisierung der erwachsenen Persönlichkeit und der Sozialisation von Kindern erfüllt« (aaO: 263).

Analoge zusammenfassende Feststellungen für den Umgang mit erwachsenen behinderten Kindern gibt es nicht, wohl aber zahlreiche Einzelstudien. Sie zeigen, dass es sich dabei um Formen der Gestaltung von Generationenbeziehungen handelt, die von den Beteiligten als fordernd und zugleich in einer besonderen Weise als sinnstiftend angesehen werden (siehe Engelbert 1999).

4.1 Kontakt, Distanz und Nähe

Der Auszug aus dem Elternhaus wird durch Prozesse der Beziehungsgestaltung beeinflusst, die noch wenig erforscht sind. Immerhin lässt sich sagen (Lauterbach/Lüscher 1999), dass dabei insbesondere die Gründung eines eigenen Haushalts von Belang ist. Hier bestehen deutliche Unterschiede zwischen den Geschlechtern. Die Hälfte der jungen Männer, die in den 80er und 90er Jahren einen eigenen Haushalt gründeten, taten dies bis zu einem Alter von 26 Jahren, die Hälfte der Frauen bis zu einem Alter von 22,4 Jahren. Insbesondere haben Studierende eine hohe Neigung, früh einen eigenen Haushalt zu gründen. Das bedeutet allerdings nicht den Verzicht auf Dienstleistungen seitens der Eltern, meistens der Mutter. Männer wie Frauen ohne Partner gründen häufiger erst nach dem Alter von 26 Jahren einen eigenen Haushalt. Von Belang für den Auszug sind auch Merkmale der Herkunftsfamilie. Wenn diese finanziell gut gestellt ist und die Eltern ein Haus oder eine Wohnung besitzen, ziehen die Kinder später aus. Ausreichend Wohnraum trägt zu einem späteren Auszug bei. Dasselbe trifft zu, wenn Vater und Mutter getrennt leben. Insbesondere die Frauen verzögern im Falle einer Scheidung der Eltern sowie einer Verwitwung den Auszug. In Bezug auf den Auszug aus dem Elternhaus vermitteln die Daten auf der demographischen Ebene den Eindruck, dass sich überkommene und neue Muster der Beziehungsgestaltung vermengen. Auf der Beziehungsebene dürfte sich dies in einer Dynamik ausdrücken, in der die Tendenzen zur Eigenständigkeit und zur Abhängigkeit aufeinanderprallen, je verstärkt durch die widersprüchlichen Entwicklungen auf den Arbeitsmärkten. Dies ist ein traditionelles Feld, auf dem die Generationenambivalenzen manifest werden, heutzutage möglicherweise stärker als früher.

Internationale Vergleiche bestätigen diese Einschätzung. Überall ist zwischen Mitte der 1980er und Mitte der 1990er Jahre das Auszugsalter gestiegen. Markant sind indessen vor allem die Unterschiede zwischen den zentral- und den südeuropäischen Ländern. Gemäß einer EUROSTAT-Erhebung (zit. bei Lauterbach/Lüscher 1999: 430) betrugen 1994 die Prozentanteile der 25-29-jährigen Frauen und Männer, die noch im elterlichen Haushalt lebten in Großbritannien 11% bzw. 21%, in Frankreich 10% bzw. 23%, in Deutschland 13% bzw. 29%. Die entsprechenden Werte lauten für Griechenland 32% bzw. 63%, für Spanien 48% bzw. 65%. Ein später Auszug ist typisch für südeuropäische Länder und hängt u.a. mit der Lage auf dem Arbeitsmarkt zusammen. Besonders ausgeprägt ist die Situation in Italien. Laut einer 1998 durchgeführten Erhebung lebten dort beispielsweise von den 25- bis 29-jährigen Männern noch 72% und von den gleichaltrigen Frauen noch 46% bei ihren Eltern. Diese Situation wird durch den Arbeits- und Wohnungsmarkt beeinflusst, aber auch davon, dass spät geheiratet wird (Rossi 2002: 89 und Rossi/Mittini 2001).

4.2 Der Transfer von Leistungen zwischen den Generationen

4.2.1 Allgemeine Austauschbeziehungen

Die Daten über die Kontakte vermitteln ein buntes, mannigfaltiges und teilweise auch widersprüchliches Bild der Beziehungen zwischen den Generationen. Dabei darf nicht übersehen werden, dass die Daten über Kontakte nur beschränkt über die Qualität der Beziehungen informieren. Eine weitere Annäherung an die Beziehungsdynamik ermöglichen Untersuchungen über die Transfers und die wechselseitig erbrachten Leistungen.[4] Was die persönlichen Beziehungen betrifft, geht es dabei darum, wie sich die Angehörigen der verschiedenen Generationen kraft ihrer Generationenzugehörigkeit materiell (mit Dienstleistungen) und ideell unterstützen. Auf der Ebene der Gesellschaft steht die Organisation der Alterssicherung einerseits, der Einsatz für die Erziehung andererseits im Vordergrund. Darauf wird in Kap. 6 näher eingegangen.

Indessen gibt es auch Untersuchungen darüber, in welchem Verhältnis die privaten und die öffentlichen Transfers zueinander stehen. Strittig ist insbesondere, ob sie sich gegenseitig ergänzen oder ob die öffentliche, namentlich die staatliche Alterssicherung zu einer Minderung der privaten Leistungsbereitschaft führt.

Zur Untersuchung der Generationentransfers ist es von Vorteil, das Verhältnis über drei Generationen in Blick nehmen. Dieser Ansatz ist in Europa vor allem in Frankreich entwickelt worden. Das kommt nicht von ungefähr, denn diese Betrachtungsweise bringt das für die französische Kultur kennzeichnende Verständnis von Familie als Mehrgenerationenverbund zum Ausdruck. Eine gute Illustration bietet die Einleitung zu dem 1999 veröffentlichten französischen Familienbericht (Théry 1998). Am Anfang dieser Forschungen steht eine Untersuchung von Roussel/Bourguignon (1976). Sie handelt – typisch für die damalige Zeit – von der Gestaltung der Familienbeziehungen nach der Heirat der Kinder. Dies war damals meistens gleichbedeutend mit der Gründung eines eigenen Haushaltes, im Unterschied zu dem weiter oben (4.1.2) dargestellten, heutzutage eher späteren und »fließenden« Auszug aus dem Elternhaus. In kritischer Abgrenzung gegen die (bereits erwähnte) vorherrschende Meinung, die Familie reduziere sich zusehends auf einen kleinen Kern, zeigt die Arbeit, dass die Beziehungen zwischen Eltern und Kindern – wenngleich verändert – weiterbestehen und durch die Geburt von Kindern nochmals eine neue Akzentuierung erfahren.

Diese Sichtweise erweiternd und namentlich sozialpolitische Überlegungen einbeziehend ist in Frankreich unter der Leitung von Attias-Donfut 1992 eine größere Untersuchung durchgeführt worden, die exemplarischen Charakter hat und deren Einsichten die Generationenforschung auch in anderen Ländern nachhaltig beeinflussten (zusammenfassend: Attias-Donfut 1995; siehe auch die weiter unten zitierten Arbei-

4.2 Der Transfer von Leistungen zwischen den Generationen

ten). Ein erster Teil dokumentiert die Prozesse der gegenseitigen Unterstützungen mit Dienstleistungen und Geld, die zwischen drei Generationen bestehen: den 68-92-Jährigen, den 49-53-Jährigen und den 19-36-Jährigen. Das zusammenfassende Bild zeigt eine markante Intensität des wechselseitigen Austausches. Von den Angehörigen der mittleren, der sogenannten Scharniergeneration geben 89% an, ihre Eltern und 96% ihre Kinder mit Dienstleistungen irgendwelcher Art zu unterstützen, und 49% erhalten solche von ihren Eltern, 60% von ihren Kindern. Von den Enkelkindern sagen 56%, dass sie ihren Großeltern gute Dienste leisten, und 38%, dass sie solche von diesen erhalten. Geldliche Unterstützungen geben 9% der Scharniergeneration an ihre Eltern und 33% erhalten solche, die entsprechenden Anteile im Verhältnis zu den Kindern betragen 2% und 64%. Von den Enkeln wiederum transferieren 2% Geld an ihre Großeltern, 33% erhalten monetäre Zuwendungen (aaO: 74). Ein weiterer wichtiger Aspekt der Unterstützungen betrifft den Erwerb einer Wohnung oder eines Hauses oder den Einzug in ein solches aus dem familialen Besitz (aaO: 75).

Die bis jetzt umfassendste Darstellung dieser Transfers für Deutschland bieten die Daten des bereits mehrfach zitierten Alters-Surveys und die damit einhergehenden Arbeiten der Berliner »Forschungsgruppe Altern und Lebenslauf« (FALL), die sich am französischen Ansatz orientiert hat (zusammenfassend Kohli/Künemund 2000; Kohli et al. 2000). Allerdings ist die Gewichtung eine andere, indem – wie der Name »Alters-Survey« sagt – die Situation der Menschen in späteren Lebensphasen – der sogenannten »zweiten Lebenshälfte« – im Zentrum steht. Basis dieser Arbeiten ist eine im ersten Halbjahr 1996 durchgeführte repräsentative Erhebung bei 4836 deutschen Personen der Jahrgänge 1911-1956, gezogen auf der Grundlage von Daten der Einwohnermeldeämter. Die Befragung umfasste drei Teile: ein halbstandardisiertes psychologisches Instrument zur Selbst- und Lebenskonzeption, eine standardisierte Befragung mit soziologischen und psychologischen Variablen und ein nach dem Interview auszufüllender schriftlicher Fragebogen. Ein zweites Alters-Survey ist in Verantwortung des Deutschen Zentrums für Altersfragen (DZA), ebenfalls in Berlin, im Jahre 2002 durchgeführt worden.[5]

Ein herausragender Befund ist die mittlerweile mehrfach – so auch im Dritten Altenbericht – zitierte Darstellung über die Transferflüsse. Wir haben sie in der folgenden Abbildung leicht verändert, um die relative Gewichtung stärker hervorzuheben.

4. Generationendynamik

Abb. 4-2: Transaktionen zwischen den Generationen nach Kohli (adaptierte Darstellung)

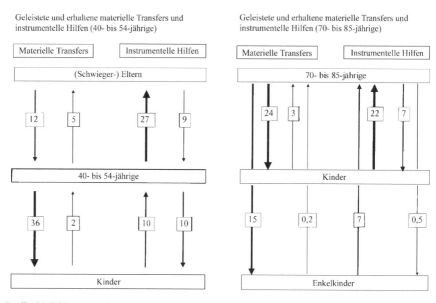

Quelle: BMFSF 2001:224

Dargestellt werden die Transfers, die im Jahr vor der Befragung stattgefunden haben, in der Perspektive von zwei Populationen, nämlich (a) den 70-85-Jährigen, die eigene Kinder (n=1124 Personen im Alter von 70-85) und Enkelkinder (n=919) haben und (b) den 40-54-Jährigen, die (Schwieger-) Eltern (n=1393) bzw. erwachsene Kinder außerhalb des Hauses haben (n=659). Das scheint auf den ersten Blick etwas verwirrend, ist aber eine Konsequenz der Anlage der Untersuchung und jenes Umstandes, der als »Mehrgenerationalität« umschrieben werden kann (siehe Kap. 1.3). So entsteht ein umfassenderes Bild als wenn man sich nur auf die Daten ausgehend von der ältesten Generation beschränken würde. Was die Leistungen betrifft, wird unterschieden zwischen materiellen Transfers und instrumentellen Hilfen. Erstere umfassen Unterstützungsleistungen in Form einmaliger oder regelmäßiger Überweisungen von Geld und Gütern, eingeschlossen Erbschaften. Letztere beinhalten Hilfen im Alltag wie Handreichungen, Umgang mit den Behörden, Pflege und Betreuung.

Deutlich erkennt man in der ersten Darstellung, dass die Großeltern überwiegend Geldleistungen erbringen und Dienstleistungen erhalten. Dabei scheint im Vergleich der Leistungsarten die Bilanz, so weit sich eine solche erstellen lässt, nicht völlig ausgeglichen. Betrachtet man die Transfers in der Perspektive der mittleren Generation,

4.2 Der Transfer von Leistungen zwischen den Generationen

zeigt sich ein ähnliches Bild. Allerdings sind hier – plausiblerweise – die Austauschbeziehungen mit den erwachsenen Kindern intensiver.

Diese Darstellungen werfen mehrere Fragen auf, die nicht einfach zu beantworten sind. Kann man von einer großen Leistungsdichte im Verhältnis der Generationen sprechen? In der Literatur wird das überwiegend bejaht, doch spielt hier hinein, worauf wir schon mehrfach hingewiesen haben, dass die Arbeiten in kritischer Abgrenzung gegen die These der Vereinzelung und jene der Reduktion auf die Kernfamilie entstanden. Weiter kann man sich fragen, ob in diesen Transfers bestimmte »Normen« erkennbar sind. Der Dritte Altenbericht stellt hierzu fest:

> »Das Geben und Nehmen in den Familienbeziehungen lässt sich nicht allein einer zentralen Logik, einem Leitmotiv unterordnen. [... es] wird sowohl durch Gedanken der Liebe, der Solidarität, aber auch des Tauschs, unterschiedlichen Formen von Reziprozität (direkt, verzögert, generalisiert, intergenerationell) und Aspekten der Anerkennung, Bindung und Macht beeinflußt. Von großer Bedeutung ist zudem die Ressourcenausstattung der Geber und Nehmer und die unterschiedlichen Bedarfslagen im familialen Gefüge« (BMFSFJ 2001: 224).

Damit werden auch an dieser Stelle die Zwiespältigkeiten angesprochen. Sie scheinen mit der in Kap. 7.4 entwickelten These der »Generationenambivalenz« vereinbar. Der Umstand, dass sich der Anteil der Geber privater Geld- und Sachleistungen unter den 40-85-Jährigen als wesentlich größer als derjenige der Empfänger erweist, wird von Motel/Szydlik (1999) bei einer detaillierteren Analyse bestätigt. Sie und andere veranschaulichen dies mit dem Bild der »Kaskade«.[6]

Die genannten Transfers werden den beiden Autoren zufolge durch folgende Variablen beeinflusst (aaO: 15ff.):

– Je wohlhabender die Geber sind, desto größer sind die Transfers. Dasselbe gilt hinsichtlich der Bildung, wobei Wohlstand und Bildung eng miteinander verknüpft sind.
– Erwachsene Kinder erhalten Transfers in Abhängigkeit vom Bedarf, also insbesondere bei Notlagen und in finanziellen Engpässen. In einem plausiblen Zusammenhang damit steht, dass jüngere Kinder – unter denen sich viele noch in Ausbildung befinden oder die eine Familie gegründet haben – eher Empfänger sind als ältere (bereits etablierte) Kinder. Man scheint sich zu unterstützen, wenn ein tatsächlicher Bedarf besteht.
– Kontakthäufigkeit und emotionale Nähe sind eng mit der Vergabehäufigkeit verkoppelt. Ein wichtiger Beweggrund – darauf verweisen insbesondere die französischen Studien – ist das Bemühen, ein Absinken des sozialen Status der

4. Generationendynamik

Kinder zu vermeiden. So sind dann, wenn diese einen niedrigeren Status haben, also ein Abstieg zu befürchten ist, Unterstützungen wahrscheinlicher. Gleichzeitig – und unter Umständen in einem gewissen Spannungsfeld dazu – geht das Bemühen bei den meisten dahin, zwischen den Kindern auf größtmögliche »Gerechtigkeit«, d.h. Gleichbehandlung zu achten.

Hinsichtlich der Transfers von Geld und Gütern unter Lebenden bietet es sich also an, den ganzen Lebensverlauf in Blick zu nehmen. Geldleistungen der mittleren an die jüngere Generation dienen dazu, die Liquidität der jüngeren zu gewährleisten bzw. zu verbessern. Die älteren erbringen an die mittleren Generationen Vermögensleistungen, um den Besitz der Familie zu wahren (Attias-Donfut/Wolff 2000a: 29).

Im Weiteren sind in der französischen Studie folgende Regelmäßigkeiten festgestellt worden:

- Die Ströme fließen von der mittleren Generation an die gut erzogenen, nicht zu Hause wohnenden Kinder, die ihrerseits Aussicht haben, später höhere Einkommen zu erzielen.
- Je wohlhabender die Empfänger, desto größer die Beträge, die sie erhalten, aber desto weniger häufig erhalten sie Geschenke. Je wohlhabender die Geber, desto häufiger geben sie. Allerdings hängt die Höhe nicht unbedingt vom Wohlstand ab. Der Anteil des weitergegebenen Vermögens ist bei den weniger Wohlhabenden relativ größer (aaO: 32).

Eine wichtige Voraussetzung für die in Deutschland und Frankreich beobachteten Austauschbeziehungen scheint zu sein, dass die älteren Generationen relativ wohlhabend sind, jedenfalls so, dass ihre alltäglichen Bedürfnissen gesichert sind. Das lenkt die Aufmerksamkeit auf das Verhältnis der privaten Austauschbeziehungen in Bezug auf Geld und Dienstleistungen zu den öffentlichen Leistungen, namentlich den wohlfahrtsstaatlichen Maßnahmen zur Alterssicherung. Wiederum nehmen hier die französischen Arbeiten einen besonderen Platz ein.

Diese Befunde verweisen auf Komplementaritäten, die darin bestehen, dass die durch die Weitergabe von Geld und Gütern (finanzielle Transfers) zwischen den Familien verstärkten Ungleichheiten des Lebensstandards durch die wohlfahrtsstaatlichen Systeme der Alterssicherung sowie der Gesundheitspflege im Alter gemildert werden (Attias-Donfut/Arber 2000: 13). Das trifft jedenfalls für die unteren Einkommenssegmente zu. Gleichzeitig begünstigen die öffentlichen Transfers die älteren Generationen, die privaten hingegen weisen eine positive Bilanz zugunsten der Jüngeren auf (ebd: 13). In dieser Hinsicht sind die Transfers »inter vivos«, also unter Lebenden, im Sinne von vorweggenommenen Erbleistungen bedeutsam.

4.2 Der Transfer von Leistungen zwischen den Generationen

Die privaten Transfers mildern insgesamt betrachtet die Einkommens- und Vermögensunterschiede zwischen den Generationen (Attias-Donfut/Wolff 2000b: 43). So jedenfalls lauten die Ergebnisse der französische Einkommens- und Verbrauchsstatistik (ebd). Das ist die Folge – erstens – der Einkommenszunahme der Haushaltsangehörigen unter 40 und – zweitens – der disponiblen Einkommen der Älteren. Dabei ist in Betracht zu ziehen, dass viele der älteren und alten Menschen – jedenfalls der jetzt noch lebenden Generationen – weniger große Ansprüche und eine geringere Konsumfreudigkeit zeigen. Unter Umständen brauchen sie nicht einmal die ganze ihnen zur Verfügung stehende Rente. Das scheint auch für Deutschland zuzutreffen. Die gesamtwirtschaftliche Bedeutung dieser Transfers wird durch eine Schätzung von Künemund/Motel unterstrichen. Ihrer Ansicht nach betrug der Gegenwert der Leistungen der 60-85-Jährigen in den Tätigkeitsfeldern Pflege, Ehrenamt und Enkelkinderbetreuung Ende der 1990er Jahre, ungefähr 80 Milliarden DM pro Jahr (Künemund/Motel 2000: 123).

In der Zusammenfassung einer deutschsprachigen Darstellung der Befunde von Attias-Donfut (2000: 235) heißt es:

»...die öffentlichen Hilfen (werden) von den familialen weitergeführt und verstärkt ... Die Interaktion zwischen diesen beiden Typen der Hilfe ... erzeugt eine regelrechte Synergie. Die Umverteilungsfunktion der Sozialleistungen wird verstärkt durch die Transfers inter vivos, die ihrerseits dazu beitragen, bestimmte soziale Ungleichheiten zu verringern, indem sie den Familienmitgliedern zugute kommen, die sie am meisten benötigen. Diese überwiegend an die Jungen gerichteten Transfers schwächen die Auswirkungen der Wirtschaftskrise ab, indem sie den Jungen helfen, die beim Eintritt in der Arbeitsmarkt auftretenden Schwierigkeiten zu bewältigen. Die Dynamik der Generationen hat eine soziale und wirtschaftliche Regulationsfunktion und die soziale Sicherung verstärkt oder schafft sogar erst den sozialen Zusammenhalt zwischen den Generationen.«

Für die deutschen Verhältnisse argumentieren Künemund/Motel (2000) ähnlich. Sie heben zwei Ergebnisse hervor:

»Erstens sind die Älteren nicht nur passive Empfänger von sozialstaatlichen und privaten Transfers, sondern sie treten auch häufig als Unterstützungsleistende innerhalb der Familien auf. Erst im hohen Alter, wo Hilfe- und Pflegebedürftigkeit eine zunehmende Rolle spielen, übersteigt der Anteil der Empfänger von privaten Unterstützungsleistungen jenen der Geber. Zweitens sind für solche intergenerationellen familialen Unterstützungen überwiegend Kombinationen von Motiven ausschlaggebend« (aaO: 134).

4. Generationendynamik

Daraus folgern sie u.a., dass bei einer Kürzung etwa der Renten die Unterstützungsleistungen der Älteren direkt gefährdet wären und überdies sogar die Jüngeren die Älteren stärker unterstützen würden. Das aber könnte Konsequenzen für die Qualität der familialen Beziehungen haben (ebd).

Die Annahme ist somit berechtigt, dass ausgebaute Systeme der Alterssicherung die Bereitschaft unterstützenden Handelns innerhalb von Familien nicht beeinträchtigen, sondern unter Umständen sogar fördern. Dies gilt auch hinsichtlich der professionellen Hilfe. Sie bewirkt, dass die Bereitschaft zu persönlichen Hilfe- und Pflegeleistungen für ältere Angehörige steigt. In dem Maße, in dem dies zutrifft, ist es problematisch, die Ergebnisse von Forschungen in Gesellschaften mit grundsätzlich verschiedenen Systemen der Alters- (und Gesundheits-) Sicherung »zusammenzufassen«, also beispielsweise den USA einerseits und andererseits Ländern wie Deutschland, Frankreich, Österreich und anderen europäischen Staaten.

In dieser Richtung zielt auch die Argumentation von Künemund/Rein (1999). Sie setzen sich kritisch mit jenen Modernisierungstheorien auseinander, die behaupten, dass ältere Menschen soziale und ökonomische Funktionen verlieren und dass es zu einer Verlagerung der Verantwortlichkeit von der Familie zu öffentlichen Systemen der Solidarität kommt. Diese Sichtweise, die im Kern besagt, ein starker Wohlfahrtsstaat vermindere die Bereitschaft von Familien, finanzielle Unterstützungen und Dienstleistungen für ältere Angehörige zu erbringen, bezeichnen sie als »crowding out«-Hypothese, umschreibbar als »Auseinanderrücken« der Familien, was zu einer Erosion der Generationensolidarität führe. Sie fassen darunter ausdrücklich nicht Entlastungen, wie sie etwa hinsichtlich der Pflegeleistungen die sozialstaatlichen Einrichtungen insgesamt mit sich gebracht haben (aaO: 117). Vielmehr meint »crowding out« eine Veränderung der Beziehungen als solchen. Dem »crowding out« stellen die Autoren die Annahme des »crowding in« gegenüber, was sinngemäß ein »Zusammenrücken« beinhaltet. Gemeint ist, dass der Anstieg wohlfahrtsstaatlicher Ausgaben mit einer Zunahme des Gebens und Nehmens zwischen den Generationen einhergeht. Es besteht also eine große Übereinstimmung mit der Argumentation von Attias-Donfut. Insoweit angenommen wird, dass die Generationen entweder zusammenrücken oder sich auseinanderleben, betonen diese Überlegungen eine gewisse Polarität.

Was spricht für die eine und was für die andere Sichtweise? Gestützt auf die soziologische und die ökonomische Literatur über die Austauschprozesse sowie eine eigene international vergleichende Studie sind die Autoren der Auffassung, großzügige öffentliche Transfers- und Gesundheitssysteme würden die Familiensolidarität nicht untergraben. Mehr noch, mindestens ihre eigenen Untersuchungen zeigen, dass staatliche Großzügigkeit das Zusammenrücken der Generationen begünstigt. Je besser es den älteren Menschen geht, desto eher sind sie bereit, innerfamiliäre Hilfen zu leisten (aaO: 115f.). Diesen Zusammenhang legen im internationalen Vergleich insbesondere die deutschen Ergebnisse nahe.

4.2 Der Transfer von Leistungen zwischen den Generationen

Größere persönliche Ressourcen scheinen die Bereitschaft älterer Menschen zu fördern, Kinder und Kindeskinder zu unterstützen. Die Muster gegenseitigen Gebens und Nehmens werden somit verstärkt. Allerdings lässt sich dieser Zusammenhang nicht direkt nachweisen. Er ist von den näheren Umständen abhängig, darunter die persönliche Beziehungsgestaltung. Festzuhalten ist dabei, dass nicht nur wohlhabendere, sondern auch weniger bemittelte ältere Menschen ihre Kinder mit Zuwendungen unterstützten. – Außer Acht bleiben in der Argumentation der Autoren allerdings die Veränderungen der Lebensweisen, so eine denkbare Neigung zu vermehrtem Konsum auch in bestimmten Phasen des Alters.

Gibt es Ressourcenkonflikte zwischen den Generationen, wie sie beispielsweise in der rhetorischen Figur des Krieges der Generationen angesprochen werden? Dieser Frage ist man im österreichischen Generationen-Survey nachgegangen (Majce 1998). Dort ließ sich feststellen, dass die Jungen »der Elterngeneration weitgehend ihren materiellen Besitz und Erwerb [gönnen], denn nicht weniger als vier Fünftel aller Befragten meinen, die Eltern sollten sich selbst ein angenehmes Leben machen. ... Mehr noch: Es sind die Älteren selber, die die Haltung einnehmen, die Eltern sollten zugunsten der Kinder Verzicht üben«, jedenfalls sind über ein Viertel dieser Meinung (doppelt so viel als Junge, die diese Ansicht vertreten) (aaO: 13).

Rein (1994: 13) macht darauf aufmerksam, dass die erfahrene Solidarität nicht unbedingt eine höhere Lebenszufriedenheit bewirkt, doch ihre Abwesenheit gehe einher mit größerer Einsamkeit und geringerer Zufriedenheit. Gestützt auf die von ihm analysierten interkulturell vergleichenden Daten gewinnt er den Eindruck, dass das Erbringen von Leistungen, auch bei Älteren, mit größerer Zufriedenheit einhergeht. Er folgert daraus: »The idea that giving not receiving enhances well-being is intriguing« (aaO: 12).

Die Autoren argumentieren im Weiteren, unter ökonomischen Gesichtspunkten scheine es befremdlich, die aktive Generation über das System der sozialen Sicherheit zu Leistungen an die ältere Generation zu verpflichten, welche von dieser – jedenfalls teilweise – wieder zurückgegeben werden. Unter soziologischen Gesichtspunkten sei allerdings zu bedenken, dass eine Verminderung der Wohlfahrtsausgaben die familiale Solidarität vermindere, also das Gegenteil von dem bewirke, was die Anhänger dieser Auffassung postulieren. Dazu wäre nun allerdings auf die administrativen Kosten des Systems sozialer Sicherheit hinzuweisen und überdies den Unterschieden in den Umverteilungseffekten nachzugehen. Bedenkenswert ist in diesem Zusammenhang indessen, dass die funktionale Logik dieses Systems darin bestehen könnte, »die Jüngeren der sozialen Kontrolle der Älteren in der familialen Generationenfolge zu unterstellen« (Kohli 1997: 286).

Letztlich stoßen in der Gegenüberstellung von »crowding out« und »crowding in« zwei Betrachtungsweisen gesellschaftlicher Beziehungsgestaltung aufeinander (siehe Kap. 7.3.2). Die eine orientiert sich an Vorstellungen der Rationalität, die durch ökonomische Nutzenabwägung und Effizienz geprägt ist. Die andere geht von soziologischen Auffassungen aus, denen zufolge private Solidarität den gesellschaftlichen Zusammenhang gewährleistet. Beide vermögen, wenn sie prinzipiell verstanden werden, der tatsächlich erfahrbaren Beziehungsgestaltung nicht gerecht zu werden. Wir sehen darin ein weiteres Argument für eine Annäherung an die Dynamik der Gestaltung von Generationenbeziehungen, die die Spannungsfelder und ihre Widersprüchlichkeiten thematisiert (siehe Kap. 7.4).

In diesem Zusammenhang sind die Ergebnisse einer minutiösen Studie von Finch/ Mason (1993) betrachtenswert. Sie können zeigen, dass erwachsene Kinder sich nicht verpflichtet fühlen, ihren Eltern regelmäßige finanzielle Unterstützung zukommen zu lassen. Hingegen können sie belegen, dass beide Parteien darin übereinstimmen, dass gelegentliche kleinere Unterstützungen angemessen sind. Es gilt das Prinzip der teilweisen Hilfe: Nebst den Familienmitgliedern wird die Unterstützung formaler Organisationen in Anspruch genommen und so ein Gleichgewicht zwischen Abhängigkeit und Unabhängigkeit geschaffen. Überdies ist bemerkenswert, dass zwar grundsätzlich das Prinzip gegenseitiger Verantwortung akzeptiert wird, jedoch offen ist, wie es in der Praxis umgesetzt werden soll. So besteht also hinsichtlich dieser solidarischen Beziehungen ein großes Maß an Ambivalenz (siehe Kap. 7.4.2).

Ausgehend von den empirischen Analysen des Transfers zwischen Großeltern, Eltern und Kindern stoßen wir auf die enge Interdependenz zwischen familialen und gesellschaftlichen Generationen sowie auf die sozialpolitische bzw. wohlfahrtsstaatliche Organisation der Generationentransfers. Das ist eine zentrale Thematik bei der Begründung von Familienpolitik als Generationenpolitik (siehe Kap. 6.2.2)

Die materiellen und instrumentellen Transfers zwischen den Familiengenerationen bieten somit ein mannigfaltiges Bild. Dort, wo grundsätzlich enge Beziehungen bestehen, ist das Hin- und Her oft intensiv, und wahrscheinlich noch intensiver, als es die Befragungsbefunde zeigen. Denn vieles, was unter diesen Umständen schlicht als selbstverständlich gilt, dürfte selbst bei sorgfältiger Befragung nur unvollständig zur Sprache kommen. Auch ändert sich die Häufigkeit und die Art der Transfers in Abhängigkeit von den Familienphasen, ebenso wie die Beziehungen in ihrer Intensität variieren. Zieht man die Unterschiede nach Milieu, Region, Nationalität usw. in Betracht, bietet sich hier ein reiches Feld für Forschungsvorhaben kleineren oder größeren Zuschnitts.

4.2.2 Pflegen

Die Pflege-Beziehungen zwischen älteren Menschen und ihren jüngeren Familienangehörigen sind mittlerweile Gegenstand einer reichen Spezialliteratur, die ihrerseits in den Dokumenten der Sozialberichterstattung aufgearbeitet wird. Es geht dabei unter gesamtgesellschaftlichen und volkswirtschaftlichen Gesichtspunkten um die Abschät-

4.2 Der Transfer von Leistungen zwischen den Generationen

zung des Pflegebedarfes. Diesbezüglich stehen sich zwei Tendenzen gegenüber: die Zahl älterer Menschen steigt, doch ihr Gesundheitszustand verbessert sich. Die Fähigkeit, länger für sich selber sorgen zu können, wird durch gezielte Maßnahmen aller Art verbessert. Dazu gehört das Angebot an Medikamenten, Hilfen für alltägliche Verrichtungen und »pädagogische« Anregungen. Ein weites Feld betrifft das wechselseitige Verhältnis zwischen stationärer Betreuung in Heimen aller Art (und hier wiederum die Frage staatlicher, halbstaatlicher oder privater Trägerschaft) und die Betreuungs- und Pflegeleistungen, die durch Familienangehörige erbracht werden sowie die Angebote, die – wiederum von teils staatlichen, teils privaten Trägern – gemacht werden, um alten Menschen den Verbleib in einer eigenen Wohnung zu ermöglichen sowie Familienangehörige in ihren Leistungen zu unterstützen. Für alle diese Tätigkeiten stellt sich die Frage der Ausbildung des voll- und teilzeitlich tätigen Personals sowie derjenigen, die freiwillig Dienstleistungen erbringen. Dazu gehören nicht zuletzt Initiativen, die darauf zielen, rüstige ältere Menschen für einen Einsatz zugunsten weniger rüstiger älterer Menschen zu gewinnen. Es wird also eine intragenerative Solidarität angestrebt oder – wenn man so will – intergenerative Solidarität zwischen alten und sehr alten Menschen. Je nach Gewichtung dieser Sachverhalte fallen die Schätzungen unterschiedlich aus.[7]

Aus der Fülle der Themen, die oft interdisziplinär, in Zusammenarbeit zwischen Wissenschaft und Praxis sowie in Form einer Weitergabe praktischer Erfahrungen aufgearbeitet werden, ragen in der sozialwissenschaftlichen und speziell der soziologischen Literatur zwei miteinander verflochtene Themen heraus. Sie betreffen – erstens – die Prozesse des Aushandelns darüber, wer in Familie und Verwandtschaft die Verantwortung für Pflegeleistungen übernimmt und welche Belastungen sich daraus für die Beteiligten ergeben. Zweitens beziehen sie sich auf die damit einhergehende Aufteilung von Zuständigkeiten und praktischen Verpflichtungen zwischen den Geschlechtern (siehe hierzu Finch/Mason 1993, Dallinger 1997 und 1998 sowie Kap. 4.2.2 und 7.3.1). Durchweg wird festgestellt, dass überwiegend Frauen Betreuungs- und Pflegeleistungen erbringen. Ob und in welchem Ausmaß sich vermehrt Männer beteiligen, ist umstritten. Sicher ist, dass nicht nur erwartet wird, dass Töchter sich um ihre eigenen Eltern kümmern, sondern dass dies Schwiegertöchter für ihre Schwiegereltern tun. Dabei erhöhen sich die Spannungen, die in einer qualitativen Pionierstudie schon von Cohler/Grunebaum (1981) ausführlich dargestellt werden. Diese Analyse enthält wichtige Einsichten, die geeignet sind, die These der »Generationenambivalenz« zu stützen. Unter diesem Gesichtspunkt geht auch Lorenz-Meyer (2003) die Thematik an (siehe Kap. 7.4.3). Durchweg wird indessen festgestellt, dass es sich um Verpflichtungen und die Leistungen handelt, die überwiegend Frauen zugemutet und von diesen erbracht werden. Hier zeigt sich besonders deutlich: Generationenthemen sind häufig auch Geschlechterthemen (obgleich dies in der Theorie und der Forschung noch vergleichsweise wenig zur Sprache kommt).[8] Nestmann/Schmerl (1990: 22) sprechen in diesem Zusammenhang von einem Geschlechterparadox: »Frauen leisten mehr Social Support bzw. sind durch Social Support mehr belastet als Männer; Männer leisten weniger Social Support, profitieren mehr von Support-Leistungen ihrer Frauen als diese von ihnen.«

Es geht somit um ein zentrales Thema der Geschlechterforschung: Ungleichheit (hierzu besonders markant z.B. Sen 1990). Es geht aber auch darum, inwiefern »Pflegen«, genauer: die mit dem englischen Begriff »caring« gemeinten Verhaltensweisen und Einstellungen geschlechtstypisch verstanden werden. Diese Frage ist Thema spezifischer Abhandlungen (siehe z.B. von Hochschild 1995; Cancian/Oliker 2000). Das Konzept von »Care« beinhaltet, wie bereits aus der Übersetzung erschlossen werden kann, zwar »Pflege«, aber darüber hinaus auch »Besorgnis«, »Sorgfalt«, »Betreuung« und »Anteilnahme«. Im Kontext der Generationenbeziehungen heißt das auch, dass sich Eltern und Kinder gegenseitig umeinander »kümmern«. Die Auslotung dieser Dimensionen im Kontext der Erforschung familialer Generationenbeziehungen ist ein Feld, das noch seiner Bearbeitung durch die Forschung harrt. »Sich kümmern« lässt sich u.a. auch als einen Aspekt von »Verlässlichkeit« verstehen (siehe Kap. 6.3).

Insgesamt herrscht der Tenor vor, dass Pflegeleistungen überwiegend Belastungen beinhalten. Demgegenüber kann, wie dies z.B. bei Schütze (1993) geschieht, auch auf die Sinnhaftigkeit hingewiesen werden, die der Tätigkeit des Pflegens eigen ist. Eine wichtige Voraussetzung dafür, dass Pflegeleistungen auch ohne die Erfahrung von Selbstaufgabe erbracht werden können, bildet die Komplementarität der privaten und öffentlichen Unterstützungssysteme, auf die in diesem Abschnitt sowie in Kap. 6 eingegangen wird. Dabei ist selbstverständlich nicht festgelegt, dass diese Sinnhaftigkeit nur geschlechtsspezifisch erfahren und gelebt werden kann.[9]

4.2.3 Die besondere Situation ausländischer Familien

Besonders vielschichtig sind die Rahmenbedingungen und die Gestaltung von Generationenbeziehungen in ausländischen Familien. Davon handelt für Deutschland ausführlich der Sechste Familienbericht (BMFSFJ 2000).[10] Im Hinblick auf den Vergleich mit einheimischen Familien wird zu Recht darauf hingewiesen, dass die Unterschiede von drei Effekten beeinflusst werden können, nämlich von einem Sozialisationseffekt als Folge der Migrations- und Minoritätssituation, von einem Akkulturationseffekt als Folge des Kontaktes der Migrantenfamilien mit der Kultur der Aufnahmegesellschaft und deren partiellen Übernahme sowie von einem Selektionseffekt, der sich auf unterschiedliche Auswanderungspopulationen und auch Generationen bezieht. Vor diesem Hintergrund sind die folgenden Sachverhalte wichtig:

– In der ersten Generation einer Einwanderungsfamilie kommt es häufig vor, dass der Vater während längerer Zeit bereits in Deutschland gewohnt und gearbeitet

4.2 Der Transfer von Leistungen zwischen den Generationen

hat und dann eine Ehe mit einer Frau schloss, die erst im Zuge der Eheschließung nach Deutschland einreiste. Es ist sogar häufig der Fall, dass die Ehezeremonie und auch die zivilrechtliche Anmeldung der Ehe im Herkunftsland erfolgt.

– Im Hinblick auf die Generation der Kinder, also die zweite Generation der Einwanderer stellt sich sehr viel stärker die Frage einer Heirat mit Deutschen. Hier zeigen Untersuchungen bei Türken, Italienern und Griechen, dass im Laufe der letzten zehn Jahre die Bereitschaft zum Einverständnis gestiegen ist. Sie ist bei den Vätern etwas höher als bei den Müttern. Nach wie vor am geringsten ist sie bei den Türken. Gefragt, wie wahrscheinlich eine Ehe bzw. die Ehe eines Kindes mit einem einheimischen Ehepartner ist, beurteilen die Mütter diese Wahrscheinlichkeit etwas zurückhaltender als die Väter. Erhebliche Unterschiede gibt es in dieser Hinsicht zwischen den Angaben der Eltern und ihren Kindern, insbesondere bei türkischen Familien. Während nur rund 6% der Väter und 3% der Mütter glauben, dass ihr Kind »auf jeden Fall« einen deutschen Ehepartner heiraten wird, sind dies bei ihren Söhnen 31% und bei den Töchtern sogar 46% (aaO: 85).

– In Bezug auf national gemischte Partnerschaften ist bemerkenswert, dass bei deutsch-ausländischen Partnerschaften mit deutschen Männern diese durchschnittlich deutlich älter sind als die Frauen. Noch größer ist der Altersunterschied in Ehen ausländischer Männer mit deutschen Frauen.

Im Hinblick auf die Generationenbeziehungen im engeren Sinne wird darauf hingewiesen, dass diese aus zwei Gründen von besonderer Bedeutung für das Verständnis der Familien ausländischer Herkunft sind:

– Die meisten Familien ausländischer Herkunft stammen aus Gesellschaften ohne ein ausgebautes sozialstaatliches System sozialer Sicherung. Sozialleistungen werden demnach überwiegend zwischen den Generationen erbracht. Diese unmittelbar materielle Absicherung hat weitreichende Auswirkungen darauf, was Eltern und Kinder füreinander bedeuten.
– Die Migrationssituation hat Auswirkungen auf Generationenbeziehungen, lassen sich doch viele Migrationsziele nur im Generationenzusammenhang legitimieren und realisieren. Ein ungesicherter Aufenthaltsstatus ist bedeutsam, weil eine gewünschte oder erzwungene Rückkehr heißt, dass auf Sozialsicherungssysteme zurückgegriffen werden muss, die nicht auf Versicherungsleistungen, sondern auf Generationenbeziehungen basieren (aaO: 111).

Daraus ergeben sich für die Generationenbeziehungen folgende Erwartungen:

4. Generationendynamik

- Ökonomisch-utilitaristische Erwartungen an die Kinder, darunter frühe Mithilfe im Familienhaushalt, Arbeitskraft im Familienbetrieb, spätere Hilfe und Versorgung im eigenen Alter und finanzielle Unterstützung.
- Psychologisch-emotionale Erwartungen, so die Bereicherung des eigenen Lebens durch Kinder, die Selbsterfahrung in der Elternrolle, den Aufbau einer engen, die gesamte Lebensspanne umgreifenden, einmaligen und unverwechselbaren emotionalen Beziehung (aaO: 95).

Derartige Ansprüche finden sich gerade auch in den Familien ausländischer Herkunft. Im Vergleich der Nationen bestehen die markantesten Unterschiede hinsichtlich der ökonomisch-utilitaristischen Erwartungen (siehe hierzu aaO: 96, Tab. IV.11).

Zusammenfassend wird festgestellt, »dass bei allen Nationalitäten psychologisch-emotionale Werte von Kindern stärkere Zustimmung erfahren als ökonomisch-utilitaristische Werte. Zugleich ergeben sich charakteristische Unterschiede (aaO: 96):

In den deutschen Familien sind Generationenbeziehungen mit großer Ausschließlichkeit als emotionale Beziehungen organisiert. Intergenerationale Transfers von Dienstleistungen, Geld und Gütern sind zwar vorhanden, definieren diese Beziehungen indessen nicht. Überdies sind Generationenbeziehungen in deutschen Familien matrilinear organisiert, werden also von Frauen getragen und sind in der weiblichen Linie stärker ausgeprägt.
Die größte Ähnlichkeit zu deutschen Familien hinsichtlich der Werte haben italienische und griechische Familien. Intern unterscheiden sie sich dadurch, dass italienische Familien stärker matrilinear, griechische Familien stärker patrilinear organisiert sind.
Vietnamesische und türkische Familien zeichnen sich dadurch aus, dass ökonomisch-utilitaristische Erwartungen an intergenerative Beziehungen eine deutlich größere Bedeutung haben als in deutschen, italienischen und griechischen Familien. Dies ist jedoch nicht mit einer verminderten Bedeutung psychologisch-emotionaler Werte verbunden. Die Generationenbeziehungen haben vielmehr einen multifunktionalen Charakter, statt (wie in deutschen Familien) auf ihre emotionale Dimension spezialisiert zu sein.

Hinsichtlich der Kosten der Kinder zeigt sich (aaO: 98):

Für alle Nationalitäten gilt, dass Mütter stärker als Väter die sogenannten »Opportunitätskosten«[11] wahrnehmen, die durch Kinder entstehen.
Bei den direkten Kinderkosten fällt auf, dass die sozialen Kosten von den Eltern aller Nationalitäten eher gering veranschlagt werden, am häufigsten nehmen türkische Mütter Probleme in der Öffentlichkeit wahr.

4.2 Der Transfer von Leistungen zwischen den Generationen

Im Weiteren zeigen sich geschlechtsspezifisch differenzierte Erwartungen:

- Für alle Migrantennationalitäten gilt, dass häufiger von Töchtern als von Söhnen erwartet wird, immer in der Nähe der Eltern zu wohnen und damit für unmittelbare persönliche Hilfeleistungen verfügbar zu sein. »Am stärksten geht diese Erwartung von den Müttern aus, worin sich nicht nur die Nähe in der Mutter-Tochter-Beziehung ausdrücken dürfte. Dies ist vielmehr auch Ausdruck der zum Kulturmuster gewordenen Erwartung, dass Frauen aufgrund der zumeist gegebenen Altersdifferenz zwischen Ehepartnern und ihrer ohnehin längeren Lebenserwartung mit größerer Wahrscheinlichkeit auf solche Hilfeleistungen angewiesen sind« (aaO: 99).
- »Allgemein gilt für die Migrantennationalitäten, dass von Töchtern eine stärkere Mithilfe im Haushalt erwartet wird als von Söhnen. Diese Geschlechterdifferenzierung […] ist bei italienischen und griechischen Eltern und in Aussiedlerfamilien deutlich stärker ausgeprägt als bei türkischen und vietnamesischen Eltern; insbesondere von türkischen Söhnen werden in hohem Maße eigene Beiträge zur Hausarbeit erwartet – bei türkischen Vätern übertreffen diese Erwartungen im Umfang sogar jene gegenüber Töchtern. Dieses Ergebnis macht erneut deutlich, dass die vielfältigen Klischeevorstellungen gerade über türkische Väter und türkische Töchter in der Realität keine Entsprechung haben« (aaO: 100).
- Alle Erwartungen, die mit Transferzahlungen von der jüngeren an die ältere Generation in Zusammenhang stehen, gehen eher von den Müttern aus und richten sich an die Söhne.
»Ein Vergleich der Antworten der Eltern mit denen ihrer jugendlichen Kindern zeigt, dass diese die elterlichen Erwartungen in hohem Maße antizipieren und internalisiert haben « (aaO: 100).

Da sich die Einwanderung, vor allem jene, die durch die Nachfrage nach Arbeitskräften bedingt ist, bereits über längere Zeit hinzieht, gibt es inzwischen unter den Angehörigen verschiedener Nationen zweite und dritte Generationen, die in der neuen Heimat aufgewachsen sind. Daraus erwachsen Probleme der Einbürgerung (die insbesondere in der Schweiz zurückhaltend erfolgt). Die an sich große Vielschichtigkeit der Situation ausländischer Familien wird hinsichtlich der Beziehungen im Mehrgenerationenverbund noch verstärkt. So ergeben sich generell, ebenso wie in vielen Einzelfällen, erhebliche Aufgaben der rechtlichen Regulation. Dies ist eine weitere Facette der allgemeinen These: Je vielfältiger die privaten Lebensverhältnisse sind, desto bedeutsamer ist das Recht.

4.3 Vererben und Erben

Für die Beziehungen zwischen den Generationen sind die Prozesse des Vererbens und Erbens von herausragender Bedeutung[12]. Zunächst wird damit die Vorstellung der Weitergabe von Geld und Gütern der Eltern an die (erwachsenen) Kinder verbunden, also von ökonomischen Erbvorgängen. Diese sind sowohl für die einzelnen Familien als auch für die Volkswirtschaft insgesamt bedeutsam. Kinder erben von ihren Eltern indessen auch körperliche Merkmale und persönliche Anlagen. Das gilt ebenfalls für Individuen und ganze Populationen. Hier handelt es sich um biologische Erbvorgänge.

Diese beiden Arten von »Vererben und Erben« sind gewissermaßen die äußersten Punkte eines weiten Spektrums. Dazwischen gibt es viele weitere Formen, bei denen es um die Weitergabe von sozialen Positionen, von Berufszugehörigkeiten, von Kenntnissen, Wissen und Fähigkeiten geht. Man kann sie als soziokulturelle Erbvorgänge bezeichnen. Sie verlangen eine starke Eigenbeteiligung der Erbenden, worauf – wie noch näher darzustellen sein wird – die Bezeichnung »Ererben« verweist. In der Praxis sind diese drei Arten von Erbvorgängen mehr oder weniger miteinander verflochten, lassen sich empirisch also nicht auseinander halten. Doch es lohnt sich, ihnen in theoretischen Analysen Rechnung zu tragen, vor allem im Hinblick auf die dabei auftretenden formalen und inhaltlichen Widersprüche und Gegensätze. Durchweg wird dabei deutlich, wie wichtig das Recht für die direkte und die indirekte Regelung aller Prozesse des Vererbens und Erbens ist. Darüber hinaus handelt es sich um eine Thematik, die wegen ihrer grundsätzlichen Bedeutung auch die Theologie sowie weitere Disziplinen beschäftigt (siehe z.B. Evangelischer Pressedienst 2002).

In diesem Abschnitt charakterisieren wir einleitend zunächst die drei hier idealtypisch umschriebenen Grundformen von Vererben und Erben. Anschließend behandeln wir anhand einiger Forschungsbeispiele die ökonomischen Formen und ihre sozio-kulturelle Einbettung etwas näher. Dies leitet über zu der in Kap. 5 an der Idee des »Ererbens« anknüpfenden Darstellung des »Generationenlernens«.

4.3.1 Grundlegende Aspekte: Biologische, ökonomische und sozio-kulturelle Erbvorgänge

Biologische Erbvorgänge

Biologische Erbvorgänge bei höheren Lebewesen sind dadurch gekennzeichnet, dass sie in einer Richtung erfolgen: von den Vorfahren zu den Nachkommen. Eltern geben einen Teil ihres Erbgutes an die Kinder und die Kindeskinder weiter. Generell lassen sich – wie dies in den sogenannten Erbgesetzen formuliert wird – die Erbanteile entsprechend dem Verwandtschaftsgrad festhalten. Das gilt namentlich für das Erbgeschehen in einer Population. Geht es allerdings darum, im Einzelfall zu bestimmen,

4.3 Vererben und Erben

welche Dispositionen bzw. Anlagen vererbt werden, ist das Wissen beschränkt, obwohl seit den 1970er Jahren in diesem komplexen Bereich bahnbrechende neue Erkenntnisse gewonnen wurden.[13]

Die sozusagen klassische Frage, welche die Gemüter in der Vergangenheit immer wieder bewegt hat und die auch heute noch – zumindest im Alltag – zur Sprache kommt, betrifft die Vererbung von »Intelligenz«, die als Voraussetzung für Erfolge in Schule und Beruf gilt. Jedoch scheint das Thema mittlerweile an Brisanz eingebüßt zu haben. Es gilt als sicher, dass die genetische Ausstattung für die Ausprägung der Intelligenz bedeutsam ist, doch in welchem Ausmaß die Varianzen bei den Testergebnissen davon bestimmt sind, lässt sich nicht genau sagen (Knippers 1999: 37). Man weiß auch, dass komplexe psychologische Merkmale (wie Intelligenz, Extraversion, etc) fast immer polygenetisch determiniert sind. Die Vererbung komplexer Verhaltensweisen lässt sich also nur bedingt erfassen.

Der differenzierte Aufbau des nun fast vollständig bekannten menschlichen Genoms (siehe Venter et al. 2001; International Human Genome Sequencing Consortium 2001), die Prozesse der Genexpression und Translation (bei denen die genetischen Informationen in Proteine umgesetzt werden) sowie die Zufälligkeiten des Erbgeschehens führen zu einer großen Variabilität. Die Art und Weise, wie sich die vererbten Anlagen entfalten, hängt maßgeblich von Einflüssen der Umwelt ab. Darum gilt heute als allgemein anerkannt: »It is not nature *or* nurture. Nor is it nature *and* nurture. To paraphrase Richard Lewontin: Life emerges from the interaction *between* the two« (Meaney 2001: 51; siehe auch Pennisi 1996). Diese Einsicht ist mittelbar auch von grundsätzlicher Bedeutung für das Verständnis des Konzeptes der Generation bzw. der Generationenfrage.

Ein düsteres Kapitel in diesem Zusammenhang sind die unter der Bezeichnung »Eugenik« im viktorianischen England entwickelten Ideen. Ihnen lag die Absicht zugrunde, »das Erbgut künftiger Generationen zu verbessern, entweder durch Förderung der Reproduktion von als wertvoll angesehenen Menschen oder durch Verhinderung der Reproduktion von Menschen, die als wertlos eingestuft wurden«, zu denen »Hilfsschüler, Fürsorgezöglinge, alle rückfälligen Schwerverbrecher, alle erbbedingten Geisteskranke und Geistesschwache [...] Säufer und alle Empfänger von Armenunterstützung infolge Arbeitsunfähigkeit und Arbeitsscheu« gezählt wurden (Knippers 1999: 10f unter Bezug auf ein deutsches rassenhygienisches »Standardwerk« von 1933). Die Verbrechen, die seit Ende des 19. Jahrhunderts und insbesondere in der Zeit des Nationalsozialismus unter Bezug auf Eugenik in Deutschland aber auch in anderen Ländern begangen wurden, haben die Thematik radikal diskreditiert.

Indessen ist zu bedenken, dass die Fortschritte der Human-Genetik in den letzten Jahren Erkenntnisse erbracht haben, welche – in Verbindung mit der Reproduktionsmedizin – einen neuen Umgang mit der Tatsache ermöglichen, dass es offensichtlich schwere vererbbare Krankheiten gibt. Hier stellen sich zum Teil neuartige ethische Probleme. Sie werden rasch konkret, wenn es um die individuelle Beratung von Betroffenen geht (hierzu ebenfalls knapp und informativ Knippers 1999: 14-17; 33-37).[14]

Ökonomische Erbvorgänge

Bei der Vererbung von Geld und Gütern sind die individuellen Akteure in der Regel genau bestimmt. Diese Erbvorgänge sind überdies ein wichtiger Teil der Ordnung menschlichen Zusammenlebens. Das gilt insbesondere für die enge Bindung an die Definition von Verwandtschaft. Erbvorgänge haben in der Geschichte die Aufrechterhaltung, die Mehrung und Minderung von Herrschaft geprägt. Heiraten und die damit zusammenhängenden Erbfolgen haben neue Dynastien geschaffen. Dabei bestand ein enger Zusammenhang zwischen Mitgift und Erbschaft.

In Geschichte und Gegenwart wird dem Eigentum sowie seiner persönlichen Zurechenbarkeit und Verfügbarkeit eine zentrale Bedeutung zugeschrieben. Tatsächlich stand, woran Masson (1995: 281) erinnert, in der klassischen ökonomischen Theorie die Bewahrung von Besitz als solchem im Zentrum des Verständnisses. Eigentum wird als wichtig für die Konstitution von persönlichen und kollektiven Identitäten angesehen und gilt darum als schützenswert. Es dient aber auch der Wahrung von Einfluss und der Ausübung von Herrschaft. Das erklärt die lange Tradition des Erbrechts.

Das Verhältnis von zwei aufeinander folgenden Generationen ist lediglich ein Glied in der Generationenfolge, die sich unter den heutigen demographischen Verhältnissen häufig über drei und nicht selten sogar vier aufeinander folgende Generationen erstreckt, verbunden mit einer oftmals über längere Zeit gemeinsam verlaufenden Lebensspanne. Diese ist wiederum Teil einer oft über Jahrhunderte rekonstruierbaren Generationenfolge, die – allerdings in sehr unterschiedlichen Formen und Graden – zum Thema eines geteilten Wissens über die eigene Familiengeschichte (Familiengedächtnis) werden kann.

Einen besonderen Status nehmen dabei die Adelsgeschlechter ein, eine Familien- und Verwandtschaftsform, die sich noch heute von anderen unterscheidet, häufig auch in der Lebensweise. Diese Besonderheit wird am Beispiel prominenter Adeliger in den Massenmedien ausgiebig abgehandelt, um nicht zu sagen: zelebriert. Soziologische Forschungen über die tatsächliche Bedeutung des Adels in der Gegenwart und über die tatsächliche Praxis dieser Lebensform sind allerdings selten (siehe Hansert 2003).

Über das Erben wird verbindlich festgelegt, wer zur Familie bzw. zur Verwandtschaft sowie zum Haushalt gehört und wer mehr oder weniger ausgeschlossen wird. Erben hat somit eine materielle und eine ideelle Funktion. Es kann zur praktischen Unterstützung dienen und zugleich die Idee der Familie hochhalten. Es kann für die aktuelle Gestaltung der Generationenbeziehungen ebenso relevant sein wie für die Antizipation künftiger Hilfen und Pflegeleistungen. Die verlängerte Lebensdauer und dementsprechend die Chance, dass sich die gemeinsame Lebensspanne der Generationen ausdehnt (siehe Kap. 3.1) und erst in einem höheren Alter geerbt wird, trägt dazu bei, dass sich die Grenzen zwischen Unterstützung, Geschenk und Erbe vermischen. Erben ist also – wie erwähnt – keineswegs nur Ausdruck von Verbundenheit innerhalb der Familie bzw. der Verwandtschaft. Es ist volkswirtschaftlich und gesamtgesellschaftlich von erheblicher Tragweite. Dementsprechend bestehen Spannungen im Verhältnis von Erben, wohlfahrtsstaatlichen Regelungen und der Anerkennung familialer Autonomie. Dabei spielt eine Rolle, inwieweit die Testierfreiheit als Persönlichkeitsrecht verstanden wird (Henrich 2000).

Die Frage, was geschieht, wenn im Einzelfall in einer Familie die Generationenfolge gewollt oder ungewollt abbricht, verweist auf Substitute bzw. alternative Formen von Erben und Vererben. Es kann sich um Verfügungen zugunsten anderer – verwandter oder nicht verwandter Personen oder Organisationen bzw. Institutionen – handeln. Letztlich kann auch der Staat Erbe sein.

Ein weiteres Thema sind die stillschweigenden und die ausdrücklichen Verfügungen zugunsten von Ehegatten bzw. Lebenspartnerinnen und -partnern. Dieser Aspekt des Erbens ist angesichts des Wandels der privaten Lebensformen heute besonders aktuell. Er betrifft auch die Familiengründungen nach einer Scheidung, wodurch auch für die vertikalen Erbprozesse neue Voraussetzungen geschaffen werden (siehe Lettke 2003). Angesichts der traditionell stark ausgeprägten Institutionalisierungen einerseits und der in der Gegenwart westlicher Gesellschaften hochgeschätzten individuellen Autonomie andererseits, stellt sich mit Nachdruck die Frage nach rechtlichen Regelungen, die festlegen, wie groß die Verfügungsfreiheit über das Eigentum ist sowie welche Bedeutung dem Erben gesellschaftspolitisch vor dem Hintergrund der Traditionen der genealogischen Generationenfolge aktuell zugemessen wird (siehe Willutzki 2003).

Hierbei ist zu bedenken, dass das geltende Recht in Deutschland ebenso wie in anderen Ländern (in Deutschland allerdings nach wie vor in einem sehr weitreichenden Maße) Solidarverpflichtungen in der aufsteigenden Generationenreihe vorsieht. Hierbei handelt es sich um den sogenannter Elternunterhalt.[15] Dieser steht in einem Verhältnis der Symmetrie zu erbrechtlichen Regelungen, namentlich den Pflichtteilansprüchen geradlinig Verwandter und hier insbesondere der Kinder. Davon sind wiederum die Beziehungen unter Geschwistern betroffen.

Insgesamt überwiegt eine Vorstellung, die man als formale Gerechtigkeit bezeichnen kann, d.h. die Auffassung, Geld und Güter müssten hinsichtlich des nominellen Wertes gleichmäßig auf alle verteilt werden. Sie kann in Konkurrenz zu anderen Gerechtigkeitsvorstellungen in Familien stehen, denen zufolge jedem Familienmitglied, insbesondere jedem einzelnen Kind, jeweils diejenigen Mittel zur Verfügung gestellt werden sollen, die für eine optimale Entfaltung der Persönlichkeit notwendig sind. Eine dritte Vorstellung orientiert sich an der Ermittlung der persönlichen Verdienste. Und schließlich wird die Forderung vertreten, der subjektiven Beziehungserfahrung Rechnung zu tragen. Das Recht verhält sich im Hinblick auf diese Sichtweisen nicht neutral. Es bevorzugt zunächst die Gleichheitsvorstellungen, schließt die Umsetzung der anderen Aspekte jedoch nicht aus. Insgesamt kann man sagen, dass das Erbrecht einen Rechtsbereich darstellt, der die familialen Generationenbeziehungen besonders dicht reguliert.[16]

Soziokulturelle Erbvorgänge

Die Analyse der soziokulturellen Prozesse von Erben und Vererben lässt die aktive Rolle aller Beteiligten in der Gestaltung ihrer Beziehungen im Zeitablauf hervortreten: Die Erben müssen durch eigenen Einsatz dazu beitragen, dass das, was ihnen übermittelt und vererbt wird, voll zur Geltung bzw. Entfaltung gelangt. Eine wichtige Domäne solcher Erbprozesse betrifft den Erwerb von sozialem Status und von Rollenkompetenzen. Es ist angemessen, für diese Prozesse die spezifische Kennzeichnung zu verwenden, bzw. die spezifische Bedeutung zu bedenken, die – unter Bezug auf das Goethewort aus dem »Faust« – das deutsche Wort des »Ererbens« beinhaltet. In gewisser Weise verknüpfen die sozio-ökonomischen Erbvorgänge die biologischen und die ökonomischen Dimensionen von Vererben und Erben. Sie beinhalten die Transmission von sozialen Bedeutungen und deren Interpretation im Kontext sozialer Beziehungen und Institutionen (siehe Ziegler, Kap. 5.1). Daher kann man sie auch unter dem Gesichtspunkt des »Generationenlernens« betrachten.

4.3.2 Sozialwissenschaftliche Forschungsthemen

Die sozialwissenschaftlichen Annäherungen an die Prozesse von »Erben und Vererben« sind dadurch gekennzeichnet, dass die Interdependenz zwischen den oben genannten drei Aspekten, dem Biologischen, dem Ökonomischen und dem Sozio-strukturellen in mehr oder weniger ausdrücklicher Weise Rechnung trägt. Dies soll anhand einiger Beispiele veranschaulicht werden. Dabei lassen sich auf der methodologische Ebene zwei Ansätze unterscheiden: die Analyse struktureller und die Analyse prozessualer Sachverhalte.

Strukturelle Zugangsweisen

Ein wichtiges Anliegen struktureller Ansätze besteht darin, allgemeine Regulationen und Strategien des Erbens aufzuzeigen. Goody et al. (1976) umschreiben u.a. ein typisch eurasisches Grundmuster. Sie betonen schon früh die vertikale Vererbung des Besitzes, mit der den Nachkommen – indirekt auch den weiblichen – die Stellung in der sozialen Hierarchie weitergegeben wurde, was wiederum für das eigene Alter bedeutsam war. Unter diesen Umständen kam dem Eigentum eine symbolische Bedeutung zu. Diese verstärkte sich im Zuge der Industrialisierung und der Modernisierung. Hinzu kam die Bildung als kulturelles Erbe. Diese trug – da es sich nicht um Bildung für

4.3 Vererben und Erben

Alle handelte – zur Verstärkung der Klassen- und Schichtzugehörigkeit und der damit einhergehenden Ungleichheiten bei. Angesichts dieser Bedeutung des Vererbens wurden unterschiedliche Strategien entwickelt, um beim Fehlen eigener Nachkommen dennoch eine Erbfolge zu sichern: die Adoption oder, um ein Erbe zusammenzuhalten, z.b. die »Erbverzichtserklärungen«, die unter Umständen mit einer vorzeitigen Auszahlung einherging. Daraus entstanden differenzierte, regional unterschiedliche Regelsysteme. Bei diesen wiederum scheint ein besonders markanter Unterschied darin zu bestehen, inwieweit die Verteilung des Erbes frei gehandhabt wurde oder ob das Geschlecht oder die Geburtenfolge zu berücksichtigen war.

Diese bewährte, etablierte Sichtweise hebt die Regelstrukturen hervor und betont somit die Tragweite des Erbens für die Erhaltung der sozialen Struktur und des Gesellschaftsgefüges, eingeschlossen der Besitzverhältnisse. Komplementär dazu gibt es mittlerweile Untersuchungen in Form von minutiösen Fallstudien über Gemeinden oder Berufsgruppen (siehe z.B. Ehmer 1998), die zeigen, dass diese Regeln faktisch auf vielfältige Art ausgedeutet oder umgangen wurden. Dabei scheinen emotionale Bindungen eine weitaus größere Rolle gespielt zu haben als man lange Zeit annahm. Es lassen sich Anzeichen der Wertschätzung des Individuums viel weiter zurückverfolgen, als es die modisch überhöhte These der Individualisierung vermuten lässt (siehe z.B. Langer-Ostrawsky 2000).

Analoges gilt für das Verhältnis der Geschlechter. Zwar ist unbestritten, dass die Erbfolge in eurasischen Gesellschaften die männliche Linie bevorzugte. Indessen gibt es schon früh und aus vielen Regionen Berichte, dass auch Frauen in eine Erbfolge treten konnten. Ebenso konnten Witwen ein Erbe übernehmen und – zumindest zeitweise – verwalten. Historische Fallstudien belegen dies am Beispiel des Handwerks. Im Kontext des Erbens ist auch die alte Sitte der Mitgift zu sehen, denn sie stellt eine Schenkung zu Lebzeiten dar. Dabei kann durchaus geltend gemacht werden, dass auf diese Weise die Frauen »instrumentalisiert« wurden, doch trifft ebenso zu, dass diese dank der Mitgift ihre gesellschaftliche Stellung zu wahren oder gar zu verbessern vermochten.[17]

Unter primär strukturellen Gesichtspunkten interessieren aktuell auch die volkswirtschaftlichen Größenordnungen von Erbschaften. Nach wie vor sind Daten über das Ausmaß und die Häufigkeit von Erbschaften schwer zu beschaffen. Nach vorherrschender Auffassung spricht vieles dafür, dass das Ausmaß des Erbens und die Größe der Erbschaften in den kommenden Jahren in Deutschland zunehmen werden. Das hat seinen Grund nicht zuletzt in der lange andauernden Wachstumsphase nach dem Zweiten Weltkrieg, die nach Ansicht von Beobachtern keine historische Parallele hat. »In nur einer Generation verfünffachte sich das reale Volkseinkommen pro Kopf der Bevölkerung und die verfügbaren Einkommen und privaten Vermögen der Haushalte vervierfachten sich« (Miegel 1983: 172f.).

Dementsprechend sind auch die geschätzte Zahl und der Wert von Erbschaften gestiegen. Versuche, für Deutschland das aktuelle Ausmaß des Erbvolumens zu ermit-

4. Generationendynamik

teln, beruhen auf Daten der sogenannten »Einkommens- und Verbrauchsstatistik«. Wichtige Befunde sind nach Braun et al. (2002: 3ff.):

Der Gesamtwert aller Vermögen soll nach Abzug der Verbindlichkeiten 7,7 Billionen Euro betragen, wozu noch die Ansprüche gegen gesetzliche Sicherungssysteme (Renten- und Pensionsansprüche) kommen, deren Wert auf 5 Billionen Euro geschätzt wird. Von dem fungiblen Vermögen befinden sich etwa 2 Billionen in der Verfügungsgewalt von rund 8,1 Millionen privaten Haushalten. Ihnen stehen 15,1 Millionen Haushalte gegenüber, die bis 2010 rund 71% der Erbmasse erhalten. Indessen gilt es auch festzuhalten: Die Erbschaften sind unterschiedlich. 6% der Haushalte erwarten keine Erbschaft, 41% eine bis zu 80.000 Euro, 3,1% eine solche darüber bis zu 160.000 Euro, 1,9% eine solche darüber bis zu 266.000 Euro und 1,6% eine noch größere Erbschaft. Erhebliche Unterschiede bestehen auch zwischen West und Ost (siehe auch unten). Schließlich muss davon ausgegangen werden, dass der Wert der Erbschaften in Zukunft schrumpfen wird.

Eine der wenigen monographischen Untersuchungen zum Thema hat bereits vor einiger Zeit für Frankreich festgestellt, dass in drei von vier Haushalten nach dem Tod eine Erbschaft hinterlassen wird, doch nur etwa zehn Prozent der älteren Bevölkerung mit ihren Kindern und Kindeskindern über das Erben gesprochen haben (Gotman 1988). In der Schweiz verfügten 1992 laut den Befunden eines Projektes, das im Rahmen des Nationalen Forschungsprogramms »Alter« durchgeführt worden ist, Personen im Alter von 60-69 Jahren über ein Nettovermögen von durchschnittlich 500.000 Franken, die Vergleichszahl bei den 30-39-Jährigen beträgt 71.000 Franken (Leu et al. zit. in Höpflinger/Stuckelberger 1999: 86). Es gibt Schätzungen, wonach jährlich Vermögenswerte von 15 Milliarden Franken vererbt werden, und die Tendenz ist steigend.

Aus den Daten des »Sozio-Ökonomischen Panels« lässt sich ableiten, dass der Anteil der Personen, die zwischen 1960 und 1980 eine Erbschaft erhielten, von 1% auf 21% gestiegen ist. Die meisten Erben sind zwischen 31 und 50 Jahre alt. Je höher das Einkommen eines Haushaltes, desto höher die Wahrscheinlichkeit des Erbens und die vererbte Summe. Der vorne angesprochene Sachverhalt der Differenzierung zwischen gleichen Altersgenerationen wird damit, jedenfalls mittelbar, bestätigt. Hinzu kommt, dass rund zwei Drittel der Haushalte, die eine Erbschaft erhalten, Immobilienbesitzer sind (siehe Lauterbach/Lüscher 1996: 83).

Was die gesellschaftlichen Konsequenzen des Erbens betrifft, so stimmt die neuere soziologische Literatur darin überein, dass dadurch gesellschaftliche Ungleichheiten ver-

4.3 Vererben und Erben

schärft werden.[18] Eine deutliche Sprache sprechen in dieser Hinsicht die Ergebnisse des deutschen Alters-Surveys. Danach beträgt der Anteil 40-85-Jährigen, die eine Erbschaft, eine Schenkung oder eine Wohnung bzw. ein Haus erhalten haben oder eine Erbschaft erwarten, in Westdeutschland insgesamt 59% und in Ostdeutschland 51%; der Wert der Erbschaft liegt im Westen für 52% und im Osten für 32% bei mehr als 5.000 DM. Diese Daten sind im Zusammenhang mit den vorne genannten Befunden über die Transfers zwischen den Generationen zu sehen. Nicht erfasst sind allerdings – weder im einen noch im anderen Falle – die kleinen Aufmerksamkeiten zwischen den Generationen, die insbesondere dann häufig sein dürften, wenn Enkelkinder da sind (siehe Kohli/Künemund 1998a und 1998b).

Tab. 4-4: Schenkungen und Erbschaften: 40-85-Jährige als Empfänger von Erbschaften und Schenkungen 1996

Personenkreis	Es haben erhalten			Es erwarten		Insgesamt
	Erbschaft	Schenkung	Wohnung/ Haus	Erbschaft		
				(a)	(b)	
Westdeutsche	55	11	19	7	(38)	59
Ostdeutsche	49	9	16	6	(21)	51
Hauptschüler	45	9	19	5	(24)	48
Realschüler	70	14	16	11	(36)	72
Hochschüler	75	16	12	16	(55)	77
Total	53	11	16	7	(34)	56

Quelle: Szydlik 2000: 163. Datenbasis Alters-Survey. Eigene Darstellung. Gekürzt.
Erläuterungen: Erhaltene Erbschaften/Schenkungen: beide Elternteile verstorben.
Erwartete Erbschaften: (a): Beide Elternteile verstorben; (b): Ein Elternteil verstorben.
Lesehilfe: Es haben in Deutschland von den 40-85-Jährigen, deren beide Eltern verstorben sind, 53% eine Erbschaft, 11% eine Schenkung usw. erhalten, insgesamt (in Anbetracht von Mehrfachnennungen) 56%.

4. Generationendynamik

Demnach haben 59% der 40-85-Jährigen Deutschen zum Zeitpunkt der Erhebung anfangs 90er Jahre bereits etwas geerbt oder erwarten eine Erbschaft. Lediglich 4% erhalten jedoch eine Erbschaft über eine halbe Million DM und 17% eine solche über 100.000 DM. Erben ist häufiger bei Personen aus höheren Bildungsschichten und bessergestellten Berufsgruppen. Über die Hälfte der Westdeutschen erbt mindestens 5000 DM; bei den Ostdeutschen ist es lediglich jeder Zwanzigste (Szdylik 1999). In der Größenordnung sind diese Daten mit jenen des »Sozio-Ökonomischen Panels« vereinbar (Lauterbach/Lüscher 1996).[19]

Prozessuale Zugangsweisen

Dem Erben geht der Prozess des Vererbens voraus, und das Erbe birgt in sich die Möglichkeit – oft sogar die moralische Verpflichtung – es weiterzugeben. Insoweit handelt es sich um ein Geschehen, das über die Jahrhunderte hinweg auf eine beinahe selbstverständliche Weise wesentlich zum gesellschaftlichen Zusammenhalt beiträgt – wobei damit einhergeht, dass bestehende Ungleichheiten im materiellen und oft auch im kulturellen Besitz weitergegeben, vererbt, und sogar verstärkt werden. Zugleich aber bestehen offensichtliche Freiheiten seiner Gestaltung. Wie sie erfolgt, hängt u.a. damit zusammen, wie die Verschränkungen von Ökonomie und Kultur, von Wertschätzung und Relativierung, von Geld und Gütern verstanden werden. So verbindet sich die Einsicht in die Vergänglichkeit des eigenen Daseins mit dem Wunsch, zumindest symbolisch auch in dieser Welt zu überleben. Die Subjektivität der Beziehungen zu den Nachkommen soll objektiviert werden. Das Bemühen um »Gerechtigkeit« geht einher mit der Freiheit des Ausdruckes von Sympathien. Ungleichheiten werden verstärkt, können aber auch aufgehoben werden.

Vererben und Erben stellen eine Art »Familiengeheimnis« dar – vielleicht eines der letzten, die es noch gibt. Wer wie viel erbt oder geerbt hat, dringt – wenn überhaupt – eher zögerlich nach außen. Angesichts der vorhandenen Hervorhebung von »Leistung« als Leitidee der Lebensgestaltung kann das Erben, das eine solche nicht erfordert, suspekt erscheinen. Demgegenüber lässt sich allerdings auch argumentieren, heutzutage werde die Zufälligkeit, der »Glücksfall«, im Auf und Ab des Verdienens und des Umgangs mit Geld akzeptiert.[20]

Die starke institutionelle Prägung von Erben und Vererben legt nahe, die Thematik nicht nur in einer handlungstheoretischen, sondern auch einer strukturellen Perspektive anzugehen. Das geschieht instruktiv durch Bertaux/Bertaux-Wiame (1991). Sie konzeptualisieren das Geschehen als Transmission, also als einen Prozess, der beinhaltet, dass die Kinder sich die Elemente des Erbes zu Eigen machen müssen, um es zu besitzen. Daraus ergibt sich für sie als erste Hypothese, dass Transmissionen zum Identischen die Ausnahme und nicht die Regel sind. Damit ist gemeint, dass das Kind von Bauern nicht zwingend auch Bauer wird. Häufiger ist – so die zweite Hypothese – die

4.3 Vererben und Erben

Transmission zum Äquivalenten, was bedeutet, dass zum Beispiel der Sohn des Schriftstellers Journalist, die Tochter der Krankenschwester Ärztin wird. Entweder wird dabei der Berufstatus oder der Ort der Berufsausübung gewahrt. Das Individuum führt ein neues Element ein, das gleichzeitig von Ablehnung und Erneuerung zeugt, und kann erst durch diese Umwandlung seinen sozialen Status definieren.

Die Konsequenzen des Erbens (oder vorgezogener Schenkungen) konnten wohl schon immer und können auch heutzutage für den Lebensverlauf der Erbenden von großer Tragweite sein. Es werden Berufswahlen beeinflusst, Ausbildungen ermöglicht, Betriebe weitergegeben und selbst ohne diese unmittelbaren Bindungen kann das Erbe eines Hauses den Wohn- und Arbeitsort beeinflussen, wie entsprechende Analysen in Deutschland belegen. Dies trägt erheblich dazu bei, dass Generationen relativ nahe beieinander leben (siehe Lauterbach/Lüscher 1996).

Die Verflechtung zwischen den Aspekten des Erbgeschehens, namentlich zwischen Weitergabe und Aneignung, drückt sich auch in den Versuchen aus, gestützt auf Tiefeninterviews mit je 25 potenziellen und tatsächlichen Erben, eine Typologie aufzustellen (Braun et al. 2002: 49-53). Sie lautet, zusammengefasst, wie folgt (in Klammern Prozentanteile der Befragten, die dem jeweiligen Typ zugerechnet werden, gekürzte Wiedergabe der Beschreibungen):

– Der pflichtbewusste Bewahrer (17%) legt großen Wert auf Familientradition und dementsprechend auf den Erhalt von Haus, Vermögen und womöglich auch Lebensstil. [...] Bei Dissonanzen zwischen Tradition und eigenen Vorstellungen werden die eigenen Bedürfnisse aus Loyalität zurückgestellt.
– Der Selbstverwirklicher (22%) hat geringe Hemmungen, die Erbschaft in seinem Sinne zu verwenden und empfindet kaum Respekt oder Verpflichtung gegenüber dem Erbe, was häufig auf schwache Bindungen gegenüber dem Erblasser zurückzuführen ist. Das Vermögen wird ohne Umschweife für eigene Zwecke verwendet.
– Der Manager (20%). Für ihn ist der Tod des Erblassers und die damit verbundene Erbschaft vor allem ein Verwaltungsakt. Die damit verbundenen Angelegenheiten werden korrekt und vollständig abgewickelt. Es dominiert die Vorstellung, mit dem Erbe »gewissenhaft« umzugehen.
– Der Überrumpelte (19%) wird von den Anforderungen der Erbschaft überrascht und versucht, die Situation in Griff zu bekommen, muss sich dabei die Kompetenzen in Sachen Geldanlage und Vermögensbildung erst aneignen und kann erst allmählich entscheiden, was mit dem Erbe gemacht werden soll.
– Der Versorgte (6%) kann durch das Erbe seinen Lebensstandard erheblich aufbessern bzw. die Erbschaft ist für ihn unabdingbar, um den Lebensstandard zu sichern. Gestützt auf enge Bindungen besteht ein starker Wille, das Erbe zu bewahren, was allerdings nicht immer möglich ist.

4. Generationendynamik

– Der autonome Zwischenverwalter (16%) legt großen Wert auf finanzielle und emotionale Unabhängigkeit von den Eltern und hat darum ein distanziertes Verhältnis zur Erbschaft. Er hat die Absicht, das Erbe sofort oder zum gegebenen Zeitpunkt an die Kinder oder die Enkelkinder weiterzugeben und es nicht – oder nur im Notfall – für eigene Zwecke zu verwenden.

In einem originellen Beitrag von grundsätzlicher Bedeutung hat Bronfenbrenner (1993) die biologische, die materiell-ökonomische und die soziokulturelle Sichtweise im Horizont der Geschichte miteinander verknüpft. Er schließt dabei an eine Studie von Simonton (1983) an, in welcher die kontrastierenden Einflüsse genetischer und sozialer Vererbung für aufeinanderfolgende Generationen von über 300 Monarchen aus 14 europäischen Ländern untersucht werden. Die genetische Komponente wird in dieser Studie auf die in den historischen Dokumenten berichtete Intelligenz sowie die Lebensspanne beschränkt. Zusätzlich wird der Grad der Blutsverwandtschaft berücksichtigt. Die soziale Komponente bezieht sich auf die Rollenübernahme, d.h. die Ähnlichkeit, mit der die Moralität, die Führungsqualität und die Berühmtheit zwischen Sohn und Vater bzw. Großvater beschrieben werden. Schließlich werden die spezifischen Beschreibungen in die allgemeinen Charakterisierungen der jeweiligen Epochen eingeordnet. Auch wenn gegenüber der Zuverlässigkeit der historischen und biographischen Daten Vorbehalte angebracht werden können, verdienen die Ergebnisse doch Beachtung. Sie zeigen nämlich, dass in der Tat die Befunde über Intelligenz und Lebensspanne insofern mit der genetischen Hypothese vereinbar sind, als die Korrelationen zwischen Regenten und ihren Söhnen zweimal so groß sind als zwischen Regent und Großvater. Dies wird u.a. mit der Vermutung erläutert, dass sich der Herrscher mehr mit dem Vater als dem Großvater identifiziert, weil der Vater möglicherweise einen Rivalen um Macht darstellt. Beiläufig wird darauf hingewiesen, dass von der Vererbung von Ruhm die Frauen (als Königinnen) ausgeschlossen sind. Dies bestärkt die These des Rollenlernens und bekräftigt überdies die Tatsache, dass in Prozessen des sozialen Vererbens Frauen oft diskriminiert werden (und ihnen lange Zeit auch in der Wissenschaft nicht die gebührende Aufmerksamkeit zu Teil wurde). Die Studie verweist schließlich – ungeachtet ihrer Beschränkungen – in einer vom Üblichen abweichenden Weise auf die geschichtsprägende Bedeutung von Vererben und Erben.

4.3.3 Weitere theoretische und praktische Aspekte

Die Analyse der Prozesse des Vererbens und Erbens verweist auf die Relevanz von Generationen für die Konstitution von Identitäten (siehe Kap. 2.3) und macht deutlich, dass dafür eine außerhalb der Person liegende Kontinuität auf unterschiedliche Weise Einfluss gewinnen kann. Im Falle von Vererben und Erben kann dies durch Vorstellungen der Herkunft geschehen. Das ist insbesondere auch unter biologischen Ge-

4.3 Vererben und Erben

sichtspunkten wichtig, wie die teils bestehenden, teils noch diskutierten Regelungen hinsichtlich der Adoption (d.h. des Rechts des Kindes auf ein Wissen um seine Herkunft) sowie der Ausschluss gewisser Verfahren der künstlichen Befruchtung zeigen. Dies gilt aber auch – in vermindertem Maße – für die alltägliche Zuschreibung von Ähnlichkeiten, die als erbbedingt gelten.

Diese Kontinuität wird indessen auch durch das Eigentum ermöglicht. Stärker noch als die genetische Vererbung verweist das Eigentum auf lange Generationenketten. Das trifft offensichtlich auf den Grundbesitz zu, ferner auf wertvolle kulturelle Güter. Oft werden sie als unveräußerlich angesehen und erhalten dadurch einen hohen symbolischen Wert. Dies kann auch für Gegenstände der Fall sein, die keinen oder nur einen geringen in Geld benennbaren Preis haben (siehe Langbein 2003; ferner anschaulich am Beispiel eines »innig geliebten Möbels« Segalen 1993: 162-165). Die Kontinuität ist dabei in zweifacher Weise identitätsrelevant: Sie betrifft die gemeinschaftliche, generationenübergreifende Identität einer Familie und – daran orientiert – diejenige des einzelnen Familienmitgliedes. Allerdings wird diese Funktion gebrochen durch die Notwendigkeit sowie überhaupt die Möglichkeit, ein materielles Erbe zu verkaufen bzw. es aufzuteilen, wodurch sein symbolischer Wert weitgehend entfällt. Er reduziert sich in diesem Fall auf den Zuwachs von Reichtum. Allenfalls kann, wie die erwähnte Typologie von Braun et al. zeigt, eine Umwandlung erfolgen, indem neue Güter gekauft werden, die wiederum auch symbolisch, im Gedanken an das Erbe, besetzt werden.

Bei allen Beteiligten können unter diesen Umständen hinsichtlich der Einschätzung und Gestaltung ihrer Beziehungen Zwiespältigkeiten auftreten. Überdies wird deutlich erkennbar, dass Erben oft soziale Ungleichheiten verstärkt. Diese können sich von Generation zu Generation unter der Bedingung verstärken, dass die Nachfahren das Erbe annehmen, sich ihm zuwenden, damit »arbeiten« und versuchen, es zu mehren. Dieser Aspekt der Eigenleistung tritt in den soziokulturellen Erbvorgängen deutlich zu Tage, er ist jedoch bereits bei den elementaren Prozessen des »Generationenlernens« von Belang. Die Art und Weise, wie – vereinfacht gesprochen – Kinder von ihren Eltern lernen, wird dadurch beeinflusst, wie die Beziehungen wechselseitig erlebt und gestaltet werden. Für diese ist charakteristisch, dass sie Intimität, dementsprechend die Möglichkeit von Liebe und Hass, ferner Abhängigkeit und dementsprechend Fremdbestimmtheit und das Bemühen um Eigenständigkeit einschließen. Dies wird häufig mit einem hohen Grad an Emotionalität in Verbindung gebracht. Man kann annehmen, dass Gefühle gerade im Lernen zwischen Generationen besonders zum Tragen kommen. Emotionen können – theoretisch betrachtet – den Charakter generalisierter vergangener Erfahrungen und künftiger Erwartungen haben und sind darum relevant für die Dimension der Kontinuität sowie – umgekehrt – für die Erfahrung von Diskontinuitäten. Der Umgang mit Emotionen und die Gestaltung der Spannungsfelder von Nähe und Ferne, von Verbundenheit und Eigenständigkeit ist eine wesentliche Komponente der Genese von Ambivalenzen, die durch die Prozesse des Vererbens und Erbens und durch ihre strukturelle Einbettung in Brauch, Sitte sowie ein rechtliches Regelsystem und dessen konkrete Anwendung im Einzelfall zu Tage treten können.

Zusammenfassend ist festzustellen: Die Prozesse des Vererbens und Erbens verweisen auf den Kern der Generationenfrage, nämlich die Klärung des Verhältnisses zwischen den biologischen und den sozio-kulturellen Bedingungen menschlicher Generativität. Mit anderen Worten: Der grundlegende Sachverhalt, auf den der Begriff der »Generation« verweist, liegt in der Weitergabe menschlichen Lebens und dessen sozialer Organisation.

Anmerkungen

1   Für diesen und die folgenden Abschnitte in Kap. 4 trifft in besonderem Maße zu, was wir bereits einleitend gesagt haben: Zu den zu besprechenden Verhaltensweisen und Beziehungsmuster gibt es eine Fülle von empirischen Befunden, aus denen wir nur wenige auswählen können, die geeignet sind, konzeptuell wichtige Sachverhalte zu illustrieren. Wir verweisen auf die in den zitierten Quellen angegebene Literatur sowie insbesondere auch die Dokumente der Sozialberichterstattung. Das gilt namentlich für die zahlreichen Untersuchungen in Österreich, die ausführlich im Österreichischen Familienbericht sowie im »Seniorenbericht«(BMFUJF 1999b; BMSSG 2000) referiert werden. Eine lange Tradition für diese Thematik weist in diesem Land das Ludwig-Boltzmann-Institut für Sozialgerontologie und Lebenslaufforschung in Wien auf. Für die Schweiz sind eine Reihe von Arbeiten im Sammelband Fragnière et al. 2002 enthalten. In absehbarer Zeit sind neue Ergebnisse aus den im Nationalen Forschungsprogramm »Kindheit, Jugend und Generationenbeziehungen« zu erwarten. Große Aufmerksamkeit findet die Thematik in Italien, wie u.a. der vierte Familienbericht dokumentiert (Donati 1995). Ein entsprechendes Dokument für Frankreich ist der dort 1998 erschienene Familienbericht (Théry 1998).
    Für Deutschland im Besonderen ist festzuhalten, dass zur Zeit der Niederschrift dieses Textes die Auswertung des 2. Alters-Surveys in Gang ist. Unsere Erkundigungen haben ergeben, dass wesentliche Abweichungen von den im Folgenden berichteten Zusammenhängen nicht zu erwarten sind. Dasselbe solle für den ebenfalls in Arbeit befindlichen 3. Familien-Survey zutreffen. Zu den bereits seit längerer Zeit in Deutschland durchgeführten Untersuchungen, die – zumindest mittelbar – für die Analyse von Generationenbeziehungen relevant sind (worauf wir aber aus Gründen der Beschränkung nicht näher eingehen), gehören die sogenannten »Shell Jugendstudien«. Siehe die Darstellung in Deutsche Shell (2002) und die dort gegebenen Informationen über frühere Erhebungen.
2   Die Generationenfrage in Betrieben und Wirtschaftszweigen hat bis jetzt vergleichsweise wenig Aufmerksamkeit gefunden. Eine wichtige Ausnahme ist die Darstellung von Sackmann (1998; ferner der Sammelband von George/Struck 2000). Dabei geht es indessen nicht so sehr um die Gestaltung der Beziehungen. Arbeiten, in denen dies im Vordergrund steht, weisen zwiespältige Ergebnisse auf. So wird festgestellt, dass einerseits große Altersunterschiede die betriebliche Kommunikation erschweren, jedoch der Kontakt in altershomogenen Gruppen auch nachteilig, nämlich sehr eingeschränkt sein kann.
    In Bezug auf den »Generationenmix« weist Höpflinger (2002: 224) auf folgende Probleme hin, die sich in der Praxis aus einer unausgewogenen Altersstruktur ergeben können:

Anmerkungen

- Große Anteile älterer MitarbeiterInnen erhöhen die Notwendigkeit, den Qualifikationsstand gezielt zu erneuern (etwa durch betriebsinterne Weiterbildung des Personals). Häufig sind auch die Lohn- und Lohnnebenkosten erhöht.
- Die Dominanz von Alters- bzw. Dienstalterskohorten behindert durch Beförderungsstaus die personelle Erneuerung. Dadurch wird auch die Anpassung an Umweltveränderungen gefährdet. Kohortendominanz bewirkt zudem eine ungleiche Verteilung von Aufstiegschancen, was zu Konflikten, Unzufriedenheit und Motivationsrückgang führen kann.
- Große Altersdifferenzen führen zu geringerer Kommunikation der Beschäftigten über ihre Altersgruppe hinaus. Es kann zu Blockaden insbesondere bei der informellen Weitergabe von im Arbeitsprozess notwendigen Informationen kommen. Umgekehrt können aber auch zu geringe Altersdifferenzen Probleme aufwerfen, etwa wenn es zur Ausbildung einer zu starken ›Kohortenkultur‹ kommt, welche die Anpassungsfähigkeit einer Organisation – etwa gegenüber einer altersmäßig heterogenen Kundschaft – einschränkt.
- Verschränkung von Altersstruktur-Verteilung und Geschlechterverteilung, etwa in der Richtung, dass Betriebe mit älterer Belegschaft oder älteren Führungskräften kohortenbedingt geringen Frauenanteile haben. Der Anteil an Frauen – speziell in Führungspositionen – nur durch eine personelle Verjüngung bzw. organisatorische Umstrukturierung erreicht werden kann.

3 Insbesondere in der quantitativ orientierten Netzwerkforschung ist es nicht möglich, alle Beziehungen und Kontaktpersonen innerhalb eines Netzwerkes zu isolieren. Der am weitesten verbreitete methodische Ausweg ist die Beschreibung sternförmig von der Zielperson ausgehender, sogenannter ›ego-zentrierter‹ Netzwerke (für einen ausgezeichneten Überblick über die Besonderheiten ego-zentrierter Netzwerkanalyse siehe Diaz-Bone 1997).

4 Unter »Transfers« werden häufig einseitig erbrachte Leistungen verstanden; zweiseitige Leistungen heißen dann »Austausch«. Doch der Sprachgebrauch ist nicht einheitlich.

5 Im Gegensatz zur Ersterhebung besteht die zweite Welle des Alters-Surveys aus drei separaten Stichproben: (a) einer Panelstichprobe zur Analyse von Kontinuität und Wandel sozialer Beziehungen derselben Personen nach Ablauf von sechs Jahren (nunmehr im Alter von 46 bis 91 Jahren), die all jene Personen aus der ersten Welle 1996 einschließt, die willens und fähig waren, an einer erneuten Befragung teilzunehmen (n=ca. 1.500); (b) einer neuen Replikationsstichprobe von Menschen im Alter von 40 bis 85 Jahren (n=ca. 3.000) zur Durchführung kohortenspezifischer Analysen und (c) erstmals einer Ausländerstichprobe in Deutschland lebenden Menschen nicht-deutscher Staatsbürgerschaft, ebenfalls im Alter von 40 bis 85 Jahren (n=ca. 600) (für eine detaillierte Darstellung des methodischen Designs und der theoretischen Konzeption des Alters-Surveys (zur zweiten Welle siehe Tesch-Römer et al. 2002a und 2002b; Hoff et al. 2003). Zum Stand der Auswertung siehe die Anmerkungen in diesem Kapitel.

6 Das Bild der Kaskade, also des künstlich angelegten stufenförmigen Wasserfalls, hat durchaus eine gewisse Plausibilität und wird darum in den Diskussionen gerne aufgenommen. Doch auf den zweiten Blick erweist sich das Bild als problematisch. Nicht nur werden die – zwar kleineren, aber möglicherweise gerade deswegen bemerkenswerten – »Rückflüsse« unterschlagen. Unbeachtet bleibt auch die Wechselseitigkeit der Beziehungen als Voraussetzung für Transfers überhaupt. Problematisch ist es jedenfalls, von einem »Kaskaden-*Modell*« oder gar einer »Kaskaden-*Theorie*« zu sprechen, handelt es sich dabei doch lediglich um den Versuch einer Generalisierung ohne analytische Begründung. Derartige Aussagen sind – oft in Verbindung mit einer Übersetzung aus dem Amerikanischen – nicht unbeliebt.

7 Eine ausführliche Dokumentation der Situation in Deutschland bietet der Vierte Bericht über die Lage der älteren Generation (BMFSFJ 2002b). Für Deutschland glaubt Berger-Schmitt (2003) einen Rückgang der familialen Pflegebereitschaft jüngerer Generationen feststellen zu können.

4. Generationendynamik

Der österreichische Seniorenbericht (BMSSG 2000) enthält ein umfangreiches Kapitel über »Versorgung, Betreuung und Pflege« (aaO: 408-453), ferner ein solches über »Gesund und krank Älterwerden« (aaO: 258-323) und über die »Privaten Lebensformen und sozialen Beziehungen älterer Menschen« (aaO: 52-105).

Für die Schweiz schätzen Höpflinger/Hugentobler (2003), dass zwischen 9,8% und 11,4% aller über 65-jährigen Menschen als pflegebedürftig einzustufen sind. Sie halten allerdings eine lineare Fortschreibung der Anteile pflegebedürftiger Menschen angesichts der Entwicklung des Gesundheitzustandes alter Menschen für problematisch. Doch wegen der steigenden Lebenserwartung steigt die Zahl derjenigen, die an Demenz erkranken. Ebenfalls weit verbreitet sind depressive Störungen.

8 Siehe dazu auch die Beträge im vierten Teil des Sammelbandes Lüscher/Schultheis (1993). Dort legt u.a. Moen (1993) dar, dass »die Ähnlichkeiten zwischen den Generationen im Leben und in den Zukunftsvorstellungen weniger damit zusammenhängen, ob Mütter Rollenmodelle für ihre Töchter sind, als vielmehr mit den verfügbaren Ressourcen gemachte Erfahrungen...« (aaO: 262). Es wird also die Tragweite der sozialen Kontexte hervorgehoben. Trommsdorff (1993) beschreibt Geschlechtsdifferenzen von Generationenbeziehungen im interkulturellen Vergleich vor dem Hintergrund bindungstheoretischer Überlegungen. Die teilweise gleichen und unterschiedlichen Lösungen der Beziehungsgestaltung sind u.a. »ein Ergebnis und eine Bedingung von Geschlechterrollen« (aaO: 285).

9 Vergegenwärtigt man sich die ganze Spannbreite der familialen Generationenbeziehungen, stößt man schließlich auf folgende bis jetzt kaum thematisierte Widersprüchlichkeit: Unter den Dienstleistungen zwischen den Generationen nimmt das Pflegen eine eigenartig zwiespältige Stellung ein. Dass kleine Kinder der Pflege bedürfen, wird an sich kaum problematisiert. Zwar besteht eine große Nachfrage nach Information und Beratung. Oft holen sich junge Eltern, namentlich Mütter, Rat und Hilfe bei der eigenen Mutter. Zwar geschieht dies nicht ohne (gegenseitige) Vorbehalte, doch viele Untersuchungen berichten von einer Annäherung zwischen Müttern und ihren Töchtern, wenn diese selber Mütter werden. Inwiefern dies auch zutrifft, wenn sich die Söhne um ihre kleinen Kinder kümmern und in welchem Ausmaß sich heutzutage junge Väter um die Kinder kümmern, ist umstritten. Bei der Pflege der älteren Menschen handelt es sich, jedenfalls von außen gesehen, teilweise um die gleichen Handreichungen. Doch sie sind ganz anders konnotiert und werden als Gesprächsthema oft verschwiegen. Das gilt insbesondere hinsichtlich der Intimität im Umgang mit dem Körper. Was Müttern mit und für ihre Töchter getan haben, als diese kleine Kinder waren, ist offensichtlich etwas ganz anderes als was erwachsene Töchter tun, wenn sie sich um ihre Mütter kümmern. Hier liegt eine offensichtliche Asymmetrie der Generationenbeziehungen im Lebensverlauf vor, der nachzugehen sich zumindest insofern lohnen würde als man sich davon einen Beitrag dafür versprechen könnte, um die Sprachlosigkeit bzw. Sprachbarrieren über die Altenpflege abzubauen und das Verhältnis zwischen persönlicher Pflege und jener, die durch professionelles Personal erbracht wird, zu klären.

10 Noch größer ist der Anteil der ausländischen Bevölkerung in der Schweiz. Die Thematik ist darum ständig Gegenstand öffentlicher Kontroversen und wird mittlerweile in verschiedenen Publikationen ausführlich untersucht, so als Analyse der demographischen Gegebenheiten in den regelmäßig erscheinenden Berichten »Ausländerinnen und Ausländer in der Schweiz« unter familienpolitischen Gesichtspunkten in der Publikation der Eidgenössischen Koordinationskommission für Familienfragen (EKFF 2002).

11 Unter Opportunitätskosten versteht man, allgemein gesprochen, den monetären Wert von Leistungen, die man erbracht hat, ohne dafür bezahlt zu werden. Es fällt darunter beispielsweise der Geldwert des Betreuungs- und Erziehungsaufwandes von Eltern. Lampert (1996: 30) spricht im Kontext der Bewertung des Wertes der Haushaltproduktion und Kinderbetreuung von »Löhnen, die den Leistungen erbringenden Personen entgangen sind«.

Anmerkungen

12 Dieses Kapitel ist parallel zu einem Beitrag zu dem von Lettke (2003a) in der Reihe der Konstanzer Beiträge zur sozialwissenschaftlichen Forschung herausgegebenen Sammelband über »Erben und Vererben«. Der Band enthält u.a. ein nützliches »Glossar erbrechtlich relevanter Begriffe und Sachverhalte«.
13 Zu den Mendelschen Gesetzen siehe: Cavalli-Sforza/Bodmer 1971: 39ff. und als Beispiel eines umfassenden Lehrbuches Brown (1999). Eine prägnante, allgemein verständliche Darstellung der neueren Entwicklungen und der sich dabei stellenden ethischen und politischen Fragen bietet Knippers (1999).
14 Bedeutsam und weiterführend ist in diesem Zusammenhang Weigels Abriss der Geschichte der Genealogie (Weigel 2002b). Diese etablierte sich als eine neue Wissenschaft, als am Ende des 18.Jahrhunderts eine Verbindung mit der Biologie möglich wurde (aaO: 76). Dabei vollzog sich – parallel mit dem Aufkommen eines neuzeitlichen Begriffes von Familie – auch eine Wandlung in der Bedeutung des Wort »Geschlechter«. Diese Entwicklungen sind wichtige konzeptuelle Grundlagen das Verständnis der Erbvorgänge und letztlich auch für ein interdisziplinäres Verständnis des Feldes der Generationentheorie und -forschung.
15 Hierzu und zum Folgenden im Hinblick auf die aktuelle Situation in Deutschland siehe die Verhandlungen des 64. Deutschen Juristentages, auf dem die Frage von Reformen des Erbrechtes intensiv erörtert worden ist (Ständige Deputation des Deutschen Juristentages 2002). Die Ergebnisse einer breit angelegten soziologischen Untersuchung des Elternunterhaltes und seiner Handhabung in der Praxis angesichts der Verknappung öffentlicher Mittel finden sich in Hoch/Lüscher (2002).
16 Es ist hier nicht der Ort, die überaus differenzierten gesetzlichen Regelungen der Erbprozesse darzulegen, deren Handhabung durch die Rechtsprechung noch weiter ausdifferenziert wird. Ebenso wenig können wir auf die Unterschiede in den verschiedenen Ländern und Kulturkreisen eingehen. Dazu ist auf die einschlägige Spezialliteratur zu verweisen. Sie liegt in Form der Gesetze und deren Kommentierung vor, ferner in zahlreichen praxisbezogenen Ratgebern (siehe Schwab/Henrich 1997 und 1998). Überdies ist Erben und Vererben ein wichtiges Thema von Informationsangeboten, die sich insbesondere an gewerbliche Kreise richtet. Eine weitere Zielgruppe sind unverheiratet zusammenlebende Paare (»Nichteheliche Lebensgemeinschaften«) sowie diejenigen, die in Familienformen, die durch Trennung, Scheidung, Wiederheirat, Adoptionen, Stiefelternschaft usw. beeinflusst sind. Beratungsbedarf besteht auch im Falle bi- und multinationaler Ehen sowie bei Verwandtschaftsbeziehungen. Angesichts der steigenden internationalen Mobilität verstärkt sich die Bedeutung des internationalen Privatrechts. Ferner sind jene Fälle zu bedenken, in denen nicht Familienangehörige, sondern Dritte sowie Stiftungen als Erben bedacht werden sollen, wobei neuerdings kleinere individuelle Erbschaften zu Gemeinschaftsstiftungen zusammengelegt werden (siehe die Beiträge in Lettke 2003a).
17 Das Thema Erben und Geschlecht behandelt ausführlich unter historischen und theoretischen Gesichtspunkten sowie gestützt auf eigene Forschungen Kosmann (1998, 2003). Dabei zeigt sich u.a., dass es teilweise zu einer Angleichung zwischen den Geschlechtern gekommen ist. Dies hängt wiederum mit der Stellung der Geschwister zusammen. Diese Frage behandelt auch Segalen (1984). Spezifische Probleme der Vater-Sohn-Beziehungen behandelt Bourdieu 2000.
18 Diese Frage stellt sich insbesondere auch hinsichtlich des Themas der Erbschaftssteuer. Sie ist ein interessantes Beispiel für die Widersprüchlichkeiten und Ambivalenzen, die bei der gesellschaftlichen Regulation von Generationenbeziehungen auftreten können. Deutlich ist dies in den Darstellungen der historischen Entwicklung der Erbschaftssteuer und den Auseinandersetzungen über ihre politische Begründbarkeit (und hier insbesondere im Falle liberaler Positionen) erkennbar. Dies wird im Einzelnen dargestellt bei Beckert (1999, 2003) sowie bei Wischermann (2003).

4. Generationendynamik

19   Unter den heutigen demographischen Bedingungen ist es unbedingt notwendig, Erbschaften im weiteren Kontext von Schenkungen und Transfers zwischen den Generationen zu betrachten (hierzu Kap. 4.2). Siehe dazu auch Finch (1996).
20   Im Weiteren tangiert das Erben ein Tabu oder zumindest ein verdrängtes Thema der ganz persönlichen Lebenserfahrung: den Umgang mit Tod und Sterben. Vielleicht gehört auch dazu, dass Erbtanten und Erbonkel ihren Glanz zu verlieren scheinen, seit auch älteren Menschen das Recht zugesprochen bekommen – oder ihnen mittlerweile gar die Verpflichtung auferlegt wird –, das Leben konsumierend und reisend zu genießen solange sie dies zu tun »vermögen«. Dass es um das Erben häufig zu Konflikten kommt, ist zwar allgemeines Wissen. Doch wie diese tatsächlich ablaufen und geregelt werden, entzieht sich weitgehend systematisch aufgearbeiteter Kenntnis. Testamente sind – in der Regel – vertrauliche Dokumente. Die mit der Abwicklung von Erbgängen befassten Notare und Rechtsanwälte üben sich von Berufes wegen in Verschwiegenheit. Sie gilt ebenso für diejenigen, die Erbberatung anbieten, wozu auch Organisationen gehören, die Erblasser im Hinblick auf eine mögliche Begünstigung von gemeinnützigen Organisationen beraten.

5. Generationenlernen: Welche Bedeutung haben Generationenbeziehungen für die Konstitution von Kultur und Person?

Die soziale Praxis von Generationenbeziehungen ist untrennbar mit Lernen verbunden, denn die Beteiligten tauschen Informationen aus, lösen gemeinsam Aufgaben und beeinflussen sich dabei gegenseitig in einer Weise, die mehr oder weniger dauerhafte Verhaltensänderungen zur Folge hat. Anthropologisch lässt sich argumentieren, dass der Mensch auf Lernen und dessen soziale Organisation in Form von Erziehung und Bildung angewiesen ist, um die in ihm angelegten Verhaltenspotenziale entwickeln zu können. Im Vergleich zu anderen Lebewesen verfügt der Mensch von Geburt an (wenn nicht sogar vorgeburtlich) über eine überaus große Lernfähigkeit. Im Kontext der Generationentheorie ist die folgende Tatsache entscheidend: Die meisten, insbesondere aber die lebensgeschichtlich ersten und für die Persönlichkeitsentwicklung grundlegenden Lernprozesse werden angeregt und vermittelt durch Personen, die bereits über jene Fähigkeiten verfügen, die zur Teilnahme an einer Gesellschaft und Kultur sowie zu selbständiger Lebensführung erforderlich sind. Hier zeigt sich eine Nähe des von uns verwendeten Lernbegriffs zum Begriff der »Sozialisation«.

Die Lernprozesse des heranwachsenden Kindes werden durch das angeborene Bestreben ausgelöst, die Umwelt zu erkunden und Verbundenheit mit den Bezugspersonen in der Umwelt zu erfahren. Sie werden aber auch durch »Lernhilfen« seitens der Erwachsenen bestimmt, z.B. durch Anregung, Ermutigung und soziale Kontrolle. Dies wiederum beinhaltet Lernerfahrungen seitens der Erwachsenen. Man kann also von wechselseitigen Lernprozessen unter Einbeziehung des sich entwickelnden Selbst aller Beteiligten sprechen. Diese Lernprozesse dauern lebenslang und sind eingeordnet in die Organisation des menschlichen Zusammenlebens.

Mit dem Begriff des Generationenlernens beschreiben wir alle Formen des Lernens, für welche der Bezug auf das Lebensalter bzw. die Generationenzugehörigkeit als Altersdifferenz oder Altersgleichheit relevant ist und die für die Vermittlung und Aneignung von Kultur sowie für die Konstitution der Person bedeutsam sind. Auf diese Weise soll in der Generationentheorie und Generationenforschung Lernen (und Sozialisation) zu einem relevanten Thema gemacht werden. Umgekehrt könnte dies dazu beitragen, in der Theorie und Empirie des Lernens (und der Sozialisation) die Relevanz der Generationenperspektive verstärkt wahrzunehmen. Daneben gibt es viele Formen des Lernens (z.B. Informationsverarbeitung durch Lesen, Hören, Nutzung des Com-

5. Generationenlernen

puters etc.), die nicht durch gelebte Beziehungen zu Angehörigen einer anderen oder der eigenen Generation geprägt werden.[1]

Generationenlernen findet zwischen Familiengenerationen, aber auch zwischen Gesellschaftsgenerationen statt (Kap. 5.1). Jüngere lernen von Älteren, umgekehrt lernen aber auch Ältere von Jüngeren (Kap. 5.2). Generationenlernen steht im Zeichen der Generationendifferenz (*inter*generationale Beziehungen oder »vertikale« Generationenbeziehungen); es lässt sich somit in den Beziehungen zwischen Eltern und Kindern, aber auch in Mehrgenerationenbeziehungen beobachten (Kap. 5.3). Jedoch kommt auch dem Lernen unter der Bedingung der Gleichheit der Generationenrolle (*intra*generationale Beziehungen oder »horizontale« Generationenbeziehungen) eine große Bedeutung zu (Kap. 5.4). Schließlich beschreiben wir Zuverlässigkeit, Dauerhaftigkeit und Wechselseitigkeit als spezifische Merkmale bzw. Potenziale des Generationenlernens (Kap. 5.5)[2]

5.1 »Was du ererbt von deinen Vätern hast, ...«

Die grundlegende Bedeutung und besondere Eigenart der Sachverhalte, für die wir die Bezeichnung »Generationenlernen« vorschlagen, hat Goethe in seiner Tragödie »Faust« eindringlich in dem von Faust gesprochenen Satz umschrieben: »Was du ererbt von deinen Vätern hast, erwirb es, um es zu besitzen« (Goethe 1808/1949: 29). Die in der Generationenfolge überlieferte Kultur wird hier mit dem Begriff des »Erbes« beschrieben. Das kulturelle Erbe ist etwas Vorgegebenes. Seine Weitergabe von den Älteren zu den Jüngeren hat jedoch zur Voraussetzung, dass es »erworben« wird.

Damit sind Lernprozesse angesprochen, die in zwei Hinsichten Bedeutung haben: Erstens muss der Erbe von den Nachkommen angeeignet werden. Dies bietet – zweitens – die Chance, das Erbe zu mehren. Bei Goethe zeigt sich das im Bestreben von Faust, einem eigenen Beitrag zum Fortschritt der Wissenschaft zu leisten.

In beiden Hinsichten unterscheidet sich die Einstellung von Faust zum kulturellen Erbe von derjenigen des Famulus; unmittelbar vor Beginn von Fausts Monolog, aus welchem der zitierte Satz stammt, sagt der Famulus: »Mit Eifer hab' ich mich der Studien beflissen; zwar weiß ich viel, doch möcht' ich alles wissen« (aaO: 26). In diesem Satz wird Lernen (Wissenserwerb) als ein gleichsam mechanischer Prozess beschrieben.

Im ganzen Zusammenhang der Tragödie bringt der zitierte Satz aus Goethes »Faust« eine hohe Wertschätzung des kulturellen Erbes zum Ausdruck: Kultur ist es wert, vererbt und erworben zu werden. Der Satz besagt aber auch: Das Erwerben des kulturellen Erbes hat Bedeutung für die Person. Dafür spricht Fausts Bestreben, zu einem Verständnis der Welt und seiner selbst und zu einem Sinn des Lebens zu gelangen. Für die Annäherung an diese Ziele der Persönlichkeitsbildung scheint der aktive, gleichsam in-

5.1 »Was du ererbt von deinen Vätern hast, ...«

dividualisierte »Erwerb« des kulturellen Erbes eine wichtige Voraussetzung zu sein. So gelesen kann man im zitierten Satz von Faust eine dichterische Beschreibung der grundlegenden Bedeutung des Generationenlernens für die Vermittlung und Aneignung von Kultur sowie für die Konstitution der Person entdecken.

Es verdient Beachtung, dass Goethe in diesem Zusammenhang den Begriff des »Ererbens« verwendet. Dieser Begriff scheint geeignet zu sein, spezifische Phänomene der Generationenfolge und der Generationenbeziehungen zu beschreiben, und er hat dementsprechend auch in die sozialwissenschaftliche Generationentheorie und Generationenforschung Eingang gefunden. Ein Beispiel dafür bietet die von Ziegler (2000) eingebrachte Vorstellung der »sozialen Erbschaft«. Darunter versteht er die Übermittlung nicht-materieller, sozialer Güter wie etwa Werte, Einstellungen und Orientierungsmuster. Das ist eine Ergänzung und Erweiterung des Verständnisses von biologischen und ökonomischen Erbvorgängen.

Dieses Konzept weist Gemeinsamkeiten mit jenem des inkorporierten Kulturkapitals auf, das Bourdieu (1983) geprägt hat. Soziale Erbschaften lassen sich, so Ziegler, als bewusste Aufträge verstehen, sie können aber auch den Charakter unbewusster Dispositionen haben. Ein so verstandenes – soziales – Erbe macht es notwendig, dass die Erbenden eine aktive Eigenleistung erbringen, aber auch, dass sie sich auf diesem Wege gleichsam von ihren Eltern entfernen. Gemäß Bourdieu kann es auf diese Weise zu einem »zerrissenen Habitus« (Bourdieu 1997: 655) kommen, dessen subjektive Problematik darin besteht, im sozialen oder ökonomischen Erfolg zugleich eine Schuld und einen Verlust zu erleben. Dem Erbe ist also, soziologisch gesehen, eine immanente Widersprüchlichkeit eigen, ein Aspekt, der in dem von uns in die Diskussion eingebrachten Konzept der Generationenambivalenz mit enthalten ist (siehe Kap. 7.4).[3]

Die Anwendung des Begriffs des Erbens (bzw. Vererbens) auf soziale bzw. kulturelle Phänomene und Prozesse stellt eine Übertragung aus anderen Bedeutungszusammenhängen dar, in welchen dieser Begriff ursprünglich beheimatet ist. Wir vermuten, dass die Übertragung dieses Begriffs auf die Kultur eine originäre Sprachschöpfung Goethes oder jedenfalls der Goethe-Zeit ist und seitdem Verbreitung gefunden hat. Das umfassendste Nachschlagewerk zur deutschen Sprache, das Grimm'sche Deutsche Wörterbuch, weist diese Begriffsverwendung unter dem eigenen Stichwort »*Er*erben« mit Zitaten aus Schiller, Goethe (Faust) und Platen nach (Grimm/Grimm 1862/1984: 787), während unter den Stichworten »Erben« und »Vererben« nur die beiden historisch älteren Begriffsverwendungen erörtert werden, nämlich das materielle Erben und Vererben und die biologische Vererbung.[4]

Indem wir das Generationenlernen und seine grundlegende Bedeutung für die Konstitution von Person und Kultur am Konzept des kulturellen Erbes erläutern, beschreiben wir einen unkonventionellen Weg. Denn in der sozialwissenschaftlichen Theorie und Forschung werden die Phänomene und Prozesse, welche wir Generationenlernen nennen, üblicherweise mit dem Konzept der »Sozialisation« beschrieben.

5. Generationenlernen

Wir meinen, dass der Ausgangspunkt des kulturellen Erbens durch die Einbeziehung der Generationenperspektive eine fruchtbare Erweiterung ermöglicht.

Der Begriff »Sozialisation« beschreibt die Prozesse der Vermittlung zwischen Individuum und Gesellschaft (Kultur); diese Prozesse beinhalten Lernen, das seinerseits durch die soziale Umwelt angeregt wird (siehe z.B. Faulstich-Wieland 2000). Wegweisend für unser Verständnis ist die folgende Umschreibung (siehe Lüscher 1989): Bezogen auf das Individuum sind mit »Sozialisation« alle Prozesse gemeint, durch welche das Individuum vermittels der Beziehungen zu seiner physischen und sozialen Um- und Mitwelt und vermittels des Verständnisses seiner selbst, relativ dauerhafte Verhaltensweisen erwirbt, die es befähigen, am sozialen Leben teilzunehmen und an dessen Entwicklung mitzuwirken. Bezogen auf die Gesellschaft meint »Sozialisation« das beabsichtigte und auch das unbeabsichtigte differenzierte, unter Umständen auch widersprüchliche Zusammenwirken all jener gesellschaftlichen Gruppen (insbesondere der Familie in der Vielfalt ihrer Lebensformen) und Einrichtungen, die der Pflege und Erziehung des menschlichen Nachwuchses dienen oder den Zweck haben, die Mitgliedschaft in einem sozialen System (z.B. Verein, Verband) zu erwerben.

Die fächerübergreifende Sozialisationsforschung zeigt: Die Weitergabe (und Erneuerung) von Kultur und Gesellschaft steht in einem wechselseitigen Zusammenhang mit den (lebenslangen) Prozessen der Identitätsbildung der Person: Kultur und Gesellschaft existieren, weil sich Individuen in ihrem Handeln und Denken auf die jeweilige Kultur und Gesellschaft beziehen und sich als deren Mitglieder verstehen. Umgekehrt bewerkstelligt der Prozess der Identitätsbildung der Person immer zugleich beides: die Grundlegung der Zugehörigkeit zu einer größeren sozialen, geistigen und moralischen Gemeinschaft und die Ausbildung der Individualität. Diese gleichzeitige Vergesellschaftung (auch »Enkulturation« genannt) und Individuierung der Person wird übereinstimmend in verschiedenen Theorietraditionen herausgestellt.

Das zentrale Thema der Sozialisationsforschung bildet das Verhältnis zwischen Individuum und Gesellschaft; Sozialisation und Erziehung werden im Hinblick auf ihre Auswirkungen auf die Handlungsbefähigung der Individuen in Sozietäten[5] untersucht. Demgegenüber spielt das Problem der (familialen und gesellschaftlichen) Generationenbeziehungen (Lüscher 1989: 101ff.) – das heißt: die Frage, danach, inwiefern und in welcher Art und Weise die für die Konstitution von Person und Kultur grundlegenden Sozialisationsprozesse (Lernprozesse) durch die Teilnahme des Individuums an der sozialen Praxis von Generationenbeziehungen angeregt und geprägt werden – in der Sozialisationsforschung eine geringe Rolle.[6] Das Konzept des Generationenlernens ist ein Mittel, um dies explizit zu machen. Dabei muss die Darstellung dieser Prozesse im Hinblick auf die konkreten Lernerfahrungen in heutigen Gesellschaften über den Kontext der familialen Generationenbeziehungen hinaus ausgeweitet werden.

In der sozialen Organisation von Lernprozessen vollzieht sich seit der Einführung der Schulpflicht (in Preußen 1793, im Deutschen Reich 1918) ein tiefgreifender Wandel:

5.2 »Umkehrung« des Generationenverhältnisses: Lernen Ältere von Jüngeren?

Lernprozesse außerhalb der Familienhaushalte erhalten einen hohen Stellenwert in den Lebensläufen der nachwachsenden Generation. Diese »Pädagogisierung« (Ariès 1975) der Kindheit und des Jugendalters steht im Zusammenhang mit dem Wandel von Kultur und Gesellschaft in der Moderne: Die Weitergabe einer durch ständig expandierende Wissensbestände sowie durch Wertepluralismus bestimmten Kultur sowie die Integration der jungen Generation in eine zunehmend arbeitsteilige und komplexe Gesellschaft kann nicht mehr allein auf der Grundlage von Erfahrung und Umgang (informelle Lernprozesse) geschehen und gelingen. Vielmehr werden organisierte Prozesse der Vermittlung (Lehren/Unterrichten, und zwar in der Verantwortung beruflicher Erzieherinnen und Lehrer) und Aneignung (formelles Lernen/formale Bildung) zu unverzichtbaren Voraussetzungen für die Weitergabe von Kultur und die gesellschaftliche Integration der Individuen.[7]

Als Folge dieser Wandlungsprozesse ist festzustellen: Das Generationenlernen wird zunehmend auch durch die Beziehungen zwischen Gesellschaftsgenerationen zum Beispiel in Schulen und Betrieben geprägt. Aus dieser Tatsache lässt sich indes nicht folgern, dass die Lernprozesse in familialen Generationenbeziehungen ihre grundlegende Bedeutung für die Konstitution von Person und Kultur eingebüßt hätten. So hat beispielsweise die PISA-Studie die Erkenntnis bestätigt: Die Lernerfahrungen der Kinder in ihrer Herkunftsfamilie wirken sich nachhaltig auf den Erwerb kultureller Kompetenzen im Rahmen des Bildungssystems aus (siehe Deutsches PISA-Konsortium 2001; Wissenschaftlicher Beirat 2002).[8]

5.2 »Umkehrung« des Generationenverhältnisses: Lernen Ältere von Jüngeren?

Im Zusammenhang mit der Erörterung der kulturellen Bedingungen von Generationenbeziehungen (Kap. 3.2.1) argumentieren wir: Mit der Orientierung moderner Kulturen an einem linearen Zeitverständnis, an einer offenen (unvorhersehbaren), aber tendenziell »besseren« Zukunft (Fortschrittsdenken) und an intentionaler Erziehung sind wichtige Wandlungen im Verhältnis der Generationen verbunden. Das vermeintlich »natürliche« und konstante Verhältnis zwischen Alt und Jung wird in Richtung einer Aufwertung der Jugend als »ewige Glückschance der Menschheit« (Buber 1918/1963: 700) aufgelöst und durch ein die ganze Gesellschaft bestimmendes Ideal der Jugendlichkeit ersetzt (siehe König 1965). Damit verlieren die familialen (und auch die gesellschaftlichen) Generationenbeziehungen ihr traditionelles altersklassenbezogenes Autoritätsgefälle, da die generelle Notwendigkeit, sich immer wieder neues Wissen anzueignen, auch die Erwachsenen zu Lernenden werden lässt.

Margaret Mead (1971) hat diese Auffassung vom kulturellen Wandel der Generationenbeziehungen vor dem Hintergrund der Erfahrung der Studentenbewegung radi-

5. Generationenlernen

kalisiert: Die moderne – von ihr als »präfigurativ« bezeichnete – Kultur sei dadurch gekennzeichnet, dass es in ihr tendenziell kein Wissen und keine Werte mehr gibt, die fraglos weitergegeben werden können. Der rapide soziale und wissenschaftlich-technische Wandel führe dazu, dass die junge Generation besser als die ältere in der Lage sei, den Anschluss an das jeweils Neue zu finden (M. Mead gebraucht in diesem Zusammenhang die Metapher vom Einwanderer in eine neue Zeit) und die erforderlichen Kompetenzen zu erwerben (siehe Kapitel 3.2.1). Die für gegenwärtige Gesellschaften kennzeichnenden Umbrüche, beispielsweise die Relativierung der Generationendifferenzen und die Relativierung des Lebensalters begünstigen scheinbar eine im Vergleich zur »klassischen« Moderne verstärkte Aufwertung der Position der jungen Generation (Böhnisch 1998) und die Verbreitung des Phänomens der Mehrgenerationalität. Beispielsweise tritt die genealogisch junge Generation aufgrund ihrer Technik- oder Medienkompetenz gegenüber der mittleren und alten Generation gelegentlich als pädagogisch »vermittelnde« Generation auf, während sie in anderen Hinsichten – beispielsweise in der Sicherung des Lebensunterhalts oder in der Schülerrolle – von den Erwachsenen abhängig bleibt, dennoch aber auf Eigenständigkeit der Lebensführung pocht. Umgekehrt geraten Erwachsene angesichts der erforderlichen Aneignung von Medien- und Technikkompetenzen sowie im Zusammenhang mit Maßnahmen der Weiterbildung oder Umschulung in die Rolle von Lernenden, die früher nur für die junge Generation kennzeichnend war.

Die genannten kulturellen Wandlungen der Generationenbeziehungen sind gelegentlich sogar zum Anlass genommen worden, von einer »Umkehrung« des Generationenverhältnisses zu sprechen. So trägt ein repräsentativer Sammelband über Generationenbeziehungen in der Erziehungswissenschaft den Titel »Was will die jüngere mit der älteren Generation?« (Ecarius 1998). Diese Formulierung ist eine Umkehrung der klassischen Frage von Schleiermacher (1826/1957: 9) »Was will denn eigentlich die ältere Generation mit der jüngeren?«. In einem der Beiträge des Sammelbandes wird die Titelformulierung am Beispiel der Medienkompetenz konkretisiert, indem die Frage nach der »Umkehrung von Lernprozessen« gestellt wird (Richard/Krüger 1998). Wir halten die Frage nach der »Umkehrung« für heuristisch fruchtbar, weil sie im Gegenzug zur herkömmlichen Betonung des kindlichen Lernens die Lernprozesse der Älteren in markanter Weise zum Thema macht. Entsprechendes gilt auch für Generationenbeziehungen im öffentlichen Raum, z.B. für die Beziehungen zwischen Professoren und Assistenten oder auch Studierenden; auch hier verweist die Formel von der Umkehrung auf die Tatsache, dass Ältere von Jüngeren lernen.

Indessen weisen alle bislang bekannten empirischen Daten darauf hin, dass von einer Umkehrung von Lernprozessen im Verhältnis der Generationen im wörtlichen Sinne dieses Begriffs nicht die Rede sein kann. Dies gilt, wie Richard/Krüger (1998) zeigen, auch für jenen Kompetenzbereich, in welchem die junge Generation am häufigsten als Avantgarde eingeschätzt wird: die Technik- und Medienkompetenz. Zwar

5.2 »Umkehrung« des Generationenverhältnisses: Lernen Ältere von Jüngeren?

sind Kinder und Jugendliche in manchen Aspekten der Medienbeherrschung und -nutzung den Erwachsenen überlegen, z.b. in der motorisch-sensuellen Manipulation von Video- und PC-Spielen oder in der unkonventionellen oder auch »subversiven« Nutzung von Medienangeboten. Im Ganzen setzt jedoch, wie die Autoren nachweisen, ein angemessener Umgang mit den neuen Medien Lerntechniken und Kompetenzen voraus, die sich die junge Generation durch die Vermittlung der älteren aneignen muss (siehe hierzu auch Lange/Lüscher 1998). Auch mit Blick auf die Lernprozesse im Verhältnis zwischen Professoren und Assistenten oder auch Studierenden ist geltend zu machen: Beim Erwerb von grundlegenden Methodenkompetenzen sind die Jüngeren auf die vermittelnde Tätigkeit der Älteren angewiesen.

Wenn man die spezifische Frage der Technik- und Medienkompetenz beiseite lässt und in einem umfassenden Sinne nach Lernprozessen in Generationenbeziehungen fragt, gelangt man zu einer noch stärkeren Relativierung der Frage oder These der »Umkehrung« des Generationenverhältnisses: Es gibt einen reichen Bestand von Wissen – zu denken ist dabei zum Beispiel an historisches, philosophisches und religiöses Wissen – sowie von kulturellen Objektivationen (Baukunst und bildende Kunst, Musik etc.), die nur durch die Weitergabe von Generation zu Generation bewahrt und angeeignet werden können, für die also der an die junge Generation gerichtete Satz »Was du ererbt von deinen Vätern hast, erwirb es, um es zu besitzen« (siehe oben 5.1) genau zutrifft. Die Interpretation des kulturellen Wandels der Generationenbeziehungen durch M. Mead bleibt in dieser Hinsicht in einer problematischen Einseitigkeit befangen, denn sie schenkt der Bedeutung des »kulturellen Erbes« für die Lernprozesse in Generationenbeziehungen keine oder jedenfalls zu wenig Beachtung.

Vor dem Hintergrund dieser Überlegungen schlagen wir vor: Statt Lernprozesse in ihrer vertikalen Ausrichtung – »Kinder lernen von Eltern« oder auch, im Sinne der »Umkehrung«: »Eltern lernen von Kindern« – zu betrachten, ist es fruchtbar, von gemeinsamen und wechselseitigen Lernprozessen auszugehen. Für die Beschreibung der Lernprozesse von Eltern (oder Großeltern oder auch nichtverwandten erwachsenen Bezugspersonen der Kinder) bedeutet dies: Die Frage lautet nicht, ob und wie sie »von« Kindern lernen; sie lautet, ob und wie sie dadurch lernen, dass sie mit Kindern leben, handeln, sprechen – oder auch, ob und wie sie zusammen mit Kindern lernen. Dies ist eine wichtige Facette des Konzeptes des »Generationenlernens«, wie wir es hier zur Diskussion stellen.[9] Dazu zwei Beispiele aus der Forschung.

Doehlemann (1979) geht der Frage nach: »Was gewinnen Erwachsene aus dem Umgang mit Kindern?« (aaO: 8). Auf der Grundlage vorliegender Untersuchungen und eigener Elternbefragungen werden vielfältige Lernprozesse von Eltern beschrieben, die zwei Kategorien zugeordnet werden: Zu den *sozialisierenden* Einwirkungen von Kindern auf Erwachsene gehört es, dass Eltern im Umgang mit und in der Sorge für Kinder eine Verstärkung ihres Verantwortungsbewusstseins, die Bewährung in einer für den Erwachsenenstatus bedeutsamen und gesellschaftlich anerkannten Rolle (Elternschaft) sowie eine soziale Sinngebung ihres Lebens erfahren. Die *individualisierenden* Lernprozesse werden unter anderem dadurch ausgelöst, dass sich Eltern von der Spontaneität und Phantasietätigkeit ihrer Kinder anstecken lassen und dies als eine Bereicherung ihrer Persönlichkeit erfahren.

Die Untersuchungen über den »Wert« von Kindern (siehe z.B. Arnold et al. 1975) zeigen, dass in traditionsorientierten »kollektivistischen« Gesellschaften Kindern in erster Linie ein utilitaristisch-ökonomischer Wert (bzw. Nutzen), in modernen »individualistischen« Gesellschaften hingegen in erster Linie ein psychologischer Wert zugeschrieben wird. Der »psychologische Wert« von Kindern beinhaltet die »expressiven« Anregungen, die von den für Kinder typischen Verhaltensweisen ausgehen, sowie die Erfahrung einer sozialen Sinngebung des Lebens; es zeigt sich eine starke Nähe des so definierten »Wertes« von Kindern zu den von Doehlemann (1979) festgestellten »individualisierenden« und »sozialisierenden« Wirkungen von Kindern.

Diese Untersuchungsergebnisse sind aufschlussreich, weil sie belegen (was man auch im Alltag beobachten kann), dass Eltern – dies gilt jedenfalls für einen Großteil heutiger, »moderner« Eltern – eine bewusste Vorstellung von den Lernanregungen haben, die sie im Umgang mit Kindern erfahren können, und dass sie diesen eine positive Bedeutung für ihre persönliche Entwicklung und Lebensführung zuerkennen.[10]

5.3 Lernen in Mehrgenerationenbeziehungen (Großeltern – Eltern – Kinder)

Die Verlängerung der durchschnittlichen Lebenserwartung und die räumliche Nähe zwischen den Zweigenerationenhaushalten und den Haushalten der Großeltern bieten Gelegenheiten für die Erfahrung und Gestaltung von Mehrgenerationenbeziehungen (siehe Kap. 3.1). Diese stehen in einem inneren Zusammenhang. Das bedeutet zum Beispiel: Das Verhältnis von Großeltern und Enkelkindern wird von jenem der Großeltern zu den Eltern beeinflusst. Dabei ist zu berücksichtigen, dass dies auch »Schwieger«-Beziehungen einschließt, unter Umständen solche nach einer Trennung und Scheidung der Eltern oder der Großeltern. Diese Beziehungspotenziale bieten in unterschiedlichem Umfang und in unterschiedlicher Weise Gelegenheiten für wechselseitige Lernprozesse, in denen sich Familienkulturen und Gesellschaftskulturen durchdringen.

Besonders markante Verflechtungen bestehen im Bereich des Wirtschaftens. Das zeigt die – häufig ökonomisch motivierte – Erwerbstätigkeit beider Eltern von minder-

5.3 Lernen in Mehrgenerationenbeziehungen (Großeltern – Eltern – Kinder)

jährigen Kindern, die hinsichtlich ihres Ausmaßes bei den Müttern historisch neue Dimensionen erreicht hat (sieht man von den Kriegszeiten ab). Das Angebot an Tagespflege hat mit dieser Entwicklung bis jetzt nicht Schritt gehalten.

Durchaus zutreffend versehen die schweizerische Forschergruppe BASS einen Bericht über die Leistungen und Leistungspotenziale von Großeltern mit dem Untertitel »Ohne Krippe Grosi stünde vieles still« (Bauer/Strub 2002). In Deutschland sind Großeltern nach den Müttern die wichtigsten Betreuungspersonen der Kinder in den Lebensjahren bis zum Schuleintritt (siehe Tietze/ Rossbach 1991); auch in den Neuen Bundesländern betreuen viele Großeltern ihre Enkel, obwohl es dort ein weitaus größeres Angebot an Krippenplätzen und ganztägigen Kindergartenplätzen gibt als in den Alten Bundesländern (siehe Keiser 1992). Gemäß dem Österreichischen Mikrozensus erhielten Ende der 1990er Jahre von den Frauen mit Kindern unter 15 Jahren ein Viertel nahezu täglich oder mindestens einmal wöchentlich Hilfe von den Großeltern. (BMUJF 1999a: 258). Ein noch höheres Ausmaß der Betreuung gibt es in Italien. Gemäß Romano/Cappadozzi (2002: 201) werden von den bis 13-jährigen Kindern in Italien 25% von den Großeltern täglich, 43% ein Mal und mehrere Male pro Woche sowie 32% seltener betreut.

Diese Daten sind primär unter dem Gesichtspunkt der Kinderbetreuung erhoben worden. Doch sie verweisen auf erhebliche Potenziale der Erfahrung von Mehrgenerationenbeziehungen, die den jeweiligen Lebensaltern entsprechend unterschiedliche Formen der Dienstleistung und Unterstützung umfassen und Anlässe für Prozesse des Lernens schaffen, für welche die Generationenzugehörigkeit von Belang ist.

Im Hinblick auf die junge Generation belegt die neuere Forschung: Die Erfahrung von Mehrgenerationenbeziehungen spielt in ihrem Leben eine wichtige Rolle. Die von Enkeln und Großeltern gemeinsam verbrachte Zeit bietet den Großeltern die Chance, ihren Enkeln spezifische Lernerfahrungen zu vermitteln, was seitens der Eltern (die darauf u.U. in den Medien, die über Erziehung informieren, aufmerksam gemacht werden) durchaus als wünschenswert betrachtet wird. Dabei geht es nicht nur darum, dass Großeltern aus »früheren Zeiten« berichten können und so eine gewisse Kontinuität repräsentieren. Ebenso wichtig dürfte ein Sachverhalt sein, den Krappmann (1997b) anschaulich schildert: Das Kleinkind, das von der Großmutter (oder dem Großvater) liebevoll herumgetragen wird, kann schon früh die Erfahrung machen, dass es nebst der Mutter und dem Vater Menschen gibt, die ihm ihre volle Zuneigung zeigen und dennoch etwas anders mit ihm umgehen als die Eltern dies tun. Allgemeiner gesprochen: Großeltern können Enkelkindern vor dem Hintergrund einer grundsätzlich voraussetzbaren persönlichen Zuwendung und Wertschätzung wichtige Erfahrungen von »Differenz« vermitteln. Das trifft auch in späteren Lebensphasen zu.

5. Generationenlernen

Die Beziehungen zwischen Großeltern und Enkeln weisen eine große Vielfalt auf. So haben Neugarten/Weinstein (1964), Robertson (1977) und Cherlin/Furstenberg (1986) in den USA sowie Herlyn/Lehmann (1998) in Deutschland und Attias Donfut/Segalen (1998) in Frankreich verschiedene Beziehungstypen gefunden, die von einem distanzierten Verhältnis über ein nahes, aber in Fragen der Erziehung zurückhaltendes Verhältnis bis zu einem der elterlichen Nähe und Verantwortung ähnlichen Verhältnis reichen. Unabhängig von diesen Typen lässt sich eine allgemeine Tendenz zur Informalisierung und Emotionalisierung der Beziehungen feststellen: Großeltern werden nicht als Autoritätspersonen und Repräsentanten einer verpflichtenden Tradition von Wissen und Werten wahrgenommen, vielmehr gelten sie als vertraute Gesprächspartner, mit welchen Erfahrungen und Vorstellungen ausgetauscht und gemeinsame Erwartungen entwickelt werden (siehe Hagestad 1984). Im Ganzen ist davon auszugehen, dass Großeltern einen indirekten, auf Zuwendung und Bestätigung aufbauenden Einfluss ausüben, der aber gerade darin seine Bedeutung als »Brücke« gewinnen kann, dass er sich von den Beziehungen zu den Eltern qualitativ unterscheidet und den Kindern eine anders geartete Erfahrungswelt erschließt (siehe Krappmann 1997a).

Ecarius (2002) hat bei ostdeutschen Familien die Erfahrungstatsache betätigt gefunden, dass die Interaktionen zwischen Großmutter und Mutter sowie zwischen Mutter und Tochter in vielen Fällen konfliktreicher sind als jene zwischen Großmutter und Enkelin. Dasselbe Muster gilt auch in männlichen Generationenlinien. Die Konflikthaftigkeit ergibt sich aus der Nähe zwischen Eltern und ihren Kindern. Das Verhältnis der direkt aufeinander folgenden Generationen sei durch die Erziehungsabsichten der Eltern und die Bestrebungen der Kinder, selbständig zu werden, belastet, so die Autorin. Dadurch kommt es oft zu Auseinandersetzungen, die nicht nur geprägt sind von Ablösekonflikten, sondern von gegenseitigen Missbilligungen und Konkurrenzen. Großmütter sowie Großväter versuchen oft – so eine weitere Interpretation der Befunde – das, was sie bei ihren Kindern verpasst haben oder nicht zulassen konnten, bei den Kindeskindern stellvertretend gutzumachen. Da Kinder ihren Großeltern gegenüber weniger als gegenüber ihren Eltern die Erfahrungen von intensiver Bindung und existentieller Abhängigkeit machen, scheinen die Großeltern-Enkel-Beziehungen in geringem Ausmaß durch ambivalente Gefühle bestimmt zu sein (siehe Wilk 1993).

Ecarius kann überdies beobachten, dass die Wandlungsprozesse von einer asymmetrischen hin zu einer symmetrischen Machtverteilung zwischen Jung und Alt vor allem im Kontext von Erziehung und Lernen gefördert werden. Der bisher beobachtete Wandel in den Erziehungskonzepten und der tatsächlichen Erziehungspraxis – vom autoritären Befehlshaushalt zum Verhandlungshaushalt – wirkt sich ihrer Ansicht nach auf das traditionelle Machtverhältnis zwischen den Generationen aus (Ecarius 2002; siehe hierzu auch Schneewind/Ruppert 1995). – Besondere Beachtung verdient unter dem Gesichtspunkt der historischen Generationendynamik, dass in diesen Jahren die Angehörigen der 68er Generation in die Phase der Großelternschaft eintreten.

5.3 Lernen in Mehrgenerationenbeziehungen (Großeltern – Eltern – Kinder)

Die mittlere Generation, für die wir in 3.1.3 die Bezeichnung »Scharniergeneration« vorschlagen, nimmt nicht nur eine doppelte Verantwortung wahr, sie erfährt auch von den Angehörigen sowohl der Kinder- als auch der Großelterngeneration Zuwendung, Anregung und Unterstützung. Dabei handelt es sich nicht allein um materielle oder instrumentelle Austauschprozesse (siehe Kap. 4.2.1), sondern um solche des Generationenlernens. So zeigt die neuere Netzwerkforschung: Kinder werden – nach dem Ehepartner (bzw. der Ehepartnerin) – als die wichtigsten Partner für persönliche Gespräche genannt; besonders häufig ist dies nach einer Ehescheidung der Fall. Entsprechend gilt auch für die Beziehungen zur älteren Generation, dass die mittlere Generation nicht nur Aufgaben wahrnimmt und Leistungen erbringt, sondern auch Unterstützung erfährt. Dies betrifft neben materiellen Zuwendungen die Betreuungsleistungen der Großeltern für Enkel, aber auch Zuwendung, Rat und Hilfe in Krisensituationen.

Auch im Leben der älteren Generation spielen Mehrgenerationenbeziehungen eine wichtige Rolle, und zwar ebenso, wie bei der mittleren Generation, in der zweifachen Perspektive des Gebens und Nehmens. Wenn man einmal davon absieht, dass immer mehr »Großeltern« selbst pflegerische Aufgaben bei ihren eigenen Eltern übernehmen, unterhalten viele Großeltern enge Beziehungen zu ihren Kindern und Enkeln, unterstützen ihre Kinder (insbesondere in Krisensituationen) und beteiligen sich an der Betreuung und Erziehung ihrer Enkel. Umgekehrt erfahren Großeltern nicht nur Unterstützung, Hilfe und Pflege von Seiten ihrer erwachsenen Kinder, sondern finden in ihnen Ansprechpartner bei der Lösung ihrer altersspezifischen Entwicklungsaufgaben, zum Beispiel bei der Bewältigung der nachberuflichen Lebensphase (siehe Lang/Baltes 1997). Kinder und Enkel tragen im Medium der gelebten Mehrgenerationenbeziehungen dazu bei, dass alte Menschen das Gefühl bewahren können, gebraucht zu werden und in ihrem letzten Lebensabschnitt Sinn zu finden (siehe Wilk 1993). Dies kann für sie ein Anstoß sein, sich um aktuelle Informationen zu bemühen, neue Kenntnisse zu erwerben und so auch im Alter weiterzulernen. Derartige Erfahrungen werden in der neueren Gerontologie als überaus wichtig für die Persönlichkeitsentwicklung im Alter dargestellt.[11]

Allerdings ist mit Filipp/Mayer (1999) einschränkend festzustellen, dass die Formen der Kommunikation in Mehrgenerationenbeziehungen bislang wenig untersucht worden sind. Überwiegend in der Kommunikation zwischen öffentlichen Generationen sind Altersstereotypen vermehrt – insbesondere im Sinne der Zuschreibung von verminderten (Sprach-) Kompetenzen – nachgewiesen worden, die sich auch in entsprechenden Selbstzuschreibungen alter Menschen niederschlagen. Interventionsstudien haben Belege dafür erbracht, dass Vorschul- und Schulkinder, die in Lerneinheiten – unter Einschluss von Begegnungen der Kinder mit alten Menschen – mit den Erfahrungen, Sichtweisen und Kompetenzen alter Menschen bekannt gemacht worden waren, wesentlich weniger Altersstereotypen als üblich zeigen. Dies ist eine Bestätigung der sogenannten »Kontakthypothese«. Diese besagt, dass durch den Kontakt zwischen Mitgliedern verschiedener sozialer Gruppen (hier: verschiedener Generationen) eine Differenzierung des Bildes der jeweils anderen Gruppe erreicht wird und deren Angehörige weniger als Mitglieder einer sozialen Kategorie gesehen werden (eine Sichtweise, die Stereotype begünstigt) denn als Individuen (aaO: 256f.). Hier zeigen sich theoretisch und praktisch noch zu explorierende Potenziale des Generationenlernens.

Zusammenfassend lässt sich auf der Grundlage der neueren Forschung – und im Gegensatz zu einem überwiegenden Trend der öffentlichen Meinung – feststellen: Mehrgenerationenbeziehungen kommt für die Angehörigen aller Generationen eine große und im Vergleich zu den Beziehungen außerhalb des Verwandtschaftssystems überragende Bedeutung für die lebensbegleitenden und lebenslang andauernden Prozesse des Lernens und der Identitätsbildung der Person zu. Dabei muss es sich freilich nicht immer um eine positiv empfundene oder zu bewertende Bedeutung handeln.

5.4 Lernen unter der Bedingung der Gleichheit der Generationenrolle: Gleichaltrige und Geschwister

Bislang haben wir argumentiert, Generationenlernen stehe im Zusammenhang mit Vermittlungs- und Aneignungsprozessen im Verhältnis zwischen Alt und Jung; in dieser Perspektive bildet die Altersdifferenz die Voraussetzung für Generationenlernen. Im Folgenden betrachten wir die Beziehungen zwischen Angehörigen der gleichen Generation als sozialen Kontext für Lernen. Wir gehen davon aus, dass Kinder (und Jugendliche) unter sich ein eigenständiges soziales Beziehungsnetz knüpfen, dass dieses unvermeidlich Lernprozesse enthält und dass diese Lernprozesse spezifische Merkmale aufweisen, die mit der Wahrnehmung der gleichen Rolle bzw. Position im Generationengefüge zu tun haben. Das Lernen unter Kindern (und Jugendlichen) vollzieht sich weniger in dem komplementären Verhältnis von Vermittlung und Aneignung (wie das Lernen unter der Bedingung vertikaler Beziehungen im Zeichen der Generationendifferenz) als vielmehr in Formen der gemeinsamen Aneignung, Interpretation, Sinngebung und Kreativität (z.B. Sprach- und Regelspiele) unter der Bedingung horizontaler Beziehungen im Zeichen der gemeinsamen Zugehörigkeit zu ein und derselben Generation.

In dieser Perspektive können wir argumentieren: Die Lernprozesse unter Kindern (und Jugendlichen) werden bestimmt durch die Tatsache, dass die Akteure der gleichen Generation angehören, sowie durch das Bewusstsein dieser Tatsache und der korrespondierenden Tatsache der geteilten Differenz gegenüber den älteren Generationen. Es gilt aber auch der Umkehrschluss: Die Lernprozesse unter Kindern (und Jugendlichen)

5.4 Lernen unter der Bedingung der Gleichheit der Generationenrolle

– beispielsweise die gemeinsame, »ko-konstruktive« (siehe Youniss 1994) Rezeption und Produktion von Sprache und Wissen oder das Aushandeln von Regeln für den Umgang miteinander und für gemeinsame Aktivitäten – bieten Gelegenheiten und Herausforderungen der Erfahrung der eigenen Generationenrolle (sowie der geteilten Differenz gegenüber der Erwachsenenwelt) und heben diese ins Bewusstsein.

Insofern das Lernen unter der Bedingung der Altersgleichheit einen Beitrag zur Aneignung von Kultur und zur Konstitution der Person zu leisten vermag, kann es als eine eigenständige Ausdrucksform des »Generationenlernens« aufgefasst werden. Wir sprechen in diesem Zusammenhang vom Lernen in »intragenerationalen« Beziehungen bzw. in »horizontalen« Generationenbeziehungen.

Lernprozesse unter Gleichaltrigen

Die Bedeutung der Gruppe der Gleichaltrigen liegt insbesondere darin, dass sie Kindern und Jugendlichen den Übergang von der Familie in den öffentlichen Raum erleichtert und auf diese Weise zur gesellschaftlichen Integration beiträgt (siehe Eisenstadt 1966). In Altersgruppen werden die für den jeweiligen neuen Lebensabschnitt notwendigen Rollen gelernt, wird soziale und personale Identität gefestigt, werden altersangemessene Kooperation, Autorität und soziale Verantwortung geübt. In diesen Lernprozessen wird an Stelle des »zugeschriebenen« Status des Alters oder des Geschlechts der »erworbene« Status (z.B. durch Leistung) bedeutsam. Die emotionale Orientierung an erwachsenen Bezugspersonen wird ergänzt durch die Orientierung an Aufgaben (»Instrumentalität«) und die Ausrichtung an den Verhaltenserwartungen der erwachsenen Bezugspersonen (»partikularistische« Orientierung) wird ergänzt durch die Ausrichtung an überpersönlichen, »universalistischen« Leistungsanforderungen und sozialen Regeln (siehe Parsons 1965). Über den Wechsel von jüngeren zu älteren Altersgruppen wird schrittweise die umfassende Mitgliedschaft in einer Gesellschaft erworben.

Im Folgenden werden Formen des intragenerationalen Lernens am Beispiel von informellen Altersgruppen im Umfeld von Familie und Schule sowie im Hinblick auf Geschwisterbeziehungen erörtert. Eine gründlichere Analyse müsste auch jene organisierten Altersgruppen einbeziehen, welche die Jugendbewegung zu Beginn des 20. Jahrhunderts hervorgebracht hat (z.B. die »Wandervögel«) und die bis in die Gegenwart (z.B. Pfadfinder sowie konfessionelle und parteipolitische Jugendorganisationen) einen wichtigen jugendspezifischen Sozialisationsfaktor darstellen (siehe Böhnisch et al. 1991).

Die Gleichaltrigengruppe ist im Gegensatz zu den Eltern-Kind-Beziehungen nicht durch einseitige Abhängigkeit, sondern durch reziproke und symmetrische Beziehungen gekennzeichnet; aus diesem Grunde gilt sie als derjenige soziale Ort, an dem Regeln in einer Weise ausgehandelt und gelernt werden, die einer demokratischen Gesellschaftsordnung entspricht: im Sinne der Verständigung unter prinzipiell Gleichen.

5. Generationenlernen

Den Beziehungen zwischen Gleichaltrigen kommt daher eine entscheidende Rolle für die Entwicklung moralischer Urteile und einer »kooperativen« Moral zu. Dementsprechend erweisen sich intragenerationale Beziehungen als der wichtigste Faktor für den Wandel von Werten (siehe Inglehart 1989; Klages et al. 1992) und Moralvorstellungen (siehe z.B. Damon 1977; Edelstein/Nunner-Winkler 2000).[12]

Die Beziehungen unter Gleichaltrigen haben Bedeutung für die Konstitution und Weiterentwicklung von Kultur und Gesellschaft, aber auch für die Identitätsbildung der Person. Die Erfahrung einer »Generationeneinheit« verhilft dem Individuum dazu, sich in der geschichtlichen Zeit und in der sozialen Ordnung zu »verorten« (siehe dazu die Erörterung von »Generationengestalten« im Kapitel 3.2.1). Außerdem sind die Lernprozesse im Modus der »Ko-Konstruktion« darauf angelegt, in eine Auseinandersetzung über Sachverhalte und Probleme einzutreten und einen eigenen Standpunkt zu begründen. Dabei kommt die eigene Beteiligung der Kinder an ihrer Entwicklung stärker zur Geltung als im Rahmen von *inter*generationale Beziehungen. Das Lernen in Gruppen von Gleichaltrigen bietet die Chance zur Konstitution eines Subjekts, dessen besondere Kompetenz, aber auch dessen Verletzlichkeit darauf beruht, andere, die sich verweigern können, für sich zu gewinnen und mit ihnen Interaktions- und Beziehungszusammenhänge (insbesondere Freundschaftsbeziehungen, in welchen auch Streit seinen Platz hat) aufzubauen, in denen Interessen, Zuneigungen und das Bedürfnis nach Verlässlichkeit verwirklicht werden (siehe Krappmann/Kleineidam 1999: 263f sowie zum Thema Gleichaltrigenbeziehungen allgemein Krappmann 1991; Krappmann/Oswald 1995).

Lernprozesse in Geschwisterbeziehungen

Kinder wachsen in einem komplexen Beziehungsgefüge auf, dessen Elemente in wechselseitigen Zusammenhängen stehen. Innerhalb dieses Gefüges spielen die Geschwisterbeziehungen eine wichtige Rolle (siehe van Aken et al. 1996). Die Besonderheit von Geschwisterbeziehungen ist häufig darin gesehen worden, dass sich Geschwister eine kindliche Eigenwelt (z.B. »Geheimsprache«) aufbauen, welche das Bewusstsein von der Gleichheit der Generationenrolle zum Ausdruck bringt und – damit korrespondierend – eine Art Gegenwelt gegenüber den Erwachsenen (Eltern) bildet (siehe Mollenhauer et al. 1975: 77-85). Im Hinblick auf die Beschreibung der verschiedenen Formen des Generationenlernens lässt sich daraus die Vermutung ableiten: In Geschwisterbeziehungen ist die Chance für unkonventionelle und kreative Lernprozesse angelegt. Zu diesen Lernprozessen gehört es auch, dass sich Geschwister darin bestärken können, kritisch und konstruktiv mit der Machtstellung der Eltern und mit deren Erziehungsmaßnahmen – und das heißt: mit Generationendifferenz – umzugehen.

Wenn man unterstellt, dass Lernprozesse durch die Teilnahme an sozialen Beziehungssystemen ausgelöst und bestimmt werden, wird die Frage wichtig, welche Positi-

5.4 Lernen unter der Bedingung der Gleichheit der Generationenrolle

onen die einzelnen Personen in den betreffenden Beziehungssystemen einnehmen. Dies wird insbesondere durch Alter und Geschlecht sowie durch die mit diesen Merkmalen verbundenen Ressourcen (Wissen, Fähigkeiten, Erfahrung, Körperkraft etc.) bestimmt. Für Geschwister gilt zunächst, dass sie das altersbezogene (generationenspezifische) Merkmal teilen, Kind zu sein und in einer Beziehung zu ihren Eltern zu stehen. Geschwisterbeziehungen lassen sich als ein Subsystem sehen, dessen Mitglieder in wechselseitigen Beziehungen mit den übrigen Subsystemen des Familiensystems (Ehebeziehungen, Eltern-Kind-Beziehungen) stehen. So belegt eine Reihe von Studien, dass die Qualität der Geschwisterbeziehungen von der Qualität der Ehe bzw. der Partnerschaft der Eltern und der Eltern-Kind-Beziehungen beeinflusst wird (siehe z.B. van Aken et al. 1996; Cierpka 1999; Petri 1994). Dies gilt beispielsweise im Hinblick auf die – in der Regel unbeabsichtigte und unbewusste – Ungleichbehandlung der Kinder bzw. die Bevorzugung (»Favoritentum«) eines Kindes auf Seiten der Eltern, die für die Formen der Rivalität zwischen Geschwistern folgenreich sein kann (siehe Boll et al. 2001). Aus Untersuchungsbefunden dieser Art ergibt sich die wichtige allgemeine Erkenntnis (die nicht nur für Verwandtschaftsbeziehungen gilt): Vertikale und horizontale Generationenbeziehungen stehen in einem wechselseitigen Zusammenhang (siehe dazu auch Sohni 1995).

Wie jedes Subsystem der Familie weisen auch Geschwisterbeziehungen eine innere Struktur und Dynamik auf, die von den durch Alter und Geschlecht definierten unterschiedlichen Positionen bestimmt werden. Im Hinblick auf das Geschlecht belegen zahlreiche Studien, dass elterliche Aufgaben (Betreuung, Lernhilfen) häufiger von älteren Schwestern als von älteren Brüdern wahrgenommen werden (siehe Liegle 2000); diese Befunde lassen sich aus den Wirkungen der gesellschaftlichen Erwartungen eines geschlechterrollenkonformen Verhaltens erklären.

Die Bedeutung der Position innerhalb der Geschwisterreihe gehört zu den bevorzugten Themen der psychologischen Geschwisterforschung (siehe Sulloway 1997, Toman 1991). Die Überprüfung der zuweilen spektakulären Thesen der Autoren dieser Studien unter erziehungswissenschaftlichen Aspekten steht noch aus.[13] Einen anregenden Vorschlag zur Erfassung der Vielfalt von Geschwisterbeziehungen bietet die Typologie von Hetherington (1988). Der Autor unterscheidet vier Typen:

– »Verstrickte« Beziehungen, die durch symbiotische Nähe, hohe Kommunikationsdichte und sehr niedrige Rivalität und Aggression gekennzeichnet sind (Anteil in der Studie: 10%);
– »Freundschaftlich-fürsorgliche« Beziehungen, die durch große Nähe und Empathie, offene Kommunikation und ein geringes Ausmaß an Rivalität und Aggression gekennzeichnet sind (22%);

5. Generationenlernen

- »Ambivalente« Beziehungen, die durch hohe Rivalität und Aggression, zugleich aber durch Nähe und Loyalität (insbesondere im Blick auf gegenseitigen Schutz gegenüber Dritten) gekennzeichnet sind (35%);
- »Feindselig-entfremdete« Beziehungen, die durch geringe Nähe, Empathie und Kommunikation sowie durch ein hohes Ausmaß von Zwang und Aggression gekennzeichnet sind (22%).[14]

Diese Typologie beschreibt unterschiedliche »Qualitäten« von Geschwisterbeziehungen bzw. Geschwisterbindungen (siehe dazu auch Bank/Kahn 1989). Es liegt auf der Hand, dass diese qualitativen Unterschiede in den Beziehungen auch qualitative Unterschiede in den Formen und Effekten der Lernprozesse unter Geschwistern hervorbringen; deren Erforschung steht freilich noch aus.

Geschwisterbeziehungen sind durch ihre prinzipiell horizontale und symmetrische Struktur charakterisiert. Was diese besondere Beziehungsstruktur für die Lernprozesse unter Geschwistern bedeutet, kann man zum Beispiel versuchen herauszufinden, indem man, wie dies van Aken et al. (1996) getan haben, danach fragt, wie sich die innerhalb des sozialen Netzwerkes erfahrene bzw. wahrgenommene »Unterstützung« und Konflikthaftigkeit auf das Selbstwertgefühl der Kinder auswirkt. Die Autoren zeigen, dass das Selbstwertgefühl der untersuchten Kinder insbesondere von der wahrgenommenen Unterstützung oder Konflikthaftigkeit in den Mutter-Kind- und Vater-Kind-Beziehungen sowie, in geringerem Ausmaß, auch in den Gleichaltrigenbeziehungen, nicht aber von der wahrgenommenen Unterstützung oder Konflikthaftigkeit in den Geschwisterbeziehungen beeinflusst wurde.

Diese Befunde legen als Erstes die Vermutung nahe, dass der in den Erziehungsprozess eingebaute Kampf um Anerkennung in den intragenerationalen (horizontalen) Lernprozessen in stärkerem Maße von der Erfahrung äußerer und innerer Abhängigkeit (der Jüngeren von den Älteren) geprägt ist als dies in intergenerationalen (vertikalen) Lernprozesse der Fall ist. Die Tatsache, dass Gleichaltrigenbeziehungen in ihrem Einfluss auf das Selbstwertgefühl trotz ihrer horizontalen Struktur weniger in Übereinstimmung mit den Geschwisterbeziehungen als in einer gewissen Übereinstimmung mit den Eltern-Kind-Beziehungen wahrgenommen werden, legt – zweitens – die Vermutung nahe: Konflikte zwischen Gleichaltrigen können die Beziehung gefährden, während in den – prinzipiell unkündbaren – Geschwisterbeziehungen die Gleichzeitigkeit oder zumindest das Nebeneinander von Unterstützung und Konflikt als etwas wahrgenommen wird, das zu dieser Beziehung gehört.

Eine der besonderen Chancen der Geschwistererziehung könnte in dieser Sicht darin liegen, dass in keiner anderen Beziehung der Umgang mit Ambivalenz und auch mit Andersartigkeit so »leicht« gelernt werden kann. Dass Geschwister sehr unterschiedliche Persönlichkeitsmerkmale aufweisen – dank ihrer unterschiedlichen Anlagen, infolge der je individuellen Konstruktion mentaler Modelle der gelebten Bezie-

5.5 Zur Spezifik des Generationenlernens: Verlässlichkeit, Dauerhaftigkeit und Reziprozität

hungen sowie aufgrund der je individuellen Erfahrungen in verschiedenen »nicht geteilten« Umwelten –, zeigen alle Untersuchungen (siehe z.B. Dunn/Plomin 1996). Die Unterschiedlichkeit von Geschwistern erweist sich aber ebenso wenig wie die Ambivalenz in Geschwisterbeziehungen als ein Hindernis für eine lebenslange Bindung und lebenslange wechselseitige Einflüsse.

Im Generationenlernen unter der Bedingung der Gleichheit der Generationenrolle zeigt sich besonders anschaulich: Die Ergebnisse des Lernens sind nicht vorhersehbar, sie sind vielmehr offen, weil abhängig von den selbstbestimmten Lernmöglichkeiten und dem Lernwillen der Subjekte. Die gemeinsamen, ko-konstruktiven Lernprozesse in der Gruppe der Gleichaltrigen oder Geschwistern sind dadurch gekennzeichnet, dass in ihnen eigenständige soziale Beziehungsstrukturen und Regeln ausgehandelt und erprobt werden. Auf diesem Wege können Traditionen und Konventionen der Erwachsenen(-gesellschaft) relativiert oder auch in Frage gestellt werden. Es gilt, was bereits Mannheim postuliert: Im Generationenwechsel liegt die Chance für sozialen Wandel und Fortschritt, da die heranwachsende Generation – auf der Grundlage eines gemeinsamen Generationenbewusstseins und vermittels generationenspezifischen Verhaltens und Handelns – einen neuartigen Zugang zur akkumulierten Kultur finden kann.

5.5 Zur Spezifik des Generationenlernens: Verlässlichkeit, Dauerhaftigkeit und Reziprozität

Das Konzept des Generationenlernens beinhaltet die Annahme, dass die Erfahrung und Gestaltung von inter- und intragenerationalen Beziehungen in Familie und Gesellschaft (sowie hinsichtlich der Wechselwirkungen zwischen beiden) spezifische Lernerfahrungen ermöglicht und erfordert. Damit wird verdeutlicht, was – in einer anderen Begrifflichkeit und unter einem anderen Blickwinkel – in einigen »klassischen« Generationentheorien angelegt ist, nämlich, dass prägende Erfahrungen das Bewusstsein der Generationenzugehörigkeit formen und dieses Bewusstsein sich als handlungsrelevant erweist. In unserer Terminologie: Es werden kollektive und an diesen orientierte personale Identitäten geschaffen. Diese wiederum bilden die Grundlage von Handlungsbefähigung. Zusätzlich lautet die Annahme, für derartige Prägungen sei vor allem das Jugendalter von Belang. Allerdings finden sich in diesen Theorien keine Analysen der ablaufenden Lernprozesse. Das mag seinen Grund darin haben, dass ihr Ausgangspunkt die soziale Dynamik in Kultur und Politik ist und die Familie außerhalb ihres Horizontes liegt. Auch geht es – entsprechend der makrosozialen Ausrichtung – nicht um soziale Beziehungen.

5. Generationenlernen

Ende des 19. und Anfang des 20. Jahrhunderts ist mit der Psychoanalyse ein anderes Theoriegebäude begründet worden, das den frühen Prägungen ebenfalls große Aufmerksamkeit schenkt, allerdings nicht mit Blick auf die Jugendzeit, sondern die frühe Kindheit.[15] Hier liegt die Wurzel der so genannten Bindungstheorie. Man kann sie – vereinfachend – auch als eine allgemeine Lerntheorie lesen. Allerdings geht es hier primär um die (»vertikalen«) intimen Beziehungen zwischen Kind und Eltern sowie deren Institutionalisierung in der (bürgerlichen) Familie.

Gemeinsam ist beiden Zugängen eine Affinität zu kausalen Denkfiguren. Beide nehmen an, dass frühe Prägungen sich als »Grund« für Verhaltensweisen auch in späteren Lebensphasen erweisen, und dass – umgekehrt – diese mit sukzessiver Offenlegung früherer Lernerfahrungen und deren Sedimentierung erklärt oder jedenfalls gedeutet werden können.

In einem offensichtlichen Kontrast zu diesen Prämissen stehen diejenigen Lerntheorien, die man – wiederum vereinfachend – unter der Bezeichnung »behavioristisch« oder »sozial« zusammenfassen kann. Hier stehen die je aktuellen Kontexte und Arrangements von Lernerfahrungen im Vordergrund, und es wird angenommen, dass diese sich durchaus kumulieren, jedoch ohne quasi-deterministische Prägung.

Mittlerweile gibt es zahlreiche Ansätze, in denen eine Verknüpfung dieser Positionen vorgenommen wird. Besondere Bedeutung kommt dabei der Bindungstheorie zu. Diese ist für das »Generationenlernen« relevant, weil sie ihren Ausgangspunkt bei der Beziehung zwischen Mutter und Kind, also einem Generationenverhältnis hat. Das ist unter wieder anderen Gesichtspunkten, nämlich feministischen Überzeugungen, zum Anlass heftiger Kritik, ja sogar vehementer Ablehnung geworden. In der Folge ist es zu Modifizierungen gekommen. Diese Debatte wollen wir hier allerdings nicht näher verfolgen.

In jedem Fall erkennen wir in der Bindungstheorie einen bemerkenswerten Ansatzpunkt für die Entwicklung der Idee des Generationenlernens. Die Bindungstheorie und die an diese anschließende Forschung hat überzeugende Belege für die Auffassung erbracht, dass Eltern-Kind-Beziehungen spezifische Merkmale aufweisen können: Verlässlichkeit, Dauerhaftigkeit und Reziprozität, und dass der Erfahrung von Beziehungen, die durch diese Qualitätsmerkmale geprägt sind, eine besondere Bedeutung für die Identitätsentwicklung zukommt, und zwar auch in späteren Lebensphasen (siehe dazu Berman/Sperling 1994 sowie Grossmann 2000). »Verlässlichkeit« meint in diesem Zusammenhang, dass sich das Kind der fürsorglichen Nähe der Eltern sicher sein kann und die Chance hat, Vertrauen in die Welt sowie in die eigene Person (Selbstwertempfinden) zu entwickeln. »Dauerhaftigkeit« beschreibt die Gewissheit, dass die Erfahrung von Verbundenheit zeitliche Kontinuität aufweist und auch im Durchgang durch Krisen fortbesteht. »Reziprozität« ist kennzeichnend für einen Typ von Beziehungen, der auf wechselseitiger Verbundenheit beruht und auf wechselseitiges Geben und Nehmen hin angelegt ist; auf Seiten der Eltern impliziert dies – in Verbindung mit dem Merkmal der Dauerhaftigkeit – die Überzeugung, dass nicht nur in der Gegen-

5.5 Zur Spezifik des Generationenlernens: Verlässlichkeit, Dauerhaftigkeit und Reziprozität

wart, sondern auch in der Zukunft – wenn sie selber in höherem Alter der Fürsorge bedürfen – ihre Liebe und Fürsorglichkeit beantwortet wird.

Die Beschreibung von spezifischen Merkmalen der Eltern-Kind-Beziehungen verstehen wir idealtypisch: Wir charakterisieren Verlässlichkeit, Dauerhaftigkeit und Reziprozität als Prinzipien der Gestaltung und Erfahrung von familialen Generationenbeziehungen, unterstellen jedoch nicht, dass alle Eltern-Kind-Beziehungen diese Prinzipien erfüllen. Andererseits sind diese Prinzipien nicht lediglich als Ausdruck subjektiver Empfindungen und Gewissheiten zu betrachten; sie erfahren vielmehr durch Formen der rechtlichen Regulierung (elterliche Sorge, wechselseitige Unterstützung) eine institutionelle Unterstützung, die auch ihren Aufgabencharakter bestimmt.

Beim heutigen Stand der Forschung wird außerdem deutlich, dass eine sozio-kulturelle Vielfalt in der konkreten Ausgestaltung der genannten Prinzipien besteht und dass frühe Erfahrungen nachhaltige Konsequenzen zeigen, die indessen auch modifiziert werden können (siehe unten). Wichtig ist in diesem Zusammenhang, dass »Emotionen« hier nicht mit Gefühlen oder Affekten gleichgesetzt werden. Vielmehr sind damit generalisierte Wahrnehmungen gemeint, in denen Kognitionen, Bewusstsein und generalisierte Erfahrungen durchaus von Belang sein können. Knapp zusammengefasst kann man die Prämissen der Bindungstheorie wie folgt umschreiben

- Beziehungserfahrungen zwischen dem Säugling und seiner Mutter (bzw. gemäß neueren Auffassung u.U. einer anderen festen Bezugsperson) [16] prägen die Bereitschaft und Fähigkeit des Kindes zur »Exploration« seiner Umwelt.
- Beziehungserfahrungen zwischen dem Säugling und der Mutter prägen die weitere Persönlichkeitsentwicklung.
- Es lassen sich verschiedene Typen der Beziehungsgestaltung (»sicher«, »unsicher-vermeidend«, »unsicher-ambivalent«, »desorganisiert«) [17] unterscheiden, deren unterschiedliche Qualitäten die spätere Beziehungsfähigkeit beeinflussen.
- Die verschiedenen Bindungsstile, die sich gemäß dieser Theorie in »inneren Repräsentationen« (»Arbeitsmodellen«) niederschlagen, bleiben über die gesamte Lebensspanne relativ konstant.
- Ein bestimmter Bindungsstil kann von einer Generation zur anderen weitergegeben werden.

Unter dem Gesichtspunkt des Generationenlernens ist der zuletzt genannte Gesichtspunkt besonders bemerkenswert. So haben einige Studien gezeigt, dass erwachsene Kinder mit einem sicheren Bindungsstil eine drei- bis viermal so hohe Wahrscheinlichkeit haben, ihren Kindern ebenfalls einen sicheren Bindungsstil zu vermitteln (Fonagy 1996: 138) oder dass ein Zusammenhang von 82% zwischen dem Bindungsstil der Mutter und dem des Kindes und von 65% zwischen dem der Großmutter, der Mutter und dem Kind besteht (Benoit/Parker 1994: 1454).

5. Generationenlernen

Das Konzept der Bindungsrepräsentation wird insbesondere herangezogen, um zu erklären, wie die Motivation zur Pflege eines Partners oder eines Elternteils zustande kommt; es weist damit eine gewisse Nähe zur Vorstellung der »Beziehungslogik« auf (siehe Kap. 7.3). So berichten ältere Menschen, deren Kindern eine sichere Bindungsrepräsentation attestiert wurde, von mehr Unterstützung als solche, deren erwachsene Kinder als unsicher gebunden klassifiziert wurden (Wensauer/Grossmann 1998: 367). Allerdings zeigt sich, dass diese Modelle im Hinblick auf die Rolle von Reziprozität weiter differenziert werden müssen (Cicirelli 1983, 1991, 1992). Cicirelli bringt des Weiteren eine »symbolische« Bindung ins Spiel, gemäß der sich Erwachsene eine Repräsentation der Bindungsperson schaffen, mit der sie in mentale Konversation eintreten und damit ein gewisses Sicherheitsgefühl erreichen. Gleichzeitig ist indessen auch zu bemerken, dass das Zusammenspiel zwischen diesen Bindungsvorstellungen und weiteren subjektiven Theorien, namentlich austauschtheoretischen Vorstellungen von Gerechtigkeit und normativen Verpflichtungen, für das tatsächliche Pflegeverhalten von großem Belang sind (siehe Kap. 4.2.2 sowie Kap.7.3.1).

Die Ansätze der Bindungsforschung zeichnen sich dadurch aus, dass ihre Analysen und Interpretationen in den meisten Fällen normativ geprägt sind. Das zeigt sich daran, dass ein bestimmter Bindungstyp (»sichere« Bindung) als das Richtige dargestellt und die anderen Bindungstypen gemessen daran als defizitär bewertet werden. Dies gilt nicht nur – was unmittelbar einleuchtet – für die »unsichere«, sondern auch für die »ambivalente« Bindung. Ein Grund dafür könnte die Herkunft aus der Psychoanalyse sein, bei der bekanntlich die Beobachtung und dann auch die Behandlung von Persönlichkeits- und Verhaltensproblemen im Vordergrund stehen. Andererseits steht die ausschließlich negative Bewertung des ambivalenten Bindungstyps im Widerspruch zu der Tatsache, dass das Konzept der Ambivalenz seine Wurzel in der Psychoanalyse hat und hier der Beschreibung einer in sich widersprüchlichen emotionalen Erfahrung dient, von der angenommen wird, dass sie im Rahmen intimer Beziehungen unvermeidlich ist.

Unbeschadet der genannten problematischen Aspekte sind die Erkenntnisse der Bindungsforschung über den engen Zusammenhang zwischen emotionalen Erfahrungen und (lebenslangen) Lernprozessen nach unserer Auffassung von großem Belang für die Generationentheorie und Generationenforschung. Sie liefern nämlich Argumente für die Vermutung, dass die grundlegende Bedeutung, die den Lernprozessen im Kontext von Generationenbeziehungen für die Konstitution der Person zuzukommen scheint, damit zu tun hat, dass Generationenbeziehungen – und damit sind in diesem Zusammenhang die Beziehungen zwischen Eltern und Kindern gemeint – den Prototyp für Beziehungen und Prozesse darstellen, welche durch die Prinzipien der Verlässlichkeit, Dauerhaftigkeit und Reziprozität ausgezeichnet sind. Die Erfahrung von Beziehungen und Prozessen dieser Qualität stellt aber – darüber besteht in den Humanwissenschaften weitgehend Einigkeit – die wichtigste Voraussetzung für die gelingende

5.5 Zur Spezifik des Generationenlernens: Verlässlichkeit, Dauerhaftigkeit und Reziprozität

Ausbildung von autonomer Handlungsfähigkeit und von Gemeinschaftsfähigkeit der Person dar (siehe Wissenschaftlicher Beirat 1998: 109-114).[18] Und es gilt auch der Umkehrschluss: Wenn die Erfahrung solcher Beziehungen fehlt oder aber negativ (im Sinne von unsicherer Bindung oder pathogenen Eltern-Kind-Beziehungen) besetzt ist, wirkt sich dies als ein gewichtiger Risikofaktor für die Persönlichkeitsentwicklung aus (siehe z.b. Grossmann/Grossmann 2001). Diese Interpretation der Bedingungen für die (Selbst-)Konstitution der Person – die Beschreibung der Erfahrung einer sicheren Bindung als Voraussetzung für die Entwicklung autonomer Handlungsfähigkeit – geht von einem unvermeidlichen Spannungsverhältnis zwischen Verbundenheit und Autonomie aus. Die konstruktive Verarbeitung dieses Spannungsverhältnisses wird begünstigt, wenn auf Seiten der erwachsenen Bezugspersonen Bindung mit Freigabe und Loslassen und auf Seiten der Kinder die Erfahrung der Verbundenheit mit der Erfahrung von Selbstwirksamkeit und Autonomie einhergeht. In dieser Perspektive stellt nicht nur ein Mangel an Bindung, sondern auch ein Übermaß an Bindung (»overprotection«) ein Entwicklungsrisiko dar.

Die Überzeugung, zur Spezifik des Generationenlernens gehöre die Erfahrung von Verlässlichkeit, Dauerhaftigkeit und Reziprozität, lässt sich empirisch belegen, wenn nachgewiesen werden kann, dass in allen untersuchten Kulturen und Gesellschaften familiale Generationenbeziehungen den bevorzugten sozialen Ort für die Gewährleistung dieser für die Konstitution der Person grundlegenden Erfahrung darstellt. Am Beispiel der Beziehung zwischen Mutter und neugeborenem Kind sowie an den in diese Beziehung eingelagerten Lernprozessen ist dieser Nachweis weitgehend erbracht worden.

Dieses Beispiel ist aber auch geeignet, die Vorstellung von der universalen Verbreitung des Generationenlernens mit der Vorstellung von dessen historischer, kultureller und gesellschaftlicher Variabilität zu verknüpfen. Denn im Verlaufe der Geschichte sowie in den verschiedenen Kulturen und Gesellschaften hat es eine Vielfalt von Formen der Mutter-Kind-Beziehung und der Gestaltung der Lernprozesse innerhalb dieser Beziehung gegeben. Dies zeigt sich, um nur einige Beispiele zu nennen, an den Formen der Ernährung (Brust oder Flasche), an den Formen des Körperkontakts (z.B. Tragen des Kindes am Körper) oder den unterschiedlichen Lernanforderungen sowie an Formen der Ergänzung der Mutter (z.B indem sich mehrere Frauen oder der Vater um das Kind kümmern) oder der Substituierung der Mutter (z.B. durch eine Amme).

Als einen Forschungsbeleg für die kulturelle Variabilität des Generationenlernens in Eltern-Kind-Beziehungen verweisen wir auf die klassische Untersuchung von Erik Erikson (1950) über Kindheit und Gesellschaft. Erikson hat die Sozialisationspraktiken in zwei amerikanischen Indianerstämmen untersucht und herausgefunden: Die Formen der Bindung und Entwöhnung sowie die Art der Verhaltensanforderungen an die Säuglinge und Kinder weisen starke Unterschiede auf. Diese hängen mit unterschiedlichen Formen der Daseinsfürsorge und Lebensführung in diesen Stammesgesellschaften zusammen. Auf der Grundlage seiner Orientierung an der psychoanalytischen Entwicklungstheorie hat Erikson angenommen, dass die kulturspezifischen Verhaltens- und Lernanforderungen an Kinder die Voraussetzung für die Ausbildung der jeweils erwünschten bzw. angemessenen »Über-Ich«-Strukturen bilden.[19] Diese Anforderungen gewinnen nach Erikson ihre Plausibilität demnach aus der Einsicht in ihre gesellschaftliche Bedeutung. Dementsprechend ist Erikson im Hinblick auf die Entstehung seelischer Krankheiten (hier: Neurosen) zu der Auffassung gelangt, dass Kinder »letzten Endes nicht durch Versagungen neurotisch [werden], sondern durch den Mangel oder Verlust der sozietären Bedeutung von Versagungen« (aaO: 243). Konkret besagt diese Auffassung: Ein frühes Abstillen von Säuglingen oder andere Formen der Einschränkung spontaner kindlicher Bedürfnisse (abgesehen von grundlegenden Bedürfnissen wie demjenigen nach einer sicheren Bindung) stellen in der Regel keinen Risikofaktor für die Persönlichkeitsentwicklung dar, wenn und solange die Eltern – in Übereinstimmung mit gesellschaftlichen Normen – von der Richtigkeit bzw. Notwendigkeit dieser Maßnahmen überzeugt sind und diese Überzeugung ihren Kindern vermitteln können.

Belege für die universale Verbreitung des für die Konstitution der Person grundlegenden Generationenlernens in den Eltern-Kind-Beziehungen bieten die zahlreichen kulturvergleichenden Untersuchungen im Rahmen der Bindungsforschung (siehe als jüngstes Beispiel Grossmann et al. 2003). In allen Studien konnte der enge – positive oder auch negative – Zusammenhang zwischen der Qualität der emotionalen Beziehung zwischen Mutter und Kind und dem Explorations- und Lernverhalten der Kleinkinder nachgewiesen werden. Die Autorinnen und Autoren interpretieren diese kulturübergreifenden Befunde vor dem Hintergrund evolutionspsychologischer – wir könnten auch sagen: anthropologischer – Annahmen.

Das Kind hat ein ihm von der Natur vorgegebenes Bestreben, eine Bindung an mindestens einen Erwachsenen aufzubauen (»Bindungssystem«); und es hat ein ebenfalls angelegtes Bedürfnis, sich mit seiner Umwelt vertraut zu machen (»Explorations-Verhaltenssystem«). Die Überlebensfähigkeit des Kindes und seine Entwicklung hängen davon ab, dass die genannten Bedürfnisse befriedigt werden; dies geschieht durch die ebenfalls naturgegebene Bereitschaft der Eltern, die Interaktions- und Erkundungsbereitschaft des Kindes zu fördern. Bindung und Fürsorge gelten in dieser Sichtweise als zwar notwendige, aber nicht hinreichende Voraussetzungen für das Überleben und die Entwicklung des Kindes. Die individuellen Beziehungen eines Kindes zu besonderen, verantwortungsvollen und zugeneigten Erwachsenen führen dazu, dass das Kind seinerseits den Wunsch entwickelt und danach strebt, ein geschätztes Mitglied seiner kulturellen Gruppe zu werden. Dieser Sozialisationsprozess ist ebenfalls »vorprogrammiert« und braucht außer verantwortungsvoller Fürsorge und unterstützendem

5.5 Zur Spezifik des Generationenlernens: Verlässlichkeit, Dauerhaftigkeit und Reziprozität

Vorbild keine speziellen Erziehungstechniken. Allerdings – auch dies betonen die Autorinnen und Autoren – können diese »natürlichen« Bereitschaften durch viele ungünstige Umstände im Leben der Eltern und des Kindes in der Ausgestaltung gestört werden (aaO: 113f.).

Die in der Bindungstheorie bevorzugte evolutionspsychologische bzw. anthropologische Argumentation enthält, wie wir bereits bemerkt haben, normative Aussagen. Um diese zu vermeiden, schlagen wir für die Interpretation der genannten Befunde eine modifizierte Umschreibung vor: Wir sehen in der offenbar universalen Verbreitung des Generationenlernens nicht eine in der Natur des Menschen angelegte und »notwendige« Verhaltensorientierung von Kindern (Bindungs- und Explorations-Verhaltenssysteme) und von Eltern (Fürsorge-Verhaltenssystem). Vielmehr betrachten wir die Gewährleistung von Verlässlichkeit, Dauerhaftigkeit und Reziprozität als eine sich immer von neuem stellende kulturelle Aufgabe.

Diese Sichtweise schließt die Möglichkeit nicht aus, dass die Wahrnehmung dieser Aufgabe durch gattungsgeschichtlich angelegte Verhaltensbereitschaften – beispielsweise die von Papousek/Papousek (1995) beschriebene »intuitive Elternschaft« – unterstützt wird. Die Aufgabe kann aber auch verfehlt werden, eine Feststellung, die im Übrigen, wie gezeigt, auch durch die Befunde der kulturvergleichenden Bindungsforschung bestätigt wird. In allen untersuchten Kulturen – also auch in den vormodernen Kulturen, die noch nicht von den zivilisatorischen Einflüssen im Sinne z.B. der Verunsicherung des Elternverhaltens geprägt sind – gibt es neben dem sicheren Bindungsstil auch die unsicheren Bindungsstile der Kinder und neben feinfühligen immer auch unsensible Eltern (siehe Grossmann et al. 2003). Diese Forschungsbefunde interpretieren wir als Beleg dafür, dass die Annahme »natürlicher« Verhaltensbereitschaften bei Kindern und Eltern relativiert werden muss.

Die Beschreibung des Bindungsverhaltens als Aufgabe lässt sich auf alle Phänomene des Generationenlernens ausdehnen: Die Vermittlung und Aneignung von Kultur, das Angebot von Lerngelegenheiten zur (Selbst-)Konstitution der Person und der eigene Vollzug der Selbstkonstitution der Person – alle diese Formen des Generationenlernens sind zu begreifen als lebensgeschichtliche bzw. lebensbegleitende Aufgaben, vor welche sich alle Menschen im Durchgang durch die verschiedenen Phasen der Generationenzugehörigkeit gestellt sehen. Die Erfüllung dieser Aufgaben liegt nicht nur im Interesse der Individuen, sondern auch im Interesse der Gesellschaft (soziale Integration der Individuen). Diese Aufgaben können auch verfehlt werden, sei es aufgrund widriger gesellschaftlicher Bedingungen, sei es aufgrund schwieriger Persönlichkeitskonstellationen.

5. Generationenlernen

Anmerkungen

1. Für Überlegungen zu diesem Thema unter einem anderen Gesichtspunkt, nämlich des Lernens von Generationen auf der Ebene von Kollektivbiographien und der Systementwicklung siehe Titze (2000).
2. Die folgende Beschreibung stützt sich auf die Verbindung der in Kap. 2 dargestellten Generationenbegriffe. Die zu beschreibenden Lernprozesse haben mit dem Lebensalter, mit Altersdifferenz bzw. Altersgleichheit zu tun; insofern kommt hier der genealogische Generationenbegriff zum Tragen. Es geht, zweitens, um Lernprozesse, d.h. um eine aneignende Tätigkeit (z.B. der Kinder), die ihrerseits durch vermittelnde Tätigkeit (z.B. der Eltern) ausgelöst, unterstützt oder gezielt angeregt wird; das Zusammentreffen von vermittelnder und aneignender Tätigkeit und die darin liegende Erfahrung von Generationendifferenz bildet den Ausgangspunkt des pädagogischen Generationenbegriffs. Schließlich bezieht sich die Beschreibung von Formen des Generationenlernens auf ein Bewusstsein der Generationenzugehörigkeit bzw. Generationendifferenz bei den betreffenden Personen; dafür ist der soziologische Begriff der Generation relevant.
3. Ein anderer Aspekt von Transfers ist von Kirchhöfer (1997) untersucht worden. Er weist darauf hin, dass über diese Transfers »Familienselbstbilder« weitergegeben werden. Diese haben seiner Ansicht nach einen normativen oder, wie er meint, »ideologischen« Gehalt. Kirchhöfer unterscheidet die folgenden Dimensionen dieser »ideologisierten Familienselbstbilder«:
   – Die Vorstellung der eigenen Tüchtigkeit. Diese stützt sich auf Muster rationaler Lebensführung wie Ordnung und Geregeltheit des Tagesablaufs, den sparsamen Umgang mit Zeit und anderen Ressourcen sowie »Selbstwirksamkeit«.
   – Hohe Fachkompetenz und deren Konsistenz in wechselnden Lebenslagen, also der Besitz spezifischer Kenntnisse und die Wertschätzung dieser spezifischen Kenntnisse.
   – Naturverbundenheit, die auch die Möglichkeit beinhaltet, offen zu sein für alternative Lebensformen.
   – Betonte Sparsamkeit.
4. Zu Erben und Vererben siehe auch Kap. 4.3. Wenn man davon ausgeht, dass die Rede von der kulturellen oder sozialen Erbschaft aus diesem Bedeutungszusammenhang übertragen wird, sind die folgenden Aspekte von Bedeutung: Es wird ein »Besitz« im Rahmen von Transfer- und Austauschbeziehungen von der älteren an die jüngere Generation weitergegeben; die Weitergabe setzt auch eine aktive Eigenleistung der Erben voraus; das Erbe kann im Zuge der individuellen Aneignung und Nutzung Wandlungen unterzogen sein; die Prozesse des Erbens und Vererbens können durch Ambivalenz gekennzeichnet sein. In diesem Sinne beinhaltet »Erben und Vererben« (»Ererben«) auch Prozesse des Generationenlernens.

   Im Hinblick auf die Übertragung des biologischen Begriffs der Vererbung auf den Bereich der Kultur lassen sich ähnliche Parallelen benennen: Es wird etwas – hier: Anlagen – von einer Generation an die nächste weitergegeben; der Einzelne steht vor der Aufgabe, aus seinen Anlagen »etwas zu machen«; dadurch sowie durch förderliche oder hemmende Einflüsse der Umwelt kann das Erbe modifiziert werden. Auch hier kann Ambivalenz auftreten, dadurch zum Beispiel, dass der Einzelne bei sich Eigenschaften entdeckt, die ihm auch bei seinen Eltern begegnet sind und die er schwer akzeptieren kann. Hinsichtlich der Übertragung des biologischen Vererbungsbegriffs auf den kulturellen und sozialen Bereich erscheint uns im Übrigen der Hinweis wichtig: Bei der Beschreibung der Generationenfolge, der Generationenbeziehungen und des Generationenlernens ist von einer wechselseitigen Bedingtheit biologischer und sozialer Faktoren auszugehen; dies zeigt sich beispielsweise an der Tatsache, dass die Weitergabe von Kultur kulturelles bzw. soziales Lernen zur Voraussetzung hat, dieses Lernen aber seinerseits biologische Grundlagen – die genetische Weitergabe von Lernfähigkeit (bzw. deren neurobiologisches Substrat in Gestalt des Gehirns) – aufweist.

Anmerkungen

5 Wir verwenden an dieser Stelle den eher ungewöhnlichen Terminus »Sozietäten« um zu betonen, dass es nicht um »die« Gesellschaft schlechthin, sondern um die Teilhabe an am Zusammenleben in Familien, Gruppen, Betrieben usw. geht sowie um die Fähigkeit, sich in den unterschiedlichen Anforderungen dieser Teilbereiche (sozialen Systeme) zurechtzufinden und unter Umständen, zwischen diesen zu vermitteln.

6 Siehe z.B. Hurrelmann/Ulrich 1991, wo nur im Kapitel »Historische Sozialisationsforschung« die Generationenperspektive systematisch berücksichtigt wird. Zur These der Verdrängung des Problems der Generationenbeziehungen in der Sozialisationsforschung sowie zur Rezeption eines pädagogisch unterbestimmten Sozialisationskonzepts in der Erziehungswissenschaft siehe Müller 1999: 791f. - Siehe in diesem Zusammenhang auch Lettke 2000.

7 Wenn die hier – wie es scheint – neue Idee des »Generationenlernens« weitergeführt wird, dürfte es notwendig sein, den genannten Wandlungen Rechnung zu tragen und die Prozesse der Vermittlung und Aneignung in den öffentlichen Institutionen der Bildung und Erziehung (Schulen sowie vorschulische und außerschulische Einrichtungen) in der Perspektive inter- und intragenerationaler Beziehungen sowie in ihrer Bedeutung für die Konstitution von Person und Kultur zu erörtern. Zu diesem Zweck müssten die Befunde der schul-, vorschul- und sozialpädagogischen Forschung rezipiert und unter anderem daraufhin ausgewertet werden, ob und in welcher Weise dort die Generationenperspektive explizit und systematisch berücksichtigt worden ist. Einige ergänzende Ausführungen zur Bedeutung des Bildungssystems und der Bildungspolitik für die Gestaltung von Generationenbeziehungen finden sich in den Kapiteln 3.2.1 und 6.2.3.

8 Die herausragende Bedeutung familialer Generationenbeziehungen für die Weitergabe von Wissen wird in der neueren Soziologie auch mit dem Begriff des ›sozialen Kapitals‹ beschrieben.‹ Der Begriff wurde von Glenn C. Loury (1977) eingeführt. Loury betonte in seiner Arbeit, dass soziale Beziehungen wichtige Ressourcen sind – und damit weit mehr als lediglich soziale Strukturen. Nach Loury umfasst soziales Kapital die Menge der Ressourcen, die in Familienbeziehungen und in der sozialen Organisation der Gemeinschaft enthalten sind und die kognitive und soziale Entwicklung von Kindern und Jugendlichen fördern. Diese Ressourcen unterscheiden sich von Individuum zu Individuum. Sie können vorteilhaft bei der Entwicklung ihres Humankapitals sein (Loury 1977; siehe auch Coleman 1990). Soziales Kapital besteht aus Aspekten der Sozialstruktur – sozialen Beziehungen, Vertrauens- oder auch Herrschaftsbeziehungen sowie Normen. Im Gegensatz zu anderen Kapitalformen kann jedoch soziales Kapital nicht im Besitz einer Person sein. Ebenso wenig kann es Produktionsmitteln eigen sein. Darüber hinaus ist der Nutzen sozialen Kapitals an bestimmten Handlungen geknüpft, für andere Aktivitäten kann eine bestimmte Form sozialen Kapitals völlig nutzlos oder sogar schädlich sein (für eine grundlegende Darstellung des Konzepts sozialen Kapitals siehe Bourdieu 1983; Coleman 1990; Esser 2000). Der Begriff des Humankapitals, wie er in der internationalen Literatur verwendet wird, ist inhaltlich weitgehend denkungsgleich mit demjenigen des Humanvermögens, wie wir ihn insbesondere auch in Kapitel 6 verwenden. Allerdings kann man geltend machen, dass mit Kapital primär monetäre Werte gemeint sind, während Vermögen – im Deutschen – auch »Befähigung« beinhaltet, also soziale Potenziale. So gesehen ist es zutreffender, von Humanvermögen zu sprechen. Allerdings stößt man auf Schwierigkeiten bei der Übersetzung in andere Sprachen, insbesondere ins Französische (während im Englischen Vermögen mit »assets« umschrieben werden kann). Wir erwähnen dies, weil hier deutlich wird, dass die Übersetzung von Fachbegriffen nicht immer ohne weiteres möglich ist. Ein anderes Beispiel sind die Schwierigkeiten, welche sich bei der Übertragung des Begriffes der »Verlässlichkeit« bieten.

9 Es lässt sich generell fragen, ob die Vorstellung, dass eine Person »von« einer anderen Person lernt, angemessen ist, wenn man davon ausgeht, dass sich Lernen als selbstorganisierte Informationsverarbeitung vollzieht. Immerhin lässt sich – am Beispiel des kindlichen Lernens – argumentieren: Ein Kind lernt etwas – z.B. Gehen, Sprechen, Tischsitten etc. – in dem Sinne »von« den Eltern, dass es das

5. Generationenlernen

Verhalten der Eltern beispielsweise nachahmt, und dadurch, dass die Eltern ihm beispielsweise etwas zeigen (oder andere Formen der Erziehung zur Anwendung bringen). Zu fragen wäre auch, ob und in welchem Sinne von einem »gemeinsamen« Lernen von Erwachsenen und Kindern gesprochen werden kann. Im Hinblick auf das Lernen unter der Bedingung der Gleichheit der Generationenrolle (siehe Kap. 5.4) ist das Konzept der »Ko-Konstruktion« vorgeschlagen worden. In Hinsicht auf das gemeinsame Lernen von Erwachsenen und Kindern könnte man solche ko-konstruktive Lernprozesse immerhin in der gemeinsamen – und durch ausdrückliche Verständigung begleiteten – Beschäftigung z.b. mit einem Kinderbuch oder einer Fernsehsendung entdecken. Diese Überlegungen führen zu der generellen Einsicht, dass Lernprozesse im Rahmen von (vertikalen und horizontalen) Generationenbeziehungen durch die Bezugnahme auf einen »dritten Faktor« (neben den Faktoren Person – Person) – eine Sache, ein Thema etc. – konstituiert werden.

10 Die Darstellung der Lernprozesse von Eltern und deren positive Bewertung seitens der Eltern weist eine einseitig positive Tönung auf. Wir wollen deshalb darauf hinweisen, dass Eltern ihre Kinder bzw. den Umgang mit ihren Kindern immer wieder auch als Belastung empfinden und die unterstellten Lernprozesse als konfliktreich oder auch enttäuschend erleben können. Insofern ist unsere generelle Auffassung von der ambivalenten Prägung von Generationenbeziehungen auch auf die im Rahmen der Elternschaft angesiedelten Lernprozesse auszudehnen. Die Vorstellung, dass die Generationenbeziehungen zwischen Eltern und Kindern auch in umgekehrter Richtung verlaufen können, wird auch in der Literatur und der Kunst abgehandelt (siehe hierzu die Darstellung von Bilstein 1999, 2000). Sie sind theoretisch interessant, weil darin Handlungen geschildert werden, die widersprüchlich »gegen die Natur und doch nach ihrem Gesetz« vorgenommen werden.

11 Großelternschaft ist ein Thema, in dem zahlreiche Aspekte der Analyse von Generationenbeziehungen in Familie und Gesellschaft zusammentreffen. Deshalb scheint es uns angemessen, dazu - im Duktus eines Exkurses - noch einige weitere Überlegungen anzustellen, umso mehr, als es dazu eine rasch wachsende Literatur gibt.
Deutschsprachige Übersichten finden sich im Österreichischen Familienbericht (BMUJF 1999b: 253-262) sowie im 10. Deutschen Kinder- und Jugendbericht (BMFSFJ 1998a: 34f.). Eine allgemeine Darstellung, die zugleich als ein Beispiel für die Perspektive der französischen Sozialwissenschaften gelten kann, enthält das Einleitungskapitel zum umfangreichen Forschungsbericht von Attias-Donfut/Segalen (1998). Den Stand der angelsächsischen Forschung referieren beispielsweise Smith/Drew (2002). Eine differenzierte quantitative Darstellung aktueller Großelternschaft in Italien bieten Romano/Cappadozzi. Vier grundlegende Dimensionen von Großelternschaft – Einstellungen, Verhalten, Gefühle und Symbolik – im Rahmen der Literatur der 1980er Jahre und unter besonderer Berücksichtigung der Situation in Finnland stellt Hurme (1991) dar. Zum Bild gehört auch, dass Darstellungen von Großmüttern und -vätern in Film und Fernsehen häufig sind. Schließlich gibt es einige bekannte Großelternfiguren in der älteren und neueren Belletristik.
In der sozialwissenschaftlichen Literatur besteht weitgehend Übereinstimmung, dass das Thema in den 1960er Jahren an Aufmerksamkeit gewonnen hat, also in jener Zeit, in der – wie in der einleitenden Übersicht zum Kapitel über die gesellschaftlichen Rahmenbedingungen dargestellt – die Auswirkungen der verlängerten Lebenserwartung zusehends erkannt wurden und sich das Verständnis der Lebensalter änderte und eine Soziologie des Lebenslaufes entstand. Allerdings entwickelte sich das Verständnis für das, was Attias-Donfut/Segalen als »neue Großelternschaft« (»des grands-parents neufs«) nennen, nur zögerlich, und auch die Frauenbewegung realisierte die Tragweite der Thematik erst allmählich (aaO: 15ff.). Wichtige Einsichten finden sich in jener Zeit nicht nur in der angelsächsischen Literatur. In einer weitausholenden, prognostische Überlegungen einschließenden Arbeit stellte beispielsweise Kaufmann (1960) hinsichtlich des zahlenmäßigen Verhältnisses der Altersgruppen bereits in den 1960er Jahren fest, dass es zu einer »Konkurrenz der Alten um die ihnen zugestandenen Funktionen« kommen kann (Kaufmann 1960: 513f.). Eine umfassende Sozialgeschichte der

Anmerkungen

Großelternrollen unter Einbeziehung der demographischen Bedingungen, der normativen Vorstellungen und persönlicher Erfahrungsberichte bietet Chvojka (2003); u.a. kommt er zum Ergebnis, dass es in der zweiten Hälfte des 19. Jahrhunderts zu einer ambivalenten Bewertung der Großelternrollen, insbesondere der Großmütter gekommen ist (aaO: 288ff.).
Das wachsende Interesse an Großelternschaft im Laufe der Zeit und vor allem in den letzten Jahrzehnten ist insbesondere eng verknüpft mit dem Wandel und der Ausdifferenzierung von Vorstellungen des Alterns: von Bildern einer defizitären, passives Erdulden beinhaltenden letzten Lebensphase hin zu einem Aktivität zulassenden und spezifische Möglichkeiten der Entfaltung in sich bergenden Lebensabschnitt eigener Prägung. Auf Großelternschaft lassen sich Ideen zu »Generativität anwenden, insofern damit eine verantwortungsvolle, moralisch geprägte Zuwendung zu den nachfolgenden Generationen gemeint ist. Die kritische Beschäftigung mit populären Texten, mit Ratgebern und mit Sachbüchern zeigt allerdings auch, dass sich beim Thema »Großelternschaft« typische Figuren der sogenannten »Familienrhetorik« wiederfinden, insbesondere jene der Idealisierung, bisweilen aber auch die Demontage, beispielsweise unter Bezug auf Berichte von (sexuellem) Kindsmissbrauch durch Großväter, wobei der Anteil der Stief-Großväter höher zu sein scheint – so jedenfalls die Berichte in der angelsächsischen Literatur (Smith/Drew 2002: 162). Großelternschaft ist auch ein Terrain für rechtliche Auseinandersetzungen, etwa wenn es um Besuchsrechte nach einer Scheidung geht.
Insgesamt kann man mit Krappmann von einem »uneinheitlichen Bild« sprechen (Krappmann 1997a: 117). Mit anderen Worten: Man stößt auf Zusammenhänge, Spannungsfelder, Widersprüche und Ambivalenzen, die das Feld der Generationenbeziehungen kennzeichnen. Das Thema ist daher hervorragend geeignet, allgemeine Einsichten der Generationenforschung zu erörtern und auszuweiten. Darüber kann am Beispiel von Großelternschaft eine weitere allgemeine Einsicht für die Gestaltung persönlicher Beziehungen gewonnen werden: Es geht darum, das stimmige Maß von Nähe und Ferne zu finden: »Ni trop proche, ni trop loin!« (Attias-Donfut/Segalen 1998: 12). Die folgenden Darlegungen können als Einstieg dienen.
Großelternschaft scheint, wenn nicht ausschließlich, so überwiegend ein anthropologischer Sachverhalt zu sein. Diese These wird durch evolutionstheoretische Einsichten gestützt (hierzu zusammenfassend: Smith/Drew 2002: 144f.). Demnach wird angenommen, die Lebensspanne im Tierreich stimme weitgehend mit der Dauer der Zeugungsfähigkeit überein. Das Phänomen der Menopause findet sich nur bei den Menschen – ausgeprägter bei den Frauen als den Männern. Sie tritt Jahre und Jahrzehnte vor dem Tod ein. Das war auch schon früher so, doch dieser Lebensabschnitt dauert heute in den meisten Gesellschaften relativ lange. In der Theorie wird daraus gefolgert, so Turke (1988), dass dadurch bei den Menschen die Frauen befähigt sind, sich um ihre Kinder, namentlich die Töchter sowie um deren Kindeskinder zu kümmern, um so die Überlebenschancen des eigenen Nachwuchses zu erhöhen. In der Fachsprache: der eigene Reproduktionserfolg wird gesteigert. Weiter wird angenommen, dass die Zuwendung von der Gewissheit der biologischen Verwandtschaft abhängig ist. Daraus werden Erklärungen für empirisch beobachtete Sachverhalte abgeleitet, so bezüglich der größeren Zuwendung der mütterlichen im Vergleich zu den väterlichen Großeltern sowie der bereits erwähnten höheren Missbrauchsrate bei Stief-Großkindern.
Zugleich ist offensichtlich, dass hinsichtlich dieses Sachverhalts – wie bei anderen Sachverhalten, welche die Familie betreffen – die evolutionstheoretische ebenso wie die sozialbiologische Sichtweise ungeachtet der Eingängigkeit ihrer Thesen begrenzt ist. Man kann sogar sagen: Die Besonderheit von Großelternschaft bei den Menschen weist darauf hin, dass sie der sozialen und der kulturellen Gestaltung bedarf. Man wird an den paradoxen Satz erinnert: Familie ist eine in der Natur des Menschen angelegte sozio-kulturelle Aufgabe.
Unter diesen Umständen sind die historischen Entwicklungen von Belang. Zwar hat es schon zu früheren Zeiten, vom Altertum bis zur Neuzeit, Großmütter und Großväter gegeben, wovon die Litera-

5. Generationenlernen

tur Zeugnis ablegt. Doch eine sozusagen selbstverständliche Erfahrung für die überwiegende Mehrheit der Kinder sowie der Erwachsenen ist sie erst seit dem 20. Jahrhundert. Doch auch dies kann sich wieder ändern, dann nämlich, wenn in Zukunft sich mehr Menschen entschließen sollten, kinderlos zu bleiben – was allerdings keineswegs gewiss ist. Attias-Donfut/Segalen (aaO: 24) haben unter Verwendung der Daten ihrer repräsentativen Erhebung bei 2000 Drei-Generationen-Verbünden die Verteilung von Elternschaft und Großelternschaft ermittelt und in einer originellen Variante der bekannten Darstellung des Altersaufbaus zusammengefasst. Daraus lässt sich entnehmen, wie sich Schwankungen in der Geburtenhäufigkeit auch hinsichtlich der Verbreitung von Großelternschaft niederschlagen.

In kultursoziologischer Sichtweise erscheint Großelternschaft für diejenigen Menschen, die eigene Kinder haben, ein erwartbarer und offensichtlich auch geschätzter Übergang in einen neuen Status. Das bringt die – gemäß Attias-Donfut/Segalen (aaO: 26) bereits bei Diderot nachweisbare – Redeweise »grand-périser« bzw. »grand-mériser« (zum Großvater bzw. zur Großmutter machen) zum Ausdruck. Die Gegenwart ist dadurch gekennzeichnet, dass auch dieser Sachverhalt familialer Entwicklung an Selbstverständlichkeit eingebüßt hat. In der Literatur wird der Umgang mit den Alten seitens der Erwachsenen durchaus als Modell dafür dargestellt, wie dereinst die Kinder mit ihren Eltern umgehen werden. Trefflich illustriert dies das Märchen »Der alte Großvater und der Enkel« (siehe Brüder Grimm 1949: 403f.). – Großelternschaft kann auch unter rechtlichen Gesichtspunkten betrachtet werden. Für die Schweiz liegt dazu ein Übersichtsaufsatz von Hegnauer (1995), worin die Thematik exemplarisch abgehandelt wird.

12 Im Rahmen eines Generationenvergleichs hat Nunner-Winkler (2000) am Beispiel der Verknüpfung von Moral und Sexualität generationenspezifische Verschiebungen zwischen dem moralischen und persönlichen Bereich nachgewiesen: 38% der ältesten Kohorte (im Vergleich zu 27% der mittleren bzw. 15% der jüngsten) benannten sexuelles »Fehlverhalten«, um unmoralisches Handeln zu illustrieren. Auch viele der von den Älteren zur Definition von Moral herangezogenen Regeln und Tugenden hatten sexuelle Konnotationen (z.B. eheliche Treue, Ehrbarkeit, Schicklichkeit). Insgesamt identifizierte fast die Hälfte der älteren Befragten (im Vergleich zu weniger als einem Fünftel der jüngsten) Moral im Kern mit der Regulierung des Sexualverhaltens, wobei der Unterdrückung sexueller Bedürfnisse ein Eigenwert zugeschrieben wird: Jegliche außerhalb einer legalisierten Ehebeziehung ausgeübte sexuelle Betätigung gilt als per se unrecht. In den jüngeren Kohorten ist diese Verknüpfung von Moral mit der Kontrolle von Sexualität aufgebrochen: Solange niemand Schaden leidet, wird Sexualverhalten dem persönlichen Bereich zugerechnet (aaO: 313-315).

13 Es ist zum Beispiel plausibel anzunehmen, dass von erstgeborenen bzw. älteren Geschwistern besonders häufig eine elternvertretende Funktion sowie Vorbild- und Pionierfunktion wahrgenommen wird. Ebenso erscheint plausibel, dass sich das mittlere Kind vor besondere Herausforderungen in der Selbstbehauptung gegenüber dem älteren und jüngeren Geschwister gestellt sieht (siehe Hoanzl 1997 im Anschluss an Alfred Adlers Thesen zur Bedeutung von Geschwisterkonstellationen). Es wäre eine wichtige Aufgabe einer erziehungswissenschaftlichen Familienforschung, der Frage nachzugehen, in welcher Weise die Gestaltung und das Erleben von Geschwisterbeziehungen sowie die wechselseitigen Lernprozesse von der Position eines Kindes in der Geschwisterreihe modifiziert wird. Der Einfluss der Geschwisterposition auf die Gestaltung und Wahrnehmung der geschwisterlichen Beziehungen und Lernprozesse zeigt, dass es verfehlt wäre, von »den« Geschwisterbeziehungen und ihrer Bedeutung für Lernprozesse zu sprechen. Diese Feststellung gilt nicht allein für den Faktor der Geschwisterposition, sondern für eine Vielzahl von Faktoren. Mit Recht hat daher Schütze (1989: 320) darauf hingewiesen, dass die »Unterschiede zwischen den Geschwisterbe-ziehungen und die dementsprechenden Erklärungsansätze [...] ebenso vielfältig [sind] wie die interindividuellen Unterschiede zwischen den Kindern und die Konzepte, diese zu erklären.«

Anmerkungen

14 Diese Typologie weist eine offensichtliche Ähnlichkeit zum Modell der »Generationenambivalenz« auf (siehe Kap. 7.4). Dies kann auch als Hinweis aufgefasst werden, dass Zwiespältigkeiten auch in intragenerationellen Generationenbeziehungen vorkommen können. Kritische Ereignisse wie Erbgänge können diese akzentuieren, ein Sachverhalt, auf den z.b. auch Plakans hinweist (siehe Kap. 7.4).

15 Für die psychoanalytisch orientierten Identitätstheorien und Studien sind folgende Annahmen und Grundsätze wichtig:
   – Es wird angenommen, dass insbesondere die Jugendzeit prägend für jene Erfahrungen ist, die später zur Entfaltung einer generationellen Identität führen. Diese Annahme gehört zum ursprünglichen Bestand der Generationenanalyse und findet sich bereits bei Mannheim. Sie gehört zum festen Kern namentlich essentialistischer Verständnisse von Generationen, doch sie weist eigentlich auf selten gestellte Fragen der intergenerationellen Beziehungskonstitution hin.
   – Die Dynamik der Beziehungsgestaltung beinhaltet »existentielle« bzw. konstitutive Konflikte. Hier geht es selbstverständlich immer auch um jenes Paradigma, für das die Chiffre des »Ödipus-Konfliktes« steht. Prägend ist ferner das von Erikson aufgestellte Modell von Krisen der Entwicklung, in dem die Persönlichkeitsentwicklung mit der – immer mehr oder weniger – gelungenen Lösung psychosozialer Konflikte zusammenfällt (siehe Erikson 1950: 241-270). Hier findet sich, wie generell im psychoanalytischen Denken, eine Orientierung an quasi kausalen Modellen, gemäß denen frühe Ursachen späte Wirkungen zeigen.

16 Wir verzichten hier auf eine nähere Darstellung der kritischen Auseinandersetzungen hinsichtlich der in der klassischen Bindungstheorie hervorgehobenen Rolle der Mutter. Zu dieser Kontroverse liegt mittlerweile eine umfangreiche Spezialliteratur vor.

17 Im Lichte des in Kapitel 7.4 ausführlich dargestellten, begriffsgeschichtlich und theoretisch begründeten Verständnisses von Ambivalenz als eines nicht normativ verstehenden, »neutralen« Konzeptes ist gegenüber dem Gebrauch des Begriffs in der Bindungstheorie einzuwenden, dass er dort negativ »konnotiert« ist, d.h. als ein Symptom für eine sozial unerwünschte, sich auf die Entwicklung negativ auswirkende Beziehungsform. Diese Sichtweise ist zwar in der Psychotherapie weit verbreitet, aber folgt nicht zwingend aus ihrer theoretischen Grundlegung (siehe hierzu z.B. Parker 1995).

18 Für unsere Beschreibung spezifischer Merkmale des Generationenlernens findet sich eine Parallele im Konzept der »proximalen Prozesse«, das Bronfenbrenner in seiner sozial-ökologischer Theorie menschlicher Entwicklung eingeführt hat (siehe Bronfenbrenner/Ceci 1994). Allerdings werden darin proximale Prozesse überwiegend nur unter positiven Gesichtspunkten betrachtet.

19 Erikson (1950) hat seine Untersuchung an einem kulturtheoretisch erweiterten psychoanalytischen Ansatz orientiert, der von Krisen im Lebenslauf ausgeht, in welchen die sich entwickelnde Person vor die Bewältigung von Entwicklungsaufgaben gestellt wird. Diese Krisen – zum Beispiel die Entwöhnung des Kindes von der Mutterbrust – gelten einerseits als universal, andererseits weisen sie insofern eine je kulturspezifische Gestalt auf, als die mit einer Krise verbundenen Verhaltenserwartungen der Erwachsenen sehr unterschiedlich sein können (z.B. abruptes Abstillen oder lange andauernde Verwöhnung des Kindes). Diese unterschiedlichen Verhaltenserwartungen an die Bewältigung von Krisen können mit kulturspezifischen Normen der Lebensführung der erwachsenen Gesellschaftsmitglieder in Verbindung gebracht werden.

6. Generationenpolitik: Wie lassen sich die Lebensbedingungen für Generationen gesellschaftlich regeln?

Generationenbeziehungen werden überall dort erfahren und gestaltet, wo Mitglieder verschiedener Generationen zusammen leben, gemeinsam handeln und Konflikte austragen (z.b. Familien, Institutionen der Betreuung, Erziehung und Bildung, Betriebe, Freizeiteinrichtungen). Generationenbeziehungen werden aber auch auf der Ebene von Staat und Gesellschaft gestaltet, und zwar dadurch, dass im Rahmen einer bestimmten sozialen Ordnung (Rechtsstaat, Wohlfahrtsstaat, Soziale Marktwirtschaft) Regeln gesetzt, Institutionen geschaffen und Maßnahmen ergriffen werden, die für die Beziehungen zwischen Gesellschaftsgenerationen sowie für das alltägliche Handeln in Generationenbeziehungen Maßstäbe setzen und Rahmenbedingungen schaffen. Diese »politische« Gestaltung von Generationenbeziehungen weist in der Regel einen höheren Grad der Bewusstheit und Reflexion auf als die Gestaltung von Generationenbeziehungen im Alltag, weil sie sich immer wieder – z.B. im Zusammenhang mit Wahlen oder einem Regierungswechsel – legitimieren muss[1].

In den ersten beiden Kapiteln legen wir dar, dass die verschiedenen Ebenen der Gestaltung von Generationenbeziehungen – die Ebene des Alltags bzw. des Alltagshandelns und die Ebene der Gesellschaft bzw. der Politik – nicht jede für sich, sondern in einem Verhältnis der Wechselwirkung betrachtet werden müssen: Staat und Gesellschaft bestimmen Aufgaben und Bedingungen der alltäglichen Gestaltung von Generationenbeziehungen, während umgekehrt das alltägliche Handeln in Generationenbeziehungen zur Erhaltung und Wandlung, zur Integration und Desintegration von Staat und Gesellschaft beiträgt. Politik und Recht haben die Aufgabe der fortwährenden Gestaltung einer Generationenordnung, die im Handeln der einzelnen bekräftigt, verändert oder in Frage gestellt wird. Dieses Handeln des Staates (einschließlich der Länder und Kommunen bzw. Kantone und Gemeinden) ebenso wie dasjenige nichtstaatlicher Akteure (z.B. Kirchen, kirchennahe Organisation, Betriebe, Verbände, Selbsthilfeorganisationen) bezeichnen wir als »Generationenpolitik«. Unter diesem Begriff werden einzelne Handlungsfelder der Politik – wir beziehen uns im Folgenden auf Alterspolitik, Familienpolitik, Bildungspolitik und Kinderpolitik – subsumiert, insofern sie für die Regelung der Lebensbedingungen von Generationen relevant sind.

In einem weiten Sinne des Wortes lässt sich alles Handeln staatlicher und nichtstaatlicher Akteure, das die Beziehungen zwischen Generationen beeinflusst, als Gene-

6. Generationenpolitik

rationenpolitik verstehen. In einem engeren Sinn ist damit ein absichtsvolles Handeln gemeint, das dem Zweck dient, unter Berücksichtigung des Gestaltungswillens der Beteiligten förderliche Bedingungen für Generationenbeziehungen zu schaffen.[2] In einer analytischen Sichtweise kann man Generationenpolitik auch als die Entfaltung einer »Generationenlogik« verstehen (siehe Kap. 7.3).

6.1 Leitideen einer Generationenpolitik

Die allgemeine Krise von Systemen der sozialen Sicherung, insbesondere die Probleme der Alterssicherung und jene der Verteilung von Arbeit sowie die Schwierigkeiten der Vereinbarkeit von Familientätigkeit und Erwerbstätigkeit in den Lebensläufen von Frauen und Männern – alle diese in der Öffentlichkeit in Deutschland, Österreich, der Schweiz und anderen Ländern breit und kontrovers diskutierten Spannungsfelder der gegenwärtigen Gesellschaft sind auch für die Sozialwissenschaften Anlass, die Möglichkeiten und Grenzen einer politischen Gestaltung der Lebensbedingungen von Generationen und der Beziehungen zwischen ihnen zu bedenken.

Bei diesem Vorhaben stellt sich die grundsätzliche Frage nach der Art und Weise der Argumentation: Sollen die etablierten Strukturen politischen Handelns als etwas Vorgegebenes beschrieben oder sollen sie mit Bezug auf übergeordnete Orientierungen und Überzeugungen analysiert und bewertet werden? Bei näherer Betrachtung schließen sich die beiden genannten Argumentationstypen keineswegs aus. Denn die politische »Ordnung« in unserer Gesellschaft ist nach bestimmten regulativen Prinzipien aufgebaut, die nicht nur für die einzelnen Mitglieder und Institutionen der Gesellschaft, sondern auch für die politischen Organe und Akteure verpflichtend sind. Im Folgenden werden wir daher Beschreibung und normative Betrachtung in der Weise miteinander verbinden, dass die etablierten Strukturen politischen Handelns unter denjenigen explizierten Prämissen analysiert werden, die in ihnen angelegt und ihrerseits allgemeinen ethischen Normen verpflichtet sind. Eine kritische und utopische Position wird dabei dadurch begründet, dass die Praxis der politischen Handlungssysteme an ihrem eigenen Anspruch – und das heißt: an Postulaten einer sozialen Ethik – gemessen wird. Als Ausdrucksformen dieser normativen Ansprüche wählen wir die Leitbegriffe »Gerechtigkeit« und »Verantwortung«, da diese in den wissenschaftlichen und öffentlichen Diskursen über soziale Ungleichheit und Aufgaben der Sozialpolitik eine zentrale Rolle spielen.

6.1.1 Gerechtigkeit

Das Problem der »Gerechtigkeit« steht seit der Antike (Griechenland und Judentum) im Mittelpunkt der Theorie der Politik (bzw. des Staates) und der Ethik (siehe Höffe 1997: 91-95). Ausgangspunkt sind die naturgegebenen Unterschiede und die sozial bedingten Ungleichheiten sowie die Bedürfnis- und Interessenkonflikte zwischen Menschen. Gefragt wird, ob es geboten und möglich ist, Ungleichheiten und Konflikte abzubauen oder zu überwinden. Insofern werden unter der Leitidee der Gerechtigkeit regulative Prinzipien der »sozialen Ordnung« einer Gesellschaft und des sozialen Verhaltens der Mitglieder einer Gesellschaft verhandelt. Die Leitidee der Gerechtigkeit ist für die Konstruktion der »sozialen Ordnung« in westlichen Gesellschaften leitend gewesen. Dies zeigt sich an den Prinzipien des »sozialen Rechtsstaats«, des »Sozialstaats« und der »sozialen Marktwirtschaft« (z.B. Sozialbindung des Eigentums). Dabei steht die Orientierung an Gerechtigkeit in einem unauflösbaren Spannungsverhältnis zur Orientierung am Ziel der »Freiheit«: »Freie« *und* »soziale« Markwirtschaft, Recht auf Eigentum *und* Sozialbindung des Eigentums, Schutz der Freiheitsrechte *und* Sicherstellung der Erfüllung von Pflichten gegenüber anderen und der Gemeinschaft sollen einander ergänzen. Insofern könnte das regulative Prinzip der Gerechtigkeit auch dahingehend bestimmt werden, dass es die Freiheit aller in einem bestimmten Mindestmaß gewährleisten soll (siehe den ersten Grundsatz der im Folgenden herangezogenen Theorie der Gerechtigkeit von Rawls).

Dass die Orientierung an Gerechtigkeit auch für das familien- bzw. generationenpolitische Handeln des Staates gilt, lässt sich am Beispiel des »Familienlastenausgleichs« im Allgemeinen und an der Steuerpolitik im Besonderen zeigen. Hierzu hat in Deutschland das Bundesverfassungsgericht in den 90er Jahren wiederholt Stellung genommen und den Gesetzgeber aufgefordert, für die Durchsetzung von »Bedarfsgerechtigkeit« und »Leistungsgerechtigkeit«[3] in der Besteuerung bzw. von »Steuergleichheit« (zwischen steuerpflichtigen Eltern und kinderlosen Steuerpflichtigen) Sorge zu tragen (siehe Bundesverfassungsgericht 1998, Wissenschaftlicher Beirat 2001: 15-60.).

Die Theorie der Generationengerechtigkeit von Rawls[4]

Bei der Suche nach einer geeigneten Gerechtigkeitstheorie zeigt sich das Problem, dass das philosophische Denken in aller Regel auf die Ungleichheit bzw. Gerechtigkeit im Verhältnis zwischen Individuen, sozialen Gruppen (Klassen) und Geschlechtern, nicht aber auf das Verhältnis zwischen Generationen gerichtet gewesen ist. Die Ungleichheit zwischen Generationen scheint erst im 20. Jahrhundert zu einem Thema der Ethik geworden zu sein. Dafür gibt es mehrere Gründe wie zum Beispiel die Entwicklung des Bildungs- und Sozialstaats als Instanzen der bedarfs- bzw. leistungsgerechten Zuteilung oder Umverteilung von Ressourcen, die Verschiebung der Anteile der Altersgruppen in

6. Generationenpolitik

der Bevölkerung (siehe dazu das Beispiel des Rentenversicherungssystems im folgenden Abschnitt 6.2.1).

Als die bedeutendste Gerechtigkeitstheorie, die ausdrücklich das Problem der Generationengerechtigkeit einbezieht, gilt die Theorie des amerikanischen Philosophen John Rawls (1994). Die Ausdehnung der Gerechtigkeitstheorie auf das Verhältnis zwischen den Generationen wird von Rawls mit der Überzeugung begründet, dass die Erhaltung oder Verbesserung der Zukunft für die nächsten Generationen eine sittliche Aufgabe darstellt. Dies hat zur Voraussetzung, dass den nachwachsenden Generationen der Zugang zu »öffentlichen Gütern« ermöglicht wird, die für ein »gutes Leben« erforderlich sind. Solche öffentlichen Güter sind z.B. Sachkapital (Investitionen in Maschinen), Humanvermögen (Bildung) sowie dauerhafte und allgemein zugängliche Institutionen (z.B. Gesundheitswesen).[5] Um diese öffentlichen Güter zur Verfügung stellen zu können, müssen sie von der älteren Generation in einer Art und Weise verwaltet werden, die Rawls mit dem Begriff »Sparen« beschrieben hat. Das Sparen selbst wird insofern als ein öffentliches Gut aufgefasst, als ein die Bedürfnisse der nächsten Generationen berücksichtigender und daher »gerechter« Spargrundsatz – eine Art »Generationenvertrag« – im »Gesellschaftsvertrag« (z.B. in Gestalt der gesetzlichen Regeln des Verfassungs- und Wohlfahrtsstaats) enthalten sein sollte.

Rawls' vertragstheoretische Begründung von Gerechtigkeit geht von zwei Grundsätzen aus:

»Erster Grundsatz

Jedermann hat gleiches Recht auf das umfangreiche Gesamtsystem gleicher Grundfreiheiten, das für alle möglich ist.

Zweiter Grundsatz

Soziale und wirtschaftliche Ungleichheiten müssen folgendermaßen beschaffen sein:
sie müssen unter der Einschränkung des gerechten Spargrundsatzes den am wenigsten Begünstigten den größtmöglichen Vorteil bringen, und
sie müssen mit Ämtern und Positionen verbunden sein, die allen gemäß fairer Chancen offenstehen« (Rawls 1979: 336).

Über die Geltung dieser Grundsätze fassen die Gesellschaftsmitglieder gleichsam einen Beschluss; sie tun dies, »weil die Beteiligten Vertreter von Nachkommenlinien sind, denen jedenfalls ihre näheren Nachkommen nicht gleichgültig sind« und weil es sich beim Spargrundsatz um einen Grundsatz handelt, von dem »sie wünschen können, alle früheren Generationen möchten ihn befolgt haben« (aaO: 323). Insofern lässt sich der

6.1 Leitideen einer Generationenpolitik

gerechte Spargrundsatz als eine »Übereinkunft zwischen den Generationen bezüglich der fairen Aufteilung der Lasten auffassen, die aus der Errichtung und Erhaltung gerechter Institutionen entstehen« (aaO: 325).

Rawls nimmt eine gleichzeitige Unterscheidung und Verbindung von zwei Ebenen der Generationenbeziehungen – Gesellschaftsgenerationen und Familiengenerationen – vor, die dem von uns gewählten Ansatz entspricht. Die Theorie der Generationengerechtigkeit betrifft zwar im Kern die Beziehungen zwischen Gesellschaftsgenerationen, wie sich an den »Grundsätzen« und ihrer Betonung allgemeiner Freiheiten, sozialer und wirtschaftlicher Ungleichheiten und gerechter Institutionen zeigt. Bei der Erklärung der Motive, die Menschen dazu veranlassen können, Regeln der Gerechtigkeit zu beschließen, greift Rawls aber auch auf Metaphern für Bindungen und Verpflichtungen in familialen Generationenbeziehungen zurück:

»[Die Beteiligten werden] wünschen, dass alle Generationen etwas sparen, denn es gereicht uns und unseren Nachfahren zum Vorteil, wenn unsere Vorfahren das Ihrige getan haben ... [Wir stellen] uns vor, dass sich die Beteiligten fragen, was Angehörige aufeinanderfolgender Generationen in jedem Entwicklungsstadium vernünftigerweise voneinander erwarten können. Sie versuchen, zu einem gerechten Sparplan zu kommen, indem sie abwägen, wieviel sie für ihre näheren Nachkommen zu sparen bereit wären, und zu welchen Ansprüchen sie sich gegenüber ihren näheren Vorfahren berechtigt fühlen würden. So stellen sie sich etwa vor, sie seien Väter, und fragen sich, wieviel sie für ihre Söhne und Enkel zur Seite legen sollten, indem sie sich fragen, zu welchen Ansprüchen gegenüber ihren Vätern und Großvätern sie sich berechtigt fühlen würden. Wenn sie zu einem unter beiden Gesichtspunkten fair scheinenden Ergebnis kommen, das der Verbesserung der Verhältnisse Rechnung trägt, dann liegt die faire Sparrate [oder der Bereich für sie] vor« (aaO: 324).

Das Ziel der Theorie intergenerationaler Gerechtigkeit besteht daher nach Rawls darin, einen gerechten Spargrundsatz (»just savings principle«) festzulegen, demzufolge jede Generation den späteren Generationen gibt und von früheren empfängt. Der Spargrundsatz verkörpert eine ethische Überzeugung, der zufolge Angehörige verschiedener Generationen ebenso wie Zeitgenossen Pflichten und Verpflichtungen gegeneinander haben: Die jeweils gegenwärtige Generation ist danach an Grundsätze gebunden, die zu einem früheren Zeitpunkt beschlossen wurden, um die Gerechtigkeit zwischen Menschen zu definieren, die zu verschiedenen Zeiten leben (siehe aaO: 322 und 327).

Die Umsetzung von Rawls' Theorie der Generationengerechtigkeit stößt auf eine Reihe von Schwierigkeiten. Dazu gehört, dass bei der Festlegung einer »gerechten Sparrate« abgewogen werden muss zwischen den berechtigten Interessen einzelner Ge-

6. Generationenpolitik

nerationen am jeweils gegenwartsbezogenen Konsum und der Notwendigkeit von zukunftsbezogenen Investitionen (in Sach- und Humankapital sowie in gerechte Institutionen). Dabei muss mit Unterschieden im Wohlfahrtsniveau einzelner Generationen in verschiedenen geschichtlichen Perioden gerechnet werden. Solche Unterschiede sollten jedoch mit Rücksicht auf das Gerechtigkeitspostulat nicht einfach hingenommen werden:

> »Es ist eine Naturtatsache, dass die Generationen über die Zeit verteilt sind und die wirtschaftlichen Vorteile nur in einer Richtung fließen. Daran läßt sich nichts ändern, und damit entsteht auch kein Gerechtigkeitsproblem. Gerecht oder ungerecht ist, wie sich die Institutionen angesichts natürlicher Beschränkungen verhalten, und was sie aus den geschichtlichen Möglichkeiten machen« (Rawls 1979: 322).

Der »gerechte Spargrundsatz« zielt auf die Sicherung der Zukunft der nachfolgenden Generationen. Seine Durchsetzung erfordert daher eine Selbstbindung der Volksvertretung bzw. des Gesetzgebers an langfristige Ziele. Die Belange der in den Parlamenten noch nicht repräsentierten Generationen müssen durch Beschlüsse über eine gerechte Sparrate antizipiert und zur Geltung gebracht werden. Es ist vorgeschlagen worden, diese intergenerationale Verpflichtung im Sinne von Rechten zukünftiger Generationen in der Verfassung zu verankern (siehe Sackmann 1998: 190).

Das im Zweiten Grundsatz der Gerechtigkeit formulierte Postulat, die sozialen und wirtschaftlichen Ungleichheiten müssten so beschaffen sein, dass sie »den am wenigsten Begünstigten den größtmöglichen Vorteil bringen« (Rawls 1979: 336), sollte auch auf die Generationengerechtigkeit bezogen werden (was bei Rawls nicht der Fall ist). Dabei zeigt sich, dass es in den gegenwärtigen Wohlfahrtsstaaten aufgrund der demographischen Entwicklungen zu einer faktischen Umverteilung zwischen Generationen zu Lasten der jungen Generation gekommen ist (siehe dazu den folgenden Abschnitt 6.2.1 sowie die Analyse von Thomson 1996). Die Anerkennung des genannten Grundsatzes der Gerechtigkeit würde daher Maßnahmen einer gezielten Umverteilung erforderlich machen, die geeignet wären, die faktische Umverteilungstendenz kurzfristig aufzuhalten und mittelfristig rückgängig zu machen.

Die Lösung dieser Aufgabe wird noch dadurch erschwert, dass Ältere und Jüngere um öffentliche Güter (vor allem Sozialleistungen) konkurrieren, die immer knapper zu werden drohen. Dieser Umstand ist von Rawls in seiner Theorie der Generationengerechtigkeit nicht berücksichtigt worden; er geht vielmehr von einer kontinuierlichen Entwicklung des Wohlstands- bzw. Wohlfahrtsniveaus aus.

6.1.2 Verantwortung

Die für die Neuzeit maßgebliche Sittenlehre Kants kennt den Begriff der Verantwortung nicht; Kant spricht statt dessen von »Pflichten« und »Tugenden« der »Liebe« und der »Achtung« und unterscheidet zwischen Pflichten »gegen sich selbst« und »gegen andere« (siehe Kant 1797/1920: 46f.). Pflichten der Liebe bestehen nach Kant z.B. sowohl bei Eltern gegenüber Kindern als auch bei Kindern gegenüber Eltern. Der Begriff der Verantwortung wird andererseits von Kant im Zusammenhang mit der Erörterung rechtsphilosophischer Fragen insofern vorweggenommen, als er das Kriterium der »Zurechnung« (»imputatio«) zur Beurteilung einer Handlung heranzieht, »soweit sie aus der Freiheit der Person entstanden ist, in Beziehung auf gewisse praktische Gesetze« (siehe Schwartländer 1974: 1579). »Zurechnung« und »Verantwortung« werden aber häufig als weitgehend synonyme Begriffe betrachtet. So definiert Hoffmeister (1955: 640)

> »Verantwortung [als] das Aufsichnehmen der Folgen des eigenen Tuns, zu dem der Mensch als sittliche Person sich innerlich genötigt fühlt, da er sie sich selbst, seinem eigenen freien Willensentschluß zurechnen muß. Die Zurechnung der Tat begründet die Schuld des Täters und diese seine Verantwortung.«

Die freie Entscheidung des Menschen, sich die Folgen seines Handelns zuzurechnen, ist theologisch (als Verantwortung vor Gott und den göttlichen Geboten) und rechtsphilosophisch (als Verantwortung gegenüber naturrechtlichen oder staatlichen Gesetzen) begründet worden. Sie ist aber auch im Rahmen der praktischen Philosophie bzw. Ethik als eine universale Verantwortung »für die Welt, in der er lebt, mag dies die Welt der Familie, des Betriebs, der Gemeinde, der Politik oder welche auch immer sein«, aufgefasst worden (siehe Schwartländer 1974: 1581).

Hans Jonas' Theorie der Verantwortung für die zukünftigen Generationen

Die genannten philosophiegeschichtlichen Entwicklungen hat Hans Jonas (1979) in seinem Werk »Das Prinzip Verantwortung« aufgenommen und fortgeführt. Das Werk hat im Hinblick auf die Begründung des Geltungsanspruchs des Prinzips Verantwortung mancherlei Kritik erfahren (siehe z.B. Bayertz 1995: 60-65). Es ist jedoch für die Analyse von Generationenbeziehungen und die Begründung einer Generationenpolitik besonders anregend, weil der Autor eine Theorie der intergenerationalen Verantwortung entwirft.[6] Im Zentrum dieser Theorie steht der Gedanke der »Pflicht zur Zukunft«. Zukunft meint dabei die eigene Nachkommenschaft, aber auch die nachfolgenden »Geschlechter« (Generationen) im Sinne der Bewahrung des Lebens, der Le-

6. Generationenpolitik

bensgrundlagen und der Erde, die in ihrer Existenz durch die auch zerstörerischen Wirkungsmöglichkeiten der technischen Zivilisation gefährdet sind. Zukunft kann nach Jonas nur gesichert werden, wenn eine Ethik der – nicht reziproken – Verantwortung Geltung gewinnt, die sich auf die Erhaltung der Lebensgrundlagen der nachfolgenden Generationen bezieht. Die von Jonas (1979) und – bereits einige Jahre zuvor – vom zweiten Bericht des Club of Rome (Mesarovic/Pestel 1974) entwickelte Leitidee einer Verantwortung für zukünftige Generationen ist in der philosophischen Ethik weiter ausdifferenziert worden (siehe insbesondere Birnbacher 1988) und hat unter dem Begriff der *Nachhaltigkeit* Eingang in die allgemeinen wissenschaftlichen und öffentlichen Diskurse gefunden. Die Forderung nach einer Ethik der Verantwortung für zukünftige Generationen (bzw. nach einer auf »Nachhaltigkeit« zielenden Politik) lässt sich mit dem Hinweis auf drei Merkmale der gegenwärtigen Weltsituation begründen:

> »Zum ersten Mal in der Geschichte der Menschheit steht die zukünftige Gattungsexistenz der Menschheit selbst zur Disposition.
> Die technische Verfügungsmacht des Menschen nimmt immer größere Dimensionen an und reicht in immer weitere Zukunftshorizonte hinein.
> Wir wissen zunehmend mehr über die mit gegenwärtigem Handeln und Unterlassen verknüpften langfristigen Risiken und über mögliche Handlungsalternativen.« (Birnbacher 1988: 12f.)

In seinem Entwurf einer Ethik der Verantwortung für zukünftige Generationen hat Jonas sowohl familiale als auch gesellschaftliche Generationenbeziehungen im Blick. Im Falle der familialen Generationen(-beziehungen) kann er an die »herkömmliche Moral« anschließen: Verantwortung und Pflicht gegenüber den Kindern, die man gezeugt hat und die ohne Vor- und Fürsorge zugrunde gehen müssten, wird »spontan anerkannt und praktiziert« (Jonas 1979: 85). Die elterliche Verantwortung postuliert er als »natürlich« und »bedingungslos« (siehe dazu aber auch Kap. 7.3):

> »Zwar mag man für sein Alter von [seinen Kindern] eine Gegenleistung für die aufgewandte Liebe und Mühe erwarten, aber dies ist gewiß nicht die Bedingung dafür, und noch weniger für die Verantwortung, die man für sie anerkennt und die vielmehr bedingungslos ist. Es ist dies die einzige von der *Natur* gelieferte Klasse völlig selbstlosen Verhaltens, und in der Tat ist dieses ... Verhältnis zum unselbständigen *Nachwuchs* der Ursprung der Idee der Verantwortung überhaupt, und seine ständig fordernde Handlungssphäre ist der ursprünglichste Ort ihrer Betätigung« (aaO: 85.).

Die neue Herausforderung einer Zukunftsethik der Verantwortung verortet Jonas in der Pflicht gegenüber und innerhalb von *Gesellschafts*generationen. Hier ist nicht allein

6.1 Leitideen einer Generationenpolitik

individuelles, z.B. elterliches Handeln gefragt, sondern auch staatliches Handeln. In Analogie zum verantwortlichen Handeln der Eltern bestimmt Jonas das verantwortliche Handeln »des Staatsmanns«. Wenn man einmal von der problematischen Personalisierung staatlichen Handelns absieht (die sich im Übrigen auch in Max Webers Bestimmung der »Verantwortungsethik« findet, siehe unten), bleibt der Gedanke wichtig, dass die Sicherung der Zukunft nicht mehr allein der Wahrnehmung einer »natürlichen« und privaten Verantwortung, sondern in zunehmendem Maße der Wahrnehmung einer politischen Verantwortung bedarf.

Ein erstes Beispiel für die Notwendigkeit einer Verbindung von lebensweltlicher und politischer Verantwortung findet Jonas im Handlungsfeld der Erziehung. Die Sorge für das Aufwachsen der Kinder beschreibt er als Totalität der Verantwortung, da sie alle Aspekte ihres Objekts umfasst »von der nackten Existenz bis zu den höchsten Interessen« (aaO: 189), im Bereich der Erziehung etwa »Fähigkeiten, Beziehung, Charakter, Wissen, die in ihrer Ausbildung überwacht und gefördert werden müssen; und zusammen mit alledem, wenn möglich, auch das Glück«. Dabei gilt ihm die elterliche Verantwortung als »der Archetypus aller Verantwortung (und außerdem ... genetisch der Ursprung aller Dispositionen für sie, gewiß ihre elementare Schule)« (aaO: 189). Zur Verantwortung der Eltern, der in den frühesten Phasen der Gesellschaftsentwicklung eine ausschließliche Rolle zufällt, tritt jedoch in den meisten Gesellschaften die Verantwortung des Staates für die Erziehung und dementsprechend eine »Erziehungspolitik«. Der Staat »will seine Bürger nicht nur fertig übernehmen, sondern an ihrer Heranbildung mitwirken« (aaO: 191). Als Ausdrucksformen der Erziehungspolitik nennt Jonas in erster Linie die Durchsetzung der Schulpflicht, aber auch Maßnahmen zum Schutz des Kindes gegen seine Eltern, die in das Handlungsfeld der Kinder- und Jugendhilfe gehören.

Für eine Theorie der intergenerationalen Verantwortung ist das Beispiel der Erziehung unter drei Aspekten besonders aufschlussreich: Erstens zeigt es die Überschneidung und wechselseitige Ergänzung von elterlicher (privater) und staatlicher (öffentlicher) Verantwortung und damit die Zusammengehörigkeit der Sorge für die eigenen Nachkommen in familialen Generationenbeziehungen und der Sorge für die Nachkommenschaft in gesellschaftlichen Generationenbeziehungen in ihrer »Totalität« (siehe hierzu BMFSFJ 2002a). Zweitens verweist das Beispiel der Erziehung darauf, dass Verantwortung mit Kontinuität in der Zeit verbunden ist: »Ihre Ausübung [darf] nicht aussetzen. Weder Eltern- noch Regierungssorge kann sich Ferien erlauben, denn das Leben des Gegenstandes geht unausgesetzt weiter und gebiert seine Anforderungen von Mal zu Mal neu. Wichtiger noch ist die Kontinuität dieser betreuten Existenz selbst als ein Anliegen, das beide hier betrachteten Verantwortungen bei jedem Einzelanlaß ihrer Aktualisierung im Auge haben müssen.« (aaO: 196). Drittens zeigt das Beispiel der Erziehung, dass Verantwortung im Horizont der Zukunft wahrgenommen wird; Erziehung hat es mit dem zukünftigen Leben von Individuen und von Gesellschaft zu tun. Im Falle der Erziehung bzw. Erziehungspolitik – und Entsprechendes gilt auch für die Generationenpolitik im Ganzen – bezieht sich die Verantwortung auf die Sicherung der Lebensgrundlagen der Nachkommen, nicht jedoch auf deren Lebensführung, die der Freiheit und Selbstbestimmung anheim gestellt bleiben muss.

Die von Jonas entwickelte Theorie der Verantwortung ist geeignet, ein Konzept von Generationenpolitik zu begründen, demzufolge die Sicherung der Lebensgrundlagen für die nachfolgenden Generationen als ein Gegenstand der gemeinsamen Verantwortung der einzelnen Familien und des Staates betrachtet und übernommen wird. Dies soll jedoch so geschehen, dass nicht der Anspruch einer politischen Gestaltung von Generationen*beziehungen an sich*, wohl aber ihrer *Rahmenbedingungen* gestellt wird. Auf diese Weise wird eine von der Person als sozialem Wesen selbstbestimmte Gestaltung ermöglicht.

Die Vorstellung, Politik könne unter anderem unter Aspekten einer Ethik der Verantwortung beschrieben werden, ist insbesondere von Max Weber entwickelt worden (siehe Kaufmann 1992: 24ff.). Weber hat diese Vorstellung nicht am politischen System entwickelt, sondern am Politiker als (gewähltem) Repräsentanten des politischen Systems und als beruflich im Bereich der Politik Tätigen; dieser Zugang hängt wohl mit der Auffassung zusammen, dass die Zurechenbarkeit von (sittlichem) Handeln, also auch von politischem Handeln, letztlich immer nur für Personen und nicht für Institutionen, Korporationen oder »Organe« gilt (in diesem Sinne müsste man z.B. auch Entscheidungen des Gesetzgebers, d.h. des Deutschen Bundestages, auf das Abstimmungsverhalten seiner einzelnen Mitglieder zurückführen). Weber (1919/1968) bestimmt drei Qualitäten des Handelns des Politikers: »Leidenschaft«, »Verantwortungsgefühl« und »Augenmaß«. Bei der näheren Kennzeichnung des »Verantwortungsgefühls« wird deutlich, dass Weber dabei weniger eine emotionale Qualität im Blick hat als vielmehr eine rationale Einstellung zum eigenen Handeln: »Verantwortungsethik« wird – in Abgrenzung zur »Gesinnungsethik« (die an übergreifenden Werten und Prinzipien orientiert ist) – begründet in der Abschätzung und Berücksichtigung der Folgen (Wirkungen und Nebenwirkungen) des Handelns sowie durch Rechenschaftslegung gegenüber den Adressaten des Handelns.

6.2 Handlungsfelder einer Generationenpolitik

Gerechtigkeit und Verantwortung betrachten wir als Leitideen für das politische Handeln des Staates sowie nichtstaatlicher Korporationen. Ausgewählte Handlungsfelder[7] der Politik werden im Folgenden unter zwei Aspekten erörtert: Es wird untersucht, ob und inwieweit sich eine Orientierung der politischen Praxis an den genannten Leitideen nachweisen lässt, aber auch, ob die konsequente Orientierung an diesen Leitideen eine gezielte Weiterentwicklung oder auch Veränderung der gegenwärtigen politischen Praxis erforderlich erscheinen lässt. Außerdem wollen wir zeigen, dass es fruchtbar ist, einzelne Handlungsfelder der Politik als wechselseitig verknüpfte Anwendungsbereiche einer »Generationenpolitik« aufzufassen und zu gestalten. Diese Bezeichnung taucht in politischen Diskussionen von Zeit zu Zeit auf. Doch sie ist noch nicht etabliert. Wir sind indessen der Auffassung, dass dieses Konzept geeignet ist, um den gemeinsamen Nenner von überwiegend getrennt betrachteten Politikbereichen herauszuarbeiten, der in einer übergreifenden Gestaltung der Generationenbeziehungen besteht. Zugleich wird unter theoretischen Gesichtspunkten verdeutlicht, dass die allgemeinen Generationenbegriffe, der genealogische, der historisch-politische und der pädagogische in einem engen inneren Zusammenhang stehen.

Wir beginnen mit jenem Feld, das traditionellerweise als die klassische Domäne von Generationenpolitik angesehen wird und in der Gegenwart kontrovers diskutiert wird: der Alterssicherung. Da die Renten, jedenfalls in den staatlichen Systemen, ganz oder teilweise über Umlageverfahren gesichert sind, ist hier der Generationenzusammenhang besonders deutlich zu erkennen. Die Darstellungen über die Generationentransfers (siehe Kap. 4.2) zeigen indessen, dass es sich dabei nur um einen Teil der generationenspezifischen Gestaltung des Alterns handelt. Bedeutsam sind ebenso die nicht monetären Aspekte der Beziehungsgestaltung und der damit verbundenen Einschätzung der Lebensphase des Alters. Hier zeichnen sich die Konturen einer »neuen Altenpolitik« ab, die ebenfalls mit guten Gründen als Teil der Generationenpolitik betrachtet werden. Im Weiteren schlagen wir vor, unter diesem Gesichtspunkt auch die Familienpolitik zu betrachten: Hier stehen die Leistungen und Leistungspotenziale von Familie für die nachwachsenden Generationen im Vordergrund, die typischerweise in den mittleren Lebensphasen erbracht werden, vor allem für ältere Menschen. Es entspricht der inneren Logik der hier vorgeschlagenen Systematik, die Bildungspolitik ebenfalls als einen Aspekt der Generationenpolitik aufzufassen. Dasselbe trifft schließlich für die sich seit einigen Jahrzehnten artikulierende Kinderpolitik zu.

6.2.1 Alterspolitik

Traditionelle Alterssicherung: Das Beispiel des deutschen Rentenversicherungssystems[8]

In vormodernen Gesellschaften (und auch in einer Reihe von modernen Gesellschaften wie beispielsweise den USA) ist die Gewährleistung sozialer Sicherheit einschließlich der Altersversorgung überwiegend die Angelegenheit der Individuen sowie der verwandtschaftlichen Beziehungssysteme. Familiengenerationen gestalten hier ihre wechselseitigen Pflichten und Rechte in eigener Verantwortung, allerdings unter der Maßgabe kultureller Normen (z.B. Ehrfurcht vor dem Alter) und rechtlicher Regelungen (z.B. Erbrecht).

6. Generationenpolitik

In den modernen Gesellschaften, die wohlfahrtsstaatliche Systeme der sozialen Sicherung geschaffen haben, sind die wechselseitigen Pflichten und Rechte von Familiengenerationen zwar nicht außer Kraft gesetzt, vielmehr rechnet der Wohlfahrtsstaat mit der angemessenen Wahrnehmung dieser Pflichten und Rechte und stellt dies durch eine entsprechende Gesetzgebung sicher (z.B. Unterhaltsrecht). Die Eigenart wohlfahrtsstaatlicher Systeme liegt jedoch darin, dass sich diese Rechte und Pflichten der sozialen Sicherung auf der Ebene von Gesellschaftsgenerationen definieren und regeln. Sie gehen von einer – imaginären – »Solidargemeinschaft« der Gesellschaftsmitglieder aus, die auch als Solidargemeinschaft von Gesellschaftsgenerationen zu verstehen ist.

Dies bedeutet zum Beispiel: Zu den Systemen der sozialen Sicherung, die in der Regel nicht nur den in der Gegenwart lebenden, sondern auch zukünftigen Generationen zugute kommen, haben auch diejenigen Beiträge zu entrichten, die keine eigenen Kinder haben. Wir können daher sagen: Der Wohlfahrtsstaat tritt als Träger eines Systems der sozialen Sicherung auf, er übernimmt Verantwortung für die Regelung und Gestaltung wechselseitiger Pflichten und Rechte zwischen und innerhalb von Gesellschaftsgenerationen (Den Begriff »Verantwortung« verwenden wir hier zunächst in einem beschreibenden Sinn, der Zuständigkeit meint; die normativen Implikationen des Begriffs – im Sinne der Verantwortungsethik Max Webers, die vor allem das Einstehen für die Folgen des eigenen Handelns beinhaltet – kommen in den abschließenden Überlegungen zum Tragen).

Der Wohlfahrtsstaates nimmt seine Verantwortung für die soziale Sicherheit in der Weise wahr, dass er alle Gesellschaftsmitglieder – aktuell allerdings nur diejenigen, die im Erwerbsleben bzw. im erwerbsfähigen Alter stehen – in die Pflicht nimmt, ihren Beitrag zu den Belangen der Solidargemeinschaft (der Gesellschaftsgenerationen) zu leisten. In diesem Sinne beruht der »Generationenvertrag« im System der Rentenversicherung nicht etwa – wie es der Begriff des Vertrags nahe legt (siehe die Gerechtigkeitstheorie von Rawls) – auf einem Übereinkommen zwischen den jeweils als Beitragszahler oder -empfänger betroffenen Generationen. Vielmehr handelt es sich, pointiert gesagt, um einen staatlichen Oktroi, der seine Legitimität aus dem Machtmonopol des Staates bzw., im Falle demokratischer Staaten, aus dem Mehrheitswillen des Parlaments herleiten kann. Die zu einem bestimmten geschichtlichen Zeitpunkt getroffene Entscheidung, ein bestimmtes System der sozialen Sicherung zu etablieren, muss von allen Gesellschaftsmitgliedern – auch denjenigen, die mehr oder weniger lange Zeit nach der getroffenen Entscheidung geboren werden und ins Erwerbsleben eintreten – akzeptiert und nachvollzogen werden.

Das Umlageverfahren in der deutschen Rentenversicherung, das sich in modifizierter Form auch in anderen Systemen der staatlichen Alterssicherung[9] findet, kann angesichts des Finanzvolumens als das bedeutendste Beispiel für die Einführung einer »gerechten Sparrate« im Sinne von Rawls (siehe 6.1.1) betrachtet werden: Ein Teil

6.2 Handlungsfelder einer Generationenpolitik

(derzeit etwa 20%) des Einkommens der pflichtversicherten Erwerbstätigen einer Generation wird einbehalten und kommt älteren Generationen Rentenversicherter zugute. Ein Unterschied zur üblichen und auch zu Rawls' Auffassung von einem »Generationenvertrag« liegt allerdings darin, dass das Umlageverfahren in der Rentenversicherung die gegenwärtige Generation nicht zum Sparen zugunsten der nachfolgenden, sondern zugunsten der vorangehenden Generation verpflichtet. Trotz dieser Umkehrung der Generationenlinie kann dieses Rentenversicherungssystem als eine »gerechte Institution« zur Gewährleistung der Generationengerechtigkeit gelten:

> »Das einzig Ungewohnte an diesem Konzept ... besteht nur darin, daß die Beitragsleistung der Erwerbsaktiven der vorangehenden Generation als Rente zufließt, während die Gegenleistung von der nachfolgenden Generation aufgebracht wird. Was den Großeltern gegeben worden ist, wird eine Phase später von den dann erwachsenen und erwerbstätigen Kindern zurückerstattet« (Schreiber 1968: 134).

Obgleich also das Umlageverfahren prinzipiell das Postulat der Gerechtigkeit erfüllt, bringt es doch in seiner derzeitigen Ausgestaltung und unter den derzeitigen Bedingungen Ungleichheiten zwischen den Generationen hervor. Deren wichtigste Ursache liegt in der demographischen Entwicklung. Sie hat dazu geführt und wird weiterhin dazu führen, dass aufgrund der abnehmenden Geburtenzahlen die Zahl der Beitragszahler wesentlich geringer ist (bzw. sein wird) als die Zahl der Leistungsempfänger (siehe Breyer 1998). In Zahlen: Der »Rentenquotient« wird von 39 Rentenbeziehern pro 100 Beitragszahlern 1995 voraussichtlich auf 61 pro 100 im Jahre 2030 und auf 71 pro 100 im Jahre 2040 ansteigen; bereits 1980-1998 ist die Zahl der ausgezahlten Renten von 12,4 auf 17,2 Millionen gestiegen (Lampert 1998: 7). Ein zweiter Grund für die aktuellen Finanzierungs- bzw. Verteilungsprobleme liegt in der Erhöhung der Rentenbezugsdauer von durchschnittlich 12,1 (1980) auf 15,9 Jahre (1997), die mit der angestiegenen Lebenserwartung sowie der Vorverlegung des Rentenbezugsalters zu tun hat (aaO).

Die Finanzierungs- und Verteilungsprobleme in der gesetzlichen Rentenversicherung haben in der Öffentlichkeit eine heftige und zum Teil polemische Diskussion ausgelöst und den Ruf nach grundlegenden Reformen, z.B. in Gestalt der Ablösung des Umlageverfahrens durch ein Kapitaldeckungsverfahren, laut werden lassen. Es besteht kein Zweifel daran, dass eine an Gerechtigkeit orientierte Generationenpolitik dafür Sorge tragen muss, dass die Generationen der heutigen und zukünftigen Beitragszahler nicht extrem ungleich behandelt werden. Wir teilen indes mit vielen Sachverständigen die Überzeugung, dass diesem Ziel durch Reformen des bestehenden Systems mindestens ebenso gut entsprochen werden kann wie durch die Einführung eines neuen Systems der Rentenversicherung (siehe Breyer 1998; Lampert 1998; Schmähl 1999).

6. Generationenpolitik

Ein erster Reformschritt könnte in einer maßvollen Leistungskürzung mit dem Ziel der Stabilisierung des Beitragssatzes bestehen (siehe Breyer 1998). Einen weiteren Reformschritt würde die Herausnahme von »versicherungsfremden« Lasten (z.B. Kriegsfolgelasten, Lasten durch die Finanzierung von Arbeitslosigkeit und Lasten aus der Übertragung des Rentenversicherungssystems auf die neuen Bundesländer) aus der gesetzlichen Rentenversicherung und ihre Finanzierung aus dem allgemeinen Steueraufkommen darstellen (siehe Lampert 1998).

Am ehesten könnte das bestehende Rentenversicherungssystem als eine »gerechte Institution« erhalten werden, wenn die genannten Krisenphänomene systematisch berücksichtigt und für die Einführung von Mechanismen einer flexiblen Anpassung der Rentenhöhe genutzt würden. Neben den Mechanismus der »Dynamisierung«, der mit seiner Kopplung der Renten an die Nettolohnentwicklung unter den derzeitigen Bedingungen zu einer kontinuierlichen Erhöhung der Renten führt, würden damit Mechanismen treten, denen zufolge die Höhe der Renten an den »Rentenfallquotienten« (die Anzahl der Rentenbezieher pro 100 Beitragszahler) sowie an die Frühverrentungsrate gekoppelt wären; die Folge wäre unter den derzeitigen Bedingungen eine Reduzierung oder zumindest eine geringere (von der Dynamisierung verursachte) Erhöhung der Renten. Der »Vater« der ersten Rentenreform, Wilfried Schreiber, hat Folgen dieser Art vorausgesehen und sie nicht etwa als Infragestellung seines Konzeptes bewertet. Neben der prinzipiellen Forderung nach Berücksichtigung demographischer Entwicklungen in der Rentenformel durch eine Bremsung der Rentenniveaudynamik hat er auch in Beitragserhöhungen ein Mittel zur Problemlösung gesehen:

»Die Rentenformel solle nicht nur die Dynamik des Lohnniveaus berücksichtigen – was für Rentner nur erfreulich ist –, sie soll vielmehr auch die Dynamik der Bevölkerungsstruktur, die Veränderung des Altersaufbaus der Bevölkerung mit erfassen, was für Rentner ... weniger erfreulich sein wird« (Schreiber 1968: 50).
»Nur ein hoffnungsloser ichsüchtiger Individualist kann es als ungerecht empfinden, dass er etwas mehr vom Ertrag seiner Arbeit abgeben muss, wenn aus schicksalhafter Verursachung mehr Alte je 100 Erwerbstätige unterhalten werden müssen als ein Jahrzehnt zuvor« (Schreiber 1966: 136).

Die flexible Anpassung der Renten an die Bevölkerungsentwicklung macht es notwendig, den Rentenfallquotienten und das Regel-Verrentungsalter in die Rentenformel einzubauen. Auf der Grundlage einer derart erweiterten Rentenformel und durch die jährliche Kopplung des Rentenfallquotienten mit dem politisch festzulegenden Regel-Verrentungsalter könnte das Postulat der Gerechtigkeit zwischen Generationen im Rahmen des bestehenden, am Umlageverfahren orientierten Rentenversicherungssystems besser erfüllt werden als unter der Bedingung der Beibehaltung der gegenwärtig gültigen Rentenformel.

6.2 Handlungsfelder einer Generationenpolitik

Wenn diese – durch Berechnungen gestützte – Auffassung anerkannt wird, lässt sich daraus eine Verknüpfung der Leitidee der Gerechtigkeit mit jener der Verantwortung herleiten: Der Gesetzgeber ist gehalten, im Sinne der Verantwortungsethik (Max Weber) die Folgen der durch Gesetze festgelegten politischen Maßnahmen einer rationalen Prüfung zu unterziehen. Im Falle des Umlagesystems in der Rentenversicherung liegen die Folgen in einer bestimmten Verteilungswirkung des Rentenaufkommens auf die verschiedenen Gesellschaftsgenerationen. Die Verteilungswirkung hängt, wie gezeigt, von der Konstruktion der Rentenformel ab. Wenn die rationale Prüfung der aufgrund der derzeitigen Rentenformel bewirkten Verteilung ergibt, dass diese tendenziell immer stärker in Widerspruch zur Leitidee der Gerechtigkeit zwischen den Generationen gerät, steht der Gesetzgeber in der Verantwortung, nach einer Instrumentierung der Rentenpolitik zu suchen, die besser geeignet ist, Gerechtigkeit zwischen den Generationen zu gewährleisten. Allgemein gesagt bedeutet die Verknüpfung der beiden Leitideen von Gerechtigkeit und Verantwortung: Rationale Politik sollte sich in ihrem Handeln (konkret: in der Instrumentierung von Maßnahmen) dazu verpflichtet sehen, das mögliche Maximum an Gerechtigkeit zu bewirken.

Neue Alterspolitik

Die Veränderungen der Lebenserwartung und der Lebensführung alter Menschen und der Wandel des Verständnisses des Alterns sowie der sozialen Rollen und der Beziehungen alter Menschen bringen eine neue Alterspolitik in Gang. Ein wichtiges Mittel, um Grundlagen für diesen Bewusstseinwandel zu schaffen, sind in Deutschland die sogenannten Altenberichte (wie überhaupt Sozialberichte ein wichtiges Instrument zur Grundlegung von Generationenpolitik sind). So heißt es in der »Stellungnahme der Bundesregierung zum Bericht der Sachverständigenkommission«[10] für den Dritten Altenbericht (BMFSFJ 2001: 15):

> »Einem modernen Altersbild entsprechend geht es neben der Absicherung der Hilfe- und Pflegebedürftigkeit um die Schaffung von Rahmenbedingungen, die es der älteren Generation ermöglichen soll, sich aktiv in unserer Gesellschaft einzubringen. Die Gesellschaft kann auf das große Potenzial an Erfahrungswissen der Älteren nicht verzichten. Bei den Älteren gibt es ein hohes soziales, kulturelles, politisches und kulturelles Engagement.«

Auf der Grundlage einer gesellschaftlich und staatlich organisierten Sicherung der basalen Lebensbedürfnisse geht es also in der neuen Alterspolitik darum, die Bereitschaft zur aktiven Teilhabe anzuerkennen und möglichst umfassend zu fördern. Die Umsetzung dieser Einsichten trägt indessen noch stark programmatische Züge, wie der Empfehlungsteil des Dritten Altenberichtes zeigt (BMFSFJ 2001: 276-288). Im Vordergrund stehen Postulate.

6. Generationenpolitik

Dazu gehören z.B. die Intensivierung der Prävention und Gesundheitsförderung im Alter, der Ausbau der Tagespflege, die Stärkung der Position alter Menschen als Nutzer des Gesundheitswesens. Wichtig ist im Weiteren, eine die Betätigungsmöglichkeiten älterer Menschen im und außerhalb des Berufes respektierende Beschäftigungspolitik, die Erleichterung der Vereinbarkeit von Erwerbstätigkeit und Familientätigkeit auch für ältere Menschen, deren Einbezug in die Weiterbildung und eine Flexibilisierung bzw. Individualisierung des Renteneintrittsalters. Wünschenswert sind ferner Maßnahmen, welche die Möglichkeiten zum freiwilligen sozialen Engagement alter Menschen fördern. Ebenso ist es bedeutsam, den Tätigkeits- und Sozialpotenzialen alter Menschen in der Wohnbaupolitik Rechnung zu tragen. Programme und Aktionen sind wünschenswert, die Anregungen für das gemeinsame Tun von Jung und Alt im Alltag beinhalten. Dabei und überhaupt in der Altenpolitik ist auch den Belangen der ausländischen Bevölkerung Rechnung zu tragen. Besondere Aufmerksamkeit verdienen die Beratungsangebote, weil sie ihrerseits dazu beitragen, dass ältere Menschen den Bereich autonomer Handlungsbefähigung ausweiten können. Das gilt nicht zuletzt für das Recht, das einerseits individuelle Berechtigungen und die Versorgungsinfrastruktur gewährleistet, andererseits wegen seiner Komplexität und Dynamik Anlass für Verunsicherungen ist (aaO: 275).[11]

Belange der älteren Menschen sind nicht nur ein Thema von Politik auf regionaler und nationaler Ebene. Sie werden – was angesichts der Bevölkerungsentwicklung in westlichen Ländern nicht erstaunt – auch in internationalen Gremien behandelt. So wird in den Vereinten Nationen ein »Weltaltenplan« entwickelt, der wiederum Bezugspunkt für Beratungen in der ECE (Economic Commission for Europe) und der Europäischen Kommission ist (Pohlmann 2001). Hier zeigt sich, was sich in der Bildungspolitik und der Kinderpolitik (zurückhaltender in der Familienpolitik) wiederholt: Wichtige Impulse zur programmatischen und konzeptuellen Formulierung von Generationenpolitik gehen von internationalen Gremien aus. Sie stimulieren bei den Behörden, zum Teil sogar bei Nichtregierungsorganisationen (NGOs) Diskussionen und Aktionen. Das ist ein nicht zu unterschätzender (positiver) Aspekt der Internationalisierung und der Globalisierung im weiteren Sinne des Wortes.

6.2.2 Familienpolitik

Die Herausbildung und geschichtliche Entwicklung eines eigenständigen, »Familienpolitik[12]« genannten, Handlungsfeldes der Politik steht ebenso, wie die Etablierung von Systemen der sozialen Sicherung, im Zusammenhang mit dem sozialen Wandel in modernen Gesellschaften und der Entstehung der neuzeitlichen Nationalstaaten. Mit Maßnahmen der Familienpolitik reagieren zunächst private Unternehmen (z.B. in der

6.2 Handlungsfelder einer Generationenpolitik

Form des »Familienlohns«), sodann der an der Wohlfahrt der Gesellschaftsmitglieder orientierte Staat auf die Gefährdungen der Familie durch die Veränderungen der wirtschaftlichen und gesellschaftlichen Strukturen (siehe z.B. Wingen 1997: 27ff.). Vereinfachend lässt sich sagen: Der Auf- und Ausbau eines Handlungsfeldes »Familienpolitik« wird von einem doppelten Interesse der Nationalstaaten geleitet, nämlich dem Interesse an der Sicherung der »quantitativen« und »qualitativen« Reproduktion der Bevölkerung. Dabei beinhaltet eine quantitativ orientierte Familienpolitik nicht nur die gezielte (monetäre) Förderung von Mehrkinderfamilien (»Bevölkerungspolitik« im engeren Sinne), sondern auch Maßnahmen zur Gewährleistung von Rahmenbedingungen und Ressourcen des Familienhaushalts bzw. Familienlebens, die es Eltern erleichtern, ihre individuellen Kinderwünsche zu realisieren. Demgegenüber betrifft eine qualitativ orientierte Familienpolitik Maßnahmen, die Eltern in der Wahrnehmung ihrer Betreuungs- und Erziehungsaufgaben unterstützen sowie durch den Ausbau von Tageseinrichtungen für Kinder ergänzen. Unter beiden Aspekten – dem quantitativen und dem qualitativen – zielt Familienpolitik auf die Anerkennung der Leistungen von Familien, durch welche die Voraussetzungen für den Fortbestand der Gesellschaft in der Generationenfolge geschaffen werden.

Diese Beschreibung führt zu der Erkenntnis, dass Familienpolitik im Kern »Generationenpolitik« ist: Ihre Ziele sind die Sicherung der Generationenfolge sowie die Unterstützung und Förderung der Wahrnehmung von Betreuungs- und Erziehungsaufgaben in Familien, also der von uns mit dem Begriff des »Generationenlernens« gekennzeichneten sozialen Praxis von familialen Generationenbeziehungen. Das deutsche Grundgesetz hat diese Auffassung kodifiziert: In Artikel 6 findet sich der Grundsatz, wonach Ehe und Familie »unter dem besonderen Schutz der staatlichen Ordnung« stehen, in unmittelbarer Nachbarschaft zu dem Grundsatz, wonach Pflege und Erziehung der Kinder »das natürliche Recht und die zuvörderst ihnen obliegende Pflicht« ist, über deren »Betätigung die staatliche Gemeinschaft« wacht.

Die Etablierung des eigenständigen Handlungsfeldes einer staatlichen Familienpolitik impliziert, dass der Staat Verantwortung für die Gewährleistung des Wohls bzw. der Wohlfahrt von Kindern und Familien übernimmt. Man kann überdies argumentieren, dass durch das Generationenlernen in familialen Generationenbeziehungen wichtige Grundlagen für die Bildung und Handlungsbefähigung der nachwachsenden Generationen gelegt werden. Daraus ergibt sich, in der Terminologie des Fünften Familienberichts, eine Verantwortung der Familienpolitik für die »Zukunft des Humanvermögens« (BMFSFJ 1994). Bei der Wahrnehmung seiner Verantwortung ist der Staat gehalten, sein Handeln an der Leitidee der Gerechtigkeit zwischen und innerhalb von Generationen zu orientieren.

Wenn man – wie dies seit Aristoteles üblich ist – innerhalb des Konzepts der Gerechtigkeit zwischen Gerechtigkeit auf Gegenseitigkeit (»justitia commutativa«) und Verteilungsgerechtigkeit (»justitia ditributiva«) unterscheidet, so steht der »gerechte

6. Generationenpolitik

Spargrundsatz« im »Generationenvertrag« des Rentenversicherungssystems für Gerechtigkeit auf Gegenseitigkeit: Die gegenwärtige Generation gibt der vorangehenden und empfängt zu einem späteren Zeitpunkt von der nachfolgenden Generation; dabei muss der Umfang des Gegebenen und des Empfangenen nicht absolut äquivalent sein.

Das Beispiel der Familienpolitik bezieht sich demgegenüber auf Aspekte der Verteilungsgerechtigkeit. Innerhalb dieser Form der Gerechtigkeit lassen sich wiederum zwei Grundsätze unterscheiden: »*Jedem das Gleiche*« und »*Jedem das Seine*«. Im ersten Fall ist an Grundrechte sowie an die gleiche Teilhabe aller an öffentlichen Gütern (wie etwa Gesundheit und Bildung) zu denken. Im zweiten Fall wird auf bestimmte Kriterien einer Verteilungsgerechtigkeit Bezug genommen: Leistungsfähigkeit, Bedürftigkeit oder eine Kombination von beiden; im Steuerrecht z.B. bemisst sich die »Leistungsfähigkeit« u.a. daran, ob die Steuerpflichtigen mit dem erwirtschafteten Einkommen für Kinder sorgen müssen oder nicht, und die »Bedürftigkeit« bzw. der »Bedarf« bemisst sich an der Gewährleistung eines Existenzminimums für alle Familienmitglieder.

Für die Generationenpolitik sind beide Grundsätze der Verteilungsgerechtigkeit relevant, je nachdem, um welches Handlungsfeld es geht; außerdem ist dabei nach der Verteilung *zwischen* Generationen (*inter*generationale Verteilungsgerechtigkeit) und der Verteilung *innerhalb* einer Generation (*intra*generationale Verteilungsgerechtigkeit) zu unterscheiden.

Ein wichtiges Beispiel für die wünschenswerte Verbindung von inter- und intragenerationaler Verteilungsgerechtigkeit sowie für die Verbindung der beiden Grundsätze der Verteilungsgerechtigkeit stellt die Familienpolitik und, innerhalb derselben, der Familienlasten- bzw. Familienleistungsausgleich dar. Maßnahmen der Familienpolitik betreffen auch dann, wenn sie auf die Elterngeneration bezogen sind, einen Generationenverbund: Die Besteuerung sowie die Transfer- und Dienstleistungen für Familien beeinflussen die Lebenssituation nicht nur der Eltern, sondern auch der Kinder und der älteren Familienmitglieder. Das Ausmaß der Verteilungsgerechtigkeit in den Maßnahmen für Familien wirkt sich daher auch auf das Ausmaß der sozialen und wirtschaftlichen Gleichheit bzw. Ungleichheit innerhalb der nachfolgenden Generation aus.

Die in der Öffentlichkeit bei weitem am stärksten diskutierte Frage der Verteilungsgerechtigkeit betrifft einen Kernbereich der Familienpolitik, nämlich den (partiellen) Ausgleich jener Aufwendungen von Geld und Zeit, die für die Sorge für Kinder erbracht werden und die Personen ohne Kinder nicht aufbringen müssen. Die wichtigsten Instrumente zur Herbeiführung dieses Ausgleichs stellen die Steuer- und Transferpolitik dar: die steuerliche Berücksichtigung der Aufwendungen für Kinder z.B. in Form von Kinderfreibeträgen, Steuerfreiheit des Existenzminimums von Kindern und Steuerfreiheit von Kinderbetreuungskosten sowie die staatlichen Transferleistungen z.B. in Form von Kindergeld, Erziehungsgeld und Wohngeld. Das Ziel einer an Gerechtigkeit orientierten Familien- bzw. Generationenpolitik liegt in dieser Hin-

6.2 Handlungsfelder einer Generationenpolitik

sicht darin, zu einer »Besteuerungsgleichheit« von steuerpflichtigen Eltern im Vergleich zu kinderlosen Steuerpflichtigen zu gelangen (siehe z.B. Wissenschaftlicher Beirat 2001). Es handelt sich hierbei also um ein Problem der Verteilungsgerechtigkeit *innerhalb* einer Generation, hier der im Erwerbsleben stehenden Generation der Eltern. Zur Begründung der Forderung nach Verteilungsgerechtigkeit wird in diesem Falle geltend gemacht, dass Familien durch die Übernahme von Verantwortung für Kinder ein erheblich vermindertes Pro-Kopf-Einkommen in Kauf nehmen, gleichzeitig aber einen unverzichtbaren Beitrag zur Sicherung der Generationenfolge und des künftigen Humanvermögens der Gesellschaft leisten; die mit privaten finanziellen Aufwendungen verbundene Sorge für Kinder muss daher als eine Leistung betrachtet und (steuerpolitisch) behandelt werden, die gemäß dem Bundesverfassungsgericht auch im Interesse der Gemeinschaft liegt und deren Anerkennung verlangt. Da hier das Gerechtigkeitspostulat darauf hinausläuft, dass Eltern gegenüber Nicht-Eltern nicht gleich, sondern ungleich behandelt werden, kommt an dieser Stelle der Grundsatz »Jedem das Seine« zur Geltung.

Das Bundesverfassungsgericht hat innerhalb des letzten Jahrzehntes in mehreren Urteilen die Höhe des Familienlastenausgleichs als unangemessen und die geltenden Regelungen (mit Berufung auf Artikel 6 GG) als verfassungswidrig erklärt und dem Gesetzgeber Schritte und Maßnahmen zu einer Annäherung an das Ziel der Steuergerechtigkeit für Eltern auferlegt. Hatte zu Beginn der 90er Jahre die Steuerfreiheit des Existenzminimums von Kindern im Mittelpunkt gestanden – und dieses Gebot ist eindeutig dem Grundsatz »Jedem das Gleiche« verpflichtet – so ist am Ende der 90er Jahre die Steuerfreiheit der Aufwendungen der Eltern für die Betreuung und Erziehung ihrer Kinder in den Vordergrund gerückt.

Während die steuerliche Freistellung der Aufwendungen von Familien für die Betreuung und Erziehung von Kindern vom Gesetzgeber verwirklicht werden muss (sei es durch eine entsprechende Aufstockung der Freibeträge, sei es durch eine entsprechende Erhöhung des Kindergeldes), befindet sich die weitergehende Maßnahme eines »Erziehungsgehalts« für Eltern bislang noch im Stadium der öffentlichen Diskussion (siehe Wingen 2000; Opielka 2000). Das »Erziehungsgehalt« oder, wie Wingen als weniger missverständliche Bezeichnung vorschlägt, das »Erziehungseinkommen« ist in mehreren Modellen (mit unterschiedlichen Bestimmungen der Geldbeträge sowie der Abhängigkeit bzw. Unabhängigkeit vom Familieneinkommen sowie von der Erwerbsbeteiligung) präsentiert worden. Für alle Modelle gilt aber, dass sie eine weit über dem derzeitigen Erziehungsgeld liegende staatliche Transferleistung für Familien vorsehen, welche sowohl die eigenen Betreuungs- und Erziehungsleistungen der Eltern als auch die Gebühren für die familienergänzenden Betreuungs- und Erziehungsleistungen durch ein eigenes Familieneinkommen ausgleichen soll. Eine derartige Maßnahme des Familienleistungsausgleichs lässt sich unter Aspekten einer Theorie der Gerechtigkeit mit dem Argument fordern bzw. rechtfertigen: Die in Familien geleistete Erziehung –

6. Generationenpolitik

ebenso wie die öffentlich veranstaltete Bildung – stellt ein öffentliches Gut dar, in welches der Staat im Sinne der »gerechten Sparrate« investieren muss, da diese Leistung die Lebensgrundlagen der nachfolgenden Generationen und damit der Gesellschaft im Ganzen sicherstellt. Außerdem verlangt das Postulat der Verteilungsgerechtigkeit, dass die in Familien geleistete Haushalts-, Betreuungs- und Erziehungsarbeit annäherungsweise ähnlich behandelt wird wie die übrige wertschöpfende – und bezahlte – Arbeit in der Gesellschaft. Nach Berechnungen des Statistischen Bundesamtes werden bis annähernd 50% der gesamtgesellschaftlichen Arbeit in den Haushalten und dabei überwiegend für die Versorgung und Erziehung von Kindern erbracht (siehe Schäfer/Schwarz 1996). Diejenigen, die diese Leistung erbringen – die Familien mit Kindern – und zugunsten dieser Leistung zumindest zeitweise bzw. partiell auf Erwerbseinkommen verzichten, dürfen angesichts der gesamtgesellschaftlichen Bedeutung dieser Leistung gegenüber denjenigen, die diese Leistung nicht erbringen, im Hinblick auf ihre Einkommenssituation nicht extrem benachteiligt werden.

Der Familienlasten- und -leistungsausgleich im Ganzen und das Instrument eines »Erziehungsgehalts« bzw. »Erziehungseinkommens« im Besonderen bieten ein gutes Beispiel für die gebotene Verknüpfung der beiden Leitideen der Gerechtigkeit und der Verantwortung. Unter Aspekten der Verantwortung erfordert die Sorge für die Bewahrung des Lebens und der Lebensgrundlagen in der Zukunft eine Verbindung von elterlicher (privater) und staatlicher (öffentlicher) Verantwortung für Kinder. Die Versorgung, Betreuung und Erziehung der nachfolgenden Generation stellt eine so wesentliche Ausdrucksform einer Ethik für die Zukunft dar, dass diese Leistungen nicht als eine Privatangelegenheit der einzelnen Familien betrachtet und behandelt werden dürfen, sondern als Leistungen von höchstem Rang im öffentlichen bzw. gesamtgesellschaftlichen Interesse bewertet werden müssen (siehe BMFSFJ 1998a und 2002a). In diesem Sinne lässt sich die Verbindung von elterlicher und staatlicher Verantwortung so gestalten, dass die von den Eltern erbrachten Erziehungsleistungen durch staatliche Transferleistungen (»Erziehungseinkommen«) zumindest partiell entgolten werden, oder so, dass staatliche bzw. staatlich subventionierte Dienstleistungsangebote die Erziehungsleistung zumindest teilweise übernehmen und deren Inanspruchnahme entweder kostenfrei belassen oder die dafür anstehenden Kosten den Eltern durch die Transferleistungen eines »Erziehungseinkommens« (als Ergänzung zum Kinderbetreuungsfreibetrag) zumindest zum Teil erstatten. Die Entscheidung darüber, ob Eltern die Verantwortung für Kinder ausschließlich oder überwiegend selbst übernehmen und demzufolge auf ein Erwerbseinkommen verzichten bzw. ihre Erwerbstätigkeit unterbrechen oder beschränken, oder ob sie die staatliche Verantwortung für Kinder in der Weise nutzen, dass sie familienergänzende Dienstleistungen (z.B. Kindertagesstätten) in Anspruch nehmen, sollte nach Auffassung des Bundesverfassungsgerichts den Eltern selbst überlassen werden, ohne dass ihnen aus ihrer jeweiligen Präferenz ein einkommensbezogener Nachteil entsteht. Nur unter dieser Bedingung kann das Postulat einer

6.2 Handlungsfelder einer Generationenpolitik

staatlichen (öffentlichen) Verantwortung für die nachfolgenden Generationen eingelöst werden.

Als ein weiteres Instrument zur Beförderung von Verteilungsgerechtigkeit im Rahmen der Familienpolitik ist das Angebot von Dienstleistungen für Kinder und Familien zu nennen, zu denen z.b. Kindertagesstätten, Schulen und Beratungsstellen zu zählen sind (siehe BMFSFJ 1998a und 2002a; Wissenschaftlicher Beirat 1998). Es ist bemerkenswert, dass das Bundesverfassungsgericht zu den Fragen eines Dienstleistungsangebots im Sinne einer Ökologie menschlicher Entwicklung (siehe Bronfenbrenner 1981) Stellung genommen hat, indem es Familienmitglieder und die familialen Generationenbeziehungen in ihrer sozialen Lebenswelt betrachtet. Dies zeigt sich zum Beispiel an der Forderung, der Staat müsse auch »Voraussetzungen schaffen, dass die Wahrnehmung der familialen Erziehungsaufgabe nicht zu beruflichen Nachteilen führt, dass eine Rückkehr in eine Berufstätigkeit ebenso wie ein Nebeneinander von Erziehung und Erwerbstätigkeit für beide Elternteile einschließlich eines beruflichen Aufstiegs während und nach den Zeiten der Kindererziehung ermöglicht und dass die Angebote der institutionellen Kinderbetreuung verbessert werden« (BVerfG 1998: 28). Am hier angesprochenen Problem der Vereinbarkeit von Familien- und Erwerbstätigkeit lässt sich im Übrigen besonders deutlich aufzeigen, dass eine an Gerechtigkeit und Verantwortung orientierte Familien- bzw. Generationenpolitik nur unter der Bedingung Erfolg haben kann, dass neben dem Staat auch die nichtstaatlichen Korporationen – in diesem Fall die privaten Unternehmen – unter den gleichen Zielsetzungen tätig werden.

Im Ganzen ist für das Handlungsfeld der Familienpolitik – in gleicher Weise, wie wir dies für das Handlungsfeld der Sozialen Sicherung vorgeschlagen haben – die Verknüpfung der Leitideen der Gerechtigkeit und der Verantwortung geltend zu machen: Die Akteure der Familienpolitik sollten im Sinne der Verantwortungsethik für die Folgen ihres Handelns – das heißt vor allem die Verteilungswirkungen, die sich aus einer bestimmten Instrumentierung der Politik (auch der Unternehmenspolitik sowie familienpolitisch relevanten Maßnahmen anderer Korporationen) ergeben – einstehen und diese Folgen am Maßstab der Gerechtigkeit zwischen und innerhalb von Generationen rational überprüfen. Im vergangenen Jahrzehnt ist, wie wir gezeigt haben, das Bundesverfassungsgericht als diejenige Instanz aufgetreten, die den Gesetzgeber – und damit in erster Linie die staatliche Familienpolitik – an seine Verantwortung für die Realisierung von Verteilungsgerechtigkeit erinnert und Maßnahmen eingefordert hat, die diesem Ziel dienen.

Die am politischen Handeln entwickelte Leitidee der intergenerationalen (und intragenerationalen) Gerechtigkeit betrifft nicht nur die Gestaltung der Beziehungen zwischen Gesellschaftsgenerationen, sie lässt sich vielmehr auch auf die Gestaltung von Generationenbeziehungen in Familien übertragen. Auf der Ebene des alltäglichen Handelns könnte man »Gerechtigkeit zwischen Generationen« so auffassen, dass sie

6. Generationenpolitik

die wechselseitige Anerkennung des je Anderen meint, und zwar sowohl in seiner (z.B. entwicklungsbedingten) Verschiedenheit als auch in der prinzipiellen Gleichheit im Hinblick auf Persönlichkeitsrechte. Dies würde bedeuten, die Gestaltung der Generationenbeziehungen in den Lebensläufen der Familienmitglieder auch als einen »Kampf um Anerkennung« zu betrachten (siehe Honneth 1990). In dieser Sicht gehört es zur familienpolitischen Verantwortung des Staates (und nichtstaatlicher Korporationen), zur Gewährleistung von Rahmenbedingungen (z.B. Ressourcen der Lebensführung und des Wissens) beizutragen, die Familien in die Lage versetzen, in ihrem alltäglichen Handeln zu einer »gerechten« Gestaltung der Generationenbeziehungen zu gelangen und damit gleichzeitig den Kindern eine Entwicklung zu ermöglichen, die ihnen Gerechtigkeit als handlungsleitende Norm nahe legt.

6.2.3 Bildungspolitik

Schulen und Hochschulen standen in allen Ländern Europas bis weit in die Neuzeit hinein in der Trägerschaft der Kirchen und religiöser Orden (insbesondere Jesuiten). Die Etablierung eines staatlichen Bildungssystems (Einführung der allgemeinen Schulpflicht, Ausbau von Lehrerbildungsanstalten etc.) hat sich im Zusammenhang mit der Säkularisierung und der Gründung der modernen Nationalstaaten vollzogen. Schulen haben im Prozess des »nation building« eine wichtige Rolle gespielt, beispielsweise unter der Zielsetzung der sprachlichen, kulturellen und sozialen Integration und der Förderung von Loyalität gegenüber dem Staat. Seit dem 19. Jahrhundert werden die Bildungssysteme in Europa – einmal abgesehen von den in verschiedenen Ländern unterschiedlich stark verbreiteten privaten (»freien«) Schulen und Hochschulen – durch staatliche Einrichtungen bestimmt; seit dieser Zeit gibt es Bildungspolitik (die Bezeichnung »Kultusminister« gemahnt an die klerikalen geschichtlichen Wurzeln der Bildungssysteme) als ein eigenständiges Handlungsfeld staatlicher Politik[13].

Was in diesem Zusammenhang mit »staatlich« gemeint ist, lässt sich nicht eindeutig bestimmen, es hängt vielmehr von der Verwaltungsstruktur des jeweiligen Landes ab: in Frankreich und Schweden zum Beispiel verfügt der Zentralstaat über weitreichende Befugnisse in der Bildungspolitik; in Deutschland, Großbritannien, Österreich und der Schweiz überwiegt hingegen im Rahmen der föderalen bzw. kantonalen Verwaltungsstrukturen eine dezentrale Zuständigkeit für die Bildungspolitik. Die nationalen, föderalen und kantonalen Traditionen der Bildungspolitik stehen in einem spannungsreichen Verhältnis zu den Tendenzen der Internationalisierung bzw. Globalisierung des Bildungswesens (siehe Adick 1992; Liegle 2002). Dieses Spannungsverhältnis ist auch für die Gestaltung und Erfahrung von Generationenbeziehungen von Belang (siehe Kap. 3.2).

Infolge der Etablierung eines staatlichen Bildungssystems und einer auf dessen Gestaltung gerichteten Bildungspolitik übernimmt der Staat (bzw. übernehmen staatliche

6.2 Handlungsfelder einer Generationenpolitik

Instanzen auf der Ebene von Bundesländern oder Kantonen) neben der Familie eine eigenständige Verantwortung für die Anregung und Organisation der Bildungsprozesse der nachwachsenden Generationen. Wir begreifen Bildungspolitik – entsprechend unserer Beschreibung der Handlungsfelder der Sozialen Sicherung und der Familienpolitik – als »Generationenpolitik« (bzw. einen Bereich derselben). Dafür sprechen unter anderem die folgenden Argumente: Bildungspolitik organisiert und regelt Strukturen und Prozesse des Generationenlernens, und zwar auf der Ebene von Gesellschaftsgenerationen. Mitglieder der älteren Generation (pädagogische Fachkräfte) unterrichten Mitglieder der jungen Generation. Außerdem muss die Bildungspolitik damit rechnen, dass die Bildungsprozesse der jungen Generation vom Generationenlernen in familialen Generationenbeziehungen geprägt werden, wie zuletzt die Ergebnisse der PISA-Studie (siehe Deutsches PISA-Konsortium 2001) gezeigt haben. Bildungspolitik kann insofern nur in Verbindung mit Familienpolitik erfolgreich sein, eine Erkenntnis, die sich beispielsweise in der vom Bundesverfassungsgericht geforderten Einführung eines Freibetrags zur Unterstützung der monetären und sozialen Bildungsinvestitionen von Eltern niedergeschlagen hat. Schließlich hat die staatliche Bildungspolitik in Rechnung zu stellen, dass das Generationenlernen im Bildungssystem und in den Familien das künftige Humanvermögen der Gesellschaft bildet. Die Verantwortung der Bildungspolitik betrifft daher nicht allein die Bildungsprozesse der gegenwärtig jungen Generation, sie gilt vielmehr auch für die künftigen Erwachsenen, die ihrerseits in einen neuen Zyklus des Generationenlernens eintreten werden.

Die staatliche Bildungspolitik ist in der Wahrnehmung ihrer Verantwortung für die Anregung und Organisation der Bildungsprozesse der jungen Generation gehalten (und hier liegt wiederum eine Parallele zu unserer Argumentation hinsichtlich der Handlungsfelder der Sozialen Sicherung und der Familienpolitik), ihr Handeln an der Leitidee der Gerechtigkeit zwischen und innerhalb von Generationen zu orientieren.

Bildung gehört zu den wichtigsten öffentlichen Gütern, für deren allgemeine Zugänglichkeit im Sinne einer »gerechten Sparrate« investiert werden muss, um den nachfolgenden Generationen eine selbstbestimmte und sozial verantwortliche Lebensführung zu ermöglichen und damit auch eine hohe kulturelle, soziale und wirtschaftliche Qualität der Gesellschaft sicherzustellen. Insofern sind Bildungsinstitutionen ein wichtiges Instrument zur Gewährleistung von *inter*generationaler (Verteilungs-) Gerechtigkeit. Da Bildung als öffentliches Gut anerkannt ist, zu dem alle den gleichen Zugang haben sollen, ist Bildungspolitik dem Grundsatz »Jedem das Gleiche« verpflichtet. Andererseits hat es Bildung jedoch immer mit Unterschieden zwischen den Individuen innerhalb einer Generation zu tun. Unter diesem Aspekt muss sich Bildungspolitik gleichzeitig dem Postulat einer *intra*generationalen Verteilungsgerechtigkeit und dem Grundsatz »Jedem das Seine« stellen. Außerdem lässt sich am Beispiel der Bildung zeigen, dass es generationenspezifische Bedürfnisse und Interessen, Rechte und Pflichten gibt: Unbeschadet der zunehmenden Bedeutung einer beruflichen Fort-

6. Generationenpolitik

und Weiterbildung sowie des lebenslangen Lernens stellen Grund- bzw. Allgemeinbildung und berufliche Ausbildung in erster Linie eine Domäne der Kindheit und Jugend dar; dies zeigt sich auch daran, dass es nur für bestimmte Altersgruppen – nämlich für die Mitglieder der noch nicht erwerbsaktiven Generation – eine gesetzliche Regelung von entsprechenden Rechten und Pflichten gibt. Eine an Gerechtigkeit orientierte Generationenpolitik muss daher auch dem Prinzip »Jedem das Seine« folgen und demgemäß Rahmenbedingungen für eine angemessene Wahrnehmung von generationenspezifischen Rechten und Pflichten schaffen. Dies muss freilich so geschehen, dass jeweils der ganze Lebenslauf der Mitglieder der gegenwärtig jungen Generation berücksichtigt wird, da jeder Einzelne in seinem Leben alle Stufen der Generationenzugehörigkeit durchläuft. Am Beispiel von Bildung und Ausbildung bedeutet dies: Sie müssen so angelegt sein, dass sie die Mitglieder der heranwachsenden Generation zu einem verantwortlichen Leben in dieser Gesellschaft befähigen. Konkret meint das die Chance, eine adäquate Beschäftigung finden und ausfüllen zu können und die Befähigung zur Wahrnehmung bürgerlicher Rechte und Pflichten, zu welchen unter anderem diejenigen im Rahmen familialer Generationenbeziehungen (z.B. Elternschaft) zu zählen sind.

Eine an Gerechtigkeit orientierte Bildungspolitik sollte so angelegt sein, dass sie *allen* Kindern und Jugendlichen die Chance gibt, die in ihnen angelegten Fähigkeiten zur Entwicklung zu bringen. Insoweit individuelle Unterschiede in den Anlagen bestehen, ergibt sich hieraus eine Orientierung des Handelns nicht am Prinzip der Bildungsgleichheit (»Jedem das Gleiche«), sondern am Prinzip der Bildungsgerechtigkeit (»Jedem das Seine«). Insoweit jedoch individuelle Unterschiede auf die in familialen Generationenbeziehungen erfahrenen Bildungsanregungen und andere Rahmenbedingungen des Familienlebens und der Familienerziehung zurückzuführen sind, ergibt sich hieraus die Verpflichtung der öffentlichen Bildungseinrichtungen, zum Abbau der sozial bedingten Ungleichheiten beizutragen (Postulat der »Chancengleichheit«). In diesem Sinne ist schon in der geschichtlichen Epoche der Etablierung eines staatlichen Pflichtschulsystems argumentiert worden, dass es sittlich nicht zu rechtfertigen wäre, wenn das Schulsystem sozial bedingte Ungleichheit aufrechterhalten oder sogar verstärken würde (Schleiermacher 1826/1957: 35-45). Die Befunde der PISA-Studie, die gerade für Deutschland einen engen Zusammenhang zwischen den Bildungserfahrungen der Kinder in ihren Familien und dem Kompetenzerwerb im Schulsystem belegen, haben diesem Postulat eine hohe Aktualität verliehen (siehe Deutsches PISA-Konsortium 2001; Wissenschaftlicher Beirat 2002).

Wenn Bildungspolitik in der Perspektive der Generationenpolitik betrachtet wird, rückt demnach die Leitidee der Gerechtigkeit im Sinne der Gewährleistung von Chancengleichheit ins Zentrum der Aufmerksamkeit. Dabei sind zwei Aspekte zu unterscheiden: Im Hinblick auf *intra*generationale Gerechtigkeit ist nach der Bildungsbeteiligung und den erreichten Bildungsabschlüssen innerhalb einer Generation in Abhän-

6.2 Handlungsfelder einer Generationenpolitik

gigkeit vom sozioökonomischen und soziokulturellen Status der Eltern zu fragen; im Hinblick auf *inter*generationale Gerechtigkeit steht die Frage im Vordergrund, ob und in welchem Ausmaß der sozioökonomische und soziokulturelle Status der Eltern in der Generationenfolge sozial »vererbt« wird oder aber im Sinne sozialer Mobilität als veränderbar erscheint und welche Rolle in diesem Zusammenhang dem Bildungssystem zukommt. Unter beiden genannten Aspekten sind in der empirischen Bildungsforschung Kriterien und Messinstrumente entwickelt worden, die auch im Rahmen international vergleichender Studien Anwendung gefunden haben (siehe Erikson/Goldthorpe 1993; Müller 1996; Shavit/Blossfeld 1993). Die Befunde dieser Studien zeigen: Ein systematischer Zusammenhang zwischen sozialer Herkunft und Bildungsbeteiligung bzw. Schulerfolg – und das heißt: das Auftreten von Chancenungleichheit – lässt sich in allen untersuchten Industriegesellschaften nachweisen; die »Straffheit« dieses Zusammenhangs jedoch – das heißt: das Ausmaß von Chancenungleichheit – fällt unterschiedlich stark aus (siehe zusammenfassend Büchner 2003). In Schweden zum Beispiel hat eine jahrzehntelang praktizierte Gleichheitspolitik (die nicht nur das Bildungssystem, sondern auch die Systeme der sozialen Sicherung umfasst) dazu geführt, dass der Zusammenhang zwischen sozialer Herkunft und Bildungsbeteiligung bzw. Schulerfolg wesentlich schwächer ausgeprägt ist als in Deutschland und anderen europäischen Ländern (siehe Erikson/Goldthorpe 1993).

Alle Versuche eines Ausgleichs sozial bedingter Ungleichheit durch öffentliche Bildung (z.B. im Sinne von »kompensatorischer« Erziehung) haben allerdings gezeigt, dass eine nachhaltige Wirkung solcher Förderungsprogramme für benachteiligte Kinder nur dann zu erzielen war, wenn gleichzeitig die Rahmenbedingungen der überdauernden Lebenswelt der Kinder (also ihrer Familien einschließlich der Einstellungen, des pädagogischen Wissens und des Erziehungsverhaltens ihrer Eltern) verbessert werden konnten (siehe z.B. Bronfenbrenner 1974; Lazar/Darlington 1982). Aus diesen Befunden lassen sich im Hinblick auf die Gestaltung von Generationenbeziehungen unter der Maßgabe von Gerechtigkeit einige Folgerungen ableiten:

- Sie verweisen auf die engen wechselseitigen Zusammenhänge zwischen Bildungspolitik, Familienpolitik und Kinderpolitik (siehe z.B. den Fünften Familienbericht (BMFSFJ 1994) sowie den Zehnten Kinder- und Jugendbericht der Bundesregierung (BMFSFJ 1998a), für Kinderpolitik siehe auch Kap. 6.2.4) und bestätigen damit die Fruchtbarkeit des Konzepts einer »Generationenpolitik«, in welchem die genannten Politikbereiche (und zusätzlich die Altenpolitik) integriert werden.
- Sie zeigen, dass auch dann, wenn es um Verteilungsgerechtigkeit innerhalb einer Generation bzw. um generationenspezifische Rechte und Pflichten geht, politisches Handeln auf Generationen*beziehungen* verwiesen ist, denn diese (familialen und institutionellen) Generationenbeziehungen bilden den sozialen Kon-

6. Generationenpolitik

text, in welchem die einzelnen Mitglieder einer Generation (hier: Kinder) leben und sich entwickeln und innerhalb dessen grundlegende Bildungsprozesse stattfinden. Auch die öffentliche Bildung findet im Rahmen von – in diesem Fall professionalisierten – Generationenbeziehungen statt.

- Sie belegen die Nützlichkeit eines sozial-ökologischen Orientierungsrahmens für generationenpolitisches Handeln.[14] Politik kann die Gestaltung von Generationenbeziehungen nicht direkt, sondern nur auf dem Wege über die Gestaltung ihrer Rahmenbedingungen beeinflussen.
- Sie bestätigen, dass eine an Gerechtigkeit orientierte Bildungspolitik auf das Prinzip der »Nachhaltigkeit« setzen sollte; sie muss den gesamten Lebenslauf der gegenwärtigen Generation, aber auch die nachfolgenden Generationen im Blick haben.

Die im Rahmen von (familialen und institutionellen) Generationenbeziehungen vermittelten Bildungsprozesse sind wichtig, bedeutungsvoll und sinnstiftend sowohl für den Einzelnen (und seinen Lebenslauf) als auch für die Gesellschaft (und ihre Zukunftssicherung). Dementsprechend lässt sich Bildung als öffentliches Gut in mehreren Dimensionen erfassen, nämlich als Humanvermögen, als Menschenrecht und als Menschenpflicht.

Mit Bezug auf die erste Bestimmung steht Bildungspolitik in der Verantwortung für die Sicherung des künftigen Humanvermögens der Gesellschaft. Die Leitidee der politischen Gerechtigkeit verlangt in diesem Zusammenhang eine Verbindung von Gerechtigkeit bezogen auf Gegenseitigkeit (die »gerechte Sparrate« in Gestalt von Bildungsinvestitionen) und von Verteilungsgerechtigkeit (»Chancengleichheit«) sowie »Umverteilung« im Sinne von »kompensatorischen« Erziehungs- und Bildungsangeboten.

Im Hinblick auf Bildung als Menschenrecht liegt die Verantwortung der Bildungspolitik darin, eine an Gerechtigkeit orientierte Generationenpolitik zu realisieren, die sowohl die Rechte der Eltern (hier: das Recht auf Erziehung ihrer Kinder) als auch die Rechte der Kinder (hier: das Recht auf Erziehung und Bildung) schützt und zur Geltung bringt. Sie muss dafür Sorge tragen, dass sozial bedingte Ungleichheiten im öffentlichen Bildungssystem abgebaut werden und die Inanspruchnahme der Bildungseinrichtungen nicht eine unangemessene Belastung der Einkommenssituation von Familien nach sich zieht. Während dem zuletzt genannten Grundsatz in den schulischen und hochschulischen Bildungssektoren prinzipiell Rechnung getragen wird, indem der Staat beitragsfreie Dienstleistungen zur Verfügung stellt, werden im vorschulischen Erziehungs- und Bildungssektor die Familien durch Elternbeiträge belastet (siehe Wissenschaftlicher Beirat 1998: 168ff.).

Mit Bezug auf Bildung als Menschenpflicht sollte eine Generationenpolitik darauf angelegt sein, Eltern wie auch Kinder bei der Wahrnehmung ihrer Pflichten (hier: der

Pflicht zu erziehen bzw. der Pflicht, sich erziehen und bilden zu lassen) zu unterstützen und zu fördern. Immer dann, wenn Eltern ihren Pflichten nicht nachkommen (können), sind staatliche Maßnahmen zugunsten der Kinder angebracht und geboten. Im Übrigen dienen weitere Maßnahmen der Unterstützung und der Förderung einer angemessenen Wahrnehmung der elterlichen Pflichten (und Rechte) wie z.B. Elternbildung und Familienberatung. Diese Angebote können sich auch – im Sinne einer antizipatorischen Bildung oder präventiven Beratung im Rahmen des Schulunterrichts – an die junge Generation richten.

Die vorausgegangenen Überlegungen lassen sich in der Forderung zusammenfassen, die Bildungspolitik solle ihr Handeln an der Verknüpfung der Leitideen der Gerechtigkeit und der Verantwortung orientieren. Sie sollte im Sinne der Verantwortungsethik die Folgen ihres Handelns einer rationalen Prüfung unterziehen und dabei den Maßstab der Gerechtigkeit innerhalb und zwischen Generationen, insbesondere für die zukünftigen Generationen, zugrundelegen.

6.2.4 Kinderpolitik

Die Kinderpolitik[15] hat im Unterschied zu den bislang erörterten Handlungsfeldern noch keinen festen Status im politischen System erlangt; das zeigt sich beispielsweise daran, dass es innerhalb der Ministerialbürokratie kein eigenes Ressort (und in der Regel auch keine eigene, einem Ressort zugeordnete Abteilung) gibt, das sein politisches Handeln mit Bezugnahme auf die Adressatengruppe der Kinder definiert (für »Jugend« ist das der Fall). Dennoch ist es gerechtfertigt, die spezifisch Kindern geltenden Maßnahmen, die in verschiedenen politischen Handlungsfeldern geplant werden, mit dem Begriff »Kinderpolitik« oder auch »Politik für Kinder« zu erfassen (siehe Lüscher 2000b).

Kinderpolitik lässt sich als die gesellschaftlich relevante Interpretation und Entfaltung des Postulats des Kindeswohles verstehen. In Analogie kann man ein Postulat des Altenwohls aufstellen (siehe Zenz 2000). Auch hier geht es um die Rahmenbedingungen für die Entfaltung der Persönlichkeit unter Bedingungen eines Angewiesenseins, insbesondere im Falle von Pflege und Betreuung.

In einem weiter gefassten Sinn des Begriffes kann Kinderpolitik als das Feld der öffentlichen Auseinandersetzung um die gesellschaftliche Definition der sozialen Rolle des Kindes umschrieben werden. Dabei verweist das Konzept der sozialen Rolle auf die Beziehungsnetze, die von unmittelbaren und mittelbaren Beziehungen in mikro-, meso- und makrosozialen Systemen bzw. Kontexten gebildet werden. Es verweist weiterhin auf die damit einhergehende Bewertung, Privilegierung und Benachteiligung hinsichtlich der Zuweisung von sozialem Status und lässt die Ausdifferenzierung nach spezifischen Rollen unter Bezug auf das Geschlecht, das Alter, ethnische Zugehörigkeiten usw. zu. Insbesondere sind damit – in Übereinstimmung mit den neueren Entwicklun-

6. Generationenpolitik

gen der Rollentheorie – die Möglichkeiten der persönlichen, mithin auch subjektiven Ausgestaltung der Rolle über die dem Einzelnen zugeschriebene Handlungsbefähigung (»agency«) impliziert.

In diesem weiten Sinne und bezogen auf die gesellschaftliche Rolle des Kindes hat es Kinderpolitik faktisch längst vor der Etablierung dieses Begriffes gegeben. Ihre Anfänge lassen sich weit zurückverfolgen, jedenfalls bis in die Zeit der Aufklärung (siehe Liegle 1997) oder auf welchen Zeitpunkt auch immer man den Beginn der Moderne festlegen will. Ariès (1975) hat diese Entwicklungen anregend und anschaulich beschrieben. Auch wenn seither begründete Kritik an einzelnen seiner Thesen zur historischen Verortung der »Entdeckung« der Kindheit vorgetragen worden ist, bleibt es doch sein Verdienst, grundlegende Einsichten zur Entstehung der *gesellschaftlichen Rolle* des Kindes in der Neuzeit formuliert zu haben, was gewissermaßen die Voraussetzung für Kinderpolitik ist. Besonders wichtig ist dabei seine These, dass parallel zum Aufkommen und zur allgemeinen Verbreitung der Institution der Schule auch ein neues, leistungsbezogenes Verständnis der Institution der Familie entstanden ist. Beide Institutionen bildeten Kontexte, in denen ein pragmatisch realisiertes Verständnis des Kindes umgesetzt wurde. Die Ausbeutung der Kinder in der protoindustriellen und der industriellen Kinderarbeit ist ebenfalls in diesem Zusammenhang zu sehen. Sie bildete die Folie, vor der sich eine Politik des Schutzes der Kinder gegen Diskriminierung und gegen die Missachtung spezifischer Bedürfnisse von Kindern herausbildete, wie immer diese im Einzelnen umschrieben wurden.

Hinzu kommt ein dritter Lebensraum, den Kinder sich selbst schaffen, also jene Bereiche, wo Kinder sich der Aufsicht, Betreuung und Disziplinierung durch Erwachsene entziehen (siehe Kap. 5.4). Das kann in der Realität oder in der Phantasie geschehen. Untersuchungen über den Alltag von Kindern zeigen, dass dieser dritte Lebensraum heutzutage sehr wichtig ist (siehe z.B. Lange 1996b). Selbstverständlich steht er seinerseits in Spannungsverhältnissen zu den beiden institutionell geprägten Lebensräumen der Schule und der Familie. Schließlich gibt es einen vierten »Lebensraum«, der für unsere Gegenwart besonders kennzeichnend ist, nämlich die Medien. In der breiteren Öffentlichkeit tut man sich nach wie vor schwer, seine Tragweite für die Entwicklung der Kinder und ihre sozialen Beziehungen treffend zu erfassen und zu analysieren. Hier stehen die Beeinflussung der Kinder und die Eigenständigkeit der Nutzung in einem ausgeprägten Spannungsverhältnis (siehe Lange/Lüscher 1998).

Die 1989 von der Generalversammlung der UN verabschiedete (und mittlerweile von zahlreichen Staaten ratifizierte) Kinderrechts-Konvention verschaffte dem Postulat einer Politik für Kinder weltweite Aufmerksamkeit. Diese Konvention beruht – so Roche (1999: 484) – auf drei miteinander verknüpften Prinzipien, welche die gesellschaftliche Stellung (»citizenship«) der Kinder umschreiben, nämlich ihr Wohlergehen (Artikel 3), ihre Nicht-Diskriminierung (Artikel 2) und ihre Partizipation (Artikel 12). Indessen ist zu bedenken, dass in der Konvention auch sogenannte »Elternrechte« festgelegt sind (Artikel 5) und dies in einer Weise, die mit der übergreifenden Vorstellung des »Kindeswohls« durchaus vereinbar ist.[16]

Die Postulate der UN-Kinderrechtskonvention (Verschraegen 1996) gewinnen erst durch nationale Gesetzgebung und Tätigkeiten Verbindlichkeit. In diesem Kontext stehen die Empfehlungen des Wissenschaftlichen Beirats für Familienfragen (1998) zur Betreuung und Erziehung von Kindern im vorschulischen Alter. Ausgangspunkt ist der in Deutschland geltende Rechtsanspruch eines jeden Kindes auf einen Kindergartenplatz. Die Gewährleistung dieses Rechtsanspruchs kann als ein Stück Kinderpolitik im Modus der Kinder- und Jugendhilfepolitik betrachtet werden, das an das klassische Recht auf Bildung anschließt.

In den Empfehlungen des genannten Gutachtens heißt es: »Der Vereinbarkeit ›von Beruf und Familie‹ und der Einkommenssicherung muss in Zukunft hohe Priorität im Rahmen der Familien- und Kinderpolitik zuerkannt werden … Daher sollte eine bedarfsgerechte familienergänzende Betreuung und Erziehung in Zukunft als beitragsfreie Dienstleistung angeboten werden oder es sollten die Kinderbetreuungskosten als steuerlich begünstigte Aufwendungen anerkannt werden« (aaO: 255). Im vorausgehenden Text des Gutachtens wird diese Empfehlung damit begründet, dass derzeit die Elternbeiträge für eine Kindertagesstätte die Einkommenssituation der Familien stark belasten und dass diese Belastung in eine Phase des Familienzyklus fällt, die ohnehin von ökonomischen Risiken geprägt wird, wie die Daten über die zunehmende Armut von Kindern zeigen. Ein weiteres Argument kommt hinzu: Es ist nicht gerechtfertigt, das System der öffentlichen Kleinkinderziehung anders zu behandeln als das Schulsystem und sogar das Hochschulsystem, nämlich als eine prinzipiell beitragsfreie Dienstleistung, die der Bildung des zukünftigen Humanvermögens der Gesellschaft dient; vielmehr kommt in dieser Andersbehandlung der vorschulischen Erziehung die »strukturelle Rücksichtslosigkeit« der Gesellschaft gegenüber Familien und Kindern (siehe BMFSFJ 1994: 271) in spezifischer Weise zum Ausdruck.

Die hier entwickelte Sichtweise zeichnet sich dadurch aus, dass Kinder in erster Linie als Mitglieder des intimen Beziehungssystems der Familie begriffen werden, in welchem sie leben und sich entwickeln, und dass Kinderpolitik im Kontext von Familienpolitik und Gesellschaftspolitik verortet wird. Nach dieser Auffassung genügt es nicht, Rechte für Kinder zu fordern und zu etablieren; vielmehr müssen die Voraussetzungen und Folgen, die sich im Zusammenhang mit der Wahrnehmung dieser Rechte für die Familie als überdauernde Umwelt des Kindes ergeben, wissenschaftlich geprüft, aber auch politisch gestaltet werden. Am Beispiel: Die Etablierung des Rechtsanspruchs auf einen Kindergartenplatz kann als eine wichtige kinderpolitische Maßnahme bewertet werden; die erhoffte Wirkung dieser Maßnahme im Sinne der Förderung kindlicher Entwicklungs- und Bildungsprozesse bleibt jedoch fraglich, wenn die Wahrnehmung dieses Rechtes dazu beiträgt, dass die Sorge für Kinder zunehmend zum Armutsrisiko wird und in den Familien die Ressourcen für die famili-

6. Generationenpolitik

eninterne Förderung kindlicher Entwicklungs- und Bildungsprozesse immer knapper werden.

Mit diesen Überlegungen wird Kinderpolitik als Generationenpolitik (bzw. als ein Teilbereich derselben) konzipiert. Am Beispiel der Kinderbetreuungskosten bedeutet dies, dass Aufwendungen für Kinder – auch dann, wenn diese von Familien erbracht werden – als eine Angelegenheit der Solidargemeinschaft behandelt werden. Dieses Beispiel verweist auf ein übergreifendes – die Handlungsfelder der Alters-, Familien-, Bildungs- und Kinderpolitik integrierendes – Konzept der Generationenpolitik, wonach die Sorge für die Gestaltung von Generationenbeziehungen als eine Kulturleistung der ganzen Gesellschaft aufgefasst und gestaltet werden soll (siehe BMFSFJ 1998).

Die überdurchschnittliche Verbreitung von Armut in der Bevölkerungsgruppe der Kinder und Jugendlichen (siehe aaO: 88ff.) verweist beispielhaft auf Problemlagen in der Kindergeneration, die kinderpolitisches bzw. generationenpolitisches Handeln herausfordern. Im Rahmen einer an Gerechtigkeit orientierten Generationenpolitik stellt sich die Aufgabe, der nachwachsenden Generation zur Wahrnehmung ihrer Rechte auf Teilhabe an den Gütern der Gesellschaft zu verhelfen. Diese Aufgabe wird dadurch erschwert, dass der gesamte Lebenslauf der heutigen Kindergeneration berücksichtigt werden muss: Das generationenpolitische Handeln im Zeichen von Gerechtigkeit hat es nicht nur mit der Überwindung der Armut und der Ausbildungs- und Beschäftigungskrise bei heutigen Kindern zu tun, sondern auch mit der Sicherung von Wohlstand, Ausbildung und Beschäftigung bei den zukünftigen Erwachsenen und mit der Gewährleistung des Lebensunterhalts und der Pflegeleistungen für die zukünftigen alten Menschen. Das Postulat der Gerechtigkeit verbindet sich hierbei mit dem Postulat der Verantwortung für zukünftige Generationen (»Nachhaltigkeit«).

6.3 Zwischenresümee

In diesem Kapitel haben wir Fragen der Gestaltung von Generationenbeziehungen auf der Ebene des politischen Handelns erörtert und am Beispiel Deutschlands veranschaulicht. Dieses Handeln bezeichnen wir als »Generationenpolitik«. Unter diesem Begriff werden die üblicherweise getrennt betrachteten Politikbereiche der Sozialen Sicherung, Familienpolitik, Bildungspolitik und Kinderpolitik zusammengefasst, um deutlich zu machen, dass es in Zukunft eines Politikkonzeptes bedarf, das die von Familien- und Gesellschaftsgenerationen erbrachten bzw. zu erbringenden Leistungen ins Zentrum rückt. Das wichtigste Anliegen dieses Kapitels besteht darin, dass wir die Gestaltung von Generationenbeziehungen im Lichte der handlungsleitenden Ideen der Gerechtigkeit und der Verantwortung erörtern, die nach unserer Auffassung in unserer Rechtsordnung (Verfassung) und

6.3 Zwischenresümee

sozialen Ordnung (Sozialstaat) angelegt sind. Nicht zuletzt an Urteilen des Bundesverfassungsgerichts haben wir gezeigt, dass diese Leitideen als Maßstäbe politischen Handelns dienen können und müssen und somit geeignet sind, das Verhältnis von Anspruch und Wirklichkeit in der gegenwärtigen Praxis der Generationenpolitik im Sinne der Verantwortungsethik (Max Weber) kritisch zu prüfen und zu begründeten Anforderungen an eine künftige Politik zu gelangen. Nach unserer Auffassung sollte die Generationenpolitik nicht nur ihr eigenes Handeln grundsätzlich an den Leitideen der Gerechtigkeit und Verantwortung ausrichten, sondern durch eine entsprechende Instrumentierung dieses Handelns dazu beitragen, dass in den Familien angemessene Rahmenbedingungen gewährleistet sind, um die alltägliche Gestaltung der Generationenbeziehungen und des Generationenlernens unter den genannten Leitideen zu ermöglichen. Wir haben außerdem dargelegt, dass das an den Leitideen der Gerechtigkeit und Verantwortung orientierte politische Handeln nicht nur das Wohlergehen der gegenwärtig lebenden Generationen betreffen darf; es muss vielmehr auch das Wohlergehen der zukünftigen Generationen im Blick haben und in dieser Perspektive dem Postulat der Nachhaltigkeit nachkommen.

Nur unter der Bedingung, dass eine den Leitideen der Gerechtigkeit und Verantwortung verpflichtete Generationenpolitik auf Dauer gestellt wird, können die gesellschaftlich regulierten Lebensbedingungen der Generationen eine Qualität erlangen, die sich ebenfalls mit dem Begriff der »Verlässlichkeit« beschreiben lässt. Verlässlichkeit meint in diesem Zusammenhang nicht die Erwartbarkeit jener Erfahrung einer sicheren Bindung, die im Generationenlernen angelegt ist (siehe Kap. 5.5). Sie meint vielmehr soziale Bedingungen für die Wahrnehmung von Elternschaft, die Erwachsenen die Gewähr dafür bieten, dass die Sorge für Kinder nicht allein ihre Privatangelegenheit, sondern eine zentrale Aufgabe der ganzen Gesellschaft darstellt. Dies bedeutet insbesondere, dass sich Eltern darauf verlassen können, die Wahrnehmung der eigenen Verantwortung für Kinder mit Ausbildung und Beruf vereinbaren zu können.

Verlässlichkeit kann somit sowohl unter mikro- als auch makrosozialen Gesichtspunkten betrachtet werden. Darüber hinaus ist eine sozialethische Umschreibung denkbar. Sie beinhaltet – in diesem Sinne normativ formuliert – eine Beziehungsgestaltung, die in der Unkündbarkeit bzw. Dauerhaftigkeit der Generationenbeziehungen vorgegeben ist. Sie schafft eine Basis, um sich die Ambivalenzen zwischen Eigenständigkeit und Abhängigkeit einzugestehen, sie zur Sprache zu bringen und sie als Bedingungen des Generationenverhältnisses zu akzeptieren (Lüscher 2001). Verlässlichkeit stützt sich indessen nicht nur auf Nutzenerwägungen, sondern lässt Raum für jene Form »bedingungsloser« Zuwendung, die wir Liebe nennen. Sie lassen sich nicht fordern, aber durch solche Rahmenbedingungen fördern, die im gesellschaftlichen Raum Beständigkeit und Zuverlässigkeit schaffen. In diesem Sinne lässt sich Verlässlichkeit als ein wichtiges allgemeines Kriterium der Generationenpolitik verstehen.

Dieses Verständnis verweist auf Verlässlichkeit als Voraussetzung für das Vertrauen der Menschen zu den Institutionen der Gesellschaft und in gesellschaftliche Transfor-

6. Generationenpolitik

mationsprozesse (siehe Endress 2002: 59ff.). Dieses Vertrauen in die Gesellschaft oder – wie es bei Erikson (1966:118) heißt – in die »Gattung« scheint aber seinerseits darüber mitzuentscheiden, ob Menschen »Generativität« im Sinne des »Interesse(s) an der Erzeugung und Erziehung der nächsten Generation« (aaO) in ihrem Leben verwirklichen; gleichzeitig schafft es auch die Grundlage dafür, der nächsten Generation die Erfahrung von Verlässlichkeit – im Sinne einer sicheren Bindung, aber auch im Sinne der förderlichen und verantwortungsvollen Teilhabe am gesellschaftlichen und kulturellen Leben – zu ermöglichen.

Anmerkungen

1 Vor und neben der Politik ist das Recht in besonderer Weise für Lebensbedingungen der Generationen sowie die Beziehungen zwischen den Generationen und – in geringerem Maße – für deren Konstitution von Belang. Das trifft nicht nur für eine Reihe grundgesetzlicher (verfassungsrechtlicher) Regelungen sowie für das Familien und Verwandtenrecht im engeren Sinne (z.B. die elterliche Sorge) zu. Wichtig sind ferner sozialrechtliche (fürsorgerechtliche) Bestimmungen sowie die Regelungen betreffend die Vormundschaft. Doch die rechtlichen Regelungen sind auch für eine Reihe der in diesem Band besonders behandelten Themen bedeutsam. Dabei ist zu bedenken, dass sich im Recht angesichts seiner grundlegenden Funktion für die Ordnung menschlichen Zusammenlebens, seiner langen Geschichte und der damit einhergehenden Ausdifferenzierung der Rechtssetzung und Rechtsanwendung, eine eigene Logik der Entwicklung herausgebildet hat. Darum verlangt das Thema »Generationen und Recht« eine eigene (interdisziplinäre) Darstellung. Sie liegt, wenn wir richtig sehen, bis jetzt noch nicht vor und kann auch hier nicht geleistet werden.
Da in sozial- und erziehungswissenschaftlichen Darstellungen, sieht man von der Spezialliteratur ab, das Recht häufig überhaupt außer Acht bleibt, versuchen wir zumindest durch Hinweise an geeigneten Stellen auf diese Zusammenhänge aufmerksam zu machen. Die dort genannten Quellen enthalten ihrerseits weiterführende Literaturangaben.
So umschreiben rechtliche Regelungen in modernen Gesellschaften in vielen Fällen Altersgruppen und legen die Übergänge zwischen diesen fest. Auf diese Weise trägt das Recht in ganz spezifischer Weise zur Konstitution von Generationen und Generationenbeziehungen bei (siehe Kap. 7). Besonders wichtig sind die Prozesse des Vererbens und Erbens, wo das Recht seit Jahrhunderten, sogar Jahrtausenden ein Mittel ist, um Verwandtschaft zu definieren und zu strukturieren. Korrespondierend dazu gibt es Regelungen des Verwandtenunterhaltes, der in jüngerer Zeit unter dem Gesichtspunkt der »Verwandtensolidarität« betrachtet wird (siehe Kap. 4.3). Dies wiederum ist unter Bedingungen des Wohlfahrtsstaates im Zusammenhang mit der Altersicherung zu sehen, wobei sich die Frage stellt, ob die öffentlichen Leistungen die privaten ersetzen oder ob sie sich gegenseitig ergänzen (siehe Kap. 4.2.1). In diesem Zusammenhang ergeben sich ferner Aufgaben der rechtlichen Regelungen in der Anwendung neuer medizinischer Verfahren, so im Bereich der Reproduktionsmedizin und der Genomanalyse. Dies verweist auf die verfassungsrechtlichen Grundsätze zur Würde der Person, die den allgemeinen Bezugspunkt auch für das Verhältnis zwischen den Generationen bilden.
In allen Bereichen bestehen indes Unterschiede zwischen den verschiedenen Ländern. Das Recht bekräftigt somit einerseits nationalstaatliche Einheiten (mittelbar somit auch nationale Identitäten). Andererseits gehen von übernationalen Organisationen wichtige Impulse aus, um die Anerkennung allgemeiner Menschenrechte zu fördern, die Ungleichheit zwischen den Geschlechtern abzubauen

Anmerkungen

und die besonderen »Interessen des Kindes« zu artikulieren. Dies ist für die Umschreibung von Generationenpolitik von Belang (siehe Kap. 6). Die Allgegenwart des Rechts zeigt sich nicht zuletzt in der Popularität der Denkfigur des »Generationenvertrages«, obwohl es sich dabei nicht um einen Vertrag im streng rechtlichen Sinne des Wortes handelt (Richter 1997, Rauschenbach 1994). Zusammenfassend lässt sich sagen, dass das Recht eine wesentliche Komponente und einen eigenständigen Bereich der »sozialen Ökologie« von Generativität darstellt (für diese Sichtweise siehe Hoch/Lüscher 2002).

2   Generationenpolitik in diesem weiten Sinne des Wortes kann somit auch eine »negative« sein (z.b. in Analogie zur sogenannten »schwarzen Pädagogik«), d.h. sie kann die Entwicklung von Generationenbeziehungen behindern oder vernachlässigen (»strukturelle Rücksichtslosigkeit«, siehe BMFSFJ 1994). Generationenpolitik im engeren Sinne intendiert demgegenüber ein förderliches Handeln, wobei selbstverständlich die konkreten Ziele und Mittel unterschiedlich umschrieben werden können. Die Berücksichtigung des Gestaltungswillens der Beteiligten schließt auch die Möglichkeit nicht aus, zu intervenieren, wenn dieser nicht vorhanden ist (z.B. Vernachlässigung des Kindeswohles; siehe Kap. 1.1).

3   Zur Beschreibung der Dimensionen von Gerechtigkeit – einschließlich ihres Bezugs zur Gestaltung von Generationenbeziehungen – hat Lampert (2001: 17) das folgende Schema entwickelt (Abdruck mit freundlicher Erlaubnis des Autors):

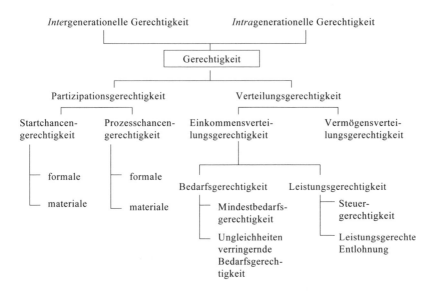

4   Rawls beschränkt sich in seiner Theorie der Gerechtigkeit nicht auf systematische bzw. philosophiehistorische Untersuchungen, sondern befasst sich mit konkreten Problemen der politisch-sozialen Grundordnung in heutigen Gesellschaften. Im Gegensatz zu der im englischen Sprachraum vorherrschenden normativen Ethik (Utilitarismus) orientiert er sich dabei am politischen Liberalismus. In seinen Analysen verbindet er die Tradition der Vertragstheorie (Locke, Rousseau, Kant) mit zeitgenössischen Ansätzen der Entscheidungs- und Spieltheorie.

5   Mit dem Begriff des *Humanvermögens* werden im Fünften Familienbericht die Leistungen gekennzeichnet, welche Familien für andere Gesellschaftsbereiche erbringen: »Die Anforderungen, die die

6. Generationenpolitik

moderne Gesellschaft an das Wissen, an die Verlässlichkeit, an die Effizienz und Kreativität des Handelns ihrer Menschen stellt, sind in erster Linie Ansprüche an die Qualität der Bildung und Erhaltung des Humanvermögens in den Familien. Die Bildung von Humanvermögen umfasst vor allem die Vermittlung von Befähigungen zur Bewältigung des Alltagslebens, das heißt: den Aufbau von Handlungsorientierungen und Werthaltungen in der Welt zwischenmenschlicher Beziehungen. Gefordert ist sowohl der Aufbau sozialer *Daseinskompetenz* (Vitalvermögen) als auch die Vermittlung von Befähigungen zur Lösung qualifizierter gesellschaftlicher Aufgaben in einer arbeitsteiligen Wirtschaftsgesellschaft, der Aufbau von *Fachkompetenz* (Arbeitsvermögen im weiten Sinne).« (BMFSFJ 1994: 28) In Familien wird auf der Grundlage der jeweiligen materiellen, räumlichen, zeitlichen, sozialen und kulturellen Ressourcen und im Medium kommunikativer Prozesse der Vermittlung und Aneignung zwischen Eltern und Kindern Humanvermögen gebildet. Entsprechendes gilt für öffentliche Bildungsinstitutionen (Kindergärten, Schulen etc.). Die Humanvermögensbildung in Familien und Bildungsinstitutionen wird ihrerseits durch die Kultur einer Gesellschaft sowie durch das Ausmaß und die Qualität staatlicher bzw. öffentlicher Unterstützungssysteme für Familien (Familienpolitik) und Bildungsinstitutionen (Bildungspolitik), d.h. durch die öffentlichen Investitionen in die Humanvermögensbildung, beeinflusst (siehe Wissenschaftlicher Beirat 2002: 13).

6   Wir beziehen uns in unserer Erörterung der Leitidee der Verantwortung nicht nur deshalb auf Jonas, weil er die Verantwortung für die zukünftigen Generationen ausdrücklich thematisiert. Vielmehr erscheint uns seine Position für die Begründung einer an der Leitidee der Verantwortung orientierten Generationenpolitik als besonders relevant (abgesehen vom Rekurs auf »natürliche« Gegebenheiten): Jonas betont nicht nur – im Sinne der philosophischen Tradition – die Zurechnung von Handlungsfolgen, sondern auch die Zurechnung von Aufgaben und Verpflichtungen (siehe Bayertz 1995: 32) und lokalisiert diese Zurechenbarkeit angesichts der Gefährdung der Lebensgrundlagen durch das technisch-militärische Destruktionspotential nicht mehr allein im individuellen, sondern auch im gesellschaftlichen bzw. staatlichen Handeln (Jonas 1979: 51f.).

7   Nach unserer Auffassung hat Generationenpolitik den Charakter einer »Querschnittspolitik«, das heißt: eine Vielzahl von spezifischen Politikbereichen ist für die Regelung der Lebensbedingungen von Generationen und für die Gestaltung von Generationenbeziehungen von Belang. In der folgenden Darstellung werden nicht alle relevanten Handlungsfelder der Politik erfasst; es fehlen beispielsweise Gesundheits-, Wohnungs- und Städtebaupolitik, die – jedenfalls sekundär – ebenfalls unter dem Gesichtspunkt der Generationenpolitik betrachtet werden könnten. Wir haben Politikbereiche ausgewählt – Alten-, Familien-, Bildungs- und Kinderpolitik –, deren Relevanz für die Generationenfrage offensichtlich ist und für deren Beschreibung wir uns gewisse Kompetenzen erworben haben (nicht zuletzt durch die langjährige Mitarbeit in dem interdisziplinär zusammengesetzten Wissenschaftlichen Beirat für Familienfragen beim BMFSFJ).
Eine zweite Einschränkung liegt darin, dass wir die wissenschaftlichen Diskurse sowie die spezialisierten Forschungsbefunde zu den einzelnen Politikbereichen nur partiell aufgreifen können; wir konzentrieren uns auf die Erörterung der für die Generationenfrage wichtigsten Aspekte und verweisen in den folgenden Anmerkungen auf Literatur grundlegenden bzw. einführenden Charakters zu den von uns ausgewählten Politikbereichen. Weitere Einschränkungen betreffen die weitgehende Vernachlässigung des politischen Handelns nichtstaatlicher Akteure sowie der europäischen und internationalen Dimension. Wir konzentrieren uns auch hier auf die Situation in Deutschland.

8   Im Sinne der bereits mehrfach erwähnten Konzentration auf ausgewählte Bereiche verzichten wir auf eine Darstellung der 1998 eingeführten gesetzlichen Pflegeversicherung. Zur Einführung in Fragen der Sozialen Sicherung und Sozialpolitik (einschließlich Rentenversicherung und Pflegeversicherung) verweisen wir auf Bäcker et al. 1999; Hauser 1995; Lampert/Althammer 2001 und Schulin 1994. Für Österreich verweisen wir auf ausführlichen Darstellungen im Vierten Familienbericht (BMFUJF 1999b) und im Seniorenbericht (BMFSSG 2000), für die Schweiz auf Carigiet et al. 2003.

Anmerkungen

9   Hervorzuheben ist, dass in der Schweiz die staatliche Rentenversicherung (»Alters- und Hinterbliebenenversicherung« AHV) nur eine von drei Säulen der finanziellen Alterssicherung darstellt. Die zweite Säule ist die (obligatorische) betriebliche Vorsorge in Form von Pensionskassen; als dritte Säule werden die persönlichen Ersparnisse angesehen. Dadurch mildern sich die Effekte der Verschiebungen des Bevölkerungsaufbaus, obwohl sie ebenfalls Anlass für intensive Diskussionen über die künftige »Sicherheit der Renten« sind. Eine weitere Eigenheit des schweizerischen Systems besteht darin, dass der Beitragssatz für Arbeitgeber und Arbeitnehmer sowie für alle Beitragspflichtigen derselbe ist, für die ausbezahlten Renten jedoch ein Höchstsatz besteht. Das System weist also in Bezug auf die Erwerbseinkommen eine »Solidaritäts-Komponente« auf.

10 Die deutschen Alten-, Jugend- und Familienberichte bestehen aus zwei Teilen: Einem Bericht, den eine unabhängige Sachverständigenkommission zu einem vorgegebenen Rahmenthema verfasst und einer Stellungnahme der Bundesregierung (vorbereitet vom primär zustanden Ministerium gestützt auf eine Konsultation aller betroffenen Ministerien). Auftraggeber ist das Parlament, dem die Berichte vorgelegt werden und das sie – mehr oder weniger – ausführlich diskutiert.

11 In diesem Zusammenhang fordert aus juristischer Sicht Zenz (2000) eine stärkere Berücksichtigung der Belange älterer Menschen im Familienrecht. Im Hinblick auf die Betreuungssituation alter Menschen postuliert sie – in Analogie zum Modell des »Kindeswohls« – die Orientierung an einem Leitbild »Wohl des alten Menschen« – ein Vorschlag, der wiederum auf Korrespondenzen innerhalb der verschiedenen Bereiche der Generationenpolitik aufmerksam macht.

12 Zur Einführung in Fragen der Familienpolitik in Deutschland sei verwiesen auf Gerlach (1996); Kaufmann (1996); Lampert (1996); von Schweitzer (1981); Willeke/Onken (1990); Wingen (1997) und den Wissenschaftlicher Beirat (2001). Zur Familienpolitik im europäischen Vergleich siehe Bahle (1995); Hantrais/Letablier (1996) sowie Kaufmann/Kuijsten (1998 und 2002). Über die Familienpolitik in Österreich informiert ausführlich der Vierte Österreichische Familienbericht (BMFUJF 1999). Für die Schweiz grundlegend ist der Bericht der Arbeitsgruppe Familienpolitik (1982); ein neuer Bericht ist in Vorbereitung. Zahlreiche Aspekte werden in den Publikationen der Eidgenössischen Koordinationskommission für Familienfragen dargestellt (www.ekff.ch). Der jüngste französische Familienbericht ist unter der Leitung von Théry (1998) entstanden, die italienischen Familienberichte unter derjenigen von Donati (siehe in diesem Zusammenhang auch die Analyse der Familienberichterstattung in Deutschland und anderen Ländern von Lüscher 1999).

13 Eine umfassende Darstellung der organisatorischen, rechtlichen und ökonomischen Grundlagen des Bildungssystems und der Bildungspolitik in der Bundesrepublik Deutschland bietet Band 5 der »Enzyklopädie Erziehungswissenschaft« (Baethge/Nevermann 1986). Die Entwicklung der Bildungspolitik in den beiden deutschen Staaten (1945-1990) wird in dem Quellenband von Anweiler 1992 dokumentiert. Gegenwärtige Probleme und Zukunftsperspektiven des deutschen Bildungssystems analysieren u.a. Killius 2002 sowie der Arbeitsstab Forum Bildung (2000). Leitideen der Bildungspolitik werden auf der internationalen Ebene u.a. von der Europäischen Kommission (1996) und von der Deutschen UNESCO-Kommission (1996) erörtert. Im Bericht des Deutschen PISA-Konsortiums (2001) wird das Abschneiden der deutschen Schüler(innen) in Bezug auf den Erwerb von Kompetenzen vor dem Hintergrund einer Erhebung in 32 Staaten analysiert.

14 Für die verschiedenen Aspekte des sozialökologischen Orientierungsrahmens am Beispiel der Sozialisationsforschung und der Sozialpolitik siehe die Beiträge im Sammelband Grundmann/Lüscher 2000.

15 Zur Einführung in das vergleichsweise »junge« Handlungsfeld der Politik für Kinder verweisen wir auf Honig (1999, 2000); Kränzl-Nagl et al. (2003); Lüscher (1979, 2000b und 2003a); Neubauer/Sünker (1993); Sünker/Swiderek (2002) und den Wissenschaftlicher Beirat für Familienfragen (1998) sowie auf die im Abstand von vier Jahren im Auftrag der Bundesregierung erstellten Jugend- bzw. Kinder- und Jugendberichte (siehe BMFSFJ 1998a und 2002a).

6. Generationenpolitik

16   Eine Analyse der Auswirkungen dieser Konvention steht noch aus, doch kann man mindestens drei Ebenen von Diskursen unterscheiden, in denen die Konvention eine wichtige Rolle spielt, nämlich den rechtlichen (für Deutschland siehe z.B. Gerstein 1995, Wabnitz 1996, Kaiser 1998, für die Schweiz Wolf 1998, für Österreich den Expertenbericht zum UN-Übereinkommen 1993), den allgemein politischen (wozu die Dokumente zur Sozialberichterstattung gehören) sowie die praktischen, wo insbesondere auf regionaler und lokaler Ebene zahlreiche Initiativen festzustellen sind, für die der Bezug auf die Konvention eine wichtige Referenz darstellt. Überdies sind Forschungszentren entstanden, die sich der Interpretation der Konvention im allgemeineren Zusammenhang der Analyse von Kinderrechten widmen, so das »Children's Right Center« an der Universität Gent (siehe z.B. Jaffé, 1998) und das »Institut International des Droits de l'Enfant« in Sion (Les droits de l'enfant 1997). Um zu veranschaulichen, wie weit das Spektrum der diskussionswürdigen Themen ist, seien lediglich zwei in diesem Kontext entstandene Publikationen genannt: die Rechte der Kinder im Spitzensport sowie seine Rechte im Rahmen psychiatrischer Behandlungen (Lücker-Babel 1999).
Die Palette der praktischen Aktivitäten umfasst in Deutschland beispielsweise das Engagement für Tagespflege, Kindergartenplätze, Aufklärung über Kindesmisshandlung, Teilnahme von Kindern in kommunalen Parlamenten, Berichten und Aktionsprogrammen in Städten (siehe dazu auch Blinkert 1997 sowie z.B. Bartscher 1998), die Einrichtung der Stelle von Kinderbeauftragten (hierzu pionierhaft NRW; siehe dazu Eichholz 1997), die Formulierung einer expliziten Kinderpolitik mit zugehörigem Aktionsprogramm auf Länderebene (z.B. Rheinland-Pfalz; siehe Blinkert 1997) und die Einrichtung einer Kinderkommission im Bundestag (1988) sowie die nationale Sozialberichterstattung (Nauck/Bertram 1995). Hier führte der Zehnte Kinder- und Jugendbericht (BMFSFJ 1998) schon vor dem Erscheinen zu politischen Kontroversen. Der Wissenschaftliche Beirat für Familienfragen beim BMFSFJ hatte kurz zuvor ein Gutachten »Kinder und ihre Kindheit in Deutschland« vorgelegt, in dem es insbesondere auch darum ging, den Stellenwert einer »Politik für Kinder im Kontext von Familienpolitik« herauszuarbeiten (Wissenschaftlicher Beirat 1998). Beide Berichte orientieren sich mehr oder weniger ausdrücklich an sozialökologischen Prämissen. Neuere Darstellungen ähnlicher Art für Österreich sind Wilk/Bacher (1994) sowie von Kränzl-Nagl et al. (1998), für die Schweiz Engstler/Lüscher (1991) sowie Spycher et al. (1995). Einen kritischen Beitrag zur Beschreibung der Situation in Osteuropa bietet Sgritta (1997).

7. Generationentheorie: Wie entstehen Generationen und welche Regelhaftigkeiten liegen Generationenbeziehungen zugrunde?

Die vorangegangenen Kapitel zeigen die Mannigfaltigkeit der Sachverhalte, die mit dem Konzept der Generation bezeichnet werden sowie die zahlreichen Texte und Kontexte, in denen es verwendet wird. Dem entspricht, dass mehrere Disziplinen seit geraumer Zeit und mit zunehmender Intensität mit diesem Konzept arbeiten. Dabei ergeben sich zahlreiche Fragestellungen für theoretische und empirische Analysen. In dieser Situation kann man nicht erwarten, dass eine übergreifende, allgemeine Generationentheorie vorliegt. Vielmehr finden sich zahlreiche »Theorien mittlerer Reichweite«[1]. Diese lassen sich in ihrer Gesamtheit als Beiträge zur Annäherung an die (aktuelle) »Generationenfrage« verstehen. Diese Bezeichnung dient uns im Folgenden als Sammelbegriff für die wissenschaftlichen, gesellschaftspolitischen und lebenspraktischen Fragestellungen, die sich im Feld der interdisziplinären Generationentheorie und -forschung ergeben.

Indessen kann man, ähnlich wie wir dies bei der Kennzeichnung der Gemeinsamkeiten unterschiedlicher Generationenbegriffe getan haben (siehe Kap. 2.3), versuchen, übergreifende Fragestellungen oder Thematiken der Generationentheorie zu umschreiben. Davon handelt dieses Kapitel. Angesichts der fortlaufend neuen Erträge der Forschung liegt es nahe, dieses Unterfangen als Zwischenbilanz zu verstehen.

An dieser Stelle mag ein kurzes Wort zum Verständnis theoretischer Arbeit angemessen sein. Wir können dabei auf das Bild zurückgreifen, das sich in der »Logik der Forschung« von Popper (1989: 31) findet, wobei wir es allerdings anders deuten als er, nämlich pragmatisch bzw. »pragmatistisch«.[2] Theorien sind vergleichbar mit den Netzen, die ein Fischer auswirft, um Fische einer bestimmten Größe und Gattung zu fangen. In welcher Weise die Netze geflochten sind, hängt von früheren Erfahrungen ab. Wo sie ausgeworfen werden, beruht letztlich auf der Überzeugung des Fischers, dass sich an dieser Stelle gute Fischgründe befinden. Das Gewicht dieser Überzeugung ist umso größer, je mehr er sich in neuen Gewässern bewegt. Bisweilen – um das Bild noch etwas weiter auszumalen – verfangen sich auch unbekannte Lebewesen in den Netzen. Das kann ein Anlass sein, um neue Netze zu flechten.

Dieses Bild ist, wie es Veranschaulichungen dieser Art eigen ist, eine Vereinfachung. Mehr noch: Es muss in einer wichtigen Hinsicht ergänzt werden. Nach seiner Rück-

7. Generationentheorie

kehr muss der Fischer seinen Fang vorweisen und er muss über ihn berichten, möglichst genau und nachvollziehbar. Das ist vor allem wichtig, wenn er ertragreich ist. Dann kann man verstehen, warum und wie es dazu gekommen ist und ob alles mit rechten Dingen zugegangen ist. Auf die Wissenschaft übertragen besagt dies: Theorien sind auch Geschichten. Erst auf diese Weise werden sie bekannt und verständlich. Das – überzeugende – Erzählen gehört zur wissenschaftlichen Arbeit.

Die allgemeinen Überzeugungen, die sozialwissenschaftlichen Theorien zu Grunde liegen, haben oft die Gestalt von Menschenbildern und – komplementär – von Gesellschaftsbildern (siehe hierzu Oerter 1999). Damit sind Ideen gemeint, die umschreiben, was letztlich als konstitutiv für die Menschen als Lebewesen und für ihre Art des Zusammenlebens angenommen wird. Es geht also um Vorstellungen darüber, was »das« Menschsein oder auch »das« Männliche und »das« Weibliche ausmacht. Menschenbilder sind auch Versuche, zwischen Vergangenheit und Zukunft zu vermitteln. Sie stehen somit auch für Vorstellungen einer »Bestimmung« des Menschen. Diese näher zu umschreiben und zu begründen, mit anderen Worten, die Sinnhaftigkeit menschlicher Existenz zu deuten oder gar dogmatisch festzulegen, ist seit jeher das Anliegen – oder die Aufgabe – von Religionen, Philosophien und anderen Arten von »Weltanschauungen«. Diese sind auch in wissenschaftlichen Theorien enthalten, aber nicht immer unmittelbar zu erkennen, insbesondere dort, wo diese sich auf partikuläre Bereiche und Phänomene beschränken.

Dass gerade auch für die Analyse von Generationenbeziehungen grundlegende Annahmen von Belang sind, die Menschen- und Gesellschaftsbildern zugerechnet werden können, ist naheliegend: Es geht in den Generationenbeziehungen zwischen Eltern und Kindern und – allgemeiner – zwischen Älteren und Jüngeren um eine natürliche Voraussetzung des Lebens und zugleich um ein Element der Entwicklung von Person und Gesellschaft sowie deren wechselseitige Bedingtheit.

Eine erste Thematik betrifft die Entstehung (Genese) von Generationen. Eine zweite Thematik ergibt sich – unter der Maßgabe, dass die Existenz von Generationen sozusagen vorausgesetzt wird – aus den Fragen nach den Regelhaftigkeiten der Beziehungen zwischen Generationen und zwischen den Angehörigen verschiedener Generationen. Diese beiden Sichtweisen können sich gegenseitig ergänzen. Die Zuschreibung kollektiver und individueller Identität, die wir in der Basisdefinition 1 als ein konstitutives Merkmal für Generation postulieren, beinhaltet – jedenfalls in soziologischer Sicht – Annahmen über die Abgrenzung (Differenzen) von und Beziehungen zu anderen Generationen. Umgekehrt ist die Art und Weise, wie Beziehungen erfahren und gelebt werden, von Belang dafür, wie Generationenzugehörigkeiten verstanden werden und wie relevant sie sind.

Von welchen dieser beiden Thematiken man ausgeht und wie dies geschieht, hängt im Weiteren davon ab, welche Interessen damit verbunden sind. Diese können sich aus der Systematik der einzelnen Disziplinen ergeben. So wird das Interesse an der Bestimmung von Generationen in der Kulturgeschichte aus Bemühungen um eine »Generationengeschichte« genährt, wie sie kompakt von Daniel (2001: 330-345) charakterisiert wird. Sie soll dazu dienen, sich der »vielleicht grundsätzlichsten Herausforderung des historischen Denkens« zu stellen, die darin besteht, »die Spannung zu ertragen und fruchtbar zu machen, die zwischen den offenen Erfahrungshorizonten der historischen Subjekte auf der einen Seite und dem historischen Wissen um den faktischen Verlauf der Ereignisse auf der anderen Seite besteht« (aaO: 344). In der Soziologie erhofft man sich vom Konzept der Generation eine Möglichkeit, die Dynamik sozialer Strukturen besser erfassen zu können als mit demjenigen der sozialen Klasse (siehe Edmunds/Turner 2002: 2).

Das verstärkte Interesse an der »Generationenfrage« hat mit den allgemeinen gesellschaftlichen Veränderungen der letzten Jahrzehnte zu tun (siehe Kap. 3).[3] Zu diesen gehören: der soziale Wandel der privaten Lebensformen und die Infragestellung der Finanzierbarkeit sozialstaatlicher Maßnahmen; die alltäglichen Kontakte zwischen immer mehr älteren und immer weniger jüngeren Menschen sowie die Probleme eines Ausgleichs der Rechte und Pflichten der Altersgruppen in der Organisation von Alten-, Familien-, Bildungs- und Kinderpolitik. Außerdem sind hierzu die Krisen in der persönlichen und der kollektiven Verarbeitung der Erfahrungen des Zweiten Weltkrieges zu rechnen. Man kann darin klare Anzeichen dafür sehen, dass die »Gestaltung« der Generationenbeziehungen an allgemeiner praktischer Relevanz gewonnen hat. Dies schlägt sich ebenfalls in den wissenschaftlichen Fragestellungen nieder.

Wir vertreten daher die These: Das Verständnis der »Generationenfrage« erfährt gegenwärtig eine »pragmatische Wende«. Wir wollen damit sagen, dass sich die Themen, die in den wissenschaftlichen Arbeiten behandelt werden, in einem erheblichen Maße von einer mehrere Aspekte umfassenden Pragmatik beeinflusst werden. Sie zeigt sich in einer ausgeprägten Sensibilität für die unterschiedlichen Diskurse, in denen von Generationen die Rede ist (siehe z.B. Daniel 2001: 341; Lange 1999)[4] und kommt in der unmittelbaren oder mittelbaren Bezugnahme auf lebenspraktische und gesellschaftspolitische Fragen sowie in einer Hervorhebung der im Begriff als solchem angelegten Nähe zur Zeitdiagnose zum Ausdruck.

Was hier mit »Pragmatik« gemeint ist, schließt die anthropologische Überzeugung ein, in der »Natur« des Menschen sei die Aufgabe angelegt, die Generationenbeziehungen sozial und kulturell zu bedenken und zu gestalten. Paradox formuliert: In der Natur des Menschen ist seine Kulturfähigkeit angelegt. Dafür spricht insbesondere die Angewiesenheit des menschlichen Nachwuchses auf Pflege und Erziehung durch Ältere, die Angewiesenheit also der nachfolgenden auf die vorausgehenden Generationen. Dabei ist zu fragen, ob die »Abhängigkeit« nur in dieser einen Richtung besteht. Menschen können lange leben und alt werden. Ihre Lebenszeit kann die Jahre der Fähigkeit zur Reproduktion bei weitem übersteigen. Im Laufe der Geschichte ist dies für immer mehr Menschen zur Regel geworden und bedeutet in vielen Fällen die Angewiesenheit

7. Generationentheorie

auf Pflege im hohen Alter. Darin unterscheidet sich die menschliche Gattung von anderen Lebewesen. Die Gestaltung der menschlichen Generationenbeziehungen lässt sich somit nicht nur mit biologischen Gesetzmäßigkeiten erklären.

Die Gefahr ist allerdings nicht von der Hand zu weisen, dass sich anthropologische Vorstellungen mit ontologischen Aussagen, also Umschreibungen eines (vermeintlich) wahren Seins, verbinden und sich daraus Maßstäbe ergeben, an denen das Faktische gemessen wird. Solche normativen Kriterien mögen durchaus erwünscht und unverzichtbar sein, namentlich im Bereich der Politik. Doch das Gespür für das komplexe, spannungsvolle Verhältnis von Sein und Sollen geht damit verloren, wie das Beispiel der »Generationenrhetorik« zeigt (siehe Kap. 2.2.2).

Dieses Dilemma lässt sich vermeiden, wenn man die anthropologischen Prämissen nicht als »Wesensaussagen«, sondern in der angesprochenen Weise als »Aufgaben« interpretiert, deren Lösungen prinzipiell offen sind, also nicht normativ abgeleitet werden können. Die unterschiedlichen Lösungen können dann zum Thema systematischer empirischer Beobachtungen werden.

Der Unterschied zwischen den beiden Überzeugungen – der ontologischen und der pragmatischen bzw. »pragmatistischen« – ist zwar gering, aber folgenreich: Ausgangspunkt ist hier die Idee der Mannigfaltigkeit des Sozialen, nicht die Idee einer »Urform«. So lässt sich beispielsweise argumentieren: Es gibt unterschiedliche Formen von »Familie«, obwohl diese – auf einer allgemeinen Ebene formuliert – eine universale Institution menschlichen Zusammenlebens ist. Dieser Gedanke kann auch auf die Analyse der Generationenbeziehungen übertragen werden. Diese Argumentation drückt vereinfachend aus, was in der philosophischen Anthropologie, der Erkenntnis- und Wissenschaftstheorie ausführlich und kontrovers abgehandelt wird.

Wenn wir von einer »pragmatischen Wende« im Verständnis der Generationenfrage sprechen, ergibt sich dies aus dem Rückblick auf die Entwicklung der Generationentheorie. Sie zeigt, was bereits aus der Begriffsgeschichte hervorgeht und durch die nähere Beschäftigung mit der Forschung bestätigt wird (siehe die folgenden Abschnitte): Der Begriff ist zwar seit dem Altertum bekannt, er ist jedoch erst im 19. Jahrhundert und vor allem gegen dessen Ende und in den ersten Jahrzehnten des 20. Jahrhunderts zu einem Leitbegriff analytischer Arbeiten avanciert.[5]

In der Generationentheorie nimmt der Essay von Karl Mannheim (1928/1964) eine Sonderstellung ein (siehe auch Kap. 2.1). Dafür gibt es mehrere Gründe. Erstens knüpft Mannheim an das erwähnte Interesse an der Thematik um die Jahrhundertwende an – ein Interesse, das angesichts der Übergänge vor allem in der deutschen Geschichte und der Notwendigkeit einer Neuorientierung nach dem Ersten Weltkrieg durchaus dem Lebensgefühl eines Teiles der Bevölkerung sowie einiger Eliten entsprach. Das gilt übrigens auch hinsichtlich der Modernisierungskritik, die damals aufkam. Zweitens gelingt es Mannheim, wichtige Positionen der damaligen Diskurse prägnant zu charakterisieren und ihre grundlegende Bedeutung herauszuarbeiten, wobei er damit zugleich Kritik herausfordert. Die Interpretation seines Textes wird überdies dadurch angeregt, dass Mannheim – die Möglichkeiten der Textgattung »Essay« nutzend – überaus assoziationsreich argumentiert. Nimmt man noch den eingängigen und leicht kryptischen Titel hinzu, so finden sich alle Ingredienzien eines »Klassiker-Textes«. Seine Deutung und Ausdeutung erfreut sich in der Soziologie ebenso wie in den Human- und Kulturwissenschaften bis heute großer Beliebtheit.[6] Schließlich profitiert der Text davon, dass kein anderer Autor der klassischen Periode der Soziologie, zu der man Mannheim noch rechnen kann, sich ebenso gründlich und differenziert über »Das Problem der Generationen« geäußert hat.

Unter diesen Umständen ist es unerlässlich, im Folgenden zunächst etwas ausführlicher auf Mannheims Beitrag einzugehen. Dieser enthält im Kern eine »Theorie« der Entstehung (Genese) von Generationen. Im Weiteren wenden wir uns der Thematik der Generationenkonflikte zu. Unter diesem Titel geht es zum einen darum, weitere Aspekte der Genese von Generationen zu behandeln, zum anderen rückt der Aspekt der Generationenbeziehungen ins Blickfeld. Dabei bewegen wir uns überwiegend im Bereich der Arbeit mit Deutungsmustern.

Das trifft zum Teil auch für die anschließende Darstellung der Analysen von Generationensolidarität zu. Indem dieses Konzept auch als Forschungskonstrukt genutzt wird, ist es unserer Ansicht nach ein wichtiger Indikator für die pragmatische Wende im Verständnis der Generationenfrage, denn es signalisiert das Interesse an einer bewussten, politisch unterstützten Gestaltung der Generationenbeziehungen. Zugleich wird – wie auch schon in den Analysen über Generationenkonflikte – die Frage nach Regelhaftigkeiten der Generationenbeziehungen aufgeworfen.

Die Frage nach »Regelhaftigkeiten« ist zugleich anspruchsvoll und faszinierend. Mit Regeln bzw. Regelhaftigkeiten kann gemeint sein, was überwiegend vorkommt (deskriptive Bedeutung), aber auch, was anzustreben ist und als richtig angesehen wird (normative Bedeutung). Die beiden Bedeutungen können sich überdies vermengen. Ferner weisen sie eine zeitliche Konnotation auf. Sie korrespondieren nicht völlig, aber weitgehend mit der Unterscheidung zwischen beobachtbaren vergangenen oder gegenwärtigen Handlungen einerseits und erwünschten künftigen Handlungen andererseits.

In den Sozialwissenschaften besteht überdies eine Überschneidung der Vorstellung von Regelhaftigkeit mit jener des »Typischen«, genauer des »Idealtypischen«. Dieses von Weber im Anschluss an Rickert entwickelte Konstrukt drückt im Kern folgende Idee aus: Es ist möglich, in empirisch beobachtbaren Sachverhalten Formen, Muster sowie umschreibende Dimensionen zu erkennen und so zu generalisieren, dass eine prägnante Erfassung auch angesichts von Variationen in den Einzelheiten möglich wird. Doch dieses Verständnis berücksichtigt zu wenig die Problematik induktiven Schließens. Alternativ dazu ist, basierend auf Alfred Schütz, eine Auffassung des Idealtypischen entwickelt worden, wonach unter Idealtyp ein Erfahrungsmodus verstanden werden kann (siehe Burger 2001). Ohne ausführlicher auf die wissenschafts- und erkenntnistheoretischen Implikationen einzugehen, kann man sagen: Die Umschreibung von Idealtypen steht für den Versuch, ein Bindeglied zwischen empirischen Beobachtungen und allgemeinen theoretischen Annahmen zu schaffen. Dies erfordert die Orientierung an abstrakten Ideen. Sie beinhalten Prinzipien, die für weite Bereiche des Sozialen, also für Gesellschaften, Kulturen, oder sogar für alles Leben gelten.

Wir schlagen vor, den theoretischen Stellenwert von Solidarität zu bestimmen, also zu fragen, was damit in beziehungstheoretischer Hinsicht gemeint ist. Unsere Antwort lautet, dass – jedenfalls im Kontext der Generationenanalyse – Solidarität eines von mehreren Mustern der Beziehungsgestaltung repräsentiert. Deshalb halten wir es für sinnvoll, nach einer der Solidarität und anderen Beziehungsformen vorgeordneten Gegebenheit zu suchen. Dazu ziehen wir die Idee der Ambivalenz heran. Wir behaupten nicht, diese sei eine wesensmäßige Eigenschaft von Generationenbeziehungen. Vielmehr postulieren wir »Generationenambivalenz« als eine allgemeine heuristische Hypothese, also als eine Annahme, die im Hinblick auf die beschreibende Beobachtung und die theoretische Analyse von Tatsachen sich als fruchtbar erweisen soll, die also der Vielfältigkeit von Sachverhalten gerecht werden und systematisierende Beiträge zu deren allgemeinem Verständnis und Erklärung ermöglichen soll. Fruchtbar ist in diesem Sinne eine Hypothese, wenn sie nicht nur typische, sondern auch »abweichende« Fälle zu erfassen vermag und offen dafür ist, dass die angenommenen Sachverhalte als solche unter Umständen *nicht* auftreten bzw. beobachtet werden können. Auf Grund dieser Überlegungen schließen wir dieses Kapitel mit einem eigenen Beitrag zu den aktuellen Debatten über die Generationenfrage und ihrer theoretischen Formulierung, indem wir das Konzept der Generationenambivalenz – sowohl im Sinne eines Deutungsmusters als auch eines Forschungskonstruktes – präsentieren und zur Diskussion stellen.

7.1 Generationengenese: Karl Mannheims Essay als Ausgangspunkt

Mannheim geht in seinem Essay[7] »Das Problem der Generationen« sein Thema, wie er schreibt, »formalsoziologisch« an. Damit ist eine stringente theoretische Ableitung der Schlüsselkonzepte und die Begründung einer soziologischen Zugangsweise gemeint. Methodisch stützt sich Mannheim auf das Verfahren des gedanklichen Experiments (Mannheim 1928/1964: 530): Er geht von der Vorstellung einer Gesellschaft aus, in der eine Generation ewig leben würde. Dem stellt er die Struktur der vorfindbaren Gesellschaften gegenüber, die charakterisiert ist durch das Einsetzen neuer und den Abgang früherer Kulturträger, die begrenzte zeitliche Partizipation am Geschichtsprozess und folglich die Notwendigkeit steten Tradierens sowie die Tatsache des ständigen Generationenwechsels.

7.1 Generationengenese: Karl Mannheims Essay als Ausgangspunkt

Mannheim verortet somit das Problem der Generation in dem, was man heute als »Theorie des sozialen Wandels« bezeichnen möchte. »Das Generationenphänomen ist eines der grundlegenden Faktoren beim Zustandekommen der historischen Dynamik. Die Erforschung des Zusammenspiels der zusammenwirkenden Kräfte ist ein Aufgabenkreis für sich, ohne dessen Klärung die Geschichte in ihrem Werden nicht endgültig erfasst werden kann« (aaO: 565). In diesem Zusammenhang macht er den Vorschlag für eine begriffliche Klärung, die bis heute ein wichtiger, jedoch nicht unumstrittener Bezugspunkt der Generationentheorie in allen Disziplinen, insbesondere aber in der Soziologie und Geschichte ist. Die Schlüsselbegriffe lauten wie folgt:

- *Generationenlagerung:* Dieser Begriff verweist auf die Voraussetzung der Bildung von Generationen, die in der Tatsache, des gemeinsamen Lebens zur gleichen Zeit besteht. Generationenlagerung meint die »aus den Naturgegebenheiten des Generationswandels heraus bestimmte[n] Arten des Erlebens und Denkens« (aaO: 529).
- *Generationenzusammenhang:* Eine »durch Partizipation an den gemeinsamen Schicksalen« zustande kommende Verbundenheit (aaO: 542).
- *Generationeneinheiten:* Sie formieren sich innerhalb des Generationenzusammenhangs und sind dadurch charakterisiert, »daß sie nicht nur eine lose Partizipation verschiedener Individuen am gemeinsam erlebten, aber verschieden sich gebenden Ereigniszusammenhang bedeuten, sondern daß sie ein einheitliches Reagieren, ein im verwandten Sinne geformtes Mitschwingen und Gestalten der gerade insofern verbundenen Individuen einer bestimmten Generationenlagerung bedeuten« (aaO: 547). Es können sich im Rahmen desselben Generationenzusammenhanges somit mehrere, sich diametral gegenüberstehende und bekämpfende Generationeneinheiten bilden.
- Zusammenfassend: »Dieselbe Jugend, die an derselben historisch-aktuellen Problematik orientiert ist, lebt in einem ›Generationszusammenhang‹, diejenigen Gruppen, die innerhalb desselben Generationszusammenhanges in jeweils verschiedener Weise diese Erlebnisse verarbeiten, bilden jeweils verschiedene ›Generationseinheiten‹ im Rahmen desselben Generationszusammenhanges« (aaO: 544).

Diese drei Aspekte kann man somit als eine elementare Theorie der Genese von Generationen lesen. Sie verbindet sich mit einer – wie man es vereinfachend in der heute aktuellen Begrifflichkeit nennen könnte – elementaren »Sozialisationstheorie«. Sie besagt, dass Jugendliche, die sich in einer gleichen Lebenslage befinden, gemeinsame Erfahrungen miteinander teilen, die sich für das weitere Leben als prägend erweisen.

Sinngemäß bedeutet für Mannheim Generation eine »Verwandtschaft«, die sich aus der durch den Geburtsjahrgang geschaffenen historischen Lagerung im gesellschaftli-

7. Generationentheorie

chen Geschehen ergibt. Allerdings ist für Mannheim nicht diese biologisch begründete »Verwandtschaft« für sich genommen von Belang, sondern – in soziologischer Perspektive – deren soziale Einbettung: Die spezifischen Erlebens- und Denkformen entstehen im Umgang mit den Mitgliedern der gleichen Generation und in Auseinandersetzung mit der vorausgehenden Generation. Den Zeitpunkt im Lebenslauf, zu welchem sie sich ausbilden, setzt Mannheim, u.a. auch unter Bezug auf Eduard Sprangers »Psychologie des Jugendalters«, mehr oder weniger um das 17. Lebensjahr an. Davon ausgehend meint er, dass unter Bedingungen einer gesteigerten gesellschaftlichen Dynamik die ältere Generation sich veranlasst sehen kann, der Jugend gegenüber offener und wandlungsfähiger zu sein als die mittlere Generation, die ihre von der eigenen Jugendzeit geprägte Lebenseinstellung noch nicht aufzugeben vermag. Hier zeichnen sich Ansätze eines Verständnisses der Generationendynamik ab, die sich über drei Generationen erstreckt.

Mannheim arbeitet in kritischer Abgrenzung von der Geschichtsphilosophie seiner Zeit eine spezifisch soziologische Sichtweise heraus.[8] Zu diesem Zweck stellt er typisierend zwei Traditionen der Geschichtsschreibung einander gegenüber, die positivistische und die romantisch-historistische. Erstere diskutiert er anhand der französischen, letztere anhand der deutschen Fachliteratur. Die Erörterung der beiden Ansätze verbindet Mannheim mit der Reflexion unterschiedlicher Zeitbegriffe.

»Für den Liberalen, Positivisten, im erwähnten Sinne idealtypischen Franzosen ist das Generationsproblem zumeist ein Beleg für die *geradlinige Fortschrittskonzeption*. – Dieses aus modern-liberalen Impulsen erwachsene Denken hatte von Anfang an mit einem veräußerlichten, mechanisierten *Zeitbegriff* operiert und versuchte an der quantitativ meßbaren Zeit einen objektiven Maßstab für den geradlinigen Fortschritt zu finden. Auch die Abfolge der Generationen erschien hier eher als ein Geschehen, das die Geradlinigkeit der Zeitfolge nicht so sehr durchbrach, als es sie artikulierte« (aaO: 515).

Dies verbindet Mannheim mit dem kritischen Hinweis auf eine »schematisierende Psychologie«, gemäß der »das Alter stets als das konservative Element und die Jugend nur in ihrem Stürmertum gesehen wird« (aaO: 512). Die Geistesgeschichte werde hier zu einer Darstellung historischer Zeittafeln. Dementsprechend geht es in dieser von Mannheim abgelehnten Sichtweise darum, die durchschnittliche Zeit für die Dauer von Generationen und entsprechend auch für die Generationenintervalle zu finden.

Nicht frei von einer gewissen Stereotypisierung stellt er der seiner Ansicht nach in Frankreich vorherrschenden »positivistischen« Auffassung eine in Deutschland bevorzugte historisch-romantische Sichtweise gegenüber. Diese zeichnet sich dadurch aus, dass sie einen »Gegenbeweis gegen die Linienhaftigkeit des historischen Zeitablaufs zu finden bestrebt ist« (aaO: 516).

7.1 Generationengenese: Karl Mannheims Essay als Ausgangspunkt

Mannheim stützt sich in diesem Zusammenhang insbesondere auf die Vorstellung des Kunsthistorikers Pinder, der sich für das Phänomen der »*Ungleichzeitigkeit des Gleichzeitigen*« interessiert hat. Gemeint ist damit die spannungsreiche Verbindung von chronologischer (quantitativer) und erlebter (qualitativer) Zeit. »Für jeden ist die gleiche Zeit eine andere Zeit, nämlich *ein anderes Zeitalter seiner selbst*, das er nur mit Gleichaltrigen teilt« (aaO: 517). Mannheim geht es offensichtlich im Kern darum zu zeigen, wie das Nebeneinander von Generationen im eben umschriebenen Sinne zu einem Ausgangspunkt historischer Dynamik werden kann. Er fordert, nochmals unter Bezug auf Pinder, es sei ein Zeitdenken notwendig, das »polyphon« organisiert sei: »…in jedem ›Zeitpunkt‹ muß man die einzelnen Stimmen der einzelnen Generationen heraushören, die stets von sich auch jenen Punkt erreichen« (aaO: 518).

Mannheim argumentiert in seiner Soziologie, mithin auch im Essay, von einem Menschenbild her. Dieses scheint auch jene Identitätsvorstellungen zu prägen, die den Generationen zugeschrieben werden, die ihrerseits wiederum die gesellschaftliche Entwicklung prägen. Das wirft ein klärendes Bild auf die Faszination, welche für Mannheim die Pindersche Formel der Ungleichzeitigkeit des Gleichzeitigen hat. Die Erfahrung von Differenz, und zwar nicht nur jener aus Klassenlage, sondern auch jener aus Kultur (modellartig am Beispiel des Künstlers dargestellt) prägt das Selbstbewusstsein.

Diese Gedanken verbindet Mannheim mit dem Konzept der »Entelechie«. Es beinhaltet die Vorstellung, dass jede Generation eine Einheit bildet und, gestützt auf ein »inneres Ziel«, ihre je eigene Ausdeutungsform für ein »eingeborenes Lebens- und Weltgefühl« findet.[9] Pinder und andere haben versucht, diese Vorstellung an der Kunstgeschichte zu belegen. Mannheim selbst ist gegenüber diesem spekulativen, esoterische Züge tragenden Begriff der Entelechie misstrauisch, doch die Idee fasziniert ihn. Man kann sogar sagen, dass das damit Gemeinte, nämlich die Quelle der Dynamik, für ihn ein starkes Motiv für das aktuelle Interesse an der Generationenfrage ist.

Mannheim sucht in der Folge die Vorstellung einer der Generation eigenen Kraft oder Dynamik auf weniger idealistische Weise zu umschreiben und stellt folgende Überlegung an:

»Eine mitgestaltende Kraft haben wohl auch die gesellschaftlichen Beziehungen, in denen Menschen zunächst sich treffen, in ihren Gruppierungen, wo sie sich gegenseitig entzünden und wo ihre realen Kämpfe Entelechien schaffen und von hier aus auch Religion, Kunst usw. in Mitleidenschaft ziehen und weitgehend modellieren« (aaO: 520).

Das lässt sich – aktuell – so lesen und interpretieren, dass bereits bei Mannheim der Gedanke angelegt ist, die Gestaltung der Beziehungen, und zwar sowohl der intra- als auch der intergenerationellen Beziehungen, sei eine »Kraft«, die für die gesellschaftliche und die persönliche Entwicklung von Belang ist. Die Thematisierung der Span-

7. Generationentheorie

nungen zwischen den Generationen vermag dazu beizutragen, die Generationendynamik und somit das Problem der Generationen zu erfassen. Auf diese Weise lässt sich ein Zugang zur Analyse von Generationenkonflikten finden (ein Begriff, den Mannheim allerdings nicht vertieft). Indessen schreibt er:

> »Vielleicht wäre es doch auch lohnend zu fragen, ob es sich hier nicht nur um ›Reibungen‹, ›Einflüsse‹ und ›Beziehungen‹ handle, vielleicht strahlt auch aus diesen Faktoren schöpferische Kraft, bildende Gewalt, soziale Entelechie? Vielleicht vermitteln gerade diese, aus dem sozialen Miteinander und Gegeneinander strömenden Energien zwischen den sonst nur zufällig aneinander geratenden und sich kreuzenden übrigen Entelechien der Künste, Stile, Generationen usw.?« (aaO: 520).

Mannheim entfaltet allerdings seine Argumentation von der Gesellschaft her, denn es geht ihm – um es zu wiederholen – um »die grundlegenden Faktoren beim Zustandekommen der gesellschaftlichen Dynamik«. Darum kann man nachempfinden, dass er die unmittelbaren Beziehungen in der Familie als gegeben voraussetzt. Vermutlich sind zu seiner Zeit die privaten Lebensformen, jedenfalls in der öffentlichen Diskussion und in den Sozialwissenschaften, weniger heterogen und vielfältig eingeschätzt worden als heutzutage. Mittelbar ist dieser Lebensbereich allerdings einbezogen, wenn Mannheim in Anlehnung an die Einsichten der damaligen Entwicklungspsychologie und Pädagogik davon ausgeht, die Zeit um das 17. Lebensjahr, also die Phase der späten Jugend und des jungen Erwachsenseins seien prägend. Denn dann dürfte in jener Zeit für die meisten die Ablösung vom Elternhaus und die Zuwendung zum öffentlichen Raum stattgefunden haben.

Ein Schwerpunkt von Mannheims theoretischen Überlegungen zum Thema »Generationen« bildet der Versuch, die zeitliche Dimension, die er in sozialen Kategorien – also in solchen des Handelns und des Erlebens – fassen will, mit einer sozial-räumlichen Dimension zu verbinden (in der in Kap. 2.3 vorgeschlagenen Definition wird dies als sozial-zeitliche Positionierung umschrieben). Auf der Suche nach einer vergleichbaren soziologischen Kategorie stößt Mannheim auf diejenige der sozialen Klasse. Allerdings wird dieser Begriff von ihm weiter gefasst als von Marx: Mannheim nennt als Beispiele für soziale Klassen nicht nur Proletarier und Unternehmer, sondern auch Rentner. In diesem Zusammenhang tritt eine räumliche Betrachtungsweise hervor: die Auffassung, man »befinde sich« in einer Klassenlage. Auf diese Weise gelangt Mannheim zum Konzept der »Lagerung im sozialen Raume«.

Zur näheren Bestimmung der »Lagerung« findet sich eine bemerkenswerte Formulierung, die besagt, die verwandte Lagerung im sozialen Raume sei nur bestimmbar durch die Nennung jenes Gefüges »*in* dem man und *durch* das man im gesellschaftlichhistorischen Leben verwandt gelagert ist« (aaO: 527). Für Mannheim ergibt sich dar-

7.1 Generationengenese: Karl Mannheims Essay als Ausgangspunkt

aus, dass die Generationenlagerung durch den »biologischen Rhythmus im menschlichen Dasein« fundiert ist. Diesen Rhythmus führt er auf die Phänomene von Geburt und Tod, der begrenzten Lebensdauer und des Alterns zurück – Phänomene, die in der neueren Generationenforschung einer ausdifferenzierten Analyse unterzogen worden sind. Offenbar bilden – implizit – auch für Mannheim die demographischen Gegebenheiten und Veränderungen den allgemeinen, auch objektiven Hintergrund des »Problems« der Generationen. Allerdings lässt sich auch kritisch beanstanden, dass Mannheim letztlich doch wieder in rhythmischen *Phasen* denkt, obgleich er diese Auffassung eigentlich überwinden will.

Unter den kritischen Würdigungen von Mannheims Essay ragt die Arbeit von Sparschuh (2000) heraus, die den Text in die lebenslange Beschäftigung Mannheims mit der Thematik einordnet.[10] Sparschuh kann zeigen, dass sich Mannheim der Thematik mit einer Reihe von Arbeiten angenähert hat (aaO: 223ff.). Im Rahmen seiner Kulturanalysen entwickelte er die Vorstellung einer »konjunktiven Erfahrungsgemeinschaft«. Damit ist ein gemeinsames Erleben und Erkennen gemeint, das durch eine gemeinsame »Perspektive« oder Standortgebundenheit charakterisiert ist.[11] Auf diese Weise wird ein distinktiver Generationenbegriff vorbereitet.[12] In den späteren Phasen wendet sich Mannheim dann von der analytischen Arbeit ab und entwickelt neben dem analytischen einen normativen Generationenbegriff. Er nutzt ihn im Rahmen eines politischen Programms der Erziehung, worin er der Soziologie in seiner Zeit – man könnte auch sagen: »der soziologischen Aufklärung« – eine besondere Rolle zuweist.

Er verbindet dies mit der Auffassung, Generationen hätten einen ihnen zukommenden Auftrag. Dieser ergibt sich daraus, »dass in der Generationenfolge Wissen tradiert wird und als Erbe figuriert, aus welchem sich ein Auftrag ergibt«. Das ist eine Denkfigur, die in der Generationentheorie immer wieder auftaucht. Generationen wird eine spezifische Mission zugeschrieben, insbesondere wird diese auf die Jugend projiziert. Daraus ergibt sich eine positive Grundhaltung der Älteren gegenüber den Jüngern. Sie kehrt sich ins Gegenteil, wenn die Jugend die ihr zugedachte Rolle verkennt oder nicht zu erfüllen vermag. Hier ist im Kern eine Zwiespältigkeit im Verständnis des Generationenverhältnisses angelegt. Überdies aber kommen auf diese Weise ontologisierende Aspekte ins Spiel, wie sie für einen Teil des Generationendiskurses kennzeichnend sind.[13]

Mannheims Essay ist, wie neuere Kommentare – so von Bohnsack/Schäffer (2002) und Sparschuh (2000) – nachweisen, eng mit dem Anliegen verknüpft, die Bedingungen herauszuarbeiten, die es den Menschen gestatten, mit den Anforderungen der Modernisierung selbstbewusst umzugehen. In einer uns heute etwas seltsam anmutenden Formulierung verbindet er dies mit dem Postulat eines »soziologischen Menschentypus« (Srubar/Endreß 2000: 52 und 59). Für diesen kennzeichnend ist die Fähigkeit zur »Lebensdistanzierung« (aaO: 55). Sie beinhaltet, dass dem Leben nicht ein eindeutiger Bedeutungszusammenhang zugeschrieben wird (wie dies gemäß Mannheim für die re-

7. Generationentheorie

ligiöse Lebensauffassung gilt). Erleichtert wird diese Lebensdistanzierung durch das gedankliche Experimentieren (das Mannheim wiederum auch als Methode im Essay verwendet).

Lebensdistanzierung erfolgt, wenn Antinomien als solche erkannt und bedacht werden, wenn Menschen anfangen, vom Ich und vom Leben als einem Dritten zu sprechen. Hierzu wörtlich (aaO 2000: 54f.):

> »Man erlebt sich selbst […] als etwas, was auch anders sein könnte. Man ist nur eine Möglichkeit seines Selbst. Dieses Lebensgefühl entsteht in dem Prozeß des Verschwindens der eindeutigen Weltauslegung, die in der eindeutigen Gruppe mehr oder minder vorhanden war. Wie entwickelt sich das weiter? Das Aufgezeigte ist die Grundsituation. Man erlebt sich selbst als ein Etwas, das auch anders sein könnte. Das ist entscheidend. Das bedeutet: Man nimmt die Variabilität des Verhältnisses seiner selbst in das Erlebnis mit hinein. Es wird nicht mehr gesucht, sondern erlebt. Man erlebt, indem man bei jedem Akt der Freundschaft die Möglichkeit der Andersgestaltung der Freundschaft mit hinein nimmt. […] Lebensdistanzierung geht einher mit dem Reflexiv-Werden von Gesellschaft.«

Gemäß Mannheim spaltet sich in der modernen Epoche die Gruppeneinheit. Diese Epoche stellt die Gruppenteile konträr gegeneinander (aaO: 73): »Lebensdistanzierung [bedeutet]: Der moderne Mensch fällt aus dem Aktvollzug heraus. Die Gruppenvollzüge, die vorgegeben sind, werden nicht vollzogen und er entdeckt im Reflexiv-Werden die Gesellschaft. Wir haben dieses Phänomen erklärt aus der Spaltung der Gruppeneinheit in der modernen Epoche, die die Gruppenteile konträr gegeneinander stellt. Mit einem Wort: Das seelische Phänomen, von dem wir ausgehen, indem wir den modernen Menschen erfassen, wird in Beziehung gesetzt zu dem, was in dem sozialen Leben des Gesellschaftskörpers zur Auswirkung kommt.«

Die Erfahrung, dass mehrere Generationen gleichzeitig nebeneinander existieren, wird hier zu einer wesentlichen Voraussetzung eines reflexiven Selbstbewusstseins. Das Problem der Generationen wird zu einem Schlüssel des Verständnisses der modernen Menschen.

Mit heutigen Begriffen kann man sagen, die Mannheimsche Analyse enthalte die wichtige Einsicht, dass die Generationenzugehörigkeit den *Menschen* als *gesellschaftliches Wesen* charakterisiere. Die Persönlichkeit des Einzelnen wird durch seine Erfahrungsgemeinschaft mit Gleichaltrigen sowie durch die Differenzerfahrung im Umgang mit Angehörigen der älteren Generationen beeinflusst. Auf diese Weise kann er seine soziale Umwelt gestalten und – unter Umständen – sogar den Gang der gesellschaftlichen Ent-

7.1 Generationengenese: Karl Mannheims Essay als Ausgangspunkt

wicklung beeinflussen; denn jede neue Generation steht für einen »neuartigen Zugang« zum »akkumulierten Kulturgut«. Mannheims Interesse galt der Rolle der kulturellen und politischen Eliten, doch lässt sich daraus auch folgern: Die personale Identität des einzelnen Menschen als Frau und als Mann – mag sie uns noch so individuell erscheinen – ist eine Antwort auf das zeitliche Eingebundensein in das Gesellschaftliche und sie steht in einem Wechselverhältnis zur Bildung von kollektiven Identitäten.

Kritisch lässt sich – mit Matthes (1985) – gegen Mannheim einwenden, dass er im zweiten Teil seiner Darstellung das Konzept der Generation »verräumlicht« und einer »Reifizierung« nahe kommt, also Generationen als »Akteure« versteht. Demgegenüber kommt die differenzierte Analyse der zeitlichen Qualitäten der Interaktionen zwischen den Angehörigen unterschiedlicher Generationen letztendlich zu kurz. Indessen findet sich bei Matthes eine Passage, die darlegt, dass in der Entwicklung der Generationentheorie und -forschung diesen intergenerationellen Beziehungen großes Gewicht zukommt:

»[…] genau das ist die gesellschaftliche ›Leistung‹, die über die generationellen Verhältnisse erbracht wird: Chronologisch gegeneinander versetzte Muster der Weltwahrnehmung, wechselseitig identifizierbar machen, in ihrer Konfrontation aus der Selbstverständlichkeit ihrer ›konjunktiven‹ Geltung unter den Gleichzeitigkeiten herauszuholen, zurechenbar und ›verhandlungsfähig‹ zu machen. Nicht um ›Generationen‹ als wie auch immer gestaltete und bestimmbare Gruppen geht es, sondern um generationelle Verhältnisse« (Matthes 1985: 369).

Ein weiteres Beispiel der Vertiefung Mannheimscher Überlegungen ist die Abhandlung von Edmunds/Turner (2002). Sie sehen sich ausdrücklich in der Nachfolge von Mannheim. Gleich ihm, aber noch expliziter als er, sehen sie im Konzept der Generation eine Alternative zu jenem der sozialen Klasse (aaO: 2). Anders als er rekurrieren sie auf die demographischen Bedingungen, was angesichts der Entwicklungen in den letzten Jahrzehnten und deren Thematisierung durchaus verständlich ist. Doch ihre besondere Aufmerksamkeit gilt nicht den solchermaßen auf Alterskohorten bezogenen Generationen. Vielmehr machen sie auf die Nähe zu »Theorien sozialer Bewegungen« aufmerksam, so auch zum Feminismus (der ihrer Ansicht nach die Generationenfrage allerdings vernachlässigt hat).

In ihrer Zusammenfassung erinnern sie daran (aaO: 115ff.), dass Mannheim über Generationen im nationalen Kontext geschrieben hat. Heutzutage, besonders eindringlich nach dem 11. September 2001, aber auch schon vorher, können sich dank der raschen, alle Erdteile umfassenden Kommunikationsmedien, globale Generationen herausbilden. Sie schaffen neue Kontexte für nationale Generationen, die dadurch zum Teil abgewertet, zum Teil aufgewertet werden.

7. Generationentheorie

Für die Ausweitung des Konzeptes der Generation als analytische Kategorie sprechen gemäß Edmunds/Turner weitere Gründe. So artikulierte sich in der Nachkriegsgeneration (treffender wäre wohl, von Nachkriegsgeneration*en* zu sprechen, d.V.) eine markante Kritik am sozialen Wandel. Diese Generation(en) sind ferner durch eine ausgeprägte Konsumhaltung (»consumerism«) – oder auch den Widerstand gegen diese – gekennzeichnet. Damit wird die Nähe zum Phänomen der Mode deutlich, wobei auch hier Akzeptanz und Distanz einander gegenüber stehen. Schließlich sprechen Edmunds/Turner die Verflechtungen mit der Entwicklung der öffentlichen Wohlfahrt bzw. des Sozialstaates an. Gerade diese Umstände haben zum Bedeutungsverlust des Begriffes der sozialen Klasse geführt. Seine Stelle kann in gewisser Weise jener der Generation einnehmen. Mit Bourdieu (siehe 1988, 1993) als Kronzeugen wird die These vertreten, dass auf diese Weise insbesondere die Auseinandersetzungen über kulturellen Einfluss erfasst werden können (allerdings in einem weiten Sinne des Wortes »Kultur«, der ihre materiellen Aspekte einschließt).

Um die Dynamik analytisch zu verdeutlichen, führen Edmunds/Turner eine typologische Unterscheidung zwischen aktiven und passiven Generationen ein, die einander fluktuierend ablösen: Auf eine Generation, die sich um eine Veränderung des sozialen und kulturellen Lebens bemüht, folgt eine solche, die politisch apathisch ist. Die Unterscheidung knüpft an Mannheims Unterscheidung zwischen »konservativ« und »revolutionär« an (hierzu Sparschuh 2000: 236). Diese Unterteilung und die Annahme einer gesetzmäßigen Abfolge erinnert an die Wurzeln der Generationentheorie in der Klassentheorie und verweist auf die Relevanz von Konflikten für die Generationendynamik.

7.2 Generationenkonflikt und Generationensolidarität

In den frühen Ansätzen eines neuzeitlichen Verständnisses der Generationenfrage wird das Verhältnis zwischen den Generationen überwiegend antagonistisch geschildert.[14] Das ist plausibel, wenn Generationen als Kräfte der Erneuerung verstanden werden.

Starke Wurzeln dieses Verständnisses liegen im Denken der Aufklärung, das seinerseits konstruktiv auf die kulturellen, sozialen und wirtschaftlichen Umbrüche in dieser Epoche reagiert hat. Die Vorstellung, dass die Erziehung vielleicht »immer besser werden, und dass jede folgende Generation einen Schritt näher tun wird zur Vervollkommnung der Menschheit« (Kant 1803/1922: 196) bildet den geistesgeschichtlichen Ausgangspunkt für die Aufwertung der jungen Generation als Träger des Fortschritts.[15]

Von Belang für das sozialwissenschaftliche Verständnis sind ferner die Wurzeln in der Klassentheorie, die in der Dialektik des Klassenkampfes eine Gesetzmäßigkeit der

7.2 Generationenkonflikt und Generationensolidarität

gesellschaftlichen Entwicklung im Sinne des Fortschrittes sieht. Die Vorstellung einer wechselnden Abfolge findet sich von Mannheim bis Edmunds/Turner. Die Verlagerung der Aufmerksamkeit von den sozialen Klassen auf die Generationen wird durch die Ausweitung des Begriffes der Kultur begünstigt. Das wiederum ist vereinbar mit der Berücksichtigung der familialen Dynamik und darüber hinaus mit der bereits mehrfach angesprochenen wechselseitigen Durchdringung von gesellschaftlichen und familialen bzw. öffentlichen und privaten Generationenvorstellungen.

Konflikte lassen sich indessen auch als naturwüchsig, unvermeidbar und immer wiederkehrend interpretieren. Sie sind folglich Mechanismen, die funktional für die gesellschaftliche Entwicklung sind. Sie können – wenn angemessen damit umgegangen wird – zum gesellschaftlichen Zusammenhalt beitragen. In einer solchen Sichtweise besteht eine Entsprechung zu Ideen, die dem Konzept der »Solidarität« zu Grunde liegen, jedenfalls dann, wenn es in einem weiten Sinne verstanden wird. In der Analyse der Generationenfrage hat dieses im Zuge jener Entwicklungen an Bedeutung gewonnen, die wir zu Beginn dieses Kapitels als »pragmatische Wende« bezeichnet haben. Sie hängt mit der wachsenden Einsicht zusammen, dass das Verhältnis zwischen den Generationen Aufgaben der Gestaltung impliziert. Damit werden allerdings nebst den analytischen auch normative Erwägungen angesprochen. Der Umgang mit Generationendifferenzen und die Praxis der Generationenbeziehungen können somit unter beiden Gesichtspunkten – Konflikt und Solidarität – betrachtet werden. Diese Sichtweisen überschneiden sich, nicht zuletzt bei der Interpretation von Befunden der Forschung.

7.2.1 Generationenkonflikte

Die Analyse von Generationenkonflikten kann sich – systematisch betrachtet – auf die Frage nach der Genese von Generationen beziehen; in diesem Fall wird angenommen, dass sich über ein wachsendes Bewusstsein von antagonistischen Differenzen ein potenzielles Generationenbewusstsein herausbilden und verstärken kann. In einer zweiten Perspektive rückt die Gestaltung der Generationenbeziehungen ins Zentrum der Aufmerksamkeit; eine wichtige Argumentationsfigur ist dabei, dass angenommen wird, unbewusste und bewusste Konflikterfahrungen zwischen Eltern und Kindern, genauer: zwischen Vätern und Söhnen, würden gesellschaftlich ausgelebt.[16] Noch tiefgreifender sind jene Ansätze, welche von der Annahme biologischer Wurzeln von Eltern-Kind-Konflikten ausgehen. Schließlich finden sich – wie dies der Begriffsgeschichte (siehe Kap. 2.1) entnommen werden kann – Vorstellungen über die Schicksalhaftigkeit von Konflikten im Verhältnis zwischen den Generationen.

Betrachtet man Generationenkonflikte im Kontext des gesellschaftlichen Wandels, interessieren nicht nur die Annahmen über die Voraussetzungen für Generationenkonflikte, sondern auch die Einschätzung von deren Konsequenzen. Der folgenden Darstellung liegt eine Klassifikation zugrunde, in der sowohl die Entstehung als auch die Konsequenzen von Konflikten in Betracht gezogen werden. Wir unterscheiden schematisch zwei Typen von Deutungsmustern: Generationenkonflikte als Erneuerung und Generationenkonflikte aus Interessenlagen.[17]

Generationenkonflikte als Erneuerung

Wenn Generationen als Kräfte der Erneuerung verstanden werden, gewinnt das Motiv des Generationenkampfes zentrale Bedeutung (siehe Göckenjan 2000: 246). Ein bevorzugtes Medium für die Darstellung der Generationenkonflikte im Zeichen eines Jugendmythos bietet die Schöne Literatur. Gemäß Göckenjan wird um die Jahrhundertwende »der Modernitätskonflikt, der Konflikt zwischen alt und neu, [...] in familiale Szenarien transportiert und als Autoritätsdramen inszeniert« (ebd). Dabei geht es – der männlichen Dominanz in der symbolisch dargestellten Generationenthematik entsprechend – in der Regel um einen Vater-Sohn-Konflikt. Das Aufkommen der Psychoanalyse begünstigte diese Sichtweise. Bedeutsam war ferner der populäre Darwinismus, der mit der Stilisierung des »Generationenwechsels als Kampf um Lebensraum« einhergeht und die Vorstellung eines »Verdrängungswettbewerbs zwischen modern und traditionell« begünstigt (aaO: 247). Allerdings handelt es sich dabei um ein Spiel, dass immer wieder von Neuem beginnt, letzlich um die Darstellung »eines empfindlichen, flüchtigen Prinzips: Hinter dem Jungen wartet schon das Jüngere« (aaO: 253). Variiert wird im Laufe der Zeiten, ob eher die Jüngeren oder die Älteren die Aggressoren sind.

Deutlich wird dieser Zusammenhang auch in dem Vorschlag von Dreitzel (1984), den Generationenkonflikt im Kontext allgemeiner Theorien kultureller Entwicklungen zu sehen. Dabei verknüpft er drei Thesen: Die erste betrifft (unter Bezug auf Mary Douglas, allerdings ohne Quellenangabe) die Vorstellung, wonach Gesellschaften sich im Pendel zwischen rigider Formalisierung und informeller Spontanität entwickeln. Zweitens orientiert er sich an Leitideen, die Elias der Darstellung »Über den Prozess der Zivilisation« (1976) unterlegt. Schließlich bezieht sich Dreitzel auf das von Young/Willmott (1973) formulierte Konzept »geschichteter Diffusion«. Es besagt, dass kulturelle Veränderungen von den oberen Schichten zu den unteren Schichten diffundieren.

> Elias zufolge beinhaltet – vereinfachend umschrieben – der Prozess der Modernisierung in einer ersten Phase eine zunehmende äußere Kontrolle aller direkten Äußerungen körperlicher und emotionaler Bedürfnisse. Ihr folgt eine zweite Phase der Internalisierung dieser Kontrolle. Die jüngere und jüngste Zeit aber beinhaltet wiederum – im Sinne der angesprochenen Pendelbewegung – Prozesse der (wie Dreitzel dies nennt) »Informalisierung« (aaO: 19). Darin spielen nun die jungen Generationen eine wesentliche Rolle. Dies mag ansatzweise

7.2 Generationenkonflikt und Generationensolidarität

schon früher der Fall gewesen sein. Doch ihr Gewicht wird durch allgemeine Entwicklungen begünstigt, nämlich die Politisierung von naturbezogenen Kategorien wie Rasse, Geschlecht und auch Alter sowie der damit einhergehenden Verhaltensweisen wie beispielsweise Sexualität – eben jenen Sachverhalten, die für den Fortgang des Prozesses der Zivilisation ausschlaggebend sind. In der Tat ist in den Jugendbewegungen eine – namentlich im Bereich der Körperlichkeit – zum Teil schockierend wirkende De-Ritualisierung beobachtbar.

Zu bedenken ist allerdings (was Dreitzel nicht anspricht), dass gerade diese Phänomene, die auf die Nähe von Generationenfolge und Mode verweisen, angesichts der Allgegenwart der Medien und der Werbung nur bedingt und allenfalls für kurze Zeit alterspezifisch sind. Die Argumentation von Dreitzel weist eine gewisse Verwandtschaft mit der Generationentypologie von M. Mead auf (siehe Kap. 3.2). Kritisch kann man dagegen einen Einwand erheben, den Böhnisch/Blanc (1989: 17) wie folgt formulieren: »Generationenkonflikte und die politischen Generationenzugehörigkeiten sind historisch nicht nur Ausdruck gesellschaftlicher Umbrüche und Übergänge, sondern gleichzeitig auch notwendige Medien der Thematisierung sozialen Wandels«.[18]

Die Analyse von Generationenkonflikten als Mechanismen gesellschaftlicher Veränderungen und sozialen Wandels findet sich nicht nur in der Soziologie, sondern auch in historischen Arbeiten. Eine treffendes Beispiel bildet der von Roseman (1995) herausgegebene Sammelband: »Generations in conflict. Youth revolt and generation formation in Germany 1770-1968« – ein Titel, der übrigens auf die Relevanz von Konflikten für die Genese von Generationen hinweist.

Das erste (von Roseman verfasste) Kapitel dieses Sammelbandes bietet eine prägnante Darstellung jener Richtung historischer Forschung, die sich an den Überlegungen von Mannheim orientiert. Einleitend wird daran erinnert, dass seit den 1770er Jahren die Werte und Normen der deutschen Gesellschaft immer wieder von rebellierenden Jugendlichen in Frage gestellt werden, so von den Schriftstellern des Sturm und Drang, der Bewegung »Junges Deutschland« in den 1830er und 1840er Jahren, von den Jugendprotesten gegen das Wilheminische Deutschland, von den zahlreichen Gruppierungen (darunter solchen von Frauen) in der Weimarer Republik, von den nationalsozialistischen Jugendorganisationen und schließlich von der »68er«-Bewegung.

In dieser – wie Roseman schreibt – »Tradition« immer wiederkehrender Proteste gegen die etablierte Ordnung kann man einen ersten Faktor für Generationenkonflikte sehen. Ein zweiter Faktor sind die dramatischen Brüche der deutschen Geschichte 1871 – 1914 – 1918 – 1933 – 1945 und 1989. Roseman stellt fest: »Juxtaposing these two facts – the tradition of youthful revolt and the recurrence of discontinuities – makes clear that German history offers fascinating ground on which to analyse generational identities and generation conflict« (aaO: 2).

7. Generationentheorie

Für die Theorie ergeben sich daraus zwei Annahmen: Wenn es eine (deutsche) »Tradition« des Generationenkonfliktes gibt, kann man vermuten, dass der Grund dafür in den Beziehungen zwischen den Altersgruppen liegt. Wenn hingegen die historischen Brüche von Belang sind, dann liegt der Grund im Umstand, dass diese prägenden historischen Ereignisse von den Altersgruppen in unterschiedlichen Lebensphasen erfahren werden. Möglicherweise – so Roseman – gibt es komplexe Verknüpfungen zwischen diesen beiden Gründen. Zur Komplexität der Phänomene kann überdies beitragen, dass sich die prägenden Erfahrungen erst später auswirken, also von einer Art verzögerter Kausalität gesprochen werden kann (siehe hierzu z.B. Fischer-Kowalski 1983).

In diesem Zusammenhang stellt sich im Blick auf die jüngste Vergangenheit die Frage, ob die Generationenkonflikte in Ost- und Westdeutschland unterschiedlich verlaufen sind. Dazu hat Wierling (2001) Untersuchungen durchgeführt. Sie stellt fest (aaO: 83f.), dass die Versuche der Machthaber im Osten, das private Konfliktpotenzial zwischen Alt und Jung für politische Zwecke zu instrumentalisieren, nicht erfolgreich gewesen sind. Vielmehr wurden die Barrieren zwischen dem Öffentlichen und dem Privaten bekräftigt und die innerfamilialen Beziehungen verstärkt (siehe auch Kap. 3.2).

In der Soziologie findet sich die Analyse von Generationenkonflikten als Erneuerung vor allem in Arbeiten, die dem (in den seit den 1940er Jahren insbesondere in den USA stark verbreiteten) Funktionalismus zugerechnet werden können. Ein früherer Schlüsselaufsatz stammt von Kingsley Davis (1940), der sich in seinen Forschungen und auch in diesem Text um die Verknüpfung zwischen mikrosozialen und makrosozialen (demographischen) Analysen bemühte.

Er lokalisiert den Konflikt zwischen Eltern und Jugendlichen im beschleunigten sozialen Wandel. Dieser verstärke die intrinsischen, universalen und unausweichlichen Differenzen zwischen Eltern und Kindern und schaffe von außen Differenzen. Sie ergeben sich aus der Notwendigkeit, in jeder Lebensphase unterschiedliche kulturelle Inhalte zu erwerben. Dabei gehe es – schematisch gesehen – darum, dass die Eltern zu ihrer Zeit als Kinder anderes gelernt haben als ihre Kinder heute. Hier argumentiert Davis mit einem Modell der – wie er schreibt – »Logik persönlicher Entwicklung«, demzufolge frühe Erfahrungen prägend sind (ein Gedanke, der bereits bei Dilthey und darauf bezugnehmend Mannheim konstitutiv für den Begriff der Generation ist).

Die Differenzen lokalisiert Davis in den physiologischen Unterschieden, die indessen im Laufe der Zeit ihre potenzielle Tragweite verändert haben. Von Belang ist des Weiteren ein psychosozialer Unterschied, den er generalisierend als Gegensatz zwischen dem Realismus der Erwachsenen und dem Idealismus der Jugendlichen deutet. Schließlich verweist er auf die elterliche Autorität. Sie ist indessen – so seine zeitdiagnostische Überlegung – keinesfalls eindeutig, sondern steht in Konkurrenz zu anderen Autoritäten, etwa in der Schule, denen

7.2 Generationenkonflikt und Generationensolidarität

sich das Kind unterwerfen muss. Zusammenfassend ergibt sich, dass Konflikte zwischen Eltern und Jugendlichen das Ergebnis der Interaktion von Universalien dieser Beziehungen und spezifischen zeitbezogenen sozialen Werten sind.

Das Exemplarische an Davis' Darstellung liegt in der bereits angesprochenen spezifisch soziologischen Perspektive: Die in den Familien sich manifestierenden Generationenkonflikte werden als Ausdruck sowohl personaler als auch institutioneller Differenzen gesehen. In dieser Tradition findet sich ein reiches Schrifttum. Eine Ausweitung des Modells bieten beispielsweise die Überlegungen von Hall. Dieser folgt aus der Übersicht psychoanalytischer, systemtheoretischer und lerntheoretischer Ansätze, dass Eltern-Kind-Konflikte im Wesentlichen auf Defizite in der Befähigung zur Kommunikation zurückzuführen sind (Hall 1987: 785). Diese Darlegungen veranschaulichen die Grundgedanken einer funktionalistischen Orientierung. In einem Vergleich mit der auf Mannheim zurückgehenden Sichtweise hebt Braungart (1974) hervor:

– Das funktionalistische Modell der Generationen sieht den Konflikt als das Ergebnis einer schwachen Integration zwischen Altersgruppen und der Gesellschaft. Dies ist in den Überlegungen von Davis (als einem der ältesten funktionalistischen Texte) deutlich erkennbar. Braungart verweist überdies auf Eisenstadt (1966), einen Autor, der in seiner Zeit ebenfalls eine funktionalistische Sichtweise der Generationenfolge und des Generationenkonfliktes vertreten hat. Braungart zufolge gilt: »The segregation of youth and psychosocial ambiguity experienced by adolescents are direct results of structural differentiation and change« (aaO: 37).
– Die Generationen werden durch komplexe, unpersönliche Kräfte in der Gesellschaft auseinandergerissen und Jugendbewegungen sind teilweise das Resultat struktureller Entfremdung. Damit einher geht eine Zuschreibung von Zeitperspektiven, gemäß der die Altersgruppe der bis zu 30-Jährigen primär zukunftsorientiert, die mittlere Altersgruppe von 30 bis 65 Jahren gegenwartsorientiert und die Älteren schließlich vergangenheitsorientiert sein sollen. An dieser Stelle erkennt man deutlich die Gebundenheit an den damaligen gesellschaftlichen Kontext.
– Gemäß dem funktionalistischen Modell ist es für die Jugend als Altersgruppe zunehmend schwierig, sich psychisch, sozial, ökologisch und politisch ganz in die Gesellschaft zu integrieren. Dieser Mangel an Integration führt zu Skepsis und Distanz, die wiederum Revolten provozieren können. Sie werden interpretiert als Versuch, den »richtigen«, ihnen zustehenden Platz in der gesellschaftlichen Ordnung zu finden.

7. Generationentheorie

So sehr die einzelnen Überlegungen zeitverhaftet scheinen, so wenig darf man übersehen, dass der Kern dieser funktionalistischen Argumentation auch heute, zumindest in der populären Literatur, nach wie vor verwendet wird. Überdies besteht eine Affinität zur Interpretation von Generationenbeziehungen unter dem Gesichtspunkt von Solidarität.

Die mit dieser Argumentation teilweise einhergehende bzw. sie überlagernde Vorstellung eines zyklischen Verlaufes der Entwicklung zeigt sich im Weiteren in Analysen, in denen eine – jedenfalls temporäre – Verminderung des Generationenkonfliktes behauptet wird. So vertrat in den 70er Jahren in den USA im Rahmen der Auseinandersetzungen über die Generationenkluft (»generation gap«) Simmons (1971) die These, dass die amerikanische Jugend nicht gegen ihre Eltern, ihre Werte und ihre Autorität rebelliert. Wie eh und je, so das Argument, glichen mehr Söhne ihrem Vater als dass sie sich von ihm unterschieden. Zwar sei Adoleszenz eine Zeit des Übergangs (»between childhood and manhood«), die durch die Politik in fortgeschrittenen Industrienationen verlängert worden sei. Trotzdem sei dies keine mysteriöse Zeit kulturellen Suchens unter der Mehrheit der jungen Amerikaner, die am vordringlichsten mit Heirat, Familie und Arbeit befasst seien (aaO: 120). Ungeachtet der heftigen Auseinandersetzungen zwischen den Generationen aus Anlass des Vietnamkrieges und der Bürgerrechtsbewegung vertritt Laufer (1971) für die USA ebenfalls die Auffassung, dass diese Konflikte zyklisch und sporadisch seien.

In Deutschland ist die Beurteilung des Stellenwertes und der Konsequenzen der mit den politischen Bewegungen um 1968 zusammenhängenden Generationenkonflikte zwiespältig. Die Einschätzung hängt wesentlich mit der Frage persönlicher und kollektiver Schuld in den Zeiten des Nationalsozialismus zusammen. Diese Thematik ist Gegenstand zahlreicher Veröffentlichungen und spezifischer Debatten (siehe Kap. 1.4 und 3.2.2). Im Auf und Ab der Einschätzung von Generationenkonflikten und der Interdependenz zwischen den Sphären des Privaten und des Öffentlichen melden sich in jüngerer Zeit in Deutschland auch Stimmen, die einen Rückgang der Generationenkonflikte diagnostizieren. So hat Oswald (1989) die Resultate der zahlreichen Untersuchungen von 1950 bis zum Ende der achtziger Jahre zusammengestellt und gezeigt, dass sich die Übereinstimmung zwischen Eltern und ihren Kindern je nach Item zwischen 75% und 95% aller befragten Jugendlichen und auch ihrer Eltern bewegt, also unerwartet hoch ist, und stellt fest:

> »Das Bild, das die empirische Sozialforschung zum Generationenkonflikt in der Familie zeichnet, steht in scharfem Kontrast zur öffentlichen Meinung. Dieser Kontrast entsteht außer durch Übertreibung des Spektakulären dadurch, dass Erwachsene die Jugend als Gruppe wesentlich negativer sehen als ihre eigenen Kinder. Im Durchschnitt haben Jugendliche in allen westlichen Industrielän-

dern, für die wir Belege beigezogen haben, ein gutes Verhältnis zu ihren Eltern und wenig grundlegende Konflikte« (aaO: 377).

Eine Möglichkeit der Erklärung sieht er in der Vermutung, dass der Konflikt als generelles Phänomen überschätzt wurde, weil außer Acht blieb, dass sich viele Darstellungen auf eine Minderheit bezogen. Dies gilt insbesondere für aktuelle literarische Darstellungen und Filme (siehe von Festenberg 2003). Zu ergänzen ist, dass sogar grundsätzliche Zweifel am Bestehen von Generationenkonflikten geäußert werden. Dies geschieht bei Lenzen (2002), zumindest mit Blick auf die letzten Jahrzehnte. Den wichtigsten Grund sieht er darin, dass die Eltern von den Jungen immer weniger als »anders« wahrgenommen werden.

Gewissermaßen das unmittelbare Gegenstück sind schwarze Krisenszenarien. Typisch dafür ist im deutschen Sprachbereich die These des Zerfalls von Eisenberg/Gronemeyer (1996). Danach führt die »alles durchdringende Kälte der Konsum- und Mediengesellschaft« zu einer Erosion abendländischer Institutionen, insbesondere auch der Familie als Sozialisationsinstanz. Es entstehe eine neue Gewaltbereitschaft, die auch in das Verhältnis zwischen den Generationen eindringe. Hier wird der Generationenkonflikt wiederum als Chiffre zur Deutung des gesellschaftlichen Wandels herangezogen.

Generationenkonflikte aus Interessenlagen

Die Spannweite der Auffassungen, die dieser Orientierung zugerechnet werden können, reicht von der Soziobiologie bis zur Sozialpolitik (und weist dennoch gerade in Bezug auf diese Extreme Gemeinsamkeiten auf). Soziobiologische Untersuchungen zum Generationenkonflikt sind deshalb bemerkenswert, weil ein anderer generationentheoretisch relevanter Ansatz, der ebenfalls auf biologischen Prämissen beruht – die Bindungstheorie – von der Annahme einer von vorneherein bestehenden, quasi natürlichen Dichte und Vertrautheit der Mutter-Kind-Beziehung ausgeht (siehe Kap. 5.5).

Eine grundlegende Darstellung stammt von Trivers (1974). Seiner Ansicht nach sind in der klassischen Evolutionstheorie Eltern als sich sexuell reproduzierende Gattungswesen darstellbar. Für die Beziehungen zwischen Eltern und Kindern nimmt er als plausibel an, dass beide Seiten dem Trieb folgen, ihr Überleben zu sichern. Betrachtet man in diesem Zusammenhang die Eltern als Akteure, lässt sich mit guten Gründen annehmen, dass diese alles tun, um den eigenen reproduktiven Erfolg zu sichern. Die Folge davon kann sein, dass die Kinder mehr fordern als die Eltern aus Rücksicht auf weitere Nachkommen (was überdies auf eine mögliche Geschwisterrivalität verweist) oder aufgrund eigener Bedürfnisse zu geben bereit sind. Trivers versucht, die Abwägung der Interessen in einem Denkmodell quantitativ zu bestimmen, was im Einzelnen umstritten blieb, hier aber nicht näher erörtert zu werden braucht (siehe: Fagen

7. Generationentheorie

1976; Partridge/Nunney 1977). Wesentlich ist die These eines biologisch zumindest potenziell angelegten Interessenkonflikts. Diese wird auch in der breit angelegten Darstellung über die Evolution der elterlichen Pflege von Clutton-Brock (1991: 193-207) behandelt.[19]

Eine primär demographische orientierte Variante stellt Hondrich (1999) zur Diskussion. Sein Ausgangspunkt ist die Feststellung, dass in Deutschland seit 1950 der Anteil der unter 20-Jährigen in der Bevölkerung sinkt. Das hat statistisch gesehen u.a. zur Folge, dass zunehmend weniger Erwachsene die Möglichkeit haben, mit Jugendlichen ins Gespräch zu kommen. Umgekehrt haben die Jugendlichen grundsätzlich mehr Kontaktmöglichkeiten zu den Älteren. Dieses zahlenmäßige Ungleichgewicht lässt sich nur bedingt ausgleichen. Die Jugendlichen wirken als eine bedeutende Minderheit in die Erwachsenenwelt hinein. Hondrich spricht von einem Mehrwissen der Minderheit. Darin liegt ein Potenzial für Konflikte, denn Generationen konkurrieren um öffentliche Aufmerksamkeit. Die Frage ist, ob bzw. wie lange andere gesellschaftliche Trennlinien wie soziale Herkunft, Religiosität oder ethnische Herkunft gegenüber den altersspezifischen Gegensätzen überwiegen. In dieser Argumentationslinie kann man also von einem latenten Konfliktpotenzial sprechen. Es wird von politischen Gruppen bereits thematisiert (siehe z.B. die Streitschriften der »Stiftung für die Rechte zukünftiger Generationen« 1998, 1999 bzw. der »Gesellschaft für die Rechte zukünftiger Generationen« 1997). Die Frage ist, ob und wann diese Stimmen Gefolgschaft finden.

Neuere Ansätze des Verständnisses von Generationenkonflikten aus Interessenlagen finden sich vor allem im Kontext der Diskussionen um die Systeme der sozialen Sicherheit sowie ganz allgemein um die Zukunftssicherung. Dabei reicht die Skala von stark rhetorisch aufgeladenen Beschwörungen bis zu differenzierten ökonomischen Analysen. Erstere erinnern daran, dass die Generationentheorie eine gewisse Nähe zur Erforschung sozialer Bewegungen aufweist, hier insbesondere hinsichtlich der Aktivierung der Älteren. Letztere bringen mit der Ökonomie eine Disziplin ins Spiel, in deren Rahmen man sich nur selten mit der Generationenfrage beschäftigt hat. In jüngster Zeit trifft dies jedoch unter anderem für Arbeitsmarktanalysen zu (siehe z.B. Sackmann 1998). In diesem Zusammenhang werden Untersuchungen zur Abwägung der Interessen mittlerweile in Form von Generationenbilanzen angelegt. Allerdings ist unverkennbar, dass es sich hierbei um eine überaus komplexe Aufgabe handelt (siehe z.B. Börstinghaus 2002; Bonin 2001; Grütz 1999).

Die Organisation wohlfahrtsstaatlicher Sicherheiten und der Umgang mit natürlichen sowie sozialen und kulturellen Ressourcen bilden angesichts der demographischen Entwicklungen, die unter dem Begriff der »Alterung der Gesellschaft« zusammengefasst werden, den Nährboden für Konflikte zwischen den Generationen, die in ihrer Art neu sind. Es ist fraglich, ob sie nach dem Muster »immerwährender« gegenseitiger Positionierung von Alt und Jung interpretiert werden können. Im Extremfall

7.2 Generationenkonflikt und Generationensolidarität

wird sogar bestritten, dass es sich um Generationenkonflikte handelt. Vielmehr wird argumentiert, dass hier eine Art »Stellvertreter-Debatte« geführt werde, hinter der sich grundlegende – und in gewisser Weise – »alte« Auseinandersetzungen über gesellschaftliche Ungleichheit verbergen (Stephan 1995). Zum Ausdruck kommt – insbesondere in der »Generationenrhetorik« – auch ein Gefühl der Unsicherheit (siehe dazu z.B. Schmähl 2001).

Die meisten Thesen zum Generationenkonflikt aus divergenten Interessen gehen von den Verlagerungen im Altersaufbau der Bevölkerung aus. So wird auch vermutet, dass sich künftig in den Prozessen der demokratischen Willensbildung, also in Abstimmungen und Wahlen, die Anliegen der Älteren stärker durchsetzen, während jene der mittleren Generationen (die als Eltern auch die Interessen von Jugendlichen und Kindern zu vertreten haben) zurückstehen müssen. Beiläufig wird auch auf die Altersstruktur der Parlamente hingewiesen.

Eine frühe Darstellung dieser Argumentation stammt von Preston (1984).

Diese Studie hat zu ihrer Zeit starke Aufmerksamkeit gefunden, weil sie neu war und dank eines Nachdrucks in einer einflussreichen Wissenschaftszeitschrift über die USA hinaus weite Verbreitung fand. Preston legt anhand von demographischen Indikatoren dar, wie die Unterschiede in der relativen Zunahme der ferneren Lebenserwartung und die Suizidrate sich zueinander verhalten. Des Weiteren zeigt er, dass sich die Lebensbedingungen von Kindern und Jugendlichen im Vergleich zu jenen der Älteren verschlechtert haben, und er geht davon aus, dass diese ihre Interessen gerade bei Entscheidungen für den Ausbau der kommunalen Infrastrukturen stärker durchsetzen werden.

Eine elaborierte Analyse im Kontext der Theorie des Wohlfahrtstaates, die in ihrer Argumentationsweise ebenfalls als typisch gelten kann, stammt von Thomson (1989).

Thomson vertritt am Beispiel von Neuseeland (das dafür geeignet ist, weil es sich um ein kleines Land mit einer langen wohlfahrtsstaatlichen Generation handelt) die These, dass sich die Errungenschaften des Wohlfahrtsstaates im Laufe der letzten 50 Jahre auf die einander folgenden Generationen ungleich verteilten. Die Jahrgänge 1920 bis gegen 1940 haben von einem auf die Jungen ausgerichteten Wohlfahrtsstaat in der Balance der Beiträge und der erhaltenen Leistungen überproportional profitiert. In der folgenden Zeit hat sich das Gleichgewicht von Belastungen und Erträgen von einer Jugendzentrierung auf eine Alterszentrierung verlagert. Das hängt seiner Ansicht nach damit zusammen, dass sich die Volkswirtschaft zusehends an den Prinzipien der neuen Ökonomie orientierte. Plakativ formuliert: In der Mitte des Jahrhunderts war die Priorität: »Younger producers ahead of older consumers«. Im Lichte kurzfristiger Rentabilitätsorientierungen kehrte sich dies ins Gegenteil. Das zeigte sich in der Gewährung von Krediten, im Sparverhalten und selbstverständlich in der Beschäftigungspolitik. Die Massen-Jugendarbeitslosigkeit demonstriert diesen Wandel ebenfalls. Thomson geht so weit zu behaupten: Der Wohlfahrtsstaat für die Jungen sei eher die Ausnahme gewesen, gewissermaßen eine erste Phase in dessen Aufbau. Das »Normale« sei der Wohlfahrtsstaat für die Alten. Historisch betrachtet bringe diese Verlagerung mit sich, dass die Generation der in den 1930er Jahren Geborenen sozusagen doppelt profitiert: Jene wurden als Junge gefördert und erfreuen sich mittlerweile einer – noch funktionierenden – reichen Alterssicherung.

Thomson sieht den Konfliktherd also in der zunehmenden Vernachlässigung der Jüngeren. Es gibt demgegenüber auch Ansätze, die auf eine wachsende Stigmatisierung der Älteren hinweisen. Diese Auffassung vertritt Turner (1989). Er wählt als Ausgangspunkt die generalisierte Beobachtung, dass das Ansehen des Einzelnen (ebenso wie jenes von Altersgruppen) vom Ausmaß der Fähigkeit abhängt, Leistungen durch Gegenleistungen zu erwidern, also, wie er sagt, »Reziprozität« zu erweisen. Benachteiligung – er spricht von »Stigmatisierung« – ist das Ergebnis von Mangel an dieser Fähigkeit, von Abhängigkeit, und sie ist überdies bedingt durch eine Ideologie normativer Verpflichtung auf Gegenseitigkeit. Dementsprechend ist die Stigmatisierung von Kindern und Älteren hoch (was Turner mit dem Hinweis auf die Redeweise der kindischen Alten illustriert). Es kommt hinzu, dass seitens der Älteren keine künftigen Gegenleistungen zu erwarten sind. Veranschaulicht man – wie Turner dies tut – diesen Zusammenhang mit einer einfachen Kurve, dann erreicht das Ansehen als Funktion der Fähigkeit zu Reziprozität in den mittleren Lebensjahren seinen Höhepunkt (aaO: 601). Dieser kann sich allerdings mit einem zunehmenden Alterungsprozess verschieben. Ansehen bzw. die Fähigkeit zu Gegenleistungen stehen für Turner sowohl für ökonomische Aktivität als auch für Lebensführung und für politische Teilhabe (»economic practice«, »cultural life-style« and »citizenship entitlements«). In allen diesen Bereichen kann es zu Interessenkonflikten zwischen Altersgruppen kommen.

Kritisch lässt sich gegen diese Darstellung einwenden, dass Turner zwar von vergleichsweise plausiblen Annahmen ausgeht, jedoch unberücksichtigt bleibt, was für die Generationenbeziehungen kennzeichnend ist: der Blick auf die Generationenkette, also auf die Interdependenzen zwischen drei (und mehr) Generationen. Es bleibt zu betonen, dass in Turners Darstellung mit Reziprozität eine Grundform der individuellen und kollektiven Beziehungsgestaltung angesprochen wird, die im folgenden Abschnitt als Ausdruck der »Beziehungslogik« ausführlich behandelt wird.

Die überwiegende Zahl der Abhandlungen zum Thema »Generationenkonflikt« nutzt dieses Konzept als Deutungsmuster. Davon unterscheidet sich deutlich die Darstellung, die Buchhofer et al. (1970) im Rahmen eines Versuchs zur Systematisierung

7.2 Generationenkonflikt und Generationensolidarität

der Generationendynamik vorlegen. Es handelt sich im Kern um den Versuch einer teils sozialpsychologisch, teils soziologisch begründeten Theorie des Generationenkonfliktes. Im Zentrum steht die Idee, dass Generationenunterschiede in erster Linie mit der Art und der Menge von verfügbaren Informationen zu tun haben. Unterschiede in diesem Zusammenhang können zum Anlass für Konflikte werden, wenn folgende Bedingungen gegeben sind: Es müssen daraus Ansprüche abgeleitet werden, diese müssen mit Sanktionen verteidigt werden können und es muss eine Situation des Wettbewerbs bestehen, also eine Konkurrenz um knappe Ressourcen. Je nachdem, ob der Vorsprung an kulturell relevanten Informationen bei den Älteren oder den Jüngeren (oder bei keinem von beiden) liegt, ob Autorität (Sanktionsmacht) und ob Wettbewerb besteht, lassen sich auf einem Spektrum zwischen Generationenunterschied und Generationenkonflikt folgende Zusammenhänge bzw. typische Konstellation postulieren (aaO: 327f.):

- »Informations-Diskrepanzen zwischen Eltern- und Kinder-Generationen sind notwendige, nicht hinreichende Bedingungen für *Generationendifferenzen*. *Generationskonflikte* entstehen erst durch eine Verschärfung von Generationsdifferenzen infolge beschleunigten sozialen Wandels.
- Um einen Generationskonflikt entstehen zu lassen, muß mindestens eine der beiden folgenden alternativen Bedingungen zusätzlich gegeben sein: a) konkurrierende, gleichzeitige soziale Beurteilung von Personen nach askriptiven und nicht-askriptiven Kriterien oder b) hohe Betonung von Lernfähigkeit und sehr rasch wechselnde Informationsgehalte oder Wechsel von Denkmustern.
- Die Tradierung von Information der Älteren an die Jüngeren wird zunehmend schwieriger; damit erhöht sich die Wahrscheinlichkeit eines Generationskonflikts.
- Der klassische Generationskonflikt ist dadurch charakterisiert, daß bei unterschiedlichen Informationen der Generationen die Autoritätsgewalt (Besitz der Sanktionen) bei der älteren Generation liegt.
- In leistungsorientierten Gesellschaften treten die ›klassischen‹ Generationskonflikte nach wie vor auf. Allerdings besteht die Tendenz, daß eine neue Variante des Generationskonfliktes, der Leistungskonflikt zwischen den Generationen, immer bedeutsamer wird. Dies gilt nicht allein, aber besonders für spätere Lebensphasen zweier Generationen.
- Je stärker Leistungskriterien in einer Gesellschaft in den Vordergrund treten und je stärker sich Leistung am aktuellen relevanten Informationsstand auszuweisen hat, um so schwieriger lassen sich Sanktionen askriptiver Art legitimieren.

7. Generationentheorie

> Je mehr das (Leistungskriterien plus Ausweis durch relevante Information) der Fall ist, um so stärker treten Konkurrenzsituationen in Generationskonflikten, in denen Leistungskriterien Ausschlag geben, hervor.
> Je nach dem Niveau eigener kultureller Inhalte wird die Legitimität dieses Autoritätsbesitzes mehr oder minder erfolgreich von der jüngeren Generation bestritten.«

In den meisten Überlegungen wird interpretierend auf tatsächliche oder symbolische Entsprechungen in den Konflikten zwischen familialen und gesellschaftlichen Generationen verwiesen. Zu dieser Frage liegt eine empirische Analyse vor, die sich auf eine repräsentative Stichprobe unter der deutschen Bevölkerung im mittleren bis höheren Erwachsenenalter sützt (Filipp/Boll 1998). Ihr liegt die allgemeinere Frage zugrunde, ob Konflikte zwischen und innerhalb der Generationen gleich oder unterschiedlich häufig sind. Die kompakte Darstellung der Ergebnisse lautet wie folgt (aaO: 1):

Bei 4017 Personen im Alter zwischen 40 und 85 Jahren wurde das Vorliegen eigener Konflikte mit jüngeren, älteren und gleichaltrigen Konfliktpartnern in intra- und extrafamilialen Kontexten sowie das Konfliktverhalten erfragt. Des Weiteren sollten die Probanden einschätzen, ob und worin sich inter- von intragenerationellen Konflikten im Allgemeinen unterscheiden. Gut ein Zehntel der Befragten gab eigene intergenerationelle Konflikte an, und zwar weitaus mehr mit Familienangehörigen, als mit Personen außerhalb der Familie. Mit dem Alter der Befragten stieg die Häufigkeit von intergenerationellen Konflikten, während die von intragenerationellen sank. Das Konfliktverhalten variierte vor allem mit dem intra- vs. extrafamilialen Kontext des Konflikts. Die Besonderheiten der Konflikte zwischen Generationen im Vergleich zu Konflikten innerhalb von Generationen werden vor allem im höheren Grad der Belastung, der Unterschiede in den Weltsichten und in den Wertvorstellungen sowie in den größeren Anforderungen an die Lösbarkeit gesehen.

Kritisch ist zusammenfassend festzustellen, dass die Thesen zum »Generationenkonflikt« zum einen auf vergleichsweise einfachen Annahmen über die Prozesse des sozialen Wandels (Generationenkonflikt als Erneuerung) beruhen. Sie beruhen oft auf zyklischen Vorstellungen eines immerwährenden Wechsels zwischen Alt und Neu. Sie verbinden sich mit Annahmen über Prozesse der steten Annäherung und Distanzierung zwischen den Generationen. Zum anderen werden Interessengegensätze thematisiert, zu deren Begründung teils auf sozio-biologische Überlegungen, teils auf die demographischen Veränderungen im Kontext von Systemen sozialer Sicherheit Bezug genommen wird. Beide Sichtweisen sprechen wechselseitige Verflechtungen von genealogisch-familialen und gesellschaftlich-kulturellen sowie gesellschaftlich-politischen Generationen an. Hingegen bleibt die eigentliche Beziehungsdynamik ausgeblendet und der ungeachtet aller Spannungen zwischen Generationen bestehende Zusammenhalt wird als gegeben vorausgesetzt. Dieser steht im Zentrum von Überlegungen zur Generationensolidarität.

7.2.2 Generationensolidarität

Der Wandel im Verständnis der Generationenfrage, den wir am Anfang dieses Kapitels als »pragmatische Wende« bezeichnen, drückt sich im Interesse an der Gestaltung der familialen und verwandtschaftlichen Generationenbeziehungen sowie deren gesellschaftspolitische Tragweite aus. Sie hängt mit den Einschätzungen darüber zusammen, ob bzw. in welchem Ausmaß in absehbarer Zukunft interessenbezogene und somit in ihrem Ausgang offene Konflikte zwischen den Generationen zu erwarten sind. Die Kontroversen kreisen im wesentlichen um zwei Schlüsselthemen: Inwiefern kann von einer basalen »Solidarität« zwischen den Generationen gesprochen werden? Und inwiefern kann man von der Vorstellung eines »Generationenvertrags« ausgehen, der eingehalten oder verletzt wird? Dieses Interesse an der Generationenfrage entwickelte sich weitgehend ohne Rückriff auf die sozusagen »klassischen« Fragestellungen, wenn man von einigen oberflächlichen Verweisen auf Mannheims Aufsatz absieht.

Im Vordergrund stand eine familienbezogene Sichtweise. Dazu trug bei, dass die Konsequenzen der verlängerten Lebenserwartung von Erwachsenen, mithin die Zunahme der Zahl der alten Menschen, in verschiedenen Disziplinen das Interesse der Forschung weckte. Es entstand eine neue Disziplin, die Gerontologie, und innerhalb derselben ein sozialwissenschaftlicher Forschungszweig. Grundlegend war die Entfaltung der Idee, dass das Alter als eine Lebensphase von eigenem Wert zu betrachten sei (siehe Kap. 3.1.1). Dass ältere Menschen Leistungen für die jüngeren erbringen, insbesondere im Familienverbund, wurde zu einem wichtigen Argument, nicht zuletzt für die Förderung großer gerontologischer Forschungsprojekte.

Indem sich die Aufmerksamkeit der Mehrgenerationenfamilie zuwandte, wurde eine Gegenposition zur Fixierung auf die Kernfamilie entwickelt, die in den 1950er und 1960er Jahren vorherrschte. Gleichzeitig entstand ein wachsendes Interesse an individuellen Lebensverläufen und an deren sozio-struktureller Einbettung von der Geburt bis zum Tod. Damit gerieten die familialen Generationenbeziehungen ins Blickfeld. Starke Impulse gingen dabei von der nordamerikanischen Forschung aus.

Eine frühe Dokumentation dieser Forschungstradition bieten die Beiträge in dem von Shanas/Streib (1965) herausgegebenen Sammelband. Ein weiteres herausragendes Beispiel ist Elders Analyse der Auswirkungen der »Großen wirtschaftlichen Depression« auf die Familienbeziehungen und die Entwicklung der heranwachsenden Kinder (Elder 1974). Sie beruht auf den über Jahrzehnte hin am Institute of Human Development an der University of Berkeley regelmäßig erhobenen Daten.[20] Auch in der französischen Soziologie wurde damals der Mehrgenerationenfamilie Aufmerksamkeit geschenkt, wobei dies einem für Frankreich kennzeichnenden Familienverständnis entsprach (Roussel/Bourguignon 1976). In Deutschland wurden diese Orientierungen schon früh von Kohli (1985) und Mayer/Müller (1986) aufgegriffen. Parallel dazu wurde durch die Rezeption klassischer makrosoziologischer Theorien der sozialen Organisation sowie milrosoziologischer und sozialpsychologischer Theorien des sozialen Austausches und der Gruppendynamik das Interesse an Familiensolidarität gefördert (siehe hierzu die zusammenfassende Darstellung von Lowenstein/Katz 2001).

Als Konzept der Generationenforschung wurde Solidarität von einer Forschergruppe um Bengtson in die internationale Diskussion eingebracht und hat hier eine starke Wirkung entfaltet. Die Beschäftigung mit der Frage des – innerfamilialen – Generationenkonflikts und die Beobachtung, dass ungeachtet der gesellschaftlichen und politischen Auseinandersetzungen in den späten 1960er Jahren viele Befragungen auf gute Beziehungen zwischen Eltern und erwachsenen Kindern in den Familien hinwiesen, verschaffte dem Forschungsansatz zusätzlichen Auftrieb (siehe zusammenfassend Bengtson et al. 2002). Durchaus mit guten Gründen stellt Dallinger (2002: 219f.) die Frage, ob im strengen Sinn von einer »Solidaritätsperspektive« als einem einheitlichen Forschungsansatz gesprochen werden kann. Demgegenüber ist indessen die weite, zum Beispiel auch durch das OASIS-Projekt (siehe den Schlussbericht von Lowenstein/Ogg 2003) dokumentierte internationale Rezeption zu bedenken. Überdies findet »Solidarität« im Sinne eines Deutungsmusters allgemeine Verwendung (siehe hierzu z.B. die Beiträge in Gabriel et al. 1997 sowie Hondrich/Koch-Arzberger 1992). In diesem Sinne handelt es sich durchaus um einen Ansatz, der als »Theorie mittlerer Reichweite« charakterisiert werden kann. Im Rahmen der hier entwickelten Systematik ist die Beschäftigung mit der Idee der Solidarität ein Bindeglied zwischen der Analyse der allgemeinen Generationendynamik, den öffentlichen Diskursen über die Generationenfrage und der Idee einer spezifischen »Beziehungslogik«.

Generationensolidarität als Deutungsmuster

Unter Solidarität in einem weiten Sinne des Wortes versteht man den gesellschaftlichen Zusammenhalt. Nach diesem Verständnis hängen die Entwicklung und der Fortbestand von Gesellschaften, Staaten, Organisationen, Gruppen und namentlich auch von Familien davon ab, dass die Menschen ein Gefühl bzw. Bewusstsein von Zusammengehörigkeit haben. In diesem Sinn bildete »Solidarität« neben »Freiheit« und »Gerechtigkeit« den zentralen Begriff in der deutschen Debatte über Grundwerte, die in den 1970er Jahren geführt wurde (Wildt 1997: 15).

Auf dieser Linie der Argumentation wird Solidarität rhetorisch zu einem Wert an sich, der von einer Generation auf die andere weitergegeben werden soll. Dementsprechend wird die alltägliche Erfahrung von Solidarität als wichtig angesehen. Die Familie

7.2 Generationenkonflikt und Generationensolidarität

gilt – rhetorisch überhöht – als bevorzugter Ort, an dem Solidarität »gelernt wird« (statt: gelernt werden kann). In dieser Argumentationskette kann Solidarität zum Sammelbegriff allgemeiner moralischer und normativer Imperative und zum Projektionsfeld von Wunschvorstellungen werden. Angesichts seiner Vieldeutigkeit lohnt sich indessen auch für das Konzept der Solidarität der Blick auf die Begriffsgeschichte.

Wildt (aaO) legt dar, dass das Fremdwort »Solidarität« auf dem französischen »solidarité« bzw. dem neulateinischen »solitaritas« beruht, abgeleitet vom lateinischen »solidus« (aaO: 16ff.). Dieses beinhaltet dicht, massiv, fest, stark, ganz, echt und dauerhaft. Daraus ergibt sich erstens ein Bedeutungsstrang von Festigkeit, Einheit, Zusammenhalt, Bindung und Haftung. Dieser verweist unserer Ansicht nach auf eine Dimension der Gesellschaftlichkeit. Zweitens geht es um Verbundenheit, Übereinstimmung, Gemeinschaft, Zusammengehörigkeit und Einigkeit. Dies wiederum beinhaltet auf eine Dimension der individuellen Verbundenheit. Zum Dritten hat der Begriff juristische Wurzeln, nämlich in der römischen Rechtsform von Schuld oder Haftung. Die Mitglieder eines Verbundes hießen »solidaires«, wenn jedes von ihnen für jedes andere haftete (hierzu auch Steinvorth 1997: 3). Diese Bedeutung ist bis heute in der französischen Rechtsprache gegenwärtig. Im Deutschen findet sie sich im Begriff der Solidarhaftung. In der aktuellen Rechtspolitik ist Solidarität nach wie vor ein zentraler Begriff zur Kennzeichnung und Begründung der Unterhaltspflicht von Verwandten (hierzu: Brudermüller 2001; Ständige Deputation des Deutschen Juristentages 2002).

Über diese juristischen Wurzeln bekam Solidarität eine normative Konnotation. Sie weitete sich im 18. Jahrhundert aus und trägt bis heute dazu bei, dass sich im Reden über Solidarität oft Sein und Sollen vermengen. Im Kern geht es darum, ob sich Solidarität naturrechtlich begründen und begreifen lässt und so eine Alternative zu den an der Idee des Vertrages orientierten individualistischen Vorstellungen von Gesellschaftlichkeit darstellt. In der Gegenwart wird Solidarität sogar als Gegenbegriff zur Individualisierung verwendet.

Die Verwendung des Begriffes durch den Soziologen Auguste Comte hat die Zweiteilung des Begriffes als Deskription des Zusammenhaltes und als moralisches (ethisches) Postulat befördert. Emile Durkheim hat die Analyse weitergeführt, indem er die Arbeitsteilung als Grundlage der Vergesellschaftung herausarbeitet. Aus einer typologischen Gegenüberstellung von zwei historischen Grundformen leitet er zwei Grundformen von Solidarität ab: die mechanische, die sich aus der wechselseitigen Befriedigung der Grundbedürfnisse sozusagen von selbst ergibt und eine »organische«, die er als Folge der Arbeitsteilung im Zuge der Industrialisierung (und Verstädterung) versteht und mit dem Zusammenwirken der Organe eines Körpers vergleicht. Diese Analyse ist in-

7. Generationentheorie

dessen nicht frei von kulturkritischen Wertungen und hat der Tendenz Vorschub geleistet, dem Begriff der Solidarität einen ideologischen Einschlag zu geben. Solidarität wird bei Durkheim, wie Luhmann in der Einleitung zur deutschen Ausgabe von Durkheims »Arbeitsteilung« schreibt, deckungsgleich mit Moral; sie findet sich im Kollektivbewusstsein, also in den Köpfen der Menschen: »Solidarität ihrerseits wird positiv nur als Zusammenhalt oder Einigung, also nur tautologisch bestimmt, negativ dagegen als Widerstand gegen Auflösung. Über diese negative Umschreibung wird der zunächst nur metaphorisch-tautologisch eingeführte Begriff fruchtbar gemacht« (Luhmann 1988: 24). Hinzu kommt, dass für Durkheim die beiden Formen von Solidarität nicht gleichwertig sind. Mechanische Solidarität als die »ursprünglichere« wird von ihm unter Bezug auf moralische Überzeugungen höher geschätzt. Dementsprechend fallen die Generationenbeziehungen unter diese Kategorie.

Unter Bezugnahme auf diese moralische Konnotation wurde Solidarität in der Arbeiterbewegung des 19. und des beginnenden 20. Jahrhunderts zu einem politischen Kampfbegriff. Dies geschah unter dem Einfluss der in der französischen Revolution artikulierten Vorstellungen der »Brüderlichkeit« Dabei traten insofern Widersprüchlichkeiten auf, als einerseits Gleichheit betont, andererseits jedoch die Abgrenzung der Proletarier von den Angehörigen anderer Klassen hervorgehoben wurde.[21]

Solidarität beschreibt – unvoreingenommen betrachtet – sowohl Inklusion als auch Exklusion. Man kann somit sagen, dem Konzept sei eine Zwiespältigkeit eigen. Diese Sichtweise ist familiensoziologisch beachtenswert, weil sie solidarisches Handeln innerhalb einer Familie als Abgrenzung gegenüber Anderen verstehen lässt. Bierhoff/Fetchenhauer (2001: 11f.) weisen in der Einleitung ihres Sammelbandes ebenfalls auf eine konzeptuelle Zweiteilung – das heißt auch: Doppeldeutigkeit – von »Solidarität« hin, je nachdem, ob dabei egoistische Interessen oder altruistische Verpflichtungen im Vordergrund stehen.[22]

Die verschiedenen Komponenten des Konzeptes der Solidarität fassen Göbel/Pankoke (1998: 463) treffend wie folgt zusammen:

> »Als soziales Verhaltensregulativ verweist ›Solidarität‹ auf die anthropologische Veranlagung zu mitmenschlicher Verbundenheit und Empathie; als Integrationsmuster politischer Systemsteuerung wird ›Solidarität‹ zur wohlfahrtsstaatlichen Programmformel für die Inklusion sozialer Lagen und die Integration gesellschaftlicher Interessen; als Paradigma der Gesellschaftstheorie schließlich avanciert Solidarität zur Antwort auf die Frage, wie eine soziale Ordnung dauerhaft und erwartbar etabliert werden kann.«

7.2 Generationenkonflikt und Generationensolidarität

Solidarität als Forschungskonstrukt

Im Bemühen, Solidarität für die Analyse gegenwärtiger Gesellschaften zu nutzen, schlägt Kaufmann (1984) vor, diese neben dem Markt und der hierarchischen Organisation als eine dritte Form sozialer und gesellschaftspolitischer Steuerung in Betracht zu ziehen. Seiner Ansicht nach geht die Markttheorie von der Annahme eines anarchischen, gemeint ist herrschaftsfreien Regelmechanismus aus. Die Systemtheorie impliziert eine hierarchische Anordnung von Regelkreisen. Kaufmann vertritt die Auffassung, dass die beiden genannten Prinzipien nicht alle typischen Formen des Zusammenwirkens von Akteuren im Hinblick auf bestimmte Resultate erklären können. Das sind insbesondere solche Formen, in denen das Zusammenwirken auf normativen Orientierungen beruht, in denen augenscheinlich altruistische Verhaltensweisen vorkommen und das Verhalten sich auf gemeinsame Interessen bezieht, welche die partiellen Interessen relativieren. Es geht somit um die Bedingungen kooperativen Verhaltens in Situationen, in denen zumindest eine kurzfristige Betrachtungsweise der Interessenfrage der Beteiligten ein nichtkooperatives Verhalten nahe legen würde. Hier sieht Kaufmann die Ansatzpunkte für eine fruchtbare Verwendung des Konzepts der Solidarität als Forschungskonstrukt. Als Steuerungstypus weist Solidarität in dieser Sichtweise folgende Merkmale auf (aaO: 167ff.):

- Individuelle Interessen und Handlungsziele treten nicht als entscheidende Parameter auf. Ihre ausschließliche Verfolgung gilt als sozial illegitim. Es kann grundsätzlich Kooperationsbereitschaft unterstellt werden.
- Die Handlungskoordination setzt nicht nur gemeinsame Formen oder Wertorientierungen voraus, sondern auch gemeinsame Situationsdefinitionen.
Es kann spontane Kooperation erwartet werden.
- Die Rückkoppelung in Form von Evaluationen geschieht über die Zuweisung bzw. den Entzug sozialer Anerkennung.
- Die Steuerung ist personenbezogen, nicht anonym, und sie verursacht dementsprechend geringe Transaktionskosten.
Solidarische Steuerung ist an kurze Handlungsketten gebunden.
- Notwendige Bedingung ist überdies das Bewusstsein oder Gefühl der Zusammengehörigkeit, so dass eigene Interessen hinter gemeinsamen Interessen zurücktreten können. Der Zusammenhang wird normativ verfestigt.

Zusammenfassend gilt somit: »Solidarische Steuerung vollzieht sich heute typischerweise, wo in sozialen Beziehungen nicht nur eigene und gemeinsame, sondern auch die spezifischen fremden Interessen in die Gestaltung von Handlungszusammenhängen einbezogen werden, so dass die Kriterien der Handlungsbeurteilung als Balance von unterschiedlichen Normen und Interessen erscheinen.« (aaO: 179) Diese moderne, re-

7. Generationentheorie

flektiertere Form der Solidarität ist auf kleine, überschaubare Solidarformen beschränkt; sie beinhaltet immer auch eine Abschließung gegenüber außen.

Grundlegend für die Arbeiten von Bengtson et al. (1976: 257) war die Vorstellung, dass sich drei Dimensionen eignen, Generationensolidarität zu messen: Verbundenheit (»association«), gefühlsmäßige Zuwendung (»affection«) und Übereinstimmung (»consensus«). Dabei besteht die axiomatische Annahme, dass jede dieser Variablen, die einen hohen Wert dieser Aspekte erfasst, die Solidarität im Ganzen erhöht. In späteren Fassungen ist die Zahl der Konstrukte zur Konzeptualisierung erhöht worden. Es wurden damit zusätzlich die Dimensionen der Familienstruktur, die Nützlichkeit und die Akzeptanz von Solidarität als Norm miteinbezogen[23] (Bengtson/Schrader 1982). Die Struktur betrifft die Größe, den Typ und die geographische Verteilung der Familie. Assoziative, affektive und konsensuale Solidarität beziehen sich auf das Ausmaß, in dem Familienmitglieder miteinander interagieren, positive Gefühle füreinander hegen und in Werten und Problembereichen übereinstimmen. Funktionale Solidarität betrifft das Ausmaß der Dienstleistungen und Hilfe, die zwischen den Generationen ausgetauscht werden. Normative Solidarität meint Formen familialer Verpflichtung. Insgesamt wird – unter Berücksichtigung der Häufigkeit von Formen der Interaktion – eine additiv lineare und gegenseitige Verstärkung dieser Variablen erwartet.[24]

Eben diese additive Linearität konnte allerdings in empirischen Studien nicht bestätigt werden. So haben Bengtson/Roberts (1991) zwar signifikante Zusammenhänge zwischen Assoziation und Affekt festgestellt, doch weder sie noch andere (Atkinson et al. 1986) fanden signifikante Zusammenhänge zwischen diesen Dimensionen und der Übereinstimmung in Einstellungen (»attitudes«). Roberts/Bengtson (1990) haben sogar eine negative Korrelation zwischen Affekt und Übereinstimmung gefunden. Mittlerweile wird davon ausgegangen, dass Übereinstimmungen unabhängig und für sich allein zum Konstrukt der Solidarität beitragen. In den neueren Ausformungen werden die Dimensionen weiter differenziert und dazu verwendet, Beziehungstypen zu bilden (siehe Kap. 7.3.3).

Unter den hier interessierenden theoretischen Gesichtspunkten sind vor allem die Einwände zu bedenken, die sich hinter den dem Konzept zugrundeliegenden Annahmen verbergen. Dazu gibt es mehrere Stellungnahmen, so insbesondere von Marshall et al. (1993). Unter methodologischen Gesichtspunkten beanstandet die Kritik zunächst die bereits angesprochene Linearität der Annahmen. In den Arbeiten wird beispielsweise »affektive Solidarität« mit Skalen gemessen, die darauf ausgerichtet sind, den Typ und das Maß der positiven Gefühle innerhalb einer Familie zu bestimmen. Dabei werden zum Teil einfache Operationalisierungen vorgenommen, beispielsweise die Frage »In general, how close do you feel to your (relative)«, wobei nur drei Antwortmöglichkeiten vorgegeben sind. Demgegenüber halten Marshall et al. (1993) eine solche Frageweise kaum geeignet, um die Spannweite der Gefühle unter Familienmitgliedern zu ermitteln.[25]

7.2 Generationenkonflikt und Generationensolidarität

Zusammenfassend zeigt sich:

– Das Verständnis von Solidarität, das den Operationalisierungen für die Forschung zu Grunde liegt, zeichnet sich dadurch aus, dass von einer phänomenologischen Beschreibung ausgegangen wird. Ihr Kernstück ist das Anliegen, möglichst präzise das Ausmaß des durch die Generationenbeziehungen in Familien geschaffenen sozialen Zusammenhanges zu bestimmen: »The purpose [...] is (the) understanding (of) intergenerational cohesion, integration, or solidarity in families. For the sake of clarity, we employ ›solidarity‹ [...] as a meta-construct subsuming characteristics of intergenerational bonds in families« (Roberts et al. 1991: 12). Indem generalisierend von einer Beschreibung von »Beziehungen« ausgegangen wird, kommt es hier zu einer Vermengung von Sein und Sollen. Räumliche und soziale Nähe, Übereinstimmung, Ähnlichkeit des Denkens und Handelns werden alle als Ausdruck von »solidarity« aufgefasst, ohne zu bedenken, dass dahinter unterschiedliche Kräfte der Beziehungsdynamik stehen und konkrete Verhaltensweisen bzw. Erscheinungsform auch das Ergebnis von Prozessen der wechselseitigen Abstimmung, unter Umständen auch als Kompromisse von Interessen aufgefasst werden können und dass sie überdies von den jeweils vorgegebenen Rahmenbedingungen beeinflusst sein können.
– Die Forschung, die auf einem solchermaßen operationalisierten Konzept der Solidarität beruht, hat den Nachteil, diese als Maßstab zu verstehen. Negative Gefühle, Verhaltensweisen und Konsequenzen werden als Mangel von Solidarität bewertet. Es wird also gewissermaßen ein Muster der Beziehungsgestaltung als gegeben vorausgesetzt. Es wird also nicht abgeklärt, ob andere Muster bestehen und für die der Gestaltung der Generationenbeziehungen genutzt werden.
– Mit Bezug auf die allgemeinste Bedeutung von Solidarität als »Zusammenhalt« wird deren Tragweite für die gesellschaftliche Entwicklung hervorgehoben. Zugleich wird die zentrale Bedeutung der familialen Generationenbeziehungen für die »Generationenfrage« herausgearbeitet. Schließlich rückt der seit längerem kaum thematisierte Zusammenhang zwischen familialer und gesellschaftlicher Generationenfolge ins Blickfeld. Allerdings besteht dabei auch die Gefahr von Stellvertreter-Diskursen: Man spricht von einer Gefährdung der Solidarität zwischen den Generationen, handelt aber geopolitische und kulturpessimistische Positionen ab. Darin kann man eine Weitung des Horizontes des Generationendiskurses sehen, allerdings auch seine »Instrumentalisierung«.

»Generationensolidarität« lässt sich unter diesen Umständen am besten als einen Versuch der Annäherung an die besonderen Merkmale von Generationenbeziehungen verstehen. Es handelt sich jedoch nicht eigentlich um eine Theorie der Generationen*beziehungen*, sondern des Verhältnisses der Generationen zueinander. Nicht behandelt wird in Studien dieser Forschungsrichtung die Frage, worin die Gemeinsamkeiten und Unterschiede zu anderen Beziehungen bestehen. Diese Frage ist jedoch für eine systematische Theorie der Generationenbeziehungen entscheidend. Die Umschreibung von Gemeinsamkeiten und Unterschieden wiederum verweist notwendigerweise auf ein übergeordnetes Drittes, welches wir im Folgenden mit Hilfe des Konzepts der Beziehungslogik umschreiben. Man könnte auch von »Generationenlogik« sprechen.

7.3 Beziehungslogik: Annäherungen an die Spezifität der Generationenbeziehungen

Den Annäherungen an die »Generationenfrage« unter dem Gesichtspunkt von Konflikt und von Solidarität ist gemeinsam, dass die Tragweite von Generationen für das Funktionieren gesellschaftlicher Systeme im Vordergrund steht. Dabei überschneiden sich die makro- und die mikrosozialen Sichtweisen, und der Begriff der Beziehung wird im allgemeinen Sinn von »Verbundenheit« verstanden. Eine andere Zugangsweise besteht darin, die »zwischenmenschlichen Beziehungen« (im Sinne persönlicher Interaktionen) in den Blick zu nehmen. Dann stellt sich die Frage, ob sich allgemeine Prinzipien ausmachen lassen, gemäss denen Generationenbeziehungen gestaltet werden. Daran schließt sich als weitere Frage an, ob Generationenbeziehungen Besonderheiten aufweisen, was sie mit anderen sozialen Beziehungen gemeinsam haben und worin sie sich von diesen unterscheiden. Das wiederum interessiert unter dem Gesichtspunkt, ob eine Spezifität von Generationenbeziehungen ausgemacht werden kann, ohne die normativen Implikationen des Konzept der Solidarität zu übernehmen. Auch hinsichtlich dieser Fragestellungen ist die Generationentheorie und -forschung in voller Entwicklung. Wir versuchen im Folgenden, eine Übersicht über die verschiedenen Bemühungen zu geben, indem wir die Idee der »Beziehungslogik« ins Zentrum stellen.

Mit »Beziehungslogik« meinen wir Prinzipien, auf deren Grundlage in Sozietäten (Gesellschaften, Organisationen, Gruppen) Sinngebungen und Bedeutungen für soziale Beziehungen konstituiert werden können. Diese Sinngebungen finden im Fall der Generationenbeziehungen ihren empirischen Ausdruck in der Art und Weise, wie die Angehörigen unterschiedlicher Generationen miteinander handeln, wie sie über dieses Handeln denken und welche Handlungsweisen sie entwickeln. Dazu gehört im Weiteren die Frage, nach welchen Grundsätzen Transfers von Wissen, von Eigentum und Besitz gestaltet werden, sowie die Untersuchung der Redefiguren, in denen öffentlich und privat über Generationenbeziehungen gesprochen wird. Grundlegend an dieser Umschreibung ist, dass die Beziehungslogik als sozio-kulturelle Vorgabe aufgefasst wird, die Prozesse der Interpretation leitet, die im Handeln und Sprechen zum Ausdruck kommen.

7.3 Beziehungslogik: Annäherungen an die Spezifität der Generationenbeziehungen

Die Bezeichnung Beziehungslogik verweist auf allgemeine Regeln, die konkreten Erwartungen und Normen zugrunde liegen. Sie orientiert sich an einem Verständnis von Logik als der Lehre von Strukturen, Formen und Gesetzen des Denkens (Dudenredaktion 2000: 614). Zwischen den umgangssprachlichen und den philosophischen Gebrauch des Begriffes schieben sich andere Verwendungen, in denen der Begriff im Wesentlichen dazu dient, eine allgemeine Regelhaftigkeit anzusprechen. In diesem Sinne ist beispielsweise von einer »Logik der Sozialwissenschaften« (Habermas 1968), von »Kommunikationslogiken« (»logics of communication«, Altheide 1995), von einer »Sozialen Logik des Handelns« (Boudon 1980) oder von einer »Logik kollektiven Handelns« (Pies 1997) u.ä. die Rede. Letztlich verweist die »soziale Logik« auf Grundformen der Vergesellschaftung.

Man kann in der Analyse von Beziehungslogik *das* Thema der Sozialwissenschaften schlechthin sehen. Jedenfalls handelt es sich dabei um eine sowohl tiefgehende als auch weitreichende Aufgabe. Man kann zwar davon ausgehen, die Zahl der Prinzipien sei beschränkt. Man kann aber auch der Meinung sein, dass sich im Laufe der Geschichte neue Prinzipien herausbilden, oder zumindest neue Varianten, etwa unter dem Einfluss neuer Kommunikationstechnologien.

Diese Frage lässt sich definitiv wohl nicht entscheiden. Es gibt klassische Umschreibungen von Grundtypen der »Vergesellschaftung«, die zwar ein hohes Maß an Allgemeinheit beanspruchen, aber dennoch historisch argumentieren. Das trifft insbesondere auf eine – idealtypische – Gegenüberstellung von zwei Formen der Gesellschaftlichkeit zu, die in den Sozialwissenschaften eine lange Tradition aufweisen. Sie findet sich in Emile Durkheims Unterscheidung von mechanischer und organischer Solidarität (siehe Abschnitt 7.2.2).[26] Ihr verwandt ist das von Gustav Tönnies eingeführte Begriffspaar Gemeinschaft und Gesellschaft, für das der Gegensatz von Stadt und Land und das Ausmaß der Verstädterung ein wichtiger Bezugspunkt ist. Beide Typologien beruhen auf einer vereinfachenden und zivilisationskritischen Sichtweise des sozialen Wandels, in der »traditionelle« und »moderne« Gesellschaftlichkeit einander gegenüber gestellt werden. Die Gegenüberstellung findet sich, allerdings mit einem anderen Zeithorizont, auch in der Sozialanthropologie. Dort wird unterschieden zwischen »zugeschriebenen« und »erworbenen« sozialen Rollen und dem dazugehörigen sozialen Status (»ascribed« versus »achieved« role/status).

Der Begriff der »Beziehungslogik« als solcher ist in der sozialwissenschaftlichen Literatur nicht etabliert. Doch die Durkheimsche Unterscheidung von mechanischer und organischer »Solidarität« (worin Solidarität für Zusammenhalt bzw. Integration steht) oder die Tönniessche Gegenüberstellung von Gemeinschaft und Gesellschaft lassen erkennen: Es geht um die Vorstellung, dass sich in Interaktionen und Beziehungen die strukturellen und prozessualen Elemente des Gesellschaftlichen finden. In dieser Hinsicht beschäftigen sich die folgenden Analysen zwar überwiegend mit dem überschaubaren Bereichen der Beziehungsgestaltung, namentlich in Familie und Gesellschaft. Doch in ihrer theoretischen Tragweite verweisen sie auf allgemeine Aspekte der Generationenfrage, auch wenn diese Zusammenhänge noch nicht durchgängig untersucht sind.

Die Suche nach den Besonderheiten der Generationenbeziehungen ist für diese Bemühungen ein wichtiges heuristisches, d.h. erkenntnisförderndes Mittel. Allerdings weist dieses seine eigene Problematik auf. Die Vorstellung, dass sich Generationenbeziehungen grundlegend, also »essentiell« von anderen Beziehungen unterscheiden, könnte nämlich zum Schluss führen, eben diese Eigenart als normative Vorgabe zu verstehen. Die Gefahr einer solchen Überhöhung zeigt sich – wie dargestellt – bei der Verwendung des Konzepts der Solidarität immer wieder. Damit aber wird die grundsätzliche Mannigfaltigkeit und folglich die Offenheit der Beziehungsgestaltung bestritten. Es dominiert das Bestreben, entweder in der Art eines naturalistischen Reduktionismus eine biologisch determinierte Beziehungsgestaltung nachweisen zu wollen oder in der Art einer idealistischen Metaphysik die einzig richtige Lebensführung zu postulieren. Ein Ausweg aus diesem Dilemma besteht darin, die Frage der Besonderheit der Generationenbeziehungen unentschieden zu lassen und die Beziehungsgestaltung als eine Aufgabe zu verstehen, die dadurch charakterisiert ist, dass Spannungsfelder zwischen verschiedenen Prinzipien der Beziehungslogik auszuhalten und mögliche Zwiespältigkeiten der Beziehungsgestaltung in der Beziehungspraxis zu akzeptieren. Davon handelt Kap. 7.4. Dort findet sich auch eine Operationalisierung des Konzeptes der sozialen Beziehung (siehe Kap. 7.4.2).

7.3.1 Verpflichtung und Unterstützung vs. Verschuldung

Ein frühes Beispiel für die Suche nach Spezifizitäten der Generationenbeziehungen sind die Beiträge von Janet Finch (insbesondere Finch 1989; Finch/Mason 1993). Ihr Bemühen richtet sich (exemplifiziert an britischen Verhältnissen) darauf abzuklären, ob es innerhalb von Verwandtschaft, mithin auch für (erwachsene) Kinder, Eltern und Großeltern in gegenwärtigen Gesellschaften verbindliche Verpflichtungen (»obligations«) gibt. Sie entfaltet zu diesem Zweck ein breites Panorama familialer bzw. verwandtschaftlicher Leistungen (Finch 1989: 13-56), ausgehend von Fragen wie: Wer macht was, für wen und unter welchen Umständen? Inwieweit ist dies durch Pflicht (»duty«), Verpflichtung (»obligation«) und/oder Verantwortung (»responsibility«) bedingt (aaO: 3f.)?[27] Dabei interessiert, inwiefern dies durch den Staat, insbesondere das Recht und inwiefern es durch moralische Überzeugungen vorgegeben ist. Finch kommt zu dem Schluss, dass vor allem Letzteres von praktischer Bedeutung ist, allerdings nicht bedingungslos. Vielmehr sind Art und Ausmaß der zu erbringenden Leistungen, namentlich der Pflege, Gegenstand von Prozessen des Aushandelns (»negotiations«), die unter Geschwistern und Verwandten geführt werden. Diesen Prozessen wird in empirischen Untersuchungen nachgegangen.

7.3 Beziehungslogik: Annäherungen an die Spezifität der Generationenbeziehungen

Zwischen dem von Finch eingebrachten Konzept der Verpflichtung (»obligation«) und demjenigen der »Solidarität« (das bei Finch nicht vorkommt und im englischen Schrifttum generell eher selten ist) gibt es eine gewisse Übereinstimmung. Sie zeigt sich insbesondere in der Normativität. Diese wird allerdings lebenspraktisch relativiert, indem betont wird, dass Normen das Ergebnis von Verhandlungen sind. Dadurch erfolgt eine Annäherung an die von uns ins Spiel gebrachte Vorstellung der Beziehungsgestaltung als sozialer Prozess.

Eine weitere (vornehmlich nordamerikanische) Variante wird mit dem Schlüsselbegriff »support« gekennzeichnet. Seine Bedeutung wird mit »Unterstützung«, jedenfalls im alltäglichen Sinn, nicht völlig erfasst. Gemeint sind gemäß Antonucci/Jackson (1990: 175) Beziehungen, in denen affektive Zuwendung (Liebe, Bewunderung), Bejahung (Einverständnis) und Hilfe (monetärer und nichtmonetärer Art) vorkommen können. Das trifft selbstverständlich nicht nur auf familiale Generationenbeziehungen zu. Für diese jedoch gilt, dass die Eltern und die Kinder die Zuwendung in verschiedenen Phasen der persönlichen Entwicklung unterschiedlich erfahren. Gleichzeitig ist sie jeweils für beide neu.

Die Vorstellung der Unterstützung beinhaltet emotionale Verbundenheit. Darum kommt es nicht von ungefähr, dass sie sich auch auf die Bindungstheorie (siehe hierzu auch Kap. 5.5) bezieht. Dies wiederum weist auf eine Verwandtschaft zwischen Solidarität und Bindung hin. Grundlage der Bindungstheorie ist die Annahme, dass die Beziehung zwischen Mutter und Kind aus biologischen Gründen einzigartig ist (so Bowlby, siehe 1969 sowie Kap. 5.5). Sie beinhaltet eine natürliche Verbundenheit, die für die gedeihliche Entwicklung wichtig ist und darum kultiviert werden soll. Die dabei verinnerlichten Orientierungen (verstanden als »innere Arbeitsmodelle«, Repräsentationen) beeinflussen zum einen die Beziehungen zur Mutter auch in späteren Lebensphasen, eingeschlossen im Erwachsenenalter. Zum anderen werden sie generalisiert und begünstigen das Eingehen stabiler sozialer Beziehungen auch mit anderen Personen. Dazu gehören selbstverständlich der Vater und andere »Bezugspersonen« aus dem privaten Umfeld sowie Partnerschaften und Freundschaften. Prämissen der Bindungstheorie werden solchermaßen auch auf spätere Lebensphasen übertragen. In dieser Verallgemeinerung sprechen Kahn/Antonucci (1980) von einem »convoy of support and social relationship«.

Unterstützung beinhaltet außerdem Austausch (»exchange«) und Billigkeit (»equity«). Beides kann über längere Zeit bestehen und zu Verpflichtungen führen. Dem Vorschlag liegt somit die Vorstellung zugrunde, dass Individuen die Tendenz haben, ihre Beziehungen im Horizont einer längeren Entwicklung zu sehen. Die Autoren ziehen zur Veranschaulichung das Bild der Bank heran und sprechen von »social support bank«, in der ein langfristiges Kontensystem besteht (siehe auch Antonucci 1985, 2001; Antonucci et al. 1996). Die Verwendung der Metapher der Bank ist deshalb bemerkenswert, weil diese zum Ausdruck bringen soll, dass es um ein gegenseitiges Auf-

7. Generationentheorie

rechnen geht – von etwas allerdings, das sich nicht ohne Weiteres zählen und messen lässt, nämlich Gefühle, Zuwendung und Hingabe. Damit wird angesprochen, dass offenbar gleichzeitig unterschiedliche Prinzipien der Beziehungsgestaltung im Spiel sind.

Eine vergleichbare Zwiespältigkeit findet sich in der Idee der Verschuldung (»indebtedness«), die von Greenberg (1980) in die Diskussion über Generationenbeziehungen eingebracht worden ist. Dieses Konzept umschreibt Sachverhalte, die generell in Beziehungen von längerer Dauer vorkommen. Dabei kann es zu Asymmetrien (Ungleichheiten, »inequities«) kommen. Demgegenüber wird auf eine subjektive Beurteilung verwiesen, auf ein Gefühl nämlich, beim anderen in der Schuld zu stehen. Dieses Gefühl ist den Überlegungen von Greenberg zufolge größer, wenn die Leistungen freiwillig erbracht werden, als wenn sie sich aus sozialen Rollen ergeben oder wenn darum gebeten wird. Auf die Beziehungen zwischen Eltern und Kindern übertragen heißt dies, dass die Gefühle, »in der Schuld zu stehen«, umso stärker sind, je mehr der Eindruck besteht, die Eltern hätten mehr getan (oder tun mehr), als es eigentlich »normalerweise« ihre Aufgabe gewesen wäre oder noch ist. Ebenso ist die Einschätzung der subjektiven Kosten von Belang. Umgekehrt ist zu beachten, dass die Leistungen durchaus im Bewusstsein erbracht werden können, Abhängigkeiten zu schaffen.

Das Bewusstsein, »in der Schuld zu stehen«, kann bei den Kindern dazu führen, dass sie von einem bestimmten Alter an versuchen, keine weiteren Leistungen der Eltern anzunehmen, das Ausmaß der »Verschuldung« bei jeder sich bietenden Gelegenheit abzubauen oder sich darauf einzustellen, ihrerseits den Eltern in späteren Jahren kontinuierliche Unterstützung zukommen zu lassen. In Generationenbeziehungen ist auch (wie in anderem Zusammenhang bereits angesprochen) der Transfer auf die den Kindern nachfolgende Generation möglich. Eine Art abstrakter Umgang mit »Verschuldung« kann darin bestehen, sie als Dankesschuld in Form von lebenslänglicher Ehrfurcht und Respekt gegenüber den Eltern zu begreifen.

Die Realität der Generationenbeziehungen ist nach dieser Auffassung durch Asymmetrien sowohl innerhalb eines bestimmten, überschaubaren Zeitraumes als auch über längere Zeitspannen hinweg gekennzeichnet. Säuglinge können die Nahrung, die sie von Mutter und Vater erhalten, nicht mit Gleichem, sondern lediglich mit einem Lächeln entgelten. Dem, was – um das Bild zugegebenermaßen etwas zu strapazieren – in Gramm aufgewogen werden kann, steht nichts Messbares entgegen.

Auch wenn sie älter werden, können die Kinder die bezifferbaren Aufwendungen der Eltern nicht mit Gleichem entgelten. Es bleibt somit offen, ob beides den gleichen »Wert« hat. Hinzu kommt, dass selbstverständlich auch seitens der Eltern (und der Großeltern) nicht messbare Leistungen erbracht werden. Diese Art »ungleichen Tausches« bleibt in späteren Lebensphasen bestehen. So zeigen die Forschungen, dass Eltern (und Großeltern) materielle Unterstützungen anbieten, der seitens der Kinder und Enkel Wertschätzung und emotionale Zuwendung gegenüberstehen.

7.3 Beziehungslogik: Annäherungen an die Spezifität der Generationenbeziehungen

7.3.2 Reziprozität vs. Rationalität

Eine weitere Annäherung an die Besonderheiten der Eltern-Kind-Beziehungen geschieht mittels des Konzepts der »Reziprozität«. Dabei ist jedoch eine Komplikation zu bedenken. Reziprozität kann schlicht Gegenseitigkeit, Wechselseitigkeit bedeuten. In diesem Fall wird ein Sachverhalt angesprochen, der für soziale Beziehungen sozusagen definitionsgemäß zutrifft.

Mit Reziprozität kann aber auch mehr als nur eine derartige formale Relationalität gemeint sein. Beispiel hierfür ist die Abhandlung von Holstein/Bria (1998).[28] Durchaus zutreffend wird dabei auf die Klassiker zurückgegriffen, so etwa auf die Feststellung von Simmel, dass »aller Verkehr des Menschen ... auf das Schema von Hingabe und Äquivalent« zurückgeht (Simmel 1908/1968: 443). Allerdings: worin das Äquivalent besteht, bleibt offen. In der namentlich von Marcel Mauss (1923/1968) vertieften und zugleich spezifizierten Analyse über die »Gabe« wird herausgearbeitet, dass nicht nur das Geben und Nehmen, sondern auch die auf diese Weise entstehenden Verpflichtungen von Belang sind. Das lässt sich nun auf unterschiedliche Weise verstehen.

Eine gewissermaßen neutrale Betrachtungsweise sieht darin die logisch notwendige Voraussetzung für das Bestehen und Entstehen von Sozialität. In diesem – nüchternen Sinne – wird ausgedrückt, was sich sinngemäß auch in der Umschreibung sozialer Beziehungen (siehe 7.4.2) wiederfindet, wenn dort gesagt wird, Beziehungen gäbe es nur in einem Kontext, einem System, das durch eine jeweils neue Interaktion bestätigt oder auch modifiziert wird.

Indessen lässt sich diese Relationalität auch normativ deuten. Dann wird daraus eine Norm im Sinne einer moralischen Vorschrift, einer Verpflichtung. Genau das aber ist jener spezielle Sinn von Reziprozität, auf den rekurriert wird, wenn Reziprozität einem anderen Grundmuster (oder mehreren Grundmustern) der Beziehungsgestaltung gegenüber gestellt wird. Die häufigsten Bezeichnungen für diese Alternativen sind »Austausch« (»exchange«) und Rationalität (»rationality«).

Eine sozusagen klassische Darstellung stammt von Gouldner (1960). Dabei ist vorweg zu sagen, dass sein Wortgebrauch – jedenfalls in deutscher Übersetzung und in deutschen Ohren – wiederum irritierend sein kann. Als Gegenbegriff zu Reziprozität (»reciprocity«) verwendet er »Komplementarität« (»complementarity«). Seine lapidare Umschreibung lautet folgendermaßen: »Complementarity connotes that one's rights are another's obligation, and vice versa. Reciprocity, however, connotes that each party has rights and duties« (Gouldner (aaO: 169).

Dabei ist zum weiteren Verständnis gleich hinzuzufügen: Für Gouldner ist die Gegenüberstellung wesentlich mehr als nur eine analytische Unterscheidung. Sie ist als empirische Generalisierung gemeint. Das ist insbesondere deshalb wichtig, weil er sich damit im Kern vom Essentialismus befreien kann, den den Konzepten der Solidarität und der Verpflichtung eigen ist, jedenfalls im vorherrschenden Verständnis.

275

7. Generationentheorie

Gouldner nimmt folgende Veranschaulichung vor: Die Menschen helfen üblicherweise jenen, die ihnen helfen. Reziprozität im normativen Sinne meint: Sie sollen denjenigen helfen, die ihnen helfen. Daraus leitet sich die Maxime ab: Wenn Du willst, dass Dir jemand Gutes tut, musst Du ihm deinerseits Gutes tun. Möchte man dies – so schreibt er weiter – hegelianisch paradox ausdrükken, dann kann man seiner Ansicht nach (mit Max Gluckmann) sagen: »…there is an altruism in egoism, made possible through reciprocity« (aaO: 173).

Zwei Anmerkungen zu diesem Ansatz halten wir für unerlässlich. Es ist offensichtlich, dass auch Gouldner in einer funktionalistischen Perspektive argumentiert: Es geht um die Stabilität sozialer Systeme. Indem er aber die Typologie grundsätzlich empirisch versteht, öffnet er die Tür für Alternativen; die eingeforderte Moral wird analysierbar und diskutierbar. Die essentialistische Aura tritt zurück. Im Weiteren aber meint Gouldner, Reziprozität könne nicht in ihrer ganzen Stärke in den Beziehungen zu den Kindern (sowie zu geistig und physisch behinderten Menschen) zum Tragen kommen. Hier wird, kennzeichnend für das funktionalistische Denken (jener Epoche) deutlich, dass die Dimension der Zeit nicht beachtet wird (siehe auch Lüscher 1974). Die zuvor diskutierten Ansätze der »Unterstützung« sind in dieser Hinsicht wirklichkeitsnäher.

In Gouldners Umschreibung beruht Komplementarität somit auf einer einfachen Unterscheidung von Rechten und Pflichten, vergleichbar der Unterscheidung von Kosten und Nutzen. Sie beinhaltet eine formale Rationalität, die ihrerseits auf eine klare Berechenbarkeit verweist. Komplementarität in diesem Sinne kann in Form von Tausch und Vertrag realisiert werden. Die ihnen zu Grunde liegenden Abmachungen sind eindeutig. Sie werden fixiert und gehen einher mit einer klaren Umschreibung der Zeitspanne, innerhalb der die Wechselseitigkeit besteht.

Diese Beziehungsformen kann man als »unpersönlich« bezeichnen, insofern die Personhaftigkeit, das »Selbst«, der Beteiligten nicht von Belang ist, also in einem wörtlichen Sinne des Wortes »keine Rolle spielen soll«. Komplementäre Beziehungen sind formal gesprochen symmetrisch. Sie sind innerhalb eines einzelnen Systems lokalisiert, dem die Beteiligten zugehören. Wenn Beziehungen sich an dieser logischen Grundstruktur orientieren, sind sie auf die Erfüllung eindeutiger Zwecke und die Erreichung eindeutiger Ziele ausgerichtet. Sie sind »rational« oder rationalistisch in einem engen Sinne des Wortes.

Austauschtheorien sind denjenigen Theoriemodellen verwandt, die sich an den ökonomischen Ansätzen von »rational choice« orientieren. Deren allgemeine Prinzipien lassen sich unter Bezugnahme auf Friedrichs et al. (1993) zusammenfassen:

– Individuen handeln zielgerichtet und nehmen eine rationale Bewertung der von ihnen wahrgenommenen Handlungskonsequenzen nach deren Nutzen und Kosten vor. Sie verhalten sich nutzenmaximierend und wählen diejenige Hand-

7.3 Beziehungslogik: Annäherungen an die Spezifität der Generationenbeziehungen

lungsalternative, die ihnen den größten subjektiven Nutzen verspricht. Sie entscheiden sich dabei in Prozessen, in denen drei Phasen unterschieden werden können: Kognition der Situation, Evaluation der Konsequenzen der verschiedenen Möglichkeiten und Selektion einer Handlungsalternative (aaO: 4ff.).
– Eine Maximierung des Nutzens erfolgt situationsgebunden, das heißt in dem Maße, in dem Informationen vorliegen, bzw. auf der Basis dessen, was ein Akteur perzipiert. Zudem lehnen – gemäß den Annahmen dieser Theorie – Akteure die Kosten und Nutzen der Sammlung von Informationen so lange ab, bis die Kosten den Grenznutzen der weiteren Suche überwiegen. Sie begnügen sich dabei mit einer hinreichend erscheinenden Teilmenge aller möglichen Informationen. Ein Akteur maximiert somit nicht objektiv, sondern kann für sich zufriedenstellende Alternativen wählen (aaO: 9f.).

Bereits diese kurze Charakterisierung lässt erkennen, wo die Problematik dieser allgemeinen Modellierung liegt, nämlich in der ihr eigenen Tendenz zur Tautologie, wonach die Dinge, die als Kriterien des Nutzens gelten, erst im Nachhinein festgelegt und bestimmt werden. Beziehungen in der Logik von Komplementarität bzw. Austausch weisen instrumentellen Charakter auf, sind also Mittel zum Zweck. Die gegenseitige Abwägung von Nutzen und Kosten schlägt sich in einem Preis nieder, der häufig in Geldwert ausgedrückt werden kann.

Dass zwischen den Generationen Austauschbeziehungen im Sinne von Komplementarität vorkommen, zeigen die Befunde empirischer Untersuchungen (siehe Kap. 4.2.1). Dabei lässt sich in vielen Fällen nicht ermitteln, ob die Leistungen den Gegenleistungen der andern entsprechen. Man kann sogar argumentieren, dass keineswegs in allen Familien die Beziehungen regelmäßig gepflegt und Leistungen ausgetauscht werden. Dies lässt sich als ein Indiz dafür verstehen, dass eine Scheu vor Gegenleistungen besteht, insbesondere im Hinblick auf spätere Verpflichtungen. Im Gegenzug bietet sich wiederum das Argument an, dass die Erbringung von Leistungen auch von einem aktuellen Bedarf abhängt. Nicht überraschend gibt es auch Befunde, wonach angegeben wird, dass in solchen Fällen auf die Verwandtschaft zurückgegriffen werden kann. Insbesondere steht dies den Eltern gegenüber den erwachsenen Kindern und umgekehrt zu.

Etwas anders stellt sich die Frage im Blick auf die gesellschaftlichen Generationenbeziehungen dar. Hier kann man geltend machen, dass die Beiträge, die eine Generation für die Alterssicherung erbringt, einen Anspruch auf Gegenleistung im System der sozialen Sicherheit begründen. Doch auch hier erweist sich der Zusammenhang als komplexer, denn das Verfahren der Umlagefinanzierung beruht darauf, dass die aus den Beiträgen einer Generation resultierenden Ansprüche aus den Beiträgen der nachfolgenden Generation erbracht werden, die ihrerseits daraus Ansprüche gegenüber dem von der folgenden dritten Generation zu finanzierenden Rentensystem erwirbt (siehe Kap. 6.2.1).

7. Generationentheorie

Wo rechtlich präzise und differenziert umschriebene Leistungsansprüche vorliegen, namentlich im Unterhaltsrecht, spielt die Komplementarität der persönlichen Beziehungen zwar formal keine Rolle. Sie wird indessen bei der Regelung strittiger Fälle durchaus in Betracht gezogen (siehe Hoch/Lüscher 2002). Ein wichtiges Beispiel dafür sind die Regeln des Erbens und des Vererbens (siehe Kap. 4.3). Hier besteht ein dichtes Regelwerk. Dazu gehören die mit den Erbgängen untrennbar verbundenen Pflichtteilansprüche. Gleichzeitig bietet das Prinzip der Testierfreiheit Freiräume. Sie ermöglichen dem Erblasser, auch seine persönliche Wertschätzung für einzelne Erbberechtigte auszudrücken und sich beispielsweise für Betreuung und Pflege zu bedanken.

Ausgehend von Gouldners einfacher und griffiger Umschreibung kann man der Reziprozität eine reflexive Struktur zuschreiben (und jene der Komplementarität könnte man in dieser Begrifflichkeit »reaktiv« nennen). Wenn gesagt wird, jeder der Beteiligten verfüge über Rechte *und* Pflichten, dann liegt es nahe, anzunehmen, dass die Beziehungsgestaltung beinhaltet, dass von den Beteiligten beides erwogen wird. Das eröffnet die Möglichkeit, in die Analyse Modelle des Selbst bzw. der personalen Identität einzubeziehen. Dazu gehört die Annahme, die Beteiligten würden ihrerseits Erwägungen darüber anstellen, welche Konsequenzen bestimmte Arten der Gestaltung der Beziehungen auf die Erfahrung und die Entwicklung der persönlichen Identität der Beteiligten haben können.

Ein weiterer Beitrag zum grundsätzlichen Verständnis von Mustern der Beziehungsgestaltung lässt sich aus der Abhandlung von Widegren (1997) gewinnen. Er setzt sich kritisch mit den Theorien des Austausches (»social exchange«) auseinander, die denjenigen der »rationalen Wahl« (»rational choice«) verwandt sind. Seiner Ansicht nach wird nicht ausreichend unterschieden zwischen der Nützlichkeit zur Erreichung individueller Ziele, die vertraglich festgelegt werden können, und der Befriedigung der Bedürfnisse des andern, ohne dass notwendigerweise direkte (vertraglich festgelegte) Gegenleistungen erbracht werden. Außer Acht blieben überdies die unterschiedlichen Arten eines symbolischen Ausdruckes der Reziprozität bzw. Verbundenheit. Vor diesem Hintergrund unterscheidet er drei idealtypisch gemeinte Motivationen wechselseitiger Beziehungsgestaltung (aaO: 761):

- Instrumentelle Motivation von Austausch: Die Erwartungen richten sich auf unmittelbare Gegenleistungen. Symbolisch kann die Gegenseitigkeit mittels Quittung und Unterschrift ausgedrückt werden.
- Soziale Motivation von Austausch: Befriedigung der Bedürfnisse des anderen ohne eine notwendigerweise gleiche Gegenleistung. Diese wird symbolisch durch die positive Einstellung des Empfängers ausgedrückt.
- Motivation der Solidarität: Befriedigung der Bedürfnisse des andern als Leistung um ihrer selbst willen, ohne dass notwendigerweise eine symbolische Gegenleistung erfolgen muss, obgleich sie durchaus geschätzt wird.

7.3 Beziehungslogik: Annäherungen an die Spezifität der Generationenbeziehungen

Diese Typologie ist nicht im Kontext einer Analyse von Generationenbeziehungen entstanden. Wendet man sie darauf an, ist unter Bezug auf die alltägliche Erfahrung ohne Weiteres erkennbar, dass hier alle drei Motivationen der Beziehungsgestaltung vorkommen. Gleichzeitig wird die Frage nach dem Verhältnis allgemeiner Prinzipien der Organisation sozialer Beziehungen zur spezifischen Beziehungsgestaltung aufgeworfen.

Wenn Tauschbeziehungen über die gegenseitige Nutzenmaximierung hinausreichen, kann Vertrauen ein wichtiger Aspekt sein. Dieser Sachverhalt ist vor allem auch in der neueren ökonomischen Literatur untersucht worden. Allerdings steht dabei – wie Beckert (2003) darlegt – der Beitrag der Vertrauensgeber im Vordergrund. Demgegenüber lohnt es sich, wie er schreibt, die Leistungen der Vertrauensnehmer näher zu betrachten. Mit dieser Erweiterung ergibt sich die Möglichkeit, eine Facette zu beleuchten, die in Generationenbeziehungen – in Familie und Gesellschaft – von Belang sein kann (siehe auch Endreß 2002 sowie Kap. 6.2).

Zentral ist die Einsicht, Vertrauen bestehe darin, dass der Vertrauensnehmer so handelt, wie er es zu tun »verspricht« (aaO: 29). Das setzt eine Wahrnehmung der Situation (oder der Beziehung voraus), gemäß der er annehmen kann, dass derjenige, dem Vertrauen geschenkt wird, dieses auch erfüllt oder – metaphorisch gesprochen – dieses »verdient«. Dabei besteht keine Gewissheit, dass dem tatsächlich so ist, sondern lediglich eine subjektive Überzeugung. Wichtig sind die Zeichen der Vertrauenswürdigkeit, die vom Vertrauensnehmer »signalisiert« wird.

Für eben diese Wechselseitigkeit bestehen in den Generationenbeziehungen gute Voraussetzungen. Da ist zum einen die »offensichtliche« Angewiesenheit das Nachwuchses, die in interpersonellen Beziehungen, besonders wenn es sich um kleine Kinder handelt, unmittelbar erfahren werden kann. In diesem Sinne provozieren sie »Vertrauensleistungen«. Zum anderen hoffen Eltern in späteren Lebensphasen auf die Unterstützung der Kinder und drücken in diesem Sinne Vertrauensbereitschaft aus.

7.3.3 Beziehungstypologien

Eine weitere Annäherung an die Spezifität von Generationenbeziehungen besteht darin, sie typologisch zu erfassen. Das kann geschehen, indem von theoretischen Überlegungen über Dimensionen von Beziehungen ausgegangen wird. Es gibt aber auch Versuche der Verdichtung von Befunden der empirischen Forschung. Man kann einzelne Typologien überdies als Charakterisierung von Beziehungslogiken interpretieren.

Die Typologie von Fiske

Ein differenziertes Modell der »Beziehungslogik« stammt von Fiske (1992). Er postuliert, dass Menschen in allen Kulturen genau vier Modelle (plus eine Residualkategorie) gebrauchen, um ihre sozialen Interaktionen, Evaluationen und darauf bezogene

7. Generationentheorie

Emotionen zu organisieren. Komplexe soziale Verhältnisse entstehen durch die Kombination dieser vier Basismodelle, die dazu kraft kultureller »Blaupausen« implementiert werden. Das Modell erklärt das soziale Leben als einen Prozess der permanenten Konstruktion, der Pflege, der Beurteilung und der Sanktionierung von Beziehungen. Fiske geht von einem modularen Aufbau der vier Basismodelle aus. Das Konzept der Modularität entstammt einer derzeit in den Kognitionswissenschaften heiß diskutierten Grundsatzdebatte; der Gegenpol zum Modularismus wird als Holismus bezeichnet.

Die vier Typen sind – so eine weitere Prämisse – Manifestationen elementarer mentaler Modelle und deren Logik. Eine weitere folgenreiche Setzung betrifft die Isomorphie der vier Typen sozialer Beziehungen mit den vier klassischen Skalentypen, nämlich der Nominalskala, der Ordinalskala, der Intervallskala und der (metrischen) Verhältnisskala. Dieser Bezug auf Skalierung kann als eine theoretische Grundlegung angesehen werden. Darüber hinaus werden die Typen phänomenologisch umschrieben und zwar wie folgt:

- »Communal sharing«: Diese Beziehungen basieren auf der Annahme einer begrenzten Gruppe von Menschen, welche einander primär als Gleichgestellte wahrnehmen. Die Betonung in der gegenseitigen Interaktion liegt auf Gemeinsamkeiten und vernachlässigt individuelle Identitäten und Eigenheiten. Diese Gemeinsamkeit begründet sich unter Rückgriff auf eine gemeinsame verbindende »Substanz«. Enge Verwandtschaftsbeziehungen, ethnische Gruppen bilden Beispiele für reine Typen des »communal sharing«. Rituale, welche der Vergewisserung und Festigung der Gemeinsamkeiten dienen, spielen eine wichtige Rolle für diesen Beziehungstyp.
- »Authority ranking«: Dieser Beziehungstyp folgt einer asymmetrischen Ordnungskonzeption. Hier werden Menschen entlang einer (oder mehrerer) hierarchischer sozialer Dimensionen »angeordnet«. Wichtig für die soziale Logik dieses Beziehungstyps ist, ob eine Person über oder unter der anderen Person in der Rangskala steht. Mit dieser Einstufung gehen dann mannigfaltige räumliche und soziale Differenzierungen einher. Das offensichtlichste Beispiel sind Beziehungen im Militär.
- »Equality matching«: Diese Beziehungen sind in einer 1:1-Korrespondenz fundiert, wie im Sprecherwechsel, der Zahn-um-Zahn-Logik. »People are primarily concerned about whether an equity matching relationship is balanced and keep track of how far out of balance it is« (aaO: 691). Fiske nennt als Beispiele »carpools«, Babysittingkooperativen sowie die Regeln in den Mannschaftssportarten, welche gleiche Teamgröße und andere »gleiche Verhältnisse« voraussetzen.
- »Market pricing«: Diese Beziehungen basieren auf dem Modell der strikten Proportionalität in Sozialbeziehungen, unter Zugrundelegung einer gemeinsamen

7.3 Beziehungslogik: Annäherungen an die Spezifität der Generationenbeziehungen

Metrik, die in unserer Gesellschaft meistens durch das Geld gebildet wird. »People organize their interactions with reference to ratios of this metric, so that what matters is how a person stands in proportion to others – for example, your percentage share in a business venture or the ratio of what you pay to what the other person gives you in return.« (ebd).

Die Ableitung der vier Modelle aus der Skalierungslehre führt zur Voraussage, dass es (vielleicht) noch einen fünften basalen Beziehungstyp gibt, für welchen keine Messung möglich ist. Das Äquivalent sind asoziale Interaktionen, in welcher Menschen die Konzeptionen und Modelle anderer ignorieren.

Das Modell von Fiske, das in seinem Aufsatz durch eine ins Detail gehende Beschreibung weiter erläutert wird, veranschaulicht, was eine auf die Grundtypen der sozialen Logik rekurrierende Typologie leisten könnte bzw. sollte. Allerdings liegt die Begrenzung bei Fiske darin, einzelne Beziehungsformen einem bestimmten Typ zuordnen, eben beispielsweise Verwandtschaftstypen dem des »communal sharing«. Auf diese Weise wird die empirisch-phänomenologische Sichtweise mit der theoretischen vermengt, um so mehr, als die Grundlegung in einer Typologie der Skalierung zwar methodisch anregend, jedoch in der vorliegenden Form theoretisch eher dürftig ist, namentlich auch im Blick auf die Analyse der Generationenbeziehungen.

Die Typologie im Alterssurvey

Gestützt auf die Daten des Alterssurveys 1996 werden zehn Typen unterschieden (Kohli 2000: 203f.). Diese werden nicht analytisch begründet, sondern stellen unter Bezug auf eine frühere Arbeit von Silverstein et al. (1994) Generalisierungen dar. Dabei werden durchschnittliche Häufigkeit hinsichtlich der Verteilung in den Beziehungen zu den Eltern und in den Beziehungen zu den erwachsenen Kindern angegeben. Sie sind in der nachfolgenden Aufzählung für die Gesamtheit der Befragten aufgeführt (erste Ziffer: Beziehungen zu den Eltern, zweite Ziffer: Beziehungen zu den Kindern, jeweils gerundet):

- Eng-helfend: Diese intergenerationellen Beziehungen zeichnen sich durch alle drei Dimensionen familialer Solidarität aus. Die Eltern und erwachsenen Kinder sind sowohl durch eine als eng wahrgenommene Beziehung als auch durch einen häufigen Kontakt und Hilfeleistungen miteinander verbunden (28%; 38%).
- Autonom-helfend: Diese Generationen sehen bzw. sprechen sich zwar nicht häufig. Sie berichten jedoch von einer engen Beziehung, und sie helfen sich auch (3%; 4%).

– Ritualisiert-helfend: Trotz eines häufigen Kontakts und trotz Hilfeleistungen fühlen sich diese Angehörigen nicht eng miteinander verbunden. Es dürfte sich hier um ritualisierte Kontakte handeln, die etwa aufgrund von Gewohnheit erfolgen (5%; 2%).
– Entfremdet-helfend: Eltern und Kinder sehen sich selten und fühlen sich nicht eng miteinander verbunden, aber sie helfen einander. Man kann unterstellen, dass diese Hilfe insbesondere aus einem Gefühl normativer Verpflichtungen heraus geleistet wird (2%; 1%).
– Eng-unabhängig: Hier geht ein enges Verhältnis mit häufigen Kontakten einher, es werden aber keine Hilfen geleistet. Letzteres muss jedoch nicht bedeuten, dass Hilfen verweigert werden, sondern dass die Generationen derzeit nicht auf Hilfen angewiesen sind. Wenn sich dies ändert, existiert durchaus die Basis für Hilfeleistungen (35%; 43%).
– Autonom-unabhängig: Diese Beziehungen sind durch Enge, jedoch seltenen Kontakt und das Fehlen von Hilfen gekennzeichnet. Hier dürfte es sich nicht zuletzt um Angehörige handeln, die relativ weit voneinander entfernt leben (10%; 7%).
– Ritualisiert-unabhängig: Die Familiengenerationen stehen zwar in häufigem Kontakt. Sie fühlen sich jedoch wenig miteinander verbunden und helfen sich auch nicht. Es ist durchaus möglich, dass solche Beziehungen mittelfristig auch in ihrer Kontakthäufigkeit nachlassen (8%; 2%).
– Entfremdet-unabhängig: Zu diesem Typ gehören schließlich jene Beziehungen, bei denen weder eine enge Beziehung, noch ein häufiger Kontakt, noch Hilfeleistungen vorliegen. Diese Angehörigen sind tatsächlich weitgehend voneinander entfremdet (10%; 3%).
– Eng-koresident: Diese Eltern und erwachsenen Kinder leben im selben Haushalt und fühlen sich eng miteinander verbunden. Es handelt sich demnach um den Typ mit der größten Verbindung zwischen den Generationen (keine Angaben).
– Entfremdet-koresident: Auch hier wohnen die Familiengenerationen zusammen, sie sprechen jedoch weniger von einem engen Verhältnis. Gründe dafür können die ökonomische Notwendigkeit, durch die gemeinsame Haushaltsführung Geld zu sparen, oder eine als belastend empfundene Pflegesituation sein (keine Angaben).

Die Typologie von Silverstein/Bengtson

Für die Verhältnisse in den USA leiten Silverstein/Bengtson (1997) eine Typologie von familialen Generationenbeziehungen aus jenen Dimensionen ab, die sie mit ihren Instrumenten zur Messung von Generationensolidarität erfasst haben, indem sie in ei-

7.3 Beziehungslogik: Annäherungen an die Spezifität der Generationenbeziehungen

nem Telefon-Survey bei 1500 Erwachsenen im Alter von 18-90 Jahren deren statistische Verteilung ermittelten. Die Typologie stellt also eine stufenweise ermittelte empirische Generalisierung auf der Basis der dem Solidaritätsansatz zugrunde liegenden Annahmen dar. Die Typen und ihre Kurzumschreibung lauten unter Verwendung der amerikanischen Charakterisierung:

- »Tight-nit«: Alle sechs Indikatoren von Solidarität werden genannt.
- »Sociable«: Die Beziehungen sind geprägt von räumlicher Nähe, häufigen Kontakten, emotionaler Nähe und Ähnlichkeit der Auffassungen, nicht aber gegebener oder empfangener Hilfeleistungen.
- »Obligatory«: Im Wesentlichen beruhen die Beziehungen auf räumlicher Nähe und häufigen Kontakten und leicht überdurchschnittlich häufigen gegenseitigen Hilfeleistungen.
- »Intimate but distant«: Emotionale Nähe und Ähnlichkeit der Auffassungen gehen einher mit räumlicher Distanz, geringer Kontakthäufigkeit und geringen Hilfeleistungen.
- »Detached«: Keine der sechs Dimensionen ist relevant.

Die Häufigkeitsverteilung der Typen ist verschieden hinsichtlich des Geschlechtes der Kinder und der Eltern; klare Muster lassen sich insofern nicht erkennen, als kein Typ eine klare Mehrheit in der Häufigkeitsverteilung aufweist. Indessen sind die mittleren drei Typen, die in gewisser Weise Mischformen aufweisen, häufiger als der erste und der letzte. Sie erfassen 62% der Beziehungen zu den Müttern und 53% zu den Vätern. Hier zeigt sich einmal mehr die stärkere Rolle der Mütter. Hingegen ist das Geschlecht des Kindes etwas weniger wichtig. Als besonders bedeutsam und beständig erweist sich die Mutter-Tochter-Beziehung, während die Rolle der Väter geringer bzw. abnehmend zu sein scheint. Nach Auffassung der Autoren wird nicht nur manifeste, sich in aktiver Hilfe ausdrückende Solidarität erfasst, sondern auch deren latente Formen. In deren Vorhandensein erkennen die Autoren den wichtigsten Tatbestand des nach wie vor bestehenden familialen Zusammenhaltes. Dies ist für sie ein Grund dafür, die Annahme eines Zerfalls oder Niedergangs (»family decline«) zurückzuweisen, die beim Rekurs auf den Solidaritäts-Ansatz immer wieder vorgebracht wird. Auch in der differenzierenden, subtileren Form empirischer Analysen schimmert indes die wertende, moralistisch-melioristische Grundhaltung der Solidaritätsperspektive durch.

Die Typologie von de Vaus

de Vaus (1994, 1995) beschreibt vier Grundtypen von Generationenbeziehungen unter Erwachsenen. Dabei geht er von zwei groben Kategorien aus. Er unterscheidet a) Beziehungen, in denen Eltern ihre erwachsenen Kinder festhalten und b) solche, in de-

7. Generationentheorie

nen diese ihre erwachsenen Kinder losgelassen haben. In jeder Kategorie fand er jeweils zwei deutlich voneinander trennbare Beziehungstypen, die er, bezogen auf a), als »elternzentriert« (»parent-centred«) und als »kindzentriert« (»child-centred«) kennzeichnet. Die beiden Beziehungstypen, die unter b) subsumiert werden, beschreibt er, vom Verhalten der Eltern ausgehend, als »distanzierte Eltern« (»remote parents«) und »nahestehende Eltern« (»attached parents«).

– Elternzentrierte Beziehungen gestalten sich ungleichgewichtig, denn hier geht es nur um die Belange der Eltern, die den Kindern gegenüber besitzergreifend und im Hinblick auf emotionale und praktische Unterstützung sowie auf Konformität fordernd sind. Die Bedürfnisse der Kinder haben in diesen Beziehungen nur eine marginale Bedeutung. Obgleich die Kinder sich ungeliebt und zurückgewiesen fühlen, kommen sie von ihren Eltern nicht los. Ironischerweise binden gerade diese Gefühle sie an die Eltern, weil sie sich bemühen, durch die Erfüllung der elterlichen Erwartungen und Forderungen Liebe und Anerkennung zu erhalten. In diesen Beziehungen erwarten Eltern und Kinder Dinge voneinander, die beide nicht fähig sind zu geben. Jede Seite fühlt sich von der anderen zurückgewiesen, kann aber ohne die andere nicht sein.
– Kinderzentrierte Beziehungen sind in umgekehrter Weise unausgeglichen. Hier dreht sich alles um die Kinder, während die Eltern und deren Belange im Hintergrund bleiben. Diese Eltern haben ihre Kinder zum Lebensmittelpunkt gemacht und wollen deshalb in das Leben ihrer Kinder integriert sein. Sie sind immer verfügbar und gewähren jegliche Unterstützung. Damit unterminieren sie die Unabhängigkeit ihrer Kinder und behandeln diese, als ob sie unmündig wären. Erdrückt von dieser elterlichen Fürsorge und Liebe, sind die Kinder über dieses Verhältnis zutiefst unglücklich und auch ärgerlich. Auf die Festhalteversuche ihrer Eltern reagieren sie mit langwierigen Auseinandersetzungen, indem sie versuchen zu zeigen, dass sie sehr wohl ohne die Eltern zurecht kommen.
– Distanzierte Eltern behandeln ihre Kinder hingegen als kompetente Erwachsene und lassen diese ihr Leben führen. Sie mischen sich weder in deren Belange ein noch kritisieren sie diese. Die einzige Erwartung an ihre Kinder besteht darin, dass sie in Ruhe gelassen werden und dass nichts von ihnen gefordert wird. Diese Beziehungen repräsentieren die in den anderen beiden Typen fehlende Autonomie und Unabhängigkeit der Generationen, aber sie sind leer. Die Kinder beschreiben ihre Eltern als Fremde, die als Hintergrundfiguren marginal für sie und ihre eigene Familie sind. Begegnungen sind unerfreulich, denn es ist schwierig, über irgend etwas gemeinsam zu sprechen. Sie ziehen sich deshalb von ihren Eltern zurück und sind unglücklich über diese Art von Beziehung. Sie wollen weit mehr als Autonomie und Unabhängigkeit, nämlich Anteilnahme und persönliche Akzeptanz.

– Nur der vierte Typ von Beziehungen stellt sich positiv für Eltern und erwachsene Kinder dar, weil hier Unabhängigkeit oder Eigenständigkeit der Generationen mit Interesse aneinander und Engagement füreinander verbunden sind. Die Eltern lassen ihre Kinder ein eigenes Leben führen, aber gleichzeitig zeigen sie ihnen, dass diese auf sie zählen können. Sie bieten Unterstützung, fordern aber nicht. Diese Beziehungen sind ausbalanciert, denn weder die eine noch die andere Seite steht im Vordergrund.

In diesem Abschnitt geben wir eine Übersicht über jene Ansätze, die sich mit dem Thema der Spezifität von Generationenbeziehungen beschäftigen und versucht, spezifische Beziehungsmuster und Gestaltungsprinzipien herauszuarbeiten.[29] Dafür schlagen wir den Begriff der Beziehungslogik vor. Als Schlussfolgerung kann man formulieren: Es geht nicht um die Festlegung auf ein einziges Prinzip der Beziehungslogik, auch nicht auf ein grundlegendes Beziehungsmuster. Vielmehr kommen zwei Prinzipien zum Tragen, die wir mit den Begriffen Reziprozität und Rationalität gekennzeichnet haben. Man trifft auf sie bei der Analyse von einzelnen Handlungen oder Handlungsmustern sowie von größeren Handlungszusammenhängen von längerer Zeitdauer und von auf diese bezogenen Redeweisen und Begrifflichkeiten (siehe dazu auch Kap. 2.2, Kap. 3.2 und Kap. 4). Daraus lässt sich die Frage ableiten, ob der Sachverhalt des gleichzeitigen Nebeneinanders unterschiedlicher Prinzipien konzeptuell und im Hinblick auf die Forschungspraxis erfasst werden kann. Unser Vorschlag lautet, dass sich dafür das Konzept der Ambivalenz, spezifischer: der Generationenambivalenz geeignet.

7.4 Generationenambivalenz

Angesicht der Mehrdeutigkeit des Konzeptes der Generation und der Vielfalt der damit bezeichneten Sachverhalte erstaunt es nicht, dass die sozialwissenschaftliche Annäherung an die Generationenfrage in Form von »Theorien mittlerer Reichweite« erfolgt. Es ist kein Zufall, dass auch der wichtige Beitrag von Mannheim in der Form eines Essays gehalten ist und dementsprechend fragmentarischen Charakter hat. Die Darstellungen zur Genese von Generationen sowie über Generationenkonflikte verwenden das Konzept überwiegend als Deutungsmuster. Dasselbe gilt für die Überlegungen zur Generationensolidarität. Allerdings gibt es dort ernsthafte Bemühungen zur Arbeit mit Forschungskonstrukten. Wir sehen darin – wie erwähnt – ein wichtiges Indiz für eine pragmatische Wende in der Generationentheorie, stark beeinflusst von den Einsichten über die Konsequenzen des demographischen Wandels.

Dadurch rückt der ursprüngliche Generationenbegriff – der genealogische – wiederum in den Vordergrund, allerdings mit neuen Fragestellungen. Diese kreisen um

7. Generationentheorie

die alltägliche und die gesellschaftspolitische Gestaltung der Generationenbeziehungen. Dabei spielen die Einsichten über die Ausweitung der aktiven Lebensphasen und die verlängerte gemeinsame Lebensspanne zwischen Alt und Jung eine wichtige Rolle.

Diese Ansätze beeinflussen auch andere Zugangsweisen. Das ist besonders offensichtlich für die Arbeit mit dem pädagogischen Generationenbegriff und seiner Übernahme in den empirisch orientierten Erziehungswissenschaften. Dort werden die mit der Generationenzugehörigkeit einhergehenden Lernprozesse zum Thema. Sie sind maßgeblich für jenen Sachverhalt von Belang, der unter heutigen gesellschaftlichen Bedingungen im Zentrum steht: der Zusammenhang zwischen Generation und Identität.

Über eben diese Thematik ergeben sich Bezüge zum historisch-politischen und zum kulturwissenschaftlichen Generationenbegriff. Hier geht es unter anderem um die Frage, inwiefern die Zugehörigkeit zu gesellschaftlichen Gruppierungen aller Art mit unterschiedlichen Vorstellungen des Alters und des Alterns sowie – gleichzeitig – mit der Erfahrung historischer Ereignisse verknüpft ist. Hinzu kommen traditionelle Fragestellungen, namentlich der Antagonismus zwischen Alt und Jung.

Dabei wendet sich naheliegenderweise der Blick auf die Gemeinsamkeiten der unterschiedlichen Generationenerfahrungen. Hierin wiederum drückt sich auch ein Interesse an der Spezifizität von Generationenzugehörigkeiten und -beziehungen aus.

Im vorausgehenden Teilkapitel schlagen wir vor, diese Frage unter dem Gesichtspunkt der Beziehungslogik anzugehen. Wir kommen zu dem Ergebnis, dass nicht ein einzelnes Grundmuster genügt, um die Generationenbeziehungen zu charakterisieren. Es ist notwendig, die Spannungsfelder von entgegengesetzten Orientierungen zu thematisieren. Dazu bietet sich der Rückgriff auf das Konzept der Ambivalenz an. In diesem Sinne bringen wir eine einfache heuristische Hypothese in Spiel, die besagt, die Gestaltung von Generationenbeziehungen erfordere den Umgang mit Ambivalenzen.

Diese Hypothese dient zunächst dem Zweck, die Gestaltbarkeit der Generationenbeziehungen und deren lebenspraktische Tragweite in ihrer ganzen, auch widersprüchlichen Mannigfaltigkeit als Thema von Theorie und Forschung hervorzuheben. Zugleich wird mit dieser Annahme eine ontologische bzw. essentialistische Bestimmung von Generationen und Generationenbeziehungen vermieden, ohne darauf zu verzichten, für sie typische, »distinkte« Sachverhalte zu benennen. Dieser Gedanke ist in kritischer Auseinandersetzung mit der vorherrschenden Orientierung der neueren familien- und verwandtschaftsbezogenen Generationenforschung sowie den politischen Debatten in ihrer Fixierung auf die Idee der Generationensolidarität entstanden.

Mittlerweile zeigt sich, dass die vertiefte Beschäftigung mit diesem Konzept viele Anschlussmöglichkeiten an unterschiedliche Felder der Forschung, aber auch an traditionelle Verständnisse der Generationenfrage bietet. Grundsätzlich einer Strategie der Arbeit mit Theorien »mittlerer Reichweite« verpflichtet ist, zeigen sich bekannte und neue Zusammenhänge zwischen den Fragestellungen und den Disziplinen. Dies versuchen wir zu erfassen, indem wir abschließend den Umgang mit Ambivalenzen als eine Meta-Aufgabe bei der Gestaltung von Generationenbeziehungen zur Diskussion stellen.

7.4.1 Theoretische Grundlagen

Ambivalenz ist ein Kunstwort, das der in Zürich tätige Psychiater Eugen Bleuler erdacht hat. Er gebrauchte es zuerst im Rahmen einer Abhandlung über den Negativismus, in der Ambivalenz »...der nämlichen [d.h. der gleichen, d. V.] Idee zwei gegenteilige Gefühlsbetonungen gibt und den gleichen Gedanken zugleich positiv und negativ denken lässt« (Bleuler 1910: 171). C.G. Jung sah im Begriff der Ambivalenz »wahrscheinlich eine wertvolle Bereicherung unseres Begriffsschatzes« (Riklin 1910/1911: 406).

Freud nannte an der Stelle, an der er den Begriff der Ambivalenz erstmals zitierte, im Aufsatz »Zur Dynamik der Übertragung« (1912/1975: 166), Ambivalenz einen »guten Ausdruck«. Freud nutzte ihn – wie die Hinweise zeigen – sowohl in der klinischen Diagnostik als auch in seinen kulturtheoretischen Abhandlungen, so in »Totem und Tabu« (Freud 1913/1975) sowie in »Das Unbehagen in der Kultur« (Freud 1930/1975). Bleuler selbst nutzte den Begriff in der Folge für die Diagnose von Schizophrenie (Bleuler 1911: 43ff. und 305ff.). Damit stellte er einen impliziten Bezug zur (prekären) Erfahrung von Identität her. Bald jedoch verwendete er den Begriff in einer verallgemeinernden Weise (Bleuler 1914). Bereits hier ist angelegt, was im Laufe der Zeit zusehends deutlicher zum Ausdruck gekommen ist: Der Begriff der Ambivalenz muss keineswegs nur negativ konnotiert sein, also nur einen Mangel oder eine Pathologie bezeichnen. Ausschlaggebend ist der *Umgang* mit Ambivalenzen. Dieses Verständnis bietet sich an für den Brückenschlag zur Generationenanalyse.[30]

Wie wir an anderen Stellen (Liegle 1997; Lüscher 2003a) ausführlich darlegen, ergeben sich aus der Begriffsgeschichte wichtige Anregungen zur Verwendung des Begriffs in den Sozialwissenschaften und insbesondere in der Generationenanalyse. Alle Umschreibungen kreisen um eine allgemeine Vorstellung, die man als »schwebende Zwiespältigkeit« charakterisieren kann.

Als wesentliche Elemente, die einzeln und kumulativ in den Umschreibungen vorkommen, können gelten:

– Die für Ambivalenz konstitutiven *Antagonismen* (Gegensätze) gehören *der gleichen Kategorie* an. Diese bereits von Bleuler (1910) genannte Bedingung besagt, dass man beispielsweise das gleichzeitige Vorkommen von Liebe und Hass als Ambivalenz verstehen kann, nicht aber das simultane Auftreten von Hass und Respekt. Denn dieser Gegensatz lässt sich auflösen, indem das eine dem anderen übergeordnet wird. Ambivalenz betont die Unausweichlichkeit oder Alternativlosigkeit eines Gegensatzes.

7. Generationentheorie

- Die Gegensätze müssen als *gleichzeitig erfahren* angesehen werden. Dabei kann allerdings der zeitliche Horizont je nach Thema von kleiner oder großer Dauer sein, also beispielsweise die Gestaltung der Beziehungen während der ganzen erinnerten Lebensdauer umfassen. Sie können aber auch während einer bestimmten Phase wie dem Auszug aus dem Elternhaus oder im Umkreis eines kritischen Lebensereignisses wie einer Scheidung auftreten. Der Zusammenhang zwischen den erfahrenen Gegensätzen wird – wie alle zeitlichen Konstruktionen – kommunikativ hergestellt, wobei sich verschiedene Grade der Bewusstheit unterscheiden lassen. Die gegensätzlichen Aspekte können in der Wahrnehmung von Individuen zu einer Einheit verschmelzen. Das wird an Bezeichnungen wie »Hassliebe« oder »schrecklich-schön« deutlich.
- Ambivalenzen beruhen somit auf einer *Interpretation*, d.h. sie erfordern eine reflektierte Zuschreibung. Diese kann direkt durch die Subjekte selbst erfolgen, die sich dabei auf die alltagssprachliche Bedeutung von Ambivalenz beziehen. Im Weiteren können die Subjekte mit gezielten Fragen auf die Erfahrung von Ambivalenzen direkt *an*gesprochen werden. Beide Fälle lassen sich als Ausdruck expliziter oder manifester Ambivalenzen auffassen. Darüber hinaus können Ambivalenzen jedoch auch von Dritten festgestellt werden. Das ist z.B. der Fall, wenn sich aus den Schilderungen oder aus den Antworten auf entsprechende Fragen Hinweise auf polare Gegensätze ergeben. Wenn Art oder Ausmaß solcher indirekt ermittelter Ambivalenzen die direkt von den Befragten geäußerten Ambivalenzen übersteigt, kann man auch von latenten oder verdeckten Ambivalenzen sprechen.
- Die Zwiespältigkeiten sind relevant im Hinblick auf die Konstitution von *Identität*: Der Umgang mit Ambivalenzen ist auch Ausdruck der Handlungsbefähigung im Sinne von »agency« (vgl. Emirbayer/Mische 1998). Damit ist zunächst einmal gesagt, dass alltägliche Episoden, in denen man hin- und herschwankt und unentschieden ist, beispielsweise beim Bestellen eines Gerichtes im Restaurant, nicht als Ambivalenz gelten sollen. Allerdings kann es durchaus sein, dass jemand auch alltägliche, scheinbar banale Zwiespältigkeit als Ausdruck des Selbst und der eigenen Handlungsbefähigung empfindet oder erfährt und dadurch unter Umständen sogar handlungsunfähig wird. Dies lässt sich insbesondere bei klinischen Formen von Ambivalenzen feststellen.

Auf der Grundlage dieser Überlegungen und unter Bezug auf die Begriffsgeschichte lässt sich Ambivalenz im Hinblick auf die sozialwissenschaftliche Analyse der Generationenbeziehungen wie folgt definieren: Von Ambivalenzen soll gesprochen werden, wenn gleichzeitige Gegensätze des Fühlens, Denkens, Wollens, Handelns und der Beziehungsgestaltung, die für die Konstitution individueller und kollektiver Identitäten relevant sind, zeitweise oder dauernd als unlösbar interpretiert werden. Diese Interpretation kann durch die Beteiligten oder durch Dritte (z.B. Therapeuten, Wissenschaftler) erfolgen.

7.4 Generationenambivalenz

Diese Definition ist ein Versuch, die wichtigsten Elemente, die aus der Begriffsgeschichte und der Forschung abgeleitet werden können, in einer kompakten Umschreibung zusammenzustellen. In diesem Sinne ist sie weit gefasst und detailliert. Es ist durchaus denkbar und sinnvoll, bei einzelnen Anwendungen nicht alle Elemente mit einzubeziehen. So gibt es Untersuchungen (z.B. Pillemer 2003), die sich auf den Sachverhalt widersprüchlicher Gefühle konzentrieren. Indessen wird angenommen, dass die Definition geeignet ist, als allgemeiner Bezugspunkt für unterschiedliche Verwendungen des Konzeptes zu dienen.[31] Dabei gilt, was wir generell zum Konzept der Generation sowie zu Konzepten wie Generationenkonflikt und -solidarität festgestellt haben, auch für das Konzept der Ambivalenz: Es kann als Forschungskonstrukt und als allgemeines Deutungsmuster genutzt werden.

Im ersten Fall wird von einer expliziten Definition ausgegangen und deren Bestandteile werden so umschrieben, dass daraus Anleitungen für die Beobachtung und Messung konkreter Sachverhalte gewonnen werden können, die der Überprüfung von Hypothesen dienen. Dabei können quantitative und qualitative Daten oder beides herangezogen werden. – Im zweiten Fall, bei der Verwendung als Deutungsmuster, wird in der Regel die Definition als gegeben vorausgesetzt, wobei Mehrdeutigkeit in Kauf genommen wird oder sogar beabsichtigt ist. Die beobachteten Sachverhalte werden interpretativ (deutend oder verstehend) der Definition und den Hypothesen zugeordnet. Dies geschieht auch, wenn versucht wird, eine allgemeine Übersicht oder eine allgemeine Beschreibung vorzunehmen sowie die Ergebnisse zusammenzufassen, die in unterschiedlichen Projekten gewonnen wurden.

7.4.2 Generationenambivalenz als Forschungskonstrukt

Zur Veranschaulichung, wie Generationenambivalenz als Forschungskonstrukt genutzt werden kann, ziehen wir die in Konstanz durchgeführten Studien heran.[32] Dort wurde der Versuch unternommen, Generationenambivalenz zunächst qualitativ und dann mit quantitativen Verfahren sowohl direkt als auch indirekt zu ermitteln und Daten über Handlungsstrategien zu gewinnen. Es gibt mittlerweile zahlreiche weitere Arbeiten, die sich auf eine oder mehrere Facetten des Konzeptes konzentrieren, beispielsweise indem – vergleichsweise allgemein – Ambivalenz verstanden wird als »Mischung von positiven oder negativen Gefühlen gegenüber dem gleichen Objekt« (Fingerman/Hay 2003 im Anschluss an Weigert 1991 – zitiert nach Manuskriptfassung) oder indem – elaborierter – Ambivalenz verstanden wird als »das Vorhandensein von gleichzeitigen oder rasch wechselnden positiven und negativen Gefühlen in Bezug auf das gleiche Objekt oder die gleiche Tätigkeit« (Pillemer 2003: 606 unter Bezug auf Raulin 1984). Hier und ausgeprägter noch in der Darstellung von Maio et al. (2003) wird auf die sozialpsychologischen Umschreibungen von Ambivalenz zurückgegriffen. Lang (2003) wiederum stellt unter Bezug auf Lüscher/Pillemer (1998) einen engen Bezug zur gerontologischen Forschung her.

7. Generationentheorie

Kennzeichnend für die Konstanzer Studie ist im Weiteren das Bemühen, strikt vom Konzept der sozialen Beziehungen auszugehen. Hierbei handelt es sich um einen sozialwissenschaftlichen Grundbegriff, dessen Bedeutung meistens vorausgesetzt wird. Vergleichsweise selten sind die Vorschläge für eine explizite Definition (siehe hierzu Lüscher/Pajung-Bilger 1998: 16-22). Seit einiger Zeit mehren sich allerdings die Bemühungen, die Beziehungsanalyse zu einem Kernthema transdisziplinärer Forschung zu machen (siehe z.B. Bescheid 1994). Einer ihrer Wegbereiter hat zu diesem Zweck folgende Definition vorgeschlagen:

»A relationship involves series of interactions in time. By an interaction we usually mean a sequence in which individual A shows behaviour X to individual B, or A shows X to B and B responds with Y. [...] In general the distinction between an interaction, which involves a strictly limited span of time, and a relationship which involves a much longer period, is clear enough« (Hinde 1976: 3).

Überträgt man dieses Verständnis auf die Generationenbeziehungen, so folgt daraus:

– Da es sich bei Beziehungen um Interaktionen handelt, die sich wiederholen und denen dementsprechend ein selbstbezügliches Moment eigen ist, weisen sie eine Dimension der Institutionalisierung auf. Diese beinhaltet im Falle der Generationenbeziehungen ein Spannungsfeld zwischen »Reproduktion« und »Innovation«. Damit ist der Gegensatz zwischen dem Bestreben nach ständiger Wiederherstellung der als richtig angesehenen Formen und Strukturen von Familie einerseits und dem Wunsch nach Neuerungen im Sinne der Veränderung oder der Einsicht in deren Notwendigkeit andererseits gemeint.
– Beziehungen konstituieren sich indessen immer auch zwischen Subjekten. Dabei kann man mit guten Gründen argumentieren, die Gestaltung von Beziehungen sei konkret auch davon beeinflusst, ob, in welchem Maße und in welcher Weise die Beteiligten füreinander Sympathie und Antipathie empfinden. Die Benennung dieser zweiten Dimension der Beziehungsgestaltung ist nicht einfach, weil die meisten denkbaren Bezeichnungen schon besetzt sind. Im Kontext soziologischer Arbeit und als Komplementärbegriff zum Attribut »institutional« bietet sich die Bezeichnung »personal« an. Damit soll gemeint sein, dass die Gestaltung von Beziehungen zwischen Eltern und Kindern mitbeeinflusst ist von Vorstellungen einer großen Ähnlichkeit oder eben der Verschiedenheit, die sich im äußeren Aussehen zeigen kann, aber auch – umgangssprachlich formuliert – in gleichen oder eben stark verschiedenen Zügen des »Charakters«, des »Wesens« zum Ausdruck kommen. Dies kann sich im Laufe der Zeit in der einen oder anderen Richtung verstärken. Um die Erfahrung von Ähnlichkeit und Prozesse der Annäherung im Unterschied zu jenen der Verschiedenheit und der Distanzierung zu

7.4 Generationenambivalenz

kennzeichnen, lassen sich die Extrempunkte dieses Spannungsfeldes mit den Begriffen »Konvergenz« und »Divergenz« benennen.
- Durch die Verknüpfung der beiden Dimensionen in einem Diagramm bzw. Modell kann man das Feld der Generationenambivalenzen abstecken und es lassen sich Grundtypen ihrer Gestaltung umschreiben. Die Auffassung stützt sich auf Einsichten aus einer qualitativen Studie über Generationenbeziehungen unter Erwachsenen nach einer Scheidung (Lüscher/Pajung-Bilger 1998). Dort wurden in drei Schritten zunehmender Abstraktion in dem Interviewmaterial zunächst Deutungsmuster identifiziert, diese zu situationsübergreifenden Handlungsmaximen zusammengefasst und schließlich als Ausdruck allgemeiner Beziehungslogiken interpretiert.
- Die Gestaltung von Beziehungen beinhaltet überdies den Umgang mit Einfluss und Macht. Diesbezüglich besteht eine Affinität des Modells zu der von Baumrind (1978, 1996) entwickelten Typologie von Erziehungsstilen (autoritär, autoritativ, »laisser faire«, vernachlässigend) und den damit einhergehenden Ausdrucksformen von Einfluss und Macht. Diese sind insbesondere auch wichtig hinsichtlich des Eingeständnisses von ambivalenten Zwiespältigkeiten, wie aus den folgenden Umschreibungen hervorgeht.

Zusammenfassend ergibt sich daraus folgendes »Modell«.

Abb. 1: Diagramm bzw. Modell der Generationenambivalenz: Zuordnung von Handlungsmaximen und Beziehungslogiken

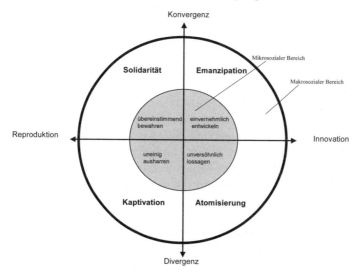

7. Generationentheorie

Die Charakterisierung der vier Typen lautet folgendermaßen:

- »*Solidarität*« bezeichnet die verlässliche Unterstützung, bzw. die Bereitschaft zu nicht notwendigerweise rückzahlbaren (Vor-)Leistungen zwischen den Generationen. Dies geschieht unter Bezug auf Autorität, allerdings nicht im Sinne einseitiger Einfluss- und Machtausübung, sondern verstanden als stellvertretendes Handeln unter Einbeziehung von Empathie. Ambivalenzen werden angesichts der starken Betonung von Gemeinsamkeit zurückgedrängt. (Das Konzept der »Solidarität« wird hier also in einem im Vergleich zu den Darlegungen unter 6.2 eingeengteren Sinne als Forschungskonstrukt verwendet.)
- Bei »*Emanzipation*« überwiegen Sachverhalte, die für eine gemeinsame emotionale Verbundenheit (»Konvergenz«) sprechen und solche, bei denen eine Offenheit für institutionelle Veränderungen (»Innovation«) im Vordergrund steht. Ohne das wechselseitige Aufeinanderangewiesensein aus den Augen zu verlieren, stellt die Entfaltung der Persönlichkeit eine generelle Zielsetzung aller Beteiligten dar. Die Regeln der Beziehungsgestaltung können in diesem Sinne auch als »autoritativ« charakterisiert werden und beinhalten ein Stück Gemeinsamkeit. Ambivalenzen kommen – soweit sie erkannt werden – offen zur Sprache.
- Die Bezeichnung »*Atomisierung*« meint ein Muster, bei dem der familiale Zusammenhalt nicht (mehr) durch institutionelle Bindungen und subjektive Erfahrungen der Beziehungsgeschichte gesichert scheint. Der Begriff verdeutlicht die Aufspaltung oder Zersplitterung der Einheit »Familie« in ihre (kleinsten) Teile, nämlich einzelne Familienmitglieder, die – außer der nicht zu revidierenden Tatsache, dass sie Eltern und Kinder sind – kaum noch Berührungspunkte miteinander haben. Im Hinblick auf die Machtverhältnisse wird hier die formale Gleichheit der Generationen betont, ohne den Unterschieden Rechnung zu tragen. So weit wie möglich gilt die Devise des »laisser faire«, und Ambivalenzen werden negiert.
- Im Modus der »*Kaptivation*« geht es darum, dass aufgrund der Zugehörigkeit zu einer Familie eine Seite Ansprüche an die andere geltend macht und womöglich einfordert. Dadurch entsteht ein Verhältnis fragiler, stets wechselnder Unter- und Überordnung sowie gegenseitiger Abhängigkeit. Appelle zur moralischen Verpflichtung, unter Umständen Zwang, kennzeichnen den Umgang mit Einfluss und Macht. Ambivalenzen werden intensiv erfahren, aber nicht reflektiert und besprochen.

Auf der Grundlage dieser Überlegungen lassen sich drei inhaltliche Bereiche in der Erforschung von Generationenambivalenzen und für die Entwicklung von Forschungsinstrumenten ableiten:

7.4 Generationenambivalenz

- Bewusstsein von Ambivalenz: In diesem Bereich werden Ambivalenzen zunächst direkt erfasst, indem nach der Erfahrung von Zwiespältigkeiten und deren Einschätzung gefragt wird.
- Beziehungseinschätzung: Die Befragten werden gebeten, die Beziehungen mit vorgegebenen Attributen, die sich an den im Modell vorgegebenen Polen orientieren, also beispielsweise fürsorglich, vertraut, lose, erdrückend, zu umschreiben. Werden Attribute hoch bewertet, die sich widersprechen, lässt sich dies als ein Indikator für Ambivalenz deuten. Sinngemäß dasselbe Verfahren lässt sich auf zusammenfassende Schilderungen des gegenseitigen Umganges miteinander anwenden. Eine ähnliche Vorgehensweise in der Einschätzung von Ambivalenz haben in Bezug auf Beziehungsnähe und -ferne Fingerman/Hay (aaO) angewendet. Die Methode besteht darin, dass einander nahestehende Personen innerhalb von drei konzentrischen Kreisen angeordnet werden, wobei die Intensität der Beziehungen von innen nach außen abnimmt. In einem zweiten Diagramm sollen die Befragten in analoger Weise Personen anordnen, über die sie sich ärgern. In beiden Typen von Diagrammen vorkommende Personen lassen dann auf ambivalente Beziehungen schließen. Fingerman/Hay (aaO) können darüber hinaus zeigen, dass Ambivalenzen in Eltern-Kind-Beziehungen häufiger vorkommen als beispielsweise in Partnerbeziehungen oder in anderen Verwandtschaftsbeziehungen.
- Umgang mit Ambivalenz: Hier werden die Befragten mit widersprüchlichen Situationen konfrontiert. Es ist von Interesse, welche Strategien im Umgang mit Ambivalenz gewählt werden. Diese Handlungsalternativen repräsentieren die verschiedenen Beziehungslogiken.

Diese Unterscheidung legt eine Forschungsstrategie nahe, die man als »Aufdecken« (»Uncovering«) bezeichnen kann. Im ersten Schritt wird ausdrücklich nach der alltäglichen Erfahrung von Zwiespältigkeiten gefragt. In einem zweiten Schritt werden die Befragten gebeten, die Beziehungen gemäß einer vorgegebenen Liste von Attributen zu charakterisieren.

Orientiert an diesen Überlegungen, erbrachte eine Untersuchung bei 72 Eltern und 52 erwachsenen Kindern u.a. folgende Ergebnisse (für die ausführliche Darstellung der Befunde siehe Lettke/Lüscher 2001; Lüscher/Lettke 2003; Lettke/Lüscher 2003):

Generationenambivalenzen als Alltagserfahrung: Generationenambivalenzen sind für viele Personen durchaus eine Alltagserfahrung. In der Konstanzer Studie gaben z.B. 39% der Befragten an, sich Gedanken über Zwiespältigkeiten gemacht zu haben. Dabei kommen Ambivalenzen auf der institutionalen Dimension häufiger vor als solche auf der personalen Dimension. Entgegen weitverbreiteter Auffassungen werden Ambivalenzen nur von einer Minderheit ausschließlich negativ gesehen, können aber dann,

7. Generationentheorie

wenn sie sich häufen oder besonders schwerwiegend sind, zu Belastungen werden. Empfindungen des Hin- und Hergerissenseins gehen zumindest für einen Teil der Befragten mit Erschwernissen einher und werden häufiger in qualitativ »schlechten« Beziehungen genannt. Der Befund, dass sich Eltern und Kinder der Erfahrung von Ambivalenzen bewusst sind, wird zusammenfassend u.a. auch von Pillemer (2003) und Philipps (2003) bestätigt, ferner von Hurme (2001) und von Meyer Schweizer/Lehmann (2001).

Dyadische Beziehungen: Während sich Mütter besonders häufig in den Beziehungen zu ihren Söhnen hin- und hergerissen fühlen, trifft dies für Söhne in Bezug auf die Mutter gerade nicht zu, dafür aber hinsichtlich des Vaters. Die Ergebnisse weisen auf ein allgemeines Muster hin: Aus der Sicht der Eltern werden »Zwiespältigkeiten« vor allem gegenüber Kindern des anderen Geschlechts empfunden. Aus der Sicht der Kinder werden Ambivalenzen vor allem gegenüber den Eltern des eigenen Geschlechts berichtet.

Während für Eltern eher »reproduktive« Aspekte im Vordergrund stehen, spielen bei den Kindern eher »innovative« Aspekte eine Rolle: Da Töchter schlechter in die Fußstapfen ihrer Väter treten können, empfinden letztere gerade in diesen Beziehungen Ambivalenzen. Das gleiche gilt für Mütter hinsichtlich der Beziehungen zu ihren Söhnen. Aus der stärker an Veränderungen orientierten Perspektive der Kinder treten »Zwiespältigkeiten« vor allem gegenüber den Personen auf, die sich zunächst als Orientierungs- oder Identifikationsfiguren anbieten, nämlich die Elternteile, die dem eigenen Geschlecht angehören.

Hinsichtlich der personalen Dimension ist die Tendenz erkennbar, dass Ambivalenzen vor allem mit Blick auf männliche Familienmitglieder auftreten. Insbesondere kommen sie bei Vätern durchweg häufiger vor als bei Müttern. Das könnte daran liegen, dass Nähe und Distanz, also vor allem mit Emotionen verbundene Aspekte der Beziehungsgestaltung, weniger mit den Rollen von Vätern und Söhnen assoziiert sind. Natürlich ist klar, dass auch bei diesen Personen Gefühle eine Rolle spielen, doch diese werden häufig von instrumentellen oder zweckhaften Beziehungsaspekten überdeckt. Deshalb stehen auch weniger eindeutige Muster für die Beziehungseinschätzung zur Verfügung.

Befunde über geschlechtsspezifische Unterschiede der Ambivalenzerfahrung berichten auch die weiteren bereits genannten Studien. Sie sind überdies markant in den qualitativen Befunden über Pflegeleistungen (Lorenz-Meyer 2003; Philipps 2003). Allerdings lassen sich keine durchgängigen Muster erkennen. Die vertiefte Analyse dieses wichtigen Sachverhaltes ist daher ein wichtiges Desiderat für künftige Forschungen.

Umgang mit Ambivalenzen: Ambivalenzen kommen häufiger in als schlecht bewerteten Beziehungen vor. Allerdings ist schwer zu sagen, ob Ambivalenzen diese Beziehungen

7.4 Generationenambivalenz

verschlechtern oder ob schlechte Beziehungen Ambivalenzen nach sich ziehen. Die Beziehungslogik der »Solidarität« steht deutlich an erster Stelle, gefolgt von »Emanzipation«. Man kann sich fragen, ob dieses Ergebnis nicht eigentlich für die These der Generationensolidarität und gegen jene der Generationenambivalenz spricht. Demgegenüber lässt sich argumentieren, gerade dieser Befund zeige, dass neben einem vorherrschenden Muster, das angesichts seiner Verbreitung oft mit dem normativ Richtigen gleichgesetzt wird, noch andere Muster praktiziert werden, und dass systematische Unterschiede zumindest nach Kontexten bestehen. Auf dieser Basis liegt es nahe, in künftigen Untersuchungen gezielt nach situationsspezifischen, schichtspezifischen, sozialökologischen sowie weiteren strukturellen Unterschieden der Familien zu suchen.

Lang (2003) kann in seiner Analyse der Beziehungsstile zwischen erwachsenen Kindern und ihren Eltern ebenfalls vier Grundmuster unterscheiden, von denen jedes eine Antwort auf verwandtschaftliche Aufgaben (»filial tasks«) in der Lebensmitte darstellt. Er nennt sie »enger Austausch« (»close exchange«), »geschmeidiges Geben« (»resilient giving«), »forcierter Altruismus« (»strained altruism«) und »betonte Distanz« (»detached distance«). Diese Typologie stimmt in ihrer Interpretation weitgehend mit jener überein, die das Konstanzer Modell impliziert. [33]

Lorenz-Meyer (2003) weist darauf hin, dass das Eingeständnis von – wie sie es nennt – »Entscheidungs-Ambivalenz« (»decisional ambivalence«) zunächst bei vielen Befragten mit Verdrängung einher geht. Anschaulich geht dies aus folgender Interview-Passage hervor:

»Int: Have you ever had thoughts about how it would be if your parents were in need of care, or could be, or what should happen then?
Mrs. U: Yes. Thoughts, yes. Partly. On the one hand, you always repress it a bit, because you don‹t know how to solve it. Well, I also would be reluctant to put my parents in a nursing home. That would be the very last resort for me ... but if it would be a severe case, you‹d have to give up. When I will work again sometime, give my job up again ... I wouldn't like to do it.
W831b, one brother, one sister, skilled training, married, homemaker, one child, maternal caring tradition.«

Zweifelsohne ist die Analyse des Umganges mit Ambivalenzen ein herausragendes Thema für die Forschung. Typologien bieten dabei die Möglichkeit zur Differenzierung. Dabei sind die unterschiedlichen strukturellen Gegebenheiten systematisch zu erfassen. So sind auch die Beziehungen zu Geschwistern von Bedeutung (was im Falle der Pflege eine Aufgabenteilung ermöglichen kann), ferner die Kommunikationsformen in der Familie, welche gegenseitiges Aushandeln erleichtern oder erschweren können. Hier stößt man auf die in Kap. 5.4 dargestellte, in der Literatur bis jetzt noch weitgehend unbeachtete Rolle der Geschwisterbeziehungen für die Generationenforschung.

7. Generationentheorie

Vor allem aber ist die Beziehungsgeschichte von Belang. Wenn ihr Rechnung getragen wird, heißt das auch, dass früheren Erfahrungen von Ambivalenz und den dabei angewandten Mustern des Umganges damit Rechnung zu tragen ist. In diesem Sinne ist die dynamische Ausweitung eines Modells wie es in den Konstanzer Studien entwickelt worden ist, ein wichtiges theoretisches und empirisches Anliegen. Denkbar ist dabei, dass die Grundmuster im Umgang mit Ambivalenzen als »innere Repräsentationen« verstanden werden, ähnlich wie dies hinsichtlich der Beziehungsmuster in der Bindungsforschung postuliert wird (siehe Kap. 5.5). Eine originelle Variante dieses Gedankens behandelt Segal (2003). Er bearbeitet mögliche Diskrepanzen zwischen dem aktuellen Bild, das Kinder von ihren Eltern haben und jenem, das sie gestützt auf ihre Kindheitserinnerungen verinnerlicht haben. Pillemer (2003) wiederum weist auf die Widersprüche hin, die entstehen können, wenn erwartbare Übergänge zum Erwachsensein nicht oder verspätet eintreten und sieht darin eine Quelle für Ambivalenzen.[34]

7.4.3 Generationenambivalenz als Deutungsmuster

Wird das Konzept der »(Generationen-)Ambivalenz« im eingangs umschriebenen Sinn als Deutungsmuster verwendet, findet sich in der Regel keine förmliche Definition. Auf eine solche wird mehr oder weniger exakt verwiesen oder das Gemeinte vorausgesetzt. Ein derartiges Vorgehen nutzt somit die Mehrdeutigkeit des Begriffes oder die Spielräume seiner Auslegung. Eine solche »Ambiguität« ist nicht zwangsläufig von Nachteil. Das legt – wie in Kapitel 2 erwähnt – Levine im Rahmen einer Soziologie des wissenschaftlichen Denkens Levine (1985) dar. Ermöglicht werden auf diese Weise Übersichten, die allgemeine Zusammenhänge herausarbeiten. Ferner wird dank der Bandbreite des Gemeinten ein Brückenschlag zu anderen Ansätzen erleichtert. Das wiederum birgt die Möglichkeit in sich, Sachverhalte und Begrifflichkeiten in den Blick zu nehmen, in denen es um Gleiches oder Ähnliches geht, ohne dass der Begriff der Ambivalenz ausdrücklich vorkommt. So lässt sich mit guten Gründen, gestützt auf Darstellungen wie diejenigen von Reinharz (1986) oder von Matt (1995), sagen, Ambivalenz sei ein schon seit langer Zeit in mannigfacher Weise in der belletristischen Literatur dargestellter Sachverhalt. Die Verwendung als Deutungsmuster kann in unterschiedlicher Weise erfolgen (was sinngemäß auch für andere Konzepte, z.B. Solidarität, möglich ist). Wir geben dafür einige Belege.

Forschungsübersichten

Ein gutes Beispiel für die Verwendung von Ambivalenz als Deutungsmuster im Rahmen einer Forschungsübersicht ist Cohlers (2003) Aufsatz über die Beziehungen junger gleichgeschlechtlich orientierter Erwachsener zu ihren Eltern. Er gibt darin eine Darstellung über die reichhaltige nordamerikanische Literatur. Er lokalisiert wesent-

7.4 Generationenambivalenz

liche Quellen für Ambivalenz im Bemühen der Heranwachsenden, den familialen Zusammenhalt zu bewahren, weil die Eröffnung einer homosexuellen Orientierung für die Eltern eine Enttäuschung bedeuten kann. Darüber hinaus ist die wechselseitige Sorge über die Konsequenzen ein Nährboden für Ambivalenz. Eltern hegen Befürchtungen über gesundheitliche Beeinträchtigungen (HIV) und soziale Benachteiligungen; Kinder fragen sich, wie Bekannte und Freunde der Eltern auf den Sachverhalt reagieren.

Die persönliche Akzeptanz und Eröffnung gleichgeschlechtlicher Orientierung ist typischerweise ein Prozess, in dem mehrere Phasen unterschieden werden können. Zunächst erfolgt eine intensive Beschäftigung mit sich selbst. Dann werden in der Regel zunächst die Freunde, dann Brüder und Schwestern, anschließend die Mutter und endlich der Vater eingeweiht. Die Unterrichtung der Mutter erfolgt oft persönlich, jene des Vaters mit einem Brief. Nicht selten besteht die Vermutung, dass die Eltern schon vorher Bescheid gewusst haben.

Eine – zumindest während einiger Zeit – verfolgte Strategie, namentlich seitens der Eltern, besteht in der Verdrängung (wie sie auch im Hinblick auf die antizipierte Pflegebedürftigkeit beobachtet wird – siehe weiter oben die Darstellung von Lorenz-Meyer 2003). Wenn es zum Gespräch und zu »Verhandlungen« kommt, lassen sich einer Studie von Beeler/Di Prova (1999) zufolge verschiedene Themen ausmachen. Dazu gehören die Auseinandersetzung mit Stereotypen über Gleichgeschlechtlichkeit, die Orientierung der Großeltern und der (wahrscheinliche) Verzicht auf Großelternschaft, der Umgang mit Schuldgefühlen, welche die Eltern möglicherweise haben, sowie die Unterschiede im Lebensstil. Cohler legt überdies dar, dass nach einer ersten Phase der Überraschung oder gar des Schockes oft Prozesse wechselseitiger Sozialisation einsetzen. Die Eltern versuchen die Kinder dahingehend zu beeinflussen, dass sie gleichwohl ein möglichst normales Leben führen und führen können, was etwa durch Einbeziehung des Partners oder der Partnerin in das Familienleben angestrebt wird. Die Kinder ihrerseits bemühen sich darum, die Eltern mit der alternativen Lebensführung vertraut zu machen, beispielsweise indem sie ihnen einschlägige Literatur vermitteln.

Insgesamt organisiert Cohler seine Analyse entlang einer rollenanalytischen Sichtweise. Dies ermöglicht es ihm, die Besonderheiten der Gleichgeschlechtlichkeit, ihrer sozialen Konsequenzen und der damit einhergehenden Ambivalenzen mit allgemeinen soziologischen Überlegungen zu verknüpfen. Insbesondere aber wird am Beispiel gleichgeschlechtlicher Orientierung deutlich, wie eng der Zusammenhang zwischen Ambivalenzerfahrungen und Identitätsvorstellungen ist. In letzter Konsequenz kann dies auch Zweifel an der strikten Bi-Polarität von Geschlechtlichkeit beinhalten, wie dies in

7. Generationentheorie

Identitätszuschreibungen wie »bi-sexuell« oder im amerikanischen »spectrum« oder »trans« zum Ausdruck kommt (so Stein 1999). Hier wird deutlich, dass Mehrdeutigkeit ein Nährboden für Ambivalenz sein kann.

Zugleich ergeben sich aus einer derartigen Interpretation Querverbindungen zu zeitdiagnostischen, also gesamtgesellschaftlichen Analysen, wie sie im Kontext der Diskurse über das Postmoderne in unserer Gegenwart geführt werden. Dies wiederum wirft die Frage nach der gesellschaftlichen Regulierung von Gleichgeschlechtlichkeit auf. In Deutschland ebenso wie in der Schweiz sind diesbezüglich in jüngster Zeit Gesetze geschaffen worden, die es ermöglichen, gleichgeschlechtliche Partnerschaften zu registrieren. In Frankreich, wo Homosexualität in gewisser Weise nach wie vor tabuisiert ist, hat man den Umweg über das Institut einer allgemeinen Partnerschaft gewählt (hierzu Martin/Théry 2001). Diese Regelungen bezwecken den Abbau gesellschaftlicher Diskriminierung, wobei zum einen strittig ist, inwieweit die Angleichung an die Ehe gehen soll und ob gleichgeschlechtliche Paare das Recht auf Adoption haben sollen, zum andern aber die gesetzliche Regulation dieser Lebensform von den Betroffenen selbst problematisiert wird. Wiederum unter Verwendung des Konzeptes als Deutungsmuster kann man von »Ambivalenzen der Verrechtlichung« sprechen (Hoffmann 1999; Lautmann 1996 und 2001; Lüscher/Grabmann 2002, alle mit Hinweisen auf die deutsche Forschungsliteratur). Verallgemeinert man diesen Sachverhalt, lässt sich sagen: Ambivalenzerfahrungen und Ambivalenzen in einem Lebensbereich bzw. auf einer Ebene der Organisation des menschlichen Zusammenlebens können ihrerseits Ambivalenzen in anderen Bereichen hervorrufen.

Historische Darstellungen

Eine Facette der Verwendung von Ambivalenz als Deutungsmuster beinhaltet, wie die Bezeichnung sagt, den Rekurs auf Deutungen, weil die Sachverhalte nicht genau bekannt sind. Das ist beim Umgang mit historischen Daten oft unvermeidlich, beziehen sich diese doch selten auf Beschreibungen von Verhaltensweisen, Gefühlen und Einstellungen. Plakans weist in einem Aufsatz über Generationenambivalenz in der Vergangenheit im methodischen Vorspann ausdrücklich darauf hin (Plakans 2003). Er erinnert überdies daran, dass das Konzept der Ambivalenz früher (d.h. vor Anfang des 20. Jahrhunderts) unbekannt war. Darum gilt auch: Situationen, die wir heute als Ausdruck von Ambivalenz verstehen, müssen früher nicht unbedingt so erlebt worden sein, ebenso wie umgekehrt möglicherweise Ambivalenzen erfahren worden sind, wo wir sie heute nicht mehr wahrnehmen.

Vor allem aber wird an diesem Text deutlich, wie bei der Verwendung als Deutungsmuster Hypothesen generiert werden können. Das gilt namentlich mit Blick auf strukturelle Gegebenheiten, die vermutlich in größerem oder geringerem Ausmaß Anlass zu Ambivalenzen geboten haben und einen Umgang damit erforderten. Dies trifft nach

7.4 Generationenambivalenz

Ansicht von Plakans für die verschiedenen Formen des gemeinsamen Haushaltens bzw. Zusammenlebens, also die Koresidenz zu. Man kann von der Typologie von Heiratsmustern ausgehen, die in der historischen Literatur dargestellt werden, wobei in der einfachsten Version zwischen einer west- und einer osteuropäischen Form unterschieden wird. Erstere ist durch ein spätes Heiratsalter und einen hohen Ledigenanteilen gekennzeichnet, letztere durch frühe Eheschließung in nahezu der gesamten Bevölkerung. Diese osteuropäische Form bringt – blickt man auf die gemeinsame Lebensspanne (vgl. Kap. 3.1) – mit sich, dass diejenigen, die ein hohes Alter erreichen, es mit vergleichsweise alten Kindern und Enkelkindern zu tun haben. Die dabei auftretenden ambivalenten Spannungen, nämlich die Befürchtung, Autorität abzugeben und möglicherweise nicht ausreichend gepflegt zu werden, finden ihren Niederschlag in den aus diesem Grund geschlossenen Vertragswerken.

Ganz allgemein kann man annehmen: Erben und Vererben ist ein Nährboden für Ambivalenzen (siehe Kap. 4.3). Die historischen Untersuchungen belegen dies. Ein wichtiges Indiz ist der Umstand, dass es sich dabei um ein über längere Zeiträume ablaufendes Geschehen handelt. Starke Spannungen ergaben sich aus dem Dilemma, den Besitz auf die Kinder gerecht zu verteilen und diesen trotz der Parzellierung ein Auskommen zu gewähren. Testamente wurden oft lang vor dem Tod angefertigt und dienten dann dazu, Kontrolle über die im Erbgang bevorzugten Kinder auszuüben. Zwischen diesen und denjenigen, die nicht oder nur in bescheidenem Maße bedacht waren, konnten sich Spannungen ergeben.

Ein Feld, in dem aus heutiger Sicht Ambivalenzen vermutet werden können, betrifft die Weggabe von kleinen Kindern und Jugendlichen. Sie kam in verschiedenen Kreisen vor. Die sogenannten »Landlosen«, also Landarbeiterinnen und Landarbeiter, die in der Regel während eines Jahres auf dem gleichen Gut beschäftigt waren und dann weiterzogen, waren oft mehr oder weniger gezwungen, Kinder wegzugeben. Ebenso wurden Jugendliche auf andere Güter gegeben, um sie so auf das Leben vorzubereiten. Inwieweit dies tatsächlich mit emotionalen Ambivalenzen einherging, lässt sich nicht mit Bestimmtheit sagen, weil wir nicht genau Bescheid wissen, wie die Eltern-Kind-Beziehungen erlebt und verstanden wurden.

Wie wurde mit Ambivalenzerfahrungen umgegangen? Plakans meint zusammenfassend, dass man in vielen Fällen auf den Fluss der Zeit setzte. Solange sich eine Situation nicht verschlechterte oder kein offener Konflikt ausbrach, vertraute man darauf, dass sich die Gefühle legten. Spannungen um Erbschaften wurden gemildert, indem man das Erbe vor dem Tod aufteilte – Güter den Töchtern als Mitgift gab und die Söhne ausbezahlte. Indessen – so die Folgerung von Plakans – ist das Konzept der Genera-

7. Generationentheorie

tionenambivalenz in der historischen Forschung noch neu, und es ist durchaus denkbar, dass es zur Orientierung künftiger Arbeiten dient. Auch dies kann als ein Aspekt der Nutzung als Deutungsmuster aufgefasst werden.

In der Einleitung zu einem umfangreichen Sammelband (Ehmer/Gutschner 2000), der sozialhistorische Darstellungen über die Generationenbeziehungen insbesondere in Deutschland und Österreich enthält, vertritt Ehmer die Auffassung, dass das Konzept der Ambivalenz geeignet ist, eine Reihe von methodischen und theoretischen Problemen zu überwinden (Ehmer 2000: 30). Diese ergeben sich aus einem deutlichen Gegensatz zwischen der Sprache der Massenmedien, der Sachbücher und der Zeitdiagnostik, in denen die Generationenbeziehungen als prekär dargestellt werden, einerseits und der Sprache der Sozialwissenschaften, in welcher diese Beziehungen durchaus als tragfähig und weitgehend positiv gesehen werden, andererseits. In historischen Arbeiten erscheinen sogar »enge, entspannte und auch solidarische Generationenbeziehungen als spezifische Merkmale unserer Gegenwart [...], deren Grundlagen eher im psychischen und emotionalen Bereich zu verorten wären als im ökonomischen, (während) die Generationenbeziehungen in vorindustriellen Gesellschaften stark instrumentell gedacht« wurden (aaO: 32). Demgegenüber zeigen auch in den Geschichtswissenschaften die Mikrostudien (wie sie im Sammelband enthalten sind) für die Vergangenheit »ein differenzierteres Bild« (ebd). Umgekehrt besteht in den Sozialwissenschaften eine Tendenz, die aktuellen Generationenbeziehungen zu idealisieren, was – hier bezieht sich der Autor auf Rosenmayr – damit zusammenhängen könnte, dass in Umfragen eine massive »Schönfärberei« auftreten kann (ebd).

Ein wichtiges Thema ist in diesem Zusammenhang die Frage der räumlichen Nähe. Das Zusammenleben von drei Generationen im Haushalt scheint in Mitteleuropa im späten 19. und frühen 20. Jahrhundert seine stärkste Ausprägung gefunden zu haben, allerdings nicht auf Grund einer langen Tradition, sondern als Übergangserscheinung, die mit der Hochindustrialisierung und vielleicht einer ausgeprägten Familienideologie zu tun gehabt haben dürfte. Bereits in der Zwischenkriegszeit setzte ein Trend zum selbständigen Wohnen und Wirtschaften ein (aaO: 27). In der Folge werden die Konsequenzen der räumlichen Trennung der Generationen unterschiedlich bewertet. Zusammenfassend stellt Ehmer fest: »Ob die Generationen unter einem Dach wohnen oder nicht, ob sie in der Nähe wohnen oder in weiterer Entfernung, all dies beeinflusst ihre Beziehungen, aber es determiniert sie nicht« (aaO: 29 – siehe auch vorne Kapitel 4.1).

In diesem allgemeinen – historischen – Überblick wird deutlich, dass Familienbeziehungen im Spannungsfeld von »Freisetzung und Bindung« stehen und in der gegenwärtigen Gesellschaft »die Interaktionen zwischen öffentlichem und privatem Generationenverhältnis offensichtlich sehr stark« sind (aaO: 35). In dieser Sichtweise ist sowohl im Rückblick als auch hinsichtlich der Analyse der Gegenwart das Konzept der Ambivalenz für Ehmer attraktiv: »Es setzt die prinzipielle Gestaltbarkeit von Generationenbeziehungen voraus, ohne materielle oder kulturelle Zwänge auszublenden; es verweist dabei auf die Vielfalt möglicher Gestaltungen und gestattet zugleich, diese Vielfalt in Typologien zu erfassen; es bietet die Chance zur Integration widersprüchlicher und gegenläufig interpretierbarer Befunde und damit Alternativen zur Idealisierung oder pessimistischen Schwarzfärberei von Generationenbeziehungen« (aaO: 31).

Übertragung auf verwandte Forschungsbereiche

Eine Nutzung des Konzeptes der Generationenambivalenz als Deutungsmuster liegt im Weiteren dann vor, wenn ein Bezug zur Verwendung des Konzeptes in verschiedenen Disziplinen und Ansätzen hergestellt wird. Ein naheliegendes Beispiel sind die Arbeiten über die Rolle des Kindes und die Kindheit. So kann man zusammenfassend die diesbezügliche historische Literatur dahingehend interpretieren, dass im Verständnis des Kindes in allen Epochen und Kulturen eine besondere Wertschätzung einhergeht mit der Überzeugung von der Notwendigkeit eines disziplinierenden Umgangs mit Kindern. Die grundlegende Ambivalenz in diesen Vorstellungen über Kinder lässt sich an allgemeinen anthropologischen Reflexionen veranschaulichen, wie sie sich insbesondere im Werk von Immanuel Kant finden. Bei Kant steht Kindheit gleichermaßen für Mensch-Sein und Mensch-Werden, für Sein und Sollen. Dass das Kind von Anfang an Mensch sei, wird in der Überzeugung zum Ausdruck gebracht, dass es lernfähig und ein mit Freiheit und Vernunft begabtes Wesen sei. Dass das Kind andererseits erst zum Menschen werden bzw. gemacht werden müsse, wird mit der Auffassung begründet, dass es erziehungsbedürftig sei und den Gebrauch der in ihm angelegten Freiheit und Vernunft erst lernen müsse. Der Mensch kann, wie Kant sagt, »nur Mensch werden durch Erziehung«, er ist »nichts, als was die Erziehung aus ihm macht« (Kant 1803/1922: 195). Der Ambivalenz von Sein und Werden (Sollen) in der Vorstellung über Kinder entspricht auf der Ebene der Erziehungstätigkeit der Erwachsenen die Ambivalenz von Zwang und Freiheit: Erziehung kann auf Zwangsmittel nicht verzichten, der Einsatz dieser Mittel soll jedoch der Entwicklung der im Kinde angelegten Freiheits- und Vernunftfähigkeit dienen. Für Kant lag eines der größten Probleme der Erziehung darin, »wie man die Unterwerfung unter den gesetzlichen Zwang mit der Fähigkeit, sich seiner Freiheit zu bedienen, vereinigen könne. Denn Zwang ist nötig! Wie kultiviere ich die Freiheit bei dem Zwange?« Man müsse dem Kind »beweisen, dass man ihm einen Zwang auferlegt, der es zum Gebrauche seiner eigenen Freiheit führt, dass man es kultiviere, damit es einst frei sein könne« (aaO: 206). Die Auffassung, dass Zwang zur Erziehung gehöre, bedeutet für Kant jedoch nicht die Rechtfertigung eines instrumentellen Umgangs mit dem Kind: Die Eltern »können ihr Kind nicht gleichsam als ihr Gemächsel (denn ein solches kann kein mit Freiheit begabtes Wesen sein) und als ihr Eigentum zerstören oder es auch nur dem Zufall überlassen« (ebd).

Als ein weiteres Beispiel für Ambivalenzen in den Vorstellungen über Kinder ist auf die Begründungsmuster für die Pädagogisierung der Kindheit in Gestalt der Einführung und Durchsetzung der allgemeinen Schulpflicht zu verweisen: Die gesetzliche Schulpflicht stellt in der Perspektive der Kinder einen Zwang dar: Die Rechtfertigung dieses Zwangs liegt in der Überzeugung, nur durch Einsatz dieses Zwangsmittels sei gewährleistet, dass allen Kindern die Gelegenheit gegeben wird, ihre Lernfähigkeit und Bildsamkeit zu entfalten und zum Gebrauch der in ihnen angelegten Vernunft zu gelangen. Nur die Anerkennung dieser Ambivalenz von Fremdbestimmung und Selbstbestimmung erlaubt es, die Einführung der Schulpflicht (sowie das gleichzeitige Verbot von Kinderarbeit) nicht allein als Zwang, sondern als Voraussetzung für die Durchsetzung eines individuellen Bürger- bzw. Menschenrechts auf Bildung zu begreifen.

Die damit angesprochene allgemeine pädagogische Sichtweise verdichtet Winterhager-Schmid (2000a) auf den Unterschied zwischen »Groß und Klein«, sie sieht in dieser Generationendifferenz eine basale Struktur des Heranwachsens und interpretiert diese als grundlegend ambivalent. Damit weitgehend übereinstimmend postuliert Honig (1997) die Gestaltung dieser Differenz und den Umgang damit als das Grundproblem einer (erziehungswissenschaftlich verstandenen) generativen Ordnung und als zentrales Thema einer »Theorie der Kindheit«.

In der Literatur finden sich zahlreiche Hinweise, wonach die soziale Praxis im Umgang mit Kindern explizit oder zumindest implizit als von Ambivalenzen beeinflusst gedeutet wird. Ein markantes Beispiel ist die breitangelegte Geschichte der Kindheit von DeMause (1974). Auf derartige Überlegungen stößt man auch in Analysen der Situation von Kindern in der Gegenwart, so bei Kränzl-Nagl et al. (1998) oder – hinsichtlich des juristischen Diskurses über Kinderrechte – bei Smith (1997). Hinsichtlich der generalisierten gesellschaftlichen Praxis im Umgang mit Kindern, die man als »Kinderpolitik« auffassen kann, lassen sich – so ein Vorschlag, der an anderer Stelle ausführlich erläutert und begründet wird (Lüscher 2000b; 2003a) – vier Grundtypen unterscheiden, die als Schutz, Förderung und Befreiung umschrieben werden können. Hinzu kommt die in der Realität leider ebenfalls zu beobachtende »schwarze Kinderpolitik« der Missachtung. Diese Typen lassen sich in einer ersten Annäherung den vier Grundtypen des Umganges mit Generationenambivalenz zuordnen, wie aus der folgenden Darstellung hervorgeht

7.4 Generationenambivalenz

Abb. 11: Diagramm bzw. Modell der Generationenambivalenz übertragen auf Typen von Kinderpolitik

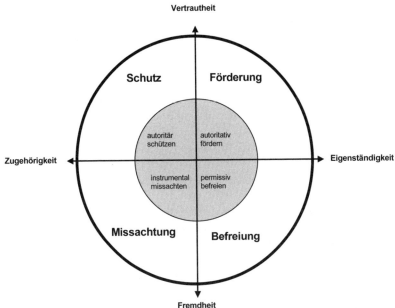

Das zuletzt gegebene Beispiel soll über die inhaltliche Aussage hinaus insbesondere auch veranschaulichen: Die konzeptuelle Arbeit mit »Generationenambivalenz« als Deutungsmuster (ebenso wie ein entsprechender Umgang mit anderen Schlüsselkonzepten) ist nicht nur geeignet, Querverbindungen zwischen unterschiedlichen Ansätzen und Disziplinen herzustellen, sondern auch neue Hypothesen zu generieren. Dazu lassen sich, wenn man den engeren Rahmen der Generationenforschung verlässt, zahlreiche weitere Anwendungen finden. Zu denken ist an eine Übertragung der Idee der Ambivalenz auf weitere Beziehungen in den Familien, namentlich zwischen Geschwistern (hierzu z.B. Liegle 2000), auf die Paarbeziehungen (hierzu z.B. Jekeli 2002). Ein weites Feld ist die Analyse potenzieller Ambivalenzen in professionellen Beziehungen vom Typ Lehrer-Schüler, Therapeut-Patient (hierzu »klassisch« Merton 1976). Eine wieder andere Variante stellt die Übertragung auf die Altersforschung dar, deren enger Zusammenhang mit der Generationenanalyse dadurch unterstrichen wird (Tesch-Römer et al. 2000). Nicht von ungefähr ergeben sich dabei immer wieder Rückbezüge auf Einsichten aus der Generationentheorie und -forschung. Auf diese Art wird die fundamentale Bedeutung der Generationenbeziehungen und ihrer sozialen Gestaltung wiederum bestätigt und ihre potenzielle Besonderheit unter anderen Blickwinkeln herausgearbeitet.

7. Generationentheorie

Als letztes Beispiel möchten wir auf die anthropologische Argumentation von Boehm (1989) eingehen. In einem Essay im *American Anthropologist* stellt er unter Bezug auf eine biologische Perspektive fest, dass die genotypisch angelegten Einstellungen zum Nachwuchs beim Menschen (ebenso wie bei Tieren) in widersprüchliche Richtungen streben können und dies auch tun (was wir auch im Abschnitt 7.2.1 »Generationenkonflikte« erörtern). Eine Betrachtung dieser fundamentalen Ambivalenzen ist gemäß Boehm besonders wichtig, da diese dazu beitragen, die praktischen Dilemmata zu strukturieren, welche als Vorbedingungen für Entscheidungsprozesse nötig sind (aaO: 922). Seiner Ansicht nach gibt es eine Tendenz, »Universalien« in der menschlichen Natur zu umschreiben: Charakteristiken, die bei Menschen in allen Gesellschaften so weit verbreitet sind, dass sie nicht kultureller Art sein können, sondern auf genetischen Ursachen beruhen müssen. Anstatt zu versuchen, universale Verhaltensmuster zu identifizieren, hält Boehm es für sinnvoll, nach universalen Dilemmata zu suchen, die aus Ambivalenzen resultieren und die wiederum der menschlichen Natur inhärent sind.

Nach Boehm sind viele der Ambivalenzen der genotypischen Ebene so offensichtlich, dass wir uns ihrer oft nicht bewusst sind. Er nennt das Beispiel eines Volkes, das unter einem Mangel an Lebensmitteln leidet:

»... during famine a parent is torn between hungry pursuit of a desperate food quest, acute dislike of exhaustion, fear of personal privation and death, nurturant, affectionate care for an ailing child, and often an affectionate concern for closely bounded relatives or affines who need food. The result is ambivalence, and, where alternatives can be perceived, a sense of dilemma. The dilemma can either be acted upon or not as an item for problem solving, but often it is resolved by making a choice that involves compromise« (aaO: 930).

Angesichts ethnographischer Einsichten ist nach Auffassung von Boehm Ambivalenz nicht nur ein Resultat widersprüchlicher genotypischer Faktoren. Menschen vermischen widersprüchliche Tendenzen in verschiedenen Kombinationen entsprechend ihrer Sozialisation und kulturellen Perspektive und abhängig vom Kontext der Situation (ebd). Diese Perspektive kann unser Verständnis von Ambivalenz zwischen den Generationen erweitern, indem sie es uns erlaubt, die Möglichkeit in Betracht zu ziehen, dass biologisch veranlagte Tendenzen sich widersprechen oder diese mit kulturellen Orientierungen im Widerspruch stehen können (siehe hierzu auch Kap. 7.2.1).

7.4.4 Der Umgang mit Generationenambivalenz als eine »Meta-Aufgabe«

Die vorausgehende Darstellung zeigt: Mit dem Konzept der Generationenambivalenz lassen sich die unterschiedlichen Facetten einer Generationentheorie zueinander in Beziehung setzen und Möglichkeiten der Weiterentwicklung aufzeigen. Man kann sich auf anthropologische Prämissen stützen, weil dem Konzept Annahmen für ein Menschenbild zugrunde liegen, die von unterschiedlichen Identitätserfahrungen und ihrer sprachlich vermittelten Selbstreflexion ausgehen, und die mithin mit empirisch überprüfbaren Einsichten vereinbar sind und in der Analyse des »Generationenlernens« erkennbar sind.

Dies wird durch eine Anbindung an die Analyse sozialer Beziehungen erleichtert. Indem der Umgang mit Ambivalenzen als individuell und kollektiv zu erfüllende Aufgabe verstanden wird, lassen sich ontologische Zuschreibungen a priori vermeiden. Die Aufmerksamkeit wendet sich Typen des Umgangs mit Ambivalenzen und deren sozialökologischer Einbettung zu, die hypothetisch formuliert und durch systematische Forschung überprüft werden können. Auf diese Weise bleibt der Blick frei für die Beobachtung neuer Formen der Gestaltung der Generationenbeziehungen. Allerdings steht beim jetzigen Stand der Entwicklung des Ansatzes und der Generationenforschung überhaupt die Anwendbarkeit von Generationenambivalenz als Forschungskonstrukt im Bereich überschaubarer Lebensverhältnisse im Vordergrund.

Naheliegend ist auch die Frage der Bedeutung von Ambivalenzen in anderen sozialen Beziehungen sowohl innerhalb als auch außerhalb des Kontextes von Familie und Verwandtschaft. Die starke Betonung von Generationenbeziehungen als biologisch vorgegebene sozio-kulturelle Aufgabe, die auf unterschiedliche Weise angegangen wird und angegangen werden kann, deren Gestaltung offen ist und die mehr oder weniger gelingen kann, lenkt schließlich die Aufmerksamkeit auf die Rolle der gesellschaftlichen Regelungen als einen wichtigen Bereich der Generationentheorie.

Die Auffassung, dass die theoretische und die empirische Analyse von Ambivalenzen eine ertragreiche Annäherung an die Generationenfrage ist, und dies insbesondere unter den gegenwärtigen gesellschaftlichen Bedingungen, wird im Weiteren durch die Beobachtung gestützt, dass auf verschiedenen Ebenen der Analyse von Zwiespältigkeiten im Sinne von Paradoxien, Spannungsfeldern und unauflösbaren Gegensätzen die Rede ist, so beispielsweise zwischen Konflikt und Solidarität, Autonomie und Dependenz, oder im Paradox des erzieherischen Schutzraumes als Vorbereitung auf das Leben. Sie findet sich in der Grundfigur des dem Menschen eigenen »auf Angewiesenheit antwortenden Handelns« und in der Beobachtung der inneren und äußerlichen Gegensätzlichkeit von Generationen.[35]

Man kann diese »schwebende Gegensätzlichkeit« letztlich in den beiden einander entgegengesetzten Komponenten des Begriffes der Generation erkennen: Einerseits

7. Generationentheorie

der Entstehung neuen Lebens, das zugleich anders und gleichartig ist, das an eine Ordnung gebunden und zugleich auf Wandel angelegt ist. Man kann auf diese Weise aber andererseits auch das Grundproblem menschlicher Generativität charakterisieren, auf die das Konzept der Generation in seiner vielschichtigen Semantik und Pragmatik verweist: Es geht um die Analyse und den Umgang zwischen »Alt und Jung«, im Bewusstsein, dass dieser vielfältige individuelle und kollektive Freiräume und Begrenzungen zugleich beinhaltet. Den Umgang mit diesen »Generationenambivalenzen« kann man als eine »Meta-Aufgabe« verstehen. Sie stellt sich in allen Bereichen der alltäglichen Lebenspraxis, der Etablierung von Routinen und der Bewältigung des Schicksalshaften, Zufälligen. Sie stellt sich in den Feldern der Politik und ist eine Herausforderung an die wissenschaftliche sowie die weltanschauliche Reflexion der Generationenfrage.

Anmerkungen

1   Das ist eine Kennzeichnung, die seinerzeit Merton (1964: 9) – der als einer der Begründer der Wissenssoziologie gilt – für die Theoriebildung in der Soziologie vorgeschlagen hat. In ihrem Zentrum stehen Leitideen, die geeignet sind, die Systematisierung in Bezug auf einzelne Fragestellungen und Bereiche voranzutreiben und die sich in der Forschung umsetzen lassen. Gleichzeitig sind sie anschlussfähig an allgemeine, übergreifende Theorien.

2   Die Bezeichnung pragmatistisch geht auf einen Vorschlag von Peirce zurück, der damit eine Abgrenzung der von ihm umschriebenen philosophischen Position vom Alltagsverständnis des Wortes pragmatisch (im Sinne einer schlichten Orientierung am Angemessenen und Nützlichen) und der sich daran orientierenden »Philosophien« ausdrücken wollte.

3   Vgl. hierzu auch die Feststellung von Spitzer (1973: 1353): »Each generation writes its own history of generations. Or perhaps, when contemporary generational differences force themselves on the consciousness of historians they rediscover significant age-specific relationships in the past.« Damit wird zusätzlich auf die Relevanz persönlicher Erfahrungen hingewiesen.

4   In diesem Zusammenhang ist die vorgeschlagene Unterscheidung zwischen Deutungsmuster und Forschungskonstrukt (siehe Kap. 2.1) von Belang, denn sie verweist auf Unterschiede in der sprachpraktischen Verwendung von Schlüsselkonzepten. Die pragmatischen Orientierung kommt auch in der Redeweise zum Ausdruck, es werde eine »Annäherung an...« versucht. Sie besagt Folgendes: Denknotwendig ist die Vorstellung, es gäbe den in einem Konzept gemeinten Sachverhalt (z.B. »die« Familie, obgleich man eigentlich weiß, der diese empirisch nicht vollständig bzw. abschließend erfasst werden kann, u.a. deswegen, weil der Begriff sich wandelt. Das entspricht dem Argument, in der wissenschaftlichen Arbeit sei eine regulative Idee der »Wahrheit« notwendig, obgleich man überzeugt ist, dass keine endgültig »wahren« Theorien möglich sind. In pragmatischer Sichtweise beruhen nämlich Theorien auf Überzeugungen, die als solche nicht definitiv beweisbar sind; sie erweisen sich als fruchtbar und bewähren sich, indem sie die systematische Analyse sozialer Phänomene ermöglichen. Das ist dann der Fall, wenn Gemeinsamkeiten und Unterschiede präzise erfasst werden können und auf diese Weise die Folgen von Handlungen und Ereignissen verständlich werden).

5   So auch Gumbrecht (1997: 697f.): »Erst gegen Ende des 19. Jhs. rücken die Bedeutung und die Pragmatik des Wortes Generation innerhalb der Kulturwissenschaften unversehens ins Zentrum einer intensiven akademischen Debatte, um nach einem kulminierenden Moment in den 1920er Jahren beinahe ebenso rasch ausgemustert zu werden.« – Siehe auch Daniel 2001: 333f.

Anmerkungen

6   Dabei gilt selbstverständlich *nicht*, was Italo Calvino für die literarischen Klassiker schreibt: »Ein Klassiker ist ein Buch, das unablässig eine Staubwolke kritischer Reden über sich selbst hervorruft, diese aber auch unablässig wieder abschüttet« (Calvino 2003).
7   Bezeichnenderweise hat Mannheims Abhandlung die Form eines Essays. Das entspricht offensichtlich der wissenschaftlichen Persönlichkeit Mannheims. In seiner überaus einfühlsamen Darstellung schreibt Coser dazu: »A profoundly human and humane person, he embodied in his analytical work and in his reformist passions the twin urges toward self-conscious understanding of man‹s vicissitudes on earth and toward active intervention in public affairs which, in varying degrees, inform most sociologists« (Coser 1977: 463). – Erhellend ist auch die folgende Würdigung aus Anlass des hundertsten Geburtstages von Mannheim: »So intensiv und engagiert dachte er dem Leben der kulturellen Ausdrucksformen nach, dass kein System und keine theoretische Letztbegründung ihm jemals genügen konnten. Mannheim war ein unruhiger, suchender Geist. Darin repräsentiert er die Epoche – von der er geprägt wurde und die er seinerseits mitbestimmte. Doch während er die Unruhe hochschätzte, ging es ihm zugleich darum, Boden für die rationale Durchdringung der Welt zu gewinnen. Vernunft sollte wenn nicht die Wirklichkeit, so immerhin die Soziologie leiten, die sich ihr stellte« (Meyer 1993: 65).
8   Mannheims Beitrag ist im Zusammenhang einer besonderen Aufmerksamkeit zu lesen, die der Begriff der Generation in den Zeiten des Umbruchs nach dem 1. Weltkrieg fand. Giesen/Assmann (2002: 609) sprechen vom Gegensatz zwischen zwei wissenschaftlichen Ansätzen. Der sogenannten Pulsschlag-Hypothese zufolge bot der Begriff der Generation den Schlüssel für eine strenge Gesetzmäßigkeit des historisch-kulturellen Fortschrittes. Dem anderen Ansatz, der Prägungshypothese zufolge, wirken die in der Jugendzeit gemachten Erfahrungen bis ins späte Lebensalter hinein und die dabei sich artikulierenden gemeinsamen Orientierungen wirken sich sowohl auf die Entwicklung des Einzelnen als auch der Gesellschaft aus.
9   Der theoretische Stellenwert des Begriffes der Entelechie ist schwer zu bestimmen. Man kann darin eine Voraussetzung für die weiter unten angesprochene Vorstellung des »Auftrages« einer Generation sehen. Man könnte aber auch, im Blick auf moderne Theorien, darin eine Nähe zur »Selbstorganisation« von sozialen Systemen (in diesem Falle von Generationen als Teile sozialer Systeme) sehen. Diese Diskussionen sind noch in Gang (siehe z.B. Müllers-Sievers 1997).
10 Siehe zur Mannheim-Rezeption auch Breitsamer (1976). Dieser beschäftigt sich intensiv mit der »Generationenlagerung«. Er hebt zunächst die Vorstellung der Prägung im Jugendalter hervor. Dann legt er unter Hinzuziehung historischer Fakten dar, dass »die ökonomische Lage der Einzelnen ihre Emotionen, ihr Denken, ihr Verhalten stark beeinflußt« (aaO: 458). Matthes (1985) geht – wie erwähnt – ausführlich auf die zeittheoretischen Implikationen ein und kritisiert, dass Mannheim deren Potenzial nicht ausreichend nutzte, sondern letztlich in sozial-räumlichen Vorstellungen gefangen blieb. Pilcher (1995) entwickelt – im Kontext der britischen Soziologie – eine positive Einschätzung unter besonderer Berücksichtigung der wissenssoziologischen Implikationen. Die französische Rezeption ist dokumentiert im Sonderheft von »L'homme et la société: Generation et mémoire« (1994). In jüngster Zeit mehren sich die Interpretationsversuche, die sich vertiefend auf einzelne Bausteine von Mannheims Denken einlassen. So beschäftigt sich Bohnsack/Schäffer (2002) mit den Implikationen der Idee des »disjunktiven Lebensraumes«. Kritische Auseinandersetzungen mit Mannheim finden sich u.a. auch bei Weigel (2002b).
11 Bereits Mannheim hat somit das Konzept der Perspektive verwendet (das wir unsererseits in der Basisdefinition 1 in Kap. 2.3.3 benutzen). In »Ideology and Utopia« (Mannheim 1936: 224) definiert er es folgendermaßen: »The manner in which one views an object, what one perceives in it, and how one construes it in his thinking. [Perspective] also refers to qualitative elements in the structure of thought, elements which must necessarily be overlooked by a purely formal logic.«

7. Generationentheorie

12 Sparschuh (2000: 230) spricht von einer »begrifflichen Entwicklungslinie in Mannheims Denken, die vom Erfassen des *Erlebniszusammenhanges* in der Kultursoziologie, über den *Strukturzusammenhang* in der Konservatismusanalyse und der Wissenssoziologie bis hin zum 1928 eingeführten Begriff des *Generationenzusammenhanges* reicht.«

13 Von diesen Vorstellungen unterscheidet sich – trotz scheinbaren Ähnlichkeiten – die theoretische Position, die wir durchgängig einzunehmen versuchen. Wir argumentieren zwar mit der Vorstellung generationenspezifischer Aufgaben. Doch damit ist die anthropologisch vorgegebene soziale Gestaltung der Generationenbeziehungen gemeint. Wie wir im letzten Teil dieses Kapitels darlegen, stellen wir darüber hinaus zur Diskussion, ob der Umgang mit den in Generationenbeziehungen häufigen, für diese möglicherweise sogar typischen Ambivalenzen eine »Meta-Aufgabe« in diesen Prozessen repräsentiert.

14 Grundsätzlich ist zu bedenken, dass »Konflikt« zu jenen Wörtern gehört, deren Bedeutung in den (Sozial-) Wissenschaften unter Bezugnahme auf die alltagssprachliche Vertrautheit als bekannt vorausgesetzt wird. Für die Argumentation, die in diesem Kapitel entwickelt wird, ist darum zu bedenken, dass unter den Begriff »Konflikt« bzw. unter die Vorstellung eines antagonistischen Verhältnisses der Generationen auch Formen fallen können, die zutreffender als »Ambivalenzen« verstanden werden den.

15 Damit können sich Hoffnungen und »Projektionen« verbinden (siehe hierzu die Überlegungen zur Vorstellung eines »Generationenauftrages« im vorausgehenden Abschnitt). Werden sie enttäuscht, kann dies ein Anlass zu Konflikten sein. Man kann allerdings darin auch eine Disposition für Generationenambivalenzen (siehe Kap. 7.4) sehen.

16 Ein herausragendes Beispiel ist die Darstellung von Feuer (1969). Sie reicht von den Burschenschaften bis zu den Berkeley-Unruhen (siehe hierzu auch den Kommentar von Spitzer (1973: 1364ff.). Dieser attestiert Feuer, dass der Rückgriff auf die ödipalen Konflikte es ermöglicht, zwischen rebellierenden und konformistischen Jugend-Generationen zu unterscheiden und den selbstaufopfernden Idealismus, den Populismus und die mörderischen sowie selbstmörderischen Irrationalismen militanter Jugendbewegungen zu verstehen.

17 Zur folgenden Darstellung ist zu bemerken, dass sie sich auf Darstellungen im Kontext von sozialwissenschaftlichen Generationenanalysen konzentrieren. Außer Acht bleiben die psychologischen und in der therapeutischen Literatur dargestellten »Familienkonflikte«. Ihre Einbeziehung ist indessen ein bedenkens- sogar erstrebenswertes Desiderat der Ausweitung der Generationentheorie, insbesondere auch unter den in Kap. 7.4 entfaltenden Gesichtspunkten. Im Übrigen ist festzustellen, dass die Familiensoziologie erhebliche konflikttheoretische Defizite aufweist. Dies moniert, mit Schwergewicht auf den Partnerschafts- und Ehebeziehungen, Tyrell (2001).

18 Diese Charakterisierung trifft – zumindest zum Teil – auch auf die Darstellungen von Generationenkonflikten in historischen Untersuchungen zu. Sie wird bisweilen sogar überhaupt als ein Argument gegen die Fruchtbarkeit des Konzeptes der Generation vorgebracht.

19 In diesem Zusammenhang ist auf die Thesen des Anthropologen Boehm (1989) zu verweisen (siehe auch Kap. 7.4.3). Unter Bezug auf eine biologische Perspektive stellt er fest, dass unsere genotypischen Tendenzen dazu in der Lage sind, in widersprüchliche Richtungen zu arbeiten und dies auch tun. Das führt ihn allerdings nicht zur Umschreibung eines – interessenbezogenen – Generationenkonflikts, sondern zu einer Interpretation mittels des Konzeptes der Ambivalenz.

20 Weitere Auswertungen dieser Daten unter dem Gesichtspunkt der familialen Generationenbeziehungen hat Clausen (1993a; 1993b) veröffentlicht.

21 Wenn man die ethischen und politischen Dimensionen von »Solidarität« betont, kann diese auch auf das Menschsein als solches zurückgeführt werden, u.a. auf die christliche Vorstellung einer »Solidarität«, die Gott über das Opfer seines Sohnes mit den Menschen verbunden zeigt. In allen diesen Lesar-

Anmerkungen

ten wird Solidarität zu einer moralischen Pflicht. Sie kann verkündet und gelehrt werden, ist somit bekannt und wird dementsprechend zu einer Richtschnur moralischen Handelns.

22 Dieser Sachverhalt ist von Interesse im Hinblick auf die weiter unten (Kap. 7.4) vorgeschlagene Operationalisierung von Solidarität im Rahmen eines Modelles zur Analyse von »Generationenambivalenz«. Die kritische Auseinandersetzung mit der Dominanz der Idee der Solidarität in der amerikanischen Forschung war ein Auslöser für die Entwicklung der Idee der Generationenambivalenz. Das geht aus deren Darstellung von Lüscher/Pillemer (1998) hervor. Die Diskussion wurde im Journal of Marriage and the Family (August 2002, Bd. 64) weitergeführt, insbesondere in der Kontroverse von Connidis/McMullin (2002b) vs. Bengtson et al. (2002). Davon unterscheiden sich die im Folgenden (Kap. 7.4) und in den Beiträgen zu Pillemer/Lüscher (2003) dargestellten Bemühungen, die Idee der Generationensolidarität im eben erwähnten Sinne zu hinterfragen. Ein Vergleich bzw. eine Gegenüberstellung der beiden Ansätze im Rahmen empirischer Untersuchungen findet sich im Schlussbericht des Projektes OASIS (Lowenstein/Ogg 2003). Allerdings wird dort »Ambivalenz« mit »Konflikt« gleichgesetzt und »Solidarität« gegenübergestellt. Das entspricht nicht den Intentionen, die dem Ambivalenzansatz zu Grunde liegen, geht es doch darum, eine Sichtweise zu begründen, die das gleichzeitige Vorkommen von Konflikt und Solidarität analysieren kann (siehe auch Kap. 7.4).

23 Die Attribuierung von Solidarität lautet somit: »structural – associational – affectual – normative solidarity (Akzeptanz von Solidaritätsvorstellungen) – functional (auf praktische Unterstützungen bezogen)«. – In den neuesten Forschungsinstrumenten wird auch nach Konflikt gefragt (siehe hierzu: Bengtson/Giarruso/Silverstein 2000).

24 Gegenüber der frühen Fassung des Modells von Bengtson et al. sind bald kritische Einwände erhoben worden. Ein Beispiel ist die Studie von Atkinson et al. (1986) Im Kern wird unter Bezug auf eigene Forschungsergebnisse geltend gemacht, dass sich Verbundenheit, Gefühl und Übereinstimmung (»association«, »affect«, »consensus«) nicht zu einem Ganzen, Solidarität, ergänzen, sondern distinkte Dimensionen darstellen (aaO: 415). Das richtet sich gegen den zusammenfassenden, eben »ganzheitlichen« Charakter des Konzeptes. Dieser verleitet zu einem essentialistischen Verständnis, gemäß dem »Solidarität« die Substanz, die wesenhafte Eigentümlichkeit (und nicht ein zugeschriebenes Charakteristikum) des Verhältnisses der Generationen zueinander ausmacht. Ein solcher »Wesensgrund« aber bietet Anlass, Solidarität als normative Vorgabe, als Maßstab einer mehr oder weniger angemessenen, richtigen Gestaltung zu verstehen.

25 Rossi/Rossi (1990) verwenden demgegenüber eine siebenstufige Skala, auf der die Befragten ihre affektive Solidarität angeben sollen. Am einen Ende dieser Skala wird die Beziehung als »angespannt und belastet« (»tense and strange«) beschrieben, am anderen als »nahe und intim« (»close and intimate«). Eine solche Art des Fragens ermöglicht es allerdings nicht, jene Personen zu bestimmen, deren Gefühle gleichzeitig in beide Richtungen gehen, also sowohl auf den positiven wie auf den negativen Dimensionen hohe Skalenwerte aufweisen (Mangen 1995). – Für eine Diskussion weiterer Vorschläge der Dimensionierung von Solidarität siehe Dallinger (2002: 217f.).

26 Was mit diesen Bezeichnungen gemeint ist, scheint sich – jedenfalls teilweise – mit dem umgangssprachlichen Sinn der Wörter nicht zu decken. Mit einem »mechanischen« sozialen Zusammenhalt verbindet sich eher die Vorstellung des Konstruierten, Technischen und Rationalen und nicht – was Durkheim meint – des Ursprünglichen, »Naturwüchsigen« (wofür alltagssprachlich eher das Wort »organisch« üblich ist). – Eine Quelle vordergründiger Missverständnisse bei Tönnies kann sein, dass »Gesellschaft« oft als allgemeinster Begriff des sozialen Zusammenlebens und seiner Organisation verwendet wird (und nicht – was bei Tönnies gemeint ist – für einen bestimmten Typ der Organisation). Solche Eigentümlichkeiten des sozialwissenschaftlichen Vokabulars finden sich, wie gezeigt worden ist, auch bei der Umschreibung von Beziehungstypologien.

27 Zwischen den hier implizierten Bedeutungen von Verantwortung und jenen, die in Kap. 6.1 zur Sprache kommen, bestehen Unterschiede. Sie sind zum Teil kulturell und sprachlich bedingt (was ein

7. Generationentheorie

Grund ist, bei der Übertragung von Forschungsergebnissen von einer Kultur zur anderen vorsichtig zu sein). Zum anderen hat die Diskrepanz auch mit der Bezugnahme auf unterschiedliche Zeithorizonte zu tun: Auf der einen Seite die Betonung einzelner Lebensphasen, z.b. der Abhängigkeit des Kindes von elterlicher Fürsorge, auf der anderen Seite der Blick auf den ganzen Lebenslauf.

28 Für die Darstellung der gleichen Fragestellung, allerdings mit einer teilweise anderen Begrifflichkeit, siehe auch Bode/Brose (1999) und Dallinger (2002).

29 Ergänzend sei hier noch auf eine Typologie hingewiesen, die sich allerdings nicht nur auf Generationenbeziehungen, sondern auf Verwandtschaftsbeziehungen ganz allgemein beziehen. Coenen-Huther et al. 1994: 352ff.) unterscheiden hier vier Arten (»genres«), nämlich »Distanzierung« (»détachement«), »Instrumentalisierung« (»instrumentalisme«), »Expressivität« (»expressivité«) und »Familialismus« (»familialisme«).

30 Es ist bemerkenswert, dass dieser Begriff erst zu Beginn des 20. Jahrhunderts geprägt wurde, denn die damit generell gemeinten Sachverhalte, nämlich Erfahrungen eines unentschiedenen und letztlich als unauflösbar angesehenen Hin- und Hergerissenseins werden bereits früher beschrieben. Bekannte Beispiele aus der deutschen Literatur sind Goethes »Werther« (1774/1967) und der Roman »Die Wahlverwandtschaften« (1809/1999).

Diese Vor-Vertrautheit und die Nähe zu dem in den ersten Jahrzehnten des Jahrhunderts im Kreise der Intellektuellen beobachtbaren Lebensgefühl, wie es etwa in Musils »Mann ohne Eigenschaften« (Musil 1930/1932/1978) seinen literarischen Niederschlag findet, dürfte – zusammen mit der Entwicklung und der zunehmenden Akzeptanz des psychoanalytischen Denkens – dazu beigetragen haben, dass der Begriff in der Folge in verschiedenen Disziplinen rezipiert, abgewandelt sowie in die Alltagssprache übernommen wurde.

Im Wesentlichen lassen sich folgende Stränge der *Begriffsgeschichte* unterscheiden:
- ein psychiatrisch-psychotherapeutischer, für den nebst Bleuler und Freud die Arbeiten von Klein, Abraham und später solche aus dem Bereich der Familientherapie (Stierlin, Simon) wichtig sind (hierzu: Knellesen 1978; Otscheret 1988)
- ein psychologisch-sozialpsychologischer, in dem das Konzept insbesondere zur Analyse von sich widersprechenden Einstellungen und Gefühlen genutzt wird (hierzu: Lettke/Klein 2003; Maio et al. 2003)
- ein soziologischer, wo das Konzept einerseits zur Analyse von »Rollenkonflikten«, andererseits zur modernisierungskritischen Gesellschaftsanalyse verwendet wird (hierzu Merton 1976; Luthe/Wiedenmann 1997; Junge 2000)
- ein ästhetischer, nämlich hinsichtlich der Darstellung und Analyse von Ambivalenz in Literatur, Kunst und Musik (hierzu Lüscher 2003b).

Darüber hinaus ist das Konzept auch in anderen Disziplinen verwendet und weiterentwickelt worden (hierzu: Oxford English Dictionary 1989).

Weiter zurückliegende Vorschläge zur Verwendung des Konzeptes für die Generationenanalyse, allerdings unter Verzicht auf systematische Konzeptualisierung, finden sich bei Rosenmayr (1983, 1992, 1998). Für die aktuelle Verwendung als Konzept und Ansatz siehe die erwähnte Debatte im Journal of Marriage and the Family, August 2002, Bd. 64.

31 Um den definitorischen Teil nicht zu überlasten, verzichten wir auf eine ausführliche Darstellung von Abgrenzungen zu verwandten Begriffen. Es dürfte offensichtlich sein, dass Ambivalenz nicht gleichbedeutend mit Konflikt ist, weil Konflikte in der Regel in irgendeiner Weise gelöst werden können. Ein Dilemma kann als Aktualisierung von Ambivalenz in konkreten Situationen angesehen werden, in denen auf Entscheidungen gedrängt wird, wobei keine Ordnung von Präferenzen möglich scheint. Ambiguität bezeichnet in unserem Verständnis »Vieldeutigkeit« und kann als solche eine Vorbedingung von Ambivalenz sein. Doch gibt es dazu auch andere Überlegungen (siehe z.B. Boss 2000).

Anmerkungen

32 Ein erster Versuch, eine Übersicht über den Stand der Forschung und die verschiedenen Orientierungen, ihre Gemeinsamkeiten und ihre Unterschiede zu vermitteln, stellt der Sammelband Pillemer/Lüscher (2003) dar. Darüber hinaus ist insbesondere auf die Rezeption des Konzeptes der Ambivalenz und dessen qualitative und quantitative Umsetzung im breitangelegten internationalen Projekt OASIS hinzuweisen (Daatland/Herlofson 2001; Philipps 2003; Spangler 2002). Ferner gibt es Bemühungen von Connidis/McMullin (2002a, 2002b) um ein spezifisches Verständnis von »struktureller Ambivalenz«. Die Fragestellung der strukturellen Einbettung von Ambivalenz wird von Lorenz-Meyer (2003) im Anschluss an den Konstanzer Ansatz in einer qualitativen Studie über Pflege differenziert vorangetrieben. – Über die Konstanzer Studien orientieren zusammenfassend die Aufsätze Lüscher/Lettke (2003) sowie Lettke/Lüscher (2003); darauf beziehen wir uns teilweise in der folgenden Darstellung. Die Projektarbeiten sind in vier Arbeitspapieren dokumentiert, die über die Anlage der Untersuchung, die Erschließung des Forschungsfeldes, die Auswertungsverfahren und erste Ergebnisse informieren. Das Arbeitspapier 34.4 enthält die Forschungsinstrumente in deutscher und englischer Sprache. Siehe hierzu Lüscher et al. 2000 (Nr. 34.1, 34.4.); Böhmer 2000 (Nr. 34.2); Lettke 2000b (Nr. 34.3), alle einsehbar unter http://www.uni-konstanz.de/FuF/SozWiss/fg-soz/ag-fam/famsoz-i.html.

33 Für die Umschreibung von Familientypen siehe auch Schneewind (1999: 104ff.) Dort findet sich u.a. eine ausführlicher Darstellung des sogenannten Circumplex-Modelles von Olsen/McCubbin. Zwischen diesem Modell und dem im folgenden Abschnitt erörterten Modell der Generationenambivalenz bestehen formale Ähnlichkeiten. Das gilt auch hinsichtlich der Kennzeichnung der vier Indikatoren von Familienkohäsion als losgelöst, getrennt, verbunden und verstrickt. Der entscheidende Unterschied liegt in der theoretischen Grundlegung und in der für das familientherapeutisch ausgerichtete Circumplex-Modell kennzeichnenden normativen Orientierung.

34 Im weiteren ist gegen das Ambivalenz-Modell eingewendet worden, dass diesem zwar die Absicht zugrunde liege, auf eine normative Grundlegung zu verzichten. Doch die vier Typen würden implizite normative Orientierungen enthalten. Dagegen kann eingewendet werden, dass die Bewertung der Typen im Nachhinein, nämlich als eine vom gesellschaftlichen Kontext abhängige, zu betrachten ist. In der Tat werden Ambivalenzerfahrungen und der Umgang mit diesen oft als erschwerend empfunden, aber eben nicht durchgängig. Mit dem Modell wird also vermieden, das Häufigste als das »Normale« zu betrachten, und es ist möglich, den in anderen Umgangformen enthaltenen Möglichkeiten eines kreativen Umganges mit Spannungsfeldern und Zwiespältigkeiten nachzugehen. Das ist die Folge des Umstandes, dass »Ambivalenz«, wie oben dargelegt, als grundsätzlich neutrales Konstrukt aufgefasst wird. Wir betonen dies hier, weil dieser Unterschied zwischen der umgangssprachlichen und der (hier vorgeschlagenen) sozialwissenschaftlichen Bedeutung des Begriffes der Ambivalenz oft übersehen wird. Erste Ergebnisse eines Projektes, wie in der psychotherapeutischen Praxis das Konzept der Ambivalenz verstanden und verwendet wird, werden in einem Arbeitspapier des Forschungsbereiches »Gesellschaft und Familie« dargestellt (Burkhardt 2002).
Ein weiterer kritischer Einwand betrifft die Berücksichtigung der Dimension von »Einfluss, Macht, Herrschaft und Autorität«. Man kann mit guten Gründen geltend machen, dass diese Dimension wichtige Faktoren für die Erfahrung von Ambivalenzen und den Umgang damit beinhalten. Diese konzeptuell und empirisch weiter zu ergründen ist ein wichtiges Anliegen für die Weiterentwicklung des Ansatzes der »Generationenambivalenz« (und der allgemeinen sozialwissenschaftlichen Forschung über Ambivalenz).

35 Bude (2000c: 191) spricht davon, dass sich Generationen »im inneren und äußeren Gegensatz« reproduzieren, und dass darin »sich widersprechende Konsequenzen aus einer gemeinsam durchlebten Situation gezogen« werden – wie das auch in der Grundstruktur von Pinders Diktum der »Ungleichzeitigkeit des Gleichzeitigen« angedeutet wird.

Resümee

Was ist eine Generation? Beim Versuch, diese Frage zu beantworten, mag einem – und dies nicht von ungefähr – Augustinus' Frage »Was ist Zeit?« im elften Buch seiner »Bekenntnisse« einfallen: »Wir wissen genau, was wir meinen, wenn wir davon sprechen, verstehen's auch, wenn wir einen andern davon reden hören ... Wenn niemand mich danach fragt, weiß ich's, will ich's aber einem Fragenden erklären, weiß ich's nicht.«
Nun sind allerdings seit Augustinus im Verständnis der Aufgabe des Definierens einige neue Erkenntnisse gewonnen worden. Dazu gehört die Analyse der Wort- bzw. Begriffsgeschichte. Sie legt nahe, zwischen verschiedenen Diskursen zu unterscheiden, in denen ein Konzept entstanden ist und verwendet wird. Im Falle des Begriffs »Generation« erweist sich die Unterscheidung zwischen einem genealogischen, einem historischen und einem pädagogischen Generationenbegriff als fruchtbar. Daneben sind in der sozial- und kulturwissenschaftlichen Arbeit weitere Umschreibungen unerlässlich. Sie lassen sich mittels wissenssoziologischer Analysen miteinander verknüpfen.
In diesem Zusammenhang war es für uns hilfreich, zwischen verschiedenen Zugangsweisen zu unterscheiden: Zum einen lassen sich Konzepte als Deutungsmuster verwenden, zum anderen als Forschungskonstrukt. Im ersten Fall wird von einer allgemeinen Bedeutung ausgegangen. Diese wird in ihren verschiedenen Aspekten beleuchtet, aber nicht abschließend festgelegt. Es bleibt eine Offenheit der Interpretation. Das geschieht vor allem in historisch-politischen und zeitdiagnostischen Arbeiten. Im zweiten Fall werden – typischerweise in sozialwissenschaftlichen Projekten – einzelne Dimensionen des Begriffes zunächst mehr oder weniger explizit umschrieben. Diese sind dann Ausgangspunkt für systematische Beobachtungen qualitativer oder quantitativer Art. Doch auch hier besteht Offenheit, denn Annahmen werden unter Umständen entkräftet oder durch unerwartete Befunde modifiziert. In beiden Fällen enthalten die Umschreibungen somit ein hypothetisches Moment. So wird ein Konzept immer wieder der Prüfung unterzogen und dabei weiter entwickelt.
Dennoch kann man auch hinsichtlich des Begriffs »Generation« versuchen, einen Bedeutungskern auszumachen, der in allen Verwendungen des Begriffs enthalten ist. Wir sehen diesen Bedeutungskern in der Zuschreibung von Identitäten, die sich im Schnittpunkt von Lebensgeschichte, Kulturgeschichte und Lernen konstituieren. Über diese Zuschreibungen wiederum erwerben die Menschen – als Individuen und als Kollektiva – die Fähigkeit, reflexiv zu handeln. Wichtig ist in diesem Zusammenhang die Erfahrung sozialer Beziehungen und der damit einhergehende Umgang mit Differenzen im Verhältnis von »Alt und Jung«. Dieses tritt in diversen Formen in Erscheinung, die je nach Lebensalter, Zugehörigkeiten in Familien und Organisationen sowie nach Vertrautheit mit Wissenswelten verschieden geprägt sind.

Resümee

Der Umgang von Angehörigen unterschiedlicher Generationen miteinander ist nicht beliebig, sondern gebunden an Regeln und Ordnungen. Diese werden ihrerseits durch die Abfolge der Generationen bekräftigt, verändert oder sogar grundsätzlich in Frage gestellt. Darum erachten wir es als angemessen und fruchtbar, das Handeln in Spannungs- und Konfliktfeldern, die oft als zeitweilig oder dauerhaft unauflösbar interpretiert und lebenspraktisch als Ambivalenzen erfahren werden, als eine Meta-Aufgabe der Gestaltung von Generationenbeziehungen zu begreifen.

Eine Prädisposition für Zwiespältigkeit lässt sich bereits in der fundamentalen Doppeldeutigkeit des Begriffes der Generation ausmachen: Diese umfasst die Entstehung neuen, je einmaligen und unverwechselbaren Lebens einerseits und dessen Zugehörigkeit zur Gattung, Gattungsgeschichte, Kulturen und Sozietäten andererseits. In dieser Perspektive beschreibt der Begriff der Generation die Aufgabe des Menschen, im fragilen, immer wieder zu erneuernden Bewusstsein seiner selbst die Spannungen zwischen Natur und Kultur auszuhalten und lebenspraktisch zu gestalten. Damit sind die Themen umrissen, die in der Generationenforschung bereits bearbeitet werden bzw. solche, die durch die Forschung noch zu erschließen sind. Das Bild ist uneinheitlich, und dementsprechend lassen sich Empirie und Theorie nur in Fragmenten darstellen.

Für die Analyse des Entstehens von Generationen sind demographische Sachverhalte grundlegend. Hinsichtlich der Entwicklungen des generativen Verhaltens gilt dies in elementarer Weise. Die Beziehungspotenziale in Familie und Gesellschaft werden maßgeblich vom Altersaufbau der Bevölkerung bestimmt. Sie sind heute angesichts der verlängerten gemeinsamen Lebensspanne größer als je zuvor.

Dieser Sachverhalt ist ein wesentlicher Grund, weshalb seit einiger Zeit in der Politik wohlfahrtsstaatliche Generationen und Generationenbeziehungen thematisiert werden. Die klassische Domäne der politischen, historischen und kulturellen Generationenanalysen ist indessen eine andere: Sie erschließt sich mit der Frage nach der Konstitution von Generationenidentitäten im Kontext der Kriege des 20. Jahrhunderts, herausragender politischer Ereignisse sowie der Entwicklungen im Bereich der Medien und – davon maßgeblich beeinflusst – der populären Kultur. In dieser Perspektive steht die »Genese« von Generationen im Vordergrund und das Konzept wird überwiegend als Deutungsmuster verwendet.

Im Feld der genealogischen Generationen hingegen sind die Generationenzugehörigkeiten durch die Familien- und Verwandtschaftsrollen vorgegeben. Diese wandeln sich zwar ebenfalls – es gibt beispielsweise historische Unterschiede im Verständnis von Elternschaft und Kindheit, mithin unterschiedliche Eltern-, Kinder- und Jugendgenerationen. Die vorrangige Aufmerksamkeit richtet sich jedoch auf die Beobachtung und die systematische Erfassung von Kontakten, Transfers und Pflegeleistungen. In repräsentativen Stichproben überwiegen auf den ersten Blick die Berichte über relativ große räumliche und soziale Nähe sowie gegenseitige Verbundenheit von Familiengenerationen.

Resümee

Diese Befunde treffen jedoch nicht auf alle Bevölkerungsgruppen zu. Es gibt – gestützt auf differenziertere Analysen – gute Gründe für die Annahme, dass in Generationenbeziehungen auch Gleichgültigkeit, Konflikte und gegenseitige Ablehnung vorkommen. Die Mehrdeutigkeit des Begriffs der Generation scheint sich auf der Ebene der Beziehungsgestaltung zu wiederholen.

Ein Themenbereich besonderer Art sind die Prozesse des Vererbens und des Erbens. Sie erinnern einerseits an die biologischen Wurzeln des Begriffes der Generationen und bekräftigen andererseits die ökonomischen, sozialen und politischen Bedeutungen der Generationenfolge. Gleichzeitig ist Vererben und Erben ein traditionsreiches Feld differenzierter rechtlicher Regulationen. Deutlich kommt darin die sich über mehrere Glieder erstreckende Verbundenheit von Generationen und die wechselseitige Angewiesenheit von Eltern und Kindern zum Ausdruck.

Das Erbe der Vorfahren müssen sich die Nachfahren aneignen. Es handelt sich um ein Geschehen, dass man – mit Goethe – treffend als »Ererben« bezeichnen kann. Dafür gibt es Vorgaben, und darum kann man von spezifischen Prozessen des »Generationenlernens« sprechen. Diese Perspektive verdeutlicht die Tragweite des pädagogischen Generationenbegriffes. Er hat eine lange Tradition, die sich bis ins Altertum zurückverfolgen lässt und in der Aufklärung starke Impulse erfahren hat. Neuere Einsichten, namentlich der Untersuchungen zur Sozialisation, ermöglichen eine enge Verknüpfung von allgemeiner Interpretation und spezifischer Forschung, somit die Nutzung des Konzeptes der Generation als Deutungsmuster und als Forschungskonstrukt.

Angesichts des Wandels der Bedingungen, unter denen sich Generationen artikulieren, des Wandels der Methoden der Beobachtung und der Analyse sowie insbesondere angesichts der Einsichten in die Paradoxien der Modernisierung wächst in der Öffentlichkeit ebenso wie beim Einzelnen das Bewusstsein für die Aufgaben, die sich bei der Gestaltung der Generationenbeziehungen stellen.

In Anbetracht des wechselseitigen Zusammenhanges zwischen privater Lebensführung und gesellschaftlichen Rahmenbedingungen ergibt sich auch die Notwendigkeit einer politischen Gestaltung. Wir schlagen hierfür die Bezeichnung »Generationenpolitik« vor. Diese bedarf allgemeiner Leitideen. Nach unserer Auffassung bieten sich dafür Gerechtigkeit und Verantwortung an. Praktisch geht es um deren Anwendung in Feldern wie der Alters-, Familien-, Bildungs- und Kinderpolitik, wofür die Idee der Generationenpolitik einen neuen inneren Zusammenhang stiftet.

Wissenschaftliches Arbeiten beginnt mit Bemühungen um die begriffliche Erfassung alltäglicher Erfahrungen und endet immer wieder bei der Reflexion des eigenen Tuns (und Lassens). Dazu gehört die Rückbesinnung auf die klassischen Traditionen. Diese sind in Anbetracht der Vieldeutigkeit des Begriffes der Generation jedoch ziemlich weit verstreut. Dennoch oder gerade deshalb nimmt Mannheims Essay »Das Problem der Generationen« eine Sonderstellung ein. Das liegt nicht nur daran, dass er eine begriffliche Grundlegung in soziologischer Absicht versucht hat. Abgesehen vom griffigen, somit überaus zitierfähigen Titel dürfte ein wichtiger Grund auch darin liegen, dass Mannheims Überlegungen einerseits geradezu »postmodern« vielfältig und vieldeutig sind, andererseits in vielen Aspekten zur Kommentierung und zum Widerspruch reizen. Mannheim hat, so wird man wohl sagen dürfen, recht eigentlich den modernen interdisziplinären Diskurs zur Generationenfrage eingeläutet. Dieser ist, das bestätigt unsere »Zwischen-Bilanz«, in vollem Gang. Sie bezieht sich unter anderem auf Schlüsselthemen wie Generationenkonflikt, Generationensolidarität und – wie wir vorschlagen – Generationenambivalenz.

Sachregister

A

Aleatorik 67, 103, 119
Altersaufbau 65f., 77, 90ff., 129, 198, 214, 259, 314
Alterspolitik 66, 75, 140, 144f., 201f., 211ff., 235, 260, 277
Ambivalenz (auch Generationenambivalenz) 48, 55f., 62, 68, 75, 104, 120, 131, 139, 166ff., 186, 194, 231, 242, 285ff., 301, 314f.
Anthropologie, anthropologisch 36, 45, 52, 63, 127, 171, 192, 197, 239f., 266, 301, 304f.
Ausländer (auch ausländische Bevölkerung) 81f., 105f., 167ff., 216
Austausch (auch: -beziehungen, -theorien) 54, 60, 118, 136, 140ff., 167, 181, 190, 194, 264, 273ff., 295
Autorität 26f., 37f., 58, 97f., 107f., 116, 175ff. 252f., 292f., 311
Autonomie, autonom 46f., 68, 75, 157, 154, 191, 216, 281f., 305

B

Beziehungen 15, 50ff. 60, 125f., 185f., 270ff., 290ff.
Beziehungslogik 55, 113, 190, 260f., 270ff., 295f.
Bildung (auch Bildungspolitik, -prozesse, -system) 23, 36, 39, 41, 45, 79, 98ff., 122, 143, 171, 175, 195, 220, 222ff., 234f., 302

Bindung (auch Bindungstheorie, -verhalten) 17f., 46, 114ff., 134f., 163, 187ff., 199, 231f., 257, 273, 296
Biologie (auch Soziobiologie), 56f., 61, 110, 119, 154ff., 164, 173, 192ff., 239f., 244, 247, 251, 257f., 262, 272f., 304f., 308, 315

D

Deutsch, Deutschland 10, 39, 42, 49, 63f., 96f., 107f., 117f., 133f., 150ff. 173f., 202f., 210ff., 230f., 240f., 253f., 264f., 275f., 298f
Deutungsmuster 15, 41f., 111, 241f., 252, 260f., 285f., 296f., 306, 313

E

Ehe (auch Heirat, Eheschließung, -scheidung) 68ff., 80ff. 120, 130, 140, 151f., 181, 185, 217, 256, 298f.
England (auch britisch bzw. englisch) 150, 155, 233, 273
Enkel, Enkelkinder 19f, 22ff., 93f., 141f, 145,161, 178ff., 198, 205, 274, 299
Entwicklungsaufgaben 56, 181, 199
Erben, Erbfolge, Erbgang (auch Vererben) 11, 21, 127f., 154ff., 173f., 194, 299, 315
Erziehung 18ff., 29, 39, 46, 77, 97 ff., 116f., 123, 127, 140, 171, 174 f., 179ff., 195f., 201, 209, 217, 219ff., 232, 239, 247, 250, 291, 301
Erziehungsstil 20f., 116, 291

317

Sachregister

Erziehungswissenschaft (auch Pädagogik) 9, 39, 42, 61, 110f., 121, 128, 176, 185, 194f., 198, 232ff., 286, 302

F

Familienpolitik 78, 148, 201, 211, 216ff., 235
Feminismus (auch »gender«) 62f., 249
Forschungskonstrukt 15, 241, 267, 289f., 305f., 313f.
Frankreich (auch französisch) 39, 61, 74, 80, 121, 129, 139f., 160, 166, 180, 195f., 222, 235, 244, 264f., 298, 307
Frau, Frauen (siehe auch Geschlecht) 14, 20, 42, 61f., 111, 118, 128f., 152, 197, 253
Funktionalismus 172, 254

G

Generation(en)
– begriffe (genealogisch, historisch-kulturell, pädagogisch) 9, 13f., 29, 36f., 40ff., 61f., 96, 194f., 211, 237, 239, 247, 250, 285f., 302, 313ff.
– definitionen 33f., 59ff., 243f.
– ambivalenz (siehe auch Ambivalenz allg.) 35, 49, 285ff.
– diskurs (siehe auch Generationenrhetorik) 39ff., 48, 316
– folge 13f., 38f., 61, 103, 127, 147, 172, 194, 217f., 247f., 269, 315
– frage 9f., 33f., 53, 60, 166, 234f., 270, 285, 305, 316
– geschichte 61, 239
– konflikt 9, 29, 47ff. 104, 250ff., 316
– lernen 11, 56, 165, 171ff. 194, 217, 223, 305, 315
– ordnung 54f., 60, 97f., 113, 201
– politik 11, 118, 201ff., 315, 371
– rhetorik 35, 44, 47ff., 107f., 240, 259
– solidarität 9, 54, 146, 241, 250ff., 282f., 295f., 309, 316
Geburtenentwicklung 76
Generativität 73, 97, 102, 110, 166, 197, 232f., 306
Gerechtigkeit 118, 144, 157, 162, 190, 202ff., 213ff., 220ff., 230ff., 264, 315
– als Postulat, Theorie 118, 202ff.
– Typen von Gerechtigkeit 203, 217ff., 233
Geschichte (auch Begriffsgeschichte, siehe auch Kulturgeschichte) 34ff., 51-61, 104f., 109ff., 156, 164, 169, 196, 240, 243f., 253, 265, 287, 310
Geschlecht(erverhältnis) 42, 45, 61f., 90ff., 112, 128, 137, 139, 149f., 159, 167ff., 185f., 198, 227, 253, 283, 294ff.
Geschwister 14, 24f., 75, 88, 132, 157, 169, 182, 184ff., 198, 295ff.
Gleichaltrige 182ff.
Globalisierung 32, 96, 104f., 109, 121, 216, 222, 249
Großeltern (-schaft) 19f., 26, 85, 91f., 105, 113, 136f., 177ff., 196ff., 213, 272f., 297

H

Habitus 173
Holocaust (siehe Shoah)

I

Idealtyp, idealtypisch 109, 154, 189, 241f., 271, 278
Identität (auch Identitätstheorien, Generationenidentität) 15, 28f., 38f., 52ff.,

Sachregister

63, 96f., 115f., 156, 164f., 182f., 199, 232f., 245f, 272ff., 305, 313
Italien (auch italienisch) 89, 139, 151f., 166, 179f., 196, 235

J

Jugend (auch Jugendliche) 14ff., 38ff., 53, 66, 75, 98ff., 122, 166, 175ff., 224ff., 243ff., 252ff., 299, 307

K

Kind (auch Kindheit, Kindheitsforschung) 14, 26, 75ff., 98ff., 116ff., 166, 175, 180-198, 218-236, 239, 302, 314f.
Kinderlosigkeit 78, 120
Kinderpolitik 78, 119, 227ff.
Kindeswohl 227ff., 233ff.
Kohorte(n) 41f, 70, 102f., 119, 125, 167, 249
Komplementarität 144f., 275f.
Kultur (auch Kulturgeschichte, -theorie) 11, 29ff., 35f., 51, 55, 58, 61ff., 72, 75f., 96ff., 102ff., 113, 116, 120f., 150, 162, 171ff., 183f., 187, 193ff., 234, 239, 250f., 287, 309, 314
Kunst (und Generationen) 14, 29, 40f., 54, 62, 103f., 121, 177, 196, 254, 310

L

Lebenslauf (auch Lebensverlauf) 30, 38f., 42, 53f, 79, 96 ff., 104f., 109, 119, 141f., 163f., 175, 196f., 224f., 244, 263, 310
Lebensspanne (gemeinsame) 66f., 90f., 152f., 164, 189, 197, 286, 299, 314

Lernen (auch Lernprozesse, -theorie) 97f., 102, 165, 171ff., 313
Literatur (belletristische - auch Literaturwissenschaft) 40, 61f., 115, 121, 198, 252, 296, 310

M

Medien 13f., 28f., 43ff., 67, 96f., 121f., 156, 176, 228, 249, 300, 314
Mehrgenerationalität (Mehrgenerationenbeziehungen) 19f., 23ff., 59, 62, 100, 176
Moderne, Modernisierung (siehe auch Postmoderne) 38f., 62, 97f., 122, 146, 158, 175f., 211, 228f., 240, 247f., 252, 271, 310, 315
Multiperspektivik 62

N

Nationalsozialismus 29, 106ff., 116, 256
Neuseeland 259f.
Nutzenmaximierung 279

O

Ökologie, ökologisch (auch Sozialökologie) 54, 78, 111, 199, 221f., 233f., 255, 295, 305
Österreich 68, 119f., 146f., 166f., 179, 202, 222, 231f., 300

P

Pädagogik (siehe Erziehungswissenschaft)
Persönlichkeit 15, 39, 54, 63f., 116f., 138, 157f., 171f., 190f., 199, 222, 248, 292, 307

Sachregister

Pflege 18, 26, 73f., 120, 142ff. 168, 181, 190, 227, 240, 272, 295, 311
Philosophie 39, 62, 118, 203, 207f., 233 f., 238, 240, 244, 271, 306
Politik (siehe auch Generationenpolitik) 77f., 105, 110 ff., 201-236, 314
Postmodern(e) 42f., 62, 121, 298, 316
Proximale Prozesse 199
Psychoanalyse 77, 188f., 252, 371

R

»Rational choice« 276f.
Rationalität 147, 275f
Recht, Rechtspolitik 36, 52, 55 f., 60, 65, 67, 77, 84, 106, 113, 116 ff., 127, 150,153f, 157, 170, 189, 197f., 201ff., 212, 216f., 226, 229, 232, 235, 265, 272, 298
Reziprozität 143, 187f., 260, 275f., 285

S

Scharniergeneration 79f., 141f., 181
Schweiz (er), schweizerisch 68f., 95, 119, 129, 153, 160, 198f., 235f., 298
Shoah (auch Holocaust) 14, 103, 110
Solidarität, solidarisch (auch Solidaritätstheorie) 54, 143f., 242f., 251f., 263ff., 270., 292ff., 305
Sowjetunion (auch russisch) 112f.
Sozialisation (auch Sozialisationsforschung, -theorie) 77, 108, 125ff., 173f., 195, 243, 315
Sozialökologie (siehe Ökologie)
Sozialstaat (siehe auch Wohlfahrtsstaat) 62f., 104, 118f., 125, 145f., 203ff., 231f., 250

T

Tagesbetreuung, -pflege 86, 179, 216, 236
Technik (und Generationen) 14, 100f., 176f.
Transfers (zwischen Generationen) 11, 118, 126f., 140ff., 167f., 194f., 218f., 270, 314

U

Ungleichheit 66, 150, 203, 218, 224f., 259
Ungleichzeitigkeit 59f., 62, 245, 311
USA 10, 74, 109, 146, 180, 211, 254f., 282

V

Verantwortung 26, 104, 148, 197, 207ff., 212-227, 230ff., 272
Verantwortungsethik 209f.
Vererben (siehe Erben)
Vergleich, internationaler/-kultureller 10, 22, 68, 79, 86, 96f., 104, 117, 121ff., 139, 146f., 168, 192f., 196, 235
Verlässlichkeit 46, 150, 184-195, 231ff.

W

Wissenschaftstheorie 62, 240
Wissenssoziologie (wissenssoziologisch) 15, 33f., 107, 306f., 313
Wohlfahrtsstaat (siehe auch Sozialstaat) 10, 14, 41f., 62f., 110, 117f., 144, 201, 212ff., 232, 258f., 314
»Wohl des alten Menschen« 75, 235

Z

Zeit (theoretisch) 35f., 58f., 99f., 121, 206f., 244f., 276, 313
Zeitdiagnose 14f., 239
Zwiespältigkeit 35, 77, 130, 143, 165, 199, 247, 266f., 287f., 305, 311, 314

Bibliographie*

Adick, C. (1992): Die Universalisierung der modernen Schule. Eine theoretische Problemskizze zur Erklärung der weltweiten Verbreitung der modernen Schule in den letzten 200 Jahren mit Fallstudien aus Westafrika. Paderborn: Schöningh. *222*
Almond, G. A./Verba, S. (1965): The civic culture. Political attitudes and democracy in five nations. Princeton: Princeton University Press. *113*
Altheide, D. L. (1995): The ecology of communication. Cultural formates of control. New York: DeGruyter. *271*
Antonucci, T. C. (1985): Personal characteristics, social support, and social behavior. In: Binstock, R./Shanas, E. (Hrsg.): Handbook of aging and the social sciences. New York: Van Nostrand Reinhold, S. 94-128. *273*
Antonucci, T. C. (2001): Social relations. An examination of social networks, social support, and sense of control. In: Birren, J. E./Schaie, K. W. (Hrsg.): Handbook of the psychology of aging. San Diego: Academic Press, S. 427-453. *273*
Antonucci, T. C./Jackson, J. S. (1990): The role of reciprocity in social support. In: Sarason, B. S./Sarason, I. G./Pierce, G. R. (Hrsg.): Social support. An interactional view. New York: Wiley, S. 173-198. *273*
Antonucci, T. C./Sherman, A. M./Akiyama, H. (1996): Social networks, support, and integration. In: Birren, J. E. (Hrsg.): Encyclopedia of Gerontology. San Diego: Academic Press, S. 505-515. *273*
Anweiler, O. (Hrsg.) (1992): Bildungspolitik in Deutschland 1945-1990. Ein historisch-vergleichender Quellenband. Opladen: Leske + Budrich. *235*
Arbeitsgruppe Familienpolitik (1982): Familienpolitik in der Schweiz. Bern: Eidgenössische Drucksachen und Materialzentrale.
Arbeitsstab Forum Bildung (2000): Bildungs- und Qualifikationsziele von morgen. Vorläufige Leitsätze und Expertenbericht. Köln: Forum Bildung. *235*
Ariès, P. (1975): Geschichte der Kindheit. München: Deutscher Taschenbuchverlag. *99, 175, 228*
Arnold, F. et al. (1975): The value of children. A cross-national study. Honolulu: East-West Population Institute.
Asbell, B. (1996): Die Pille und wie sie die Welt veränderte. München: Antje Kunstmann. *77*
Assmann, A. (2002): Vier Formen des Gedächtnisses. In: Erwägen, Wissen, Ethik 13: 183-190. *63, 307*

---

* Die kursiv gesetzten Zahlen verweisen auf die Stellen im Text, an denen die Publikation erwähnt wird.

Bibliographie

Atkinson, M. P./Kivett, V. R./Campbell, R. T. (1986): Intergenerational solidarity. An examination of a theoretical model. In: Journal of Gerontology 41: 408-416. *268, 309*

Attias-Donfut, C. (1988): Sociologie des générations. Paris: Presses Universitaires de France. *61*

Attias-Donfut, C. (1995): Les solidarités entre générations. Veillesse, familles, état. Paris: Nathan. *80, 140*

Attias-Donfut, C. (2000): Familialer Austausch und soziale Sicherung. In: Kohli, M./ Szydlik, M. (Hrsg.): Generationen in Familie und Gesellschaft. Opladen: Leske + Budrich, S. 222-237.

Attias-Donfut, C./Arber, S. (2000): Equity and solidarity across the generations. In: Attias-Donfut, C./Arber, S. (Hrsg.): The myth of generational conflict. The family and state in ageing societies. London: Routledge, S. 1-21. *144*

Attias-Donfut, C./Segalen, M. (1998): Des grands-parents neufs. In: Attias-Donfut, C./Segalen, M. (Hrsg.): Grands-parents. La famille à travers les générations. Paris: Éditions Odile Jacob, S. 19-46. *196ff.*

Attias-Donfut, C./Wolff, F.-C. (2000a): The restributive effects of generational transfers. In: Attias-Donfut, C./Arber, S. (Hrsg.): The myth of generational conflict. The family and state in ageing societies. London: Routledge, S. 22-46. *144*

Attias-Donfut, C./Wolff, F.-C. (2000b): Complementary between private and public transfers. In: Attias-Donfut, C./Arber, S. (Hrsg.): The myth of generational conflict. The family and state in ageing societies. London: Routledge, S. 47-68. *145*

Bäcker, G. et al. (Hrsg.) (1999): Sozialpolitik und soziale Lage in der Bundesrepublik Deutschland, 2 Bände. Opladen: Westdeutscher Verlag. *234*

Baethge, M./Nevermann, K. (1986): Organisation, Recht und Ökonomie des Bildungswesens. Stuttgart: Klett-Kotta. *235*

Bahle, T. (1995): Familienpolitik in Westeuropa. Frankfurt am Main: Campus. *235*

Baltes, M./Montada, L. (1996): Produktives Leben im Alter. Frankfurt am Main: Campus. *72*

Bank, S. P./Kahn, M. D. (1989): Geschwister-Bindung. Paderborn: Junfermann. *186*

Bartscher, M. (1998): Partizipation von Kindern in der Kommunalpolitik. Freiburg im Breisgau: Lambertus. *236*

Bauer, T./Strub, S. (2002): Leistungen und Leistungspotenziale von Grosseltern. Referat gehalten im Rahmen des Forums Familienfragen 2002 (vervielfältigt). Bern: Eidgenössische Koordinationskommission für Familienfragen. *179*

Baumrind, D. (1978): Reciprocal rights and responsibilities in parent-child relations. In: Journal of Social Issues 34: 179-196. *291*

Baumrind, D. (1996): Parenting. The discipline controversy revisited. In: Family Relations 45: 405-414. *291*

Bawin-Legros, B./Gauthier, A./Stassen, J.-F. (1995): Les limites de l'entreaide intergénérationelle. In: Attias-Donfut, C. (Hrsg.): Les solidarités entre générations. Vieillesse, familles, état. Paris: Nathan, S. 117-130. *135*

Bayertz, K. (1995): Eine kurze Geschichte der Herkunft der Verantwortung. In: Bayertz, K. (Hrsg.): Verantwortung. Prinzip oder Problem? Darmstadt: Wissenschaftliche Buchgesellschaft, S. 3-71. *207, 234*

Becker, R. (Hrsg.) (1997): Generationen und sozialer Wandel. Generationendynamik, Generationenbeziehungen und Differenzierung von Generationen. Opladen: Leske + Budrich. *60*

Beckert, J. (1999): Erbschaft und Leistung. Dilemmata liberalen Denkens. In: Kursbuch 135: 41-65. *169*

Beckert, J. (2003): Unverdientes Vermögen. Eine vergleichende Studie des Erbrechts. München: Beck. *169, 279*

Beeler, J./DiProva, V. (1999): Family adjustment following disclosure of homosexuality by a family member. Themes discovered in narrative accounts. In: Journal of Marital and Family Therapy 25: 443-459. *297*

Bengtson, V. L./Giarrusso, R./Silverstein, M. (2000): LOSG intergenerational solidarity and conflict measures for survey assessment. Los Angelos: University of Southern California. *203*

Bengtson, V. L. et al. (2002): Solidarity, conflict, and ambivalence. Complementary or competing perspectives on intergenerational relationships? In: Journal of Marriage and the Family 64: 568-576. *264, 309*

Bengtson, V. L./Kuypers, J. A. (1971): Generational difference and the developmental stake. In: Aging and Development 2: 249-260. *130*

Bengtson, V. L./Olander, E. B./Haddad, A. A. (1976): The »»generation gap'«« and aging family members. Toward a conceptual model. In: Gubrium, J. E. (Hrsg.): Time, roles and self in old age. New York: Human Sciences Press, S. 237-263. *268*

Bengtson, V. L./Roberts, R. E. (1991): Intergenerational solidarity in aging families. An example of formal theory construction. In: Journal of Marriage and the Family 53: 856-870. *268*

Bengtson, V. L./Schrader, S. S. (1982): Parent-child relations. In: Mangen, D. J./Peterson, W. (Hrsg.): Handbook of research instruments in social gerontology. Vol. 2. Minneapolis: University of Minnesota Press, S. 115-185. *268*

Benoit, D./Parker, K. C. H. (1994): Stability and transmission of attachment across three generations. In: Child Development 65: 1444-1456. *189*

Berger, B. M. (1984): The resonance of the generation concept. In: Garms-Homolová, V./Hoerning, E. M./Schaeffer, D. (Hrsg.): Intergenerational relationships. Lewiston: Hogrefe, S. 219-227. *15*

Bibliographie

Berger-Schmitt, R. (2003): Geringere familiale Pflegebereitschaft bei jüngeren Generationen. Analysen zur Betreuung und Pflege älterer Menschen in den Ländern der Europäischen Union. In: ISI 29: 12-15. *167*

Bergmann, M. S./Jucovy, M. E./Kestenberg, J. S. (1995): Kinder der Opfer. Kinder der Täter. Psychoanalyse und Holocaust. Frankfurt am Main: Fischer. *110*

Berman, W. H./Sperling, M. B. (1994): The structure and function of adult attachment. In: Sperling, M. B./Berman, W. H. (Hrsg.): Attachment in adults. Clinical and developmental perspectives. New York: Guilford Press, S. 3-28. *188*

Bernfeld, S. (1991): Die neue Jugend und die Frauen. In: Bernfeld, S. (Hrsg.): Sämtliche Werke. Band 1. Weinheim/Basel: Beltz, S. 9-42. *110*

Bertaux, D./Bertaux-Wiame, I. (1991): »Was du ererbt von deinen Vätern...«. Transmissionen und soziale Mobilität über fünf Generationen. In: Zeitschrift für Biographieforschung und Oral History BIOS 4: 13-40. *162*

Bertram, H. (1995a): Regionale Vielfalt und Lebensform. In: Bertram, H. (Hrsg.): Das Individuum und seine Familie. Lebensformen, Familienbeziehungen und Lebensereignisse im Erwachsenenalter. Opladen: Leske + Budrich, S. 157-195. *132*

Bertram, H. (Hrsg.) (1995b): Das Individuum und seine Familie. Lebensformen, Familienbeziehungen und Lebensereignisse im Erwachsenenalter. Opladen: Leske + Budrich. *136*

Bertram, H./Bayer, H./Bauereiss, R. (1993): Familien-Atlas. Lebenslagen und Regionen in Deutschland. Karten und Zahlen. Opladen: Leske + Budrich. *70*

Bertram, H./Hradil, S./Kleinhenz, G. (Hrsg.) (1995): Sozialer und demographischer Wandel in den neuen Bundesländern. Opladen: Leske + Budrich. *120, 132*

Bien, W. (Hrsg.) (1994): Eigeninteresse oder Solidarität. Beziehungen in modernen Mehrgenerationenfamilien. Opladen: Leske + Budrich. *132*

Bien, W./Marbach, J. (1991): Haushalt, Verwandtschaft, Beziehungen. Familienleben als Netzwerk. In: Bertram, H. (Hrsg.): Die Familie in Westdeutschland. Stabilität und Wandel familialer Lebensformen. Opladen: Leske + Budrich, S. 3-44. *88, 136*

Bien, W./Marbach, J. (Hrsg.) (2003): Partnerschaft und Familiengründung. Ergebnisse der dritten Welle des Familien-Survey. Opladen: Leske + Budrich. *88*

Bierhoff, H. W./Fetchenhauer, D. (2001): Solidarität. Themen und Probleme. In: Bierhoff, H. W./Fetchenhauer, D. (Hrsg.): Solidarität. Konfikt, Umwelt und Dritte Welt. Opladen: Leske + Budrich, S. 9-19. *266*

Bilstein, J. (1996): Zur Metaphorik des Generationenverhältnisses. In: Liebau, E./Wulf, C. (Hrsg.): Generation. Versuch über eine pädagogisch-anthropologische Grundbedingung. Weinheim: Deutscher Studien Verlag, S. 157-189. *37, 44f.*

Bilstein, J. (1999): Verkehrte Verhältnisse. In: Neue Sammlung. Göttinger Zeitschrift für Erziehung und Gesellschaft 39: 437-456. *36, 44, 196*

Bilstein, J. (2000): Bilder generationaler Verkehrung. In: Winterhager-Schmid, L. (Hrsg.): Erfahrung mit Generationendifferenz. Weinheim: Deutscher Studienverlag, S. 38-67. *196*

Bilstein, J. (2003): Symbol, Metapher, Bild. In: Fröhlich, V./Stenger, U. (Hrsg.): Das Unsichtbare sichtbar machen. Bildungsprozesse und Subjektgenese durch Bilder und Geschichten. Weinheim: Juventa, S. 23-43. *44*

Birnbacher, D. (1988): Verantwortung für zukünftige Generationen. Stuttgart: Reclam. *208*

Bleuler, E. (1910): Zur Theorie des schizophrenen Negativismus. In: Psychiatrisch-Neurologische Wochenschrift 18: 171-176; 19: 184-187; 20: 189-191; 21: 195-198. *287*

Bleuler, E. (1911): Dementia Praecox oder Gruppe der Schizophrenien. Leipzig: Franz Deuticke.

Bleuler, E. (1914): Die Ambivalenz. In: Zürich, U. (Hrsg.): Festgabe zur Einweihung der Neubauten. Zürich: Schulthess & Co., S. 95-106. *287*

Blinkert, B. (1997): Aktionsräume von Kindern auf dem Land. Eine Untersuchung im Auftrag des Ministeriums für Umwelt und Forsten Rheinland-Pfalz. Pfaffenweiler: Centaurus. *236*

Blumenberg, H. (1981): Anthropologische Annäherung an die Aktualität der Rhetorik. In: Blumenberg, H. (Hrsg.): Wirklichkeiten in denen wir leben. Stuttgart: Reclam, S. 104-136. *63*

Bode, I./Brose, H.-G. (1999): Zum gegenwärtigen Wandel der Solidaritätsmuster in Wirtschafts- und Nonprofit-Organisationen. In: Berliner Journal für Soziologie 9: 179-196. *310*

Boehm, C. (1989): Ambivalence and compromise in human nature. In: American Anthropologist 91: 921-939. *304, 308*

Böhmer, S. (2000): Generationenambivalenzen operationalisieren. Grundmuster der Beziehungen zwischen Eltern und ihren erwachsenen Kindern. Arbeitspapier Nr. 34.2. Konstanz: Forschungsschwerpunkt »Gesellschaft und Familie«. *311*

Böhnisch, L. (1998): Das Generationenproblem im Lichte der Biografisierung und der Relativierung der Lebensalter. In: Ecarius, J. (Hrsg.): Was will die jüngere mit der älteren Generation? Generationsbeziehungen und Generationenverhältnisse in der Erziehungswissenschaft. Opladen: Leske + Budrich, S. 67-80. *253*

Böhnisch, L./Blanc, K. (1989): Die Generationenfalle. Von der Relativierung der Lebensalter. Frankfurt am Main: Luchterhand. *176*

Böhnisch, L./Gängler, H./Rauschenbach, T. (Hrsg.) (1991): Handbuch der Jugendverbände. Weinheim/München: Juventa. *183*

Bohnsack, R./Schäffer, B. (2002): Generation als konjunktiver Erfahrungsraum. Eine empirische Analyse generationsspezifischer Medienpraxiskulturen. In: Burkart, G.

Bibliographie

(Hrsg.): Lebenszeiten. Erkundungen zur Soziologie der Generationen. Martin Kohli zum 60. Geburtstag. Opladen: Leske + Budrich, S. 249-273. *247, 307*
Boll, T./Ferring, D./Filipp, S.-H. (2001): Struktur und Folgen elterlicher Ungleichbehandlung von Geschwistern. Forschungsstand und -desiderata. In: Zeitschrift für Entwicklungspsychologie und Pädagogische Psychologie 33: 195-203. *185*
Bonin, H. (2001): Generational accounting. Theory and application. Berlin/Heidelberg: Springer. *258*
Böpple, F./Knüfer, R. (1998): Generation XTC. Techno und Ekstase. München: dtv. *13*
Borchers, A. (1997): Die Sandwich-Generation. Ihre zeitlichen und finanziellen Leistungen und Belastungen. Frankfurt am Main: Campus. *13, 79*
Börstinghaus, V. (2002): Generationenbilanzen. Theorie, Empirie und Konsequenzen für die EU. Frankfurt am Main: Lang. *258*
Boss, P. (2000): Leben mit ungelöstem Leid. Ein psychologischer Ratgeber. München: Beck. *310*
Boudon, R. (1980): Die Logik des sozialen Handelns. Neuwied: Luchterhand. *271*
Bourdieu, P. (1983): Ökonomisches Kapital, kulturelles Kapital, soziales Kapital. In: Kreckel, R. (Hrsg.): Soziale Ungleichheiten. Sonderband 2. Soziale Welt. Göttingen: Schwartz, S. 183-198. *173, 195*
Bourdieu, P. (1988): Homo academicus. Frankfurt am Main: Suhrkamp. *250*
Bourdieu, P. (1993): Soziologische Fragen. Frankfurt am Main: Suhrkamp. *250*
Bourdieu, P. (Hrsg.) (1997): Das Elend der Welt. Konstanz: Universitätsverlag Konstanz.
Bourdieu, P. (2000): Das väterliche Erbe. Probleme der Vater-Sohn-Beziehung. In: Bosse, H./King, V. (Hrsg.): Männlichkeitsentwürfe. Wandlungen und Widerstände im Geschlechterverhältnis. Frankfurt am Main/New York: Campus, S. 83-91. *169*
Bowlby, J. (1969): Attachment and loss. New York: Basic Books. *273*
Braun, R. et al. (Hrsg.) (2002): Erben in Deutschland. Volumen, Psychologie und gesamtwirtschaftliche Auswirkungen. Köln: Deutsches Institut für Altersvorsorge. *160ff.*
Braungart, R. G. (1974): The sociology of generations and student politics. A comparison of the functionalist and generational unit models. In: Journal of Social Issues 30: 31-54. *255*
Bräuninger, B./Lange, A./Lüscher, K. (1997): »Krieg zwischen den Generationen!«? Die Darstellung von Beziehungsgestaltungen in ausgewählten Sachbuchtexten. Arbeitspapier Nr. 26. Universität Konstanz: Forschungsschwerpunkt »Gesellschaft und Familie«. *63*
Bräuninger, B./Lange, A./Lüscher, K. (1998): »Alterslast« und »Krieg zwischen den Generationen«? Generationenbeziehungen in aktuellen Sachbuchtexten. In: Zeitschrift für Bevölkerungswissenschaft 23: 3-17. *47, 63*

Bibliographie

Breiholz, H./Duschek, K.-J./Nöthen, M. (2002): Leben und Arbeiten in Deutschland. Ergebnisse des Mikrozensus 2001. Wiesbaden: Statistisches Bundesamt. *82ff.*

Breitsamer, J. (1976): Ein Versuch zum »Problem der Generationen«. In: Kölner Zeitschrift für Soziologie und Sozialpsychologie 28: 451-478. *307*

Breyer, F. (1998): Der »Generationenvertrag« in der sozialen Sicherung. Volkswirtschaftliche Korrespondenz der Adolf-Weber-Stiftung. *213f.*

Bronfenbrenner, U. (1974): Wie wirksam ist die kompensatorische Erziehung? Stuttgart: Klett. *225*

Bronfenbrenner, U. (1981): Die Ökologie der menschlichen Entwicklung. Natürliche und geplante Experimente. Stuttgart: Klett-Cotta. *221*

Bronfenbrenner, U. (1993): Generationenbeziehungen in der Ökologie menschlicher Entwicklung. In: Lüscher, K./Schultheis, F. (Hrsg.): Generationenbeziehungen in »postmodernen« Gesellschaften. Analysen zum Verhältnis von Individuum, Familie, Staat und Gesellschaft. Konstanz: Universitätsverlag Konstanz, S. 51-73. *164*

Bronfenbrenner, U./Ceci, S. J. (1994): Nature-nurture reconceptualized in developmental perspective. A bio-ecological model. In: Psychological Review 101: 568-86. *199*

Brown, T. A. (1999): Moderne Genetik. Heidelberg/Berlin: Spektrum Akademischer Verlag. *169*

Brüder Grimm (1949): Kinder- und Hausmärchen. München: Winkler. *198*

Brudermüller, G. (2001): Elternunterhalt und Generationensolidarität. In: Birnbacher, D./Brudermüller, G. (Hrsg.): Zukunftsverantwortung und Generationensolidarität. Würzburg: Königshausen & Neumann, S. 227-252. *265*

Buber, M. (1918/1963): Zion und die Jugend. In: Buber, M. (Hrsg.): Der Jude und sein Judentum. Köln: Melzer, S. 700-710. *99, 175*

Buchhofer, B./Friedrichs, J./Lüdtke, H. (1970): Alter, Generationsdynamik und soziale Differenzierung. Zur Revision des Generationsbegriffs als analytisches Konzept. In: Kölner Zeitschrift für Soziologie und Sozialpsychologie 22: 300-334. *260*

Büchner, P. (1985): Einführung in die Soziologie der Erziehung und des Bildungswesens. Darmstadt: Wissenschaftliche Buchgemeinschaft. *225*

Büchner, P. (2003): Bildung und soziale Ungleichheit. In: Zeitschrift für Erziehungswissenschaft 6: 5-24. *225*

Bude, H. (1995): Das Altern einer Generation. Die Jahrgänge 1938 bis 1948. Frankfurt am Main: Suhrkamp. *27ff., 115*

Bude, H. (2000a): Die biographische Relevanz der Generation. In: Kohli, M./Szydlik, A. (Hrsg.): Generationen in Familie und Gesellschaft. Opladen: Leske + Budrich, S. 19-35. *32, 118*

Bude, H. (2000b): Generationen im 20. Jahrhundert. Historische Einschnitte, ideologische Kehrtwendungen, innere Widersprüche. In: Merkur 54: 567-579. *105*

Bude, H. (2000c): Qualitative Generationsforschung. In: Flick, U./von Kardorff, E./ Steinke, I. (Hrsg.): Qualitative Forschung. Ein Handbuch. Reinbek bei Hamburg: Rowohlt Taschenbuch Verlag, S. 187-194. *311*

Bührer, S. (1995): Generationenbeziehungen als Gegenstand sozial- und humanwissenschaftlicher Forschung in Frankreich. Magisterarbeit. Konstanz: Universität Konstanz. *125*

Bundesamt für Statistik (2000): Ausländerinnen und Ausländer in der Schweiz. Neuchâtel: Bundesamt für Statistik. *95*

Bundesamt für Statistik (2002a): Demografisches Porträt der Schweiz. Neuchâtel: Bundesamt für Statistik. *70*

Bundesamt für Statistik (2002b): Räumliche und strukturelle Bevölkerungsdynamik der Schweiz 1990-2000. Neuchâtel: Bundesamt für Statistik. *95*

Bundesministerium für Familie, Senioren, Frauen und Jugend (BMFSFJ) (Hrsg.) (1994): Fünfter Familienbericht. Familien und Familienpolitik im geeinten Deutschland. Zukunft des Humanvermögens. Bonn: Bonner Universitäts-Buchdruckerei. *221, 225, 229, 233f.*

Bundesministerium für Familie, Senioren, Frauen und Jugend (BMFSFJ) (1998a): Zehnter Kinder- und Jugendbericht. Bericht über die Lebenssituation von Kindern und die Leistungen der Kinderhilfen in Deutschland. Bonn: Bundesministerium für Familie, Senioren, Frauen und Jugend. *221, 225, 235*

Bundesministerium für Familie, Senioren, Frauen und Jugend (BMFSFJ) (1998b): Dialog der Generationen. Dokumentation der Tagung des Bundesministeriums für Familie, Senioren, Frauen und Jugend am 30./31. Oktober im Arbeitnehmerzentrum Königswinter. Bonn: Bundesministerium für Familie, Senioren, Frauen und Jugend. *130*

Bundesministerium für Familie, Senioren, Frauen und Jugend (BMFSFJ) (2000): Sechster Familienbericht. Familien ausländischer Herkunft in Deutschland. Leistungen, Belastungen, Herausforderungen. Stellungnahme der Bundesregierung zum Bericht der Sachverständigenkommission. Berlin: Bundesministerium für Familie, Senioren, Frauen und Jugend. *150*

Bundesministerium für Familie, Senioren, Frauen und Jugend (BMFSFJ) (2001): Alter und Gesellschaft. Dritter Bericht zur Lage der älteren Generation in der Bundesrepublik Deutschland. Berlin: BMFSFJ. *75, 90, 134, 143, 215*

Bundesministerium für Familie, Senioren, Frauen und Jugend (BMFSFJ) (2002a): Elfter Kinder- und Jugendbericht. Bonn: BMFSFJ. *209*

Bundesministerium für Familie, Senioren, Frauen und Jugend (BMFSFJ) (2002b): Vierter Bericht zur Lage der älteren Generation in der Bundesrepublik Deutschland. Risiken, Lebensqualität und Versorgung Hochaltriger. Unter besonderer Berücksichtigung demenzieller Erkrankungen. Berlin: BMFSFJ. *72, 74f., 167*

Bibliographie

Bundesministerium für Soziale Sicherheit und Generationen (BMSSG) (2000): Ältere Menschen. Neue Perspektiven. Wien: BMFSS. *70, 166, 168*

Bundesministerium für Umwelt, Jugend und Familie (BMUJF) (Hrsg.) (1999a): Familien- und Arbeitswelt. Partnerschaften zur Vereinbarkeit und Neuverteilung von Betreuungs- und Erwerbstätigkeit. Wien: Bundesministerium für Umwelt, Jugend und Familie. *179*

Bundesministerium für Umwelt, Jugend und Familie (BMUJF) (1999b): Zur Situation von Familie und Familienpolitik in Österreich. Vierter Österreichischer Familienbericht. Wien: BMFUJF. *196*

Bundesverfassungsgericht (1998): Leitsätze zum Beschluß des Zweiten Senats vom 10. November 1998. Karlsruhe: BVERFG. *203*

Burger, T. (2001): Ideal type. Conceptions in the social sciences. In: Smelser, N. J./Baltes, P. B. (Hrsg.): International encyclopedia of the social and behavioral sciences. Vol. 11. Amsterdam: Elsevier Ltd., S. 7139-7142. *241*

Burkhardt, A. (2002): Die Bedeutung des Begriffs »Ambivalenz« im Diskurs und Handlungsfeld von Psychotherapeuten. Arbeitspapier Nr. 41. Konstanz: Forschungsschwerpunkt »Gesellschaft und Familie«. *311*

Busche, J. (2003): Die 68er. Biographie einer Generation. Berlin: Berlin-Verlag. *13*

Butler, R. N. (1969): Age-ism. Another form of bigotry. In: The Gerontologist 9: 243-246. *49*

Calvino, I. (2003): Warum Klassiker lesen? München: Hanser. *307*

Campbell, J. (1999): This is the beat generation. New York, San Francisco, Paris. London: Secker & Warburg. *13*

Cancian, F. A./Oliker, S. J. (Hrsg.) (2000): Caring and gender. Thousand Oaks: Pine Forge Press. *115*

Carigiet, E./Mäder, U./Bonvon, J.-M. (Hrsg.) (2003): Wörterbuch der Sozialpolitik. Zürich: Rotpunktverlag. *234*

Cavalli-Sforza, L. L./Bodmer, W. H. (1971): The genetics of human populations. San Francisco: W. H. Freeman Company. *169*

Chamberlain, S. (2000): Adolf Hitler, die deutsche Mutter und ihr erstes Kind. Über zwei NS-Erziehungsbücher. Gießen: Psychosozial-Verlag. *116*

Cherlin, A. J./Furstenberg, F. F. (1986): The new American grandparent. A place in the family, a life apart. New York: Basic Books. *180*

Chvojka, E. (2003): Geschichte der Großelternrollen vom 16. bis zum 20. Jahrhundert. Wien: Böhlau. *197*

Cicirelli, V. G. (1983): Adult children's attachment and helping behavior to elderly parents. A path model. In: Journal of Marriage and the Family 45: 815-824. *190*

Cicirelli, V. G. (1991): Adult children's help to aging parents. Attachment and altruism. In: Montada, L./Schmitt, M. (Hrsg.): Altruism in Social Systems. Göttingen: Hogrefe, S. 41-57. *190*

Cicirelli, V. G. (1992): Family caregiving. Autonomous and paternalistic decision making. Newbury Park: Sage. *190*

Cierpka, M. (1999): Unterschiede und Gemeinsamkeiten bei Geschwistern. In: Sohni, H. (Hrsg.): Geschwisterlichkeit. Horizontale Beziehungen in Psychotherapie und Gesellschaft. Göttingen: Vandenhoeck and Ruprecht, S. 10-31. *185*

Clausen, J. A. (1993a): American lives. Looking back at the childret of the Great Depression. New York: Free Press. *308*

Clausen, J. A. (1993b): Kontinuität und Wandel in familialen Generationenbeziehungen. In: Lüscher, K./Schultheis, F. (Hrsg.): Generationenbeziehungen in »postmodernen« Gesellschaften. Konstanz: Universitätsverlag Konstanz, S. 111-124. *308*

Clutton-Brock, T. H. (1991): The evolution of parental care. Princeton, N. J.: Princeton University Press. *285*

Coenen-Huther, J./Kellerhals, J. M./Allmen, M. v. (1994): Les réseaux de solidarité dans la famille. Lausanne: Réalités Sociales. *310*

Cohler, B. J. (2003): The experience of ambivalence within the family. Young adults »coming out« gay or lesbian and their parents. In: Pillemer, K./Lüscher, K. (Hrsg.): Intergenerational ambivalences. New perspectives on parent-child relations in later life. New York: Elsevier Science Ltd., in Druck. *296*

Cohler, B. J./Grunebaum, H. U. (1981): Mothers, grandmothers and daugthers. Personality and childcare in three-generation families. New York: Wiley. *149*

Coleman, J. S. (1990): Foundations of social theory. Cambridge: Belknap Press. *195*

Comenius, J. A. (1657/1992): Große Didaktik. Stuttgart: Klett-Cotta. *39*

Connidis, I. A./McMullin, J. A. (2002a): Sociological ambivalence and family ties. A critical perspective. In: Journal of Marriage and the Family 64: 558-567. *311*

Connidis, I. A./McMullin, J. A. (2002b): Ambivalence, family ties, and doing sociology. In: Journal of Marriage and the Family 64: 594-601. *309ff.*

Coser, L. (1977): Masters of sociological thougth. New York: Harcourt Brace Jovanovich. *307*

Coupland, D. (1998): Generation X. Tales for an accelerated culture. London: Abacus. *13*

Coupland, N./Coupland, J. (1988): Accomodating the elderly. Invoking and extending a theory. In: Language in Society 17: 1-41. *51*

Crimmins, E. M./Saito, Y./Reynolds, S. L. (1997): Further evidence on recent trends in the prevalence and incidence of disability among older Americans from two sources. In: Journal of Gerontology. Social Science 52: 59-71. *73*

Daatland, S. O./Herlofson, K. (2001): Ageing, intergenerational relation, care systems and quality of life. An introduction to the OASIS project. Oslo: Norwegian Social Research. *311*

Dallinger, U. (1997): Ökonomie der Moral. Konflikt zwischen familiärer Pflege und Beruf aus handlungstheoretischer Perspektive. Opladen: Westdeutscher Verlag. *149*

Dallinger, U. (1998): Der Konflikt zwischen familiärer Pflege und Beruf als handlungstheoretisches Problem. In: Zeitschrift für Soziologie 27: 94-112. *149*

Dallinger, U. (2002): Das »Problem der Generationen«. Theorieentwicklung zu intergenerationellen Beziehungen. In: Dallinger, U./Schroeter, K. R. (Hrsg.): Theoretische Beiträge zur Altensoziologie. Opladen: Leske + Budrich, S. 203-234. *264, 309f.*

Damon, W. (1977): The social world of the child. San Francisco: Jossey-Bass. *184*

Daniel, U. (2001): Kompendium Kulturgeschichte. Frankfurt am Main: Suhrkamp. *61, 239, 306*

Davis, K. (1940): The sociology of parent-youth conflict. In: American Sociological Review 5: 523-535. *254*

de Vaus, D. (1994): Letting go. Relationships between adults and their parents. Oxford: Oxford University Press. *283*

de Vaus, D. (1995): Adult-parent-relationships. Do life cycle transitions make a difference? In: Family Matters 41: 22-29. *283*

DeMause, L. (Hrsg.) (1974): The history of childhood. New York: Psychohistory Press. *302*

Deutsche Shell (2002): Jugend 2002. 14. Shell Jugendstudie. Opladen: Fischer Taschenbuch Verlag. *166*

Deutsche UNESCO-Kommission (1996): Lernfähigkeit. Unser verborgener Reichtum. UNESCO-Bericht zur Bildung für das 21. Jahrhundert. Neuwied: Luchterhand.

Deutsches PISA-Konsortium (Hrsg.) (2001): PISA 2000. Basiskompetenzen von Schülerinnen und Schülern im internationalen Vergleich. Opladen: Westdeutscher Verlag. *175, 223f.*

Diaz-Bone, R. (1997): Ego-zentrierte Netzwerkanalyse und familiale Beziehungssysteme. Wiesbaden: Deutscher Universitätsverlag. *167*

Dilthey, W. (1875/1957): Über das Studium der Geschichte der Wissenschaften vom Menschen, der Gesellschaft und dem Staat. In: Dilthey, W. (Hrsg.): Gesammelte Schriften. Band V. Die Geistige Welt. Einleitung in die Philosophie des Lebens. Stuttgart/Göttingen: Teubner/Vandenhoeck & Ruprecht, S. 31-73. *106ff.*

Dinkel, R. H. (1999): Demographische Entwicklung und Gesundheitszustand. Eine empirische Kalkulation der Healthy Life Expectancy für die Bundesrepublik auf der Basis von Kohortensterbetafeln. In: Häfner, H. (Hrsg.): Gesundheit. Unser höchstes Gut? Heidelberg/New York: Springer, S. 61-84. *73*

Bibliographie

Dinkel, R. H. (2002): Die langfristige Entwicklung der Sterblichkeit in Deutschland. In: Zeitschrift für Gerontologie und Geriatrie 35: 400-405. *66*

Dinkel, R. H./Höhn, C./Scholz, R. D. (Hrsg.) (1996): Sterblichkeitsentwicklung unter besonderer Berücksichtigung des Kohortenansatzes. München: Oldenbourg. *119*

Dinkel, R. H./Luy, M. (1999): Natur oder Verhalten? Ein Beitrag zur Erklärung der männlichen Übersterblichkeit durch einen Vergleich von Kloster- und Allgemeinbevölkerung. In: Zeitschrift für Bevölkerungswissenschaft 24: 105-132. *119*

Dischner, G. (Hrsg.) (1982): Eine stumme Generation berichtet. Frauen der 30er und 40er Jahre. Frankfurt am Main: Fischer. *13*

Djerassi, C. (1992): The pill, pygmy chimps and Degas' horse. The autobiography of Carl Djerassi. New York: Basic Books. *77*

Doehlemann, M. (1979): Von Kindern lernen. Zur Position des Kindes in der Welt der Erwachsenen. München: Juventa. *177f.*

Donati, P. (1995): Quarto rapporto sulla famiglia in Italia. Cinisello Balsamo: Edizione San Paolo. *166, 235*

Dorbritz, J. (1997): Der demographische Wandel in Ostdeutschland. Verlauf und Erklärungsansätze. In: Zeitschrift für Bevölkerungswissenschaft 22: 239-269. *79*

Dorbritz, J. (2000a): Familienbildung und -lösung in Deutschland. Theoretische Reflektionen und demographische Trends. In: Roloff, J./Dorbritz, J. (Hrsg.): Familienbildung in Deutschland Anfang der 90er Jahre. Demographische Trends, individuelle Einstellungen und sozio-ökonomische Bedingungen. Opladen: Leske + Budrich, S. 11-31. *79*

Dorbritz, J. (2000b): Europäische Fertilitätsmuster. In: Zeitschrift für Bevölkerungswissenschaft 25: 235-266. *79*

Dorbritz, J./Schwarz, K. (1996): Kinderlosigkeit in Deutschland. Ein Massenphänomen? In: Zeitschrift für Bevölkerungswissenschaft 21: 231-262. *79*

Dreitzel, H. P. (1984): Generational conflict from the point of view of civilization theory. In: Garms-Homolová, V./Hoerning, E. M./Schaeffer, D. (Hrsg.): Intergenerational relationships. Lewiston: Hogrefe, S. 17-26. *252*

Dubislav, W. (1981): Die Definition. Hamburg: Meiner. *61*

DuBois-Reymond, M. et al. (1994): Kinderleben. Modernisierung von Kindheit im interkulturellen Vergleich. Opladen: Leske + Budrich. *22*

Dudenredaktion (Hrsg.) (2000): Der Duden. Die deutsche Rechtschreibung. Mannheim/Leipzig/Wien/Zürich: Dudenverlag. *271*

Dunn, J./Plomin, R. (1996): Warum Geschwister so verschieden sind. Stuttgart: Klett-Cotta. *187*

Ecarius, J. (1998): Was will die jüngere mit der älteren Generation? Generationenbeziehungen und Generationenverhältnisse in der Erziehungswissenschaft. Opladen: Leske + Budrich. *60, 176*

Ecarius, J. (2002): Familienerziehung im historischen Wandel. Eine qualitative Studie über Erziehung und Erziehungserfahrungen von drei Generationen. Opladen: Leske + Budrich. *19ff., 180*

Ecarius, J./Krüger, H.-H. (1997): Machtverteilung, Erziehung und Unterstützungsleistungen in drei Generationen. Familiale Generationenbeziehungen in Ostdeutschland. In: Krappmann, L./Lepenies, A. (Hrsg.): Alt und Jung. Spannung und Solidarität zwischen den Generationen. Frankfurt am Main: Campus, S. 137-160. *23*

Edelstein, W./Nunner-Winkler, G. (Hrsg.) (2000): Moral im sozialen Kontext. Frankfurt am Main: Suhrkamp. *184*

Edmunds, J./Turner, B. S. (2002): Generations, culture and society. Buckingham: Open University Press. *32, 104, 108ff., 118, 121, 239, 249*

Ehmer, J. (1998): House and the stem family in Austria. In: Fauve-Chamoux, A./Ochiai, E. (Hrsg.): House and the stem family in EurAsian perspective. Kyoto: 12th International Historical Congress, S. 59-81. *159*

Ehmer, J. (2000): Ökonomische Transfers und emotionale Bindungen in den Generationenbeziehungen des 18. und 19. Jahrhunderts. In: Kohli, M./Szydlik, M. (Hrsg.): Generationen in Familie und Gesellschaft. Opladen: Leske + Budrich, S. 77-96. *300f.*

Ehmer, J./Gutschner, P. (2000): Das Alter im Spiel der Generationen. Historische und sozialwissenschaftliche Beiträge. Wien: Böhlau. *300*

Eichholz, R. (1997): Vom Versuch, eine rationale Politik für und mit Kindern zu machen. Erfahrungen eines Landeskinderbeauftragten. In: Protokolldienst 17/97 der Evangelischen Akademie Bad Boll. Tagung Politik für Kinder 17/97: 99-110. *236*

Eidgenössische Koordinationskommission für Familienfragen (EKFF) (2002): Familie und Migration. Bern: Koordinationskommission für Familienfragen. *168*

Eisenberg, A. (Hrsg.) (1982): The lost generation. Children in the holocaust. New York: Pilgrim Press. *13*

Eisenberg, G./Gronemeyer, R. (1996): Jugend und Gewalt. Der neue Generationenkonflikt oder der Zerfall der zivilen Gesellschaft. Reinbeck: Rowohlt. *257*

Eisenstadt, S. N. (1966): Von Generation zu Generation. Altersgruppen und Sozialstruktur. München: Juventa. *183, 255*

Elder, G. H. (1974): Children of the Great Depression. Chicago: University of Chicago Press. *263*

Elias, N. (1970): Was ist Soziologie? München: Juventa. *112*

Elias, N. (1976): Über den Prozeß der Zivilisation. Frankfurt am Main: Suhrkamp. *252*

Bibliographie

Elias, N. (1985): Über die Zeit. Frankfurt am Main: Suhrkamp. *58*
Emirbayer, M./Mische, A. (1998): What is agency? In: American Journal of Sociology 103: 962-1023. *288*
Endreß, M. (2002): Vertrauen. Bielefeld: Transcipt Verlag. *279*
Engelbert, A. (1999): Familien im Hilfenetz Bedingungen und Folgen der Nutzung von Hilfen für behinderte Kinder. Weinheim: Juventa. *138*
Engstler, A./Lüscher, K. (1991): Childhood as a social phenomenon. National report Switzerland. Eurosocial report Volume 36. Wien: European Centre for Social Welfare, Policy and Research. *236*
Engstler, H. (1998): Die Familie im Spiegel der amtlichen Statistik. Lebensformen, Familienstrukturen, wirtschaftliche Situation der Familien und familiendemographische Entwicklung in Deutschland. Bonn: BMFSFJ. *137*
Engstler, H./Menning, S. (2003): Die Familie im Spiegel der amtlichen Statistik. Lebensformen, Familienstrukturen, wirtschaftliche Situation der Familien und familiendemographische Entwicklung in Deutschland. Bonn: BMFSJ. *79, 83f., 88*
Enquête-Kommission des Deutschen Bundestages (1998): Zweiter Zwischenbericht der Enquête-Kommission »Demographischer Wandel«. BT-Drucks 13/11460. Berlin: Enquête-Kommission. *73*
Enquête-Kommission des Deutschen Bundestages (2002): »Demographischer Wandel«. Schlussbericht. Herausforderungen unserer älter werdenden Gesellschaft an den Einzelnen und die Politik. Bundestagsdrucksache 14/8800. Berlin: Enquête-Kommission. *70, 119*
Erikson, E. H. (1950): Kindheit und Gesellschaft. Stuttgart: Klett. *191f., 199*
Erikson, E. H. (1966): Identität und Lebenszyklus. Frankfurt am Main: Suhrkamp. *232*
Erikson, R./Goldthorpe, J. H. (1993): The constant flux. A study of class mobility in indurstrial societies. Oxford: Clarendon Press. *225*
Esser, H. (2000): Soziologie. Spezielle Grundlagen. Band 4: Opportunitäten und Restriktionen. Frankfurt am Main: Campus. *15*
Evangelischer Pressedienst (2002): Dokumentation Nr. 33. Erben und Vererben. Ethische, rechtliche, soziologische, politische und psychologische Aspekte eines aktuellen Themas. Frankfurt am Main: Gemeinschaftswerk der Evangelischen Publizistik,. *154*
Eyerman, R./Turner, B. S. (1998): Outline of a theory of generations. In: European Journal of Social Theory 1: 91-106. *61*

Fagen, R. M. (1976): Three-generation family conflict. In: Animal Behaviour 24: 874-879. *257*
Faulstich-Wieland, H. (2000): Individuum und Gesellschaft. Sozialisationstheorien und Sozialisationsforschung. München: Oldenbourg. *174*

Feibel, T. (2001): Die Internet-Generation. Wie wir von unseren Computern gefressen werden. München: Langen Müller. *13*

Fend, H. (1988): Sozialgeschichte des Aufwachsens. Bedingungen des Aufwachsens und Jugendgestalten im zwanzigsten Jahrhundert. Frankfurt am Main: Suhrkamp. *109, 111*

Feuer, L. (1969): The conflict of generations. The character and significance of student movements. New York: Basic Books. *308*

Fietze, B. (1997): 1968 als Symbol der ersten globalen Generation. In: Berliner Journal für Soziologie 7: 365-386. *13, 32*

Filipp, S.-H./Boll, T. (1998): Konflikte zwischen und innerhalb der Generationen im Erwachsenenalter. Daten zu Verbreitung und subjektiven Einschätzungen ihrer Besonderheiten aus einer Repräsentativerhebung. Vervielfältigtes Manuskript. Trier: Universität Trier. *262*

Filipp, S.-H./Mayer, A.-K. (1999): Bilder des Alters. Altersstereotype und die Beziehungen zwischen den Generationen. Stuttgart: Kohlhammer. *50, 181*

Finch, J. (1989): Family obligations and social change. Cambridge: Polity. *272*

Finch, J. (1996): Inheritance and financial transfer in families. In: Walker, A. (Hrsg.): The new generational contract. Intergenerational relations, old age and welfare. London: UCL, S. 120-134. *170*

Finch, J./Mason, J. (1993): Negotiating family responsibilities. London: Routledge. *148f., 272*

Fingerman, K. L./Hay, E. (2003): Intergenerational ambivalence in the context of the larger social network. In: Pillemer, K./Lüscher, K. (Hrsg.): Intergenerational ambivalences. New York: Elsevier Science Ltd., in Druck. *289, 293*

Fischer-Kowalski, M. (1983): Halbstarke 1958. Studenten 1968. Eine Generation und zwei Rebellionen. In: Preuss-Lausitz, U. (Hrsg.): Kriegskinder, Konsumkinder, Krisenkinder: zur Sozialisationsgeschichte seit dem zweiten Weltkrieg. Weinheim: Beltz, S. 53-70. *254*

Fiske, A. P. (1992): The four elementary forms of sociality. Framework for a unified theory of social relations. In: Psychological Rewiew 99: 689-723. *279ff.*

Fonagy, P. (1996): Patterns of attachment, interpersonal relationships and health. In: Blane, D./Brunner, E./Wilkinson, R. (Hrsg.): Health and social organization. Towards a health policy for the twenty-first century. London: Routledge, S. 125-151. *189*

Fooken, I./Lind, I. (1996): Scheidung nach langjähriger Ehe im mittleren und höheren Erwachsenenalter. Stuttgart: Kohlhammer. *86*

Fragnière, J.-P./Höpflinger, F./Hugentobler, V. (Hrsg.) (2002): Generationenfrage. Sion: INAG. *60, 166*

Freese, G./Olejniczak, P./Steinberg-Peter, P. (Hrsg.) (2001): Die Zukunft der Zusammenarbeit zwischen den Generationen. Loccum: Evangelische Akademie. *75*

Freud, S. (1912/1975): Zur Dynamik der Übertragung. In: Mitscherlich, A. et al. (Hrsg.): Sigmund Freud Studienausgabe. Unnummerierter Ergänzungsband. Frankfurt am Main: S. Fischer, S. 157, 159-168. *287*

Freud, S. (1913/1975): Totem und Tabu. Einige Übereinstimmungen im Seelenleben der Wilden und der Neurotiker. Leipzig/Wien: Internationaler Psychoanalytischer Verlag. *287*

Freud, S. (1930/1953): Das Unbehagen der Kultur. Wien: Internationaler Psychoanalytischer Verlag. *287*

Friedrichs, J./Stolle, M./Engelbrecht, G. (1993): Rational Choice Theorie. »Probleme der Operationalisierung«. In: Zeitschrift für Soziologie 22: 2-15. *276*

Fries, J. F. (1980): Aging, natural death and the compression of morbidity. In: The New England Journal of Medicine 303: 130-135. *73*

Fries, J. F. (1984): The compression of morbidity. In: The Gerontologist 24: 354-359. *73*

Gabriel, K./Herlth, A./Strohmeier, K. P. (Hrsg.) (1997): Modernität und Solidarität. Konsequenzen gesellschaftlicher Modernisierung. Freiburg im Breisgau: Herder. *264*

Garms-Homolová, V./Hoerning, E. M./Schaeffer, D. (Hrsg.) (1984): Intergenerational relationships. Lewiston, NY: Hogrefe. *15*

Gendolla, P. (1989): Punktzeit. Zur Zeiterfahrung in der Informationsgesellschaft. In: Wendorff, R. (Hrsg.): Im Netz der Zeit. Menschliches Zeiterleben interdisziplinär. Stuttgart: Hirzel, S. 128-139. *99*

George, R./Struck, O. (2000): Generationenaustausch im Unternehmen. München: Rainer Hampp. *166*

Gerlach, I. (1996): Familie und staatliches Handeln. Ideologie und politische Praxis in Deutschland. Opladen: Leske + Budrich. *235*

Gerleman, G. (1971): dôr. Generation. In: Jenni, E./Westermann, E. (Hrsg.): Theologisches Handwörterbuch zum Alten Testament. Band 1. München: Kaiser, S. 443. *61*

Gerstein, H. (1995): Verwirklichung von Kinderrechten nach der UN-Kinderrechtekonvention. Zur diskursiven Einlösung von Geltungsansprüchen. In: Zentralblatt für Jugendrecht 82: 527-574. *236*

Gesellschaft für die Rechte Zukünftiger Generationen (Hrsg.) (1997): Ihr habt dieses Land nur von uns geborgt. Hamburg: Rasch und Röhring. *258*

Giarrusso, R./Stallings, M./Bengtson, V. L. (1995): The »Intergenerational Stake« hypothesis revisited. Parent-child differences in perceptions of relationships 20 years later. In: Bengtson, V. L./Schaie, K. W./Burton, L. M. (Hrsg.): Adult intergenerational relations. Effects of societal change. New York: Springer, S. 227-263. *130*

Giesen, B./Assmann, A. (2002): Grenzen des Verstehens. Generationenidentitäten in Deutschland seit dem 2. Weltkrieg. DFG-Projektantrag. Konstanz: Universität Konstanz. *63, 307*
Göbel, A./Pankoke, E. (1998): Grenzen der Solidarität. Solidaritätsformeln und Solidaritätsformen im Wandel. In: Bayertz, K. (Hrsg.): Solidarität. Begriff und Problem. Frankfurt am Main: Suhrkamp, S. 463-494. *266*
Göckenjan, G. (2000): Das Alter würdigen. Altersbilder und Bedeutungswandel des Alters. Frankfurt am Main: Suhrkamp. *62, 252*
Goethe, J. W. (1774/1967): Die Leiden des jungen Werthers. Frankfurt am Main: Insel-Verlag. *310*
Goethe, J. W. (1808/1949): Faust I. In: Goethe, J. W. (Hrsg.): Werke. Band 3. München: Beck, S. 9-145. *172*
Goethe, J. W. (1809/1999): Die Wahlverwandtschaften. München: Deutscher Taschenbuch-Verlag. *310*
Gogolin, I./Lenzen, D. (Hrsg.) (1999): Medien-Generation. Beiträge zum 16. Kongress der Deutschen Gesellschaft für Erziehungswissenschaft. Opladen: Leske + Budrich. *13*
Goody, J. R./Thirsk, J./Thompson, E. P. (Hrsg.) (1976): Family and inheritance. Rural society in western Europe, 1200-1800. Cambridge: Cambridge University Press. *158*
Gotman, A. (1988): Hériter. Paris: Presses Universitaires de France. *160*
Gouldner, A. W. (1960): The norm of reciprocity. A preliminary statement. In: American Sociological Review 25: 161-178. *275f.*
Gräbe, S. (1991): Reziprozität und Stress in Support-Netzwerken. Neue Perspektiven in der familiensoziologischen Netzwerkforschung. In: Kölner Zeitschrift für Soziologie und Sozialpsychologie 43: 344-356. *131*
Grasskamp, W. (1995): Der lange Marsch durch die Illusionen. München: Beck. *29*
Greenberg, M. S. (1980): A theory of indebtedness. In: Gergen, K. J./Grennberg, M. S. (Hrsg.): Social exchange. Advances in theory and research. New York: Plenum, S. 3-26. *274*
Grimm, J./Grimm, W. (1862/1984): Deutsches Wörterbuch, Band 3. München: Deutscher Taschenbuch Verlag. *173*
Gronemeyer, R. (1991): Die Entfernung vom Wolfsrudel. Über den drohenden Krieg der Jungen gegen die Alten. Frankfurt am Main: Fischer. *47f.*
Große Sowjetische Enzyklopädie (Hrsg.) (1954): (in russischer Sprache) Band 28. Moskau: Naucgiz. *115*
Grossmann, K. et al. (2003): Der förderliche Einfluss psychischer Sicherheit auf das spielerische Explorieren kleiner Trobriand-Kinder. In: Papousek, M./Gontard, A. (Hrsg.): Spiel und Kreativität in der frühen Kindheit. Stuttgart: Pfeiffer/Klett-Cotta, S. 112-137. *192f.*

Bibliographie

Grossmann, K. E. (2000): Bindungsforschung im deutschsprachigen Raum und der Stand des bindungstheoretischen Denkens. In: Psychologie in Erziehung und Unterricht 47: 221-237. *188*

Grossmann, K. E./Grossmann, K. (2001): Das eingeschränkte Leben. Folgen mangelnder und traumatischer Bindungserfahrungen. In: Gebauer, K./Hüther, G. (Hrsg.): Kinder brauchen Wurzeln. Neue Perspektiven für eine gelingende Entwicklung. Düsseldorf/Zürich: Walter, S. 15-34. *191*

Grundmann, M./Lüscher, K. (Hrsg.) (2000): Sozialökologische Sozialisationsforschung. Ein anwendungsorientiertes Lehr- und Studienbuch. Konstanz: Universitätsverlag Konstanz. *235*

Grütz, J. (1999): Generational accounting. Buchhaltung für Generationen. In: Soziale Sicherheit 47: 165-176. *258*

Gumbrecht, H. U. (1997): Generation. In: Weimar, K./Fricke, H. (Hrsg.): Reallexikon der deutschen Literaturwissenschaft. Vol. 1. Berlin/New York: de Gruyter, S. 697-699. *306*

Habermas, J. (1968): Logik der Sozialwissenschaften. Tübingen: J. B. C. Mohr. *271*

Häder, M./Häder, S. (Hrsg.) (1998): Sozialer Wandel in Ostdeutschland. Theoretische und methodische Beiträge zur Analyse der Situation seit 1990. Opladen: Westdeutscher Verlag. *120*

Haffner, S. (2000): Die Geschichte eines Deutschen. Die Erinnerungen 1914-1933. Stuttgart: Deutsche Verlags Anstalt. *114*

Hagestad, G. O. (1984): Multi-generational families. Socialization, support and strain. In: Garms-Homolová, V./Hoerning, E. M./Schaeffer, D. (Hrsg.): Intergenerational relationships. Lewinston: Hogrefe, S. 105-114. *180*

Hall, J. A. (1987): Parent adolescent conflict. An empirical review. In: Adolescence 22: 767-789. *255*

Hansert, A. (2003): Die Erbschaft im Kontext familiärer Generationenbeziehungen. In: Lettke, F. (Hrsg.): Erben und Vererben. Gestaltung und Regulation von Generationenbeziehungen. Konstanz: Universitätsverlag Konstanz, S. 143-155. *156*

Hantrais, L./Letablier, M. T. (1996): Families and family policies in Europe. London: Longman. *235*

Härtling, P. (1980): Nachgetragene Liebe. Darmstadt: Luchterhand. *114*

Hauser, R. (1995): Wie sicher sind die Renten? Köln: Bachem. *235*

Havighurst, R. J. (1982): Developmental tasks and education. New York: Longman. *56*

Hegnauer, C. (1995): Grosseltern und Enkel im schweizerischen Recht. In: Gauch, P. et al. (Hrsg.): Familie und Recht. Festgabe der Rechtswissenschaftlichen Fakultät Freiburg für Bernhard Schnyder zum 65. Geburtstag. Freiburg/Schweiz: Universitäts-Verlag Freiburg Schweiz, S. 421-442. *198*

Henrich, D. (2000): Testierfreiheit versus Pflichtteilsrecht. München: Beck. *157*
Herlyn, I./Lehmann, B. (1998): Großmutterschaft im Mehrgenerationenzusammenhang. In: Zeitschrift für Familienforschung 10: 27-45. *180*
Herrmann, U. (1985): Die Jugendkulturbewegung. Der Kampf um die Höhere Schule. In: Koebner, T. (Hrsg.): »Mit uns zieht die neue Zeit«. Der Mythos Jugend. Frankfurt: Suhrkamp, S. 224-244. *110*
Herrmann, U. (1993): Das Konzept der »Generation«. Ein Forschungs- und Erklärungsansatz für die Erziehungs- und Bildungssoziologie und die historische Sozialisationsforschung. In: Herrmann, U. (Hrsg.): Jugendpolitik in der Nachkriegszeit. Zeitzeugen, Forschungsberichte, Dokumente. Weinheim: Juventa, S. 99-117. *43, 61*
Herzog, W. (2002): Zeitgemäße Erziehung. Die Konstruktion pädagogischer Wirklichkeit. Weilerswist: Velbrück. *44, 99*
Hetherington, E. M. (1988): Parents, children, and siblings. Six years after divorce. In: Hinde, R. A. (Hrsg.): Relationsship within families. Mutual influences. Oxford: Clarendon, S. 311-331. *185*
Hinde, R. A. (1976): On describing relationships. In: Journal of Child Psychology and Psychiatry 17: 1-19. *290*
Hoanzl, M. (1997): Über die Bedeutung der Geschwisterkonstellation. Vom Aschenbrödelkind. Oder: »Alle sind etwas Besonderes, nur ich nicht«. In: Zeitschrift für Individualpsychologie 22: 220-231. *198*
Hoch, H./Lüscher, K. (Hrsg.) (2002): Familie und Recht. Konstanz: Universitätsverlag Konstanz. *169, 233, 278*
Hochschild, A. R. (1989): The second shift. Working parents and the revolution at home. New York: Viking. *86*
Hochschild, A. R. (1995): The culture of politcs.Traditional, postmodern, cold-modern and warm-modern ideals of care. In: Social Politics 2: 331-346. *150*
Hoff, A. (2001): Informal versus formal support. Mobilisation by lone mothers in Germany and the United Kingdom. London: London School of Economics and Political Science. *127*
Hoff, A. et al. (2003): »Die zweite Lebenshälfte«. Der Alterssurvey zwischen gerontologischer Längsschnittanalyse und Alterssozialberichterstattung im Längsschnitt. In: Karl, F. (Hrsg.): Sozial- und verhaltenswissenschaftliche Gerontologie. Alter und Altern als gesellschaftliches und individuelles Thema. Weinheim: Juventa, S. 185-204. *167*
Höffe, O. (1997): Lexikon der Ethik. München: Beck. *203*
Hoffmann, R. (1999): Die »Homo-Ehe«. Die Ambivalenz zwischen Re- und Destabilisierung. Vortrag auf der Jahrestagung der »Sektion Familiensoziologie 1999 in Konstanz vom 1.-3. Juli 1999. Vervielfältigt. *298*

Bibliographie

Hoffmeister, J. (Hrsg.) (1955): Wörterbuch der philosophischen Begriffe. Hamburg: Meiner. *207*

Höhn, C. (2000): Mortalität. In: Mueller, U./Nauck, B./Diekmann, A. (Hrsg.): Handbuch der Demographie 2. Anwendungen. Berlin: Springer, S. 751-781. *119*

Holstein, B./Bria, G. (1998): Reziprozität in Eltern-Kind-Beziehungen? Theoretische Überlegungen und empirische Evidenz. In: Berliner Journal für Soziologie 8: 7-22. *275*

Holz, E. (2000): Zeitverwendung in Deutschland. Beruf, Familie, Freizeit. Stuttgart: Metzler Poeschel. *86*

Hondrich, K. O. (1999): Jugend. Eine gesellschaftliche Minderheit. In: Deutsches Jugendinstitut (Hrsg.): Das Forschungsjahr '98. München: Deutsches Jugendinstitut e.V., S. 239-252. *258*

Hondrich, K. O./Koch-Arzberger, C. (1992): Solidarität in der modernen Gesellschaft. Frankfurt am Main: Fischer. *264*

Honig, M.-S. (1997): Wissenschaftliche Kontroversen um eine Politik für Kinder. In: Deutsches Jugendinstitut (Hrsg.): Jahresbericht. München: Deutsches Jugendinstitut, S. 216-222. *302*

Honig, M.-S. (1999): Entwurf einer Theorie der Kindheit. Frankfurt am Main: Suhrkamp. *235*

Honig, M.-S. (2000): Muss Kinderpolitik advokatorisch sein? Aspekte generationaler Ordnung. In: Lange, A./Lauterbach, W. (Hrsg.): Kinder in Familie und Gesellschaft zu Beginn des 21sten Jahrhunderts. Stuttgart: Lucius & Lucius, S. 265-288. *235*

Honneth, A. (1990): Grundmotive einer Moral der Anerkennung. In: Merkur 12: 1043-1054. *222*

Honour, H./Flemming, J. (1983): Weltgeschichte der Kunst. München: Prestel. *103*

Höpflinger, F. (1997): Bevölkerungssoziologie. Eine Einführung in bevölkerungssoziologische Ansätze und demographische Prozesse. Weinheim: Juventa. *119*

Höpflinger, F. (2002): Generationenmix. Stichworte zu Generationenbeziehungen auf dem Arbeitsmarkt und in Unternehmen. In: Fragnière, J.-P./Höpflinger, F./Hugentobler, V. (Hrsg.): Generationenfrage. Sion: INAG, S. 221-224. *79f., 129, 166*

Höpflinger, F./Hugentobler, V. (2003): Pflegebedürftigkeit in der Schweiz. Szenarien und Prognosen für das 21. Jahrhundert. Bern: Huber. *168*

Höpflinger, F./Stuckelberger, A. (1999): Demographische Alterung und individuelles Altern. Ergebnisse aus dem nationalen Forschungsprogramm Alter. Zürich: Seismo. *160*

Hörl, J./Kytir, J. (1998): Die »Sandwich-Generation«. Soziale Realität oder Gerontologischer Mythos? In: Kölner Zeitschrift für Soziologie und Sozialpsychologie 50: 730-741. *79*

Bibliographie

Hurme, H. (1991): Dimensions of the grandparent role in Finland. In: Smith, P. K. (Hrsg.): The psychology of grandparenthood. An international perspective. New York: Routledge, S. 19-31. *196*

Hurme, H. (2001): The Jyväskylä Longitudinal Study of Personality Development, Unveröffentlichter Fragebogen. University of Jyväskylä. *294*

Hurrelmann, K./Ulich, D. (1991): Neues Handbuch der Sozialisationsforschung. Weinheim: Beltz. *195*

Illies, F. (2000): Generation Golf. Eine Inspektion. Berlin: Argon Verlag. *13, 101*

Illies, F. (2003): Generation Golf zwei. München: Blessing. *13*

Imhof, A. E. (1981): Die gewonnenen Jahre. Von der Zunahme unserer Lebensspanne seit 300 Jahren oder von der Notwendigkeit einer neuen Einstellung zu Leben und Sterben. Ein historischer Essay. München: Beck. *71*

Inglehart, R. (1989): Kultureller Umbruch. Wertwandel in der westlichen Welt. Frankfurt am Main: Campus. *184*

Institut für Sozialforschung (1936): Studien über Autorität und Familie. Forschungsberichte aus dem Institut für Sozialforschung. Paris: Librairie Felix Alcan. *116*

Institut international des droits de l'enfant (1997): Les droits de l'enfant entre théorie et pratique. Une convention, plusieurs regards. Sion: Institut universitaire Kurt Bösch. *236*

International Human Genome Sequencing Consortium (2001): Initial sequencing and analysis of the human genome. In: Nature 409: 860-921. *155*

Jaffé, P. D. (Hrsg) (1998): Challenging mentalities. Implementing the United Nations Convention on the Rights of the Child. (Défier les mentalités. La mise en oevre de la Convention des Nations Unies relative aux droits de l'enfant.) Ghent papers on children's rights, Nr. 4. *236*

Janßen, U./Steuernagel, U. (2003): Die Kinder-Uni. Forscher erklären die Rätsel der Welt. Stuttgart/München: Deutsche Verlags-Anstalt. *25*

Jekeli, I. (2002): Ambivalenz und Ambivalenztoleranz. Osnabrück: Der Andere Verlag. *303*

Jonas, H. (1979): Das Prinzip Verantwortung. Versuch einer Ethik für die technologische Zivilisation. Frankfurt am Main: Insel Verlag. *207ff., 234*

Junge, M. (2000): Ambivalente Gesellschaftlichkeit. Die Modernisierung der Vergesellschaftung und die Ordnungen der Ambivalenzbewältigung. Opladen: Leske + Budrich. *310*

Kahn, R. L./Antonucci, T. C. (1980): Convoys over the life course. Attachment, roles and social support. In: Life-Span-Development and Behavior 3: 253-286. *273*

Bibliographie

Kaiser, G. (1998): Kinder und Jugendliche als Subjekte und Objekte in der Welt der Normen. In: Schweizerische Arbeitsgruppe für Kriminologie (Hrsg.): Jugend und Strafrecht. Band 16. Chur: Rüegger, S. 17-37. *236*
Kanitz, O. (1925): Das proletarische Kind in der bürgerlichen Gesellschaft. Jena: Urania. *110*
Kant, I. (1797/1920): Methaphysik der Sitten. In: Vorländer, K. (Hrsg.): Vermischte Schriften und physische Geographie. Sämtliche Werke. Band III. Leipzig: Felix Meiner, S. 1-360. *207*
Kant, I. (1803/1922): Über Pädagogik. In: Vorländer, K. (Hrsg.): Immanuel Kant. Vermischte Schriften und physische Geographie. Sämtliche Werke. Band VIII. Leipzig: Felix Meiner, S. 189-251. *250, 301*
Kaufmann, F.-X. (1960): Die Überalterung. Winterthur: Keller. *196*
Kaufmann, F.-X. (1984): Solidarität als Steuerungsform. Erklärungsansätze bei Adam Smith. In: Kaufmann, F.-X./Krüsselberg, H.-G. (Hrsg.): Markt, Staat und Solidarität bei Adam Smith. Frankfurt am Main: Campus, S. 158-184. *267*
Kaufmann, F.-X. (1992): Der Ruf nach Verantwortung. Risiko und Ethik in einer unüberschaubaren Welt. Freiburg im Breisgau: Herder. *210*
Kaufmann, F.-X. (1993): Generationenbeziehungen und Generationenverhältnisse im Wohlfahrtsstaat. In: Lüscher, K./Schultheis, F. (Hrsg.): Generationenbeziehungen in »postmodernen« Gesellschaften. Konstanz: Universitätsverlag Konstanz, S. 95-108. *125*
Kaufmann, F.-X. (1996): Modernisierungsschübe, Familie und Sozialstaat. München: Oldenbourg. *235*
Kaufmann, F.-X./Kuijsten, A. (Hrsg.) (1998): Family life and family policies in Europe. Oxford: Oxford University Press. *235*
Kaufmann, F.-X./Kuijsten, A. (Hrsg.) (2002): Family life and family policies in Europe Vol. 2. Problems and issues in comparative perspective. Oxford: Oxford University Press. *235*
Keiser, S. (1992): Lebensbedingungen und Lebenssituation von Kindern und Jugendlichen. In: Bertram, H. (Hrsg.): Die Familie in den neuen Bundesländern, Stabilität und Wandel in der gesellschaftlichen Umbruchsituation. Deutsches Jugendinstitut, Familien-Survey. Band 2. Opladen: Leske + Budrich, S. 151-186. *179*
Kellner, D. (1997): Die erste Cybergeneration. In: SPoKK (Hrsg.): Kursbuch Jugend Kultur. Stile, Szenen und Identitäten vor der Jahrtausendwende. Mannheim: Bollmann, S. 310-316. *13*
Kernig, C. D. (Hrsg.) (1969): Sowjetsystem und demokratische Gesellschaft. Eine vergleichende Enzyklopädie. Band 3. Ideologie, Leistung. Freiburg: Herder. *115*
Kilian, E. (2000): Generation. In: Schnell, R. (Hrsg.): Metzler Lexikon Kultur der Gegenwart. Themen und Theorien, Formen und Institutionen seit 1945. Stuttgart: J.B. Metzler, S. 177-179. *61*

Kilian, E./Komfort-Hein, S. (Hrsg.) (1999): GeNarrationen. Tübingen: Attempto. *28f.*
Killius, N./Kluge, J./Reisch, L. (Hrsg.) (2002): Die Zukunft der Bildung. Frankfurt am Main: Suhrkamp. *235*
Kirchhöfer, D. (1997): Veränderungen in der sozialen Konstruktion von Kindheit. In: Tenorth, H.-E. (Hrsg.): Kindheit, Jugend und Bildungsarbeit im Wandel. Ergebnisse der Transformationsforschung. Beiheft der Zeitschrift für Pädagogik Band 37. Weinheim: Beltz, S. 15-34. *194*
Klages, H./Hippler, H.-J./Herbert, W. (1992): Werte und Wandel. Ergebnisse und Methoden einer Forschungstradition. Frankfurt am Main: Campus. *184*
Klaus, G./Buhr, M. (1970): Generationstheorie. In: Klaus, G./Buhr, M. (Hrsg.): Philosophisches Wörterbuch. Band 1. Berlin: Das Europäische Buch, S. 451-454. *61*
Klein, T. (1995): Die geschwisterlose Generation. Mythos oder Realität? In: Zeitschrift für Pädagogik 41: 285-299. *13*
Klein, T./Unger, R. (2002): Aktive Lebenserwartung in Deutschland und in den USA. In: Zeitschrift für Gerontologie und Geriatrie 35: 528-539. *73*
Knellessen, O. (1978): Ambivalenz und Doppelbindung. Eine Untersuchung des psychoanalytischen Ambivalenzbegriffes. Salzburg: Universität Salzburg. *310*
Knippers, R. (1999): Reden über die neue Genetik des Menschen. Konstanz: Universitätsverlag Konstanz. *155f., 169*
Kohli, M. (1985): Die Institutionalisierung des Lebenslaufes. Historische Befunde und theoretische Argumente. In: Kölner Zeitschrift für Soziologie und Sozialpsychologie 37: 1-29. *264*
Kohli, M. (1996): The problem of generations. Family, economy, politics. Delivered at Collegium Budapest April 17, 1996. Budapest: Collegium Budapest Institute for Advanced Study. *111f.*
Kohli, M. (1997): Beziehungen und Transfers zwischen den Generationen. Vom Staat zurück zur Familie? In: Vaskovics, L. A. (Hrsg.): Familienleitbilder und Familienrealitäten. Opladen: Leske + Budrich, S. 278-288. *147*
Kohli, M. (2000): Generationenbeziehungen. In: Kohli, M./Künemund, H. (Hrsg.): Die zweite Lebenshälfte. Gesellschaftliche Lage und Partizipation im Spiegel des Alters-Survey. Opladen: Leske + Budrich, S. 176-211. *281*
Kohli, M./Künemund, H. (Hrsg.) (1998a): Die zweite Lebenshälfte. Gesellschaftliche Lage und Partizipation. Ergebnisse des Alters-Survey, Band 1. Berlin: Freie Universität Berlin. *161*
Kohli, M./Künemund, H. (1998b): Bewertung und Ausblick. In: Kohli, M./Künemund, H. (Hrsg.): Die zweite Lebenshälfte. Gesellschaftliche Lage und Partizipation. Ergebnisse des Alters-Survey, Band 1. Berlin: Freie Universität Berlin, S. 123-312. *161*

Bibliographie

Kohli, M./Künemund, H. (Hrsg.) (2000): Die zweite Lebenshälfte. Gesellschaftliche Lage und Partizipation im Spiegel des Alters-Survey. Opladen: Leske + Budrich. *93, 133, 141*

Kohli, M. et al. (2000): Grunddaten zur Lebenssituation der 40-85jährigen deutschen Bevölkerung. Ergebnisse des Alters-Survey. Berlin: Weißensee. *133, 136, 138, 141*

Kohli, M./Szydlik, M. (Hrsg.) (2000): Generationen in Familie und Gesellschaft. Opladen: Leske + Budrich. *60*

Kohli, M./Trommsdorff, G. (2002): Einführung in den Themenschwerpunkt »Generationenbeziehungen im sozialen Wandel und Kulturvergleich. In: Zeitschrift für Soziologie der Erziehung und Sozialisation 22: 339-343. *123*

Kohn, M. L. (1981): Persönlichkeit, Beruf und soziale Schichtung. Stuttgart: Klett-Cotta. *113*

König, R. (1965): Jugendlichkeit als Ideal der modernen Gesellschaft. In: König, R. (Hrsg.): Soziologische Orientierungen. Vorträge und Aufsätze. Köln/Berlin: Kiepenheuer & Witsch, S. 120-128. *99, 175*

Kosmann, M. (1998): Wie Frauen erben. Geschlechterverhältnis und Erbprozess. Opladen: Leske + Budrich. *169*

Kosmann, M. (2003): Erbmuster und Geschlechterverhältnisse im Wandel. In: Lettke, F. (Hrsg.): Erben und Vererben. Gestaltung und Regulation von Generationenbeziehungen. Konstanz: Universitätsverlag Konstanz, S. 189-204. *169*

Kramer, U. (1998): AGEISMUS. Zur sprachlichen Diskriminierung des Alters. In: Fiehler, R./Thimm, C. (Hrsg.): Sprache und Kommunikation im Alter. Opladen: Westdeutscher Verlag, S. 257-277. *48f.*

Kränzl-Nagl, R./Mierendorff, J./Olk, T. (Hrsg.) (2003): Kindheit im Wohlfahrtsstaat. Frankfurt am Main: Campus. *119, 235*

Kränzl-Nagl, R./Riepl, B./Wintersberger, H. (1998): Schlußfolgerungen und Perspektiven. In: Kränzl-Nagl, R./Riepl, B./Wintersberger, H. (Hrsg.): Kindheit in Gesellschaft und Politik. Eine multidisziplinäre Analyse am Beispiel Österreichs. Frankfurt am Main: Campus, S. 463-471. *236, 302*

Krappmann, L. (1991): Sozialisation in der Gruppe der Gleichaltrigen. In: Hurrelmann, K./Ulrich, D. (Hrsg.): Neues Handbuch der Sozialisationsforschung. Weinheim/Basel: Beltz, S. 355-376. *184*

Krappmann, L. (1997a): Großeltern und Enkel. Eine Beziehung mit neuen Chancen. In: Lepenies, A. (Hrsg.): Das Abenteuer der Generationen. Basel: Stroemfeld, S. 112-117. *180, 197*

Krappmann, L. (1997b): Brauchen junge Menschen alte Menschen? In: Krappmann, L./Lepenies, A. (Hrsg.): Alt und Jung. Spannung und Solidarität zwischen den Generationen. Frankfurt am Main: Campus, S. 185-204. *179*

Krappmann, L./Kleineidam, V. (1999): Interaktionspragmatische Herausforderungen des Subjekts. Beobachtungen der Interaktionen zehnjähriger Kinder. In: Krapp-

mann, L./Leu, H. R. (Hrsg.): Zwischen Autonomie und Verbundenheit. Bedingungen und Formen der Behauptung von Subjektivität. Frankfurt am Main: Suhrkamp, S. 241-265. *184*
Krappmann, L./Lepenies, A. (Hrsg.) (1997): Alt und Jung. Spannung und Solidarität zwischen den Generationen. Frankfurt am Main: Campus. *60*
Krappmann, L./Oswald, H. (1995): Alltag der Schulkinder. Beobachtungen und Analysen von Interaktionen und Sozialbeziehungen. Weinheim: Juventa. *184*
Krebs, U. (2001): Erziehung in Traditionalen Kulturen. Quellen und Befunde aus Afrika, Amerika, Asien und Australien, 1898-1983. Berlin: Reimer. *122*
Krüger, H.-H./Grunert, C. (Hrsg.) (2002): Handbuch Kindheits- und Jugendforschung. Opladen: Leske + Budrich. *123*
Kruse, A. (2001): Differenzierung des Alters. In: Pohlmann, S. (Hrsg.): Das Altern der Gesellschaft als globale Herausforderung. Deutsche Impulse. Stuttgart: Kohlhammer, S. 23-82. *72.*
Kruse, L./Thimm, C. (1997): Das Gespräch zwischen den Generationen. In: Krappmann, L./Lepenies, A. (Hrsg.): Alt und Jung. Frankfurt am Main: Campus, S. 112-136. *50f.*
Kullmann, K. (2002): Generation Ally. Warum es heute so kompliziert ist, eine Frau zu sein. Frankfurt am Main: Eichborn. *13*
Künemund, H. (2002): Die »Sandwich-Generation«. Typische Belastungskonstellationen und nur gelegentliche Kumulation von Erwerbstätigkeit, Pflege und Kinderbetreuung. In: Zeitschrift für Soziologie der Erziehung und Sozialisation 22: 344-361. *79, 120*
Künemund, H./Motel, A. (2000): Verbreitung, Motivation und Entwicklungsperspektiven privater intergenerationeller Hilfeleistungen und Transfers. In: Kohli, M./Szydlik, M. (Hrsg.): Generationen in Familie und Gesellschaft. Opladen: Leske + Budrich, S. 122-137. *145*
Künemund, H./Rein, M. (1999): There is more to receiving than needing. Theoretical arguments and empirical explorations of crowding in and crowding out. In: Ageing and Society 19: 93-121. *146*
Küng, H. (1990): Projekt Weltethos. München: Pieper. *122*

Lampert, H. (1996): Priorität für die Familie. Plädoyer für eine rationale Familienpolitik. Berlin: Duncker & Humblot. *168, 235*
Lampert, H. (1998): Der Generationenvertrag in der Bewährung. Köln: Bachem. *213f.*
Lampert, H. (2001): Generationengerechtigkeit in politischen Debatten. Anspruch, Wirklichkeit, Vision. In: Freese, G. (Hrsg.): Die Zukunft der Zusammenarbeit zwischen den Generationen. Dokumentation einer Tagung der Evangelischen Akade-

mie Loccum vom 16. bis 18. Oktober 2000. Rehberg-Loccum: Evangelische Akademie Loccum, S. 135-166. *233*

Lampert, H./Althammer, J. (2001): Lehrbuch der Sozialpolitik. Berlin: Springer. *234*

Lang, F. (2003): The midlife dilemma. Ambivalence over filial responsibility toward elderly parents. In: Pillemer, K./Lüscher, K. (Hrsg.): Intergenerational ambivalences. New perspectives on parent-child relations in later life. New York: Elsevier Science Ltd., in Druck. *289, 295*

Lang, F. R./Baltes, M. (1997): Brauchen alte Menschen junge Menschen? Überlegungen zu den Entwicklungsaufgaben im hohen Lebensalter. In: Krappmann, L./Lepenies, A. (Hrsg.): Alt und Jung. Spannung und Solidarität zwischen den Generationen. Frankfurt am Main: Campus, S. 161-184. *181*

Langbein, U. (2003): Erbstücke. Zur individuellen Aneignung materieller Kultur. In: Lettke, F. (Hrsg.): Erben und Vererben. Gestaltung und Regulation von Generationenbeziehungen. Konstanz: Universitätsverlag Konstanz, S. 233-262. *165*

Lange, A. (1996a): Formen der Kindheitsrhetorik. In: Zeiher, H./Büchner, P./Zinnecker, J. (Hrsg.): Kinder als Außenseiter? Umbrüche in der gesellschaftlichen Wahrnehmung von Kindern und Kindheit. Weinheim: Juventa, S. 75-95. *120*

Lange, A. (1996b): Kindsein heute. Theoretische Konzepte und Befunde der sozialwissenschaftlichen Kindheitsforschung sowie eine Explorativuntersuchung zum Kinderalltag in einer bodenseenahen Gemeinde. Konstanz: Hartung-Gorre. *228*

Lange, A. (1999): Generationenrhetorik und mehr. Versuche über ein Schlüsselkonzept. In: Sozialwissenschaftliche Literatur Rundschau 22: 71-89. *63, 239*

Lange, A./Lauterbach, W. (1998): Aufwachsen mit oder ohne Großeltern? Die gesellschaftliche Relevanz multilokaler Mehrgenerationsfamilien. In: Zeitschrift für Soziologie der Erziehung und Sozialisation 18: 227-249. *136*

Lange, A./Lauterbach, W. (Hrsg.) (2000): Kinder in Familie und Gesellschaft zu Beginn des 21sten Jahrhunderts. Stuttgart: Lucius & Lucius. *60*

Lange, A./Lüscher, K. (1998): Kinder und ihre Medienökologie. München: KoPäd. *177, 228*

Langer-Ostrawsky, G. (2000): Generationenbeziehungen im Spiegel. Von Testamenten und Übergangsverträgen. In: Ehmer, J./Gutschner, P. (Hrsg.): Das Alter im Spiel der Generationen. Historische und sozialwissenschaftliche Beiträge. Wien: Böhlau, S. 279-282. *159*

Laslett, P. (1995): Das Dritte Alter. Historische Soziologie des Alterns. Weinheim: Juventa. *62, 72*

Laufer, R. S. (1971): Sources of generational consciousness and conflict. In: The Annals of the American Academy of Political and Social Science 395: 80-94. *256*

Lauterbach, W. (1998): Die Multilokalität später Familienphasen. Zur räumlichen Nähe und Ferne der Generationen. In: Zeitschrift für Soziologie 27: 113-133. *136*

Lauterbach, W. (2000): Demographische Alterung und die Morphologie von Generationen. Habilitationsschrift. Konstanz: Universität Konstanz. *93*
Lauterbach, W./Lüscher, K. (1996): Erben und die Verbundenheit der Lebensverläufe von Familienmitgliedern. In: Kölner Zeitschrift für Soziologie und Sozialpsychologie 48: 66-95. *160, 162f.*
Lauterbach, W./Lüscher, K. (1999): Wer sind die Spätauszieher? Oder: Herkunftsfamilie, Wohnumfeld und die Gründung eines eigenen Haushaltes. In: Zeitschrift für Bevölkerungswissenschaft 24: 425-448. *139*
Lautmann, R. (1996): Ambivalenzen der Verrechtlichung. Die gleichgeschlechtlichen Partnerschaften im Gesetzgebungsverfahren. In: Zeitschrift für Frauenforschung 14: 121-128. *298*
Lautmann, R. (2001): Recht als Symbol. Die Gesetzgebung zur gleichgeschlechtlichen Partnerschaft. In: epd-Dokumentation 23/24: 33-41. *298*
Lazar, I./Darlington, R. (1982): Lasting effects of early education. A report from the Consortium for Longitudinal Studies. Chicago: University of Chicago Press. *225*
Leisering, L. (1992): Sozialstaat und demographischer Wandel. Frankfurt am Main: Campus. *125*
Leisering, L. (2000): Wohlfahrtsstaatliche Generationen. In: Kohli, M./Szydlik, M. (Hrsg.): Generationen in Familie und Gesellschaft. Opladen: Leske + Budrich, S. 59-76. *118*
Lenzen, D. (2002): Vom inter- zum intragenerationalen Konflikt. Muster intergenerationeller Differenzierung in Spielfilmen für eine jugendsoziologische Heuristik. In: Ehrenspeck, Y./Schäffer, B. (Hrsg.): Film- und Fotoanalyse in der Erziehungswissenschaft. Ein Handbuch. Opladen: Leske + Budrich, S. 325-336. *257*
Lesthaeghe, R. (1992): Der zweite demographische Übergang in den westlichen Ländern. Eine Deutung. In: Zeitschrift für Bevölkerungsforschung 18: 313-354. *119*
Lesthaeghe, R./Neels, K. (2002): From the first to the second demographic transistion. An interpretation of the spatial continuity of demographic innovation in France, Belgium and Switzerland. In: Europaen Journal of Pupulation 18: 325-360. *119*
Lettke, F. (2000): Es bleibt alles anders. Zur prägenden Kraft der familialen Sozialisation auf die Generationenbeziehungen. In: Lange, A./Lauterbach, W. (Hrsg.): Kinder in Familie und Gesellschaft zu Beginn des 21sten Jahrhunderts. Stuttgart: Lucius & Lucius, S. 131- 154. *195*
Lettke, F. (2003a): Kommunikation und Erbschaft. In: Lettke, F. (Hrsg.): Erben und Vererben. Gestaltung und Regulation von Generationenbeziehungen. Konstanz: Universitätsverlag Konstanz, S. 157-188. *169*
Lettke, F. (Hrsg.) (2003b): Erben und Vererben. Gestaltung und Regulation von Generationenbeziehungen. Konstanz: Universitätsverlag Konstanz. *311*
Lettke, F./Klein, D. (2003): Methodological issues in assessing ambivalences in intergenerational relations. In: Lüscher, K./Pillemer, K. (Hrsg.): Intergenerational ambi-

Bibliographie

valences. New perspectives on parent-child relations in later life. Oxford: Elsevier Science Ltd., in Druck. *310*

Lettke, F./Lüscher, K. (2001): Wie ambivalent »sind« familiale Generationenbeziehungen? In: Allmendinger, J. (Hrsg.): Gute Gesellschaft? Verhandlungen des 30. Kongresses der Deutschen Gesellschaft für Soziologie. Opladen: Leske + Budrich, S. 519-540. *293*

Lettke, F./Lüscher, K. (2003): Generationenambivalenz. Ein Schlüssel zum Verständnis der Familie. In: Soziale Welt 459-488: *293, 311*

Leu, H. R. (Hrsg.) (2002): Sozialberichterstattung zu Lebenslagen von Kindern. Opladen: Leske + Budrich. *119*

Levine, D. N. (1985): The flight from ambiguity. Essays in social and cultural theory. Chicago: University of Chicago Press. *296*

Liebau, E. (Hrsg.) (1997): Das Generationenverhältnis. Weinheim/München: Juventa-Verlag. *60, 100, 109*

Liebau, E./Wulf, C. (Hrsg.) (1997): Generation. Versuche über eine pädagogisch-anthropologische Grundbedingung. Weinheim: Juventa. *60*

Liedtke, M. (1996): Über die Funktion der Generationenkonflikt. In: Liebau, E./Wulf, C. (Hrsg.): Generation. Versuche über eine pädagogisch-anthropologische Grundbedingung. Weinheim: Juventa, S. 139-154. *98*

Liegle, L. (1987a): Welten der Kindheit und Familie. Beiträge zu einer pädagogischen und kulturvergleichenden Sozialisationsforschung. Weinheim: Juventa. *123*

Liegle, L. (1987b): Tagträume, Wirklichkeit und Erinnerungsspuren einer neuen Erziehung im jüdischen Gemeinwesen Palästinas (1918-1948). In: Liegle, L. (Hrsg.): Welten der Kindheit und Familie. Weinheim/München: Juventa, S. 104-129. *111*

Liegle, L. (1987c): Familie und Kindheit in der Sowjetunion. In: Ferenczi, C./Löhr, B. (Hrsg.): Aufbruch mit Gorbatschow? Entwicklungsprobleme der Sowjetgesellschaft. Frankfurt am Main: Fischer Taschenbuchverlag, S. 154-177. *123*

Liegle, L. (1989): Familiale Sozialisation in heutigen Industrienationen. In: Trommsdorff, G. (Hrsg.): Sozialisation im Kulturvergleich. Stuttgart: Enke, S. 41-64. *123*

Liegle, L. (1997): Kinderpolitik durch Erziehung. Das Wohl des Kindes aus pädagogischer Sicht. In: Protokolldienst Evangelische Akademie Bad Boll 17: 33-45. *228, 287*

Liegle, L. (2000): Geschwisterbeziehungen und ihre erzieherische Bedeutung. In: Lange, A./Lauterbach, W. (Hrsg.): Kinder in Familie und Gesellschaft zu Beginn des 21sten Jahrhunderts. Stuttgart: Lucius & Lucius, S. 105-130. *185*

Liegle, L. (2002): »Weltsystem«-Ansatz oder »Welt«-Perspektive? Globalisierungsprozesse als Problem der Vergleichenden Erziehungswissenschaft. In: Bildung und Erziehung 55: 365-382. *222, 303*

Linde, H. (1984): Theorie der säkularen Nachwuchsbeschränkung. 1800 bis 2000. Frankfurt am Main: Campus. *76, 119*

Lorenz-Meyer, D. (2003): Unbreakable ties and reciprocal rights. Structured ambivalences in intergenerational relations. In: Lüscher, K./Pillemer, K. (Hrsg.): Intergenerational ambivalences. New perspectives on parent-child relations in later life. Oxford: Elsevier Science Ltd., in Druck. *149, 294ff.*

Loury, G. C. (1977): A dynamic theory of racial income differences. In: Wallace, P. A./LaMond, A. (Hrsg.): Women, minorities, and employment discrimination. Lexington: Lexington Books, S. 153-188. *195*

Lowenstein, A./Katz, R. (2001): Theoretical perspectives on intergenerational solidarity, conflict and ambivalence.The Oasis Study. In: Marshall, V. W. (Hrsg.): New approaches in the study of intergenerational relations. Mimeo: Symposium conducted at Annual Meetings of the Gerontological Society of America, in Druck. *264*

Lowenstein, A./Ogg, J. (2003): OASIS. Old age and autonomy. The role of service systems and intergenerational family solidarity. Final report. Haifa: University Mimeo. *264, 309*

Löwenstein, K. (1924): Die Aufgaben der Kinderfreunde. Berlin: Reichsarbeitsgemeinschaft der Kinderfreunde. *110*

Lücker-Babel, M.-F. (1999): Paramètres juridiques et dilemmes juridico-éthiques en psychiatrie de l'enfant et de l'adolescent. In: Cahiers Psychiatriques 27: 47-59. *236*

Luckmann, T. (1980): Persönliche Identität als evolutionäres und historisches Problem. In: Luckmann, T. (Hrsg.): Lebenswelt und Gesellschaft. Paderborn: Schöningh, S. 123-141. *56*

Lüdeke, R. (1995): Kinderkosten, umlagefinanzierte Rentenversicherung, Staatsverschuldung und intergenerationelle Einkommensumverteilung. In: Kleinhenz, G. (Hrsg.): Soziale Ausgestaltung der Marktwirtschaft. Berlin: Dunker & Humblot, S. 151-183. *127*

Luhmann, N. (1988): Arbeitsteilung und Moral. Durkheims Theorie Einleitung. In: Durkheim, É. (Hrsg.): Über soziale Arbeitsteilung. Studie über die Organisation höherer Gesellschaften. Frankfurt am Main: Suhrkamp, S. 19-40. *266*

Luhmann, N. (1997): Die Gesellschaft der Gesellschaft. 2 Bände. Frankfurt am Main: Suhrkamp. *99*

Lüscher, K. (1974): Time. A much neglected dimension in social theory and research. In: Sociological Analysis and Theory 4: 101-117. *276*

Lüscher, K. (1979): Sozialpolitik für das Kind. Ein allgemeiner Bezugsrahmen. In: Lüscher, K. (Hrsg.): Sozialpolitik für das Kind. Stuttgart: Klett-Cotta, S. 13-48. *235*

Lüscher, K. (1989): Von der ökologischen Sozialisationsforschung zur Analyse familialer Aufgaben und Leistungen. Die Pragmatik familialen Handelns. In: Nave-Herz, R./Markefka, M. (Hrsg.): Handbuch der Familien- und Jugendforschung. Band 1. *Familienforschung*. Neuwied: Luchterhand, S. 95-112. *174*

Bibliographie

Lüscher, K. (1990a): The Social reality of perspectives. On G.H. Meads potential relevance for the analysis of contemporary societies. In: Symbolic Interaction 13: 1-18. *57*

Lüscher, K. (1990b): Zur Perspektivik des Handelns in unserer Gegenwart. Überlegungen im Anschluß an G.H. Mead. In: Zeitschrift für Sozialisationsforschung und Erziehungssoziologie 10: 255-267. *57*

Lüscher, K. (1993): Generationenbeziehungen. Neue Zugänge zu einem alten Thema. In: Lüscher, K./Schultheis, F. (Hrsg.): Generationenbeziehungen in »postmodernen« Gesellschaften. Analysen zum Verhältnis von Individuum, Familie, Staat und Gesellschaft. Konstanz: Universitätsverlag Konstanz, S. 17-50. *26*

Lüscher, K. (1996): Postmoderne Herausforderungen an die Generationenbeziehungen. In: Krappmann, L./Lepenies, A. (Hrsg.): Alt und Jung. Spannung und Solidarität zwischen den Generationen. Frankfurt am Main: Campus, S. 32-48. *62*

Lüscher, K. (1999): Familienberichte. Aufgabe, Probleme und Lösungsversuche der Sozialberichterstattung über die Familie. In: Bien, W./Rathgeber, R. (Hrsg.): Die Familie in der Sozialberichterstattung. Ein europäischer Vergleich. Opladen: Leske + Budrich, S. 17-48. *235*

Lüscher, K. (2000a): Perspektiven einer Soziologie der Sozialisation. Die Entwicklung der Rolle des Kindes. In: Grundmann, M./Lüscher, K. (Hrsg.): Sozialökologische Sozialisationsforschung. Konstanz: Universitätsverlag Konstanz, S. 91-120. *77, 99*

Lüscher, K. (2000b): Kinderpolitik konzipieren. In: Grundmann, M./Lüscher, K. (Hrsg.): Ökologische Sozialisationsforschung. Konstanz: Universitätsverlag Konstanz, S. 333-364. *77, 227, 235, 302*

Lüscher, K. (2001): Soziologische Annäherungen an die Familie. Konstanz: UVK. *231*

Lüscher, K. (2003a): Kinderpolitik. Mit Ambivalenzen verantwortungsbewusst umgehen. In: Oswald, H./Uhlendorff, H. (Hrsg.): Wege zum Selbst. Soziale Herausforderungen für Kinder und Jugendliche. Stuttgart: Lucius & Lucius, S. 321-343. *235, 287, 302*

Lüscher, K. (2003b): Conceptualizing and uncovering intergenerational ambivalence. In: Lüscher, K./Pillemer, K. (Hrsg.): Intergenerational ambivalences. New perspectives on parent-child relations in later life. Oxford: Elsevier Science Ltd., in Druck. *310*

Lüscher, K./Grabmann, B. (2002): Lebenspartnerschaften mit und ohne Kinder. Ambivalenzen der Institutionalisierung privater Lebensformen. In: Zeitschrift für Soziologie der Erziehung und Sozialisation 22: 47-63. *298*

Lüscher, K./Lettke, F. (2003): Intergenerational ambivalence. Methods, measures, and results of the Konstanz Study. In: Lüscher, K./Pillemer, K. (Hrsg.): Intergenerational ambivalences. New perspectives on parent-child relations in later life. Oxford: Elsevier Science Ltd., in Druck. *293, 311*

Lüscher, K./Pajung-Bilger, B. (1998): Forcierte Ambivalenzen. Ehescheidung als Herausforderung an die Generationenbeziehungen unter Erwachsenen. Konstanz: Universitätsverlag Konstanz. *290f.*

Lüscher, K. et al. (2000): Generationenambivalenzen operationalisieren. Konzeptuelle, methodische und forschungspraktische Grundlagen. Arbeitspapier Nr. 34.1. Universität Konstanz: Forschungsschwerpunkt »Gesellschaft und Familie«. *311*

Lüscher, K. et al. (2000): Generationenambivalenzen operationalisieren. Instrumente. Arbeitspapier 34.4. Konstanz: Forschungsschwerpunkt »Gesellschaft und Familie«. *311*

Lüscher, K./Pillemer, K. (1998): Intergenerational ambivalence. A new approach to the study of parent-child relations in later life. In: Journal of Marriage and the Family 60: 413-425. *289, 297, 309*

Lüscher, K./Schultheis, F. (Hrsg.) (1993): Generationenbeziehungen in »postmodernen« Gesellschaften. Konstanz: Universitätsverlag Konstanz. *50, 168*

Lüscher, K./Stein, A. (1985): Die Lebenssituationen junger Familien. Die Sichtweise der Eltern. Konstanz: Universitätsverlag Konstanz. *131*

Lüscher, K. (2001): Soziologische Annäherung an die Familie. Konstanz: UVK. *231*

Luthe, H. O./Wiedenmann, R. E. (Hrsg.) (1997): Ambivalenz. Studien zum kulturtheoretischen und empirischen Gehalt einer Kategorie der Erschließung des Unbestimmten. Opladen: Leske + Budrich. *310*

Maio, G. R. et al. (2003): Ambivalence and attachment in family relationships. In: Lüscher, K./Pillemer, K. (Hrsg.): Intergenerational ambivalences. New perspectives on parent-child relations in later life. Oxford: Elsevier Science Ltd., in Druck. *289, 310*

Majce, G. (1998): Generationenbeziehungen in Österreich. Erste Studienergebnisse. Internationale Fachkonferenz »Altern in Europa. Generationensolidarität. Eine Basis des sozialen Zusammenhalts« Wien, Hofburg, 16. November 1998. Wien: Bundesministerium für Umwelt, Jugend und Familie. *147*

Mangen, D. J. (1995): Methods and analysis of family data. In: Blieszner, R./Bedford, V. H. (Hrsg.): Handbook of aging and the family. Westport: Greenwood Press, S. 148-177. *309*

Mannheim, K. (1928/1964): Das Problem der Generationen. In: Wolff, K. H. (Hrsg.): Karl Mannheim. Wissenssoziologie. Auswahl aus dem Werk. Berlin: Luchterhand, S. 509-565. *54, 109, 240ff.*

Mannheim, K. (1936): Ideology and utopia. New York: Harcourt, Brace, Jovanovich. *307*

Marías, J. (1968): Generations. In: Sills, D. L. (Hrsg.): International encyclopedia of the social science. New York: McMillan, S. 88-92. *61*

Marshall, V. W./Matthews, S. H./Rosenthal, C. J. (1993): Elusiveness of family life. A challenge for the sociology of aging. In: Pladdox, G. L./Lawton, M. P. (Hrsg.): Annual Review of Gerontology and Geriatrics. New York: Springer, S. 39-72. *268*

Martin, C./Théry, I. (2001): The pacs and marriage and cohabitation in France. In: International Journal of Law, Policy and the Family 15: 135-158. *298*

Masson, A. (1995): L'heritage au sein des transferts entre générations. Théorie, constat, perspectives. In: Attias-Donfut, C. (Hrsg.): Les solidarités entre générations. Paris: Nathan, S. 279-325. *156*

Matt, P. v. (1995): Verkommene Söhne, mißratene Töchter. Familiendesaster in der Literatur. München: Hanser. *296*

Matthes, J. (1985): Karl Mannheims »Das Problem der Generationen« neu gelesen. Generationen-»Gruppen« oder »gesellschaftliche Regelung von Zeitlichkeit«? In: Zeitschrift für Soziologie 14: 363-372. *249, 307*

Matthes, J. (1992): The Operation Called »Vergleichen«. In: Matthes, J. (Hrsg.): Zwischen den Kulturen? Die Sozialwissenschaften vor dem Problem des Kulturvergleichs. Göttingen: Otto Schwartz, S. 75-99. *122*

Mauss, M. (1923/1968): Die Gabe. Form und Funktion des Austauschs in archaischen Gesellschaften. Frankfurt am Main: Suhrkamp. *275*

Mayer, K. U./Baltes, P. B. (Hrsg.) (1996): Die Berliner Altersstudie. Berlin: Akademie Verlag. *72*

Mayer, K. U./Müller, W. (1986): The state and the structure of the life-course. In: Sorensen, A. B./Weinert, F. E./Sherrod, L. R. (Hrsg.): Human development and the life course. Multidisciplinary perspectives. New Jersey: Lawrence Erlbaum, S. 217-245. *264*

Mead, G. H. (1938): The philosophy of the act. Chicago: University of Chicago. *57*

Mead, M. (1971): Der Konflikt der Generationen. Jugend ohne Vorbild. Olten: Walter. *97f., 175*

Meaney, M. J. (2001): Nature, nurture and the disunity of knowledge. In: Annuals New York Academy of Science 93: 50-61. *155*

Merton, R. K. (1964): Social theory and social structure. New York: The Free Press. *306*

Merton, R. K. (1976): Sociological ambivalence and other essays. New York: The Free Press. *303, 310*

Merton, R. K./Barber, E. (1963): Sociological ambivalence. In: Tiryakian, E. A. (Hrsg.): Sociological theory, values and sociocultural change. Essays in honor of Pitirim A. Sorokin. London: The Free Press of Glencoe, S. 91-120. *297*

Mesarovic, M./Pestel, E. (1974): Menschheit am Wendepunkt. Zweiter Bericht an den Club of Rome zur Weltlage. Stuttgart: Deutsche Verlags-Anstalt. *208*

Meyer, M. (1993): Karl Mannheim. In: Neue Zürcher Zeitung Nr.: 65. *307*

Bibliographie

Meyer Schweizer, R./Lehmann, L. (2001): Familienstrukturen und Generationenbeziehungen in der Region Bern. Befragung ausgewählter Familie, unveröffentlichtes Manuskript. Bern: Universität Bern. *294*

Meyrowitz, J. (1985): No sense of place. The impact of electronic media on social behaviour (deutsch: Die Fernsehgesellschaft. Wirklichkeit und Identität im Medienzeitalter). Oxford, England: Oxford University Press. *102*

Michels, U. (1985): dtv-Atlas zur Musik. Band 2. Historischer Teil. Vom Barock bis zur Gegenwart. München: Deutscher Taschenbuchverlag. *103*

Miegel, M. (1983): Die verkannte Revolution. Einkommen und Vermögen der privaten Haushalte. Stuttgart: Bonn Aktuell. *159*

Minnemann, E. et al. (1997): Formen des Alterns. Sozialer, gesundheitlicher und biographischer Kontext. In: Zeitschrift für Gerontopsychologie und -psychiatrie 10: 251-257. *57*

Moen, P. (1993): Generationenbeziehungen in der Sichtweise einer Soziologie des Lebenslaufes. Das Verhältnis von Müttern und ihren erwachsenen Töchtern als Beispiel. In: Lüscher, K./Schultheis, F. (Hrsg.): Generationenbeziehungen in »postmodernen« Gesellschaften. Analysen zum Verhältnis von Individuum, Familie, Staat und Gesellschaft. Konstanz: Universitäts-Verlag Konstanz, S. 249-263. *168*

Mohl, H. (1993): Die Altersexplosion. Droht uns ein Krieg der Generationen? Stuttgart: Kreuz-Verlag. *47*

Mollenhauer, K./Brumlik, M./Wudtke, H. (1975): Die Familienerziehung. München: Juventa. *113, 184*

Motel, A./Szydlik, M. (1999): Private Transfers zwischen den Generationen. In: Zeitschrift für Soziologie 28: 3-22. *143*

Müller, H.-R. (1999): Das Generationenverhältnis. Überlegungen zu einem Grundbegriff der Erziehungswissenschaft. In: Zeitschrift für Pädagogik 45: 787-805. *61, 195*

Müller, K. B. (1996): Was will denn die jüngere Generation mit der älteren? Versuch über die Umkehrbarkeit eines Satzes von Schleiermacher. In: Liebau, E./Wulf, C. (Hrsg.): Generation. Versuche über eine pädagogisch-anthropologische Grundbedingung. Weinheim: Deutscher Studienverlag, S. 304-331. *225*

Müller, K. E./Treml, A. K. (2002): Wie man zum Wilden wird. Ethnopädagogische Quellentexte aus vier Jahrhunderten. Berlin: Reimer. *122*

Müller-Sievers, H. (1997): Über Zeugungskraft. Biologische, philosophische und sprachliche Generativität. In: Rheinberger, H.-J. (Hrsg.): Räume des Wissens. Repräsentationen, Codierung, Spur. Berlin: Akademie-Verlag, S. 145-164. *307*

Musil, R. (1930/1932/1978): Der Mann ohne Eigenschaften. Berlin: Rowohlt. *310*

Nash, L. L. (1978): Concepts of existence. Greek origins of generational thought. In: Daedalus 107: 1-21. *36. 38*

Bibliographie

Nauck, B./Bertram, H. (Hrsg.) (1995): Kinder in Deutschland. Lebensverhältnisse von Kindern im Regionalbereich. DJI: Familien-Survey 5. Opladen: Leske + Budrich. *236*

Nauck, B./Kohlmann, A. (1999): Values of Children. Ein Forschungsprogramm zur Erklärung von generativem Verhalten und intergenerativen Beziehungen. In: Busch, F. W./Nauck, B./Nave-Herz, R. (Hrsg.): Aktuelle Forschungsfelder der Familienwissenschaft. Würzburg: Ergon-Verlag, S. 53-73. *119*

Nestmann, F./Schmerl, C. (1990): Das Geschlechterparadox in der Social-Support-Forschung. In: Nestmann, F./Schmerl, C. (Hrsg.): Ist Geben seliger als Nehmen? Frauen und Social Support. Frankfurt am Main: Campus, S. 7-35. *149*

Neubauer, G./Sünker, H. (1993): Kindheitspolitik international. Opladen: Leske + Budrich. *235*

Neugarten, B. L./Weinstein, K. K. (1964): The changing American grandparent. In: Journal of Marriage and the Family 26: 199-204. *180*

Niephaus, Y. (2003): Der Geburteneinbruch in Ostdeutschland nach 1990. Staatliche Regulierung generativen Handelns. Opladen: Leske + Budrich. *120*

Niestroj, H. (1996): Erfahrungsbericht einer Verfahrenspflegerin. In: Salgo, L. (Hrsg.): Der Anwalt des Kindes. Die Vertretung von Kindern in zivilrechtlichen Kindesschutzverfahren. Eine vergleichende Studie. Frankfurt am Main: Suhrkamp, S. 505-507 und 520. *17*

Niethammer, L. (2000): Kollektive Identität. Heimliche Quellen einer unheimlichen Kultur. Reinbek bei Hamburg: Rowohlt. *63*

Noonan, J. T. (1969): Empfängnisverhütung. Mainz: Matthias Grünewald. *76*

Nunner-Winkler, G. (2000): Wandel in den Moralvorstellungen. Ein Generationenvergleich. In: Edelstein, W./Nunner-Winnkler, G. (Hrsg.): Moral im sozialen Kontext. Frankfurt am Main: Suhrkamp, S. 299-336. *198*

Oakley, A. (1972): Sex, gender and society. London: Maurice Temple Smith. *57*

Oerter, R. (Hrsg.) (1999): Menschenbilder in der modernen Gesellschaft. Konzeptionen des Menschen in Wissenschaft, Bildung, Kunst, Wirtschaft und Politik. Stuttgart: Enke. *238*

Onnen-Isemann, C. (2003): Kinderlose Partnerschaften. In: Bien, W./Marbach, J. H. (Hrsg.): Partnerschaft und Familiengründung. Opladen: Leske + Budrich, S. 95-137. *120*

Opielka, M. (2000): Das Konzept »Erziehungsgehalt 2000«. In: Aus Politik und Zeitgeschichte. Beilage zur Wochenzeitung Das Parlament 3-4: 13-20. *219*

Oswald, H. (1989): Intergenerative Beziehungen (Konflikte) in der Familie. In: Markefka, M./Nave-Herz, R. (Hrsg.): Handbuch der Familien- und Jugendforschung. Band 2. Neuwied/Frankfurt am Main: Luchterhand Verlag, S. 367-381. *256*

Otscheret, E. (1988): Ambivalenz. Geschichte und Interpretation der menschlichen Zwiespältigkeit. Heidelberg: Roland Asanger. *310*
Oxford English Dictionary (1989): Oxford: Clarendon Press. *310*

Papousek, H./Papousek, M. (1995): Intuitive parenting. In: Bornstein, M. H. (Hrsg.): Handbook of parenting. Vol. II. Mahwah: Erlbaum, S. 117-136. *193*
Parker, R. (1995): Mother love, mother hate. The power of maternal ambivalence. New York: Basic Books. *199*
Parsons, T. (1965): Social structure and personality. London: Free Press. *183*
Partridge, L./Nunney, L. (1977): Three-generation family conflict. In: Animal Behaviour 25: 785-786. *258*
Pennisi, E. (1996): A new look at maternal guidance. In: Science 273: 1334-1336. *155*
Perrig-Chiello, P./Höpflinger, F. (2001): Zwischen den Generationen. Zürich: Seismo. *79*
Petri, H. (1994): Geschwister. Liebe und Rivalität. Die längste Beziehung unseres Lebens. Zürich: Kreuz. *185*
Pfeil, E. (1967): Der Kohortenansatz in der Soziologie. Ein Zugang zum Generationenproblem? In: Kölner Zeitschrift für Soziologie und Sozialpsychologie 19: 645-657. *41*
Philipps, J. (2003): Exploring conflict and ambivalence in intergenerational relations. Manuscript. *294, 311*
Piaget, J. (1955): Die Bildung des Zeitbegriffes beim Kinde. Zürich: Rascher. *58*
Pies, I. (Hrsg.) (1997): Mancur Olsons Logik kollektiven Handelns. Tübingen: Mohr Siebeck. *271*
Pilcher, J. (1995): Age and generation in modern Britain. Oxford: Oxford University Press. *307*
Pillemer, K. (2003): Can't live with 'em, can't life without 'em. Parents' ambivalence about their adult children. In: Pillemer, K./Lüscher, K. (Hrsg.): Intergenerational ambivalences. New perspectives on parent-child relations in later life. New York: Elsevier Science Ltd., in Druck. *289, 294, 296*
Pillemer, K./Lüscher, K. (Hrsg.) (2003): Intergenerational ambivalences. New perspectives on parent-child relations in later life. Oxford: Elsevier Science Ltd. *309, 311*
Pinder, W. (1926): Das Problem der Generation in der Kunstgeschichte Europas. Berlin: Frankfurter Verlags-Anstalt. *59, 245, 311*
Plakans, A. (2003): Intergenerational ambivalences in the past. A social-historiacal assessment. In: Pillemer, K./Lüscher, K. (Hrsg.): Intergenerational ambivalences. New perspectives on parent-child relations in later life. Oxford: Elsevier Science Ltd., in Druck. *298*
Pohlmann, S. (2001): Das Altern der Gesellschaft als globale Herausforderung. Deutsche Impulse. Stuttgart: Kohlhammer. *75, 216*

Bibliographie

Popper, K. (1989): Logik der Forschung. Tübingen: Mohr. *237*
Preston, S. H. (1984): Children and the elderly in the U.S. In: Scientific American 251: 36-41. *259*
Pro Juventute/Pro Senectute (2000): Das Generationenhandbuch. Zürich: Pro Senectute. *75*

Radebold, H. (2000): Abwesende Väter. Folgen der Kriegskindheit in Psychoanalysen. Göttingen: Vandenhoeck & Ruprecht. *29*
Raulin, M. L. (1984): Development of a scale to measure intense ambivalence. In: Journal of Consulting and Clinical Psychology 52: 63-72. *289*
Rauschenbach, T. (1994): Der neue Generationenvertrag. Von der privaten Erziehung zu den sozialen Diensten. In: Benner, D./Lenzen, D. (Hrsg.): Bildung und Erziehung in Europa. Beiträge zum 14. Kongress der Deutschen Gesellschaft für Erziehungswissenschaft vom 14.-16. März 1994 in der Universität Dortmund. Weinheim: Beltz, S. 161-176. *233*
Rawls, J. (1979): Eine Theorie der Gerechtigkeit. Frankfurt am Main: Suhrkamp. *204ff.*
Rein, M. (1994): Solidarity between generations. A five-country study of the social process of aging. Wien: Institut für Höhere Studien. *147*
Reinharz, S. (1986): Loving and hating one's elders. Twin themes in legend and literature. In: Pillemer, K./Wolf, R. S. (Hrsg.): Elder abuse. Conflict in the family. Dover: Auburn House, S. 25-48. *296*
Reulecke, J. (2000): Generationen und Biographien im 20. Jahrhundert. In: Strauß, B./Geyer, M. (Hrsg.): Psychotherapie in Zeiten der Veränderung. Historische, kulturelle und gesellschaftliche Hintergründe einer Profession. Wiesbaden: Westdeutscher Verlag, S. 26-40. *107, 109*
Richard, B./Krüger, H.-H. (1998): Mediengenerationen. Umkehrung von Lernprozessen? In: Ecarius, J. (Hrsg.): Was will die jüngere mit der älteren Generation? Generationenbeziehungen und Generationenverhältnisse in der Erziehungswissenschaft. Opladen: Leske + Budrich, S. 159-181. *176*
Richter, I. (1995): Von der Freiheit, Kinder zu haben. Verfassungsfragen der gesellschaftlichen Reproduktion. In: Nauck, B./Onnen-Isemann, C. (Hrsg.): Familie im Brennpunkt von Wissenschaft und Forschung. Rosemarie Nave-Herz zum 60. Geburtstag gewidmet. Neuwied: Luchterhand, S. 37-46. *120*
Richter, I. (1997): Ist der sogenannte Generationenvertrag ein Vertrag im Rechtssinne? Pacta sunt servanda - rebus sic stantibus. In: Liebau, E. (Hrsg.): Das Generationenverhältnis. Weinheim/München: Juventa-Verlag, S. 77-89. *233*
Riedel, M. (1974): Generation. In: Ritter, J. (Hrsg.): Historisches Wörterbuch der Philosophie. Band 3. Darmstadt: Wissenschaftliche Buchgesellschaft, S. 274-277. *36, 40, 61*

Riklin, F. (1910/1911): Mitteilungen. Vortrag von Prof. Bleuler über Ambivalenz. In: Psychiatrisch-Neurologische Wochenschrift 405-407. *287*

Rintala, M. (1968): Political generations. In: Sills, D. L. (Hrsg.): International encyclopedia of the social science. New York: McMillan, S. 92-96. *61*

Roberts, R. E. L./Bengtson, V. L. (1990): Is intergenerational solidarity an undimensional construct? A second test of a formal model. In: Journal of Gerontology 45: 512-520. *268*

Roberts, R. E. L./Richards, L. N./Bengtson, V. L. (1991): Intergenerational solidarity in families. Untangling the ties that bind. In: Marriage and Family Review 16: 11-46. *269*

Robertson, J. F. (1977): Grandmotherhood. A study of role conceptions. In: Journal of Marriage and the Family 39: 165-174. *180*

Roche, J. (1999): Children. Rights, Participation and Citizenship. In: Childhood 6: 475-493.

Rogers, A./Rogers, R. G./Belanger, A. (1990): Longer life but worse health? Measurments and dynamics. In: The Gerontologist 30: 640-649. *73*

Rohr, S. (1993): Über die Schönheit des Findens. Die Binnenstruktur menschlichen Verstehens nach Charles S. Peirce. Abduktionslogik und Kreativität. Stuttgart: M & P. *61*

Roloff, J. (2000): Die demographische Entwicklung in den Bundesländern Deutschlands. Materialen zur Bevölkerungswissenschaft. Heft 100. Wiesbaden: Bundesinstitut für Bevölkerungsforschung. *70*

Roloff, J./Schwarz, K. (2002): Bericht 2001 über die demographische Lage in Deutschland mit dem Teil B »Sozioökonomische Strukturen der ausländischen Bevölkerung«. In: Zeitschrift für Bevölkerungswissenschaft 27: 3-68. *69, 81f, 89*

Romano, M. C./Cappadozzi, T. (2002): Generazini estreme. Nonni e nipoti. In: Sgritta, G. (Hrsg.): Il gioco delle generazioni. Milano: Francoangelli, S. 179-207. *179, 196*

Roseman, M. (1995): Introduction. Generation conflict and German history. In: Roseman, M. (Hrsg.): Generations in conflict. Youth revolt and generation formation in Germany 1770-1968. Camebridge: Camebridge University Press, S. 1-46. *103, 253*

Rosenmayr, L. (1983): Die späte Freiheit. Das Alter. Ein Stück bewußt gelebten Lebens. Berlin: Severin und Siedler. *310*

Rosenmayr, L. (1992): Sexualität, Partnerschaft und Familie älterer Menschen. In: Baltes, P. B./Mittelstraß, J. (Hrsg.): Zukunft des Alterns und gesellschaftliche Entwicklung. Berlin: De Gruyter, S. 461-491. *310*

Rosenmayr, L. (1998): Generationen. Zur Empirie und Theorie eines psycho-sozialen Konfliktfeldes. In: Teising, M. (Hrsg.): Altern. Äußere Realität, innere Wirklichkeiten. Psychoanalytische Beiträge zum Prozess des Alterns. Opladen: Westdeutscher Verlag, S. 17-44. *310*

Rosenmayr, L. (2002): Productivity and creativity in later life. In: Pohlmann, S./Deutsches Zentrum für Altersfragen (Hrsg.): Facing an ageing world. Recommendations and perspectives. Regensburg: Transfer-Verlag, S. 119-126. *72*

Rosenmayr, L./Köckeis, E. (1961): Sozialbeziehungen im höheren Lebensalter. In: Soziale Welt 12: 214-229. *135*

Rossi, A. S./Rossi, P. H. (1990): Of human bonding. Parent-child relations across the life course. New York: De Gruyter. *309*

Rossi, G. (2002): Giovani adulti in famiglia. Il caso italiano. In: Sgritta, G. (Hrsg.): Il gioco delle generazioni. Milano: Francoangelli, S. 89-110. *139*

Rossi, G./Mittini, C. E. (2001): Le relazione filiale nella famiglia »plurale«. In: Donati, P. (Hrsg.): Identià e varietà dell'essere famiglia. Il fenomeno della »pluralizzazione«. Cinisello Balsamo (MI): Edizioni San Paolo, S. 174-205. *139*

Roussel, L./Bourguignon, O. (1976): La famille après le mariage des enfants. Paris: Pr. univ. de France. *140, 264*

Roux, P. et al. (1996): Generationenbeziehungen und Altersbilder. Ergebnisse einer empirischen Studie. Lausanne/Zürich: Nationales Forschungsprogramm 32: Alter. *129*

Ryan, E. B. et al. (1986): Psycholinguistic and social psychological components of communication by and with the elderly. In: Language & Communication 6: 1-24. *51*

Ryder, N. B. (1965): The cohort as a concept in the study of social change. In: American Sociological Review 30: 843-861. *41*

Sackmann, R. (1992): Das Deutungsmuster 'Generation'. In: Meuser, M./Sackmann, R. (Hrsg.): Analyse sozialer Deutungsmuster. Pfaffenweiler: Centaurus, S. 199-216. *41, 61*

Sackmann, R. (1998): Konkurrierende Generationen auf dem Arbeitsmarkt. Altersstrukturierung in Arbeitsmarkt und Sozialpolitik. Opladen: Westdeutscher Verlag. *166, 206, 258*

Schäfer, D./Schwarz, N. (1996): Der Wert der unbezahlten Arbeit der privaten Haushalte. Das Satellitensystem Haushaltsproduktion. In: Blanke, K./Ehling, M./Schwarz, N. (Hrsg.): Zeit im Blickfeld. Ergebnisse einer repräsentativen Zeitbudgetierung. Stuttgart: Kohlhammer, S. 15-69. *220*

Schelsky, H. (1957): Die skeptische Generation. Eine Soziologie der deutschen Jugend. Düsseldorf: Diederichs. *13, 108*

Schleiermacher, F. D. E. (1826/1957): Vorlesungen aus dem Jahre 1826. In: Weniger, E./Schulze, T. (Hrsg.): Pädagogische Schriften. Band 1. Frankfurt am Main: Ullstein, S. 1-369. *39, 176, 224*

Schmähl, W. (1999): Die Solidarität zwischen den Generationen in einer alternden Bevölkerung. In: WSI-Mitteilungen 2-8. *213*

Schmähl, W. (2001): Generationenkonflikt und »Alterslast«. Einige Anmerkungen zu Einseitigkeiten und verengten Perspektiven in der wissenschaftlichen und politischen Diskussion. In: Becker, I./Ott, N./Rolf, G. (Hrsg.): Soziale Sicherung in einer dynamischen Gesellschaft. Frankfurt am Main: Campus, S. 176-203. *259*

Schneekloth, U./Müller, U. (2000): Wirkungen der Pflegeversicherung. Baden-Baden: Nomos. *75*

Schneewind, K. A. (1995): Bewußte Kinderlosigkeit. Subjektive Begründungsfaktoren bei jungverheirateten Paaren. In: Nauck, B./Onnen-Isemann, C. (Hrsg.): Familie im Brennpunkt von Wissenschaft und Forschung. Rosemarie Nave-Herz zum 60. Geburtstag gewidmet. Neuwied: Luchterhand, S. 457-488. *79*

Schneewind, K. A. (1999): Familienpsychologie. Stuttgart: Kohlhammer. *311*

Schneewind, K. A./Ruppert, S. (1995): Familien gestern und heute. Ein Generationenvergleich über 16 Jahre. München: Quintessenz/MMV Medizin Verlag. *180*

Schneider, C./Stillke, C./Leineweber, B. (2000): Trauma und Kritik. Zur Generationengeschichte der Kritischen Theorie. Münster: Verlag Westfälisches Dampfboot. *110*

Schreiber, W. (1966): Zur »Reform der Rentenreform«. In: Schreiber, W. (Hrsg.): Zum System sozialer Sicherung. Köln: Bachem, S. 114-136. *214*

Schreiber, W. (1968): Soziale Ordnungspolitik heute und morgen. Betrachtungen nach Abschluss der Sozialenquête. Stuttgart: Kohlhammer. *213f.*

Schuler, T. (1987): Der Generationenbegriff und die historische Familienforschung. In: Schuler, T. (Hrsg.): Die Familie als sozialer und historischer Verband. Sigmaringen: Jan Thorbecke, S. 23-41. *61*

Schulin, B. (1994): Handbuch des Sozialversicherungsrechts. München: Beck. *234*

Schüller, H. (1995): Die Alterslüge. Für einen neuen Generationenvertrag. Berlin: Rowohlt. *47*

Schütze, Y. (1989): Geschwisterbeziehungen. In: Nave-Herz, R./Marefka, M. (Hrsg.): Handbuch der Familien- und Jugendforschung. Band 1. Neuwied: Luchterhand, S. 311-324. *198*

Schütze, Y. (1993): Generationenbeziehungen im Lebensverlauf. Eine Sache der Frauen? In: Lüscher, K./Schultheis, F. (Hrsg.): Generationenbeziehungen in »postmodernen« Gesellschaften. Konstanz: Universitätsverlag Konstanz, S. 287-298. *150*

Schütze, Y. (1997): Generationenbeziehungen. Familie, Freunde und Bekannte. In: Krappmann, L./Lepenies, A. (Hrsg.): Alt und Jung. Frankfurt am Main: Campus, S. 97-111. *132*

Schütze, Y. (2001): Relations between generations. In: Smelser, N. J./Baltes, P. B. (Hrsg.): International enceclopedia of the social and behavioral sciences. Amsterdam: Elsevier, S. 6053-6055. *61*

Schwab, D./Henrich, D. (Hrsg.) (1997): Familiäre Solidarität. Bielefeld: Gieseking. *169*

Schwab, D./Henrich, D. (Hrsg.) (1998): Das neue Familienrecht. Systematische Darstellung zum Kindschaftsrechtsreformgesetz, Kindesunterhaltsgesetz, Eheschließungsrechtsgesetz und Erbrechtsgleichstellungsgesetz. Bielefeld: Gieseking. *169*

Schwartländer, J. (1974): Verantwortung. In: Krings, H./Baumgartner, H. M. (Hrsg.): Handbuch philosophischer Grundbegriffe. München: Kösel, S. 1577-1588. *207*

Segal, H. (2003): The once and further parents. Exploring the impact of early parental memories on the anticipated life histories of young adults. In: Pillemer, K./Lüscher, K. (Hrsg.): Intergenerational ambivalences. New perspectives on parent-child relations in later life. Oxford: Elsevier Science Ltd., in Druck. *296*

Segalen, M. (1984): 'Sein Teil haben'. Geschwisterbeziehungen in einem egalitären Vererbungssystem. In: Medick, H./Sabean, D. (Hrsg.): Emotionen und materielle Interessen. Sozialantropologische und historische Beiträge zur Familienforschung. Göttingen: Vandenhoeck & Ruprecht, S. 181-198. *169*

Segalen, M. (1993): Die Tradierung des Familiengedächtnisses in den heutigen französischen Mittelschichten. In: Lüscher, K./Schultheis, F. (Hrsg.): Generationenbeziehungen in »postmodernen« Gesellschaften. Konstanz: Universitätsverlag Konstanz, S. 157-169. *165*

Sen, A. K. (1990): Gender and cooperative conflicts. In: Tinker, I. (Hrsg.): Persistent inequalities. Women and world development. New York: Oxford University Press, S. 123-149. *150*

Sgritta, G. B. (1997): Inconsistencies. Childhood on the economic and political agenda. In: Childhood 4: 375-404. *236*

Shanas, E./Streib, G. F. (Hrsg.) (1965): Social structure and the family. Generational relations. Englewood Cliffs: Prentice-Hall. *263*

Shavit, Y./Blossfeld, H.-P. (Hrsg.) (1993): Persistent inequality. Changing educational attainment in thirteen countries. Boulder: Westview Press. *225*

Silverstein, M./Bengtson, V. L. (1997): Intergenerational solidarity and the structure of adult child-parent relationships in American families. In: American Journal of Sociology 103: 429-460. *282*

Silverstein, M./Lawton, L./Bengtson, V. L. (1994): Types of relations between parents and adult children. In: Kronebusch, K. et al. (Hrsg.): Intergenerational linkages. New York: Springer Publishing, S. 43-76. *281*

Simmel, G. (1900/1987): Philosophie des Geldes. Berlin: Dunker & Humblot. *275*

Simmel, G. (1908/1968): Soziologie. Berlin: Duncker & Humblot.

Simmons, L. R. (1971): The real generation gap. A speculation on the meaning and implications of the generation gap. In: Youth & Society 3: 119-135. *256*

Simonton, D. K. (1983): Intergenerational transfer of individual differences in hereditary monarchs. Genetics, role-modeling, or cultural effects? In: Journal of Personality and Social Psychology 44: 354-364. *164*

Smith, C. (1997): Children's rights. Judicial ambivalence and social resistance. In: International Journal of Law, Policy and the Family 1997: 103-139. *302*

Smith, P. K./Drew, L. M. (2002): Implications for Grandparents When They Lose Contact With Their Grandchildren. Divorce, Family Feud, and Geographical Separation. In: Journal of Mental Health and Aging 8: 95-119. *196f.*

Sohni, H. (1995): Horizontale und Vertikale. Die Bedeutung der Geschwisterbeziehung für Individuation und Familie. In: Ley, K. (Hrsg.): Geschwisterliches. Jenseits der Rivalität. Tübingen: Edition Discord, S. 19-44. *185*

Spangler, D. (2002): Ambivalenzen in intergenerationalen Beziehungen. Hochaltrige Mütter und deren Töchter. Diplomarbeit. Berlin: Technische Universität Berlin. *311*

Sparschuh, V. (2000): Der Generationenauftrag. Bewusstes Erbe oder »impliziertes Wissen«? Karl Mannheims Aufsatz zum Problem der Generationen im Kontext seines Lebenswerkes. In: Sociologica Internationalis 38: 219-243. *247, 250, 308*

Spiegel spezial (1999): Jung gegen Alt. Das Magazin zum Thema. In: Der Spiegel *130*

Spitzer, A. B. (1973): The historical problem of generations. In: The American Historical Review 78: 1353-1385. *306, 308*

Spycher, S./Bauer, T./Baumann, B. (1995): Die Schweiz *und* ihre Kinder. Private Kosten und staatliche Unterstützungsleistungen. Zürich: Rüegger. *236*

Srubar, I./Endreß, M. (Hrsg.) (2000): Karl Mannheims Analyse der Moderne. Mannheims erste Frankfurter Vorlesung von 1930. Opladen: Leske + Budrich. *247*

Ständige Deputation des Deutschen Juristentages (Hrsg.) (2002): Verhandlungen des Vierundsechzigsten Deutschen Juristentages Berlin 2002. Band II/1 (Sitzungsberichte - Referate und Beschlüsse). München: C.H. Beck. *169, 265*

Statistisches Bundesamt (2000): Bevölkerung und Erwerbstätigkeit. Ausländische Bevölkerung sowie Einbürgerungen. Fachserie 1/Reihe 2. Stuttgart: Metzler-Poeschel. *95*

Statistisches Bundesamt (2002): Bevölkerung und Erwerbstätigkeit: Haushalte und Familien 2001. Fachserie 1, Reihe 3. Stuttgart: Metzler-Poeschel. *82*

Stein, E. (1999): The mismeasure of desire. The science, theory, and ethics of sexual orientation. New York: Oxford University Press. *298*

Steinvorth, U. (1997): Zum Begriff der Solidarität. In: epd-Dokumentation 18/97: 3-14. *265*

Stephan, C. (1995): Droht ein Krieg der Generationen? In: Die Zeit Nr.: 41

Stierlin, H. (1984): Delegation. In: Simon, F. B./Stierlin, H. (Hrsg.): Die Sprache der Familientherapie. Ein Vokabular. Stuttgart: Klett-Cotta, S. 58-65. *11*

Bibliographie

Stiftung für die Rechte Zukünftiger Generationen (Hrsg.) (1998): Die 68er. Warum wir Jungen sie nicht mehr brauchen. Freiburg im Breisgau: Kore. *258*

Stiftung für die Rechte Zukünftiger Generationen (Hrsg.) (1999): Was bleibt von der Vergangenheit? Die junge Generation im Dialog über den Holocaust. Berlin: Links. *258*

Straub, J. (1998): Personale und kollektive Identität. Zur Analyse eines theoretischen Begriffs. In: Assmann, A./Friese, H. (Hrsg.): Identitäten. Erinnerung, Geschichte, Identität. Frankfurt am Main: Suhrkamp, S. 73-104. *63*

Sulloway, F. J. (1997): Der Rebell der Familie. Geschwisterrivalität, kreatives Denken und Geschichte. Berlin: Siedler. *185*

Sünkel, W. (1997): Generation als pädagogischer Begriff. In: Liebau, E. (Hrsg.): Das Generationenverhältnis. Über das Zusammenleben in Familie und Gesellschaft. Weinheim: Juventa, S. 195-204. *61*

Sünker, H./Swiderek, T. (2002): Kinder, Politik und Kinderpolitik. In: Krüger, H.-H./Grunert, C. (Hrsg.): Handbuch Kindheits- und Jugendforschung. Opladen: Leske + Budrich, S. 703-718. *235*

Szydlik, M. (1995): Die Enge der Beziehung zwischen erwachsenen Kindern und ihren Eltern und umgekehrt. In: Zeitschrift für Soziologie (Sonderdruck) 24: 75-94. *134*

Szydlik, M. (Hrsg.) (2000): Lebenslange Solidarität? Generationenbeziehungen zwischen erwachsenen Kindern und Eltern. Opladen: Leske + Budrich. *134, 161*

Tenbruck, F. H. (1992): Was war der Kulturvergleich, ehe es den Kulturvergleich gab? In: Matthes, J. (Hrsg.): Zwischen den Kulturen? Die Sozialwissenschaften vor dem Problem des Kulturvergleichs. Göttingen: Otto Schwartz, S. 13-35. *122*

Tesch-Römer, C./Motel-Klingenbiel, A./Kondratowitz, H.-J. (2000): Sicherung der Solidarität der Generationen. In: Pohlmann, S. (Hrsg.): Das Altern der Gesellschaft als globale Herausforderung. Deutsche Impulse. Stuttgart: Kohlhammer, S. 264-300. *303*

Tesch-Römer, C. et al. (2002a): Die zweite Welle des Alterssurveys. Erhebungsdesign und Instrumente. Diskussionspapier Nr. 35. Berlin: Deutsches Zentrum für Altersfragen. *167*

Tesch-Römer, C. et al. (2002b): Alterssozialberichterstattung im Längsschnitt. Die zweite Welle des Alterssurveys. In: Motel-Klingebiel, A./Kelle, U. (Hrsg.): Perspektiven der empirischen Alter(n)ssoziologie. Opladen: Leske + Budrich, S. 155-190. *167*

Théry, I. (1998): Couple, filiation et parenté aujourd'hui. Le droit face aux mutations de la famille et de la vie privée. Paris: Odile Jacob/La Documentation française. *140, 166, 235*

Thiersch, H. (1987): Karl Philipp Moritz: »Anton Reiser«. In: Thiersch, H./Jens, W. (Hrsg.): Deutsche Lebensläufe in Autobiographien und Briefe. Weinheim: Juventa, S. 25-37. *115*
Thomson, D. (1989): Selfish generations? The ageing of New Zealand's welfare state. Wellington: Williams. *118, 259*
Thomson, D. (1996): Selfish generations. How welfare states grow old. Kanpwell: White Horse. *13, 206*
Tietze, W./Rossbach, G. (1991): Die Betreuung von Kindern im vorschulischen Alter. In: Zeitschrift für Pädagogik 37: 555-579. *179*
Titze, H. (2000): Wie lernen die Generationen? In: Zeitschrift für Erziehungswissenschaft 3: 131-144. *194*
Tolstoi, A. N. (1947/1974): Der Leidensweg. Eine Trilogie. Berlin: SWA-Verlag. *115*
Toman, W. (1991): Familienkonstellationen. Ihr Einfluß auf den Menschen. München: Beck. *185*
Treml, A. K. (2000): Allgemeine Pädagogik. Grundlagen, Handlungsfelder und Perspektiven der Erziehung. Stuttgart/Berlin/Köln: Kohlhammer. *121*
Trivers, R. L. (1974): Parent-offspring conflict. In: American Zoologist 14: 249-264. *257*
Trommsdorff, G. (Hrsg.) (1989): Sozialisation im Kulturvergleich. Stuttgart: Enke. *123*
Trommsdorff, G. (1993): Geschlechtsdifferenzen von Generationenbeziehungen im interkulturellen Vergleich. Eine sozial- und entwicklungspsychologische Analyse. In: Lüscher, K./Schultheis, F. (Hrsg.): Generationenbeziehungen in »postmodernen« Gesellschaften. Konstanz: Universitäts-Verlag Konstanz, S. 265-285. *168*
Trommsdorff, G. (Hrsg.) (1995): Kindheit und Jugend in verschiedenen Kulturen. Weinheim/München: Juventa. *123*
Turke, P. W. (1988): Helpers at the nest. Childxare networks on Italuks. In: Betzig, I./Borgerhoff Mulder, M./Turke, P. W. (Hrsg.): Human reproductive behavior. A Darwinian perspective. Cambridge: Cambridge University Press, S. 173-188. *197*
Turner, B. S. (1989): Ageing, status politics and sociological theory. In: The British Journal of Sociology 40: 588-606. *260*
Tyrell, H. (2001): Konflikttheorien der Familie. In: Huinink, J./Strohmeier, K. P./Wagner, M. (Hrsg.): Solidarität in Partnerschaft und Familie. Zum Stand familiensoziologischer Theoriebildung. Würzburg: Ergon, S. 43-63. *308*

van Aken, M. A. G./Asendorpf, J. B./Wilpers, S. (1996): Das soziale Unterstützungsnetzwerk von Kindern. Strukturelle Merkmale, Grad der Unterstützung, Konflikt und Beziehungen zum Selbstwertgefühl. In: Psychologie in Erziehung und Unterricht 43: 114-126. *184ff.*

Bibliographie

van de Kaa, D. J. (1997): Verankerte Geschichten. Ein halbes Jahrhundert Forschung über die Determinanten der Fertilität. Die Geschichte und Ergebnisse. In: Zeitschrift für Bevölkerungsforschung 22: 3-57. *119*

van der Loo, H./van Reijen, W. (1992): Modernisierung. Projekt und Paradox. München: dtv. *62*

Venter, C. J. et al. (2001): The sequence of the human genome. In: Science 291: 1304-1351. *155*

Verbrugge, L. M. (1984): Longer life but worsening health? Trends in health and mortality of middle-aged and older persons. In: Milbank Memorial Fund Quarterly 62 *73*

Verschraegen, B. (1996): Die Kinderrechtekonvention. Wien: Manz. *229*

Vesper, B./Schröder, J. (1983): Die Reise. Romanessay. Jossa: Maerz. *29*

von Alt, K. W./Kemkes-Grottenthaler, A. (Hrsg.) (2002): Kinderwelten. Anthropologie. Geschichte. Kulturvergleich. Opladen: Leske + Budrich. *123*

von Festenberg, N. (2003): Kinder haften für ihre Eltern. In: Der Spiegel 13: 114-116. *257*

von Kondratowitz, H.-J. (2002): Konjunkturen, Ambivalenzen, Kontingenzen. Diskursanalytische Erbschaften einer historisch-soziologischen Betrachtung des Alter(n)s. In: Dallinger, U./Schroeter, K. R. (Hrsg.): Theoretische Beiträge zur Alternssoziologie. Opladen: Leske + Budrich, S. 113-138. *72*

von Müller, H. (1928): Zehn Generationen deutscher Dichter und Denker. Die Geburtsjahrgänge 1561 - 1892 in 45 Altersgruppen zusammengefaßt. Berlin: Frankfurter Verlags-Anstalt. *103*

von Schweitzer, R. (Hrsg.) (1981): Leitbilder für Familie und Familienpolitik. Berlin: Duncker & Humblot. *235*

von Werder, L. (1974): Sozialistische Erziehung in Deutschland. Geschichte des Klassenkampfes um den Ausbildungssektor 1848-1973. Frankfurt am Main: Fischer Taschenbuch-Verlag. *110*

Wabnitz, R. J. (1996): Kinderrechte und Kinderpolitik. Perspektivenwechsel und aktuelle Entwicklungen in der Bundesrepublik Deutschland. In: Zentralblatt für Jugendrecht 83: 339-396. *236*

Wasserman, S./Faust, K. (1994): Social network analysis. Methods and applications. Cambridge: Cambridge University Press. *131*

Weber, M. (1919/1968): Politik als Beruf. Berlin: Dunker und Humblot. *210*

Weigel, S. (2002a): Generation, Genealogie, Geschlecht. In: Musner, L./Wunberg, G. (Hrsg.): Kulturwissenschaften. Forschung, Praxis, Positionen. Wien: WUV, S. 161-190. *60f., 103*

Weigel, S. (2002b): Inkorporation der Genealogie durch die Genetik. Vererbung und Erbschaft an Schnittstellen zwischen Bio- und Kulturwissenschaften. In: Weigel, S.

(Hrsg.): Genealogie und Genetik. Schnittstellen zwischen Biologie und Kulturgeschichte. Berlin: Akademie Verlag, S. 71-97. *61, 169, 307*

Weigert, A. J. (1991): Mixed emotions. Certain steps toward understanding ambivalence. New York: State University of New York Press. *289*

Wensauer, M./Grossmann, K. E. (1998): Bindungstheoretische Grundlagen subjektiver Lebenszufriedenheit und individueller Zukunftsorientierung im höheren Erwachsenenalter. In: Zeitschrift für Gerontologie und Geriatrie 31: 362-370. *190*

Weymann, A. (2000): Sozialer Wandel, Generationsverhältnisse und Technikgenerationen. In: Kohli, M./Szydlik, M. (Hrsg.): Generationen in Familie und Gesellschaft. Opladen: Leske + Budrich, S. 36-58. *101*

Widegren, Ö. (1997): Social solidarity and social exchange. In: Sociology 31: 755-771. *278*

Wierling, D. (2001): Genertaions and generational conflict. In: Kleßmann, C. (Hrsg.): The divided past. Rewriting post-war German history. Oxford: Berg, S. 69-89. *123, 254*

Wildt, A. (1997): Zur Begriffs- und Ideengeschichte von »Solidarität«. In: »Solidarität« - ein Weg aus der Krise? epd-Dokumentation 15-30. *264f.*

Wilk, L. (1993): Großeltern und Enkelkinder. In: Lüscher, K./Schultheis, F. (Hrsg.): Generationenbeziehungen in »postmodernen« Gesellschaften. Konstanz: Universitätsverlag Konstanz, S. 203-215. *180f.*

Wilk, L./Bacher, J. (1994): Kindliche Lebenswelten. eine sozialwissenschaftliche Annäherung. Opladen: Leske + Budrich. *236*

Willeke, F.-U./Onken, R. (1990): Allgemeiner Familienlastenausgleich in der Bundesrepublik Deutschland. Eine empirische Analyse zu drei Jahrzehnten monetärer Familienpolitik. Frankfurt am Main: Campus-Verlag. *235*

Willutzki, S. (2003): Generationensolidarität versus Partnersolidarität. Quo vadis, Erbrecht? In: Lettke, F. (Hrsg.): Erben und Vererben. Gestaltung und Regulation von Generationenbeziehungen. Konstanz: Universitätsverlag Konstanz, S. 59-73. *157*

Wingen, M. (1997): Familienpolitik. Grundlagen und aktuelle Probleme. Bonn: Bundeszentrale für politische Bildung. *217, 235*

Wingen, M. (2000): Aufwertung der elterlichen Erziehungsarbeit in der Einkommensverteilung. In: Aus Politik und Zeitgeschichte. Beilage zur Wochenzeitung Das Parlament B 3-4: 3-12. *219*

Wingen, M./Korff, W. (1986): Generation. In: Görres-Gesellschaft (Hrsg.): Staatslexikon. Band 2. Freiburg: Herder, S. 873-886. *61*

Winterhager-Schmid, L. (2000a): »Groß« und »klein«. Zur Bedeutung der Erfahrung mit Generationendifferenz im Prozeß des Heranwachsens. In: Winterhager-Schmid, L. (Hrsg.): Erfahrung mit Generationendifferenz. Weinheim: Deutscher Studienverlag, S. 15-37. *302*

Winterhager-Schmid, L. (2000b): Erfahrungen mit Generationendifferenz. Weinheim: Deutscher Studienverlag. *60*

Wischermann, C. (2003): »Mein Erbe ist das Vaterland«. Sozialreform und Staatserbrecht im Kaiserreich und in der Weimarer Republik. In: Lettke, F. (Hrsg.): Erben und Vererben. Gestaltung und Regulation von Generationenbeziehungen. Konstanz: Universitätsverlag Konstanz, S. 31-57. *169*

Wissenschaftlicher Beirat für Familienfragen beim BMFSFJ (1998): Kinder und ihre Kindheit in Deutschland. Eine Politik für Kinder im Kontext von Familienpolitik. Stuttgart: Kohlhammer. *117, 119, 135, 221, 226, 235, 236*

Wissenschaftlicher Beirat für Familienfragen beim BMFSFJ (2001): Gerechtigkeit für Familien. Zur Begründung des Familienlasten- und Familienleistungsausgleichs. Stuttgart: Kohlhammer. *203, 219, 235*

Wissenschaftlicher Beirat für Familienfragen beim BMFSFJ (2002): Die bildungspolitische Bedeutung der Familie. Folgerungen aus der PISA-Studie. Stuttgart: Kohlhammer. *175, 224, 234*

Wolf, S. (1998): Die UNO-Konvention über die Rechte des Kindes und ihre Umsetzung in das schweizerische Kindesrecht. In: Zeitschrift des Bernischen Juristenvereins 135: 113-153. *236*

World Health Organization (2000): The World Health Report 2000. Health systems. Improving performance. Geneva: WHO.

Wulf, C./Merkel, C. (Hrsg.) (2002): Globalisierung als Herausforderung der Erziehung. Theorien, Grundlagen, Fallstudien. Münster: Waxmann. *105, 122*

Young, M./Willmott, P. (1973): The symmetrical family. A study of work and leisure in the London region. London: Routledge & Kegan Paul. *252*

Youniss, J. (1994): Interpersonale Beziehungen Jugendlicher im sozialen Kontext. In: Youniss, J. (Hrsg.): Soziale Konstruktion und psychische Entwicklung. Frankfurt am Main: Suhrkamp, S. 109-127. *183*

Zenz, G. (2000): Autonomie und Familie im Alter. (K)ein Thema für die Familienrechtswissenschaft? In: Simon, D./Weiss, M. (Hrsg.): Zur Autonomie des Individuums. Baden-Baden: Nomos, S. 483-508. *75, 227, 235*

Ziegler, M. (2000): Das soziale Erbe. Eine soziologische Fallstudie über drei Generationen einer Familie. Wien: Böhlau. *158, 173*

Informationsquellen zur Demographie

Deutschland

Quellenwerke:

Statistisches Jahrbuch.
Hrsg. vom Statistischen Bundesamt; erscheint jährlich
Leben und Arbeiten in Deutschland – Ergebnisse des Mikrozensus.
Hrsg. vom Statistischen Bundesamt; erscheint jährlich online und gedruckt; kostenloser download (http://www.destatis.de)
Fachserie 1, Reihe 3: Haushalte und Familien.
Hrsg. vom Statistischen Bundesamt; erscheint jährlich
Fachserie 1, Reihe 1: Gebiet und Bevölkerung.
Hrsg. vom Statistischen Bundesamt; erscheint jährlich
Statistisches Bundesamt (Hrsg.): Datenreport 2002.
Kostenlos erhältlich von der Bundeszentrale für politische Bildung (http://www.bpb.de)
Engstler, H.; Menning, S.: Die Familie im Spiegel der amtlichen Statistik.
Hrsg. vom Bundesministerium für Familie, Senioren, Frauen und Jugend; kostenlos erhältlich (http://www.bmfsfj.de)

Zeitschriften:

Wirtschaft und Statistik
Zeitschrift für Bevölkerungsforschung (darin insbesondere der in ein- bis zweijährigem Abstand erscheinende ausführliche Bericht zur demographischen Situation)
Demographic Research (elektronisches Journal des Max-Planck-Institute for Demographic Research, Rostock; http://www.demogr.mpg.de/)

Links:

http://www.destatis.de/	Statistisches Bundesamt, Wiesbaden
http://www.bib-demographie.de/	Bundesinstitut für Bevölkerungsforschung beim Statistischen Bundesamt, Wiesbaden

http://www.brandenburg.de/statreg/	Statistik regional. Gemeinsames WWW-Angebot der Statistischen Ämter des Bundes und der Länder
http://www.statistik-bw.de/BevoelkGebiet/FaFo/	Familienwissenschaftliche Forschungsstelle im Statistischen Landesamt Baden-Württemberg, Stuttgart
http://www.demogr.mpg.de/	Max-Planck-Institut für Demographie, Rostock
http://www.gerostat.de/	Statistisches Informationssystem GeroStat des Deutschen Zentrums für Altersfragen, Berlin

Österreich

Quellenwerke:

Statistisches Jahrbuch Österreichs.
Hrsg. von Statistik Austria; erscheint jährlich
Demographisches Jahrbuch.
Hrsg. von Statistik Austria; erscheint jährlich
Mikrozensus, Jahresergebnisse
Hrsg. von Statistik Austria; erscheint jährlich
Volkszählung 2001.
Zahlreiche Bände, hrsg. von Statistik Austria.Zeitschriften

Zeitschriften

Statistische Nachrichten
Vienna Yearbook of Population Research (vormals Demographische Informationen)

Links:

http://www.statistik.at/index.shtml	Statistik Austria
http://www.idemog.oeaw.ac.at/	Institut für Demographie der Österreichischen Akademie der Wissenschaften
http://www.oif.ac.at	Österreichisches Institut für Familienforschung

Schweiz

Quellenwerke:

Statistisches Jahrbuch der Schweiz.
Hrsg. vom Bundesamt für Statistik; erscheint jährlich
Kantone und Städte.
Hrsg. vom Bundesamt für Statistik; erscheint jährlich
Demografisches Porträt der Schweiz.
Hrsg. vom Bundesamt für Statistik; erscheint jährlich, seit 2001
Bundesamt für Statistik: Bevölkerungsbewegung in der Schweiz, jährlich von 1871 - 1997
Bundesamt für Statistik (2002): Räumliche und strukturelle Bevölkerungsdynamik der Schweiz 1990-2000. Neuchâtel (Ergebnisse der eidgenössischen Volkszählung vom 5. Dezember 2000)

Zeitschriften

Demos. Informationen aus der Demografie, seit 1995, erscheint viermal jährlich

Links:

http://www.statistik.admin.ch/   Bundesamt für Statistik, Neuchâtel